刘守君不动产登记实务系列丛书

本书系北京城市学院众城智库中国不动产（自然资源）登记研究院承担的国土资源部课题"不动产登记标准化理论、制度和实务问题研究"的阶段性研究成果

不动产登记
收件实务

刘守君 ○ 著

西南交通大学出版社
·成 都·

图书在版编目（CIP）数据

不动产登记收件实务 / 刘守君著. —成都：西南交通大学出版社，2018.4（2022.3 重印）
（刘守君不动产登记实务系列丛书）
ISBN 978-7-5643-6150-1

Ⅰ. ①不… Ⅱ. ①刘… Ⅲ. ①不动产 – 产权登记 – 基本知识 – 中国 Ⅳ. ①D923.24

中国版本图书馆 CIP 数据核字（2018）第 073391 号

刘守君不动产登记实务系列丛书

不动产登记收件实务

刘守君　著

责 任 编 辑	孟秀芝
封 面 设 计	何东琳设计工作室
出 版 发 行	西南交通大学出版社 （四川省成都市金牛区二环路北一段 111 号 西南交通大学创新大厦 21 楼）
发行部电话	028-87600564　028-87600533
邮 政 编 码	610031
网　　　址	http://www.xnjdcbs.com
印　　　刷	四川煤田地质制图印刷厂
成 品 尺 寸	170 mm × 230 mm
印　　　张	44.25
字　　　数	791 千
版　　　次	2018 年 4 月第 1 版
印　　　次	2022 年 3 月第 6 次
书　　　号	ISBN 978-7-5643-6150-1
定　　　价	98.00 元

图书如有印装质量问题　本社负责退换
版权所有　盗版必究　举报电话：028-87600562

作者简介

刘守君，男，1969年9月出生，党校大学文化，高级经济师职称。中国注册房地产估价师和中国注册房地产经纪人资格。乐山市首批学术和技术带头人。

原全国房屋登记官考试命题专家库成员，参加2011年全国房屋登记官考试命题，参加2012年、2013年全国房屋登记官考试审题。

1993年9月至2014年5月，在犍为县房地产管理所从事房屋登记工作，现从事不动产登记研究、咨询和教学。

主要学术兼职：北京城市学院众城智库中国不动产（自然资源）登记研究院研究员。

主要荣誉：四川省优秀人民陪审员、乐山市社会科学优秀成果三等奖、"无锡产监杯"《物权法》与房地产权属管理知识竞赛二等奖、乐山市房地产管理先进个人。

主要研究兴趣：民法物权，不动产登记。出版专著《〈不动产登记暂行条例实施细则〉条文理解与适用》《不动产登记典型问题解析》《不动产登记收件实务》等5部。有135篇有关不动产登记的论文、案例剖析文章发表在《中国国土资源报》《中国不动产》《中国房地产》《房地产权产籍》《四川房地产》等专业报刊上。

"刘守君不动产登记实务系列丛书"修订说明

自 2017 年 2 月起，"刘守君不动产登记实务系列丛书"陆续出版。出版以来，因其能够让不动产登记实务人员在不长的时间内系统学习不动产登记的基础理论和操作技能，尽快熟悉、掌握不动产登记实务，以满足工作需要而深受他们的喜爱，更有清华大学、北京大学、复旦大学、中国政法大学等高校订购为馆藏图书。该丛书共 5 辑，即《不动产登记典型问题解析》《不动产登记收件实务》《不动产登记典型案例剖析》《不动产登记中的民法原理与实务》与《不动产登记典型判例解析》。其中，《不动产登记中的民法原理与实务》系根据《民法典》等最新实施或修订后实施的法律的规定撰写，现根据《民法典》等最新实施或修订后实施的法律的规定对本丛书作修订。

丛书第一辑《不动产登记典型问题解析》出版于 2017 年 2 月，是在笔者与全国各地不动产登记一线人员交流、探讨的上千个问题解析中，精心挑选的 130 个问题解析汇编而成。2017 年《民法总则》实施后，笔者进行了第一次修订，但只是将书中引用《民法通则》的条文调整为引用《民法总则》的条文。本次修订中，一是书中的问题或案例中，没有出现时间节点的，直接用《民法典》的条文替换原来引用的《民法总则》《物权法》《担保法》等在《民法典》实施后废止的法律的条文，同时也将书中引用的《土地管理法》等法律的条文调整为其修订后实施的条文。二是书中的问题或案例中，出现时间节点的，能调整到 2021 年 1 月 1 日（《民法典》

实施的时间节点）后的，调整后，用《民法典》的条文替换原来引用的《民法总则》《物权法》《担保法》等在《民法典》实施后废止的法律的条文；不能调整的，在原法律规定后加括号，括号内注明《民法典》与原法律的规定是否一致，或引用《民法典》中与之对应的条文。三是用新的问题解析替换了不合时宜的原第 79 问、第 90 问解析。四是更新了对一些问题的看法或认识。

丛书第二辑《不动产登记收件实务》出版于 2018 年 4 月，主要解决登记实务人员办理不动产登记时的收件问题。撰写体系上，以不动产登记簿应当记载的权利或事项为章；章内，以权利或事项的首次（设立）登记、变更登记、转移登记和注销登记为节；节内，以不同原因导致的登记为目；目内，区分不同类型的申请人（或嘱托人）启动的登记类型，以清单的方式列出申请人（或嘱托人）应当提交的登记材料。同时，对申请人该怎样提交这些材料、为什么要提交这些材料、这些材料应该具备哪些内容等相关问题，或以理由阐述，或做必要说明。本书为不动产登记实务人员的工具书。本次修订中，一是用《民法典》的条文替换原来引用的《民法总则》《物权法》《担保法》等在《民法典》实施后废止的法律的条文，同时也将书中引用的《土地管理法》等法律的条文调整为其修订后实施的条文；二是更新了对一些问题的看法或认识。

丛书第三辑《不动产登记典型案例剖析》出版于 2019 年 2 月，由笔者多年来发表在《中国房地产》《中国不动产》和《房地产权产籍》上的不动产登记实务案例剖析文章中精选的 105 个典型案例剖析组成。为契合不动产登记形势，在成书之际，笔者做了必要的修正，以期为读者提供一本有价值的不动产登记实务参考书。本次修订中，一是书中的问题或案例中，没有出现时间节点的，直接用《民法典》的条文替换原来引用的《民法总则》《物权法》《担保法》等在《民法典》实施后废止的法律的条文，同时也将书中引用的《土地管理法》等法律的条文调整为其修订后实施的条文。二是书中的问题或案例中，出现时间节点的，能调整到2021年1月1日（《民法典》实施的时间节点）后的，调整后，用《民法典》的条文替换原来引用的《民法总则》《物权法》《担保法》等在《民法典》实施后废止的法律的条文；不能调整的，在原法律规定后加括号，括号内注明《民法典》与原法律的规定是否一致，或引用《民法典》中与之对应的条文。三是更新了对一些问题的看法或认识。

丛书第四辑《不动产登记中的民法原理与实务》出版于2020年10月，主要解决不动产登记中必须掌握的民法知识问题。不动产登记是国家法定的登记机关依照法定程序，将申请人申请登记的不动产权利或其他相关事项记载在登记簿上的行为，即不动产登记不是对不动产权利和其他相关事项的确认，而是将申请人基于民事活动产生的不动产权利和其他相关事项依法记载在登记簿上，在保护权利人自己合法利益的同时，供与之相关的当事人查阅、知晓，抉择是否就该不动产权利或其他事项产生交易。因此，要想做好不动产登记，登记人员须具备扎实的民法基础。如前所述，本书系根据《民法典》等最新实施或修订后实施的法律的规定撰写而成。

丛书第五辑《不动产登记典型判例解析》出版于2019年11月，由笔者对人民法院生效的50个典型判例的解析组成，主要从不动产登记实务的视角，认识、思考人民法院对不动产登记实务问题的看法、裁决，为依法依规做好不动产登记提供参考、借鉴。《民法典》实施后，笔者若用新的判例重新撰写一本判例解析书，但收集人民法院基于《民法典》的规定对不动产登记案件作出的生效判例尚需时日,且本书中的判例对不动产登记实务仍有重要的参考、借鉴价值,故根据《民法典》等最新实施或修订后实施的法律的规定对本书作修订,由于该书中的判例产生于《民法典》实施前,在本次修订中,在引用原法律条文后加括号,括号内注明《民法典》与原法律的条文是否一致,或引用《民法典》中与之对应的条文,便于读者及时了解新旧法律的规定。同时,更新了对一些问题的看法或认识。

  本丛书修订后,延续了其法理分析透彻,法条阐释准确,实务处理建议具有可操作性的特点,另外,本丛书语言通俗易懂,结构严谨,理论与实务相结合,读者更易阅读,更易理解,更易使用。

刘守君

二〇二一年一月,犍为

前言
PREFACE

不动产登记的目的是保护权利人的合法权益，维护不动产交易秩序。不动产登记收件则是不动产登记目的得以实现的重要支撑。

所谓不动产登记收件，就是登记机构办理不动产登记时，从嘱托机关或登记申请人处收取的、证明嘱托或申请登记内容合法、真实、有效的书面材料。但是不动产登记机构的登记人员该怎样收件？法律、法规、规章和政策没有作系统、全面的规定，只做了原则性和概括性的规定，且还散见于不同的法律、法规、规章和政策中，如办理因划拨土地及地上房屋抵押产生的一般抵押权首次登记的主要收件规定在《不动产登记暂行条例实施细则》中，而作为必收要件之一的县级以上人民政府国土资源主管机关准予抵押的批文则规定在《城镇国有土地使用权出让和转让暂行条例》中，使登记人员办理不动产登记时，容易漏收登记要件，造成收件不充分，使登记程序存在瑕疵，从而影响登记质量。有时候也容易重复收取同类材料，如有的登记人员在收取申请人的身份证明的前提下，还要求申请人提交户籍证明，在此情形下，不必要的收件虽然不影响登记质量，但加重了嘱托人或申请人的举证负担，不值得倡导。

在不动产登记收件中，法律、法规和规章对不动产登记收件的要求是充分、必要、合法、真实和有效。为此，笔者研读相关法律、法规、规章、政策和法学著作，以《不动产登记暂行条例实施细则》和《不动产登记操作规范（试行）》为基础，将其他散见于法律、法规、规章和政策中关于不动产登记收件的规定进行梳理、归纳，形成了您手中的这本《不动产登记收件实务》。

本书的撰写体例：以不动产登记簿应当记载的权利或事项为章；章内，以权利或事项的首次（设立）登记、变更登记、转移登记和注销登记为节；节内，以不同原因导致的登记为目；目内，区分不同类型的申请人（或嘱托人）启动的登记类型，以清单的方式列出申请人（或嘱托人）应当提交的登记材料。同时，对申请人该怎样提交这些材料，为什么要提交这些材料，这些材料应该具备哪些内容，或予以理由阐述，或予以必要的说明。理由阐述或说明的依据有法律、法规、规章和政策的规定，也有法学家们的经典论述，还有人民法院生效的判例，同时借鉴、吸收了曾经的房屋登记和一些地方立法中的成功经验。

  在不动产登记实务中，同种或同类材料适用于不同的登记类型的情形较多，如因申请人的姓名或名称变更申请的国有建设用地使用权及地上房屋所有权变更登记、一般抵押权变更登记、最高额抵押权变更登记、地役权变更登记中，权利人（抵押人、供役人）姓名或名称变更证明是登记机构办理这些登记时的必收要件。本书撰写中，笔者曾经就此很纠结，将该类材料列入不同登记类型的收件清单自无可言，但若在每个登记类型中对申请人该怎样提交这类材料，为什么要提交这类材料，这类材料应该具备哪些内容，都予以理由阐述，或予以必要的说明，则显得重复累赘。笔者就教于专家和登记实务岗位上的朋友们，他们认为，不应当在乎重复，理由有四：一是本书属于工具书，要方便读者阅读，无须让读者去其他章、节、目参见阐述或说明；二是读者定位是成年人，成年人应当多次重复才能加深印象，才能加强理解；三是窗口人员对申请人作解释时，便于向申请人展示书上的内容；四是台湾地区的很多不动产登记教材也有很多重复的内容。笔者采纳了这些建议，但也尽量避免过多重复，即前面章、节、目中已经详细论述过的或说明了的，在后面的章、节、目中再出现时，只作简要的阐述或说明，或不作阐述、说明。

  关于不动产登记收件，我在拙作《〈不动产登记暂行条例实施细则〉条文理解与适用》中有较为详细的阐述，因此，我最初向西南交通大学出版社报送"刘守君不动产登记实务系列丛书"书目时，没有本书。后来，很多不动产登记实务人员通过 QQ、微信、电话等方式与我联系，希望我撰写一本与拙作《房屋登记收件实务》一样的不动产登记收件的实务书，并且要求越快越好、越详细越好。当初，我有顾虑，既然《〈不动产登记暂行条例实施细则〉条文理解与适用》中对不动产登记收件已经做了较为详细的阐述，再写本书是否有沽名钓誉之嫌。我便将此顾虑告知相关的登记前辈、专家、学者和有关登记机构的领导，得到他们的肯定和支持后，我才决定要撰写本书，重新向西南交通大学出版社提交了包括本书的丛书书目。然后，以《房屋登记收件实务》和《〈不动产登记暂行条例实施细则〉条文理解与适用》为蓝本，撰写本书。可以说，本书是《房屋登记收件实务》和《〈不动产登记暂行条例实施细则〉条文理解与适用》的升级版。

在本书出版过程中，得到了西南交通大学出版社的领导和老师们的大力支持，在此深表谢忱。也感谢北京城市学院中国不动产（自然资源）登记研究院院长吴春岐教授和于明明老师的关心与支持。2014年，本书蓝本之一的《房屋登记收件实务》，由全国著名不动产登记专家金绍达老师作序后出版，鉴于金老师忙于不动产登记的研究和教学工作，不敢再打扰，谨以此书祝金老师健康、快乐。在本书撰写过程中，得到了我亲爱的妻子范晓容女士的倾心相助，在此诚表谢意。在本书撰写过程中，我的女儿刘默涵同学已经在四川大学华西临床医学院开始她的研究生生活，谨以此书与之共勉，祝她生活、工作愉快，课题研究顺利并学业有成。由于本人能力有限，若有不当之处，敬请专家、学者和朋友们指正。

刘守君

二〇一八年一月，犍为

主要法律规范性文件缩略语

1. 《中华人民共和国民法总则》——《民法总则》
2. 《中华人民共和国物权法》——《物权法》
3. 《中华人民共和国城市房地产管理法》——《房地产管理法》
4. 《中华人民共和国土地管理法》——《土地管理法》
5. 《中华人民共和国合同法》——《合同法》
6. 《中华人民共和国婚姻法》——《婚姻法》
7. 《中华人民共和国继承法》——《继承法》
8. 《中华人民共和国担保法》——《担保法》
9. 《中华人民共和国民事诉讼法》——《民事诉讼法》
10. 《中华人民共和国行政诉讼法》——《行政诉讼法》
11. 《中华人民共和国公证法》——《公证法》
12. 《中华人民共和国拍卖法》——《拍卖法》
13. 《中华人民共和国仲裁法》——《仲裁法》
14. 《中华人民共和国立法法》——《立法法》
15. 《中华人民共和国森林法》——《森林法》
16. 《中华人民共和国水法》——《水法》
17. 《中华人民共和国海域使用权管理法》——《海域使用权管理法》
18. 《中华人民共和国村民委员会组织法》——《村民委员会组织法》
19. 《中华人民共和国渔业法》——《渔业法》
20. 《中华人民共和国农村土地承包法》——《农村土地承包法》
21. 《最高人民法院关于贯彻执行〈中华人民共和国民法通则〉若干问题的意见(试行)》——《民法通则司法解释》

22.《最高人民法院关于适用〈中华人民共和国担保法〉若干问题的解释》——《担保法司法解释》

23.《最高人民法院关于贯彻执行〈中华人民共和国继承法〉若干问题的意见》——《继承法司法解释》

24.《最高人民法院关于行政诉讼证据若干问题的规定》——《行政诉讼证据规则》

25.《最高人民法院关于适用〈中华人民共和国物权法〉若干问题的解释（一）》——《物权法司法解释（一）》

目 录
PREFACE

第一章 不动产登记收件概说 ··· 1

  第一节 不动产登记收件的定义 ··· 1

    一、不动产登记收件是申请人或其代理人、嘱托人向登记机构
提交的书面材料 ··· 1

    二、不动产登记收件是申请人或其代理人、嘱托人按法律、
法规、规章和政策的规定向登记机构提交的书面材料 ············· 3

    三、不动产登记收件是申请人或其代理人、嘱托人提交的启动登记、
证明申请人适格和不动产基本情况属实，以及申请登记的不动产
权利或有关事项合法、真实、有效的书面材料 ······················ 4

  第二节 不动产登记收件的作用 ··· 4

    一、实现保护当事人合法权益的登记目的 ································· 5

    二、维护登记程序，确保登记的合法、合理 ····························· 6

    三、证明对与错，为明确责任的归属提供证据 ························· 7

  第三节 不动产登记收件的原则 ··· 8

    一、合法性、真实性、有效性原则 ··· 8

    二、必要性、充分性原则 ··· 11

    三、收取原件原则 ··· 13

第二章 集体土地所有权登记收件 ··· 15

  第一节 首次登记收件 ··· 15

    一、基于县级以上人民政府确认集体土地所有权的证明申请的
首次登记收件 ··· 16

    二、基于县级以上人民政府或其相关行政主管部门的批准文件、
处理决定申请的首次登记收件 ··· 20

    三、基于县级以上人民政府自然资源行政主管部门的调解书
申请的首次登记收件 ··· 21

四、基于人民法院生效的判决、裁定或者调解书申请的首次
   登记收件 ·· 22
五、基于土地改革时颁发的土地所有证申请的首次登记收件 ·········· 24
六、基于实施《六十条》时生产队的设立证明申请的首次登记收件 ·· 26
七、基于连续使用其他农民集体所有的土地已满二十年的证明
   申请的首次登记收件 ·· 27
八、基于乡（镇）或村修建并管理的道路、水利设施的证明
   申请的首次登记收件 ·· 28
九、乡（镇）或村办企事业单位基于《六十条》实施前使用
   土地的证明申请的首次登记收件 ··· 30
十、基于一九六二年九月二十七日至一九八二年二月十三日间签订的
   用地协议申请的首次登记收件 ··· 31
十一、基于一九六二年九月二十七日至一九八二年二月十三日间
    经县、乡、村批准或同意调整（补偿）土地的证明申请的
    首次登记收件 ··· 32
十二、基于一九六二年九月二十七日至一九八二年二月十三日间
    购买房屋的证明申请的首次登记收件 ···································· 34
十三、基于一九六二年九月二十七日至一九八二年二月十三日间
    原集体企事业单位体制变更的证明申请的首次登记收件 ········· 35

第二节 变更登记收件 ·· 36
一、基于权利人名称变更申请的变更登记收件 ····························· 37
二、基于集体土地的坐落名称变更申请的变更登记收件 ················ 40
三、基于集体土地界址、面积变更申请的变更登记收件 ················ 41
四、基于同一权利人分割或合并集体土地申请的变更登记收件 ······ 43

第三节 转移登记收件 ·· 44
一、基于权利人间互换土地申请的转移登记收件 ·························· 44
二、基于集体土地调整申请的转移登记收件 ································ 47
三、基于权利人合并或分立申请的转移登记收件 ·························· 49
四、基于人民法院、仲裁机构的生效法律文书申请的转移登记收件 ·· 51

第四节 注销登记收件 ·· 53
一、基于集体土地灭失申请的注销登记收件 ································ 53
二、基于权利人放弃集体土地所有权申请的注销登记收件 ············· 55
三、基于集体土地被依法征收申请、嘱托的注销登记收件 ············· 57

四、基于人民法院、仲裁机构生效的判决书、裁定书、裁决书申请、
　　　　嘱托的注销登记收件……………………………………………… 58
第三章　国有建设用地使用权及地上房屋所有权登记收件……………… 61
　第一节　首次登记收件（一）…………………………………………… 62
　　一、基于划拨文件申请的首次登记收件………………………………… 62
　　二、基于出让合同申请的首次登记收件………………………………… 67
　　三、基于租赁合同申请的首次登记收件………………………………… 69
　　四、基于作价出资（入股）批准文件申请的首次登记收件…………… 70
　　五、基于授权经营批准文件申请的首次登记收件……………………… 72
　　六、基于收储土地申请的首次登记收件………………………………… 73
　　七、基于县级以上人民政府的确认文件申请的首次登记收件………… 75
　第二节　首次登记收件（二）…………………………………………… 76
　　一、因新设立的国有建设用地使用权及地上合法建造的房屋
　　　　竣工后申请的首次登记收件………………………………………… 77
　　二、权利人持房契申请的首次登记收件………………………………… 85
　　三、继承人持房契申请的首次登记收件………………………………… 88
　　四、受遗赠人持房契申请的首次登记收件……………………………… 92
　　五、因生效的确认国有建设用地使用权及地上房屋所有权归属的
　　　　法律文书申请的首次登记收件……………………………………… 95
　　六、因征收国有建设用地及地上房屋申请、嘱托的首次登记收件…… 97
　　七、因没收国有建设用地及地上房屋申请、嘱托的首次登记收件…… 99
　　八、因落实私房改造政策退还房屋申请的首次登记收件……………… 100
　第三节　变更登记收件…………………………………………………… 103
　　一、因权利人姓名或名称变更申请的变更登记收件…………………… 105
　　二、因权利人身份证明类型或身份证明号码变更申请的变更
　　　　登记收件……………………………………………………………… 110
　　三、因街道名称（或门牌号）变更申请的变更登记收件……………… 112
　　四、因宗地界址、面积变更申请的变更登记收件……………………… 113
　　五、因地上房屋扩建导致面积增加申请的变更登记收件……………… 116
　　六、房屋基于自然原因（局部毁损）或人为原因（局部拆除或
　　　　毁损）导致面积减少申请的变更登记收件………………………… 118
　　七、因土地、房屋用途变更申请的变更登记收件……………………… 119

八、因国有建设用地使用权的权利期限变更申请的变更登记收件……121

九、因国有建设用地使用权的权利来源变更申请的变更登记收件……122

十、同一权利人分割或者合并国有建设用地、地上房屋申请的变更登记收件……123

十一、因共有性质变更申请的变更登记收件……125

第四节 转移登记收件……127

一、基于买卖合同、作价出资（入股）合同申请的转移登记收件……128

二、基于拍卖申请的转移登记收件……153

三、基于婚姻关系申请的转移登记收件……161

四、基于继承、受遗赠申请的转移登记收件……170

五、基于生效的法律文书申请的转移登记收件……178

六、基于赠与、互换、合并、分立申请的转移登记收件……189

第五节 注销登记收件……195

一、因国有建设用地及地上房屋实体灭失申请的注销登记收件……196

二、因权利人放弃国有建设用地使用权及地上房屋所有权申请的注销登记收件……199

三、因国有建设用地使用权及地上房屋所有权被依法没收、征收或者收回申请、嘱托产生的注销登记收件……200

四、因人民法院、仲裁机构的生效法律文书导致国有建设用地使用权及地上房屋所有权消灭申请、嘱托的注销登记收件……203

第四章 宅基地使用权及地上房屋所有权登记收件……206

第一节 首次登记收件……206

一、因依法设立的宅基地使用权及地上合法建造的房屋竣工后申请的首次登记收件……207

二、继承人持依法取得宅基地使用权及合法建造地上房屋的证明申请的首次登记收件……213

三、受遗赠人持依法取得的宅基地使用权及合法建造地上房屋的证明申请的首次登记收件……217

第二节 变更登记收件……220

一、因权利人姓名变更申请的变更登记收件……220

二、因权利人身份证明类型或身份证明号码变更申请的变更登记收件……224

三、因宅基地及地上房屋坐落的名称变更申请的变更登记收件 ………… 226

四、因宅基地界址、面积变更申请的变更登记收件 ……………………… 226

五、因地上房屋扩建增加面积申请的变更登记收件 ……………………… 229

六、房屋基于自然原因（局部毁损）或人为原因（局部拆除或
毁损）导致界址变更、面积减少申请的变更登记收件 ………… 231

七、同一权利人分割或者合并宅基地上房屋申请的变更登记收件 …… 232

八、因共有性质变更申请的变更登记收件 …………………………………… 233

第三节　转移登记收件 ………………………………………………………………… 234

一、因集体经济组织内部的买卖、赠与、互换申请的转移登记收件 …… 234

二、因分家析产申请的转移登记收件 …………………………………………… 239

三、因继承申请的转移登记收件 ………………………………………………… 240

四、因受遗赠申请的转移登记收件 ……………………………………………… 244

五、因人民法院、仲裁机构生效的法律文书申请的转移登记收件 …… 246

第四节　注销登记收件 ………………………………………………………………… 253

一、因宅基地及地上房屋实体灭失申请的注销登记收件 ……………… 253

二、因权利人放弃权利申请的注销登记收件 ………………………………… 255

三、因宅基地使用权及地上房屋所有权被依法没收、征收，或
宅基地使用权被依法收回申请、嘱托产生的注销登记收件 ……… 256

四、因人民法院、仲裁机构生效的法律文书导致宅基地使用权
及地上房屋所有权消灭申请、嘱托的注销登记收件 ……………… 258

第五章　集体建设用地使用权及地上房屋所有权登记收件 ………… 261

第一节　首次登记收件 ………………………………………………………………… 261

第二节　变更登记收件 ………………………………………………………………… 267

一、因权利人姓名或名称变更申请的变更登记收件 ……………………… 268

二、因权利人身份证明类型或身份证明号码变更申请的变更
登记收件 ……………………………………………………………………………… 271

三、因集体建设用地及地上房屋坐落的名称变更申请的变更
登记收件 ……………………………………………………………………………… 272

四、因集体建设用地界址、面积变更申请的变更登记收件 …………… 273

五、因房屋扩建导致面积增加申请的变更登记收件 ……………………… 275

六、因房屋基于自然原因（局部毁损）或人为原因（局部拆除或
毁损）导致面积减少申请的变更登记收件 ………………………… 278

七、同一权利人分割或者合并集体建设用地、地上房屋申请的
　　变更登记收件 ·· 279

八、因共有性质变更申请的变更登记收件 ······································· 281

第三节　转移登记收件 ·· 282

一、因农村集体经济组织以集体建设用地使用权及地上房屋
　　所有权作价出资（入股）申请的转移登记收件 ······················· 283

二、因作为权利人的企业合并（兼并）、分立申请的转移登记收件 ········ 286

三、因企业破产申请、嘱托的转移登记收件 ······································ 288

四、因人民法院、仲裁机构的生效法律文书申请的转移登记收件 ········ 293

五、因继承申请的转移登记收件 ·· 298

第四节　注销登记收件 ·· 301

一、因集体建设用地及地上房屋实体灭失申请的注销登记收件 ········ 301

二、因权利人放弃集体建设用地使用权及地上房屋所有权申请的
　　注销登记收件 ·· 303

三、因集体建设用地使用权及地上房屋所有权被依法没收、征收，
　　或者集体建设用地使用权被收回申请、嘱托产生
　　的注销登记收件 ·· 305

四、因人民法院、仲裁机构生效的法律文书导致集体建设用地
　　使用权及地上房屋所有权消灭申请、嘱托的注销登记收件 ········ 306

第六章　土地承包经营权及地上林木所有权登记收件 ···························· 308

第一节　首次登记收件 ·· 309

一、以家庭承包方式取得的土地承包经营权及地上林木
　　所有权申请的首次登记收件 ·· 309

二、以招标、拍卖、公开协商等方式取得的土地承包经营权及
　　地上林木所有权申请的首次登记收件 ·· 312

第二节　变更登记收件 ·· 314

一、因权利人的姓名或者名称变更申请的变更登记收件 ···················· 315

二、因承包土地及地上林木的坐落、名称、面积变更申请的
　　变更登记收件 ·· 317

三、因承包期限变更申请的变更登记收件 ·· 318

四、因承包期限届满，土地承包经营权人继续承包申请的
　　变更登记收件 ·· 319

五、因退耕还林、退耕还湖、退耕还草导致土地用途改变申请的
　　　　变更登记收件 ·· 319
　　六、因森林、林木的种类变更申请的变更登记收件 ··················· 320
　第三节　转移登记收件 ·· 321
　　一、因互换申请的转移登记收件 ·· 322
　　二、因转让申请的转移登记收件 ·· 324
　　三、因家庭关系、婚姻关系变化申请的转移登记收件 ··················· 325
　　四、因权利人合并、分立申请的转移登记收件 ··························· 327
　　五、因非家庭承包方式取得的土地承包经营权基于继承
　　　　申请的转移登记收件 ·· 329
　第四节　注销登记收件 ·· 333
　　一、因承包土地及地上林木实体灭失申请的注销登记收件 ············ 333
　　二、因承包经营的土地被依法转为建设用地申请的注销登记收件 ··· 335
　　三、因承包经营权人丧失承包经营资格或者放弃承包经营权
　　　　申请的注销登记收件 ·· 337
　　四、因生效的法律文书和人民政府的征收决定导致土地承包
　　　　经营权及地上林木所有权消灭申请、嘱托的注销登记收件 ······ 338

第七章　国有农用地使用权首次登记收件 ······························ 340
　　一、因使用水域、滩涂等国有农用地申请的首次登记收件 ············ 340
　　二、国有农场、草场使用国有农用地申请的首次登记收件 ············ 342
　　三、国有林场使用国有农用地申请的首次登记收件 ··················· 344

第八章　海域使用权及海域内的房屋所有权登记收件 ············ 346
　第一节　首次登记收件 ·· 346
　　一、因审批取得的海域使用权及海域内合法建造的
　　　　房屋竣工后申请的首次登记收件 ·· 347
　　二、因招标、拍卖取得的海域使用权及海域内合法建造的
　　　　房屋竣工后申请的首次登记收件 ·· 351
　第二节　变更登记收件 ·· 353
　　一、因权利人姓名或名称变更申请的变更登记收件 ··················· 353
　　二、因权利人身份证明类型或身份证明号码变更申请的
　　　　变更登记收件 ·· 358
　　三、因海域坐落、名称发生变化申请的变更登记收件 ··················· 360

四、因海域使用位置、面积或海域内的房屋面积变更申请的
　　　　变更登记收件 …………………………………………………… 360
　　五、因海域使用权续期申请的变更登记收件 ……………………… 362
　　六、因海域或海域内的房屋用途变更申请的变更登记收件 ……… 363
　　七、因共有性质变更申请的变更登记收件 ………………………… 365
　第三节　转移登记收件 …………………………………………………… 366
　　一、因权利人合并、分立申请的转移登记收件 …………………… 366
　　二、因合资、合作经营申请的转移登记收件 ……………………… 368
　　三、因作价入股、转让、赠与申请的转移登记收件 ……………… 370
　　四、因继承申请的转移登记收件 …………………………………… 372
　　五、因受遗赠申请的转移登记收件 ………………………………… 376
　　六、因人民法院、仲裁机构生效的法律文书申请的转移登记收件 … 377
　第四节　注销登记收件 …………………………………………………… 383
　　一、因海域及海域内的房屋灭失申请的注销登记收件 …………… 383
　　二、因权利人放弃海域使用权及海域内的房屋所有权申请的
　　　　注销登记收件 …………………………………………………… 385
　　三、因海域使用权及海域内的房屋所有权被依法没收、征收，
　　　　或者海域使用权被收回申请、嘱托产生的注销登记收件 …… 386
　　四、因人民法院、仲裁机构生效的法律文书导致海域使用权及
　　　　海域内的房屋所有权消灭申请、嘱托的注销登记收件 ……… 388

第九章　地役权登记收件 …………………………………………………… 390
　　一、首次登记收件 …………………………………………………… 392
　　二、变更登记收件 …………………………………………………… 395
　　三、转移登记收件 …………………………………………………… 400
　　四、注销登记收件 …………………………………………………… 402

第十章　一般抵押权登记收件 ……………………………………………… 406
　第一节　首次登记收件 …………………………………………………… 406
　　一、因借款申请的首次登记收件 …………………………………… 407
　　二、因货物的供销、运输或承揽加工申请的首次登记收件 ……… 430
　　三、因典当、融资租赁、信托申请的首次登记收件 ……………… 433
　　四、因反担保申请的首次登记收件 ………………………………… 438
　　五、因其他原因申请的首次登记收件 ……………………………… 442

第二节　变更登记收件……444
一、因当事人姓名或名称变更申请的变更登记收件……444
二、因当事人身份证明类型或身份证明号码变更申请的
变更登记收件……449
三、因被担保的主债权数额变更申请的变更登记收件……451
四、因债务履行期限变更申请的变更登记收件……452
五、因抵押权顺位变更申请的变更登记收件……453
六、因担保范围变更申请的变更登记收件……455
七、因抵押物数量变更申请的变更登记收件……455

第三节　转移登记收件……456
一、因随被担保的主债权转让而转让申请的转移登记收件……459
二、因抵押权人的合并、分立申请的转移登记收件……461
三、因继承申请的转移登记收件……463
四、因受遗赠申请的转移登记收件……467

第四节　注销登记收件……468
一、因主债权消灭申请的注销登记收件……469
二、因抵押权实现申请的注销登记收件……472
三、因抵押权人放弃抵押权申请的注销登记收件……474
四、因抵押不动产灭失申请的注销登记收件……474
五、因人民法院、仲裁机构生效的致使抵押权消灭的法律文书
申请、嘱托的注销登记收件……475

第十一章　最高额抵押权登记收件……477

第一节　首次登记收件……477
一、抵押人是自然人时申请的首次登记收件……478
二、抵押人是法人或非法人组织时申请的首次登记收件……485

第二节　变更登记收件……497
一、因当事人姓名或名称变更申请的变更登记收件……497
二、因当事人身份证明类型或身份证明号码变更申请的
变更登记收件……502
三、因被担保的最高债权数额变更申请的变更登记收件……504
四、因债权确定期间变更申请的变更登记收件……506
五、因最高额抵押权顺位变更申请的变更登记收件……507

六、因担保范围变更申请的变更登记收件……508
　　七、因抵押物数量变更申请的变更登记收件……509
 第三节　转移登记收件……510
　　一、因抵押权人的合并、分立申请的转移登记收件……511
　　二、因继承或受遗赠申请的转移登记收件……513
　　三、因转让部分债权而增加共有人申请的转移登记收件……518
 第四节　确定登记收件……519
　　一、因债权确定期间届满申请的确定登记收件……520
　　二、因新的债权不可能发生申请的确定登记收件……524
　　三、因抵押不动产被查封、扣押申请的确定登记收件……525
　　四、因抵押人、债务人破产或被撤销申请的确定登记收件……527
　　五、因债权数额确定申请的确定登记收件……529
 第五节　注销登记收件……530
　　一、因主债权消灭申请的注销登记收件……531
　　二、因最高额抵押权实现申请的注销登记收件……533
　　三、因抵押权人放弃最高额抵押权申请的注销登记收件……533
　　四、因抵押不动产灭失申请的注销登记收件……534
　　五、因生效的法律文书消灭最高额抵押权申请、嘱托的注销
　　　　登记收件……535

第十二章　在建建筑物抵押权登记收件……536
 第一节　首次登记收件……536
　　一、抵押人是自然人时申请的首次登记收件……537
　　二、抵押人是法人或非法人组织时申请的首次登记收件……544
 第二节　变更登记收件……555
　　一、因当事人姓名或名称变更申请的变更登记收件……556
　　二、因当事人身份证明类型或身份证明号码变更申请的
　　　　变更登记收件……561
　　三、被担保的债权数额或被担保的最高债权数额变更申请的
　　　　变更登记收件……563
　　四、因债务履行期限变更申请的变更登记收件……564
　　五、因在建建筑物抵押权顺位变更申请的变更登记收件……565
　　六、因债权确定期间变更申请的变更登记收件……566

七、因抵押范围变更申请的变更登记收件 …………………………… 567

第三节　转移登记收件 ……………………………………………… 568
　　一、因随被担保的债权或部分债权转让申请的转移登记收件 ……… 568
　　二、因权利人的合并、分立申请的转移登记收件 …………………… 571
　　三、因继承、受遗赠申请的转移登记收件 …………………………… 573

第四节　注销登记收件 ……………………………………………… 577
　　一、因被担保的主债权消灭申请的注销登记收件 …………………… 578
　　二、因在建建筑物抵押权实现申请的注销登记收件 ………………… 580
　　三、因抵押权人放弃在建建筑物抵押权申请的注销登记收件 ……… 581
　　四、因在建建筑物灭失申请的注销登记收件 ………………………… 582
　　五、因人民法院、仲裁机构生效的导致在建建筑物抵押权
　　　　消灭的法律文书申请、嘱托的注销登记收件 …………………… 582

第十三章　预告登记收件 …………………………………………… 584

第一节　预购商品房预告登记收件 ………………………………… 584
　　一、预购商品房预告登记设立登记收件 ……………………………… 585
　　二、预购商品房预告登记变更登记收件 ……………………………… 590
　　三、预购商品房预告登记转移登记收件 ……………………………… 595
　　四、预购商品房预告登记注销登记收件 ……………………………… 602
　　五、预购商品房预告登记转房屋所有权转移登记收件 ……………… 605

第二节　预购商品房抵押预告登记收件 …………………………… 606
　　一、预购商品房抵押预告登记设立登记收件 ………………………… 607
　　二、预购商品房抵押预告登记变更登记收件 ………………………… 611
　　三、预购商品房抵押预告登记转移登记收件 ………………………… 615
　　四、预购商品房抵押预告登记注销登记收件 ………………………… 618
　　五、预购商品房抵押预告登记转房屋抵押权首次登记收件 ………… 621

第三节　不动产转移预告登记收件 ………………………………… 623
　　一、不动产转移预告登记设立登记收件 ……………………………… 623
　　二、不动产转移预告登记变更登记收件 ……………………………… 626
　　三、不动产转移预告登记转移登记收件 ……………………………… 632
　　四、不动产转移预告登记注销登记收件 ……………………………… 639

第四节　不动产抵押权预告登记收件 ……………………………… 642
　　一、不动产抵押权预告登记设立登记收件 …………………………… 642

二、不动产抵押权预告登记变更登记收件 ·············· 648
　　三、不动产抵押权预告登记转移登记收件 ·············· 654
　　四、不动产抵押权预告登记注销登记收件 ·············· 661

第十四章　更正登记和异议登记收件 ······················ 665
　　一、更正登记收件 ···································· 665
　　二、异议登记收件 ···································· 670
　　三、异议登记注销登记收件 ···························· 672

第十五章　查封登记收件 ································ 675
　　一、查封登记收件 ···································· 675
　　二、查封登记注销登记收件 ···························· 677

参考文献 ·· 680

第一章　不动产登记收件概说

第一节　不动产登记收件的定义

不动产登记收件，从不动产登记申请人、嘱托人的角度来看，也称为不动产登记申请材料、不动产登记嘱托材料，是指申请人申请不动产登记，或嘱托人嘱托不动产登记时，依照法律、法规、规章和政策的规定，应当向登记机构提交的启动不动产登记、证明申请人身份和不动产基本情况，以及佐证申请登记的不动产权利或有关事项合法、真实、有效的书面材料。不动产登记申请材料可以由申请人委托代理人向登记机构提交。由于不动产登记以申请人的申请启动为主，故本书的论述围绕申请人申请启动的不动产登记展开，同时也兼顾嘱托启动的不动产登记。

不动产登记收件的定义表明：

一、不动产登记收件是申请人或其代理人、嘱托人向登记机构提交的书面材料

按《不动产登记操作规范（试行）》1.8.2.2 条规定，申请材料形式应当为纸质介质，其他形式的材料应当转化为纸质介质后方可用作登记收件。据此可知，不动产登记收件是申请人或其代理人、嘱托人向登记机构提交的书面材料。在不动产登记实务中，按《不动产登记暂行条例实施细则》《不动产登记操作规范（试行）》的相关规定，登记人员对申请人或其代理人作的询问笔录，登记人员查看申请登记的不动产的现场形成的记录、照片等书面或影像材料，虽然对申请登记的不动产权利或有关事项的合法性、真实性、有效性具有证明作用，但这些材料是由登记机构和登记人员制作的证明自己履行登记职责的书面材料，也是证明不动产登记程序完整、充分的书面材料，应当由登记机构和登记人员负责归入相应的不动产登记卷宗，属于不动产登记档案的重要组成部分，但不是申请人或其代理人应当向登记机构提交的书面材料，也不是嘱托人应当向登记机构提交的书面材料，故不属于不动产登记收件。

申请不动产登记，是指申请人对其基于法律规定或民事活动设立、变更、转让、消灭不动产权利或其他有关事项，通过申请登记机构登记并被记载在登记簿上，以得到国家保护的行为。在不动产登记实务中，《不动产登记暂行条例实施细则》第十二条第一款、第二款规定，当事人可以委托他人代为申请不

动产登记。代理申请不动产登记的，代理人应当向不动产登记机构提供被代理人签字或者盖章的授权委托书。据此可知，申请人委托他人代为申请不动产登记并提交登记申请材料的，登记机构应当要求代理人提交书面委托书或委托协议后，再收取登记申请材料（当然，委托人向代理人出具的委托书或委托协议也属于登记申请材料），并开始以后的登记工作，否则，在可能出现的行政复议或行政诉讼中，登记程序将会被行政复议机关或人民法院确认违法。

我国现阶段，由于个人诚信系统尚未建立，个人诚信度普遍较低，对委托书的真假，登记人员几乎没有能力辨别。在不动产登记实务中，《不动产登记暂行条例实施细则》第十二条第三款、第四款规定，自然人处分不动产，委托代理人申请登记的，应当与代理人共同到不动产登记机构现场签订授权委托书，但授权委托书经公证的除外。境外申请人委托他人办理处分不动产登记的，其授权委托书应当按照国家有关规定办理认证或者公证。《不动产登记操作规范（试行）》3.2.3.2条之4规定，自然人因委托代理人处分不动产在登记机构现场办理的委托手续，不动产登记机构工作人员应当在其上签字见证。据此可知，第一，拥有我国国籍的自然人委托代理人代为申请转让、赠与、抵押、放弃等处分不动产产生的转移登记、抵押权登记、注销登记时，提交的委托手续未经公证的，则该委托手续应当事先由委托人、受托人在登记机构现场办理，且上面有见证的不动产登记人员的签字。但在我国登记的法人及非法人组织委托代理人代为申请转让、赠与、放弃、抵押等处分不动产产生的转移登记、抵押权登记、注销登记时，提交的委托手续虽然未经公证，但不要求其事先到登记机构现场办理。第二，境外的自然人、法人及非法人组织委托代理人代为申请转让、赠与、放弃、抵押等处分不动产产生的转移登记、抵押权登记、注销登记时，提交的委托手续应当经过公证、认证。第三，委托代理人代为申请首次登记、变更登记等非处分不动产产生的登记时提交的委托手续，对拥有我国国籍的自然人，没有要求委托人、受托人事先到登记机构现场办理。对境外的自然人、法人及非法人组织则没有应当经过公证、认证的要求。

委托代理人代为申请不动产登记的情形主要有：

（1）合同当事人中的一方委托合同外的第三人代为申请登记，此情形形成直接代理。所谓直接代理，指代理人在代理权限内，以被代理人名义为意思表示，其法律效果直接归属于被代理人之代理[①]。

（2）合同当事人中的一方委托对方代为申请登记，此情形形成自己代理。

---

① 梁慧星：《中国民法典草案建议稿附理由：总则编》，法律出版社2004年版，第218页。

第一章 不动产登记收件概说

所谓自己代理,指代理人以被代理人的名义与自己实施法律行为[①]。

(3)合同当事人均委托合同以外的第三人代为申请登记,此情形形成双方代理。所谓双方代理,指一个民事主体同时担任双方当事人的代理人的情形[②]。

《民法典》第一百六十八条规定,代理人不得以被代理人的名义与自己实施民事法律行为,但是被代理人同意或者追认的除外。代理人不得以被代理人的名义与自己同时代理的其他人实施民事法律行为,但是被代理的双方同意或者追认的除外。据此可知,在代理制度中,自己代理与双方代理均是被禁止的行为。这可以看作是代理权的限制。当然,如果发生了自己代理与双方代理,也并不意味着该行为自然无效,如能得到被代理人本人或者双方当事人的同意,该代理行为也可以有效。[③]因此,只要是基于委托人真实意思表示产生的自己代理、双方代理,就应当有效。

委托他人代为申请不动产登记时,无论直接代理、自己代理,还是双方代理,都以委托书或委托合同的方式明确代理关系。委托人为自然人时,委托书或委托合同经过公证或登记人员的见证,表明委托是基于委托人的真实意思表示,据此申请的转移登记,登记机构应当受理,经过公证或登记人员见证的委托书可以直接用作登记申请材料。

二、不动产登记收件是申请人或其代理人、嘱托人按法律、法规、规章和政策的规定向登记机构提交的书面材料

《民法典》第二百一十一条规定,当事人申请登记,应当根据不同登记事项提供权属证明和不动产界址、面积等必要材料。《不动产登记暂行条例》第十六条规定,申请人应当提交下列材料,并对申请材料的真实性负责:(一)登记申请书;(二)申请人、代理人身份证明材料、授权委托书;(三)相关的不动产权属来源证明材料、登记原因证明文件、不动产权属证书;(四)不动产界址、空间界限、面积等材料;(五)与他人利害关系的说明材料;(六)法律、行政法规以及本条例实施细则规定的其他材料。不动产登记机构应当在办公场所和门户网站公开申请登记所需材料目录和示范文本等信息。在不动产登记实务中,《不动产登记暂行条例实施细则》第九条第一款规定,申请不动产登记的,申请人应当填写登记申请书,并提交身份证明以及相关申请材料。此外,《不动产登记暂行条例实施细则》和《不动产登记操作规范(试行)》还对申请人申请集体土地所有权、国有建设用地使用权、国有建设用地使用权

[①] 梁慧星:《中国民法典草案建议稿附理由:总则编》,法律出版社2004年版,第203页。
[②] 梁慧星:《中国民法典草案建议稿附理由:总则编》,法律出版社2004年版,第203页。
[③] 王利明:《民法学》,复旦大学出版社2004年版,第107页。

及地上房屋所有权、不动产抵押权、地役权等不动产物权的设立、变更、转让和消灭产生的登记时，应当向登记机构提交的材料做了专门规定，对申请人申请更正登记、异议登记等有关事项登记时应当提交的材料也做了专门规定。据此可知，法律、法规、规章和政策对申请人向登记机构提交不动产登记申请材料作规定，既为登记机构和登记人员在登记实务中的收件行为的合法性提供了依据，也对登记机构和登记人员的收件行为进行了规制，即严格依法收件，不能超越法律、法规、规章和政策的规定要求申请人提交材料，以增加申请人的举证负担。换言之，既明确规定了申请人申请不动产登记时应当提交什么，不应当提交什么，也为申请人对登记机构和登记人员不合法的收件行为提供了抗辩依据。

三、不动产登记收件是申请人或其代理人、嘱托人提交的启动登记、证明申请人适格和不动产基本情况属实，以及申请登记的不动产权利或有关事项合法、真实、有效的书面材料

在不动产登记实务中，登记机构不对申请登记的不动产权利和有关事项作确认，而是根据申请人的申请将其基于法律规定或民事活动设立、变更、转让、消灭的不动产权利或其他有关事项依法记载在登记簿上，在保护权利人合法利益的同时，供与之相关的当事人查阅、知晓，抉择是否就该不动产权利或其他有关事项产生交易。因此，申请人向登记机构提交的登记申请材料，需要解决五个问题：一是启动不动产登记程序；二是申请登记由谁实施，即申请人或其代理人是否适格；三是申请登记的不动产的基本状况怎样；四是申请登记的不动产权利或其他有关事项属于谁；五是申请登记的设立、变更、转让和消灭的不动产权利或其他有关事项是否合法、真实、有效。据此可知，不动产登记收件收取的是与登记簿上记载的权利主体、权利客体、权利内容或其他有关事项紧密相关的书面材料，以保证登记簿上记载的内容合法、真实、有效，与之无关的材料则无须收取。

第二节 不动产登记收件的作用

《民法典》第二百一十六条第一款规定，不动产登记簿是物权归属和内容的根据。依此规定，具体到不动产，不动产权利或其他有关事项属于谁，这些权利或事项包括哪些内容，均以不动产登记簿的记载为准。不动产登记簿的记载，是登记机构依照法定程序，将申请人申请登记并满足登记要求的不动产权利或

第一章 不动产登记收件概说

其他有关事项记载在登记簿上的行为。故登记机构须在力所能及的范围内保证记载在登记簿上的不动产权利或其他有关事项的合法、真实、有效，为此，不动产登记收件具有重要作用。

一、实现保护当事人合法权益的登记目的

按《民法典》第一条规定，保护民事主体的合法权益是其立法目的。按该法第二百零五条规定，该法调整因物的归属和利用产生的民事关系。按《不动产登记暂行条例》第一条规定，国家制定不动产登记暂行条例的目的中，有规范登记行为，方便群众申请登记，保护权利人合法权益。在不动产登记实务中，按《不动产登记暂行条例实施细则》第一条规定，作为不动产登记主管部门的国土资源部（现自然资源部）制定不动产登记暂行条例实施细则的目的中，有方便人民群众办理不动产登记，保护权利人合法权益。笔者综合法律、行政法规和规章的规定认为，保护权利人的合法权益是不动产登记的最主要的目的之一。

要切实保护权利人的合法权益，须保证记载在登记簿上的不动产权利或其他有关事项的合法、真实、有效。在不动产登记实务中，登记机构为了确保登记簿上记载的不动产权利或其他有关事项的合法、真实、有效，须对登记申请人是否适格，登记申请行为是否合法，申请登记的不动产权利或其他有关事项有无权利凭证、有无权利来源证明或其他相关证据支撑及其是否具有法律效力等作审核、判定。由于申请人提交的不动产登记申请材料，形成于不动产登记申请和不动产权利或其他有关事项设立、变更、转让和消灭的过程中，能够真实地反映不动产登记申请和不动产权利或其他有关事项设立、变更、转让和消灭的情况。故在登记人员的审查过程中，申请人提交的材料具有相应的证明作用，登记人员在判定申请人适格，申请行为合法，申请登记的不动产权利或其他有关事项的设立、变更、转让和消灭合法、真实、有效后，才能将相应的不动产权利或其他有关事项记载在登记簿上，权利人的合法权益才能得到法律的保护，从而实现登记目的。同时，充分发挥登记簿的公信力作用，为查阅登记簿的相关当事人提供安全、可靠的信息，为其交易抉择提供值得信赖的证据。所谓公信力，即法律对第三人依据不动产登记簿的记载所表述的不动产物权的内容而取得的该项权利予以强制保护，使其免受任何人追夺的强制力[①]。

---

① 梁慧星：《中国民法典草案建议稿附理由：总则编》，法律出版社2004年版，第31页。

二、维护登记程序，确保登记的合法、合理

《不动产登记暂行条例》第六条规定，国务院国土资源主管部门负责指导、监督全国不动产登记工作。县级以上地方人民政府应当确定一个部门为本行政区域的不动产登记机构，负责不动产登记工作，并接受上级人民政府不动产登记主管部门的指导、监督。质言之，不动产登记是行政行为。据此可知，不动产登记是行政行为，不动产登记程序则属于行政程序。

行政程序是指国家行政机关在行使行政权力、实施行政管理和服务活动过程中所遵循的方式、步骤、顺序、时限以及当事人参与行政活动程序的一种制度[①]。据此可知，不动产登记也须遵循一定的方式、步骤、顺序、时限等。在法律规范上，《民法典》第二百一十二条规定了不动产物权的登记程序，即"登记机构应当履行下列职责：（一）查验申请人提供的权属证明和其他必要材料；（二）就有关登记事项询问申请人；（三）如实、及时登记有关事项；（四）法律、行政法规规定的其他职责。申请登记的不动产的有关情况需要进一步证明的，登记机构可以要求申请人补充材料，必要时可以实地查看"。《不动产登记暂行条例》第十五条第一款规定，当事人或者其代理人应当向不动产登记机构申请不动产登记。在不动产登记实务中，《不动产登记操作规范（试行）》1.7.1条第一款规定："依申请的不动产登记应当按下列程序进行：（一）申请；（二）受理；（三）审核；（四）登簿。"概言之，法律、行政法规和不动产登记政策明确规定了登记机构实施既是行政管理行为又是行政服务行为的不动产登记时应当遵循的步骤和顺序，此步骤和顺序中的第一步就是申请人或其代理人应当向登记机构申请登记并提交登记申请材料，登记机构须收取并查验这些材料。登记机构是否充分履行了收取并查验登记申请材料的职责，登记机构办理不动产登记时收取的材料会客观、公正地予以证明。

行政程序是行政法律关系主体进行行政行为时应遵守的一定程序，是确保行政行为合法、正确、公正地运行，提高行政效率，保障行政相对人合法权益，增进相对人对政府依赖的一种制度[②]。据此可知，如果登记机构没有充分履行法定职责，收取的登记申请材料不齐全、不充分，则会导致登记程序不合法。《行政复议法》第二十八条第一款第（三）项规定，违反法定程序属于行政复议机关决定撤销、变更或者确认具体行政行为违法的情形。《行政诉讼法》第七十条第（三）项规定，违反法定程序属于人民法院判决撤销或者部分撤销，并可

---

① 王连昌、马怀德：《行政法学》，中国政法大学出版社2002年版，第212页。
② 王连昌、马怀德：《行政法学》，中国政法大学出版社2002年版，第212页。

第一章 不动产登记收件概说

以判决被告重新作出行政行为的情形。据此可知，登记机构因不充分、不齐全收取登记申请材料而导致登记程序违法的，在可能出现的行政复议或行政诉讼中，登记簿上的不动产登记有被行政复议机关或人民法院撤销的可能，给登记工作造成负面影响。

三、证明对与错，为明确责任的归属提供证据

《民法典》第二百二十二条规定，当事人提供虚假材料申请登记，造成他人损害的，应当承担赔偿责任。因登记错误，造成他人损害的，登记机构应当承担赔偿责任。登记机构赔偿后，可以向造成登记错误的人追偿。《不动产登记暂行条例》第二十九条规定，不动产登记机构登记错误给他人造成损害，或者当事人提供虚假材料申请登记给他人造成损害的，依照《中华人民共和国物权法》的规定（现时《民法典》物权编的规定）承担赔偿责任。在不动产登记实务中，按《不动产登记暂行条例实施细则》第一百零四条第（一）项规定，当事人采用提供虚假材料等欺骗手段申请登记，构成违反治安管理行为的，依法给予治安管理处罚；给他人造成损失的，依法承担赔偿责任；构成犯罪的，依法追究刑事责任。在司法实务中，《最高人民法院关于审理房屋登记案件若干问题的规定》（法释〔2010〕15号）第十二条规定，申请人提供虚假材料办理房屋登记，给原告造成损害，房屋登记机构未尽合理审慎职责的，应当根据其过错程度及其在损害发生中所起作用承担相应的赔偿责任。概言之，法律、行政法规、规章的规定和司法实务均表明：不当登记损害他人权益的，过错方将承担赔偿责任。参与不动产登记的，是申请人和登记机构，谁对谁错，登记机构收取的登记申请材料会予以客观、有效的证明。如果申请人提交的登记申请材料错误、虚假，而登记机构在力所能及的范围内不能辨别此错误、虚假情况，则错在申请人，由其承担责任；反之，由登记机构承担责任。在司法实务中，四川省成都市中级人民法院在"张某诉某房产管理局房屋行政登记及行政赔偿一案"中认为"第三人苏某作为申请人，应对所提交申请材料的真实性负责。但其提供的部分材料虚假，造成了被上诉人对该房屋转移登记不实，其责任和后果理应由第三人苏某承担。被上诉人尽到了审查义务，不具有违法行使职权的行为，不应承担赔偿责任。上诉人提起的行政赔偿请求缺乏法律依据"，遂作出维持初审人民法院确认被告的房屋登记行为违法，驳回原告行政赔偿诉讼请求的判决的判决[①]。本案中，人民法院的判决和认为表明，由于登记机构收取的登记申请材料，证明了申请人苏某在登记活动中提交虚假登记材料获取房屋

---

① 四川省成都市中级人民法院："张某诉某房产管理局房屋行政登记及行政赔偿一案"，http://www.law-lib.com/，访问时间：2017年11月13日。

登记的"错误",且登记机构在力所能及的范围内尽到了必要的注意义务,在侵害他人利益的后果发生后,人民法院判决申请人苏某承担了相应的法律责任。反之不然。

第三节 不动产登记收件的原则

在不动产登记实务中,登记收件具有实现登记目的、维护登记程序、证明不动产登记当事人对与错的作用,那么,不动产登记收件自身就应该具有正义的信服力,换言之,不动产登记收件自身应当具有证明力,即对登记申请人适格,不动产基本情况属实,申请登记的不动产权利或其他有关事项的合法、真实和有效具有充分的证明作用。故无论不动产登记收件如何繁杂,也须遵循一定的原则。

一、合法性、真实性、有效性原则

《不动产登记暂行条例》第二十二条第(一)项规定,登记申请违反法律、行政法规规定的,属于不动产登记机构应当不予登记的情形。据此可知,由于登记申请材料属于登记申请的重要组成部分,故登记机构须对受理的登记申请材料的合法性作审查。在司法实务中,《最高人民法院关于审理房屋登记案件若干问题的规定》(法释〔2010〕15号)第十二条规定,申请人提供虚假材料办理房屋登记,给原告造成损害,房屋登记机构未尽合理审慎职责的,应当根据其过错程度及其在损害发生中所起作用承担相应的赔偿责任。据此可知,登记机构应当对受理的登记申请材料的真实性作审查。在不动产登记实务中,《不动产登记操作规范(试行)》的分则中规定,登记机构在办理集体土地所有权变更登记、转移登记、注销登记等登记中,须对收取的登记申请材料的有效性作审查。申言之,合法性、真实性、有效性是不动产登记收件应当遵循的原则。

1. 合法性

合法性,主要指申请人向登记机构提交的申请材料的主体合法、内容合法和形式合法。

(1)主体合法。

主体合法,是指制作登记申请材料的主体符合法律、法规、规章和政策的规定。法律、法规、规章和政策规定的材料制作主体包括自然人、法人和非法人组织。但是,如前所述,不动产登记收取的材料繁杂,材料合法的制作主体

第一章 不动产登记收件概说

应当视具体材料确定，如用作首次登记材料的建设工程规划许可证的制作主体是房屋所在地县级以上人民政府的规划行政主管机关或省级人民政府赋予规划许可权的镇人民政府；某人委托他人代为申请房屋登记的委托书的制作主体是该自然人；申请抵押权首次登记时，申请人提交的抵押合同的制作主体是抵押权人和抵押人等。

（2）内容合法。

《不动产登记暂行条例》第八条第二款规定，不动产登记簿应当记载以下事项：（一）不动产的坐落、界址、空间界限、面积、用途等自然状况；（二）不动产权利的主体、类型、内容、来源、期限、权利变化等权属状况；（三）涉及不动产权利限制、提示的事项；（四）其他相关事项。笔者据此认为，登记申请材料的内容合法，是指申请人向登记机构提交的登记申请材料载明的欲记载在登记簿上的内容须符合法律、法规、规章和政策的规定，如申请登记的不动产权利人应该是经批准或合法登记的法人、非法人组织，或是有民事权利能力的自然人；房屋测绘报告载明的建筑面积须是按《房产测量规范》规定的计算标准计算所得；用作抵押权首次登记材料的主债权合同反映的须是合法的债权等。

（3）形式合法。

形式合法，是指申请人向登记机构提交的材料要符合法定形式，如向登记机构申请不动产登记时，申请人应当提交的是登记申请书，不应当是函、通知等；继承权公证书上，公证机构和公证人员的印鉴须齐全等。

只有合法的不动产登记收件才能用作不动产登记的证据，不合法的不动产登记收件会使记载在登记簿上的登记在可能出现的行政复议或行政诉讼中被撤销。在司法实务中，河南省某人民法院在审理"周某为房屋登记行政管理一案"中认为"第三人周某在申请办证时虽向房产登记机构提交了某县某街道某社区居民委员会出具的房产产权和土地使用权证明，但该证明不是法律赋予行使职权的相关部门出具的房屋权属来源和土地使用权证明。某街道某社区居民委员会不具有行使对房地产确权的职权。被告以某街道某社区居民委员会出具的房屋产权和土地使用权证明为房屋产权来源，给第三人周某颁发的31775号房屋所有权证，属主要证据不足，不予支持"，遂判决撤销了被告某房管局给周某颁发的房屋所有权证。此判决得到了终审法院河南省南阳市中级人民法院的维持[①]。本案中，人民法院的认为和判决表明，登记机构办理登记时收取的房

---

① 河南省南阳市中级人民法院："周某为房屋登记行政管理一案"，http://www.110.com/，访问时间：2017年11月28日。

屋权源证明，是社区居民委员会超出其职责范围出具的，即房屋权源证明的制作主体不合法，使该证明不具有合法性，导致了房屋登记被人民法院撤销。

2. 真实性

真实性，是指申请人向登记机构提交的登记申请材料，形成于不动产登记申请和申请登记的不动产权利或其他有关事项设立、变更、转移和消灭的过程中，客观、真实地反映当时的情况，即登记申请材料反映的情况须与实际情况一致，如不动产测绘报告标明的界址与不动产实体是否一致；申请人提交的身份证复印件与原件是否一致；申请人申请处分不动产产生的转移登记、抵押权登记时，提交的不动产权属证书是否真实等。不动产登记收件的真实性，对登记的成立与否起着关键性的作用。在司法实务中，广东省广州市中级人民法院在审理"上诉人某国土资源和房屋管理局因梁某等诉其房屋登记一案"中认为"本案中，原审第三人梁某持相关材料向上诉人申请涉案某区某路某街×号房屋的继承登记，而梁某持有作为房地产权属来源证明的（2003）穗证内经字第×号《公证书》被广州市某公证处证实是虚假的。依据上述法规的规定，梁某取得的粤房地证字第C5786×××号《房地产权证》依法应予撤销"，遂判决撤销了某国土资源和房屋管理局为梁某办理的继承转移登记[①]。本案中，人民法院的认为和判决表明，由于用作登记证据的公证书不真实，使房屋登记不合法而被人民法院撤销。

3. 有效性

有效性，是指申请人向登记机构提交的登记申请材料具有法律、法规、规章和政策规定的效力。申言之，登记收件的有效性，一是登记收取的材料具有合法性和真实性；二是登记收取的材料是否已经生效或失效，如申请人提交的身份证是否超过有效期间，委托办理转移登记的委托书是否有有效期限，不动产转移登记中申请人提交的确认所有权归属的初审判决书是否依法生效等；三是登记收取的材料与申请登记的权利或事项具有相关性。所谓相关性，是指登记收取的材料与申请登记的权利或事项具有内在的联系，能对申请登记的权利或事项的合法、真实和有效起到证明作用，如申请增加配偶为共有人产生的更正登记时，申请人提交的婚姻状况证明因与申请登记的事项具有相关性而有效；申请不动产买卖产生的转移登记时，提交不动产赠与合同作登记材料，则与申请登记的权利发生转移的原因没有相关性而无效等。不动产登记收件的有效性

[①] 广东省广州市中级人民法院："上诉人某国土资源和房屋管理局因梁某等诉其房屋登记一案"，http://www.fsou.com/，访问时间：2017年12月2日。

第一章 不动产登记收件概说

对不动产登记的成立与否也起着重要的支撑作用。在司法实务中,终审法院河南省商丘市中级人民法院在审理"上诉人王某诉被上诉人某房地产管理局房屋行政登记一案"时认为"被上诉人某房管局据以颁证的根据是某市人民法院(1998)某民初字第462号和第463号民事调解书,而该两份民事调解书与本案涉诉房屋无关。被上诉人某房管局以该两份民事调解书为根据,将该房屋过户登记在某信用社名下证据不足",遂作出撤销一审法院维持房屋登记的判决的判决[①],即撤销了某房管局的房屋登记。本案中,人民法院的认为和判决表明,登记机构收取与申请登记的房屋权利无关的材料,致使房屋登记行为因证据不足而不被人民法院维持。

二、必要性、充分性原则

1. 必要性

必要性,是指申请人根据申请的不动产登记类型,向登记机构提交的支撑欲记载在登记簿上的不动产权利或其他有关事项依法成立的必不可少的材料,如办理基于商品房买卖产生的转移登记时,商品房买卖合同是必不可少的材料,申请人向登记机构提交商品房买卖合同即具有必要性。在一些城市,办理买卖商品房产生的转移登记时,申请人应登记机构的要求,在提交商品房买卖合同的同时,也要提交商品房购房款发票,笔者认为,商品房买卖合同是买方设立房屋所有权的基础法律关系,更是买方取得房屋所有权的权源证明。申请人再提交购房款发票的目的也是证明房屋由其出资购买取得,"谁投资谁所有",房屋所有权应当转移登记给购房人所有,证明作用在本质上与提交的商品房买卖合同相同。换言之,在申请人已经向登记机构提交了商品房买卖合同后,登记机构还要求申请人提交购房款发票就没有必要。

2. 充分性

充分性,是指申请人按照法律、法规、规章和政策的规定,根据申请的不动产登记类型,向登记机构齐全、完整地提交支撑欲记载在登记簿上的不动产权利或其他有关事项依法成立的材料。但是,在不动产登记实务中,由于不动产登记类型和需要在不动产登记簿上记载的权利、事项多样,涉及的法律关系复杂,在某些具体的登记类型中,登记机构该收取哪些材料才能做到登记材料的收取充分、完整,法律、法规、规章和政策没有明确、具体、系统的例举,只做了原则性的规定。如当事人用划拨土地上的房屋作贷款抵押申请一般抵押

[①] 河南省商丘市中级人民法院:"上诉人王某诉被上诉人某房地产管理局房屋行政登记一案",http://www.110.com,访问时间:2017年12月4日。

权登记时,《不动产登记暂行条例实施细则》第六十六条第一款规定,自然人、法人或者其他组织为保障其债权的实现,依法以不动产设定抵押的,可以由当事人持不动产权属证书、抵押合同与主债权合同等必要材料,共同申请办理抵押登记。但是,《城镇国有土地使用权出让和转让暂行条例》第四十四条、第四十五条规定,划拨土地及地上房屋抵押,须经市、县人民政府土地管理部门和房产管理部门批准。据此可知,按行政法规的规定,申请人即使按《不动产登记暂行条例实施细则》第六十六条第一款规定提交了全部材料,也没有完整、齐全地提交申请划拨土地上的房屋抵押权登记所需材料,即登记机构不能充分收取划拨土地上的房屋抵押权登记材料。换言之,申请人在按《不动产登记暂行条例实施细则》第六十六条第一款规定提交申请材料的同时,还须按《城镇国有土地使用权出让和转让暂行条例》第四十四条、第四十五条规定,提交市、县人民政府土地管理部门同意房屋占用范围内的划拨土地抵押的批文,这样,才能充分提交因划拨土地及地上房屋抵押产生的一般抵押权登记的登记申请材料。

如前所述,申请不动产登记,申请人若只按《不动产登记暂行条例实施细则》的规定提交登记材料,往往不能满足登记要求,换言之,登记机构不能履行充分收取登记申请材料的职责。因此,《不动产登记操作规范(试行)》1.1.2条规定:"不动产登记机构应严格贯彻落实《物权法》《条例》以及《实施细则》的规定,依法确定申请人申请登记所需材料的种类和范围,并将所需材料目录在不动产登记机构办公场所和门户网站公布。不动产登记机构不得随意扩大登记申请材料的种类和范围,法律、行政法规以及《实施细则》没有规定的材料,不得作为登记申请材料。"质言之,《不动产登记操作规范(试行)》的规定授权具体负责登记工作的登记机构,根据具体的不动产登记类型,将散见于法律、行政法规、规章和政策的规定中的,登记机构办理不动产登记时应当收取的材料予以归纳、梳理,经公示后作为办理登记时收件的依据。

但是,有些登记人员为了保险起见,以确保登记工作的安全,认为登记材料的收取多多益善,不仔细查阅相关法律、法规、规章和政策的规定,要求申请人重复提交一些内容相同或相近的材料,加重了申请人的举证负担,如办理抵押权登记中,收取自然人的身份证明时,既要求申请人提交身份证复印件,也要求申请人提交户口簿复印件。也有些登记人员从简化程序、方便申请人的立场出发,随意地省略一些必须收取的材料,使登记程序存在瑕疵,如办理房屋所有权首次登记时,询问笔录上载明登记为按份共有,各占50%份额,就不收取申请人关于份额约定的书面材料。这些都没有遵守法律、法规、规章和政策关于不动产登记收件的规定,从而不同程度地影响了不动产登记的效率和质

第一章 不动产登记收件概说

量,甚至影响到不动产登记的成立与否,都是不可取的。在司法实务中,上海市某区人民法院在审理"孙某某诉某房地产登记处预告登记案"中认为"某登记处在申请人提交的材料齐全且形式符合规定要求的情况下核准被诉的预购商品房预告登记证明,在其职权范围内业已履行了审查职责",遂判决驳回孙某的诉讼请求,维持了房地产登记处的预告登记[①](此判决已经发生法律效力),反之不然。

三、收取原件原则

不动产登记,总体上说是要件登记,即按法律、法规、规章和政策的规定,申请人提交的登记要件齐全、完整,就能满足登记要求。在不动产登记实务中,根据材料制作方法的不同,申请人提交的材料有两种,一种是原件,另一种是复印件。那么,这些用作登记证据的材料应当是原件,还是复印件?在司法实务中,《最高人民法院关于行政诉讼证据若干问题的规定》(法释〔2002〕21号)第六十三条第(三)项规定,证明同一事实的数个证据中,原件的证明效力优于复印件。质言之,人民法院在行政审判中,根据掌握的证据认定事实时,原件的证明力强于复印件。故为了保证不动产登记的客观、真实、合法、有效,登记机构应当借鉴人民法院认定证据效力的经验,收取登记材料时应当收取原件。

在不动产登记实务中,《不动产登记暂行条例实施细则》第九条第二款规定,申请材料应当提供原件。因特殊情况不能提供原件的,可以提供复印件,复印件应当与原件保持一致。《不动产登记操作规范(试行)》1.8.2.1条规定,申请材料应当提供原件。因特殊情况不能提供原件的,可以提交该材料的出具机构或职权继受机构确认与原件一致的复印件。不动产登记机构留存复印件的,应经不动产登记机构工作人员比对后,由不动产登记机构工作人员签字并加盖原件相符章。概言之,用作不动产登记证据的有些材料是无法收取原件的,只能收取复印件,但《不动产登记操作规范(试行)》1.8.2.1条规定中关于"因特殊情况不能提供原件的,可以提交该材料的出具机构或职权继受机构确认与原件一致的复印件"的规定太狭窄,不利于实务操作,且《不动产登记操作规范(试行)》是国土资源部以国土资规〔2016〕6号文件发布实施的政策,《不动产登记暂行条例实施细则》则是国土资源部(现自然资源部)第63号令发布实施的行政规章,行政规章的效力高于政策,因此,笔者根据《不动产登记暂行条例实施细则》第九条第二款关于"复印件应当与原件保持一致"的规定作

---

① 上海市某区人民法院:"孙某某诉某房地产登记处预告登记案",http://www.110.com/,访问时间:2017年12月7日。

阐释，即登记机构可以收取经过验证的复印件。一般情形下，验证复印件有四种方式：一是由材料原件的持有机构在其提交的材料复印件或复制件上注明"与原件一致""本件系原件复印（制）"等，并在复印件或复制件上加盖机构印章予以确认；二是有关机构或单位将原件存档后在原件的复印件上说明原件存放何处，复印件与原件一致，并加盖单位印章予以确认，如用作转移登记的民事调解书，该调解书载明"本调解书自双方当事人签收时生效"，证明当事人签收的凭证是送达回证，但登记机构只能收取由送达的人民法院加盖印章的送达回证复印件；三是经过公证或认证的与原件一致的复印件或复制件；四是登记人员对原件与复印件进行比对，如登记机构收取申请人或其代理人的身份证复印件时，就只能由登记人员比对申请人或其代理人的身份证原件后再收取与之一致的复印件，但负责比对的登记人员应当在复印件上签名（章）并注明收件日期。经过这四种方式验证的复印件都可以作为登记收取的材料。

综上所述，不动产登记收件以收取原件为原则，以收取经过验证的复印件为例外，没有经过验证的复印件不得作为不动产登记收取的材料，更不得作为登记的证据。

第二章　集体土地所有权登记收件

《宪法》第十条第一款、第二款规定，城市的土地属于国家所有。农村和城市郊区的土地，除由法律规定属于国家所有的以外，属于集体所有；宅基地和自留地、自留山，也属于集体所有。《土地管理法》第九条规定，城市市区的土地属于国家所有。农村和城市郊区的土地，除由法律规定属于国家所有的以外，属于农民集体所有；宅基地和自留地、自留山，属于农民集体所有。据此可知，我国的土地所有权只有两种形式，即一种是国家土地所有权，另一种是农民集体土地所有权，简称集体土地所有权。

《民法典》第二百四十条规定，所有权人对自己的不动产或者动产，依法享有占有、使用、收益和处分的权利。质言之，所有权是最完整的物权，是其他物权或相关事项设立的基础。其他物权都是在所有权基础上产生的，是所有权权能分离的结果[①]。如宅基地使用权、集体建设用地使用权、农村土地承包经营权等是在集体土地所有权之上设立的对所有权之使用权能予以利用的物权。

《不动产登记暂行条例》第五条第（一）项规定，集体土地所有权属于不动产登记的物权。在不动产登记实务中，《不动产登记暂行条例实施细则》第四章第二节规定，当事人可以向登记机构申请集体土地所有权登记，且区分集体土地所有权的设立、变更、转让和消灭，分别规定了集体土地所有权的首次登记、变更登记、转移登记和注销登记。

第一节　首次登记收件

在不动产登记实务中，《不动产登记暂行条例实施细则》第二十四条规定，不动产首次登记，是指不动产权利第一次登记。未办理不动产首次登记的，不得办理不动产其他类型登记，但法律、行政法规另有规定的除外。据此可知，不动产首次登记，是指登记机构根据当事人的申请，将其合法取得或设立的满足登记要求的不动产权利，第一次记载在登记簿上的登记。不动产首次登记是不动产变更登记、转移登记、注销登记、异议登记等后续登记的前提。但该实施细则没有对申请人申请集体土地所有权登记的情形作规定，笔者研习相关规

[①] 王利明：《物权法教程》，中国政法大学出版社2003年版，第33页。

章、政策后，归集的申请人申请集体土地所有权登记的情形主要有：① 基于县级以上人民政府确认集体土地所有权的证明取得的集体土地所有权；② 基于县级以上人民政府或其相关行政主管部门的批准文件、处理决定取得的集体土地所有权；③ 基于县级以上人民政府国土资源行政主管部门（现自然资源行政主管部门）的调解书取得的集体土地所有权；④ 基于人民法院生效的判决书、裁定书或者调解书取得的集体土地所有权；⑤ 基于土地改革时颁发的土地所有证取得的集体土地所有权；⑥ 基于实施《六十条》（即《农村人民公社工作条例（修正草案）》）时的确认证明取得的集体土地所有权；⑦ 基于连续使用其他农民集体所有的土地已满二十年的证明取得的集体土地所有权；⑧ 基于乡（镇）或村修建并管理的道路、水利设施取得的集体土地所有权；⑨ 乡（镇）或村办企事业单位基于《六十条》实施前使用土地取得的集体土地所有权；⑩ 基于一九六二年九月二十七日至一九八二年二月十三日间签订的用地协议取得的集体土地所有权；⑪ 基于一九六二年九月二十七日至一九八二年二月十三日间经县、乡、村批准或同意调整（补偿）土地取得的集体土地所有权；⑫ 基于一九六二年九月二十七日至一九八二年二月十三日间购买房屋取得的集体土地所有权；⑬ 基于一九六二年九月二十七日至一九八二年二月十三日间原集体企事业单位体制变更取得的集体土地所有权等。笔者拟对申请人基于不同情形取得的集体土地所有权申请首次登记时应当提交的材料作阐释。

一、基于县级以上人民政府确认集体土地所有权的证明申请的首次登记收件

1. 登记申请书；
2. 申请人的身份证明；
3. 县级以上人民政府确认集体土地所有权的证明；
4. 宗地权籍调查表、宗地图以及载明宗地界址点坐标的材料；
5. 其他必要材料。

说明和理由：

1. 登记申请书

《不动产登记暂行条例》第十五条规定，当事人或者其代理人应当向不动产登记机构申请不动产登记。在不动产登记实务中，《不动产登记暂行条例实施细则》第九条第一款规定，申请不动产登记的，申请人应当填写登记申请书，并提交身份证明以及相关申请材料。《不动产登记操作规范（试行）》1.7.1条第一款规定："依申请的不动产登记应当按下列程序进行：（一）申请；（二）

第二章 集体土地所有权登记收件

受理；（三）审核；（四）登簿。"据此可知，一般情形下，申请是不动产登记启动的前置条件，登记机构受理申请后，不动产登记程序正式启动，未经申请人申请，不动产登记不得启动。换言之，未经申请人申请，登记机构原则上不得办理不动产登记。登记申请书是权利人启动不动产登记的证明，具体到集体土地所有权登记亦然，更是申请人申请集体土地所有权登记时应当提交的材料。

登记申请被登记机构受理后，直接决定登记机构的审核范围，即登记机构只能根据申请登记的不动产权利或其他有关事项，结合申请人提交的相应的证明材料进行审核、判定，具体到申请人申请集体土地所有权登记，登记机构只能以集体土地所有权为审查对象，并审核与之相关的证明材料，不能要求申请人提交与之无关的材料并对其进行审核，更不能将其他不动产权利登记在申请人名下。

《不动产登记暂行条例》第十四条第二款第（一）项规定，尚未登记的不动产首次申请登记的，可以由当事人单方申请。该条例第八条第三款规定："不动产登记簿应当记载以下事项：（一）不动产的坐落、界址、空间界限、面积、用途等自然状况；（二）不动产权利的主体、类型、内容、来源、期限、权利变化等权属状况；（三）涉及不动产权利限制、提示的事项；（四）其他相关事项。"在不动产登记实务中，《国土资源部关于启用不动产登记簿证样式（试行）的通知》（国土资发〔2015〕25号）附《不动产登记簿样式及使用填写说明》规定，登记簿应当记载的集体土地所有权的内容有：权利人、权利人的证件种类及号码、共有情况、权利人类型、不动产类型、登记类型、登记原因、土地坐落、土地面积、土地的不动产单元号码、权利类型、权利设定方式、空间坐标、位置说明或者四至描述、附图等。因此，集体土地所有权首次登记申请书由权利人单方出具，登记申请书应当载明：权利人——某乡（或村、村民小组）农民集体；权利人的证件类型及号码；不动产类型——土地；宗地坐落；宗地面积；宗地的不动产单元号码；权利人类型——其他；登记类型——首次登记；登记原因——行政确认；权利类型——集体土地所有权；权利设定方式——地表（或地下、地上）；共有情况等。

2. 申请人的身份证明

在不动产登记实务中，《不动产登记暂行条例实施细则》第九条第一款规定，申请不动产登记的，申请人应当填写登记申请书，并提交身份证明以及相关申请材料。据此可知，申请人的身份证明是申请人申请不动产登记时应当提交的材料。该实施细则第二十九条规定，集体土地所有权登记，依照下列规定提出申请：（一）土地属于村农民集体所有的，由村集体经济组织代为申请，没有集体经济组织的，由村民委员会代为申请；（二）土地分别属于村内两个以上农民集体所有的，由村内各集体经济组织代为申请，没有集体经济组织的，由村民小组代为申请；（三）土地属于乡（镇）农民集体所有的，由乡（镇）集体经济组织代为申请。据此可知，集体土地所有权登记的申请人为农村集体经济组织。村及村以下农民集体所有的土地，在没有农村集体经济组织的情形下，由该集体土地所在地的村民委员会、村民小组代为申请登记。

　　对农村集体经济组织，虽然在《土地管理法》《土地承包法》《村民委员会组织法》等法律、法规中都有提及，但只是概念性的提及，并没有定义性或定性性的规定。《村民委员会组织法》第二条和第二十八条规定，村民委员会、村民小组分别是村、村民小组的农村村民自治组织，代表本级集体经济组织管理财产。乡（镇）人民政府则是我国宪法规定的基层政权，也不是集体经济组织。笔者据此认为，由村民小组、村、乡（镇）等以农村集体资产组建的农民专业合作社或其他生产经营性的组织才是农村集体经济组织。因此，集体土地所有权登记的申请人原则上为各类农民专业合作社或其他生产经营性的组织。

　　《农民专业合作社登记管理条例》第三条规定，农民专业合作社经登记机关依法登记，领取农民专业合作社法人营业执照，取得法人资格。据此可知，营业执照是农民专业合作社的身份证明。《民法典》第九十九条规定，农村集体经济组织依法取得法人资格。法律、行政法规对农村集体经济组织有规定的，依照其规定。申言之，一般情形下，营业执照或其他法人登记证明是农村集体经济组织的身份证明。

　　《民法典》第一百零一条第一款规定，居民委员会、村民委员会具有基层群众性自治组织法人资格，可以从事为履行职能所需要的民事活动。《村民委员会组织法》第三条第二款、第三款规定，村民委员会的设立、撤销、范围调整，由乡、民族乡、镇的人民政府提出，经村民会议讨论同意，报县级人民政府批准。村民委员会可以根据村民居住状况、集体土地所有权关系等分设若干村民小组。据此可知，村民委员会的设立、撤销，由县级人民政府决定，村民小组的设立由村民委员会决定。因此，村民委员会代为申请集体土地所有权登记时，提交的身份证明为法人登记证明或县级人民政府为其出具的身份证明。村民小组代为申请集体土地所有权登记时，提交的身份证明为其所在地村民委员会出具的证明，如某村民小组为我村所属的村民小组等。

　　3. 县级以上人民政府确认集体土地所有权的证明

　　《确定土地所有权和使用权的若干规定》第二条第一款规定，土地所有权和使用权由县级以上人民政府确定，土地管理部门具体承办。据此可知，县级以

第二章 集体土地所有权登记收件

上人民政府是集体土地所有权归属的确认机关，其出具的集体土地所有权确认证明，是权利人享有此集体土地所有权的凭证，是当然的《不动产登记暂行条例实施细则》第三十条第（一）项规定的"土地权属来源材料"，也是申请人申请集体土地所有权首次登记时应当提交的材料。

4. 宗地权籍调查表、宗地图以及载明宗地界址点坐标的材料

《不动产登记暂行条例》第八条第一款规定，不动产以不动产单元为基本单位进行登记。在不动产登记实务中，《不动产登记暂行条例实施细则》第五条第二款规定，没有房屋等建筑物、构筑物以及森林、林木定着物的，以土地、海域权属界线封闭的空间为不动产单元。该实施细则第六条规定，不动产登记簿以宗地或者宗海为单位编成，一宗地或者一宗海范围内的全部不动产单元编入一个不动产登记簿。概言之，土地的不动产单元是宗地，宗地是不动产登记簿编制的基础，也是不动产登记的基本单位。据此可知，申请人申请集体土地所有权登记时，应当以宗地为不动产单元，故申请人申请集体土地所有权登记时，提交的是以宗地为单位的宗地权籍调查表、宗地图以及载明宗地界址点坐标的材料。

按前述《不动产登记暂行条例》第八条第三款规定和《国土资源部关于启用不动产登记簿证样式（试行）的通知》（国土资发〔2015〕25号）附《不动产登记簿样式及使用填写说明》规定，集体土地的坐落、界址、空间界限、面积、空间坐标、位置说明或者四至描述、附图等是登记簿应当记载或应当附上的集体土地所有权的内容，记载的这些内容从空间上、地域上明确宗地的所有权归属。因此，《不动产登记暂行条例实施细则》第三十条第（二）项规定，申请人申请集体土地所有权登记时应当向登记机构提交记载有这些内容的宗地权籍调查表、宗地图以及载明宗地界址点坐标的材料。但是，这些信息具有很强的专业性和技术性，普通的申请人无法自行完成，需要有资质的专业机构通过专业手段获取，为此，申请人向登记机构提交的宗地权籍调查表、宗地图以及宗地界址点坐标凭证应当由具有资质的专业机构根据《不动产权籍调查技术方案（试行）》的规定出具。

5. 其他必要材料

《民法典》第二百一十二条第二款规定，申请登记的不动产的有关情况需要进一步证明的，登记机构可以要求申请人补充材料，必要时可以实地查看。在不动产登记实务中，《不动产登记暂行条例实施细则》的规定在具体列举了各种类型的登记收件的同时，也授权登记机构根据审核需要可以要求申请人补充必要的材料，具体表述是"其他必要材料"。因此，这是一个授权性的规定。

法律和规章之所以作授权性的规定，是因为随着社会经济和文化的快速、多元化发展，在登记实务中难免出现一些新情况，如果不授权，新情况出现时，登记机构层层请示，不利于工作的开展。授权给登记机构，让登记机构根据实际情况和当地的善良风俗，在法律、法规许可的范围内灵活、机动地解决问题。当然，授权性规定不能滥用，启用时以有利于查明申请登记的不动产权利或其他有关事项的合法、真实、有效为原则。

二、基于县级以上人民政府或其相关行政主管部门的批准文件、处理决定申请的首次登记收件

1. 登记申请书；
2. 申请人的身份证明；
3. 县级以上人民政府或其相关行政主管部门赋予当事人集体土地所有权的批准文件、处理决定；
4. 宗地权籍调查表、宗地图以及载明宗地界址点坐标的材料；
5. 其他必要材料。

说明和理由：

1. 登记申请书

登记申请书应当载明：权利人——某乡（或村、村民小组）农民集体；权利人的身份证明类型及号码；不动产类型——土地；宗地坐落；宗地面积；宗地的不动产单元号码；权利人类型——其他；登记类型——首次登记；登记原因——行政批准或行政处理决定；权利类型——集体土地所有权；权利设定方式——地表（或地下、地上）；共有情况等。

2. 县级以上人民政府或其相关行政主管部门赋予当事人集体土地所有权的批准文件、处理决定

《土地管理法》第十四条第一款和第二款规定，土地所有权和使用权争议，由当事人协商解决；协商不成的，由人民政府处理。单位之间的争议，由县级以上人民政府处理；个人之间、个人与单位之间的争议，由乡级人民政府或者县级以上人民政府处理。《确定土地所有权和使用权的若干规定》第二条第二款规定，土地权属争议，由土地管理部门提出处理意见，报人民政府下达处理决定或报人民政府批准后由土地管理部门下达处理决定。据此可知，以集体经济组织为单位的关于集体土地所有权归属的争议，在协商不成时，由县级以上人民政府作出关于土地权属的处理决定，或县级以上人民政府批准其土地管理部门（现自然资源管理部门）的处理决定后，由该土地管理部门（现自然资源

第二章 集体土地所有权登记收件

管理部门）直接向当事人出具处理决定。因此，在不动产登记实务中，县级以上人民政府关于土地权属的处理决定，登记机构应当直接用作登记的证据材料；如果是县级以上人民政府的土地管理部门（现自然资源管理部门）出具的土地权属处理决定，则须与县级以上人民政府同意该决定的批准文件组合后才可以用作登记的证据材料。县级以上人民政府或其相关行政主管部门赋予当事人集体土地所有权的批准文件、处理决定，是当然的《不动产登记暂行条例实施细则》第三十条第（一）项规定的"土地权属来源材料"，也是申请人申请集体土地所有权首次登记时应当提交的材料。

三、基于县级以上人民政府自然资源行政主管部门的调解书申请的首次登记收件

1. 登记申请书；
2. 申请人的身份证明；
3. 县级以上人民政府自然资源行政主管部门出具的载明集体土地所有权归属的调解书；
4. 宗地权籍调查表、宗地图以及载明宗地界址点坐标的材料；
5. 其他必要材料。

说明和理由：

1. 登记申请书

登记申请书应当载明：权利人——某乡（或村、村民小组）农民集体；权利人的身份证明类型及号码；不动产类型——土地；宗地坐落；宗地面积；宗地的不动产单元号码；权利人类型——其他；登记类型——首次登记；登记原因——行政调解；权利类型——集体土地所有权；权利设定方式——地表（或地下、地上）；共有情况等。

2. 县级以上人民政府自然资源行政主管部门出具的载明集体土地所有权归属的调解书

《土地权属争议调查处理办法》第四条规定，县级以上国土资源行政主管部门负责土地权属争议案件的调查和调解工作。该办法第二十三条规定，国土资源行政主管部门对受理的争议案件，应当在查清事实、分清权属关系的基础上先行调解，促使当事人以协商方式达成协议。该办法第二十五条规定，调解书经双方当事人签名或者盖章，由承办人署名并加盖国土资源行政主管部门的印章后生效。生效的调解书具有法律效力，是土地登记的依据。据此可知，土地权属争议案件的调查和调解是县级以上人民政府国土资源行政主管部门（现自

然资源行政主管部门）的职责，当事人在县级以上人民政府国土资源行政主管部门（现自然资源行政主管部门）调解下达成的调解协议，经其承办人签名并加盖该国土资源行政主管部门（现自然资源行政主管部门）公章或调解专用章后，具有法律效力，是土地登记的证据材料。因此，县级以上人民政府自然资源行政主管部门出具的载明集体土地所有权归属的调解书，是当然的《不动产登记暂行条例实施细则》第三十条第（一）项规定的"土地权属来源材料"，也是申请人申请集体土地所有权首次登记时应当提交的材料。

四、基于人民法院生效的判决、裁定或者调解书申请的首次登记收件

1. 登记申请书；
2. 申请人的身份证明；
3. 人民法院生效的载明集体土地所有权归属的判决书、裁定书、调解书；
4. 宗地权籍调查表、宗地图以及载明宗地界址点坐标的材料；
5. 其他必要材料。

说明和理由：

1. 登记申请书

登记申请书应当载明：权利人——某乡（或村、村民小组）农民集体；权利人的身份证明类型及号码；不动产类型——土地；宗地坐落；宗地面积；宗地的不动产单元号码；权利人类型——其他；登记类型——首次登记；登记原因——判决（裁定、民事调解书）；权利类型——集体土地所有权；权利设定方式——地表（或地下、地上）；共有情况等。

2. 人民法院生效的载明集体土地所有权归属的判决书、裁定书

《民法典》第二百二十九条规定，因人民法院、仲裁机构的法律文书或者人民政府的征收决定等，导致物权设立、变更、转让或者消灭的，自法律文书或者征收决定等生效时发生效力。质言之，基于人民法院、仲裁机构生效的法律文书取得的不动产物权，自该法律文书生效时起，权利人无须登记即依法、及时享有该不动产的物权，即生效的法律文书，是权利人享有不动产物权的权利凭证，而非权利来源的凭证。但是，人民法院、仲裁机构生效的法律文书，必须是针对不动产物权的设立和变动作出的判决、裁定或裁决[①]。因此，人民法院生效的载明集体土地所有权归属的判决书、裁定书是当事人取得集体土地所有

---

① 王利明、尹飞、程啸：《中国物权法教程》，人民法院出版社2007年版，第81页。

第二章 集体土地所有权登记收件

权的证明，属于当然的《不动产登记暂行条例实施细则》第三十条第（一）项规定的"土地权属来源材料"，也是申请人申请集体土地所有权首次登记时应当提交的材料。

《民事诉讼法》第十条规定，人民法院审理民事案件，依照法律规定实行两审终审制度。该法第一百五十五条规定，最高人民法院的判决、裁定，以及依法不准上诉或者超过上诉期没有上诉的判决、裁定，是发生法律效力的判决、裁定。该法第一百七十五条规定，第二审人民法院的判决、裁定，是终审的判决、裁定。据此可知，诉讼程序中，最高人民法院出具的判决书、裁定书和二审人民法院出具的终审判决书、终审裁定书是生效的判决书、裁定书，登记机构可直接用作登记的证据材料。一审人民法院出具的初审判决书须附该法院出具的生效证明后才可以用作登记的证据材料。

在司法实务中，最高人民法院、国土资源部、建设部《关于依法规范人民法院执行和国土资源房地产管理部门协助执行若干问题的通知》（法发〔2004〕5号）第二十七条规定，人民法院制作的土地使用权、房屋所有权转移裁定送达权利受让人时即发生法律效力，人民法院应当明确告知权利受让人及时到国土资源、房地产管理部门申请土地、房屋权属变更、转移登记。据此可知，人民法院在执行程序中出具的裁定书，自送达权利受让人时即发生法律效力，即权利人申请不动产登记时提交的执行裁定书，登记机构应当直接用作登记的证据材料。

3. 人民法院生效的载明集体土地所有权归属的调解书

《民事诉讼法》第九十七条第一款规定，调解达成协议，人民法院应当制作调解书。调解书应当写明诉讼请求、案件的事实和调解结果。质言之，民事调解书属于协议，即民事调解书属于法律行为。在司法实务中，人民法院在民事调解书尾部的确认意见，一般表述为"当事人达成的上述协议，并不违反法律规定，本院予以确认"。据此可知，人民法院是对在其主持调解下达成的解决纠纷的协议内容予以确认。因此，即使载明物权归属的民事调解书，也有别于确认物权归属的判决书、裁定书。因此，属于协议的民事调解书本质上是法律行为。《民法典》第一百三十三条规定，民事法律行为是民事主体通过意思表示设立、变更、终止民事法律关系的行为。据此可知，民事法律关系，是指由民法规范的，以民事权利和义务为内容的关系[①]，故法律行为是设立民事权利的原因。因此，人民法院出具的载明集体土地所有权归属的民事调解书，是当事人设立集体土地所有权的原因。《民法典》第二百零九条第一款规定，不动产物权的设

[①] 王利明：《民法学》，复旦大学出版社2004年版，第29页。

立、变更、转让和消灭，经依法登记，发生效力；未经登记，不发生效力，但是法律另有规定的除外。质言之，一般情形下，基于法律行为设立的不动产物权，自记载于登记簿时起生效。据此可知，基于人民法院出具的载明集体土地所有权归属的民事调解书设立的集体土地所有权自记载于登记簿时生效。因此，人民法院出具的载明集体土地所有权归属的民事调解书属于当然的《不动产登记暂行条例实施细则》第三十条第（一）项规定的"土地权属来源材料"，也是申请人申请集体土地所有权首次登记时应当提交的材料。

《民事诉讼法》第九十七条第三款规定，调解书经双方当事人签收后，即具有法律效力。据此可知，调解书自双方当事人在人民法院的送达回证上签收后才发生法律效力。在司法实务中，《最高人民法院关于人民法院民事调解工作若干问题的规定》（法释〔2004〕12号）第十三条规定，根据民事诉讼法第九十条第一款第（四）项规定，当事人各方同意在调解协议上签名或者盖章后生效，经人民法院审查确认后，应当记入笔录或者将协议附卷，并由当事人、审判人员、书记员签名或者盖章后即具有法律效力。当事人请求制作调解书的，人民法院应当制作调解书送交当事人。据此可知，当事人在庭审笔录上的调解协议上签名或者盖章后，人民法院才制作调解书，但此调解书已经是生效的调解书。因此，在不动产登记实务中，如果民事调解书载明"本调解书自双方当事人签收后生效"的，则此调解书须与双方当事人签收调解书的人民法院的送达回证复印件组合后方可用作登记的证据材料。如果民事调解书载明"本调解书自双方当事人签名或者盖章时起生效"的，则此调解书已经生效，登记机构可直接用作登记的证据材料。

五、基于土地改革时颁发的土地所有证申请的首次登记收件

1. 登记申请书；
2. 申请人的身份证明；
3. 土地改革时颁发的土地所有证和土地所有证上的权利人是申请人集体经济组织成员的证明；
4. 宗地权籍调查表、宗地图以及载明宗地界址点坐标的材料；
5. 其他必要材料。

说明和理由：

1. 登记申请书

登记申请书应当载明：权利人——某乡（或村、村民小组）农民集体；权利人的身份证明类型及号码；不动产类型——土地；宗地坐落；宗地面积；宗地的

第二章 集体土地所有权登记收件

不动产单元号码；权利人类型——其他；登记类型——首次登记；登记原因——土地所有证；权利类型——集体土地所有权；权利设定方式——地表（或地下、地上）；共有情况等。

2. 土地改革时颁发的土地所有证和土地所有证上的权利人是申请人集体经济组织成员的证明

我国于1950年6月颁布实施的《土地改革法》第十条规定，所有没收和征收得来的土地和其他生产资料，除本法规定收归国家所有者外，均由乡农民协会接收，统一地、公平合理地分配给无地少地及缺乏其他生产资料的贫苦农民所有。该法第二十八条规定，为加强人民政府对土地改革工作的领导，在土地改革期间，县以上各级人民政府，经人民代表大会议推选或上级人民政府委派适当数量的人员，组织土地改革委员会，负责指导和处理有关土地改革的各项事宜。该法第三十条规定，土地改革完成后，由人民政府发给土地所有证，并承认一切土地所有者自由经营、买卖及出租其土地的权利。土地制度改革以前的土地契约，一律作废。据此可知，土地所有证是由县级以上人民政府向农民发放的表明其享有土地所有权的凭证。按《确定土地所有权和使用权的若干规定》第十九条规定，土地改革时分给农民并颁发了土地所有证的土地，属于农民集体所有。据此可知，农民基于土改时颁发的土地所有证享有的土地所有权归其现时所在的集体经济组织农民集体所有，换言之，农民基于土地改革时颁发的土地所有证，是其现时所在的集体经济组织的农民集体享有该土地所有权的凭证，属于当然的《不动产登记暂行条例实施细则》第三十条第（一）项规定的"土地权属来源材料"，也是申请人申请集体土地所有权首次登记时应当提交的材料。

土地所有证上的权利人是申请人集体经济组织成员的证明，为该权利人或对其遗产享有继承权的继承人现时的户籍证明。若对其遗产享有继承权的继承人属于不同的集体经济组织成员，由此导致集体土地所有权争执时，通过向县级以上人民政府申请集体土地所有权确认程序解决，权利人再凭人民政府的确认证明申请集体土地所有权登记。

特别说明：

以行政行为的方式方法为分类标准，可以将行政行为分为抽象行政行为和具体行政行为，这是行政行为最重要的分类之一。抽象行政行为是指行政机关在依法行使职权过程中，针对非特定对象制定的可以反复适用的法规规章及其他具有普遍约束力的规范性文件的行为①。行政行为是一种法律行为,行政行为的成立将产生法律效果。法律效果是指主体通过意志所设定、变更或消灭某种权利义务关系②。据此可知,《确定土地所有权和使用权的若干规定》是《国家土地管理局关于印发〈确定土地所有权和使用权的若干规定〉的通知》(〔1995〕国土〔籍〕字第 26 号)发布实施的规范性文件,属于原国家土地管理局实施的抽象行政行为。《确定土地所有权和使用权的若干规定》第十九条规定"土地改革时分给农民并颁发了土地所有证的土地,属于农民集体所有……",其中的措辞"属于"农民集体所有,是原国家土地管理局通过实施抽象行政行为的方式,将农民持有的土地改革时颁发的土地所有证载明的土地所有权,直接确认给该农民所在的集体经济组织享有的法律效果,无须再以具体行政行为确认该土地权属。因此,土地改革时颁发的土地所有证可以直接作为登记的证据材料。该规定中,其他情形下,土地所有权"属于"农民集体的,原理与此相同。

六、基于实施《六十条》时生产队的设立证明申请的首次登记收件

1. 登记申请书;
2. 申请人的身份证明;
3. 实施《六十条》时生产队的设立证明;
4. 宗地权籍调查表、宗地图以及载明宗地界址点坐标的材料;
5. 其他必要材料。

说明和理由:

1. 登记申请书

登记申请书应当载明:权利人——村民小组农民集体;权利人的身份证明类型及号码;不动产类型——土地;宗地坐落;宗地面积;宗地的不动产单元号码;权利人类型——其他;登记类型——首次登记;登记原因——生产队的设立证明;权利类型——集体土地所有权;权利设定方式——地表(或地下、地上);共有情况等。

2. 申请人的身份证明

基于实施《六十条》时生产队的设立证明取得的集体土地所有权由村民小组或村民小组以其集体财产举办的集体经济组织代为申请登记,因此,申请人的身份证明为村民小组所在地村民委员会出具的身份证明,或相应的集体经济组织的营业执照。

---

① 马怀德:《行政法学》,中国政法大学出版社 2007 年版,第 101 页。
② 王连昌、马怀德:《行政法学》,中国政法大学出版社 2002 年版,第 111 页。

第二章 集体土地所有权登记收件

3. 实施《六十条》时生产队的设立证明

1962年9月颁布实施的《农村人民公社工作条例（修正草案）》（简称《六十条》）第二条规定，人民公社的基本核算单位是生产队。根据各地方的不同情况，人民公社的组织，可以是两级，即公社和生产队，也可以是三级，即公社、生产大队和生产队。该条例第二十一条第一款规定，生产队范围内的土地，都归生产队所有。生产队所有的土地，包括社员的自留地、自留山、宅基地等等，一律不准出租和买卖。据此可知，《六十条》的规定，确认了生产队是人民公社的核算单位，也确认了生产队范围内的土地归该生产队所有。按《确定土地所有权和使用权的若干规定》第十九条规定，实施《六十条》时确定为集体所有的土地，属农民集体所有。因此，实施《六十条》时，人民公社关于生产队设立的证明是该生产队享有其范围内的土地所有权的凭证，属于当然的《不动产登记暂行条例实施细则》第三十条第（一）项规定的"土地权属来源材料"，也是申请人申请集体土地所有权首次登记时应当提交的材料。

人民公社关于生产队设立的证明，一是当时设立生产队的档案材料复印件或复制件，生产队名称有变化的，应当与该生产队现时所在乡（镇）人民政府出具的名称变化证明组合使用；二是该生产队现时所在乡（镇）人民政府出具的设立证明，但该证明中应当载明生产队的设立时间，生产队名称有变化的应当载明名称变化情况等。

七、基于连续使用其他农民集体所有的土地已满二十年的证明申请的首次登记收件

1. 登记申请书；
2. 申请人的身份证明；
3. 申请人连续使用其他农民集体所有的土地已满二十年的证明；
4. 宗地权籍调查表、宗地图以及载明宗地界址点坐标的材料；
5. 其他必要材料。

说明和理由：

1. 登记申请书

登记申请书应当载明：权利人——村民小组（村或乡、镇）农民集体；权利人的身份证明类型及号码；不动产类型——土地；宗地坐落；宗地面积；宗地的不动产单元号码；权利人类型——其他；登记类型——首次登记；登记原因——连续使用期间届满；权利类型——集体土地所有权；权利设定方式——地表（或地下、地上）；共有情况等。

2. 申请人连续使用其他农民集体所有的土地已满二十年的证明

《确定土地所有权和使用权的若干规定》第二十一条规定，农民集体连续使用其他农民集体所有的土地已满二十年的，应视为现使用者所有。据此可知，申请人连续使用其他农村集体经济组织农民集体所有的土地已满二十年的，该土地归申请人所有。因此，申请人连续使用其他农民集体所有的土地已满二十年的证明，是其享有土地所有权的权源凭证，属于当然的《不动产登记暂行条例实施细则》第三十条第（一）项规定的"土地权属来源材料"，也是申请人申请集体土地所有权首次登记时应当提交的材料。

申请人连续使用其他农民集体所有的土地已满二十年的证明，一是申请人与其他农村集体经济组织当时签订的用地合同（协议）或其他相关材料；二是申请人所在地乡（镇）人民政府出具的申请人连续使用其他农民集体所有的土地已满二十年的证明，该证明须载明申请人使用该地的原因和始期。

八、基于乡（镇）或村修建并管理的道路、水利设施的证明申请的首次登记收件

1. 登记申请书；
2. 申请人的身份证明；
3. 乡（镇）或村修建并管理的道路、水利设施的证明；
4. 道路、水利设施占用集体土地的证明；
5. 宗地权籍调查表、宗地图以及载明宗地界址点坐标的材料；
6. 其他必要材料。

注：申请人提交的第 3 项材料中包括第 4 项材料的，无须再单独提交第 4 项材料。

说明和理由：

1. 登记申请书

登记申请书应当载明：权利人——乡（镇）或村农民集体；权利人的身份证明类型及号码；不动产类型——土地；宗地坐落；宗地面积；宗地的不动产单元号码；权利人类型——其他；登记类型——首次登记；登记原因——道路占地（或水利设施占地）；权利类型——集体土地所有权；权利设定方式——地表（或地下、地上）；共有情况等。

2. 申请人的身份证明

基于乡（镇）或村修建并管理的道路、水利设施取得的集体土地所有权，由乡（镇）或村的集体经济组织代为申请登记。村级没有集体经济组织的，由

第二章 集体土地所有权登记收件

村民委员会代为申请登记,因此,申请人提交的身份证明为集体经济组织的营业执照、村民委员会的法人登记证明或县级人民政府为村民委员会出具的身份证明。

3. 乡(镇)或村修建并管理的道路、水利设施的证明

《确定土地所有权和使用权的若干规定》第二十二条规定,乡(镇)或村在集体所有的土地上修建并管理的道路、水利设施用地,分别属于乡(镇)或村农民集体所有。据此可知,乡(镇)或村修建并管理的道路、水利设施占用的集体土地,属于该乡(镇)或村农民集体所有。因此,乡(镇)或村修建并管理的道路、水利设施的证明是其享有该道路、水利设施占用范围内的集体土地所有权的权源凭证,属于当然的《不动产登记暂行条例实施细则》第三十条第(一)项规定的"土地权属来源材料",也是申请人申请集体土地所有权首次登记时应当提交的材料。

(1)乡(镇)或村修建并管理的道路的证明。

乡(镇)或村修建并管理的道路的证明,一是乡(镇)或村修建并管理的道路的历史档案材料复印件、复制件;二是县级以上人民政府交通行政主管部门出具的证明。《农村公路建设管理办法》第二条第二款规定,农村公路,包括县道、乡道和村道。该办法第七条第三款规定,设区的市和县级人民政府交通主管部门依据职责负责本行政区域内农村公路建设的组织和管理。据此可知,县级以上人民政府交通行政主管部门是乡(镇)或村道路建设的主管部门,乡(镇)或村修建并管理的道路的证明可以由其出具。

(2)乡(镇)或村修建并管理的水利设施的证明。

乡(镇)或村修建并管理的水利设施的证明,一是乡(镇)或村修建并管理的水利设施的历史档案材料复印件、复制件;二是县级以上人民政府水行政主管部门出具的证明。《农田水利条例》第四条第二款和第三款规定,县级以上地方人民政府水行政主管部门负责本行政区域农田水利的管理和监督工作。乡镇人民政府应当协助上级人民政府及其有关部门做好本行政区域农田水利工程建设和运行维护等方面的工作。据此可知,县级以上人民政府水行政主管部门是水利设施建设的行政主管部门,因此乡(镇)或村修建并管理的水利设施的证明可以由其出具。

4. 道路、水利设施占用集体土地的证明

道路、水利设施占用集体土地的证明,主要指乡(镇)或村修建道路、水利设施时,就道路、水利设施占地与相关的农村集体经济组织签订的用地协议、合同或其他相关的用地证明等。

九、乡（镇）或村办企事业单位基于《六十条》实施前使用土地的证明申请的首次登记收件

1. 登记申请书；
2. 申请人的身份证明；
3. 乡（镇）或村办企事业单位基于《六十条》实施前使用土地的证明；
4. 宗地权籍调查表、宗地图以及载明宗地界址点坐标的材料；
5. 其他必要材料。

说明和理由：

1. 登记申请书

登记申请书应当载明：权利人——乡（或镇、村）农民集体；权利人的身份证明类型及号码；不动产类型——土地；宗地坐落；宗地面积；宗地的不动产单元号码；权利人类型——其他；登记类型——首次登记；登记原因——历史使用土地；权利类型——集体土地所有权；权利设定方式——地表（或地下、地上）；共有情况等。

2. 申请人的身份证明

乡（镇）或村办企事业单位基于《六十条》实施前使用土地取得的集体土地所有权，由乡（镇）或村的集体经济组织代为申请登记。村级没有集体经济组织的，由村民委员会代为申请登记，因此，申请人提交的身份证明为集体经济组织的营业执照，或村民委员会的法人登记证明、县级人民政府为村民委员会出具的身份证明。

3. 乡（镇）或村办企事业单位基于《六十条》实施前使用土地的证明

《确定土地所有权和使用权的若干规定》第二十三条第一句规定，乡（镇）或村办企事业单位使用的集体土地，《六十条》公布以前使用的，分别属于该乡（镇）或村农民集体所有。据此可知，乡（镇）或村办企事业单位基于《六十条》实施前使用的土地，现时归该乡（镇）或村办企事业单位对应的乡（镇）或村农民集体所有。因此，乡（镇）或村办企事业单位成立的证明是其享有现时使用的集体土地所有权的权源凭证，属于当然的《不动产登记暂行条例实施细则》第三十条第（一）项规定的"土地权属来源材料"，也是申请人申请集体土地所有权首次登记时应当提交的材料。

1958年12月10日，中国共产党第八届中央委员会第六次全体会议通过的《关于人民公社若干问题的决议》中载明，工农商学兵各项事业（其中的农又包

第二章 集体土地所有权登记收件

括农林牧副渔五业），在公社的统一领导下，得到了密切的结合和迅速的发展，特别是成千成万的小工厂在农村中雨后春笋般地兴建了起来；公社适应广大群众的迫切要求，创办了大量的公共食堂、托儿所、幼儿园、敬老院等集体福利事业，……人民公社应当实行统一领导、分级管理的制度。公社的管理机构，一般可以分为公社管理委员会、管理区（或生产大队）、生产队三级。管理区（或生产大队）一般是分片管理工农商学兵、进行经济核算的单位，盈亏由公社统一负责。生产队是组织劳动的基本单位。……据此可知，1962年9月实施《六十条》前，公社、大队就已经举办有企业或事业单位，因此，乡（镇）或村办企事业单位成立的证明，由该企事业单位所在地乡（镇）人民政府出具，关系到乡（镇）或村区域调整的，证明中应当载明调整情况。

十、基于一九六二年九月二十七日至一九八二年二月十三日间签订的用地协议申请的首次登记收件

1. 登记申请书；
2. 申请人的身份证明；
3. 乡（镇）或村办企事业单位于一九六二年九月二十七日至一九八二年二月十三日间与其他集体经济组织签订的用地协议；
4. 宗地权籍调查表、宗地图以及载明宗地界址点坐标的材料；
5. 其他必要材料。

说明和理由：

1. 登记申请书

登记申请书应当载明：权利人——乡（或镇、村）农民集体；权利人的身份证明类型及号码；不动产类型——土地；宗地坐落；宗地面积；宗地的不动产单元号码；权利人类型——其他；登记类型——首次登记；登记原因——用地协议；权利类型——集体土地所有权；权利设定方式——地表（或地下、地上）；共有情况等。

2. 申请人的身份证明

乡（镇）或村办企事业单位基于一九六二年九月二十七日至一九八二年二月十三日间签订的用地协议取得的集体土地所有权，由乡（镇）或村的集体经济组织代为申请登记。村级没有集体经济组织的，由村民委员会代为申请登记，因此，申请人提交的身份证明为集体经济组织的营业执照，或村民委员会的法人登记证明、县级人民政府为村民委员会出具的身份证明。

3. 乡（镇）或村办企事业单位于一九六二年九月二十七日至一九八二年二月十三日间与其他集体经济组织签订的用地协议

按《确定土地所有权和使用权的若干规定》第二十三条规定，乡（镇）或村办企事业单位在《六十条》公布时起至一九八二年国务院《村镇建房用地管理条例》发布时止使用的集体土地，签订过用地协议的（不含租借），分别属于该乡（镇）或村农民集体所有。据此可知，乡（镇）或村办企事业单位在《六十条》公布时起至一九八二年国务院《村镇建房用地管理条例》发布时止之间，与其他农村集体经济组织签订的用地协议（不含租借），并使用该协议载明的集体土地至今的，此集体土地的所有权属于该乡（镇）或村办企事业单位对应的乡（镇）或村农民集体。因此，乡（镇）或村办企事业单位于《六十条》公布起至一九八二年国务院《村镇建房用地管理条例》发布时止之间，与其他农村集体经济组织签订的用地协议（不含租借），是其对应的乡（镇）或村农民集体享有集体土地所有权的权源凭证，属于当然的《不动产登记暂行条例实施细则》第三十条第（一）项规定的"土地权属来源材料"，也是申请人申请集体土地所有权首次登记时应当提交的材料。

《农村人民公社工作条例（修正草案）》经中国共产党第八届中央委员会第十次全体会议通过后于一九六二年九月二十七日发布实施。《村镇建房用地管理条例》于一九八二年二月十三日由国务院发布实施。

十一、基于一九六二年九月二十七日至一九八二年二月十三日间经县、乡、村批准或同意调整（补偿）土地的证明申请的首次登记收件

1. 登记申请书；
2. 申请人的身份证明；
3. 乡（镇）或村办企事业单位于一九六二年九月二十七日至一九八二年二月十三日间经县、乡、村批准或同意调整（补偿）土地取得集体土地所有权的证明；
4. 宗地权籍调查表、宗地图以及载明宗地界址点坐标的材料；
5. 其他必要材料。

说明和理由：

1. 登记申请书

登记申请书应当载明：权利人——乡（或镇、村）农民集体；权利人的身份

第二章 集体土地所有权登记收件

证明类型及号码；不动产类型——土地；宗地坐落；宗地面积；宗地的不动产单元号码；权利人类型——其他；登记类型——首次登记；登记原因——土地调整（或补偿）；权利类型——集体土地所有权；权利设定方式——地表（或地下、地上）；共有情况等。

2. 申请人的身份证明

基于一九六二年九月二十七日至一九八二年二月十三日间经县、乡、村批准或同意调整（补偿）土地取得的集体土地所有权，由乡（镇）或村的集体经济组织代为申请登记。村级没有集体经济组织的，由村民委员会代为申请登记，因此，申请人提交的身份证明为集体经济组织的营业执照，或村民委员会的法人登记证明、县级人民政府为村民委员会出具的身份证明。

3. 乡（镇）或村办企事业单位于一九六二年九月二十七日至一九八二年二月十三日间经县、乡、村批准或同意调整（补偿）土地取得集体土地所有权的证明

按《确定土地所有权和使用权的若干规定》第二十三条规定，乡（镇）或村办企事业单位在《六十条》公布时起至一九八二年国务院的《村镇建房用地管理条例》发布时止使用的集体土地，经县、乡（公社）、村（大队）批准或同意，进行了适当的土地调整或者经过一定补偿的，分别属于该乡（镇）或村农民集体所有。据此可知，乡（镇）或村办企事业单位在《六十条》公布时起至一九八二年国务院的《村镇建房用地管理条例》发布时止之间，经县、乡（公社）、村（大队）批准或同意，进行了适当的土地调整或者经过一定补偿，并基于此使用集体土地至今的，此集体土地的所有权属于该乡（镇）或村办企事业单位对应的乡（镇）或村农民集体。因此，乡（镇）或村办企事业单位于《六十条》公布时起至一九八二年国务院的《村镇建房用地管理条例》发布时止之间，县、乡（公社）、村（大队）批准或同意调整土地而使乡（镇）或村办企事业单位使用土地的材料，或者经县、乡（公社）、村（大队）批准或同意，乡（镇）或村办企事业单位对供地的村（大队）、组（生产队）进行补偿后使用土地的材料，是其对应的乡（镇）或村农村集体经济组织享有集体土地所有权的权源凭证，属于当然的《不动产登记暂行条例实施细则》第三十条第（一）项规定的"土地权属来源材料"，也是申请人申请集体土地所有权首次登记时应当提交的材料。

县、乡（公社）、村（大队）批准或同意调整土地而使乡（镇）或村办企事业单位使用土地的材料，主要指当时经过县、乡（公社）、村（大队）批准或同意将供地的村（大队）、组（生产队）的土地调剂给乡（镇）或村办企事

业单位使用的证明。

经县、乡（公社）、村（大队）批准或同意，乡（镇）或村办企事业单位对供地的村（大队）、组（生产队）进行补偿后使用土地的材料，主要指当时经过县、乡（公社）、村（大队）批准或同意，乡（镇）或村办企事业单位对供地的村（大队）、组（生产队）作一次性补偿后使用其土地的证明，或供地的村（大队）、组（生产队）已经享受补偿的证明，如补偿协议、补偿款收据等。

十二、基于一九六二年九月二十七日至一九八二年二月十三日间购买房屋的证明申请的首次登记收件

1. 登记申请书；
2. 申请人的身份证明；
3. 乡（镇）或村办企事业单位于一九六二年九月二十七日至一九八二年二月十三日间购买房屋的证明；
4. 宗地权籍调查表、宗地图以及载明宗地界址点坐标的材料；
5. 其他必要材料。

说明和理由：

1. 登记申请书

登记申请书应当载明：权利人——乡（或村）农民集体；权利人的身份证明类型及号码；不动产类型——土地；宗地坐落；宗地面积；宗地的不动产单元号码；权利人类型——其他；登记类型——首次登记；登记原因——购买房屋；权利类型——集体土地所有权；权利设定方式——地表（或地下、地上）；共有情况等。

2. 申请人的身份证明

基于一九六二年九月二十七日至一九八二年二月十三日间购买房屋取得的集体土地所有权，由乡（镇）或村的集体经济组织申请登记。村级没有集体经济组织的，由村民委员会代为申请登记，因此，申请人提交的身份证明为集体经济组织的营业执照，或村民委员会的法人登记证明、县级人民政府为村民委员会出具的身份证明。

3. 乡（镇）或村办企事业单位于一九六二年九月二十七日至一九八二年二月十三日间购买房屋的证明

按《确定土地所有权和使用权的若干规定》第二十三条规定，乡（镇）或

第二章 集体土地所有权登记收件

村办企事业单位在《六十条》公布时起至一九八二年国务院《村镇建房用地管理条例》发布时止使用的集体土地，购买房屋的，分别属于该乡（镇）或村农民集体所有。据此可知，乡（镇）或村办企事业单位在《六十条》公布时起至一九八二年国务院《村镇建房用地管理条例》发布时止之间，购买其他村（大队）、组（生产队）范围内的房屋，并基于此使用集体土地至今的，此集体土地的所有权属于该乡（镇）或村办企事业单位对应的乡（镇）或村农民集体。因此，乡（镇）或村办企事业单位于《六十条》公布时起至一九八二年国务院《村镇建房用地管理条例》发布时止之间，购买房屋的证明，是其对应的乡（镇）或村集体经济组织享有集体土地所有权的权源凭证，属于当然的《不动产登记暂行条例实施细则》第三十条第（一）项规定的"土地权属来源材料"，也是申请人申请集体土地所有权首次登记时应当提交的材料。

购买房屋的证明，主要指乡（镇）或村办企事业单位与其他村（大队）、组（生产队）范围内的卖方签订的房屋买卖合同、协议、购房款凭证等。

十三、基于一九六二年九月二十七日至一九八二年二月十三日间原集体企事业单位体制变更的证明申请的首次登记收件

1. 登记申请书；
2. 申请人的身份证明；
3. 乡（镇）或村办企事业单位体制于一九六二年九月二十七日至一九八二年二月十三日间发生变更的证明；
4. 宗地权籍调查表、宗地图以及载明宗地界址点坐标的材料；
5. 其他必要材料。

说明和理由：

1. 登记申请书

登记申请书应当载明：权利人——乡（或镇、村）农民集体；权利人的身份证明类型及号码；不动产类型——土地；宗地坐落；宗地面积；宗地的不动产单元号码；权利人类型——其他；登记类型——首次登记；登记原因——体制变更；权利类型——集体土地所有权；权利设定方式——地表（或地下、地上）；共有情况等。

2. 申请人的身份证明

基于一九六二年九月二十七日至一九八二年二月十三日间原集体企事业单位体制变更取得的集体土地所有权，由乡（镇）或村的集体经济组织代为申请登记，村级没有集体经济组织的，由村民委员会代为申请登记。因此，申请人提交的身份证明为集体经济组织的营业执照，或村民委员会的法人登记证明、

县级人民政府为村民委员会出具的身份证明。

3. 乡（镇）或村办企事业单位体制于一九六二年九月二十七日至一九八二年二月十三日间发生变更的证明

按《确定土地所有权和使用权的若干规定》第二十三条规定，乡（镇）或村办企事业单位在《六十条》公布时起至一九八二年国务院《村镇建房用地管理条例》发布时止使用的集体土地，原集体企事业单位体制经批准变更的，分别属于该乡（镇）或村农民集体所有。据此可知，乡（镇）或村办企事业单位在《六十条》公布时起至一九八二年国务院的《村镇建房用地管理条例》发布时止之间，原集体企事业单位体制经批准变更，其使用至今的集体土地的所有权属于该乡（镇）或村办企事业单位对应的乡（镇）或村农民集体。因此，乡（镇）或村办企事业单位于《六十条》公布时起至一九八二年国务院的《村镇建房用地管理条例》发布时止之间，其体制经批准变更的证明，是其对应的乡（镇）或村农民集体享有集体土地所有权的权源凭证，属于当然的《不动产登记暂行条例实施细则》第三十条第（一）项规定的"土地权属来源材料"，也是申请人申请集体土地所有权首次登记时应当提交的材料。

《六十条》第十三条第一款规定，公社管理委员会，在今后若干年内，一般地不办企业。已经举办的企业，不具备正常生产条件的，不受群众欢迎的，应该一律停办。需要保留的企业，应该经过社员代表大会讨论决定，分别情况，转给手工业合作社经营，下放给生产队经营，或者改为个体手工业和家庭副业；个别企业，经过社员代表大会同意，县人民委员会批准，可以由公社继续经营，或者下放给生产大队经营。据此可知，原乡（镇）或村办企事业单位体制的变更，由当时的县人民委员会批准。因此，乡（镇）或村办企事业单位体制变更的证明，主要指当时的县人民委员会准予变更的批文，也可以是现时的县级人民政府或其乡村企业、乡镇事业单位主管部门出具的该乡（镇）或村办企事业单位当时的体制发生变更的证明。

第二节　变更登记收件

集体土地所有权变更登记的定义，法律、行政法规、规章和政策均没有作规定。在不动产登记实务中，《不动产登记暂行条例实施细则》第二十六条第（九）项规定，法律、行政法规规定的其他不涉及不动产权利转移的，当事人可以申请不动产变更登记。笔者据此认为，不动产变更登记，是指记载在登记簿上的不动产物权，权利主体不变，权利内容、权利客体和其他事项发生变更产

第二章 集体土地所有权登记收件

生的登记。申言之,集体土地所有权的变更登记,是指登记簿上记载的集体土地所有权权利主体不变,权利内容、权利客体和其他事项发生变更产生的登记。按《不动产登记暂行条例实施细则》第二十六条规定,申请人申请集体土地所有权变更登记的情形主要有:① 权利人的名称变更;② 集体土地的坐落、界址、面积等状况变更;③ 同一权利人分割或者合并土地。笔者拟根据申请人基于不同情形申请集体土地所有权变更登记时应当提交的材料作阐释。

一、基于权利人名称变更申请的变更登记收件

1. 登记申请书;
2. 申请人的身份证明;
3. 不动产权属证书或集体土地所有权已经登记的证明;
4. 权利人名称发生变更的证明;
5. 其他必要材料。

说明和理由:

1. 登记申请书

《不动产登记暂行条例》第十四条第二款第(四)项规定,权利人名称变更属于可以由当事人单方申请登记的情形。据此可知,权利人名称变更产生的变更登记,由集体土地所有权人单方申请。登记申请书应当载明:权利人——乡(或镇、村、村民小组)农民集体;申请人的身份证明类型及号码;登记类型——变更登记;登记原因——权利人名称变更;宗地的不动产单元号码;不动产权属证书号码;权利人变更前的名称与现时的名称等。

2. 申请人的身份证明

如前所述,乡(镇)、村、村民小组享有所有权的集体土地,由对应的集体经济组织代为申请登记,没有集体经济组织的,由相应的村民委员会、村民小组代为申请登记。因此,申请人的身份证明分别为集体经济组织的营业执照、村民委员会的法人登记证明或县级人民政府为村民委员会出具的身份证明、村民委员会为村民小组出具的身份证明。

3. 不动产权属证书或集体土地所有权已经登记的证明

(1)不动产权属证书。

按《民法典》第二百一十七条规定,不动产权属证书是权利人享有该不动产物权的证明。不动产权属证书记载的事项,应当与不动产登记簿一致。在不动产登记实务中,《不动产登记暂行条例实施细则》第二十条第一款规定,不

动产登记机构应当根据不动产登记簿，填写并核发不动产权属证书或者不动产登记证明。该实施细则第三十二条第（一）项规定，不动产权属证书是申请人申请集体土地所有权变更登记时应当提交的材料。此不动产权属证书，是指记载有欲变更的集体土地所有权的不动产权属证书。要求申请人提交不动产权属证书：一是证明欲变更的内容已经记载在登记簿上，申请人申请变更登记的前提成立，以遵循连续登记原则；二是便于登记机构结合申请人提交的身份证明，查验申请人是否是申请变更登记的集体土地所有权人，即申请人主体是否适格；三是变更登记被记载在登记簿上后，登记机构将基于登记簿的记载向权利人颁发新的不动产权属证书，旧的不动产权属证书由登记机构收回归档，以免流失社会造成负面影响。其中，证明申请变更登记的前提成立是最主要的目的。

（2）集体土地所有权已经登记的证明。

在不动产登记实务中，权利人因种种原因遗失或毁损不动产权属证书，在申请变更登记时无法向登记机构提交的情形时有出现。有的登记机构要求申请人补发不动产权属证书后再申请变更登记。笔者对此不敢苟同。

《民法典》第二百一十一条规定，当事人申请登记，应当根据不同登记事项提供权属证明和不动产界址、面积等必要材料。笔者据此认为，应当对《不动产登记暂行条例实施细则》第三十二条第（一）项规定的申请集体土地所有权变更登记时申请人应当提交的"不动产权属证书"作扩张理解，即将其理解成集体土地所有权已经登记的证明，理由：按《民法典》第二百一十六条规定，登记簿是物权归属和内容的依据。故记载有欲变更的集体土地所有权的登记簿打印件、复印（制）件更是所有权人依法享有的集体土地所有权的证明。登记机构存档的集体土地所有权的登记材料亦然。概言之，记载有欲变更的集体土地所有权的登记簿打印件、复印（制）件，或登记机构存档的欲变更的集体土地所有权的登记材料等集体土地所有权已经登记的证明，也能证明申请变更登记的前提成立。

再者，集体土地所有权变更登记不是权利人须以不动产权属证书表征权利存在而与他人为交易法律行为产生的登记。如果登记机构一定要求申请人补发不动产权属证书后再申请变更登记，则完成补发程序费时、费力，且补发的新证书庚即因申请变更登记交由登记机构归档，仅起到拘泥于按《不动产登记暂行条例实施细则》规定的变更登记程序办理登记的作用，集体土地所有权已经登记的证明也能起到这个作用，实在是没有必要。

因此，申请人申请变更登记时，遗失或毁损不动产权属证书的，可用集体土地所有权已经登记的证明代替之，未收回的不动产权属证书，在变更登记完

第二章 集体土地所有权登记收件

成后,由登记机构在其门户网站或当地公开发行的报刊上公告作废。此举虽然与《不动产登记暂行条例实施细则》的规定不一致,但符合《民法典》的规定,基于下位法服从上位法的法律适用原则,登记机构应当予以支持。

《不动产登记暂行条例实施细则》第二十三条规定,因不动产权利灭失等情形,不动产登记机构需要收回不动产权属证书或者不动产登记证明的,应当在不动产登记簿上将收回不动产权属证书或者不动产登记证明的事项予以注明;确实无法收回的,应当在不动产登记机构门户网站或者当地公开发行的报刊上公告作废。其中的"不动产权利灭失",包括不动产权利的绝对灭失和相对灭失。不动产权利的绝对灭失,是指不动产权利随不动产实体的消灭而永久消灭,或者随依附的主权利、主债权的消灭而消灭。与之对应的是不动产权利的相对灭失:一是不动产权利因转移给他人而使原权利人的权利灭失,他人在此灭失的基础上设立属于自己的不动产权利;二是不动产权利因不动产实体灭失外的申请注销登记的事由成就完成注销登记而灭失(如权利人抛弃不动产权利申请注销登记后,该权利人享有的不动产权利灭失,但该不动产权利本身并不消灭,而其归属处于待定状态,故此情形属于不动产权利的相对灭失);三是不动产权利内容发生变更,变更前的不动产权利内容因变更的完成而消灭,不动产权利的新内容因变更的完成而产生。据此可知,集体土地所有权变更登记完成后,原权利的相应内容灭失,新的权利内容产生,不能收回的载明该灭失权利内容的不动产权属证书,应当由登记机构公告作废。

4. 权利人名称发生变更的证明

权利人名称发生变更的证明,是申请人申请因权利人名称变更产生的变更登记的原因凭证。

权利人名称发生变更,主要指土地所有权人通过合法途径将其名称变更为现时使用的名称而与登记簿上的记载不一致的情形。

如前所述,按《村民委员会组织法》的规定,村民委员会的设立、合并、撤销由县级人民政府决定。村民委员会可以根据村民居住状况、集体土地所有权关系等分设若干村民小组。申言之,村的名称变更由县级人民政府决定。村民小组的分设由村民委员会决定。因此,根据法律的规定,权利人名称变更的证明,主要指由集体土地所在地的县级人民政府为村农民集体出具的名称发生变更的证明,或村民委员会为村民小组农民集体出具的名称发生变更的证明。该证明属于《不动产登记暂行条例实施细则》第三十二条第(二)项规定的申请人申请因权利人名称变更产生的集体土地所有权变更登记时应当提交的"集体土地所有权变更的材料"，该证明应当载明集体土地所有权人原来的名称和现时的名称。

二、基于集体土地的坐落名称变更申请的变更登记收件

1. 登记申请书；
2. 申请人的身份证明；
3. 不动产权属证书或集体土地所有权已经登记的证明；
4. 集体土地的坐落名称发生变更的证明；
5. 其他必要材料。

说明和理由：

1. 登记申请书

《不动产登记操作规范（试行）》2.1.2 条第 4 项之（2）规定，不动产坐落变更属于可以由当事人单方申请登记的情形。据此可知，集体土地的坐落名称变更产生的变更登记，由集体土地所有权人单方申请。登记申请书应当载明：权利人——乡（或镇、村、村民小组）农民集体；申请人的身份证明类型及号码；登记类型——变更登记、登记原因——坐落变更；宗地的不动产单元号码；不动产权属证书号码；变更前的坐落名称与现时的坐落名称等。

2. 集体土地的坐落名称发生变更的证明

集体土地的坐落名称发生变更的证明，是申请人申请因集体土地坐落名称发生变更产生的变更登记的原因凭证。

集体土地的坐落名称发生变更，主要指集体土地坐落的地名因县级以上人民政府民政机关或地名管理机构的调整而与登记簿上的记载不一致的情形。

按《地名管理条例》第二条规定、《地名管理条例实施细则》第三条和第七条规定，街、巷、居民区、楼群（含楼、门号码）、地形区、区片、自然村、片村、农村牧渔点等名称均属地名。县级以上地方人民政府民政机关负责本行政区域内的地名管理工作。质言之，本行政区域内的地名变更，由县级以上人民政府民政机关负责。在实际工作中，县级以上人民政府设有地名管理办公室，专门负责本行政区域内的地名管理，如犍为县人民政府地名管理办公室。在不动产登记实务中，县级以上人民政府民政机关或地名管理办公室出具的集体土地的坐落名称变更的证明都是合法、有效的，该证明属于《不动产登记暂行条例实施细则》第三十二条第（二）项规定的申请人申请因坐落名称变更产生的集体土地所有权变更登记时应当提交的"集体土地所有权变更的材料"。

第二章 集体土地所有权登记收件

三、基于集体土地界址、面积变更申请的变更登记收件

1. 登记申请书；
2. 申请人的身份证明；
3. 不动产权属证书或集体土地所有权已经登记的证明；
4. 集体土地界址、面积已经发生变更的证明；
5. 权籍调查成果报告；
6. 其他必要材料。

注：申请人提交的第 4 项材料中包括第 5 项材料的，无须再提交第 5 项材料。

说明和理由：

1. 登记申请书

《不动产登记操作规范（试行）》2.1.2 条第 4 项之（2）规定，不动产的界址、面积变更属于可以由当事人单方申请登记的情形。据此可知，集体土地界址或面积变更产生的变更登记，由集体土地所有权人单方申请。登记申请书应当载明：权利人——乡（或镇、村、村民小组）农民集体；申请人的身份证明类型及号码；登记类型——变更登记；登记原因——界址（或面积）变更；宗地的不动产单元号码；不动产权属证书号码；变更前的界址或面积与现时的界址或面积等。

2. 集体土地界址、面积发生变更的证明

集体土地界址、面积发生变更的证明，是申请人申请集体土地因界址、面积发生变更产生的变更登记的原因凭证。

集体土地界址、面积发生变更，主要指因自然原因或人为原因使集体土地的界址、面积发生变更而与登记簿上的记载不一致的情形，如当事人协商变更宗地界址后使宗地面积增加；因山体滑坡导致部分土地灭失产生的土地界址变动、面积减少等。宗地界址、面积变更的证明主要有：

（1）县级以上人民政府自然资源主管部门同意调整边界的批文，或经其备案、鉴证的权籍调查成果材料。

《不动产单元设定与代码编制规则》3.5 条规定，界址线是指宗地（宗海）的边界线。该规则 3.6 条规定，界址点是指土地（海域）权属界址线的转折点。据此可知，界址点属于宗地边界线的组成部分。按《土地管理法》第二十六条第二款规定，县级以上人民政府土地行政主管部门会同同级有关部门进行土地调查。《地籍调查规程》（TD/T 1001—2012）3.2 条规定，地籍调查，针对每宗地的权属、界址、位置、面积、用途等进行的土地调查。该规程 3.4 条规定，

日常地籍调查，因宗地设立、灭失、界址调整及其他地籍信息的变更而开展的地籍调查。据此可知，地籍调查属于土地调查，由县级以上人民政府自然资源管理部门负责。宗地的界址调整，属于地籍调查的范围。因此，申请人申请因宗地的界址、界线调整或变更产生的登记时，应当提交县级以上人民政府自然资源机关同意调整的批文，或经县级以上人民政府自然资源机关备案或鉴证的地籍测量报告。故集体经济组织间协商调整宗地边界线导致界址变更的，或县级以上人民政府自然资源行政主管部门决定调整宗地边界线而导致界址变更的，都应当取得或出具县级以上人民政府自然资源机关同意的批文，或经县级以上人民政府自然资源机关备案或鉴证的地籍测量报告。因此，县级以上人民政府自然资源机关同意的批文，或经县级以上人民政府自然资源机关备案或鉴证的地籍测量报告，是宗地界址、面积变更的证明。

（2）县级以上人民政府自然资源机关的处理决定、人民法院生效的法律文书及权籍调查技术成果材料。

《地籍调查规程》（TD/T1001—2012）5.2.3 条规定，土地界址、边界线调查属于土地权属状况调查的内容。据此可知，当事人对土地界址、边界线产生的争执，属于土地权属争议。按《土地管理法》第十四条规定，土地所有权和使用权争议，由当事人协商解决；协商不成的，由人民政府处理。单位之间的争议，由县级以上人民政府处理；个人之间、个人与单位之间的争议，由乡级人民政府或者县级以上人民政府处理。当事人对有关人民政府的处理决定不服的，可以自接到处理决定通知之日起三十日内，向人民法院起诉。据此可知，当事人就界址发生争执时，在相互协商不成的情形下，由人民政府处理，对有关人民政府的处理决定不服的，可以向人民法院起诉。因此，集体经济组织间签订的解决集体土地宗地界址争执的协议，县级以上人民政府关于集体经济组织之间宗地界址的处理决定，人民法院关于解决集体经济组织间宗地界址争议的生效的民事判决书、民事调解书及有资质的专业机构按《不动产权籍调查技术方案（试行）》的规定出具的变更后的集体土地面积测绘报告（宗地图）等不动产权籍调查成果材料，是宗地界址、面积变更的证明。

（3）县级以上人民政府防震减灾机关出具的发生自然灾害的证明及权籍调查成果材料。

因发生自然灾害导致集体土地宗地界址、面积变更的证明为县级以上人民政府防震减灾机关出具的发生自然灾害的证明及有资质的专业机构按《不动产权籍调查技术方案（试行）》的规定出具的权籍调查成果材料。

第二章 集体土地所有权登记收件

四、基于同一权利人分割或合并集体土地申请的变更登记收件

1. 登记申请书；
2. 申请人的身份证明；
3. 不动产权属证书或集体土地所有权已经登记的证明；
4. 县级以上人民政府自然资源机关同意分割或合并集体土地的证明；
5. 集体土地分割或合并后的权籍调查成果报告；
6. 其他必要材料。

注：申请人提交的第 4 项材料中包括第 5 项材料的，无须再提交第 5 项材料。

说明和理由：

1. 登记申请书

《不动产登记操作规范（试行）》2.1.2 条第 4 项之（3）规定，同一权利人分割或合并集体土地属于可以由当事人单方申请登记的情形。据此可知，权利人分割或合并登记在其名下的集体土地产生的变更登记，由集体土地所有权人单方申请。登记申请书应当载明：权利人——乡（或镇、村、村民小组）农民集体；申请人的身份证明类型及号码；登记类型——变更登记；登记原因——分割（或合并）土地；宗地的不动产单元号码；不动产权属证书号码；分割或合并前的土地面积与现时的土地面积等。

2. 县级以上人民政府自然资源机关同意分割或合并集体土地的证明

县级以上人民政府自然资源机关同意分割或合并集体土地的证明，是申请人申请因分割或合并集体土地产生的变更登记的原因凭证。

《不动产登记暂行条例》第八条第一款规定，不动产以不动产单元为基本单位进行登记。据此可知，集体土地所有权应当以宗地为不动产单元登记。按《土地管理法》第二十六条第二款规定，县级以上人民政府土地行政主管部门会同同级有关部门进行土地调查。《地籍调查规程》（TD/T 1001—2012）3.2 条规定，地籍调查，针对每宗地的权属、界址、位置、面积、用途等进行的土地调查。该规程 3.4 条规定，日常地籍调查，因宗地设立、灭失、界址调整及其他地籍信息的变更而开展的地籍调查。据此可知，地籍调查属于土地调查，由县级以上人民政府土地管理部门负责。宗地的界址调整，属于地籍调查的范围。申言之，宗地的合并或分割，势必导致宗地的界址、界线调整或变更，即宗地的合并或分割，属于地籍调查的范围。因此，申请人申请因宗地的合并或分割产生的变更登记时，应当提交县级以上人民政府自然资源机关同意的批文，或提交经县级以上人民政府自然资源机关备案或鉴证的地籍测量报告。故以宗地为不动产单元记载在登记簿上的集体土地，权利人对其进行分割或合并，应当

取得县级以上人民政府自然资源机关同意的批文，或取得经县级以上人民政府自然资源机关备案或鉴证的地籍测量报告。该批文或报告属于《不动产登记暂行条例实施细则》第三十二条第（二）项规定的申请人申请因合并或分割产生的集体土地所有权变更登记时应当提交的"集体土地所有权变更的材料"。

3. 集体土地分割或合并后的权籍调查成果报告

集体土地分割或合并后的权籍调查成果报告，主要指由有资质的专业机构按《不动产权籍调查技术方案（试行）》的规定出具的分割或合并后的集体土地界址、面积测绘报告（宗地图）等不动产权籍调查成果材料。此成果报告是登记簿上记载的分割或合并后的集体土地界址、空间界限、面积等自然状况的支撑材料，属于《不动产登记暂行条例实施细则》第三十二条第（二）项规定的申请人申请因合并或分割产生的集体土地所有权变更登记时应当提交的"集体土地所有权变更的材料"。

第三节 转移登记收件

集体土地所有权转移登记的定义，法律、行政法规、规章和政策均没有作规定。在不动产登记实务中，《不动产登记暂行条例实施细则》第二十七条第（十）项规定，法律、行政法规规定的其他不动产权利转移的，当事人可以向不动产登记机构申请转移登记。笔者据此认为，不动产转移登记，是指记载在登记簿上的不动产物权，权利主体变动，权利内容、权利客体和其他事项不变产生的登记。申言之，集体土地所有权转移登记，是指登记簿上记载的集体土地所有权权利主体变动，权利内容、权利客体和其他事项不变产生的登记。综合该实施细则第二十七条和第三十一条规定，申请人申请集体土地所有权转移登记的情形主要有：① 权利人间互换土地；② 有权机关进行土地调整；③ 权利人合并或分立导致集体土地所有权转移的；④ 因人民法院、仲裁机构的生效法律文书导致集体土地所有权转移等。笔者拟根据申请人基于不同情形申请集体土地所有权转移登记时应当提交的材料作阐释。

一、基于权利人间互换土地申请的转移登记收件

1. 登记申请书；
2. 申请人的身份证明；
3. 不动产权属证书；
4. 集体土地互换协议；

第二章 集体土地所有权登记收件

5. 互换双方集体经济组织三分之二以上成员或者三分之二以上村民代表同意的材料；

6. 其他必要材料。

说明和理由：

1. 登记申请书

按《不动产登记操作规范（试行）》7.3.2条规定，互换产生的集体土地所有权转移登记，由互换双方所在的集体经济组织、村民委员会或村民小组代为申请。因此，转移登记申请书由互换双方共同出具。登记申请书应当载明：权利的取得方与失去方（互换的双方）；申请人的身份证明类型及号码；登记类型——转移登记；登记原因——互换；宗地的不动产单元号码；不动产权属证书号码等。

2. 申请人的身份证明

申请人的身份证明，指代为申请转移登记的集体经济组织的营业执照、村民委员会的法人登记证明或县级人民政府为其出具的身份证明、村民小组所在村的村民委员会为其出具的身份证明。

3. 不动产权属证书

按《不动产登记暂行条例实施细则》第三十一条第（一）项规定，不动产权属证书是当事人申请集体土地转移登记时应当提交的材料。该不动产权属证书，是指记载有欲转移的集体土地所有权的不动产权属证书。要求当事人提交不动产权属证书：一是证明欲转移的集体土地所有权已经记载在登记簿上，申请转移登记的前提成立；二是便于登记机构结合失去方提交的身份证明，判定其作为转移登记申请人是否适格；三是转移登记被记载于登记簿上后，登记机构将基于登记簿的记载向集体土地所有权的取得方颁发新的不动产权属证书，原不动产权属证书由登记机构收回归档，以免流失社会造成负面影响。其中，证明申请转移登记的前提成立是最主要的目的。

在不动产登记实务中，当事人申请因互换产生的集体土地所有权转移登记时，由于不动产权属证书遗失或毁损而不能提交的，欲提交记载有欲转移的集体土地所有权的登记簿打印件、复印（制）件，或提交登记机构存档的欲转移的集体土地所有权的登记材料等集体土地所有权已经登记的证明替代不动产权属证书的，笔者认为，登记机构不应当准许。理由有三：一是当事人申请集体土地所有权转移登记，表明集体土地所有权人存续，具备申请补发不动产权属证书的主体条件；二是集体土地实体存在，权利人不抛弃集体土地所有权，且要利用集体土地所有权,具备申请补发不动产权属证书的客体条件和主观要求;三是按《民法典》第二百一十七条规定,不动产权属证书是权利人享有该不动产物权的外在表征形式。质言之,不动产权属证书是权利人享有欲转移的集体土地所有权的基础凭证。另外,互换是权利人须以不动产权属证书表征其享有权利的法律行为。所以,在因互换申请的集体土地所有权转移登记中,不动产权属证书作为登记收件,登记机构应当按法律和《不动产登记暂行条例实施细则》的规定,从严掌握。如果申请人因不动产权属证书遗失或毁损而不能提交的,登记机构应当告知申请人按《不动产登记暂行条例实施细则》第二十二条第二款的规定申请补发后,再按程序申请因互换产生的转移登记。

4. 集体土地互换协议

集体土地互换协议是申请人申请因互换产生的集体土地所有权转移登记的原因凭证。

集体土地所有权互换,是指不同的权利人间相互交换登记在其名下的集体土地,交换后,使对方享有自己的集体土地所有权的情形。集体土地所有权互换,一般情形下,以互换人间签订集体土地所有权互换协议的方式来体现。互换协议应当载明互换的集体土地所有权及由此产生的权利义务。按《不动产登记暂行条例实施细则》第三十一条第(二)项规定,互换协议是申请人申请因互换产生的集体土地所有权转移登记时应当提交的材料。

5. 互换双方集体经济组织三分之二以上成员或者三分之二以上村民代表同意互换的材料

《民法典》第二百六十一条第一款规定,农民集体所有的不动产和动产,属于本集体成员集体所有。质言之,集体所有权是集体组织的成员对依法属于集体所有的财产,共同享有占有、使用、处分和收益的权利。[1]换言之,集体与成员是不可分割的,集体所有不是全民所有,而应当是小范围内的公有,即应当为集体的成员共同享有所有权[2]。该法第九十七条规定,处分共有的不动产或者动产以及对共有的不动产或者动产作重大修缮的,应当经占份额三分之二以上的按份共有人或者全体共同共有人同意,但共有人之间另有约定的除外。质言之,处分共有财产应当由占份额三分之二以上的按份共有人或者全体共同共有人同意。处分集体土地所有权亦然。《村民委员会组织法》第二十二条规定,召开村民会议,应当有本村十八周岁以上村民的过半数,或者本村三分之二以

---

[1] 王利明:《物权法教程》,中国政法大学出版社2003年版,第143页。
[2] 王利明:《物权法教程》,中国政法大学出版社2003年版,第143页。

第二章 集体土地所有权登记收件

上的户的代表参加,村民会议所作决定应当经到会人员的过半数通过。该法第二十八条规定,召开村民小组会议,应当有本村民小组十八周岁以上的村民三分之二以上,或者本村民小组三分之二以上的户的代表参加,所作决定应当经到会人员的过半数同意。该法第二十四条规定,处分集体所有的财产,由村民会议或村民会议授权的村民代表会议决定。概言之,集体土地所有权互换属于对农民集体所有的财产作处分,须以本农村集体经济组织三分之二以上成员或三分之二以上村民代表同意的证明为证据。该证明是《不动产登记操作规范(试行)》7.3.3条第4项规定的申请人申请因互换产生的集体土地所有权转移登记时应当提交的材料。

本农村集体经济组织三分之二以上成员或三分之二以上村民代表同意集体土地所有权互换的证明,应当载明本农村集体经济组织村民会应到参会人数和实到参会人数或本农村村民代表会应到代表人数和实到代表人数、同意互换内容、参会村民或村民代表的签名等。

二、基于集体土地调整申请的转移登记收件

1. 登记申请书;
2. 申请人的身份证明;
3. 不动产权属证书或集体土地所有权已经登记的证明;
4. 县级以上人民政府同意集体土地调整的证明;
5. 集体土地所有权失去方的集体经济组织三分之二以上成员或者三分之二以上村民代表同意调整的材料;
6. 其他必要材料。

说明和理由:

1. 登记申请书

按《不动产登记操作规范(试行)》7.3.2条规定,集体土地所有权调整产生的转移登记,由该集体土地所有权的取得方与失去方所在的集体经济组织、村民委员会或村民小组代为申请。因此,转移登记申请书由集体土地所有权的取得方与失去方共同出具。登记申请书应当载明:权利的取得方与失去方;申请人的身份证明类型及号码;登记类型——转移登记;登记原因——土地调整;宗地的不动产单元号码;不动产权属证书号码等。

2. 集体土地所有权已经登记的证明

集体土地所有权已经登记的证明,主要指记载有被调整的集体土地所有权

的登记簿打印件或复（制）件，或登记机构存档的欲被调整的集体土地所有权的登记材料等。

当事人申请因集体土地所有权调整产生的转移登记时，因集体土地调整非因权利人的合意，而是基于有批准权的人民政府的批准文件，不动产权属证书可能因遗失或毁损而不能提交，也可能因当事人故意隐匿而不提交，但有批准权的人民政府的批准文件是有公信力和公定力的，登记机构应当直接采用为登记证据，且因土地调整产生的转移登记不是权利人须以不动产权属证书表征其享有权利而实施的交易法律行为产生的登记，集体土地所有权已经登记的证明也能够证明申请人申请转移登记的前提成立，故登记机构应当允许申请人提交集体土地所有权已经登记的证明替代不动产权属证书，转移登记完成后，未收回的不动产权属证书由登记机构在其门户网站或当地公开发行的报刊上公告作废，以免除或减轻其流失社会造成的负面影响。

《不动产登记暂行条例实施细则》第二十三条规定，因不动产权利灭失等情形，不动产登记机构需要收回不动产权属证书或者不动产登记证明的，应当在不动产登记簿上将收回不动产权属证书或者不动产登记证明的事项予以注明；确实无法收回的，应当在不动产登记机构门户网站或者当地公开发行的报刊上公告作废。其中的"不动产权利灭失"，包括不动产权利的绝对灭失和相对灭失。不动产权利的绝对灭失，是指不动产权利随不动产实体的消灭而永久消灭，或者随依附的主权利、主债权的消灭而消灭。与之对应的是不动产权利的相对灭失：一是不动产权利因转移给他人而使原权利人的权利灭失，他人在此灭失的基础上设立属于自己的不动产权利；二是不动产权利因不动产实体灭失外的申请注销登记的事由成就完成注销登记而灭失（如权利人抛弃不动产权利申请注销登记后，该权利人享有的不动产权利灭失，但该不动产权利本身并不消灭，而其归属处于待定状态，故此情形属于不动产权利的相对灭失）；三是不动产权利内容发生变更，变更前的不动产权利内容因变更的完成而消灭，不动产权利的新内容因变更的完成而产生。据此可知，集体土地所有权转移登记完成后，权利取得人的权利生效，原权利人的权利灭失，不能收回的载明该灭失权利的不动产权属证书，应当由登记机构公告作废。

3. 县级以上人民政府同意集体土地调整的证明

县级以上人民政府同意集体土地调整的证明，是申请人申请因集体土地调整产生的转移登记的原因凭证。

集体土地所有权调整，是指有批准权的人民政府由于土地开发、国家征地、

第二章 集体土地所有权登记收件

集体兴办企事业或者自然灾害等原因,依法将登记在此"集体经济组织农民集体"名下的集体土地,调剂归彼"集体经济组织农民集体"所有,原"集体经济组织农民集体"因此而丧失该集体土地所有权的情形。集体土地所有权调整,一般情形下,以县级以上人民政府的批准文件的方式体现。该批准文件是《不动产登记操作规范(试行)》7.3.3条第4项之(2)规定的申请人申请因调整产生的集体土地所有权转移登记时应当提交的材料。

4. 集体土地所有权失去方的集体经济组织三分之二以上成员或者三分之二以上村民代表同意调整的材料

《村民委员会组织法》第二十二条规定,召开村民会议,应当有本村十八周岁以上村民的过半数,或者本村三分之二以上的户的代表参加,村民会议所作决定应当经到会人员的过半数通过。该法第二十八条规定,召开村民小组会议,应当有本村民小组十八周岁以上的村民三分之二以上,或者本村民小组三分之二以上的户的代表参加,所作决定应当经到会人员的过半数同意。该法第二十四条规定,处分集体所有的财产,由村民会议或村民会议授权的村民代表会议决定。概言之,农民集体因集体土地所有权调整而失去既有的土地所有权,属于对农民集体所有的财产作处分,故集体土地所有权调整,须取得本农村集体经济组织三分之二以上成员或三分之二以上村民代表同意的证明。该证明是《不动产登记操作规范(试行)》7.3.3条第4项规定的申请人申请因调整产生的集体土地所有权转移登记时应当提交的材料。

本农村集体经济组织三分之二以上成员或三分之二以上村民代表同意集体土地所有权调整的证明,应当载明本农村集体经济组织村民会应到参会人数和实到参会人数或本农村村民代表会应到代表人数和实到代表人数、同意调整的内容、参会村民或村民代表的签名等。

三、基于权利人合并或分立申请的转移登记收件

1. 登记申请书;
2. 申请人的身份证明;
3. 不动产权属证书;
4. 权利人合并或分立的证明;
5. 失去集体土地所有权的集体经济组织三分之二以上成员或者三分之二以上村民代表同意合并或分立的材料;
6. 集体土地所有权归属的证明;
7. 其他必要材料。

注：第6项材料适用于权利人分立的情形。

说明和理由：

1. 登记申请书

权利人合并，是指两个以上的权利人合并成为一个权利人，合并完成后，被合并的权利人消灭的情形。权利人分立，是指从一个权利人中分立出两个以上的权利人，分立完成后，原权利人与因分立而新产生的权利人并存的情形。笔者据此认为，因权利人合并产生的转移登记，由集体土地所有权取得方的集体经济组织、村民委员会或村民小组代为申请，即转移登记申请书由集体土地所有权的取得方单方出具。因权利人分立产生的转移登记，由集体土地所有权的取得方与失去方的集体经济组织、村民委员会或村民小组代为申请，即转移登记申请书由集体土地所有权的取得方与失去方共同出具。登记申请书应当载明：权利的取得方与失去方；申请人的身份证明类型及号码；不动产类型——土地；登记类型——转移登记；登记原因——权利人合并（或分立）；宗地的不动产单元号码；不动产权属证书号码等。

2. 权利人合并或分立的证明

权利人合并或分立的证明，是申请人申请因权利人合并或分立产生的转移登记的原因凭证。

如前所述，村民委员会的设立、撤销、范围调整等，由县级人民政府审批，村民小组的分设由村民委员会决定。因此，村级权利人合并或分立的证明由县级人民政府出具，村民小组级权利人的合并或分立的证明由其所在地村民委员会出具。该证明是《不动产登记操作规范（试行）》7.3.3条第4项之（3）规定的申请人申请合并或分立产生的集体土地所有权转移登记时应当提交的"依法需要批准的文件"。

3. 失去集体土地所有权的集体经济组织三分之二以上成员或者三分之二以上村民代表同意合并或分立的材料

失去集体土地所有权的集体经济组织三分之二以上成员或者三分之二以上村民代表同意合并或分立的材料，应当载明本农村集体经济组织村民会应到参会人数和实到参会人数或本农村村民代表会应到代表人数和实到代表人数、同意合并或分立的内容、参会村民或村民代表的签名等。该材料是《不动产登记操作规范（试行）》7.3.3条第4项规定的申请人申请因合并或分立产生的集体土地所有权转移登记时应当提交的材料。

第二章 集体土地所有权登记收件

4. 集体土地所有权归属的证明

权利人分立的,原权利人享有的集体土地所有权,是由原权利人继续享有,还是由分立后新产生的权利人享有,实质上是对集体土地所有权的处置,当事人应当通过约定或决定予以明确,或由作出权利人分立的有关行政机关、上级组织在文件中予以明确,该约定或文件确定的集体土地所有权的归属人,是集体土地所有权转移登记申请人中的取得方。

权利人合并的,合并证明就是集体土地所有权归属的凭证,无须再以约定或文件确定集体土地所有权的归属。

四、基于人民法院、仲裁机构的生效法律文书申请的转移登记收件

1. 登记申请书;
2. 申请人的身份证明;
3. 不动产权属证书或集体土地所有权已经登记的证明;
4. 人民法院、仲裁机构生效的导致集体土地所有权转移的法律文书;
5. 其他必要材料。

说明和理由:

1. 登记申请书

人民法院、仲裁机构生效的导致集体土地所有权转移的法律文书,一是指生效的确认集体土地所有权归属的人民法院的判决书、裁定书和仲裁机构的裁决书;二是指载明集体土地所有权归属的人民法院的民事调解书和仲裁机构的仲裁调解书。

(1) 基于生效的确认集体土地所有权归属的人民法院的判决书、裁定书和仲裁机构的裁决书产生的转移登记的申请方式。

《民法典》第二百二十九条规定,因人民法院、仲裁机构的法律文书或者人民政府的征收决定等,导致物权设立、变更、转让或者消灭的,自法律文书或者征收决定等生效时发生效力。《不动产登记暂行条例》第十四条第二款第(三)项规定,因人民法院、仲裁委员会生效的法律文书或者人民政府生效的决定等设立、变更、转让、消灭不动产权利的,属于可以由当事人单方申请登记的情形。据此可知,自生效的确认集体土地所有权归属的人民法院的判决书、裁定书和仲裁机构的裁决书生效时起,权利人无须登记即享有此集体土地所有权,该判决书、裁定书、裁决书是权利人享有集体土地所有权的权利凭证,且由权利人单

方向登记机构申请该集体土地所有权登记。因此，转移登记申请书由集体土地所有权取得方的集体经济组织、村民委员会或村民小组代为出具。

（2）基于生效的载明集体土地所有权归属的人民法院的民事调解书和仲裁机构的仲裁调解书产生的转移登记的申请方式。

按《民事诉讼法》第九十七条规定，调解达成协议，人民法院应当制作调解书。《仲裁法》第五十一条第二款规定，调解达成协议的，仲裁庭应当制作调解书或者根据协议的结果制作裁决书。据此可知，民事调解书和仲裁调解书都是协议，与不动产物权归属相关的民事调解书、仲裁调解书建立的是以取得该不动产物权为目的的合同债权，而非物权，即民事调解书、仲裁调解书是权利人取得不动产物权的权源凭证，不是权利凭证。因此，基于生效的载明集体土地所有权归属的人民法院的民事调解书和仲裁机构的仲裁调解书申请的转移登记，属于《不动产登记暂行条例》第十四条第一款规定的由当事人双方申请登记的情形，即转移登记申请书由集体土地所有权的取得方与失去方的集体经济组织、村民委员会或村民小组共同代为出具。

登记申请书应当载明：权利的取得方与失去方；申请人的身份证明类型及号码；登记类型——转移登记；登记原因——法律文书；宗地的不动产单元号码；不动产权属证书号码等。

2. 人民法院、仲裁机构生效的导致集体土地所有权转移的法律文书

人民法院、仲裁机构生效的导致集体土地所有权转移的法律文书是申请人申请基于生效的法律文书产生的转移登记的凭证。

（1）人民法院生效的导致集体土地所有权转移的法律文书。

① 最高人民法院和二审人民法院确认集体土地所有权归属的判决书。

② 初审人民法院附生效证明的确认集体土地所有权归属的判决书。

③ 确认集体土地所有权归属的执行裁定书。

④ 载明集体土地所有权归属的民事调解书：

a）载明"双方当事人签收生效"的民事调解书，须附双方当事人签收该民事调解书的送达回证复印件；

b）载明"双方当事人签字（章）生效"的民事调解书，登记机构可以直接用作登记的证据材料。

（2）仲裁机构生效的导致集体土地所有权转移的法律文书。

① 确认集体土地所有权归属的仲裁裁决书。

《仲裁法》第九条第一款规定，仲裁实行一裁终局的制度。裁决作出后，当

第二章 集体土地所有权登记收件

事人就同一纠纷再申请仲裁或者向人民法院起诉的,仲裁机构或者人民法院不予受理。据此可知,仲裁裁决书自作出时起生效。因此,在不动产登记实务中,确认集体土地所有权归属的仲裁裁决书,登记机构可以直接用作登记材料,无须其他证明佐证其已经生效。

② 载明集体土地所有权归属的仲裁调解书。

《仲裁法》第五十二条第二款规定,调解书经双方当事人签收后,即发生法律效力。据此可知,仲裁调解书须经双方当事人签收后才生效。因此,在不动产登记实务中,载明集体土地所有权归属的仲裁调解书,须与双方当事人签收该调解书的证明组合后,登记机构才可以用作登记材料。

第四节 注销登记收件

集体土地所有权注销登记的定义,法律、行政法规、规章和政策均没有作规定。在不动产登记实务中,《不动产登记暂行条例实施细则》第二十八条第一款规定:"有下列情形之一的,当事人可以申请办理注销登记:(一)不动产灭失的;(二)权利人放弃不动产权利的;(三)不动产被依法没收、征收或者收回的;(四)人民法院、仲裁委员会的生效法律文书导致不动产权利消灭的;(五)法律、行政法规规定的其他情形。"笔者据此认为,不动产注销登记,是指记载在登记簿上的不动产物权,在使其消灭的情形(或法定事实)成就时,对其予以涂销使其失去法律效力的登记。申言之,集体土地所有权注销登记,是指导致登记簿上记载的集体土地所有权消灭的情形(或法定事实)成就时,对其予以涂销使其失去法律效力的登记。根据该条规定,申请人申请集体土地所有权注销登记的情形主要有:① 集体土地灭失;② 权利人放弃集体土地所有权;③ 集体土地被依法征收;④ 人民法院、仲裁机构的生效的判决书、裁定书、裁决书导致集体土地所有权消灭等。笔者拟根据申请人基于不同情形申请集体土地所有权注销登记时应当提交的材料作阐释。

一、基于集体土地灭失申请的注销登记收件

1. 登记申请书;
2. 申请人的身份证明;
3. 不动产权属证书或集体土地所有权已经登记的证明;
4. 集体土地已经灭失的证明;
5. 其他必要材料。

说明和理由：

1. 登记申请书

《不动产登记暂行条例》第十四条第二款第（五）项规定，不动产灭失属于可以由当事人单方申请注销登记的情形。据此可知，基于集体土地灭失申请的注销登记，由该集体土地的所有权人单方申请，即注销登记申请书由代为申请登记的集体经济组织、村民委员会或村民小组单方出具。登记申请书应当载明：权利人——乡（或镇、村、村民小组）农民集体；申请人的身份证明类型及号码；登记类型——注销登记；登记原因——土地灭失；宗地的不动产单元号码；不动产权属证书号码等。

2. 申请人的身份证明

申请人的身份证明为代为申请注销登记的集体经济组织的营业执照、村民委员会的法人登记证明或县级人民政府为其出具的身份证明、村民委员会为村民小组出具的身份证明等。

3. 不动产权属证书或集体土地所有权已经登记的证明

（1）不动产权属证书。

《不动产登记暂行条例实施细则》第三十二条第（一）项规定，不动产权属证书是申请人申请集体土地所有权注销登记时应当提交的材料。此不动产权属证书，是指记载有欲注销的集体土地所有权的不动产权属证书。要求申请人提交不动产权属证书：一是证明欲注销的内容已经记载在登记簿上，申请人申请注销登记的前提成立，以遵循连续登记原则；二是便于登记机构结合申请人提交的身份证明，查验申请人是否适格；三是注销登记被记载在登记簿上后，不动产权属证书表征的集体土地所有权消灭，该不动产权属证书应当由登记机构收回归档，以免流失社会造成负面影响。其中，证明申请注销登记的前提成立是最主要的目的。

（2）集体土地所有权已经登记的证明。

集体土地所有权已经登记的证明，主要指记载有欲注销的集体土地所有权的登记簿打印件、复印（制）件，或登记机构存档的欲注销的集体土地所有权的登记材料等。申请人申请注销登记时，遗失或毁损不动产权属证书而不能提交的情形时有出现，由于集体土地所有权注销登记不是权利人须以不动产权属证书向他人表征其享有权利的交易法律行为产生的登记，且集体土地所有权已经登记的证明能够证明申请注销登记的前提成立，故笔者对此作扩张解释，登记机构应当允许申请人提交集体土地所有权已经登记的证明代替已经遗失或毁

第二章 集体土地所有权登记收件

损而不能提交的不动产权属证书。未收回的不动产权属证书，在注销登记完成后，由登记机构在其门户网站或当地公开发行的报刊上公告作废，以免除或减轻其流失社会造成的负面影响。

《不动产登记暂行条例实施细则》第二十三条规定，因不动产权利灭失等情形，不动产登记机构需要收回不动产权属证书或者不动产登记证明的，应当在不动产登记簿上将收回不动产权属证书或者不动产登记证明的事项予以注明；确实无法收回的，应当在不动产登记机构门户网站或者当地公开发行的报刊上公告作废。其中"不动产权利灭失"，包括不动产权利的绝对灭失和相对灭失。不动产权利的绝对灭失，是指不动产权利随不动产实体的消灭而永久消灭，或者随依附的主权利、主债权的消灭而消灭。与之对应的是不动产权利的相对灭失：一是不动产权利因转移给他人而使原权利人的权利灭失，他人在此灭失的基础上设立属于自己的不动产权利；二是不动产权利因不动产实体灭失外的申请注销登记的事由成就完成注销登记而灭失（如权利人抛弃不动产权利申请注销登记后，该权利人享有的不动产权利灭失，但该不动产权利本身并不消灭，而其归属处于待定状态，故此情形属于不动产权利的相对灭失）；三是不动产权利内容因发生变更，变更前的不动产权利内容因变更的完成而消灭，不动产权利的新内容因变更的完成而产生。据此可知，集体土地所有权注销登记完成后，权利人的权利灭失，不能收回的载明该灭失权利的不动产权属证书，应当由登记机构公告作废。

4. 集体土地已经灭失的证明

集体土地已经灭失的证明，是申请人申请因集体土地灭失产生的注销登记的原因凭证。

集体土地灭失，主要指土地客体因自然原因或人为原因永久消灭且不再恢复而使集体土地所有权消灭的情形。因此，集体土地灭失的证明，主要指县级以上人民政府防震减灾机关出具的集体土地所有权因地震、洪灾等自然原因消灭的证明，或县级以上人民政府自然资源行政主管机关出具的因采矿塌陷导致土地消灭的证明等。该证明属于《不动产登记暂行条例实施细则》第三十二条第（二）项规定的申请人申请因土地灭失产生的集体土地所有权注销登记时应当提交的"集体土地所有权消灭的材料"。

二、基于权利人放弃集体土地所有权申请的注销登记收件

1. 登记申请书；
2. 申请人的身份证明；

3. 不动产权属证书或集体土地所有权已经登记的证明;

4. 权利人放弃集体土地所有权的证明;

5. 集体经济组织三分之二以上的成员或三分之二以上的村民代表同意放弃集体土地所有权的证明;

6. 其他材料。

说明和理由:

1. 登记申请书

《不动产登记暂行条例》第十四条第二款第(五)项规定,权利人放弃不动产权利属于可以由当事人单方申请注销登记的情形。据此可知,基于权利人放弃集体土地所有权产生的注销登记,由该集体土地所有权人单方申请,即注销登记申请书由代为申请登记的集体经济组织、村民委员会或村民小组单方出具。登记申请书应当载明:权利人——乡(或镇、村、村民小组)农民集体;申请人的身份证明类型及号码;登记类型——注销登记;登记原因——放弃所有权;宗地的不动产单元号码;不动产权属证书号码等。

2. 权利人放弃集体土地所有权的证明

权利人放弃集体土地所有权的证明,是申请人申请因放弃集体土地所有权产生的注销登记的原因凭证。

权利人放弃集体土地所有权,主要指权利人基于自己的意思表示以书面的方式表示抛弃自己依法享有的集体土地所有权的情形。因此,权利人放弃集体土地所有权的证明,主要指代为申请注销登记的集体经济组织、村民委员会或村民小组出具的抛弃集体土地所有权的声明。该声明属于《不动产登记暂行条例实施细则》第三十二条第(二)项规定的申请人申请因放弃权利产生的集体土地所有权注销登记时应当提交的"集体土地所有权消灭的材料"。

3. 集体经济组织三分之二以上的成员或三分之二以上的村民代表同意放弃集体土地所有权的证明

《民法典》第二百六十一条第一款规定,农民集体所有的不动产和动产,属于本集体成员集体所有。质言之,集体所有权是集体组织的成员对依法属于集体所有的财产,共同享有占有、使用、处分和收益的权利[1]。换言之,农民集体所有的不动产或动产,属于本集体成员共同所有。该法第三百零一条规定,处

---

① 王利明:《物权法教程》,中国政法大学出版社2003年版,第143页。

第二章 集体土地所有权登记收件

分共有的不动产或者动产以及对共有的不动产或者动产作重大修缮、变更性质或者用途的，应当经占份额三分之二以上的按份共有人或者全体共同共有人同意，但共有人之间另有约定的除外。质言之，处分共有财产应当由占份额三分之二以上的按份共有人或者全体共同共有人同意，处分集体土地所有权亦然。《村民委员会组织法》第二十二条规定，召开村民会议，应当有本村十八周岁以上村民的过半数，或者本村三分之二以上的户的代表参加，村民会议所作决定应当经到会人员的过半数通过。该法第二十八条规定，召开村民小组会议，应当有本村民小组十八周岁以上的村民三分之二以上，或者本村民小组三分之二以上的户的代表参加，所作决定应当经到会人员的过半数同意。该法第二十四条规定，处分集体所有的财产，由村民会议或村民会议授权的村民代表会议决定。概言之，农民集体因放弃集体土地所有权而失去既有的土地所有权，属于对农民集体所有的财产作处分，故放弃集体土地所有权，须以本农村集体经济组织三分之二以上成员或三分之二以上村民代表同意的证明为据。

本农村集体经济组织三分之二以上成员或三分之二以上村民代表同意放弃集体土地所有权的证明，应当载明本农村集体经济组织村民会应到参会人数和实到参会人数或本农村村民代表会应到代表人数和实到代表人数、同意放弃集体土地所有权的内容、参会村民或村民代表的签名等。

三、基于集体土地被依法征收申请、嘱托的注销登记收件

1. 登记申请书、嘱托文件；
2. 申请人的身份证明、嘱托文件送达人的工作关系证明和身份证明；
3. 不动产权属证书或集体土地所有权已经登记的证明；
4. 集体土地被依法征收的证明；
5. 其他必要材料。

注：第3项材料适用于依申请启动的注销登记。

说明和理由：

1. 登记申请书、嘱托文件

（1）登记申请书。

《不动产登记暂行条例》第十四条第二款第（三）项规定，基于人民政府生效的征收决定消灭不动产权利属于可以由当事人单方申请注销登记的情形。据此可知，基于集体土地被依法征收申请的注销登记，由该集体土地所有权人单方申请，即注销登记申请书由代为申请登记的集体经济组织、村民委员会或村民小组单方出具。登记申请书应当载明：权利人——乡（或镇、村、村民小组）农民集体；

申请人的身份证明类型及号码；登记类型——注销登记；登记原因——被征收；宗地的不动产单元号码；不动产权属证书号码等。

（2）嘱托文件。

嘱托文件，主要指作出征收集体土地所有权决定的国家机关发送给登记机构要求其办理注销登记的通知等公文。

2. 嘱托文件送达人员的工作关系证明、身份证明

嘱托文件送达人员的工作关系证明、身份证明，主要指送达嘱托公文的人员的工作介绍信、该人员的居民身份证等。当然，嘱托文件通过党政网、政府信函交换站等公文发送途径送达登记机构的，登记机构无须收取嘱托文件送达人员的工作关系证明、身份证明，但须在登记簿附记中加注嘱托文件的取得途径，如党政网收取注销文件等。

3. 集体土地被依法征收的证明

集体土地被依法征收的证明，是申请人申请因集体土地被征收产生的注销登记的原因凭证。

《土地管理法》第二条第四款规定，国家为了公共利益的需要，可以依法对土地实行征收或者征用并给予补偿。该法第四十七条第一款规定，国家征收土地的，依照法定程序批准后，由县级以上地方人民政府予以公告并组织实施。据此可知，集体土地被征收，主要指县级以上人民政府（含县级）基于公共利益或社会公益的需要，依法取得集体土地所有权并给予权利人以适当补偿，将其转化为国有土地所有权而使原集体土地所有权消灭的情形。因此，集体土地被依法征收的证明，是指县级以上人民政府生效的征收集体土地的决定。该决定属于《不动产登记暂行条例实施细则》第三十二条第（二）项规定的申请人申请因被依法征收产生的集体土地所有权注销登记时应当提交的"集体土地所有权消灭的材料"。

四、基于人民法院、仲裁机构生效的判决书、裁定书、裁决书申请、嘱托的注销登记收件

1. 登记申请书、协助执行通知书；
2. 申请人的身份证明、执行员的执行公务证和工作证；
3. 不动产权属证书或集体土地所有权已经登记的证明；
4. 人民法院、仲裁机构生效的导致集体土地所有消灭的判决书、裁定书、裁决书；
5. 其他必要材料。

第二章 集体土地所有权登记收件

注：第 3 项材料适用于依申请启动的注销登记。

说明和理由：

1. 登记申请书、协助执行通知书

（1）登记申请书。

《不动产登记暂行条例》第十四条第二款第（三）项规定，基于人民法院、仲裁机构生效的法律文书消灭不动产权利属于可以由当事人单方申请注销登记的情形。据此可知，基于集体土地所有权被人民法院、仲裁机构生效的法律文书消灭产生的注销登记，由该集体土地所有权人单方申请，即注销登记申请书由代为申请登记的集体经济组织、村民委员会或村民小组单方出具。登记申请书应当载明：权利人——乡（或镇、村、村民小组）农民集体；申请人的身份证明类型及号码；登记类型——注销登记；登记原因——生效的法律文书；宗地的不动产单元号码；不动产权属证书号码等。

（2）协助执行通知书。

《民事诉讼法》第二百二十四条规定，发生法律效力的民事判决、裁定，以及刑事判决、裁定中的财产部分，由第一审人民法院或者与第一审人民法院同级的被执行的财产所在地人民法院执行。该法第二百三十七条规定，对依法设立的仲裁机构的裁决，一方当事人不履行的，对方当事人可以向有管辖权的人民法院申请执行。受申请的人民法院应当执行。据此可知，人民法院、仲裁机构导致集体土地所有权消灭的法律文书生效后，登记簿上记载的权利人不申请注销登记的，其他当事人可以申请人民法院执行，由人民法院向登记机构送达协助执行通知书要求登记机构办理注销登记。因此，人民法院嘱托注销登记的启动方式是向登记机构送达协助执行通知书。

2. 执行员的工作证和执行公务证

《民事诉讼法》第二百二十八条第一款规定，执行工作由执行员进行。质言之，作为执行工作环节之一的协助执行通知书等执行文书，应当由执行员向协助执行单位或个人送达，不能使用邮政信函、特快专递等其他送达方式。《最高人民法院关于人民法院执行工作若干问题的规定（试行）》（法释〔1998〕15 号）第八条规定，执行人员执行公务时，应向有关人员出示工作证和执行公务证。据此可知，收取执行人员有效的工作证和执行公务证，表明协助执行通知书是由执行员送达登记机构的，且登记机构收取协助执行通知书时充分履行了合理审慎的注意义务。收取执行人员的工作证和执行公务证主要是验证其原件后收取复印件。

3. 人民法院、仲裁机构生效的导致集体土地所有权消灭的判决书、裁定书、裁决书

人民法院、仲裁机构生效的导致集体土地所有权消灭的判决书、裁定书、裁决书，是申请人申请因人民法院、仲裁机构生效的判决书、裁定书、裁决书产生的注销登记的原因凭证。

人民法院、仲裁机构生效的判决书、裁定书、裁决书导致集体土地所有权消灭，主要指人民法院、仲裁机构的生效的判决书、裁定书、裁决书中载明权利人现时享有的集体土地所有权无效。因此，人民法院、仲裁机构的生效的导致集体土地所有权消灭的判决书、裁定书、裁决书，属于《不动产登记暂行条例实施细则》第三十二条第（二）项规定的申请人申请因法律文书消灭权利产生的集体土地所有权注销登记时应当提交的"集体土地所有权消灭的材料"。

生效的判决书是指最高人民法院和二审人民法院的判决书、一审人民法院附生效证明的判决书。生效的裁定书是指人民法院的执行裁定书。生效的裁决书是指仲裁机构作出的仲裁裁决书。

第三章 国有建设用地使用权及地上房屋所有权登记收件

《民法典》第二百一十四条规定，不动产物权的设立、变更、转让和消灭，依照法律规定应当登记的，自记载于不动产登记簿时发生效力。按该法第二百二十九条、第二百三十条和第二百三十一条规定，基于生效的法律文书、人民政府的征收决定、继承、合法建造、拆除房屋等非法律行为产生的不动产物权的设立、变更、转让和消灭，自事实行为成就时生效。据此可知，基于法律行为产生的国有建设用地使用权及地上房屋所有权的设立、变更、转让和消灭，非经登记不生效力；非基于法律行为产生的国有建设用地使用权及地上房屋所有权的设立、变更、转让和消灭，自事实行为成就时起，未经登记也生效力。但按《民法典》第二百三十二条规定，非基于法律行为取得的不动产物权，非经登记，再处分时不发生物权效力。质言之，非基于法律行为取得的不动产物权，在没有记载在登记簿上前，发生转让、赠与、抵押等处分行为时，不发生物权效力。申言之，非基于法律行为取得的国有建设用地使用权及地上房屋所有权非经登记，再处分时不发生物权效力，使此类国有建设用地使用权及地上房屋所有权的流转受到严格限制，不利于物的利用，以充分发挥物的效用。笔者据此认为，无论基于法律行为取得的国有建设用地使用权及地上房屋所有权，还是非基于法律行为取得的国有建设用地使用权及地上房屋所有权，权利人都应当申请登记。

《民法典》第三百四十四条规定，建设用地使用权人依法对国家所有的土地享有占有、使用和收益的权利，有权利用该土地建造建筑物、构筑物及其附属设施。质言之，国有建设用地使用权，是指权利人在依法享有的在国有土地上建造建筑物、构筑物及其附属设施的不动产物权。按《不动产登记暂行条例》第五条第（五）项规定，国有建设用地使用权属于登记簿记载的不动产物权。

《民法典》第二百四十条规定，所有权人对自己的不动产或者动产，依法享有占有、使用、收益和处分的权利。该法第二百四十一条规定，所有权人有权在自己的不动产或者动产上设立用益物权和担保物权。用益物权人、担保物权人行使权利，不得损害所有权人的权益。按《不动产登记暂行条例》第五条第（二）项规定，房屋等建筑物、构筑物所有权属于登记簿记载的不动产物权。据此可知，所有权是其他物权或有关事项设立的基础，房屋等建筑物、构筑物所有权登记是不动产登记中最基本的，也是最重要的登记之一。

在不动产登记实务中，《不动产登记暂行条例实施细则》第四章第三节专门规定了"国有建设用地使用权及房屋所有权登记"，且遵循《民法典》的规定，区分国有建设用地使用权及地上房屋所有权的设立、变更、转让和消灭，分别规定了相应的登记类型，即国有建设用地使用权及地上房屋所有权首次登记、变更登记、转移登记和注销登记。该办法还以例举加概括的方式，对申请人申请相应的登记类型时该如何提交登记材料做了规定。

第一节　首次登记收件（一）

本节主要阐述登记机构办理净的国有建设用地使用权首次登记收件问题。

在不动产登记实务中，《不动产登记暂行条例实施细则》第二十四条第一款规定，不动产首次登记，是指不动产权利第一次登记。该实施细则第三十三条第一款规定，依法取得国有建设用地使用权，可以单独申请国有建设用地使用权登记。据此可知，国有建设用地使用权首次登记，是指申请人依法取得国有建设用地使用权后，地上尚未建造房屋，或合法建造的房屋竣工前，或地上房屋虽已竣工但无合法的建造手续的情形下，向登记机构申请将其取得的国有建设用地使用权第一次记载在登记簿上的不动产登记。按《不动产登记暂行条例实施细则》第三十四条第二款规定和《确定土地所有权和使用权的若干规定》第二十六条至第四十二条规定，申请人申请国有建设用地使用权首次登记的情形主要有：① 基于划拨文件取得的国有建设用地使用权；② 基于出让合同取得的国有建设用地使用权；③ 基于租赁合同取得的国有建设用地使用权；④ 基于作价出资（入股）批准文件取得的国有建设用地使用权；⑤ 基于授权经营批准文件取得的国有建设用地使用权；⑥ 基于县级以上人民政府的确认文件取得的国有建设用地使用权等。笔者拟根据申请人基于不同情形申请国有建设用地使用权首次登记时应当提交的材料作阐释。

一、基于划拨文件申请的首次登记收件

1. 登记申请书；
2. 申请人的身份证明；
3. 取得国有建设用地使用权的划拨文件；
4. 权籍调查表、宗地图以及载明宗地界址点坐标的材料；
5. 其他必要材料。

第三章 国有建设用地使用权及地上房屋所有权登记收件

说明和理由:

1. 登记申请书

《不动产登记暂行条例》第十四条第二款第(一)项规定,不动产首次登记可以由当事人单方申请。因此,基于划拨文件取得的国有建设用地使用权首次登记,由权利人单方申请,即登记申请书由权利人单方出具。登记申请书应当载明:权利人——自然人姓名(或法人、非法人组织的名称);申请人的身份证明类型及号码;不动产类型——土地;宗地坐落;宗地面积;宗地的不动产单元号码;划拨文件上的土地用途;权利人类型——个人(或企业、事业单位、国家机关、其他等);登记类型——首次登记;登记原因——划拨;权利类型——国有建设用地使用权;权利性质——划拨;权利设定方式——地表(或地下、地上);共有情况等。

自然人申请登记为单独所有的,应当提交单独所有的证明材料,如婚前取得的证明、对方配偶关于归申请人单独所有的声明等。

申请登记为按份共有的,应当提交共有人关于份额的约定等。

2. 申请人的身份证明

《不动产登记暂行条例》第十六条第一款规定,申请人的身份证明是其申请不动产登记时应当提交的材料。收取申请人有效的身份证明,主要有以下作用:

(1)《民法典》第十三条和第十四条规定,自然人从出生时起到死亡时止,具有民事权利能力,依法享有民事权利,承担民事义务。自然人的民事权利能力一律平等。该法第五十九条规定,法人的民事权利能力和民事行为能力,从法人成立时产生,到法人终止时消灭。按该法第一百零八条规定,非法人组织民事权利能力和民事行为能力参照适用其第五十九条规定。据此可知,合法的身份证明是自然人、法人或非法人组织具有民事权利能力的凭证,换言之,合法的身份证明是自然人、法人或非法人组织申请不动产登记时,有资格作为登记簿上记载的权利主体的凭证。

(2)确保登记簿上记载的权利人姓名或名称正确,减少不必要的更正登记。

(3)权利人对登记簿上记载的权利或相关事项作处分时,便于登记机构审核判定因处分不动产产生的登记的申请人,与登记簿上记载的权利人是否一致,即申请人是否适格,以保护登记簿上记载的权利人的合法权益。

(4)《民法典》第十七条规定,十八周岁以上的自然人为成年人。不满十八周岁的自然人为未成年人。该法第十八条规定,成年人为完全民事行为能力人,可以独立实施民事法律行为。十六周岁以上的未成年人,以自己的劳动收入为主要生活来源的,视为完全民事行为能力人。申言之,具有完全民事行为能力的人可以独立实施不动产登记申请行为，不具有完全民事行为能力的人则需要其监护人代为实施。据此可知，登记机构根据身份证明上显示的自然人的出生时间，可以初步判定申请人是否适格，即申请人在该年龄阶段是否有完全民事行为能力，有无资格独立申请不动产登记，是否需要监护人代为申请登记等。其中，十六周岁以上的未成年人独立申请登记时，应当提交社会保险金缴纳凭证或个人所得税缴纳凭证，也可以提交有劳动人事部门鉴证、备案的用工合同，以佐证其有劳动收入作为主要生活来源，从而证明其单独作为不动产登记申请人适格。

（5）《民法典》第五十九条规定，法人的民事权利能力和民事行为能力，从法人成立时产生，到法人终止时消灭。按该法第一百零八条规定，非法人组织民事权利能力和民事行为能力参照适用其第五十九条规定。据此可知，要求法人及非法人组织提交身份证明，表明其合法成立并存在，该法人或非法人组织可以自行申请不动产登记，也可以指定代理人代为申请不动产登记等。

不同种类的申请人，其身份证明的形式也不同，主要形式有：

① 境内自然人。

提交有效的居民身份证、户口簿、军官证、士兵证、文职干部证、学员证等[①]。

② 港澳台地区自然人。

港澳同胞提交香港特别行政区居民身份证或香港特别行政区护照、澳门特别行政区居民身份证或澳门特别行政区护照、港澳居民来往内地通行证。台湾同胞提交台湾居民来往大陆通行证等[②]。

③ 华侨、外籍自然人。

华侨提交中华人民共和国护照和国外长期居留身份证件。外籍自然人提交中国政府主管机关签发的居留证件或其所在国护照等[③]。《不动产登记操作规范（试行）》1.8.2.4条之3规定，外文文本的申请材料应当翻译成汉字译本，当事人应签字确认，并对汉字译本的真实性负责。据此可知，提供外文身份证明的申请人应当同时提交申请人签字确认的该身份证明的中文译本，或提交在我国合法经营的翻译机构出具的该身份证明的中文译本。

④ 境内法人或其他组织。

提交机关法人设立文件、事业单位法人资格证、社会团体法人登记证书、营业执照等[④]。

---

① 参见《不动产登记操作规范（试行）》1.8.4.1条之1。
② 参见《不动产登记操作规范（试行）》1.8.4.1条之2和3。
③ 参见《不动产登记操作规范（试行）》1.8.4.1条之4和5。
④ 参见《房地产登记技术规程》附录B.0.10条。

第三章 国有建设用地使用权及地上房屋所有权登记收件

特别说明：

按《事业单位登记管理暂行条例》第三条、第五条和第八条规定，事业单位经主管部门批准成立后，须经县级以上人民政府机构编制管理机关登记并颁发《事业单位法人证书》。按《社会团体登记管理条例》第三条、第六条和第十五条规定，社会团体经其业务主管机关批准，并经县级以上人民政府民政机关登记，领取《社会团体法人登记证书》。《公司法》第七条规定，依法设立的公司，由公司登记机关发给公司营业执照。公司自营业执照签发时成立。《个人独资企业法》第十二条和第十三条规定，登记机关应当在收到个人独资企业设立申请文件之日起十五日内，对符合该法规定条件的，予以登记，发给营业执照。企业自营业执照签发时成立。《合伙企业法》第十条和第十一条规定，申请人提交的登记申请材料齐全、符合法定形式，企业登记机关能够当场登记的，应予当场登记，发给营业执照。企业自营业执照签发时成立。据此可知，事业单位法人、社会团体法人、企业法人及企业性质的非法人组织须经相关国家机关登记，故其身份证明，除法人资格证、营业执照外，还可以是其登记机关出具的有关身份证明的文件或书面材料，如县级以上人民政府机构编制管理机关批准或准予事业单位撤、并、转或设立的文件；再如企业登记机关出具的证明"兹证明某金属公司系经我局登记成立的公司法人"等。

⑤ 港澳地区法人。

提交经我国司法部委托的律师出具的公证书公证的商业登记证，且加盖中国法律服务（香港）有限公司、中国法律服务（澳门）有限公司转递章。也可以提交我国公证机构办理的商业登记证公证书。

⑥ 台湾地区法人。

提交企业登记证或注册证[①]，但须经大陆公证机构公证，或经台湾公证机构公证。台湾公证机构出具的公证书须经大陆相关机构认证（一般由省级公证协会认证）。

⑦ 外国法人、组织。

提交经我国驻外使（领）馆认证的，所在国家公证机构公证的身份证明[②]。或直接在我国使（领）馆办理公证的身份证明。《不动产登记操作规范（试行）》1.8.2.4条之3规定，外文文本的申请材料应当翻译成汉字译本，当事人应签字确认，并对汉字译本的真实性负责。据此可知，提供外文身份证明的申请人应当同时提交申请人签字确认的该公证书的中文译本，或提交在我国合法经营的

---

① 参见《广州市城镇房地产登记技术规范》第二十七条。
② 参见《广州市城镇房地产登记技术规范》第二十七条。

翻译机构出具的该公证书的中文译本。

3. 取得国有建设用地使用权的划拨文件

取得国有建设用地使用权的划拨文件是申请人申请以划拨方式取得的国有建设用地使用权首次登记的原因凭证。

《民法典》第三百四十七条第一款规定，设立建设用地使用权，可以采取出让或者划拨等方式。按《土地管理法》第五十四条规定，经县级以上人民政府批准，建设单位可以划拨方式取得国有建设用地使用权。据此可知，县级以上人民政府关于划拨使用土地的批准文件，是权利人设立国有建设用地使用权的凭证。该划拨文件属于《不动产登记暂行条例实施细则》第三十四条第一款第（一）项规定的申请人申请以划拨方式取得的国有建设用地使用权首次登记时应当提交的"土地权属来源材料"。由于划拨是无偿使用国有土地的方式，故申请人申请以划拨方式取得的国有建设用地使用权首次登记时，无须提交土地价款缴纳凭证。

另外，以划拨方式取得的国有建设用地使用权不属于《契税暂行条例》和财政部根据该暂行条例的授权制定的《契税暂行条例实施细则》规定的应当缴纳契税的情形（将于2021年9月1日起施行的《契税法》也没有以划拨方式取得国有建设用地使用权规定的应当缴纳契税的情形），故申请人申请以划拨方式取得的国有建设用地使用权首次登记时，无须提交契税缴纳凭证或免征凭证。

4. 权籍调查表、宗地图以及载明宗地界址点坐标的材料

《不动产登记暂行条例》第八条第一款规定，不动产以不动产单元为基本单位进行登记。在不动产登记实务中，《不动产登记暂行条例实施细则》第五条第二款规定，没有房屋等建筑物、构筑物以及森林、林木定着物的，以土地、海域权属界线封闭的空间为不动产单元。该实施细则第六条规定，不动产登记簿以宗地或者宗海为单位编成，一宗地或者一宗海范围内的全部不动产单元编入一个不动产登记簿。概言之，土地的不动产单元是宗地，宗地是不动产登记簿编制的基础，也是国有建设用地使用权登记的基本单位。据此可知，申请人申请国有建设用地使用权登记时，应当以宗地为基本单位，故申请人申请国有建设用地使用权登记时，提交的是以宗地为单位的权籍调查表、宗地图以及载明宗地界址点坐标的材料。

按《不动产登记暂行条例》第八条第三款规定和《国土资源部关于启用不动产登记簿证样式（试行）的通知》（国土资发〔2015〕25号）附《不动产登记簿样式及使用填写说明》规定，土地的坐落、界址、空间界限、面积、空间坐标、位置说明或者四至描述、附图等是登记簿应当记载或应当附上的国有建

第三章 国有建设用地使用权及地上房屋所有权登记收件

设用地使用权的内容,记载这些内容,以从空间上、地域上明确国有建设用地使用权的归属。因此,《不动产登记暂行条例实施细则》第三十四条第一款第(二)项规定,申请人申请国有建设用地使用权登记时应当向登记机构提交记载有这些内容的宗地权籍调查表、宗地图以及载明宗地界址点坐标的材料。但是,这些信息具有很强的专业性和技术性,普通的申请人无法自行完成,需要有资质的专业机构按照《不动产权籍调查技术方案(试行)》的规定,通过专业手段获取,为此,申请人向登记机构提交的宗地权籍调查表、宗地图以及载明宗地界址点坐标的材料应当是有资质的专业机构出具的。

二、基于出让合同申请的首次登记收件

1. 登记申请书;
2. 申请人的身份证明;
3. 取得国有建设用地使用权的出让合同;
4. 土地出让价款、契税缴纳凭证;
5. 权籍调查表、宗地图以及载明宗地界址点坐标的材料;
6. 其他必要材料。

说明和理由:

1. 登记申请书

登记申请书由权利人单方出具。登记申请书应当载明:权利人——自然人姓名(或法人、非法人组织的名称);申请人的身份证明类型及号码;不动产类型——土地;宗地坐落;宗地面积;宗地的不动产单元号码;出让合同上的土地用途;权利人类型——个人(或企业、事业单位、国家机关、其他等);登记类型——首次登记;登记原因——出让;权利类型——国有建设用地使用权;权利性质——出让;权利设定方式——地表(或地下、地上);共有情况等。

自然人申请登记为单独所有的,应当提交单独所有的证明材料,如婚前取得的证明、对方配偶关于归申请人单独所有的声明等。

申请登记为按份共有的,应当提交共有人关于份额的约定等。

2. 取得国有建设用地使用权的出让合同

取得国有建设用地使用权的出让合同,是申请人申请因出让产生的国有建设用地使用权首次登记的原因凭证。

《民法典》第三百四十七条第一款规定,设立建设用地使用权,可以采取出让或者划拨等方式。该法第三百四十八条第一款规定,通过招标、拍卖、协议等出让方式设立建设用地使用权的,当事人应当采用书面形式订立建设用地使

用权出让合同。《房地产管理法》第十五条规定，土地使用权出让，应当签订书面出让合同。土地使用权出让合同由市、县人民政府土地管理部门与土地使用者签订。据此可知，县级以上人民政府自然资源行政主管部门与当事人签订的国有建设用地使用权出让合同，才是合法、有效的合同。此出让合同属于《不动产登记暂行条例实施细则》第三十四条第一款第（一）项规定的申请人申请基于出让产生的国有建设用地使用权首次登记时应当提交的"土地权属来源材料"。

3. 土地出让价款、契税缴纳凭证

（1）土地出让价款缴纳凭证。

按《民法典》第三百四十九条规定，设立建设用地使用权的，应当向登记机构申请建设用地使用权登记。建设用地使用权自登记时设立。该法第三百五十一条规定，建设用地使用权人应当依照法律规定以及合同约定支付出让金等费用。《城镇国有土地使用权出让和转让暂行条例》第十六条规定，土地使用者在支付全部土地使用权出让金后，应当依照规定办理登记，领取土地使用证，取得土地使用权。据此可知，当事人按出让合同约定缴清土地使用权出让金是其申请国有建设用地使用权登记并领取建设用地使用权证书的前提。因此，土地使用权出让金缴纳凭证属于《不动产登记暂行条例实施细则》第三十四条第一款第（三）项规定的申请人申请基于出让产生的国有建设用地使用权首次登记时应当提交的"土地出让价款缴纳凭证"。

（2）契税缴纳凭证。

《契税暂行条例》第一条和第二条第一款第（一）项规定，出让土地的，受让人应当缴纳契税（将于2021年9月1日起施行的《契税法》第一条和第二条第一款第（一）项做了同样的规定）。该暂行条例第十一条规定，纳税人应当持契税完税凭证和其他规定的文件材料，依法向土地管理部门、房产管理部门办理有关土地、房屋的权属变更登记手续。纳税人未出具契税完税凭证的，土地管理部门、房产管理部门不予办理有关土地、房屋的权属变更登记手续（将于2021年9月1日起施行的《契税法》第十一条规定，纳税人办理纳税事宜后，税务机关应当开具契税完税凭证。纳税人办理土地、房屋权属登记，不动产登记机构应当查验契税完税、减免税凭证或者有关信息。未按照规定缴纳契税的，不动产登记机构不予办理土地、房屋权属登记）。据此可知，契税缴纳凭证也是《不动产登记暂行条例实施细则》第三十四条第一款第（三）项规定的申请人申请以出让方式取得的国有建设用地使用权首次登记时应当提交的"相关税费缴纳凭证"。

三、基于租赁合同申请的首次登记收件

1. 登记申请书；
2. 申请人的身份证明；
3. 取得国有建设用地使用权的租赁合同；
4. 土地租金缴纳凭证；
5. 权籍调查表、宗地图以及载明宗地界址点坐标的材料；
6. 其他必要材料。

说明和理由：

1. 登记申请书

登记申请书由权利人单方出具。登记申请书应当载明：权利人——自然人姓名（或法人、非法人组织的名称）；申请人的身份证明类型及号码；不动产类型——土地；宗地坐落；宗地面积；宗地的不动产单元号码；租赁合同上的土地用途；权利人类型——个人（或企业、事业单位、国家机关、其他等）；登记类型——首次登记；登记原因——租赁；权利类型——国有建设用地使用权；权利性质——租赁；权利设定方式——地表（或地下、地上）；共有情况等。

自然人申请登记为单独所有的，应当提交单独所有的证明材料，如婚前取得的证明、对方配偶关于归申请人单独所有的声明等。

申请登记为按份共有的，应当提交共有人关于份额的约定等。

2. 取得国有建设用地使用权的租赁合同

取得国有建设用地使用权的租赁合同，是申请人申请因租赁产生的国有建设用地使用权首次登记的原因凭证。

《土地管理法实施条例》第二十九条第（二）项规定，租赁是国有土地的有偿使用方式。《国土资源部关于印发〈规范国有土地租赁若干意见〉的通知》（国土资发〔1999〕222号）第一条规定，国有土地租赁是指国家将国有土地出租给使用者使用，由使用者与县级以上人民政府土地行政主管部门签订一定年期的土地租赁合同，并支付租金的行为。该意见第六条规定，国有土地租赁，承租人取得承租土地使用权。据此可知，租赁也是当事人设立国有建设用地使用权的方式之一，县级以上人民政府自然资源行政主管部门与当事人签订的国有建设用地使用权租赁合同，才是合法、有效的国有建设用地使用权租赁合同，此租赁合同属于《不动产登记暂行条例实施细则》第三十四条第一款第（一）项规定的申请人申请因租赁产生的国有建设用地使用权首次登记时应当提交的"土地权属来源材料"。

3. 土地租金缴纳凭证

《民法典》第七百二十一条规定，承租人应当按照约定的期限支付租金。对支付租金的期限没有约定或者约定不明确，依据本法第五百一十条的规定仍不能确定，租赁期限不满一年的，应当在租赁期限届满时支付；租赁期限一年以上的，应当在每届满一年时支付，剩余期限不满一年的，应当在租赁期限届满时支付。《国有土地使用权租赁管理办法》第五条规定，租赁期限六个月以上的国有土地租赁，应当由县级以上土地行政主管部门与土地使用者签订租赁合同。租赁内容应当包括出租方、承租方，出租宗地的位置、范围、面积、用途，租赁期限、土地使用条件，土地租金标准、支付时间和支付方式、土地租金标准调整的时间和调整幅度，出租方和承租方的权利和义务等。在不动产登记实务中，《不动产登记暂行条例实施细则》第三十四条第一款第（三）项规定，土地租金缴纳凭证是当事人申请因出租取得的国有建设用地使用权首次登记时应当提交的材料。据此可知，土地租金可以按约定一次支付，也可以约定多次支付，申请人申请因出租取得的国有建设用地使用权首次登记时，提交的土地租金缴纳凭证应当与国有建设用地使用权租赁合同的约定相对应，即约定一次性缴纳土地租金的，应当提交土地租金已经缴清的凭证；约定多次缴纳土地租金的，应当提交已经按国有建设用地使用权租赁合同的约定缴纳相应的土地租金的凭证。

特别说明：

以租赁方式取得的国有建设用地使用权不属于《契税暂行条例》和财政部根据该暂行条例的授权制定的《契税暂行条例实施细则》规定的应当缴纳契税的情形（将于2021年9月1日起施行的《契税法》也没有以租赁方式取得国有建设用地使用权规定的应当缴纳契税的情形），故申请人申请以租赁方式取得的国有建设用地使用权首次登记时，无须提交契税缴纳凭证或免征凭证。

四、基于作价出资（入股）批准文件申请的首次登记收件

1. 登记申请书；
2. 申请人的身份证明；
3. 取得国有建设用地使用权的作价出资（入股）批准文件；
4. 土地增值税、契税缴纳凭证；
5. 权籍调查表、宗地图以及载明宗地界址点坐标的材料；
6. 其他必要材料。

第三章 国有建设用地使用权及地上房屋所有权登记收件

说明和理由：

1. 登记申请书

登记申请书由权利人单方出具。登记申请书应当载明：权利人——法人（或非法人组织的名称）；权利人的身份证明类型及号码；不动产类型——土地；宗地坐落；宗地面积；宗地的不动产单元号码；作价出资（入股）批准文件上的土地用途；权利人类型——个人（或企业、事业单位、国家机关、其他等）；登记类型——首次登记；登记原因——作价出资（入股）；权利类型——国有建设用地使用权；权利性质——作价出资（入股）；权利设定方式——地表（或地下、地上）等。

2. 取得国有建设用地使用权的作价出资（入股）批准文件

取得国有建设用地使用权的作价出资（入股）批准文件，是申请人申请因作价出资（入股）产生的国有建设用地使用权首次登记的原因凭证。

《土地管理法实施条例》第二十九条第（三）项规定，作价出资或者入股是国有土地的有偿使用方式。《关于加强土地资产管理促进国有企业改革和发展的若干意见》（国土资发〔1999〕433号）第三条第（三）项规定，以出让、作价出资或入股方式处置取得的土地使用权，属于企业的法人财产，在使用年限内可依法转让、作价出资、出租和抵押。据此可知，接收作价出资或者作价入股的土地是企业取得土地使用权的方式之一。在不动产登记实务中，《不动产登记操作规范（试行）》8.1.3条第3项之（4）规定，当事人申请作价出资（入股）产生的国有建设用地使用权首次登记时，应当提交作价出资（入股）批准文件。《国土资源部办公厅关于作价出资（入股）土地使用权转让有关问题的复函》（国土资厅函〔2008〕501号）规定，经省级以上人民政府批准，国有企业改制中涉及的划拨土地使用权，可以采取国家作价出资（入股）方式，配置给改制后新设立的企业。此省级以上人民政府同意土地作价出资（入股）的批文，属于《不动产登记暂行条例实施细则》第三十四条第一款第（一）项规定的申请人申请作价出资（入股）产生的国有建设用地使用权首次登记时应当提交的"土地权属来源材料"。

3. 土地增值税、契税缴纳凭证

（1）土地增值税缴纳凭证。

《土地增值税暂行条例》第二条规定，转让国有土地使用权、地上的建筑物及其附着物并取得收入的单位和个人，为土地增值税的纳税义务人（以下简称纳税人），应当依照本条例缴纳土地增值税。该条例第十二条规定，纳税人未按照本条例缴纳土地增值税的，土地管理部门、房产管理部门不得办理有关的权属变更手续。《土地增值税暂行条例实施细则》第二条规定，条例第二条所称的转让国有土地使用权、地上的建筑物及其附着物并取得收入，是指以出售或者其他方式有偿转让房地产的行为。不包括以继承、赠与方式无偿转让房地产的行为。据此可知，以国有建设用地使用权作价出资（入股）不属于以继承、赠与方式无偿转让房地产的行为。因此，土地增值税缴纳凭证是申请人申请以作价出资（入股）方式取得的国有建设用地使用权首次登记时应当提交的材料，属于《不动产登记暂行条例实施细则》第三十四条第一款第（三）项规定的"相关税费缴纳凭证"。

（2）契税缴纳凭证。

《契税暂行条例》第十一条规定，纳税人应当持契税完税凭证和其他规定的文件材料，依法向土地管理部门、房产管理部门办理有关土地、房屋的权属变更登记手续。纳税人未出具契税完税凭证的，土地管理部门、房产管理部门不予办理有关土地、房屋的权属变更登记手续（将于2021年9月1日起施行的《契税法》第十一条规定，纳税人办理纳税事宜后，税务机关应当开具契税完税凭证。纳税人办理土地、房屋权属登记，不动产登记机构应当查验契税完税、减免税凭证或者有关信息。未按照规定缴纳契税的，不动产登记机构不予办理土地、房屋权属登记）。《契税暂行条例实施细则》第八条第（一）项规定，以土地作价投资、入股属于应当缴纳契税的情形[按将于2021年9月1日起施行的《契税法》第二条第二款规定，以土地作价投资（入股）的应当缴纳契税]。据此可知，契税缴纳凭证也属于《不动产登记暂行条例实施细则》第三十四条第一款第（三）项规定的申请人申请因作价出资（入股）产生的国有建设用地使用权首次登记时应当提交的"相关税费缴纳凭证"。

五、基于授权经营批准文件申请的首次登记收件

1. 登记申请书；
2. 申请人的身份证明；
3. 取得国有建设用地使用权的授权经营批准文件；
4. 权籍调查表、宗地图以及载明宗地界址点坐标的材料；
5. 其他必要材料。

说明和理由：

1. 登记申请书

登记申请书由权利人单方出具。登记申请书应当载明：权利人——法人（或

非法人组织的名称）；申请人的身份证明类型及号码；不动产类型——土地；宗地坐落；宗地面积；宗地的不动产单元号码；授权经营批准文件上的土地用途；权利人类型——个人（或企业、事业单位、国家机关、其他等）；登记类型——首次登记；登记原因——授权经营；权利类型——国有建设用地使用权；权利性质——授权经营；权利设定方式——地表（或地下、地上）等。

2. 取得国有建设用地使用权的授权经营批准文件

取得国有建设用地使用权的授权经营批准文件，是申请人申请因授权经营产生的国有建设用地使用权首次登记的原因凭证。

《国有企业改革中划拨土地使用权管理暂行规定》第四条第一款规定，国有土地使用权授权经营，由国家土地管理局（现自然资源部）审批，并发给国有土地使用权经营管理授权书。被授权的国家控股公司、作为国家授权投资机构的国有独资公司和集团公司凭授权书，可以向其直属企业、控股企业、参股企业以作价出资（入股）或租赁等方式配置土地，企业应持土地使用权经营管理授权书和有关文件，按规定办理变更土地登记手续。《关于加强土地资产管理促进国有企业改革和发展的若干意见》（国土资发〔1999〕433号）第三条第（三）项规定，以授权经营方式取得的土地使用权，作为企业的法人财产，可在集团公司直属企业、控股企业、参股企业之间转让、作价出资、出租。据此可知，自然资源部（原国家土地管理局）核发的国有土地使用权经营管理授权书，是企业取得国有建设用地使用权的方式之一。因此，自然资源部（原国家土地管理局）核发的国有土地使用权经营管理的批文属于《不动产登记暂行条例实施细则》第三十四条第一款第（一）项规定的申请人申请因授权经营产生的国有建设用地使用权首次登记时应当提交的"土地权属来源材料"。

六、基于收储土地申请的首次登记收件

1. 登记申请书；
2. 申请人的身份证明；
3. 收储取得国有建设用地使用权的证明；
4. 权籍调查表、宗地图以及载明宗地界址点坐标的材料；
5. 土地增值税、契税缴纳凭证；
6. 其他必要材料。

注：第4项材料适用于申请登记的国有建设用地未经权籍调查或需要重新调查、补充调查的情形。第5项材料适用于因收购土地、行使优先购买权取得

土地申请国有建设用地使用权首次登记的情形。

说明和理由：

1. 登记申请书

《土地储备管理办法》第三条规定，储备土地入库前，土地储备机构应向不动产登记机构申请办理登记手续。储备土地登记的使用类型统一确定为"其他（政府储备）"，据此可知，收储取得的国有建设用地也可以申请登记。

《不动产登记暂行条例》第十四条第二款第（一）项规定，不动产首次登记可以由当事人单方申请。因此，基于收储取得的国有建设用地使用权首次登记，由权利人单方申请，即登记申请书由权利人单方出具。登记申请书应当载明：权利人——土地收储机构的名称；申请人的身份证明类型及号码；不动产类型——土地；宗地坐落；宗地面积；宗地的不动产单元号码；收储前的土地用途；权利人类型——事业单位；登记类型——首次登记；登记原因——收储；权利类型——国有建设用地使用权；权利性质——收储前的权利性质；权利设定方式——地表（或地下、地上）等。

2. 申请人的身份证明

《土地储备管理办法》第一条规定，土地储备，是指市、县人民政府国土资源管理部门为实现调控土地市场、促进土地资源合理利用目标，依法取得土地，进行前期开发、储存以备供应土地的行为。土地储备工作的具体实施，由土地储备机构承担。该办法第三条规定，土地储备机构应为市、县人民政府批准成立、具有独立的法人资格、隶属于国土资源管理部门（现自然资源管理部门）、统一承担本行政辖区内土地储备工作的事业单位。据此可知，因收储土地产生的国有建设用地使用权首次登记的申请人为事业单位性质的土地储备机构。因此，申请人的身份证明为土地储备机构的事业单位法人登记证明，或县级以上人民政府的事业单位登记机构为其出具的身份证明。

3. 收储取得国有建设用地使用权的证明

按《土地储备管理办法》第三条规定，收储国有建设用地的情形主要有：① 依法收回的国有土地；② 收购的土地；③ 行使优先购买权取得的土地；④ 已办理农用地转用、土地征收批准手续的土地。其中，依法收回的国有土地产生的国有建设用地使用权首次登记，本章有专门介绍，此处不再赘述。因收购的土地、行使优先购买权取得土地的情形下，收储取得国有建设用地使用权的证明为土地储备机构与被收购人、买方签订的土地收购合同或土地使用权购买合同；

第三章 国有建设用地使用权及地上房屋所有权登记收件

已办理农用地转用、土地征收批准手续的情形下,收储取得国有建设用地使用权的证明为县级以上人民政府批准农用地转用的文件、县级以上人民政府生效的征收决定。

特别说明:

(1)《土地储备管理办法》第一条规定,土地储备,是指市、县人民政府国土资源管理部门为实现调控土地市场、促进土地资源合理利用目标,依法取得土地,进行前期开发、储存以备供应土地的行为。土地储备工作的具体实施,由土地储备机构承担。该办法第三条规定,收储国有建设用地的情形有收购土地、行使优先购买权取得土地。按《土地增值税暂行条例》第二条规定和《土地增值税暂行条例实施细则》第六条规定,转让土地使用权并取得收入的单位(包括事业单位、国家机关)和个人应当缴纳土地增值税。按《契税暂行条例》第一条规定和《契税暂行条例实施细则》第四条规定,受让土地使用权的事业单位、国家机关应当缴纳契税。据此可知,土地收储虽然是由国家事业单位性质的土地储备机构实施的政策性行为,但以收购、行使优先购买权取得土地实质上是以买卖方式取得土地使用权,作为卖方的单位(包括事业单位、国家机关)和个人应当缴纳土地增值税,作为买方的土地储备机构应当缴纳契税。因此,因收储申请国有建设用地使用权首次登记时,申请人也应当提交土地增值税、契税缴纳凭证。

(2)收储的土地已经登记并持有不动产权属证书的,因收储申请国有建设用地使用权首次登记时,申请人无须再提交权籍调查表、宗地图以及载明宗地界址点坐标的材料,按法律、法规、规章和政策的规定应当重新调查或补充调查的除外。但土地储备机构申请首次登记前,原权利人应当持被收储的证明申请国有建设用地使用权注销登记。

七、基于县级以上人民政府的确认文件申请的首次登记收件

1. 登记申请书;
2. 申请人的身份证明;
3. 县级以上人民政府确认取得国有建设用地使用权的文件;
4. 土地出让价款、土地租金、相关税费等缴纳材料;
5. 权籍调查表、宗地图以及载明宗地界址点坐标的材料;
6. 其他必要材料。

说明和理由:

1. 登记申请书

登记申请书由权利人单方出具。登记申请书应当载明:权利人——自然人姓名(或

法人、非法人组织的名称）、申请人的身份证明类型及号码；不动产类型——土地；宗地坐落；宗地面积；宗地的不动产单元号码；确认文件上的土地用途；权利人类型——个人（或企业、事业单位、国家机关、其他等）；登记类型——首次登记；登记原因——行政确认（出让、出租等）；权利类型——国有建设用地使用权；权利性质——行政确认（出让、出租等）；权利设定方式——地表（或地下、地上）；共有情况等。

自然人申请登记为单独所有的，应当提交单独所有的证明材料，如婚前取得的证明、对方配偶关于归申请人单独所有的声明等。

申请登记为按份共有的，应当提交共有人关于份额的约定等。

2. 县级以上人民政府确认取得国有建设用地使用权的文件

《确定土地所有权和使用权的若干规定》第二条第一款规定，土地所有权和使用权由县级以上人民政府确定，土地管理部门具体承办。据此可知，县级以上人民政府是国有建设用地使用权归属的确认机关，其出具的国有建设用地使用权确认批文，是权利人享有此国有建设用地使用权的凭证，是当然的《不动产登记暂行条例实施细则》第三十四条第一款第（一）项规定的申请人申请因行政确认产生的国有建设用地使用权首次登记时应当提交的"土地权属来源材料"。

3. 土地出让价款、土地租金、相关税费等缴纳材料

按《确定土地所有权和使用权的若干规定》第二十六条至第四十二条规定，有权机关确认取得国有建设用地使用权的基础有划拨、出让、转让、出租、继承等，取得国有建设用地使用权的基础为出让、出租的，申请人应当提交土地出让金、土地租金缴纳凭证；取得国有建设用地使用权的基础为出让的，申请人还应当提交契税缴纳凭证；取得国有建设用地使用权的基础为转让、作价出资等交易原因的，申请人应当提交土地增值税缴纳凭证和契税缴纳凭证等。

4. 其他必要材料

如前所述，有权机关确认取得国有建设用地使用权的基础有划拨、出让、转让、出租、继承等，申请人在提交有权机关的确权批文时，应当同时提交出让、转让、出租等材料，便于登记机构对相关税费缴纳凭证进行查验。

第二节　首次登记收件（二）

本节主要阐述登记机构一并办理国有建设用地使用权及地上房屋所有权首次登记时的收件问题，或办理单独的地上房屋所有权首次登记时的收件问题。

第三章　国有建设用地使用权及地上房屋所有权登记收件

国有建设用地使用权及地上房屋所有权首次登记，是指登记机构根据申请人的申请，将权利人依法设立的国有建设用地使用权及已经依法享有的地上房屋所有权一并第一次记载在登记簿上的登记。在不动产登记实务中，《不动产登记暂行条例实施细则》只在第三十五条中规定了一种情形下的国有建设用地使用权及地上房屋所有权首次登记，即新设立的国有建设用地使用权及地上合法建造的房屋竣工后申请的首次登记。

但是，笔者在不动产登记实务研习中，还接触到另外几种情形下申请的国有建设用地使用权及地上房屋所有权首次登记：① 权利人持房契申请的首次登记；② 继承人、受遗赠人持房契申请的首次登记；③ 权利人持人民法院对未经登记的国有建设用地及地上房屋确认权属的生效判决书申请的首次登记；④ 因征收未经登记的国有建设用地及地上房屋申请的首次登记；⑤ 因没收未经登记的国有建设用地及地上房屋申请的首次登记；⑥ 因落实私房改造政策退还房屋申请的首次登记。

登记机构办理前述国有建设用地使用权及地上房屋所有权首次登记时该如何收取登记申请材料？《不动产登记暂行条例实施细则》只对新设立的国有建设用地使用权及地上合法建造的房屋竣工后，申请人申请首次登记时应当提交的材料做了原则性的规定，登记机构办理该情形下的首次登记时可遵循此规定收件，但该办法对申请人因其他情形申请首次登记时应当提交的材料则没有作规定。笔者拟根据法律、法规、规章和政策的规定，结合自己的研习体会作归纳、介绍。

一、因新设立的国有建设用地使用权及地上合法建造的房屋竣工后申请的首次登记收件

1. 登记申请书；
2. 申请人的身份证明；
3. 不动产权属证书或者土地权属来源材料；
4. 房屋建设工程符合规划的证明；
5. 房屋已经竣工的证明；
6. 房地产权属调查成果报告；
7. 相关税费缴纳凭证；
8. 其他必要材料。

注：第 3 项材料中的"土地权属来源材料"和第 7 项材料适用于申请人一并申请国有建设用地使用权及地上房屋所有权首次登记的情形。

说明和理由：

1. 登记申请书

《不动产登记暂行条例》第十四条第二款第（一）项规定，尚未登记的不动产首次登记，可以由当事人单方申请。因此，国有建设用地使用权及地上房屋所有权首次登记申请书由权利人单方出具。登记申请书应当载明：权利人——自然人姓名（或法人、非法人组织的名称）；申请人的身份证明类型及号码；不动产类型——土地/房屋；宗地/房屋坐落；宗地面积；宗地及地上房屋的不动产单元号码；宗地用途和使用期限——划拨批文（或出让合同、作价出资批文、租赁合同、授权经营批文等）上载明的用途和使用期限；权利人类型——个人（或企业、事业单位、国家机关、其他等）；登记类型——首次登记；登记原因——划拨（或出让、作价出资、租赁、授权经营等）/合法建造；权利类型——国有建设用地使用权/房屋所有权；土地权利性质——划拨（或出让、作价出资、租赁、授权经营等）；土地的权利设定方式——地表（或地下、地上）；宗地四至描述；房屋性质——商品房（或房改房、经济适用住房、廉租住房、自建房等）；房屋所在幢的层数和房屋所在的层数；房屋结构——钢结构（或钢和钢筋混凝土结构、钢筋混凝土结构、混合结构、砖木结构、其他结构等）；房屋规划用途；房屋的总建筑面积；房屋的专有建筑面积；房屋的分摊建筑面积；共有情况——单独所有（或按份共有、共同共有）等。

自然人申请登记为单独所有的，应当提交单独所有的证明材料，如婚前取得的证明、对方配偶关于归申请人单独所有的声明等。

申请登记为按份共有的，应当提交共有人关于份额的约定等。

2. 申请人的身份证明

如前所述，国有建设用地使用权及其地上房屋所有权的权利人可以为自然人、法人及非法人组织，不同种类的申请人，其身份证明的形式也不同，主要形式有：

（1）境内自然人。

提交有效的居民身份证、户口簿、军官证、士兵证、文职干部证、学员证等[①]。

（2）港澳台地区自然人。

港澳同胞提交香港特别行政区居民身份证或香港特别行政区护照、澳门特别行政区居民身份证或澳门特别行政区护照、港澳居民来往内地通行证。台湾

---

① 参见《不动产登记操作规范（试行）》1.8.4.1条之1。

第三章 国有建设用地使用权及地上房屋所有权登记收件

同胞提交台湾居民来往大陆通行证等①。

（3）华侨、外籍自然人。

华侨提交中华人民共和国护照和国外长期居留身份证件。外籍自然人提交中国政府主管机关签发的居留证件或其所在国护照等②。《不动产登记操作规范（试行）》1.8.2.4条之3规定，外文文本的申请材料应当翻译成汉字译本，当事人应签字确认，并对汉字译本的真实性负责。据此可知，提供外文身份证明的申请人应当同时提交申请人签字确认的该身份证明的中文译本，或提交在我国合法经营的翻译机构出具的该身份证明的中文译本。

（4）境内法人及其他组织。

提交机关法人设立文件、事业单位法人资格证、社会团体法人登记证书、营业执照等③。

特别说明：

按《事业单位登记管理暂行条例》第三条、第五条和第八条规定，事业单位经主管部门批准成立后，须经县级以上人民政府机构编制管理机关登记并颁发《事业单位法人证书》。按《社会团体登记管理条例》第三条、第六条和第十五条规定，社会团体经其业务主管机关批准，并经县级以上人民政府民政机关登记，领取《社会团体法人登记证书》。《公司法》第七条规定，依法设立的公司，由公司登记机关发给公司营业执照。公司自营业执照签发时成立。《个人独资企业法》第十二条和第十三条规定，登记机关应当在收到个人独资企业设立申请文件之日起十五日内，对符合该法规定条件的，予以登记，发给营业执照。企业自营业执照签发时成立。《合伙企业法》第十条和第十一条规定，申请人提交的登记申请材料齐全、符合法定形式，企业登记机关能够当场登记的，应予当场登记，发给营业执照。企业自营业执照签发时成立。据此可知，事业单位法人、社会团体法人、企业法人及企业性质的非法人组织须经相关机关登记，故其身份证明，除法人资格证、营业执照外，还可以是其登记机构出具的有关身份证明的文件或书面材料，如县级以上人民政府机构编制管理机关批准或准予事业单位撤、并、转或设立的文件；再如企业登记机关出具的证明"兹证明某房地产经纪公司系经我局登记成立的公司法人"等。

按《民法典》第六十八条、第六十九条和第七十二条规定，企业法人被吊

---

① 参见《不动产登记操作规范（试行）》1.8.4.1条之2和3。
② 参见《不动产登记操作规范（试行）》1.8.4.1条之4和5。
③ 参见《房地产登记技术规程》附录B.0.10条。

销营业执照后,应当依法进行清算,清算程序结束后,自办理企业注销登记时起,该企业才归于消灭。据此可知,被吊销营业执照的企业,其权利义务由它的清算组织承接,该企业申请国有建设用地使用权及地上房屋所有权首次登记时,合法有效的身份证明为其清算组织成立的文件。

（5）港澳地区法人。

提交经我国司法部委托的律师出具的公证书公证的商业登记证,且加盖中国法律服务（香港）有限公司、中国法律服务（澳门）有限公司转递章。也可以提交我国公证机构办理的商业登记证公证书。

（6）台湾地区法人。

提交企业登记证或注册证[①],但须经大陆公证机构公证,或经台湾公证机构公证。台湾公证机构出具的公证书须经大陆相关机构认证（一般由省级公证协会认证）。

（7）外国法人、组织。

提交经我国驻外使（领）馆认证的,所在国家公证机构公证的身份证明[②]。或直接在我国使（领）馆办理公证的身份证明。《不动产登记操作规范（试行）》1.8.2.4条之3规定,外文文本的申请材料应当翻译成汉字译本,当事人应签字确认,并对汉字译本的真实性负责。据此可知,提交外文身份证明的申请人应当同时提交申请人签字确认的该公证书的中文译本,或提交在我国合法经营的翻译机构出具的该公证书的中文译本。

3. 不动产权属证书或者土地权属来源材料

《不动产登记暂行条例实施细则》第三十五条第（一）项规定,申请人申请国有建设用地使用权及房屋所有权首次登记时,不动产权属证书或者土地权属来源材料是应当提交的材料。

不动产权属证书,是指申请人单独向登记机构申请房屋所有权首次登记时,提交的载明其享有国有建设用地使用权的权利凭证。

土地权属来源材料,是指申请人一并向登记机构申请国有建设用地使用权及地上房屋所有权首次登记时,提交的证明其依法取得国有建设用地使用权的证据材料,主要包括：取得国有建设用地使用权的划拨文件、土地出让合同、土地租赁合同、土地作价出资（入股）批准文件、土地授权经营批准文件、有权机关确认取得国有建设用地使用权的文件等（详见本章第一节）。

---

① 参见《广州市城镇房地产登记技术规范》第二十七条。
② 参见《广州市城镇房地产登记技术规范》第二十七条。

第三章　国有建设用地使用权及地上房屋所有权登记收件

4. 房屋建设工程符合规划的证明

《不动产登记暂行条例实施细则》第三十五条第（二）项规定，申请人申请国有建设用地使用权及地上房屋所有权首次登记时，房屋建设工程符合规划的证明是应当提交的材料。

房屋建设工程符合规划的证明，是指房屋建造符合城市、城镇规划要求的证明，在不同的历史时期，它以不同的形式出现。笔者拟在其他从事不动产登记实务的朋友归纳[①]的基础上进行阐释。

（1）1949年至1978年3月7日。该阶段国家对城市建设没有要求做规划，建造房屋也就无所谓符合规划。笔者曾经是最基层的登记人员，长期的登记工作实践证明，在这个阶段建造的没有办理所有权首次登记的房屋，直到现在，在县级以下建制镇，仍然有一定数量的存在。笔者据此认为，建造于此阶段的房屋申请首次登记时，申请人无须提交房屋建设符合规划的证明，但须提交当地镇（乡）政府或街道办事处出具的房屋建成于该阶段的证明，以替代房屋建设符合规划的证明。

（2）1978年3月8日至1984年1月4日。1978年3月8日，全国城市工作会议结束，党中央下发的《关于加强城市建设工作意见》规定："城市规划区范围内所有单位（包括中央和部队所属单位）和居民的建设活动，都必须服从城市规划安排，不允许各自为政和自行其是。"1983年6月4日，原城乡建设环境保护部发布的《城镇个人建造住宅管理办法》规定："城镇个人建造住宅，必须经城市规划管理机关审查批准，发给建设许可证后，方可施工。"据此可知，该阶段合法建造的房屋应当有规划机关的审批凭证或建设许可证。因此，建造于此阶段的房屋申请所有权首次登记时，申请人提交的房屋建设符合规划的证明是规划机关的审批凭证或建设许可证。

（3）1984年1月5日至1990年3月31日。1984年1月5日，国务院发布的《城市规划条例》规定："申请进行建设的组织和个人，经城市规划主管部门确定其建设位置，提出地面控制标高、建筑密度、建筑层数、建筑立面以及与环境协调等设计要求，并审查其有关设计文件和图纸，发给建设许可证后方可施工。" 笔者据此认为，建造于此阶段的房屋申请所有权首次登记时，申请人提交的房屋建设符合规划的证明是建设许可证。

（4）1990年4月1日至今。1990年4月1日起实施的《城市规划法》规定，

[①] 参见赖德华：《房屋"符合规划的证明"材料的历史演变》，载《中国房地产》2010年第8期。

建房实行建设用地规划许可证、建设工程规划许可证和建设项目选址意见书制度。修订后的《城乡规划法》关于建房的规定与《城市规划法》相同。故1990年4月1日后建造的房屋申请所有权首次登记时，申请人提交的房屋建设符合规划的证明是建设工程规划许可证。

除以上四种情形外，笔者在曾经的不动产登记实务中，常常遇到乡集镇、建制镇在《城乡规划法》实施前或实施后，没有办理规划许可手续建造的房屋，申请所有权首次登记时，申请人无法提交房屋建设符合规划的证明的情形。不动产统一登记后，笔者在与全国各地从事不动产登记实务的朋友们的交流中，了解到此类情形仍然存在。《城乡规划法》第四十条规定，城市、县人民政府城乡规划主管部门或省、自治区、直辖市人民政府确定的镇人民政府负责城市和建制镇的房屋建设规划并核发建设工程规划许可证。该法第四十一条规定，在乡、村庄规划区内进行乡镇企业、乡村公共设施和公益事业建设的，建设单位或者个人应当向乡、镇人民政府提出申请，由乡、镇人民政府报城市、县人民政府城乡规划主管部门核发乡村建设规划许可证。笔者据此认为，登记机构办理房屋所有权首次登记时，原则上按前述四种情形收取房屋建设符合规划的证明，在申请人无法提交此类证明时，可收取规划行政主管机关或省级人民政府赋予规划许可权的镇人民政府为其出具的房屋建设符合规划要求的证明。

收取房屋建设工程符合规划的证明，主要是为了确保房屋建设的合法性。按《民法典》第二百三十一条规定，合法建造的房屋自竣工时所有权依法成立。质言之，房屋建设符合规划的，自房屋竣工时起权利人无须登记即依法、及时享有该房屋的所有权。反之，房屋建设工程不符合规划的，则该房屋属于不合法的建筑物，即使房屋竣工当事人也不能对其享有所有权。《不动产登记暂行条例》第二十二条第（一）项规定，登记申请违反法律、行政法规规定的，属于登记机构不予登记的情形。据此可知，如前所述，没有材料证明申请所有权首次登记的房屋建设工程符合规划的，虽然该房屋已经竣工，但此房屋因无材料证明其符合规划，属于违法建造物，当事人不能依法对其享有所有权，由此申请的登记，登记机构应当作不予登记处理。在司法实务中，湖南省邵阳市中级人民法院在审理"上诉人某房产管理局、朱某与被上诉人王某房屋行政登记纠纷案"时认为"上诉人某房产管理局在朱某没有提供建设工程规划许可证的情况下给朱某的房产登记颁证，属行政程序不合法。一审据此判决撤销某房产管理局给朱某房屋产权登记的行政行为并无不当"，遂判决驳回上诉，维持一审

第三章 国有建设用地使用权及地上房屋所有权登记收件

法院撤销某房产管理局房屋登记的判决①。本案中，人民法院的认为和判决表明，房屋建设符合规划的证明，是申请人申请房屋所有权首次登记时应当向登记机构提交的要件。

5. 房屋已经竣工的证明

《不动产登记暂行条例实施细则》第三十五条第（三）项规定，申请人申请国有建设用地使用权及地上房屋所有权首次登记时，房屋已经竣工的证明是应当提交的材料。

房屋已经竣工的证明是指房屋按照设计或建造要求已全部完成建设，达到入住和使用条件的证明材料。要求申请人提供房屋竣工验收合格的证明，主要用以区分房屋与在建工程②。按《民法典》第二百三十一条规定，合法建造并竣工的房屋，权利人自竣工时起依法享有所有权，可以申请所有权首次登记。在建建筑物，也称在建工程，系正在建造中的房屋建设工程，相关当事人不能按《民法典》第二百三十一条的规定依法享有所有权，即在建建筑物不是房屋所有权的客体，不能承载房屋所有权，故申请人不能就在建建筑物向登记机构申请所有权首次登记。在司法实务中，江西省九江市中级人民法院在审查"江西省某建筑工程公司不服某房产管理局房屋行政登记案"时认为"经查明，'某大厦'没有竣工，不具备办理房屋所有权初始登记的法定条件。被告某房产管理局受理'某大厦'房屋所有权登记申请后，未认真履行审查职责，为尚未竣工的'某大厦'办理房屋所有权初始登记并发给《房屋所有权证》，其登记发证行为依法不能成立"，遂判决某房产管理局房屋初始登记行为无效，限某房产管理局自本判决生效之日起十五日内注销房屋初始登记③。本案中，人民法院的认为和判决表明，竣工房屋才具备办理首次登记的条件，房屋已经竣工的证明是登记机构办理首次登记时应当收取的材料。

房屋已经竣工的证明主要有：① 建设工程质量管理部门出具的竣工验收备案表；② 建设单位组织相关部门对竣工房屋进行综合验收形成的建设工程质量竣工验收合格证；③ 承建单位或个人（有资质的建筑工匠等）出具的房屋已经竣工的证明；④ 房屋所有权人出具的房屋已经竣工的保证，或证明房屋已经竣工的照片等。

---

① 湖南省邵阳市中级人民法院："上诉人某房产管理局、朱某与被上诉人王某房屋行政登记纠纷案"，http://www.exam8.com/，访问时间：2017年11月12日。
② 住房和城乡建设部政策法规司、住宅与房地产业司、村镇建设办公室：《〈房屋登记办法〉释义》，人民出版社2008年版，第123页。
③ 江西省九江市中级人民法院："江西省某建筑工程公司不服某房产管理局房屋行政登记案"，http://www.110.com，访问时间：2017年11月15日。

如前所述，房屋已经竣工的证明中虽然包括关于工程质量验收方面的证明材料，但按《建设工程质量管理条例》的规定，房屋质量由监理单位、承建单位等负责。换言之，房屋质量是否合格与登记机构无关，故房屋已经竣工的证明不只是指房屋工程质量合格的证明。在不动产登记实务中，即使登记机构收取房屋质量竣工验收证明材料，也只起区别房屋与在建建筑物的作用，并不表明只有持有质量合格证明的房屋才可以办理所有权首次登记。

6. 房地产权属调查成果报告

按《不动产登记暂行条例》第八条第三款规定和《国土资源部关于启用不动产登记簿证样式（试行）的通知》（国土资发〔2015〕25号）附《不动产登记簿样式及使用填写说明》规定，国有建设用地及地上房屋的坐落、界址、空间界限、面积、空间坐标、位置说明或者四至描述、附图等是登记簿应当记载或应当附记的国有建设用地使用权及地上房屋所有权的内容，记载的这些内容从空间上、地域上明确国有建设用地使用权及地上房屋所有权的归属。因此，房地产权属调查成果报告须载明这些内容。此房地产权属调查成果报告，属于《不动产登记暂行条例实施细则》第三十五条第（四）项规定的申请人申请国有建设用地使用权及地上房屋所有权首次登记时应当向登记机构提交的"房地产调查或者测绘报告"。但是，这些信息的获取具有很强的专业性和技术性，普通的申请人无法自行完成，需要有资质的专业机构按《不动产权籍调查技术方案（试行）》的规定通过专业手段获取，为此，申请人向登记机构提交的房地产权属调查成果报告应当由具有资质的专业机构出具。

7. 相关税费缴纳凭证

《不动产登记暂行条例实施细则》第三十五条第（五）项规定，申请人申请国有建设用地使用权及地上房屋所有权首次登记时，相关税费缴纳凭证是应当提交的材料。

提交相关税费缴纳凭证，适用于申请人一并申请国有建设用地使用权及地上房屋所有权首次登记的情形。

（1）出让取得的国有建设用地使用权，申请人应当同时提交土地出让金缴纳凭证和契税缴纳凭证；

（2）租赁取得的国有建设用地使用权，申请人应当提交与租赁合同对应的土地租金缴纳凭证；

（3）投资入股取得的国有建设用地使用权，申请人应当提交土地增值税、契税缴纳凭证；

第三章 国有建设用地使用权及地上房屋所有权登记收件

（4）划拨、授权经营方式取得的国有建设用地使用权，申请人无须提交税费缴纳凭证。

特别说明：

《不动产登记暂行条例实施细则》第二条第二款规定，房屋等建筑物、构筑物和森林、林木等定着物应当与其所依附的土地、海域一并登记，保持权利主体一致。据此可知，登记机构收取不动产权属证书或者土地权属来源材料、房屋建设工程符合规划的证明、房屋已经竣工的证明等材料时，应当注意这些材料载明的主体是否同一，以遵循房地主体同一的不动产登记原则，防止房屋所有权主体与其占用范围内的土地使用权主体不一致，形成甲地上有乙房的奇怪现象，既滋生权属纠纷，也不利于权利人充分行使权利。在司法实务中，上海市某中级人民法院在审理"某房屋土地资源管理局、上海甲公司因房屋行政登记上诉案"时认为"甲公司现提交的申请材料中，土地使用权批文中的土地使用权人、建设项目立项取得主体均系乙住宅办和上海丙公司。建设工程规划许可证的取得主体系上海丙公司。上述土地使用权人与项目建设主体均非申请人甲公司，且土地使用权人系两个主体，建设工程规划取得主体仅上海丙公司一家，土地使用权人与房屋建造主体不完全一致。而某房地局在诉讼中，并未提供证明甲公司在申请房地产登记时已提交了其系土地使用权人及工程建设主体的材料。……现某房地局认定甲公司申请登记的房地产权属来源清楚，系认定事实不清"，遂判决驳回上诉，维持原审法院撤销某房地局房屋登记的判决[1]。本案中，人民法院的认为和判决表明，不动产登记应当遵循房地主体同一的原则。

二、权利人持房契申请的首次登记收件

1. 登记申请书；
2. 申请人的身份证明；
3. 房契；
4. 县级以上人民政府确认房屋占用范围内的土地使用权的证明；
5. 房地产权属调查成果报告；
6. 土地出让价款、土地租金、相关税费等缴纳凭证；
7. 其他必要材料。

说明和理由：

---

[1] 上海市某中级人民法院："某房屋土地资源管理局、上海甲公司因房屋行政登记上诉案"，http://fzzfyjy.cupl.edu.cn/，访问时间：2017年12月2日。

1. 登记申请书

登记申请书由权利人单方出具。登记申请书应当载明：权利人——自然人姓名（或法人、非法人组织的名称）；申请人的身份证明类型及号码；不动产类型——土地/房屋；宗地/房屋坐落；宗地面积；宗地及地上房屋的不动产单元号码；宗地用途和使用期限——确认文件上载明的用途和使用期限；权利人类型——个人（或企业、事业单位、国家机关、其他等）；登记类型——首次登记；登记原因——行政确认/房契（买卖等）；权利类型——国有建设用地使用权/房屋所有权；土地权利性质——行政确认（划拨、出让、租赁、作价出资等）；土地的权利设定方式——地表（或地下、地上）；宗地四至描述；房屋性质——自建房等；房屋所在幢的层数和房屋所在的层数；房屋结构——钢结构（或钢和钢筋混凝土结构、钢筋混凝土结构、混合结构、砖木结构、其他结构等）；房契载明的房屋用途；房屋的总建筑面积；房屋的专有建筑面积；房屋的分摊建筑面积；共有情况——单独所有（或按份共有、共同共有）等。

登记原因——房契（买卖等），表明首次登记原因是基于房契，但房契产生的原因（即立契原因）有买卖、赠与、自建等，故登记原因应当因立契原因而具体载明，如登记原因——房契（买卖）、登记原因——房契（赠与）、登记原因——房契（自建）等。

自然人申请登记为单独所有的，应当提交单独所有的证明材料，如婚前取得的证明、对方配偶关于归申请人单独所有的声明等。

申请登记为按份共有的，应当提交共有人关于份额的约定等。

2. 房　契

房契，是房屋所有权证颁发前权利人依法享有房屋所有权的证明。房契由两部分组成：一部分是房屋买卖、赠与契约或建造房屋的立契说明。买卖、赠与契约的主要内容有买方（受赠方）、卖方（赠与方）、房屋及房屋占用范围内的土地四面界址、买卖价款、见证人等。建造房屋情况说明的主要内容有房屋建造人、建造时间、房屋及房屋占用范围内的土地四面界址等。另一部分是契证，主要有买方（受赠方）和卖方（赠与方）或立契人（房屋建造人）、已纳契税记录或契税免征记录、县级以上人民政府印鉴等内容。

1982年，原国家城市建设总局《关于加强城市（镇）房地产产权产籍管理工作的通知》（〔1982〕城发房字77号）发布实施《关于城市（镇）房地产产权产籍管理暂行规定》，该规定第二条规定，凡在城镇范围内的房地产，不论属于国家、集体或个人所有，均须到当地房管机关办理产权登记，领取房地产所有证。房地产所有证是房地产所有权的凭证，具有法律效力。但是，限于认

第三章 国有建设用地使用权及地上房屋所有权登记收件

识和条件，只有少数城市按该通知精神开展了房屋产权登记，核发房屋所有权证工作。1986年，原城乡建设环境保护部发布《关于开展城镇房产产权登记、核发产权证工作的通知》（〔1986〕城住字第51号），该通知要求，1988年年底前，全国基本完成城镇房地产产权登记，核发产权证工作。基于此通知，全国的城市和建制镇开始了第一轮的房屋所有权证核发工作。然而，20多年过去了，房契在县城、建制镇和乡集镇仍然存在，且受到群众的认可。

房契是持"契"即享有房屋权利的历史产物，国家也没有法律、法规、规章和政策规定其作废，即房契仍然是合法、有效的房屋权利凭证，但与现在的不动产登记发证制度不协调，应当倡导、鼓励持"契"人申请不动产登记，将权利人基于房契享有的土地使用权及地上房屋所有权记载在登记簿上，增强该土地使用权及地上房屋所有权的公示力和公信力，供欲与之为交易的人查阅、知晓，抉择是否与之为交易，保护相关当事人的利益，也维护不动产登记制度的统一性、权威性和严肃性，同时为权利人因处分土地使用权及地上房屋所有权产生的后续登记提供方便。

房契载明的房屋所有权虽然已经具有法律上的效力，但是第一次经权利人申请才记载在登记簿上，故属于首次登记，收取房契也属于首次登记收件。

3. 县级以上人民政府确认房屋占用范围内的土地使用权的证明

《确定土地所有权和使用权的若干规定》第二条第一款规定，土地所有权和使用权由县级以上人民政府确定，土地管理部门具体承办。该规定第二十七条规定，土地使用者经国家依法划拨、出让或解放初期接收、沿用，或通过依法转让、继承、接受地上建筑物等方式使用国有土地的，可确定其国有土地使用权。该规定第二十八条规定，土地公有制之前，通过购买房屋或土地及租赁土地方式使用私有的土地，土地转为国有后迄今仍继续使用的，可确定现使用者国有土地使用权。据此可知，房契载明房屋占用范围内的土地使用权是否是国有建设用地使用权，是否属于出让、划拨、租赁或作价投资取得的国有建设用地使用权？应当由县级以上人民政府确认。因此，县级以上人民政府确认房契载明房屋占用范围内的土地使用权的证明，是权利人享有房契载明房屋占用范围内的国有建设用地使用权的凭证，也是申请人申请房契载明的房屋占用范围内的国有建设用地使用权首次登记时应当提交的材料。

4. 房地产权属调查成果报告

虽然房契上载明了房屋、土地四面界址，如"前到街心，后至河心，左与某人土墙为界，右与某人同排共柱"等，但这些表述不准确、不具体，且大部分没有房屋、土地的面积数据,即使有,也是"约 100 平方米左右"一类的模糊表述。因此,为了完善国有建设用地使用权及地上房屋所有权在登记簿上的基本情况记载,须收取申请人提交的有资质的专业机构按《不动产权籍调查技术方案(试行)》的规定制作的房地产权属调查成果报告,从量上和地域上、空间上确定申请首次登记的国有建设用地使用权及地上房屋所有权的范围。

5. 土地出让价款、土地租金、相关税费等缴纳凭证

按前述《确定土地所有权和使用权的若干规定》的规定,县级以上人民政府确认取得国有建设用地使用权的基础有划拨、出让、转让、出租、继承等,取得国有建设用地使用权的基础为出让的,申请人应当提交土地出让金、契税缴纳凭证;取得国有建设用地使用权的基础为出租的,申请人应当提交土地租金缴纳凭证;取得国有建设用地使用权的基础为转让、作价出资等交易原因的,申请人应当提交土地增值税缴纳凭证和契税缴纳凭证等。

6. 其他必要材料

如前所述,县级以上人民政府确认取得国有建设用地使用权的基础有划拨、出让、转让、出租等,申请人在提交县级以上人民政府的确权批文时,应当同时提交出让、转让、出租等材料,便于登记机构对相关税费缴纳凭证进行查验。

三、继承人持房契申请的首次登记收件

1. 登记申请书;
2. 申请人的身份证明;
3. 房契;
4. 继承证明材料;
5. 被继承人的死亡证明书;
6. 县级以上人民政府确认房屋占用范围内的土地使用权的证明;
7. 房地产权属调查成果报告;
8. 土地出让价款、土地租金、相关税费等缴纳凭证;
9. 其他必要材料。

注:第 4 项材料中,继承人提交的继承证明材料为继承权公证书时,无须提交第 5 项材料。

说明和理由:

如前所述,房契是权利人享有房屋所有权的合法凭证,按《民法典》第一千一百二十一条第一款和第二百三十条规定,权利人死亡后,其继承人自该权利人死亡时起,因继承依法享有房契载明的土地使用权及地上房屋所有权。在

第三章　国有建设用地使用权及地上房屋所有权登记收件

不动产登记实务中,被继承人的房屋、土地权利虽未经登记,但因"契"而有效,继承人在此基础上因继承取得的土地使用权及地上房屋所有权也依法有效,为此,若继承人申请登记,应当申请首次登记还是转移登记?

《民法典》第十三条规定,自然人从出生时起到死亡时止,具有民事权利能力,依法享有民事权利,承担民事义务。据此可知,如果先行为房契载明的权利人办理首次登记,然后才为继承人办理转移登记,则已经去世的自然人民事权利能力消灭,失去享有民事权利的资格,不能成为登记簿上新记载的权利人,即以被继承人为权利主体的首次登记无法完成。如果为继承人直接办理继承转移登记,在登记簿制度已经建立的情形下,没有记载在登记簿上的土地使用权及地上房屋所有权依法不能转移。笔者认为,继承人持房契申请的登记,由首次登记和因继承产生的转移登记组合而成,故这两种相互独立又彼此关联的登记应当由继承人合并申请,但毕竟该土地使用权及地上房屋所有权是第一次申请登记,所以,应当适用首次登记,但此类首次登记中有转移登记的元素。

1. 登记申请书

《不动产登记暂行条例》第十四条第二款第(二)项规定,因继承取得的不动产权利,可以由权利人单方申请登记。因此,登记申请书由权利人(继承人)单方出具。登记申请书应当载明:权利人——自然人姓名;申请人的身份证明类型及号码;不动产类型——土地/房屋;宗地/房屋坐落;宗地面积;宗地及地上房屋的不动产单元号码;宗地用途和使用期限——确认文件上载明的用途和使用期限;权利人类型——个人;登记类型——首次登记;登记原因——行政确认/房契(继承);权利类型——国有建设用地使用权/房屋所有权;土地权利性质——行政确认(划拨、出让、租赁、作价出资等);土地权利设定方式——地表(或地下、地上);宗地四至描述;房屋性质——自建房等;房屋所在幢的层数和房屋所在的层数;房屋结构——钢结构(或钢和钢筋混凝土结构、钢筋混凝土结构、混合结构、砖木结构、其他结构等);房契载明的房屋用途;房屋的总建筑面积;房屋的专有建筑面积;房屋的分摊建筑面积;共有情况——单独所有(或按份共有、共同共有)等。

申请登记为单独所有的,应当提交单独所有的证明材料,如婚前继承取得的证明、对方配偶关于归申请人单独所有的声明等。

申请登记为按份共有的,应当提交共有人关于份额的约定等。

2. 继承证明材料

在不动产登记实务中,申请人提交的继承证明材料一般有四种:一是继承权公证书；二是经过公证的遗嘱；三是未经公证的依法定继承程序享有继承权的证明；四是未经公证的遗嘱。

(1) 继承权公证书。

继承权公证书适用于因法定继承产生的国有建设用地使用权及地上房屋所有权登记。

继承权公证书，是指由国家公证机构制作的证明法定继承人依法享有国有建设用地使用权及地上房屋所有权的继承权的书面凭证。继承权公证书是继承人继承国有建设用地使用权及地上房屋所有权的权源证据。继承权公证书不同于继承权见证书。继承权见证书是指由律师事务所或法律服务所制作的证明法定继承人依法享有国有建设用地使用权及地上房屋所有权的继承权的书面凭证。律师事务所或法律服务所是从事诉讼和非诉讼法律服务的民事主体，它们制作的见证书相似于同为民事主体的自然人出具的书面证言，是以民事主体自身的信誉为见证书上载明的内容的合法性、真实性、有效性作保证。而法定的公证机构出具的公证书是以国家的信誉为公证书上载明的内容的合法性、真实性、有效性作保证，具有高于见证书的效力，因此，在不动产登记实务中，不宜收取继承权见证书作为登记证据。

(2) 经过公证的遗嘱。

经过公证的遗嘱适用于因遗嘱继承产生的国有建设用地使用权及地上房屋所有权登记。

《民法典》第一千一百三十三条第一款和第二款规定，自然人可以依照本法规定立遗嘱处分个人财产，并可以指定遗嘱执行人。自然人可以立遗嘱将个人财产指定由法定继承人中的一人或者数人继承。质言之，被继承人可以立遗嘱指定自己遗留的财产继承人，换言之，遗嘱是当事人享有继承权的证明材料。《民法典》第一千一百三十九条规定，公证遗嘱由遗嘱人经公证机构办理。据此可知，经过公证的遗嘱，是指国家公证机构制作的记录立遗嘱人处分自己财产、指定其财产继承人的文书。它是继承人继承房屋的权源证据。

(3) 未经公证的依法定继承程序享有继承权的证明。

《公证法》第二条规定，公证是公证机构根据自然人、法人或者其他组织的申请，依照法定程序对民事法律行为、有法律意义的事实和文书的真实性、合法性予以证明的活动。质言之，公证依当事人的申请启动，即公证是当事人自愿，不是强制性的。申言之，在不动产登记实务中，登记机构不得强制要求申请人提交经过公证的继承证明材料，即申请人提交未经公证的依法定继承程序享有继承权的证明，登记机构也应当采用。

第三章 国有建设用地使用权及地上房屋所有权登记收件

根据《不动产登记操作规范（试行）》1.8.6.1 条规定，申请人应当同时提交以下材料组合成未经公证的依法定继承程序享有继承权的证明：

① 继承人与被继承人之间的亲属关系证明，主要形式有三：一是户口簿、婚姻证明、收养证明或出生医学证明；二是公安机关、被继承人所在村委会或居委会、被继承人或继承人所在单位出具的证明材料；三是其他能够证明相关亲属关系的材料等。申请人只提交其中之一。但是，按民政部等六部门联合出台的《关于改进和规范基层群众性自治组织出具证明工作的指导意见》（民发〔2020〕20 号）、公安部等十二部门联合出台的《关于改进和规范公安派出所出具证明工作的意见》（公通字〔2016〕21 号）文件规定，公安派出所和社区居民委员会均不再出具亲属关系证明，在申请人不能提交户口簿、婚姻证明、收养证明、出生医学证明作为亲属关系证明的情形下，还可以提交什么样的材料作亲属关系证明？

笔者认为，申请人可以自己书写继承人与被继承人的关系说明，其中载明被继承人姓名、全部继承人姓名及其与被继承人的关系、继承人是放弃继承还是接受继承等信息，该说明上须由两个以上继承人之外的人签名证明属实。申请人可以提交自己书写的继承人与被继承人的关系说明并附上在上面签名证明属实的证人的身份证明作为其申请继承转移登记的亲属关系证明。

按《不动产登记操作规范（试行）》1.8.6.5 条规定，登记机构办理申请人凭公证的材料或者生效的法律文书之外的材料申请的继承转移登记时，须将继承转移登记事项在不动产登记机构门户网站进行公示，公示期不少于 15 个工作日。公示期满无异议的，将申请登记事项记载于不动产登记簿。据此可知，登记机构收取申请人提交自己书写的继承人与被继承人的关系说明后，可以通过公示程序，查明该说明的真实性，也通过该公示程序证明自己尽到了力所能及（合理审慎）的查验职责。

② 登记机构的登记人员签字见证的其他继承人放弃继承权的材料。

③ 申请人享有继承权的声明或说明。

（4）未经公证的遗嘱。

① 自书遗嘱。

自书遗嘱是指自然人死亡前亲笔书写的遗嘱。《民法典》第一千一百三十四条规定，自书遗嘱由遗嘱人亲笔书写，签名，注明年、月、日。质言之，自书遗嘱必须由立遗嘱人亲笔书写遗嘱的全部内容。自书遗嘱既不能由他人代笔

也不能用打印或印刷方式，只能由遗嘱人自己用笔将其意思记录下来[①]。

② 代书遗嘱。

代书遗嘱，是指由他人代立遗嘱人书写并经立遗嘱人签名的遗嘱。《民法典》第一千一百三十五条规定，代书遗嘱应当有两个以上见证人在场见证，由其中一人代书，并由遗嘱人、代书人和其他见证人签名，注明年、月、日。据此可知，立遗嘱时，须有两个以上的见证人在场见证，由其中的一个见证人代为书写遗嘱，且代书人、见证人、遗嘱人应当在立遗嘱完毕时同时签名。代书遗嘱的见证人须具有完全民事行为能力且与继承人及遗产分割无利害关系。

③ 打印遗嘱。

《民法典》第一千一百三十六条规定，打印遗嘱应当有两个以上见证人在场见证。遗嘱人和见证人应当在遗嘱每一页签名，注明年、月、日。据此可知，须有两个以上的见证人在场的情形下，才可以打印遗嘱，且打印出来的遗嘱的每一页上面，须同时具备遗嘱人和见证人的签名及其各自注明的年、月、日。遗嘱打印时，应当认真校核，避免打印错误，确保遗嘱的打印质量。打印遗嘱的见证人须是具有完全民事行为能力人且与遗嘱中指定的继承人无利害关系。

3. 被继承人的死亡证明书

死亡证明书，是指由相关机构依法出具的自然人因失去生命而不在人世的证明。在不动产登记实务中，死亡证明书主要有：① 公安派出所出具的因死亡注销户籍的证明；② 公安部门在刑事、交通等案件处理中出具的死亡证明；③ 应急管理部门或其消防机构在消防案件处理中出具的死亡证明；④ 人民法院宣告死亡的判决书；⑤ 殡仪馆出具的遗体火化证明；⑥ 医院出具的医学死亡证明等。

死亡证明书是继承是否开始的前提，被继承人不死亡，继承不开始，故死亡证明书是登记机构办理因继承产生的国有建设用地使用权及地上房屋所有权首次登记时的必收要件。但是，申请人提交继承权公证书作为继承证明材料时，因公证机构已经先行查明被继承人的死亡情况、其他继承人放弃继承权等情况后才出具该继承权公证书，故申请人提交继承权公证书作为继承证明材料时，无须再提交被继承人的死亡证明书。

四、受遗赠人持房契申请的首次登记收件

1. 登记申请书；

[①] 梁慧星：《中国民法典草案建议稿附理由：侵权行为编·继承编》，法律出版社2004年版，第189页。

第三章 国有建设用地使用权及地上房屋所有权登记收件

2. 申请人的身份证明；
3. 房契；
4. 遗赠证明材料；
5. 遗赠人的死亡证明书；
6. 县级以上人民政府确认房屋占用范围内的土地使用权的证明；
7. 房地产权属调查成果报告；
8. 土地出让价款、土地租金、契税等缴纳凭证；
9. 其他必要材料。

说明和理由：

此类登记也是由首次登记和因遗赠产生的转移登记组合而成的，因国有建设用地使用权及地上房屋所有权是第一次申请登记，所以，应当适用首次登记，但此类首次登记中有遗赠转移登记的元素。

1. 登记申请书

《不动产登记暂行条例》第十四条第二款第（二）项规定，因遗赠取得的不动产权利，可以由权利人单方申请登记。因此，登记申请书由权利人（受遗赠人）单方出具。登记申请书应当载明：权利人——自然人姓名（或法人、非法人组织的名称）；申请人的身份证明类型及号码；不动产类型——土地/房屋；宗地/房屋坐落；宗地面积；宗地及地上房屋的不动产单元号码；宗地用途和使用期限——确认文件上载明的用途和使用期限；权利人类型——个人（或企业、事业单位、国家机关、其他等）；登记类型——首次登记；登记原因——行政确认/房契（遗赠）；权利类型——国有建设用地使用权/房屋所有权；土地权利性质——行政确认（划拨、出让、租赁、作价出资）；土地权利设定方式——地表（或地下、地上）；宗地四至描述；房屋性质——自建房等；房屋所在幢的层数和房屋所在的层数；房屋结构——钢结构（或钢和钢筋混凝土结构、钢筋混凝土结构、混合结构、砖木结构、其他结构等）；房契载明的房屋用途；房屋的总建筑面积；房屋的专有建筑面积；房屋的分摊建筑面积；共有情况——单独所有（或按份共有、共同共有）等。

自然人申请登记为单独所有的，应当提交单独所有的证明材料，如婚前取得的证明、对方配偶关于归申请人单独所有的声明等。

申请登记为按份共有的，应当提交共有人关于份额的约定等。

2. 遗赠证明材料

《民法典》第一千一百三十三条第三款规定，自然人可以立遗嘱将个人财产赠与国家、集体或者法定继承人以外的组织、个人。该法第一千一百五十八条规定，自然人可以与继承人以外的组织或者个人签订遗赠扶养协议。按照协议，该组织或者个人承担该自然人生养死葬的义务，享有受遗赠的权利。据此可知，遗赠证明材料以遗嘱或遗赠扶养协议的方式体现。遗赠证明材料是受遗赠人取得国有建设用地使用权及地上房屋所有权的权源证据。在不动产登记实务中，申请人提交的遗赠证明材料，一是经过公证的遗赠遗嘱或遗赠扶养协议；二是未经过公证的遗赠遗嘱或遗赠扶养协议。

（1）经过公证的遗赠遗嘱或遗赠扶养协议。

经过公证的遗赠遗嘱，是指由国家公证机构制作的记载遗赠人决定在其死亡后将他的财产赠与国家、集体或法定继承人以外的人的遗嘱。

经过公证的遗赠扶养协议，是指由国家公证机构制作的记载遗赠人与继承人以外的人、组织签订的，载明由该人或该组织承担其生养死葬的义务，但在其死亡后将他的财产赠与该人或该组织的协议。

在不动产登记实务中，如果申请人仅持遗赠遗嘱公证书申请遗赠产生的转移登记时，笔者认为，申请人申请遗赠转移登记的行为已经表明其接受遗赠，此行为与遗赠公证书组合，形成遗赠和接受遗赠的意思表示，遗赠关系成立，登记机构无须要求申请人另行提交接受遗赠的证明。

（2）未经过公证的遗赠遗嘱或遗赠扶养协议。

根据《不动产登记操作规范（试行）》1.8.6.1条规定，申请人应当同时提交以下材料组合成未经过公证的遗赠证明材料：

① 受遗赠人不是继承人的证明，此证明可由公安机关、遗赠人所在村委会或居委会、遗赠人或受遗赠人所在单位出具。

② 遗赠遗嘱或遗赠扶养协议。

3. 遗赠人的死亡证明书

遗赠人的死亡证明书，是国有建设用地使用权及地上房屋所有权遗赠是否实现的前提。遗赠人不死亡，遗赠遗嘱或遗赠扶养协议不生效，国有建设用地使用权及地上房屋所有权遗赠目的不实现，故遗赠人的死亡证明书是登记机构办理因遗赠产生的国有建设用地使用权及地上房屋所有权登记的必收要件。在不动产登记实务中，遗赠人的死亡证明书主要有：① 公安派出所出具的因死亡注销户籍的证明；② 公安部门在刑事、交通等案件处理中出具的死亡证明；③ 应急管理部门或其消防机构在消防案件处理中出具的死亡证明；④ 人民法院宣告死亡的判决书；⑤ 殡仪馆出具的遗体火化证明；⑥ 医院出具的医学死亡证明等。

第三章 国有建设用地使用权及地上房屋所有权登记收件

4. 契税缴纳凭证

在此类首次登记中，因含有遗赠产生的转移登记，而遗赠本质上是一种赠与，受遗赠人应当依法缴纳契税，故契税缴纳凭证是申请人申请此类首次登记时应当提交的材料。遗赠取得他人国有建设用地使用权及地上房屋所有权，属于无偿受让取得，不属于缴纳土地增值税的范围。

五、因生效的确认国有建设用地使用权及地上房屋所有权归属的法律文书申请的首次登记收件

1. 登记申请书；
2. 申请人的身份证明；
3. 生效的确认国有建设用地使用权及地上房屋所有权归属的法律文书；
4. 房地产权属调查成果报告；
5. 其他必要材料。

说明和理由：

1. 登记申请书

按《不动产登记暂行条例》第十四条第二款第（三）项规定，因人民法院、仲裁机构生效的法律文书设立不动产权利产生的登记，可以由权利人单方申请。因此，登记申请书由权利人单方出具。登记申请书应当载明：权利人——自然人姓名（或法人、非法人组织的名称）；申请人的身份证明类型及号码；不动产类型——土地/房屋；宗地/房屋坐落；宗地面积；宗地及地上房屋的不动产单元号码；宗地用途和使用期限——司法裁决或仲裁裁决前的用途和使用期限；权利人类型——个人（或企业、事业单位、国家机关、其他等）；登记类型——首次登记；登记原因——司法裁决或仲裁裁决；权利类型——国有建设用地使用权/房屋所有权；土地权利性质——司法裁决或仲裁裁决前的性质；土地权利设定方式——地表（或地下、地上）；宗地四至描述；房屋性质——司法裁决或仲裁裁决前的性质；房屋所在幢的层数和房屋所在的层数；房屋结构——钢结构（或钢和钢筋混凝土结构、钢筋混凝土结构、混合结构、砖木结构、其他结构等）；司法裁决或仲裁裁决前的房屋用途；房屋的总建筑面积；房屋的专有建筑面积；房屋的分摊建筑面积；共有情况——单独所有（或按份共有、共同共有）等。

自然人申请登记为单独所有的，应当提交单独所有的证明材料，如婚前取得的证明、对方配偶关于归申请人单独所有的声明等。

申请登记为按份共有的，应当提交共有人关于份额的约定等。

2. 生效的确认国有建设用地使用权及地上房屋所有权归属的法律文书

生效的确认国有建设用地使用权及地上房屋所有权归属的法律文书，是指

由人民法院或仲裁机构制作的发生法律效力的确认国有建设用地使用权及地上房屋所有权归属的判决书、裁定书或裁决书。

（1）人民法院生效的判决书、裁定书。

① 生效的判决书。

《民事诉讼法》第十条规定，人民法院审理民事案件，依照法律规定实行两审终审制度。该法第一百五十五条规定，最高人民法院的判决，以及依法不准上诉或者超过上诉期没有上诉的判决，是发生法律效力的判决。该法第一百七十五条规定，第二审人民法院的判决，是终审的判决。据此可知，人民法院审理案件，实行二审终审制。人民法院生效的判决书，是指超过上诉期限当事人没有提起上诉的初审判决书和终审判决书、最高人民法院的判决书。因此，在不动产登记实务中，如果申请人提交初审判决书作为登记证据的，登记机构应当要求申请人同时提交初审人民法院出具的该判决书已经生效的证明，否则，不予收取作为登记证据。

② 生效的裁定书。

《最高人民法院、国土资源部、建设部关于依法规范人民法院执行和国土资源房地产管理部门协助执行若干问题的通知》（法发〔2004〕5号）第二十七条规定，人民法院制作的土地使用权、房屋所有权转移裁定送达权利受让人时即发生法律效力，人民法院应当明确告知权利受让人及时到国土资源、房地产管理部门申请土地、房屋权属变更、转移登记。据此可知，人民法院在执行程序中出具的确认国有建设用地使用权及地上房屋所有权归属的裁定书，是已经生效的法律文书，登记机构应当直接用作登记的证据材料。

（2）仲裁机构生效的裁决书。

《仲裁法》第九条规定，仲裁实行一裁终局制。质言之，仲裁裁决书一旦作出即生效力。据此可知，若申请人提交仲裁裁决书作为登记证据的，登记机构无须要求申请人另行提交作出裁决的仲裁机构出具的裁决书生效的证明，直接将仲裁裁决书用作登记的证据材料。

特别说明：

在实际工作中，人民法院、仲裁机构对未经首次登记的国有建设用地及地上房屋，以判决书、裁定书、裁决书的方式将其权利确认给权利人的情形时有出现，如某市在城市扩建中，甲拆除自己的旧平房，邀约乙一起出资合伙建新楼房，新房建成后，甲、乙在分房时发生纠纷诉至法院，对没有首次登记的房屋，人民法院凭国有建设用地使用手续、合法建房手续、合伙出资建房协议等证据，以判决书的方式确认了甲、乙各自应当拥有的房地产权利。

第三章 国有建设用地使用权及地上房屋所有权登记收件

《民法典》第二百二十九条规定，因人民法院、仲裁机构的法律文书或者人民政府的征收决定等，导致物权设立、变更、转让或者消灭的，自法律文书或者征收决定等生效时发生效力。据此可知，生效的确认国有建设用地使用权及地上房屋所有权归属的法律文书是权利人享有房地产权利的权利凭证，而非权利来源的凭证，且人民法院或仲裁机构在审理案件的过程中，已经对国有建设用地使用权取得的合法性及地上房屋建造的合法性和权利的归属进行了审查、认定，故权利人凭确认权属的生效的法律文书申请首次登记时，登记机构无须要求申请人另行提交建设用地使用权证明、房屋建设符合规划的证明等材料。

六、因征收国有建设用地及地上房屋申请、嘱托的首次登记收件

1. 登记申请书、嘱托文件；
2. 申请人的身份证明、嘱托文件送达人员的工作关系证明及身份证明；
3. 县级以上人民政府的征收决定；
4. 房地产权属调查成果报告；
5. 其他必要材料。

注：第4项材料适用于依申请启动的登记。

说明和理由：

1. 登记申请书、嘱托文件

（1）登记申请书。

按《不动产登记暂行条例》第十四条第二款第（三）项规定，因人民政府生效的决定设立不动产权利产生的登记，可以由权利人单方申请。据此可知，登记申请书由权利人单方出具。登记申请书应当载明：权利人——法人（或其他组织的名称）；申请人的身份证明类型及号码；不动产类型——土地/房屋；宗地/房屋坐落；宗地面积；宗地及地上房屋的不动产单元号码；宗地用途和使用期限——征收前的用途和使用期限；权利人类型——国家机关（或其他组织）；登记类型——首次登记；登记原因——征收；权利类型——国有建设用地使用权/房屋所有权；土地权利性质——征收前的性质；土地权利设定方式——地表（或地下、地上）；宗地四至描述；房屋性质——其他；房屋所在幢的层数和房屋所在的层数；房屋结构——钢结构（或钢和钢筋混凝土结构、钢筋混凝土结构、混合结构、砖木结构、其他结构等）；征收前的房屋用途；房屋的总建筑面积；房屋的专有建筑面积；房屋的分摊建筑面积等。

（2）嘱托文件。

嘱托文件，主要指县级以上人民政府发送给登记机构要求其办理首次登记的通知等公文。

2. 申请人的身份证明、嘱托文件送达人员的工作关系证明及身份证明

（1）申请人的身份证明。

县级以上人民政府的身份证明，或县级以上人民政府确定的作为登记权利人的机关或其他组织的身份证明。

（2）嘱托文件送达人员的工作关系证明、身份证明。

嘱托文件送达人员的工作关系证明、身份证明，主要指送达嘱托公文的人员的工作介绍信、该人员的居民身份证等。当然，行政嘱托文件通过党政网、政府信函交换站等公文发送途径送达登记机构的，登记机构无须收取嘱托文件送达人员的工作关系证明、身份证明，但须在登记簿附记中加注嘱托文件的取得途径，如政府信函交换站收取嘱托登记文件等。

3. 县级以上人民政府的征收决定

《民法典》第二百四十三条第一款规定，为了公共利益的需要，依照法律规定的权限和程序可以征收集体所有的土地和组织、个人的房屋以及其他不动产。《国有土地上房屋征收与补偿条例》第四条第一款规定，市、县级人民政府负责本行政区域的房屋征收与补偿工作。因此，征收国有建设用地及地上房屋的决定由市、县人民政府制作，换言之，征收国有建设用地及地上房屋的决定由县级以上人民政府制作。

在不动产登记实务中，因征收产生的登记以所有权的注销登记为主，如征地拆迁中征收后被拆除的旧房屋产生的注销登记。但因征收取得国有建设用地及地上房屋所有权申请的首次登记也时有发生，如某城市建设垃圾综合处理场，在垃圾处理场规划用地范围内，有一民用爆破公司的炸药库房，因垃圾处理场的建造，炸药库房在这里继续存在已不合适，但该库房可作垃圾处理场的工具、设备库房，在与业主多次协商收购未果的情况下，人民政府对该没有办理国有建设用地使用权及地上房屋所有权登记的库房实施征收，征收决定中指明征收后的国有建设用地使用权及地上房屋所有权登记到市国有资产经营管理公司名下。

《民法典》第二百二十九条规定，因人民法院、仲裁机构的法律文书或者人民政府的征收决定等，导致物权设立、变更、转让或者消灭的，自法律文书或者征收决定等生效时发生效力。质言之，县级以上人民政府生效的征收决定是权利人依法享有被征收的不动产物权的权利凭证，而非权利来源的凭证。登记机构办理因征收产生的国有建设用地使用权及地上房屋所有权首次登记时，无须要求申请人、嘱托人另行提交建设用地使用权证明、房屋建设符合规划的证明等材料。

第三章 国有建设用地使用权及地上房屋所有权登记收件

七、因没收国有建设用地及地上房屋申请、嘱托的首次登记收件

1. 登记申请书、嘱托文件；
2. 申请人的身份证明、嘱托文件送达人员的工作关系证明及身份证明；
3. 有权机关制作的没收国有建设用地及地上房屋的文件；
4. 房地产权属调查成果报告；
5. 其他必要材料。

注：第 4 项材料适用于依申请启动的登记。

说明和理由：

1. 登记申请书、嘱托文件

（1）登记申请书。

登记申请书由权利人单方出具。登记申请书应当载明：权利人——法人（或其他组织的名称）；申请人的身份证明类型及号码；不动产类型——土地/房屋；宗地/房屋坐落；宗地面积；宗地及地上房屋的不动产单元号码；宗地用途和使用期限——没收前的用途和使用期限；权利人类型——国家机关（或其他组织）；登记类型——首次登记；登记原因——没收；权利类型——国有建设用地使用权/房屋所有权；土地权利性质——没收前的性质；土地权利设定方式——地表（或地下、地上）；宗地四至描述；房屋性质——没收前的性质；房屋所在幢的层数和房屋所在的层数；房屋结构——钢结构（或钢和钢筋混凝土结构、钢筋混凝土结构、混合结构、砖木结构、其他结构等）；没收前的房屋用途；房屋的总建筑面积；房屋的专有建筑面积；房屋的分摊建筑面积等。

（2）嘱托文件。

嘱托文件，主要是指人民法院送达的要求登记机构办理首次登记的协助执行通知书，以及县级以上人民政府或其行政机关发送给登记机构要求其办理首次登记的通知等公文。

2. 申请人的身份证明、嘱托文件送达人员的工作关系证明及身份证明

（1）申请人的身份证明。

作出没收决定的国家机关的身份证明，或作出没收决定的国家机关指定的登记权利人的组织的身份证明。

（2）嘱托文件送达人员的工作关系证明、身份证明。

嘱托文件送达人员的工作关系证明、身份证明，主要指送达协助执行通知书的执行员的工作证、执行公务证，或送达行政嘱托公文的人员的工作介绍信、该人员的居民身份证等。当然，行政嘱托文件通过党政网、政府信函交换站等

公文发送途径送达登记机构的，登记机构无须收取嘱托文件送达人员的工作关系证明、身份证明，但须在登记簿附记中加注嘱托文件的取得途径，如政府信函交换站收取嘱托登记文件等。

3. 有权机关制作的没收国有建设用地及地上房屋的文件

没收，主要是指国家机关履行法定职权，采用强制手段无偿剥夺他人非法取得的不动产，从而消灭其享有的不动产权利的情形。没收有行政没收和司法没收。

（1）行政没收。

《行政处罚法》第八条规定，没收非法财物属于行政处罚的种类。该法第三十九条规定，行政机关给予行政处罚，应当制作行政处罚决定书。据此可知，行政没收，以行政处罚决定书的方式体现。因此，申请人申请或嘱托人嘱托因行政没收产生的国有建设用地使用权及地上房屋所有权首次登记时，应当提交载明没收内容的行政处罚决定书。如《城乡规划法》第六十四条规定，未取得建设工程规划许可证或者未按照建设工程规划许可证的规定进行建设的，由县级以上地方人民政府城乡规划主管部门责令停止建设；……无法采取改正措施消除影响的，限期拆除，不能拆除的，没收实物或者违法收入，可以并处建设工程造价百分之十以下的罚款。其中"没收实物"，即对违法建造的房屋予以没收，且人民政府的城乡规划主管机关运用法律赋予的公权力对其实施没收后，房屋由非法转化为合法，其所有权亦依法转化为国家所有，故没收房屋的文件是房屋所有权转化为国家所有的权利凭证。

（2）司法没收。

《刑法》第三十四条第一款第（三）项规定，没收财产属于附加刑的种类。该法第五十九条第二款规定，在判处没收财产的时候，不得没收属于犯罪分子家属所有或者应有的财产。据此可知，司法没收以生效的刑事判决书的形式体现。因此，申请人申请或嘱托人嘱托因司法没收产生的国有建设用地使用权及地上房屋所有权首次登记时，应当提交载明没收内容的生效的刑事判决书。也可以是没收国有建设用地使用权及地上房屋所有权的裁定书。

申请人提交相关部门制作的没收文件作为登记证据的，登记机构无须要求申请人另行提交建设用地使用权证明、房屋建设符合规划的证明等材料。

八、因落实私房改造政策退还房屋申请的首次登记收件

1. 登记申请书；
2. 申请人的身份证明；
3. 退还房屋通知书；

第三章 国有建设用地使用权及地上房屋所有权登记收件

4. 县级以上人民政府确认房屋占用范围内的土地使用权的证明；
5. 房地产权属调查成果报告；
6. 相关税费缴纳凭证；
7. 其他必要材料。

说明和理由：

1. 登记申请书

登记申请书由权利人单方出具。登记申请书应当载明：权利人——自然人姓名；申请人的身份证明类型及号码；不动产类型——土地/房屋；宗地/房屋坐落；宗地面积；宗地及地上房屋的不动产单元号码；宗地用途和使用期限——行政确认文件上载明的用途和使用期限；权利人类型——个人；登记类型——首次登记；登记原因——行政确认（划拨或出让）/私改还房；权利类型——国有建设用地使用权/房屋所有权；土地权利性质——行政确认（划拨或出让）；土地权利设定方式——地表（或地下、地上）；宗地四至描述；房屋所在幢的层数和房屋所在的层数；房屋性质——其他；房屋结构——钢结构（或钢和钢筋混凝土结构、钢筋混凝土结构、混合结构、砖木结构、其他结构等）；退房通知书载明的房屋用途；房屋的总建筑面积；房屋的专有建筑面积；房屋的分摊建筑面积；共有情况——单独所有（或按份共有、共同共有）等。

申请登记为单独所有的，应当提交单独所有的证明材料，如婚前取得的证明、对方配偶关于归申请人单独所有的声明等。

申请登记为按份共有的，应当提交共有人关于份额的约定等。

2. 退还房屋通知书

退还房屋通知书，是指地方政府根据国家的政策，将错误纳入私房改造的房屋，全部或部分退还给原权利人的凭证。退还房屋通知书退还的不仅是房屋实体，也包括退还房屋所有权及房屋占用范围内的土地使用权，故退还房屋通知书是权利人依法享有房屋所有权及房屋占用范围内的土地使用权的凭证。

落实私房改造政策退还房屋工作在 20 世纪 80 年代已经完成，但由于种种原因，直至现在，仍然有部分权利人没有凭退还房屋通知书换领不动产权属证书。在登记簿制度建立的今天，持退还房屋通知书申请的登记，由于退还房屋通知书载明的房屋所有权及房屋占用范围内的土地使用权是第一次申请登记，也属于首次登记。申请人提交退还房屋通知书作为登记证据的，登记机构无须要求申请人另行提交建设用地使用权证明、房屋建设符合规划的证明等材料。

私房改造的全称是私有房屋社会主义改造，是根据 1956 年中央批转中央书记处第二办公室《关于目前城市私有房产基本情况及进行社会主义改造的意见》和 1964 年国务院批转国家房产管理局《关于私有出租房屋社会主义改造问题的报告》规定，比照党对资本主义工商业的社会主义改造的政策，先后开展起来的。通过采用国家经租、公私合营等方式，对城市房屋占有者用类似赎买的办法，即在一定时期内给以固定的租金，来逐步地改变他们的所有制，从 1956 年起，全国设区的市和三分之一以上的县镇陆续进行了私房改造工作，纳入改造的私房共 62.41 万户，面积 11 648 万平方米。私房改造工作是整个社会主义改造的组成部分，为充分利用城市房产进行社会主义建设发挥了积极作用。但是，由于当时开展工作的时间比较仓促，调查研究不够，工作粗糙，加上"左"倾错误思想的影响，遗留下一些需要解决的问题。1985 年，城乡建设环境保护部印发《关于城市私有出租房屋社会主义改造遗留问题的处理意见》的通知，要求凡是符合国家和省、自治区、直辖市人民政府的政策规定，已经纳入社会主义改造的私有出租房屋，一律属于国家所有，由房管部门统一经营管理。凡是不符合国家和省、自治区、直辖市人民政府的政策规定而错改了的房屋（包括自住房和不够改造起点的出租房被改造的），应按政策实事求是地给予纠正。纠正的方式之一，就是将错误纳入改造的房屋，全部或部分退还给原权利人，退还房屋的凭证是房屋所在地镇人民政府发放的退还房屋通知书。

  3. 县级以上人民政府确认房屋占用范围内的土地使用权的证明

  《确定土地所有权和使用权的若干规定》第二条第一款规定，土地所有权和使用权由县级以上人民政府确定，土地管理部门具体承办。该规定第二十七条规定，土地使用者经国家依法划拨、出让或解放初期接收、沿用，或通过依法转让、继承、接受地上建筑物等方式使用国有土地的，可确定其国有土地使用权。据此可知，私改还房属于其中的"接受地上建筑物"的情形，此情形下，退还房屋通知书载明房屋占用范围内的土地使用权是否是国有建设用地使用权，是属于出让取得的国有建设用地使用权，还是属于划拨取得的国有建设用地使用权，应当由县级以上人民政府确认。因此，县级以上人民政府确认退还房屋通知书载明房屋占用范围内的土地使用权的证明，是权利人享有退还房屋通知书载明房屋占用范围内的国有建设用地使用权的凭证，也是申请人申请退还房屋通知书载明房屋占用范围内的国有建设用地使用权首次登记时应当提交的材料。

  4. 相关税费缴纳凭证

  按前述《确定土地所有权和使用权的若干规定》的规定，县级以上人民政府确认退还房屋取得的国有建设用地使用权的基础有划拨或出让。取得国有建设用地使用权的基础为出让的，申请人应当提交土地出让金缴纳凭证和契税缴纳凭证。取得国有建设用地使用权的基础为划拨的，申请人无须提交任何税费缴纳凭证。

5. 其他必要材料

如前所述，县级以上人民政府确认取得国有建设用地使用权的基础为出让的，申请人在提交县级以上人民政府的确权批文时，应当同时提交出让合同等材料，便于登记机构对相关税费缴纳凭证进行查验。

特别说明：

如果退还房屋通知书上的权利人死亡后，其继承人凭继承材料与退还房屋通知书组合，可以直接申请首次登记。

第三节　变更登记收件

理论上，关于物权的变更有广义和狭义两重含义[1]。现行法律规范上关于物权变更的规定，既有体现广义的变更的，也有体现狭义的变更的。

理论上，广义的物权变更，包括物权主体、内容、客体的变化[2]。具体到国有建设用地使用权及地上房屋所有权变更登记，有学者认为，房地产变更登记可分为房地产权利的变更登记和房地产登记事项的变更登记。房地产权利的变更登记是指房地产权利移转、分割、合并、设定和增减时所为的变更登记。房地产登记事项的变更登记有房地产权利人更名登记和住址变更登记、房地产地址变更登记、使用用途变更登记和更名登记及房地产权证书的换领和补发登记等[3]。法律规范上，按《房地产管理法》第六十一条第三款规定，房地产转让或者变更时，应当向县级以上地方人民政府房产管理部门申请房产变更登记。质言之，按《房地产管理法》的规定，房地产变更登记的内容包含了权利、登记事项的转让和变更，换言之，国有建设用地使用权及地上房屋所有权的权利主体、权利内容和权利客体的变化，均适用变更登记。据此可知，《房地产管理法》的规定体现了广义的物权变更理论。

理论上，狭义的物权变更，不包括物权主体的变化，主要是指物权内容和客体的变化[4]。具体到国有建设用地使用权及地上房屋所有权变更登记，主要是

---

[1] 王利明、尹飞、程啸：《中国物权法教程》，人民法院出版社2007年版，第71页。
[2] 王利明、尹飞、程啸：《中国物权法教程》，人民法院出版社2007年版，第71页。
[3] 李昊、常鹏翱、叶金强、高润恒：《不动产登记制度程序的制度构建》，北京大学出版社2005年版，第329～330页。
[4] 王利明、尹飞、程啸：《中国物权法教程》，人民法院出版社2007年版，第71页。

指登记簿上记载的国有建设用地使用权及地上房屋所有权的权利内容，或作为权利客体的国有建设用地及地上房屋基本情况变化产生的登记。法律规范上，按颁布实施于《房地产管理法》之后的《民法典》第二百零九条规定，不动产物权的设立、变更、转让和消灭，自记载于登记簿上时生效。据此可知，《民法典》的规定明确区分了不动产物权的变更和转让，且不动产物权的变更和转让须经登记后才生效。申言之，在不动产物权登记中，不动产物权的变更适用变更登记，不动产物权的转让适用转移登记。《物权法》的规定，体现了狭义的物权变更理论。

在不动产登记实务中，《不动产登记暂行条例实施细则》，立足于不动产登记工作的实际情况，为使不动产登记类型更加科学、合理，灵活运用法理，兼采用不动产物权广义变更和狭义变更理论之长，虽然没有对变更登记的定义作规定，但该实施细则第二十六条以例举加概括的方式规定了应当办理变更登记的情形，且该条第（九）项规定了"法律、行政法规规定的其他不涉及不动产权利转移的变更情形"，笔者认为，此项规定是对变更登记的定性性的规定。据此可知，变更登记适用于登记簿上记载的权利主体不变，权利内容、权利客体及其他事项变动的情形。笔者赞成《不动产登记暂行条例实施细则》中关于变更登记的规定。

因此，国有建设用地使用权及地上房屋所有权变更登记，是指登记簿上记载的国有建设用地使用权及地上房屋所有权的权利主体不变的前提下，因权利内容、权利客体及相关事项变更产生的登记。它是一种由权利人单方实施的纯物权行为。按《不动产登记暂行条例》第十四条第二款第（四）项规定和《不动产登记操作规范（试行）》2.1.2条、8.2.2条、9.2.2条规定，一般情形下，国有建设用地使用权及地上房屋所有权变更登记由登记簿上记载的权利人单方申请，无须权利人以外的人协助、配合，即变更登记申请书由权利人单方出具。

按《不动产登记暂行条例实施细则》第二十六条规定和《不动产登记操作规范（试行）》8.2.1条、9.2.1条规定，申请人申请国有建设用地使用权及地上房屋所有权变更登记的情形主要有：① 权利人姓名或名称变更；② 权利人的身份证明类型或者身份证明号码发生变更；③ 国有建设用地及地上房屋坐落的街道、门牌号变更；④ 已登记的国有建设用地、地上房屋的界址、用途变更，面积增加或减少；⑤ 国有建设用地使用权的权利期限发生变更；⑥ 同一权利人分割或者合并国有建设用地、地上房屋；⑦ 国有建设用地使用权的权利来源变更；⑧ 共有性质发生变更等。笔者拟根据申请人因不同情形申请变更登记时应当提交的材料作阐释。

第三章 国有建设用地使用权及地上房屋所有权登记收件

一、因权利人姓名或名称变更申请的变更登记收件

1. 登记申请书；
2. 申请人的身份证明；
3. 不动产权属证书或国有建设用地使用权及地上房屋所有权已经登记的证明；
4. 权利人姓名或名称已经变更的证明；
5. 其他必要材料。

说明和理由：

1. 登记申请书

登记申请书应当载明：权利人的姓名或名称；申请人的身份证明类型和号码；登记类型——变更登记；登记原因——权利人姓名（或名称）变更；不动产单元号码；不动产权属证书号码；权利人变更前的姓名（或名称）和变更后的姓名（或名称）等。

2. 申请人的身份证明

申请人的身份证明，是指申请人姓名（或名称）变更后的合法、有效的身份证明，即申请人现时的身份证明。

3. 不动产权属证书或国有建设用地使用权及地上房屋所有权已经登记的证明

（1）不动产权属证书。

不动产权属证书，是指载明欲变更的国有建设用地使用权及地上房屋所有权的不动产权属证书。

《不动产登记暂行条例实施细则》第三十七条第（一）项规定，不动产权属证书是申请人申请国有建设用地使用权及地上房屋所有权变更登记时应当向登记机构提交的材料。要求申请人提交不动产权属证书：一是证明欲变更的内容已经记载在登记簿上，申请变更登记的前提成立，以遵循连续登记原则；二是便于登记机构结合申请人提交的身份证明，查验申请人是否是申请变更登记的国有建设用地使用权及地上房屋所有权的权利人，即查验申请人是否适格；三是变更登记被记载在登记簿上后，登记机构将基于登记簿的记载向权利人颁发新的不动产权属证书，旧的不动产权属证书由登记机构收回归档，以免流失社会造成负面影响。其中，证明申请变更登记的前提成立是最主要的目的。按《不动产登记暂行条例实施细则》第一百零五条第一款规定，本实施细则施行前，依法核发的各类不动产权属证书继续有效。此处的不动产权属证书，包括不动产统一登记前权利人合法持有的《国有土地使用权证》《房屋所有权证》等。

（2）国有建设用地使用权及地上房屋所有权已经登记的证明。

国有建设用地使用权及地上房屋所有权已经登记的证明，主要指载明欲变更的国有建设用地使用权及地上房屋所有权的登记簿打印件、复印（制）件，或登记机构存档的欲变更的国有建设用地使用权及地上房屋所有权的登记材料复印件等。

在不动产登记实务中，权利人因种种原因遗失或毁损不动产权属证书的，在申请变更登记时不能向登记机构提交的情形时有出现。有的登记机构要求申请人补发不动产权属证书后再申请变更登记。笔者对此不敢苟同。

《民法典》第二百一十一条规定，当事人申请登记，应当根据不同登记事项提供权属证明和不动产界址、面积等必要材料。笔者据此认为，应当对《不动产登记暂行条例实施细则》第三十七条第（一）项规定的申请人申请国有建设用地使用权及地上房屋所有权变更登记时应当提交的"不动产权属证书"作扩张理解，即将其理解成国有建设用地使用权及地上房屋所有权已经登记的证明，理由是：《民法典》第二百一十六条第一款规定，不动产登记簿是物权归属和内容的根据。该法第二百一十七条规定，不动产权属证书是权利人享有该不动产物权的证明。不动产权属证书记载的事项，应当与不动产登记簿一致；记载不一致的，除有证据证明不动产登记簿确有错误外，以不动产登记簿为准。故登记簿打印件、复印（制）件，或登记机构存档的不动产登记材料，更是权利人依法享有的国有建设用地使用权及地上房屋所有权已经登记的证明。概言之，国有建设用地使用权及地上房屋所有权已经登记的证明也能证明申请变更登记的前提成立。

再者，国有建设用地使用权及地上房屋所有权变更登记不是权利人须以不动产权属证书表征权利存在而与他人为交易法律行为产生的登记。如果登记机构一定要求申请人补发不动产权属证书后再申请变更登记，则完成补发程序费时、费力，且补发的新证庚即因申请变更登记交由登记机构归档，仅起到拘泥于按《不动产登记暂行条例实施细则》规定的变更登记程序办理登记的作用，国有建设用地使用权及地上房屋所有权已经登记的证明也能起到这个作用，实在是没有必要。

因此，申请人申请变更登记时，遗失或毁损不动产权属证书的，可用登记机构存档的不动产登记材料复印件（适用于登记簿建立前发放的证书遗失或毁损情形）或登记簿打印件、复印（制）等国有建设用地使用权及地上房屋所有权已经登记的证明代替之，未收回的不动产权属证书，在变更登记完成后，由登记机构在其门户网站或当地公开发行的报刊上公告作废。此举虽然与《不动

第三章　国有建设用地使用权及地上房屋所有权登记收件

产登记暂行条例实施细则》的规定不一致，但符合《民法典》的规定，基于下位法服从上位法的法律适用原则，登记机构应当予以支持。

《不动产登记暂行条例实施细则》第二十三条规定，因不动产权利灭失等情形，不动产登记机构需要收回不动产权属证书或者不动产登记证明的，应当在不动产登记簿上将收回不动产权属证书或者不动产登记证明的事项予以注明；确实无法收回的，应当在不动产登记机构门户网站或者当地公开发行的报刊上公告作废。其中的"不动产权利灭失"，包括不动产权利的绝对灭失和相对灭失。不动产权利的绝对灭失，是指不动产权利随不动产实体的消灭而永久消灭，或者随依附的主权利、主债权的消灭而消灭。与之对应的是不动产权利的相对灭失：一是不动产权利因转移给他人而使原权利人的权利灭失，他人在此灭失的基础上设立属于自己的不动产权利；二是不动产权利因不动产实体灭失外的申请注销登记的事由成就完成注销登记而灭失（如权利人抛弃不动产权利申请注销登记后，该权利人享有的不动产权利灭失，但该不动产权利本身并不消灭，而其归属处于待定状态，故此情形属于不动产权利的相对灭失）；三是不动产权利内容发生变更，变更前的不动产权利内容因变更的完成而消灭，不动产权利的新内容因变更的完成而产生。据此可知，国有建设用地使用权及地上房屋所有权变更登记完成后，原权利的相应内容灭失，新的权利内容产生，不能收回的载明该灭失权利内容的不动产权属证书，应当由登记机构公告作废。

4. 权利人姓名（或名称）已经变更的证明

权利人姓名或名称已经变更的证明，是申请人申请因权利人姓名或名称变更产生的变更登记的原因凭证。权利人姓名或名称变更的证明主要有：

（1）境内自然人。

① 权利人户口簿或身份证上的姓名变更。

《户口登记条例》第三条和第十八条规定，户口登记工作由各级公安机关负责，公民姓名变更的应当申请变更登记。《居民身份证法》第六条和第十一条规定，居民身份证由公安机关统一制作、发放。居民身份证有效期满、公民姓名变更或者证件严重损坏不能辨认的，应当申请换领新证。因此，权利人姓名变更的证明主要有户口簿，上面有权利人曾用名和现用名的记载。也可以是公安机关出具的其他有关权利人更名的证明，如因姓名变更换领身份证的证明等。

② 权利人军官证、士兵证、学员证等非居民身份证件上的姓名变更。

权利人姓名变更的证明分别由军官证、士兵证、学员证等非居民身份证件的发证机关出具。

（2）港澳台地区自然人。

港澳同胞提交经我国司法部委托的律师出具的姓名变更事项公证书[①]。此公证书须加盖中国法律服务（香港）有限公司、中国法律服务（澳门）有限公司转递章。也可以提交我国公证机构办理的姓名变更事项公证书。

台湾同胞提交经大陆公证机构出具的姓名变更事项公证书，或台湾公证机构出具的姓名变更事项公证书[②]。台湾公证机构出具的公证书须经大陆相关机构认证（一般由省级公证协会认证）。

（3）持护照或居留证件的自然人。

① 持中华人民共和国护照的自然人。

《中华人民共和国护照法》第四条规定，普通护照由公安部出入境管理机构或者公安部委托的县级以上地方人民政府公安机关出入境管理机构以及中华人民共和国驻外使馆、领馆和外交部委托的其他驻外机构签发。外交护照由外交部签发。公务护照由外交部、中华人民共和国驻外使馆、领馆或者外交部委托的其他驻外机构以及外交部委托的省、自治区、直辖市和设区的市人民政府外事部门签发。该法第十条规定，护照持有人所持护照的登记事项发生变更时，应当持相关证明材料，向护照签发机关申请护照变更加注。据此可知，我国护照的持有人姓名变更的证明应当区分普通护照、外交护照和因公护照，由相应的护照签发机关出具。

② 持中国政府主管机关签发的居留证件的自然人。

《外国人在中国永久居留审批管理办法》第二十二条规定，《外国人永久居留证》有效期满、内容变更、损坏或者遗失的，持证人应当向其长期居留地的设区的市级人民政府公安机关或者直辖市公安分、县局申请换发或者补发。据此可知，我国居留证件的持有人姓名变更的证明由县级以上公安机关出具。

③ 持所在国护照的自然人。

所在国护照的持有人姓名变更的证明为经我国驻外使（领）馆认证的，所在国公证机构出具的姓名变更事项公证书[③]。同时附申请人签字确认的该公证书的中文译本，或提交在我国合法经营的翻译机构出具的该公证书的中文译本。也可以提交我国公证机构办理的姓名变更事项公证书。

（4）机关法人。

机关法人主要从事国家行政管理活动，其设立与否取决于法律的规定，而

---

① 参见《烟台市房屋登记规则（暂行）》第十条第（三）项。
② 参见《烟台市房屋登记规则（暂行）》第十条第（四）项。
③ 参见《烟台市房屋登记规则（暂行）》第十条第（五）项。

第三章 国有建设用地使用权及地上房屋所有权登记收件

无须专门机构核准登记。一般情形下，县级以上人民政府以文件的方式撤、并、转或设立机关法人，机关法人的名称当然由其决定，故机关法人名称变更的证明由县级以上人民政府出具。

（5）事业单位法人。

《事业单位登记管理暂行条例》第五条规定，县级以上各级人民政府机构编制管理机关所属的事业单位登记管理机构（以下简称登记管理机关）负责实施事业单位的登记管理工作。在工作实际中，县级以上人民政府一般都设立事业单位登记管理局负责事业单位法人的登记。按该条例第八条、第十条规定，事业单位法人名称需要变更的，应当向登记管理机关办理变更登记。概言之，事业单位法人名称变更的证明由县级以上人民政府机构编制管理机关或其事业单位登记管理局出具。

（6）社会团体法人。

按《社会团体登记管理条例》第六条规定，县级以上人民政府民政部门是本级人民政府的社会团体登记管理机关。该条例第十六条、第二十条规定，社会团体法人名称变更的，应当向登记管理机构申请变更登记。因此，社会团体法人名称变更证明由县级以上人民政府民政机关出具。

（7）企业法人或企业性质的非法人组织。

按《企业名称登记管理规定》第三条、第四条和第二十二条规定，企业名称须在其申请登记时由工商行政管理机关核准。企业名称经核准登记注册后，无特殊原因在一年内不得申请变更。质言之，企业名称的起用及起用后的变更，均须经工商行政管理机关核准。因此，企业法人和企业性质的非法人组织名称变更的证明由企业登记机关出具。

在不动产登记实务中，申请人提交的企业法人或企业性质的非法人组织名称变更的证明，常常是企业登记机关出具的"更名通知单"。该更名通知单能清晰地反映权利人变更前的名称和变更后的名称，登记机构应当用作登记材料。

（8）港澳地区法人。

提交经我国司法部委托的律师出具的名称变更事项公证书[①]，并加盖中国法律服务（香港）有限公司、中国法律服务（澳门）有限公司转递章。也可以提交我国公证机构出具的名称变更事项公证书。

（9）台湾地区法人。

提交大陆公证机构出具的名称变更事项公证书，或台湾公证机构出具的名

---

① 参见《烟台市房屋登记规则（暂行）》第十条第（七）项。

称变更事项公证书。台湾公证机构出具的公证书须经大陆相关机构认证（一般由省级公证协会认证）[①]。

（10）外国法人、组织。

外国法人、组织名称变更的证明为经我国驻外使（领）馆认证的，所在国家公证机构出具的名称变更事项公证书[②]，同时附申请人签字确认的该公证书的中文译本，或提交在我国合法经营的翻译机构出具的该公证书的中文译本。也可以提交我国公证机构办理的名称变更事项公证书。

特别说明：在不动产登记实务中，若申请人提交的一份文件中，能清晰地反映机关法人由原来的名称变更为现在名称的，如犍为县人民政府发文撤销"犍为县规划和建设局"，在此基础上设立"犍为县住房和城乡建设局"。此类文件，既可以是申请人有效的身份证明，也可以是申请人名称变更的证明，登记机构无须要求申请人另行提交身份证明或其名称已经变更的证明。

二、因权利人身份证明类型或身份证明号码变更申请的变更登记收件

1. 登记申请书；
2. 申请人的身份证明；
3. 不动产权属证书或国有建设用地使用权及地上房屋所有权已经登记的证明；
4. 权利人身份证明类型或身份证明号码变更证明；
5. 其他必要材料。

说明和理由：

1. 登记申请书

登记申请书应当载明：权利人的姓名或名称；申请人的身份证明类型和号码；登记类型——变更登记；登记原因——身份证明类型变更（或身份证明号码变更）；不动产单元号码；不动产权属证书号码；权利人变更前的身份证明类型（或身份证明号码）和变更后的身份证明类型（或身份证明号码）等。

2. 权利人身份证明类型或身份证明号码变更证明

权利人身份证明类型或身份证明号码变更证明，是申请人申请因权利人身份证明类型或身份证明号码变更产生的变更登记的原因凭证。

同一权利人身份证明类型不同，身份证明号码也不同，即使身份证明类型

[①] 参见《烟台市房屋登记规则（暂行）》第十条第（八）项。
[②] 参见《烟台市房屋登记规则（暂行）》第十条第（九）项。

第三章 国有建设用地使用权及地上房屋所有权登记收件

相同，其号码也存在不同的情形，如居民身份证号码变动。在不动产登记实务中，权利人申请国有建设用地使用权及地上房屋所有权首次登记时提交的身份证明是一种合法、有效的身份证明，首次登记完成后，该权利人持有的身份证明转换成另一种合法、有效的身份证明的情形时有出现。如国有建设用地使用权及地上房屋所有权首次登记时，申请人提交的是我国的居民身份证，首次登记记载于登记簿上后，权利人因迁居持有的是香港居民身份证等。《不动产登记簿填写说明》规定，权利人的身份证明种类和身份证明号码是登记簿记载的内容。概言之，身份证明类型不同，与之对应的身份证明号码也不同。故因身份证明类型或身份证明号码变动申请的登记，不属于登记簿上记载的权利转移导致的权利主体变动，由此产生的登记属于变更登记。

权利人身份证明类型或身份证明号码变更的证明主要有：

（1）境内自然人因身份证明类型或身份证明号码变动，申请因身份证明类型或身份证明号码变更产生的变更登记时，应当提交公安机关出具的，能证明原身份证明与现身份证明上的主体为同一人的书面材料，如居民身份证号码变更证明。也可以是权利人自己出具的身份证明号码变动情况说明，此情形下，登记机构宜将变更登记内容予以公告，以查明变更登记的真实性，但该公告系由登记机构自行启动，公告期间应当计入登记办理时限。

（2）申请不动产登记时使用军官证、士兵证、学员证等非居民身份证件的，权利人换发并持有居民身份证件后，申请因身份证明类型或身份证明号码变更产生的变更登记时，应当提交公安机关出具的原非居民身份证件与现时的居民身份证件的主体系同一人的证明[1]。权利人户籍所在地退役军人事务机关、县级以上人民武装部出具的原军人身份证件与现时的居民身份证件的主体系同一人的证明也可以用作登记材料。

（3）我国内地居民取得港澳居民身份证后，申请因身份证明类型或身份证明号码变更产生的变更登记时，应当提交我国公证机构出具的身份证明类型或身份证明号码变更事项公证书，或提交经我国司法部委托的律师出具的身份证明类型或身份证明号码变更事项公证书[2]，并加盖中国法律服务（香港）有限公司、中国法律服务（澳门）有限公司转递章，或提交公安机关出具的变更证明。

（4）我国大陆居民取得台湾居民身份证后，申请因身份证明类型或身份证明号码变更产生的变更登记时，应当提交大陆公证机构出具的身份证明类型或

---

[1] 参见《烟台市房屋登记规则（暂行）》第十条第（二）项。
[2] 参见《烟台市房屋登记规则（暂行）》第十条第（三）项。

身份证明号码变更事项公证书，或提交台湾公证机构出具的身份证明类型或身份证明号码变更事项公证书。台湾公证机构出具的公证书须经大陆相关机构认证（一般由省级公证协会认证）。也可以提交公安机关出具的变更证明[①]。

（5）境内自然人取得外国身份证后，申请因身份证明类型或身份证明号码变更产生的变更登记时，应当提交我国驻外使（领）馆出具的身份证明类型或身份证明号码变更事项公证书，或提交经我国驻外使（领）馆认证的，所在国家公证机构出具的身份证明类型或身份证明号码变更事项公证书[②]，并附申请人签字确认的该公证书的中文译本，或提交在我国合法经营的翻译机构出具的该公证书的中文译本。

（6）我国境内企业法人、企业性质的非法人组织因身份证明类型或身份证明号码变动，申请变更登记时，应当提交营业执照颁发机关出具的，能证明原身份证明与现身份证明上记载的主体为同一人的书面材料，如企业登记机关出具的营业执照号码变更证明等。

（7）外国法人、组织，因身份证明类型或身份证明号码变动，申请变更登记时，应当提交我国驻外使（领）馆出具的身份证明类型或身份证明号码变更事项公证书，或提交经我国驻外使（领）馆认证的，所在国家公证机构出具的身份证明类型或身份证明号码变更事项公证书，同时附申请人签字确认的该公证书的中文译本，或提交在我国合法经营的翻译机构出具的该公证书的中文译本。

三、因街道名称（或门牌号）变更申请的变更登记收件

1. 登记申请书；
2. 申请人的身份证明；
3. 不动产权属证书或国有建设用地使用权及地上房屋所有权已经登记的证明；
4. 县级以上人民政府民政机关出具的街道名称（或门牌号）变更证明；
5. 其他必要材料。

说明和理由：

1. 登记申请书

登记申请书应当载明：权利人姓名或名称；申请人的身份证明类型和号码；登记类型——变更登记；登记原因——街道名称（或门牌号）变更；不动产单元号码；不动产权属证书号码；变更前的街道名称（或门牌号）和变更后的街道名称（或门牌号）等。

[①] 参见《烟台市房屋登记规则（暂行）》第十条第（四）项。
[②] 参见《烟台市房屋登记规则（暂行）》第十条第（五）项。

第三章 国有建设用地使用权及地上房屋所有权登记收件

2. 县级以上人民政府民政机关出具的街道名称（或门牌号）变更证明

街道名称（或门牌号）变更证明，是申请人申请因街道名称（或门牌号）变更产生的变更登记的原因凭证。

《地名管理条例实施细则》第三条和第七条规定，城镇、区片、开发区、街、巷、居民区、楼群（含楼、门号码）、建筑物等名称均属地名。县级以上地方人民政府民政机关负责本行政区域内的地名管理工作。质言之，本行政区域内的地名变更，由县级以上人民政府民政机关负责。在实际工作中，县级以上人民政府设有地名管理办公室，专门负责本行政区域内的地名管理，如犍为县人民政府地名管理办公室。在不动产登记实务中，县级以上人民政府民政机关或地名管理办公室出具的街道名称（或门牌号）变更证明都是合法、有效的，登记机构均可用作变更登记的证据。

四、因宗地界址、面积变更申请的变更登记收件

1. 登记申请书；
2. 申请人的身份证明；
3. 不动产权属证书或国有建设用地使用权已经登记的证明；
4. 宗地界址、面积变更的证明；
5. 增加土地面积的证明或批准文件；
6. 权籍调查成果报告；
7. 土地出让金、土地租金、土地增值税、契税等税费缴纳凭证；
8. 其他必要材料。

注：第5项材料和第7项材料适用于土地面积增加的情形。第4项材料中，申请人提交经县级以上人民政府自然资源机关备案或鉴证的地籍测量报告作为宗地界址、面积变更的证明的，无须再提交第6项材料。

说明和理由：

1. 登记申请书

登记申请书应当载明：权利人姓名或名称；申请人的身份证明类型和号码；登记类型——变更登记；登记原因——宗地界址及面积变更；不动产单元号码；不动产权属证书号码；变更前的宗地界址及面积和变更后的宗地界址及面积等。

2. 宗地界址、面积发生变更的证明

宗地界址、面积发生变更的证明，是申请人申请国有建设用地因界址、面积发生变更产生的变更登记的原因凭证。

宗地界址、面积发生变更，主要指因自然原因或人为原因国有建设用地的界址发生变动导致面积变更而与登记簿上的记载不一致的情形，如经自然资源主管部门同意当事人协商变更宗地界址后使宗地面积增加；因山体滑坡导致部分土地灭失产生的土地界址变动、面积减少等。宗地界址、面积变更的证明主要有：

（1）县级以上人民政府自然资源主管部门同意调整边界的批文，或经县级以上人民政府自然资源机关备案或鉴证的地籍测量报告。

《不动产单元设定与代码编制规则》3.5 条规定，界址线是指宗地（宗海）的边界线。该规则 3.6 条规定，界址点是指土地（海域）权属界址线的转折点。据此可知，界址点属于宗地边界线的组成部分。《土地管理法》第二十六条第二款规定，县级以上人民政府土地行政主管部门会同同级有关部门进行土地调查。《地籍调查规程》（TD/T 1001—2012）3.2 条规定，地籍调查，是针对每宗地的权属、界址、位置、面积、用途等进行的土地调查。该规程 3.4 条规定，日常地籍调查，是因宗地设立、灭失、界址调整及其他地籍信息的变更而开展的地籍调查。据此可知，地籍调查属于土地调查，由县级以上人民政府土地管理部门负责。宗地界址调整，属于地籍调查的范围。因此，申请人申请因宗地的界址、界线调整或变更产生的登记时，应当提交县级以上人民政府自然资源机关同意的批文，或经县级以上人民政府自然资源机关备案或鉴证的地籍测量报告。因此，县级以上人民政府自然资源主管部门同意调整边界的批文，或经县级以上人民政府自然资源机关备案或鉴证的地籍测量报告，是宗地界址、面积变更的证明。

（2）县级以上人民政府自然资源机关的处理决定、人民法院生效的法律文书、当事人间签订的解决界址争执的协议。

按《地籍调查规程》（TD/T 1001—2012）5.2.3 条规定，土地界址、边界线调查属于土地权属状况调查的内容。据此可知，当事人对土地界址、边界线产生的争执，属于土地权属争议。按《土地管理法》第十四条规定，土地所有权和使用权争议，由当事人协商解决；协商不成的，由人民政府处理。单位之间的争议，由县级以上人民政府处理；个人之间、个人与单位之间的争议，由乡级人民政府或者县级以上人民政府处理。当事人对有关人民政府的处理决定不服的，可以自接到处理决定通知之日起三十日内，向人民法院起诉。《土地权属争议调查处理办法》第五条第二款规定，个人之间、个人与单位之间发生的争议案件，可以根据当事人的申请，由乡级人民政府受理和处理。据此可知，

第三章 国有建设用地使用权及地上房屋所有权登记收件

当事人就界址产生争执时,在相互协商不成的情形下,由人民政府处理,对有关人民政府的处理决定不服的,可以向人民法院起诉。因此,当事人间签订的解决宗地界址争执的协议,乡级人民政府关于个人之间、个人与单位之间宗地界址的处理决定,县级以上人民政府关于宗地界址的处理决定,人民法院关于解决宗地界址争议的生效的民事判决书、民事调解书,是宗地界址、面积变更的证明。

(3)县级以上人民政府应急管理机关出具的发生自然灾害的证明。

因发生自然灾害导致宗地界址、面积变更的证明为县级以上人民政府应急管理机关出具的发生自然灾害的证明。

3. 增加土地面积的证明或批准文件

增加土地面积的证明或批准文件,是申请人申请因面积增加产生的国有建设用地使用权变更登记的原因凭证。

所谓增加土地面积,是指已经取得的国有建设用地使用权以宗地为不动产单元记载在登记簿上后,权利人通过合法途径变更界址而使宗地面积增加的情形。

如前所述,取得国有建设用地使用权的方式有划拨、出让、租赁、作价出资(入股)、授权经营等,因此,增加国有建设用地使用权面积的划拨文件、土地出让合同、土地租赁合同、土地作价入股批准文件及相应的入股合同、土地授权经营批准文件等材料,属于《不动产登记暂行条例实施细则》第三十七条第(二)项、第(三)项和第(四)项规定的,申请人申请因界址、面积变更产生的国有建设用地使用权及地上房屋所有权变更登记时应当提交的"发生变更的材料、有批准权的人民政府或者主管部门的批准文件、国有建设用地使用权出让合同或者补充协议"。

4. 土地出让金、土地租金、土地增值税、契税等税费缴纳凭证

(1)因签订土地出让合同增加土地面积的,申请人应当提交与出让合同对应的出让金缴纳凭证、契税缴纳凭证。

(2)因签订土地租赁合同增加土地面积的,申请人应当提交与土地租赁合同对应的租金缴纳凭证。

(3)基于作价出资(入股)批文增加土地面积的,申请人应当提交相应的土地增值税缴纳凭证和契税缴纳凭证。

5. 权籍调查成果报告

因土地界址变更导致面积增加或减少产生的变更登记,需要更新登记簿上记载的土地的界址、面积信息。界址、面积变更情况,登记簿需要记载确切的

数据，有资质的专业机构按《不动产权籍调查技术方案（试行）》的规定出具的权籍调查成果报告，能够提供界址、面积变更后的准确数据，满足因变更登记更新登记簿信息的需要。因此，申请人申请因土地界址变更导致面积增加或减少产生的变更登记时应当向登记机构提交权籍调查成果报告。

特别说明：土地界址不变动的前提下面积增加或减少导致与登记簿上的记载不一致，属于测量或计算原因导致登记簿上记载的土地面积错误，权利人应当申请更正登记予以纠正。

五、因地上房屋扩建导致面积增加申请的变更登记收件

1. 登记申请书；
2. 申请人的身份证明；
3. 不动产权属证书或国有建设用地使用权及地上房屋所有权已经登记的证明；
4. 房屋扩建符合规划的证明；
5. 房屋扩建部分已经竣工的证明；
6. 权籍调查成果报告；
7. 其他必要材料。

说明和理由：

1. 登记申请书

登记申请书应当载明：权利人姓名或名称；申请人的身份证明类型和号码；登记类型——变更登记；登记原因——房屋面积增加；不动产单元号码；不动产权属证书号码；变更前的房屋面积和变更后的房屋面积等。

2. 房屋扩建符合规划的证明

房屋扩建符合规划的证明，是申请人申请因界址变更导致房屋面积增加产生的变更登记的原因凭证。

所谓房屋面积增加，是指房屋所有权记载在登记簿上后，权利人按新取得的规划手续扩建房屋而使房屋界址变更导致面积增加的情形。

《城乡规划法》第六十四条规定，未取得建设工程规划许可证或者未按照建设工程规划许可证的规定进行建设的，由县级以上地方人民政府城乡规划主管机关责令停止建设；尚可采取改正措施消除对规划实施的影响的，限期改正，处建设工程造价百分之五以上百分之十以下的罚款；无法采取改正措施消除影响的，限期拆除，不能拆除的，没收实物或者违法收入，可以并处建设工程造价百分之十以下的罚款。质言之，未取得建设工程规划许可证或未按照建设工程规划许可证实施的建设行为属于应当受到惩处的违法行为。据此可知，房屋扩建属于当然的建筑物建造工程，须依法申请办理建设工程规划许可证，并严

格按建设工程规划许可证核准的结构、用途和建筑面积等内容实施，否则，属于应当受到惩处的违法行为。《不动产登记暂行条例》第二十二条第（一）项规定，登记申请违反法律、行政法规规定的，属于登记机构不予登记的情形。据此可知，申请房屋所有权登记的房屋建设工程没有取得规划许可证或未按取得的规划许可证建造的，虽然该房屋已经竣工，但属于违法建造物，当事人不能依法对其享有所有权，由此申请的登记，登记机构应当作不予登记处理。因此，没有申请办理建设工程规划许可证或不按照办理的建设工程规划许可证核准的内容扩建的房屋属于不合法建筑物，增加的面积不能通过变更登记记载到登记簿上，即因此而申请的变更登记不会被登记机构核准。故申请人申请因房屋扩建产生的变更登记时，建设工程规划许可证是应当提交的材料。

在实际生活中，没有办理建设工程规划许可证或不按照办理的建设工程规划许可证核准的内容扩建房屋的情形时有发生。对此，按《城乡规划法》第六十四条规定，未取得建设工程规划许可证或者未按照建设工程规划许可证的规定进行建设的，由县级以上地方人民政府城乡规划主管部门责令停止建设；尚可采取改正措施消除对规划实施的影响的，限期改正并实施行政处罚。该法第六十五条规定，在乡、村规划区内未依法取得乡村建设规划许可证或者未按照乡村建设规划许可证的规定进行建设的，由乡（镇）人民政府责令停止建设、限期改正；逾期不改正的，可以拆除。限期改正的方式主要有：① 县级以上人民政府规划管理机关或乡（镇）人民政府对违法扩建人实施行政处罚后，责令扩建人补办建设工程规划许可手续；② 规划管理机关或乡（镇）人民政府对违法扩建人实施处罚后，县级以上人民政府规划管理机关或省级政府赋予规划许可权的镇人民政府为其出具满足城市（或建制镇）规划、乡或村规划要求的证明。因此，县级以上人民政府规划管理机关或省级政府赋予规划许可权的镇人民政府出具的满足城市（或建制镇）、乡或村规划要求的证明也是扩建房屋增加面积被核准登记的证据，与建设工程规划许可手续具有同等效力。但是，只有规划管理机关的行政处罚决定，没有房屋扩建符合规划的书面证明的，则单纯的行政处罚决定不能代替房屋扩建符合规划的证明，登记机构不得采用为变更登记的证据。

所以，房屋扩建符合规划的证明包括建设工程规划许可证、乡村建设规划许可证和县级以上人民政府规划管理机关或省级政府赋予规划许可权的镇人民政府出具的满足城市、建制镇、乡或村规划要求的证明。房屋扩建符合规划的证明，属于《不动产登记暂行条例实施细则》第三十七条第（三）项规定的，申请人申请因界址变更导致面积增加产生的国有建设用地使用权及地上房屋所有权变更登记时应当提交的"有批准权的人民政府或者主管部门的批准文件"。城镇规划区范围外的房屋，提交县级以上人民政府规划行政主管部门或省级政府赋予规划许可权的镇政府出具的房屋不在规划区范围内的证明。

3. 权籍调查成果报告

因房屋扩建导致面积增加产生的变更登记，需要更新登记簿上记载的房屋面积信息。增加了多少面积，登记簿需要记载确切的数据，有资质的专业机构按《不动产权籍调查技术方案（试行）》的规定出具的权籍调查成果报告，能够提供增加的房屋面积的准确数据，满足因变更登记更新登记簿信息的需要。因此，申请人申请因房屋扩建导致面积增加产生的变更登记时，应当向登记机构提交权籍调查成果报告。

六、房屋基于自然原因（局部毁损）或人为原因（局部拆除或毁损）导致面积减少申请的变更登记收件

1. 登记申请书；
2. 申请人的身份证明；
3. 不动产权属证书或国有建设用地使用权及地上房屋所有权已经登记的证明；
4. 房屋局部毁损或已经局部拆除的证明；
5. 权籍调查成果报告；
6. 其他必要材料。

说明和理由：

1. 登记申请书

登记申请书应当载明：权利人姓名或名称；申请人的身份证明类型和号码；登记类型——变更登记；登记原因——房屋局部拆除（或局部毁损）；不动产单元号码；不动产权属证书号码；变更前的房屋面积和变更后的房屋面积等。

2. 房屋局部毁损或已经局部拆除的证明

房屋局部毁损或已经局部拆除的证明，是申请人申请因自然原因（局部毁损）或人为原因（局部拆除或毁损）导致房屋面积减少产生的变更登记的原因凭证。

房屋局部毁损或已经局部拆除，是指房屋的局部实体已经灭失，且不再修复。如某人的一间后房，因电线老化起火毁损，他不再修复，而是在空地上建起后花园。因此，房屋局部毁损或已经局部拆除的证明，应当根据具体原因确定出具主体，如房屋因所有权人自行局部拆除产生的变更登记，是房屋所有权人根据自己房屋实体灭失情况申请的变更登记，实质上是对随房屋实体灭失而灭失的所有权申请登记机构注销，未灭失部分的所有权则予以保留，故该证明可以是房屋所有权人出具的拆除房屋情况说明。再如房屋因火灾毁损的证明可由应急管理机关或其消防机构、地方政府或房屋所在地社区出具等。在不动产

登记实务中，权利人提交的显示房屋拆除或毁损情况的照片，也是房屋局部已经毁损或拆除的证明。

3. 权籍调查成果报告

要求申请人提交权籍调查成果报告，是因为该报告由有资质的专业机构按《不动产权籍调查技术方案（试行）》的规定出具，能够提供房屋局部已经毁损或拆除后尚存房屋的界址、面积的准确数据，满足因变更登记更新登记簿信息的需要。

七、因土地、房屋用途变更申请的变更登记收件

1. 登记申请书；
2. 申请人的身份证明；
3. 不动产权属证书或国有建设用地使用权及地上房屋所有权已经登记的证明；
4. 变更土地用途的合同、批准文件；
5. 变更房屋用途的规划许可手续；
6. 土地出让金、契税等税费缴纳凭证；
7. 其他必要材料。

注：第 4 项和第 6 项材料适用于土地用途变更的情形（按将于 2021 年 9 月 1 日起施行的《契税法》第八条、第十一条规定，申请人申请改变房屋用途产生的变更登记时，应当提交缴契税缴纳凭证）。第 5 项材料适用于房屋用途变更的情形。

说明和理由：

1. 登记申请书

登记申请书应当载明：权利人姓名或名称；申请人的身份证明类型和号码；登记类型——变更登记；登记原因——土地（房屋）用途变更；不动产单元号码；不动产权属证书号码；变更前的土地用途（或房屋用途）或变更后的土地用途（或房屋用途）等。

2. 变更土地用途的合同或批准文件

变更土地用途的合同或批准文件，是申请人申请因用途变更产生的国有建设用地使用权变更登记的原因凭证。

《民法典》第三百五十条规定，建设用地使用权人应当合理利用土地，不得改变土地用途；需要改变土地用途的，应当依法经有关行政主管部门批准。按《土地管理法》第五十六条规定，建设单位使用国有土地的，应当按照土地使用权出让等有偿使用合同的约定或者土地使用权划拨批准文件的规定使用土地；

确需改变该幅土地建设用途的，应当经有关人民政府土地行政主管部门同意，报原批准用地的人民政府批准。《房地产管理法》第十八条规定，土地使用者需要改变土地使用权出让合同约定的土地用途的，必须取得出让方和市、县人民政府城市规划行政主管部门的同意，签订土地使用权出让合同变更协议或者重新签订土地使用权出让合同，相应调整土地使用权出让金。《关于加强土地资产管理促进国有企业改革和发展的若干意见》（国土资发〔1999〕433号）第三条第（三）项规定，以作价出资（入股）方式处置的，土地使用权在使用年期内可依法转让、作价出资、租赁或抵押，改变用途的应补缴不同用途的土地出让金差价；以授权经营方式处置的，土地使用权在使用年期内可依法作价出资（入股）、租赁，或在集团公司直属企业、按股企业、参股企业之间转让，但改变用途或向集团公司以外的单位或个人转让时，应报经土地行政主管部门批准，并补缴土地出让金。据此可知，改变土地用途，须经县级以上人民政府批准。改变出让取得的土地用途的，土地使用权人还须与县级以上人民政府自然资源行政主管部门签订以改变土地用途为主要内容的原土地出让合同变更协议或签订新的土地出让合同。县级以上人民政府准予改变土地用途的批准文件和土地使用权人与县级以上人民政府自然资源行政主管部门签订的以改变土地用途为主要内容的原土地出让合同变更协议或新签订的土地出让合同，属于《不动产登记暂行条例实施细则》第三十七条第（二）项、第（三）项和第（四）项规定的，申请人申请因土地用途变更产生的国有建设用地使用权及地上房屋所有权变更登记时应当提交的"发生变更的材料、有批准权的人民政府或者主管部门的批准文件、国有建设用地使用权出让合同或者补充协议"。

3. 变更房屋用途的规划许可手续

《不动产登记簿填写说明》规定，建筑物的用途填写建设工程规划许可文件及其所附图件上确定的房屋用途。据此可知，登记簿上记载的房屋用途变更的，变更后的用途也应当按变更房屋用途的规划许可手续载明的用途填写。因此，按《不动产登记操作规范（试行）》9.2.3条第4项之（3）规定，申请人申请因房屋用途变更产生的国有建设用地使用权及地上房屋所有权变更登记时，应当提交城市规划行政主管部门出具的批准文件。变更房屋用途的规划许可手续即属于此批准文件。

4. 土地出让金、契税等税费缴纳凭证

土地用途变更的，土地使用权人应当按土地出让合同变更协议或新签订的土地出让合同的约定、改变投资入股土地用途的批文、改变授权经营土地用途

第三章 国有建设用地使用权及地上房屋所有权登记收件

的批文缴纳土地出让金，以出让、投资入股方式取得的土地用途变更的，须按《契税暂行条例》的规定缴纳相应的契税（将于2021年9月1日起施行的《契税法》第八条规定，纳税人改变有关土地、房屋的用途，或者有其他不再属于本法第六条规定的免征、减征契税情形的，应当缴纳已经免征、减征的税款）。投资入股的还应当缴纳土地增值税。这些税费缴纳凭证属于《不动产登记操作规范（试行）》9.2.3条第4项之（3）规定的，申请人申请因土地用途变更产生的国有建设用地使用权及地上房屋所有权变更登记时，"依法需要补交土地出让价款的，还应当提交土地价款以及相关税费缴纳凭证"。

八、因国有建设用地使用权的权利期限变更申请的变更登记收件

1. 登记申请书；
2. 申请人的身份证明；
3. 不动产权属证书或国有建设用地使用权及地上房屋所有权已经登记的证明；
4. 变更土地使用期限的批准文件、合同；
5. 土地出让金、土地租金、契税等税费缴纳凭证；
6. 其他必要材料。

说明和理由：

1. 登记申请书

登记申请书应当载明：权利人姓名或名称；申请人的身份证明类型和号码；登记类型——变更登记；登记原因——权利期限变更；不动产单元号码；不动产权属证书号码；变更前的权利期限和变更后的权利期限等。

2. 变更土地使用期限的批准文件、合同

变更土地使用期限的批准文件、合同，是申请人申请因使用期限变更产生的变更登记的原因文件。

据笔者查考，在目前的制度环境下，划拨取得的土地使用权没有使用期限；作价出资（入股）和授权经营取得的土地使用权有期限，但无可否变更其使用期限的规定。出让和出租取得的土地使用权有关于变更其使用期限的规定。

《房地产管理法》第二十二条规定，土地使用权出让合同约定的使用年限届满，土地使用者需要继续使用土地的，应当至迟于届满前一年申请续期，除根据社会公共利益需要收回该幅土地的，应当予以批准。经批准准予续期的，应当重新签订土地使用权出让合同，依照规定支付土地使用权出让金。据此可知，

使用权人欲延长出让取得的土地使用权期限，须经县级以上人民政府批准后，重新签订土地使用权出让合同约定延长土地使用权期限，此合同即变更土地使用权期限的合同。

《国有土地使用权租赁管理办法》第五条规定，租赁期限六个月以上的国有土地租赁，应当由县级以上土地行政主管部门与土地使用者签订租赁合同。该办法第六条规定，国有土地租赁依照国有土地使用权出让的审批权限，报县级以上人民政府批准。该办法第十三条第二款规定，土地使用权租赁合同约定的使用年限期满，承租人需要继续使用土地的，应当在期满前三个月向县级以上土地行政主管部门申请续期，并按本办法规定重新办理租赁审批手续，除根据社会公共利益面要收回该幅土地的，应予以批准。据此可知，使用权人欲延长租赁取得的土地使用权期限，须重新办理租赁审批手续。申言之，使用权人欲延长租赁取得的土地使用权期限，须经县级以上人民政府批准后，重新签订土地使用权租赁合同约定延长土地使用权期限，此合同即变更土地使用权期限的合同。

因此，申请人申请因国有建设用地使用权期限变化产生的变更登记时，应当提交变更土地使用期限的批准文件、合同。

3. 土地出让金、土地租金、契税等税费缴纳凭证

延长出让取得的土地使用权期限，实质上是将该期限内的土地使用权出让给使用权人，使用权人应当按重新签订的出让合同缴纳土地出让金，并应当缴纳契税。因此，土地出让金缴纳凭证和契税缴纳凭证，是申请人申请因出让取得的土地使用权期限变更产生的国有建设用地使用权及地上房屋所有权变更登记时应当提交的材料。

延长租赁取得的土地使用权期限，实质上是将该期限内的土地使用权出租给使用权人，使用权人应当按重新签订的租赁合同缴纳土地租金。因此，土地租金缴纳凭证，是申请人申请因出租取得的土地使用权期限变更产生的国有建设用地使用权及地上房屋所有权变更登记时应当提交的材料。

九、因国有建设用地使用权的权利来源变更申请的变更登记收件

1. 登记申请书；
2. 申请人的身份证明；
3. 不动产权属证书或国有建设用地使用权及地上房屋所有权已经登记的证明；
4. 国有建设用地使用权的权利来源变更的证明；
5. 土地出让金、契税等税费缴纳凭证；
6. 其他必要材料。

第三章 国有建设用地使用权及地上房屋所有权登记收件

说明和理由:

1. 登记申请书

登记申请书应当载明:权利人姓名或名称;申请人的身份证明类型和号码;登记类型——变更登记;登记原因——权利来源变更;不动产单元号码;不动产权属证书号码;变更前的权利来源(划拨)和变更后的权利来源(出让);出让期限等。

2. 国有建设用地使用权的权利来源变更的证明

国有建设用地使用权的权利来源变更,主要是指国有建设用地使用权的权利来源由划拨转出让的情形。因此,国有建设用地使用权的权利来源变更的证明,是申请人申请因权利来源变更产生的变更登记的原因凭证。

《房地产管理法》第十二条规定,土地使用权出让,由市、县人民政府有计划、有步骤地进行。出让的每幅地块、用途、年限和其他条件,由市、县人民政府土地管理部门会同城市规划、建设、房产管理部门共同拟订方案,按照国务院规定,报经有批准权的人民政府批准后,由市、县人民政府土地管理部门实施。直辖市的县人民政府及其有关部门行使前款规定的权限,由直辖市人民政府规定。该法第十五条规定,土地使用权出让,应当签订书面出让合同。土地使用权出让合同由市、县人民政府土地管理部门与土地使用者签订。该法第四十条规定,以划拨方式取得土地使用权的,转让房地产时,应当按照国务院规定,报有批准权的人民政府审批。有批准权的人民政府准予转让的,应当由受让方办理土地使用权出让手续,并依照国家有关规定缴纳土地使用权出让金。据此可知,国有建设用地使用权由划拨转出让,需经县级以上人民政府批准后,受让人与县级以上人民政府自然资源主管部门签订土地使用权出让合同。申言之,国有建设用地使用权的权利来源变更的证明,是指县级以上人民政府同意国有建设用地使用权由划拨转出让的批文和受让方与县级以上人民政府自然资源主管部门签订的土地使用权出让合同。

十、同一权利人分割或者合并国有建设用地、地上房屋申请的变更登记收件

1. 登记申请书;
2. 申请人的身份证明;
3. 不动产权属证书或国有建设用地使用权及地上房屋所有权已经登记的证明;
4. 县级以上人民政府自然资源行政主管部门同意宗地分割或合并的证明;

5. 建设工程规划许可手续；

6. 权籍调查成果报告；

7. 其他必要材料。

注：第 4 项材料适用于宗地分割或合并的情形。第 5 项材料适用于因改变建造时的规划条件分割或合并房屋的情形。

说明和理由：

1. 登记申请书

登记申请书应当载明：权利人姓名或名称；申请人的身份证明类型和号码；登记类型——变更登记；登记原因——分割（或合并）；不动产单元号码；不动产权属证书号码；分割或合并前的土地及地上房屋面积和分割或合并后的土地及地上房屋面积等。

2. 县级以上人民政府自然资源行政主管部门同意宗地分割或合并的证明

县级以上人民政府自然资源行政主管部门同意宗地分割或合并的证明，是申请人申请因分割或合并宗地产生的变更登记的原因凭证。

按《土地管理法》第二十六条第二款规定，县级以上人民政府土地行政主管部门会同同级有关部门进行土地调查。《地籍调查规程》（TD/T 1001—2012）3.2 条规定，地籍调查，针对每宗地的权属、界址、位置、面积、用途等进行的土地调查。该规程 3.4 条规定，日常地籍调查，因宗地设立、灭失、界址调整及其他地籍信息的变更而开展的地籍调查。据此可知，地籍调查属于土地调查，由县级以上人民政府土地管理部门负责。宗地的界址调整，属于地籍调查的范围。申言之，宗地的合并或分立，势必导致宗地界址、界线调整或变更，即宗地的合并或分立，属于地籍调查的范围。因此，申请人申请因宗地的合并或分立产生的变更登记时，应当提交县级以上人民政府自然资源机关同意的批文，或经县级以上人民政府自然资源机关备案或鉴证的地籍测量报告。此批文或测量报告属于《不动产登记操作规范（试行）》9.2.3 条第 4 项之（5）规定的，申请人申请因国有建设用地分割或合并产生的变更登记时，应当提交"相关部门同意分割或合并的批准文件"。

3. 建设工程规划许可手续

《城乡规划法》第四十条第二款规定，申请办理建设工程规划许可证，应当提交使用土地的有关证明文件、建设工程设计方案等材料。该法第四十三条第一款规定，建设单位应当按照规划条件进行建设；确需变更的，必须向城市、县人民政府城乡规划主管机关提出申请。据此可知，建设单位或个人

第三章 国有建设用地使用权及地上房屋所有权登记收件

必须按其申请建设工程规划许可证时报送给规划行政主管机关的设计方案建造房屋，即建设单位或个人必须按照经过规划许可的设计方案建造房屋，建造过程中，即使需要变更设计方案进行建造的，也须经过规划主管机关的同意并取得规划许可变更手续后方可为之。申言之，按建设单位申请建设工程规划许可证时报送给县级以上人民政府规划行政主管机关的设计方案，或经过规划行政主管机关同意变更后的设计方案建造而成的房屋的幢、层、套、间，才是按照规划许可的条件建造而成的，即才是合法建造的房屋。故从法律的层面上看，作为房屋的不动产单元的幢、层、套、间由规划主管机关以规划许可方式确定的为准。因此，在改变建造时的规划条件的前提下分割或合并房屋的，即因分割或合并改变按规划许可手续建造的幢、层、套、间的，应当持有建设工程规划许可手续，此规划许可手续，属于《不动产登记操作规范（试行）》9.2.3条第4项之（5）规定的申请人申请因房屋分割或合并产生的变更登记时，应当提交的"相关部门同意分割或合并的批准文件"。

4. 权籍调查成果报告

要求申请人提交权籍调查成果报告，是因为该报告由有资质的专业机构按《不动产权籍调查技术方案（试行）》的规定出具，能够提供分割或合并后申请变更登记的国有建设用地或地上房屋的不动产单元的相关的准确数据，满足因变更登记更新登记簿信息的需要。

十一、因共有性质变更申请的变更登记收件

1. 登记申请书；
2. 申请人的身份证明；
3. 不动产权属证书或国有建设用地使用权及地上房屋所有权已经登记的证明；
4. 共有性质变更的证明；
5. 其他必要材料。

说明和理由：

1. 登记申请书

《不动产登记操作规范（试行）》2.1.3条第一款规定，共有不动产的登记，应当由全体共有人共同申请。按该规范9.2.2条规定，共有的不动产因共有人姓名、名称发生变化申请变更登记的，可以由姓名、名称发生变化的权利人申请。据此可知，共有性质变更产生的变更登记，应当由全体共有人共同申请，即变更登记申请书由全体共有人共同出具。登记申请书应当载明：权利人姓名或名

称；申请人的身份证明类型和号码；登记类型——变更登记；登记原因——共有性质变更；不动产单元号码；不动产权属证书号码；变更前的共有性质和变更后的共有性质等。

2. 共有性质变更证明

共有性质变更证明，是申请人申请因共有性质变更产生的变更登记的原因凭证，主要指共有人间签订的共有性质变更协议或生效的确认共有性质的法律文书。

《民法典》第二百九十七条规定，不动产或者动产可以由两个以上组织、个人共有。共有包括按份共有和共同共有。按该法第三百零八条规定，共有人对共有的不动产可以约定为按份共有或者共同共有。据此可知，法律规定的共有性质有按份共有和共同共有。是按份共有，还是共同共有？属于民事主体对自己民事权利的干涉，完全取决于当事人间的自愿和合意。另外，《民法典》第三百零八条规定，共有人对共有的不动产或者动产没有约定为按份共有或者共同共有，或者约定不明确的，除共有人具有家庭关系等外，视为按份共有。据此可知，共有人对因共有性质没有约定，或约定不明而产生争执时，若诉讼到法院或申请仲裁，共有人具有家庭关系的，人民法院或仲裁机构的生效法律文书会确认为共同共有，反之，确认为按份共有。因此，按《不动产登记操作规范（试行）》9.2.3条第4项之（6）规定，申请人申请因共有性质变更产生的变更登记时，提交"共有性质变更协议书或生效法律文书"。

特别说明：

不动产统一登记前，因房屋占用范围内的用地性质属于登记簿记载内容，故房屋占用的建设用地由集体土地转换成国有土地，属于登记簿记载内容变更，在不动产统一登记前的房屋登记中适用变更登记。按《土地管理法》的规定，集体土地转换成国有土地，只有征收一种途径。使用权人欲取得征收集体土地转换成的国有土地的使用权，一般情形下，有出让、划拨、租赁、作价出资（入股）、授权经营等方式。不动产统一登记后，按《不动产登记暂行条例实施细则》第二十八条第（三）项规定，集体土地被依法征收的，属于申请集体土地所有权、集体土地使用权注销登记的情形。按该实施细则第三十四条第二款规定，以出让、划拨、租赁、作价出资（入股）、授权经营等方式取得国有建设用地使用权的，属于申请国有建设用地使用权首次登记的情形。因此，房屋占用的建设用地由集体土地转换成国有土地后，不再适用变更登记，应当分别适用集体土地所有权、集体土地使用权注销登记和国有建设用地使用权首次登记。国有建设用地使用权首次登记完成后，庚即将地上既有的房屋所有权录入登记簿，根据登记簿的记载，向权利人核发集国有建设用地使用权及地上房屋所有权于一体的不动产权属证书。原集体土地使用权及地上房屋所有权于一体的不动产权属证书作为登记材料收回归档。

第四节　转移登记收件

国有建设用地使用权及地上房屋所有权转移登记，是指登记簿上记载的国有建设用地使用权及地上房屋所有权权利主体变动，而权利内容、权利客体和其他有关事项不变产生的登记。

按《房地产管理法》第六十一条第三款规定，房地产转让或者变更时，应当向县级以上地方人民政府房产管理部门申请房产变更登记。《土地管理法实施条例》第六条规定，依法改变土地所有权、使用权的，因依法转让地上建筑物、构筑物等附着物导致土地使用权转移的，必须向土地所在地的县级以上人民政府土地行政主管部门提出土地变更登记申请，由原土地登记机关依法进行土地所有权、使用权变更登记。土地所有权、使用权的变更，自变更登记之日起生效。据此可知，《房地产管理法》和《土地管理法实施条例》没有就房屋所有权、土地使用权转让发生权利主体变动而专门规定转移登记，而是将房屋所有权、土地使用权转让产生的登记归入变更登记中。按《民法典》第二百零九条规定，一般情形下，不动产物权的设立、变更、转让和消灭，自记载于登记簿上时生效。质言之，《民法典》明确区分了不动产物权的变更和转让。在不动产登记实务中，《不动产登记暂行条例实施细则》第二十七条以例举加概括的方式规定了应当办理转移登记的情形，且该条第（十）项规定"法律、行政法规规定的其他不动产权利转移情形"，笔者认为，此项规定是对转移登记的定性性的规定，据此可知，转移登记适用于登记簿上记载的权利主体变动，而其他内容不变的情形。笔者赞成《不动产登记暂行条例实施细则》中关于转移登记的规定。

按《不动产登记暂行条例实施细则》第二十七条规定，当事人申请国有建设用地使用权及地上房屋所有权转移登记的情形主要有：① 买卖；② 互换；③ 赠与；④ 继承；⑤ 接受遗赠；⑥ 法人或其他组织因分割、合并导致国有建设用地使用权及地上房屋所有权转移的；⑦ 以国有建设用地使用权及地上房屋所有权作价出资（入股）；⑧ 共有人增加或者减少以及共有份额变化；⑨ 因人民法院、仲裁机构的生效法律文书导致国有建设用地使用权及地上房屋所有权发生转移的等。

国有建设用地使用权及地上房屋所有权转移登记关系到对登记簿上现时记载的权利人依法享有的国有建设用地使用权及地上房屋所有权的处分,关系到处分后国有建设用地使用权及地上房屋所有权的归属,简言之,国有建设用地使用权及地上房屋所有权转移登记关系到国有建设用地使用权及地上房屋所有权的失去与取得。对国有建设用地使用权及地上房屋所有权的处分,有权利人依自己的意思表示作出的处分,即自由处分,如合同买卖、作价入股等;也有权利人先依自己的意思处分,但须相应的事实成就后方才生效,如遗赠,权利人生前作出赠与的意思表示,但须权利人死亡的事实成就赠与才生效;还有公权机关依法定的职权对他人的国有建设用地使用权及地上房屋所有权作出的处分,即强制处分,如人民法院执行案件时,拍卖被执行人的房屋等。

如前所述,处分国有建设用地使用权及地上房屋所有权的方式多样,产生国有建设用地使用权及地上房屋所有权转移登记的情形也多样,与之关联的法律关系亦繁杂。笔者拟对日常登记实务中,申请人因不同情形申请转移登记时应当提交的材料作阐释。

一、基于买卖合同、作价出资(入股)合同申请的转移登记收件

国有建设用地使用权及地上房屋所有权买卖,是指权利人根据自己的意思表示,通过订立买卖合同的方式,将自己依法享有的国有建设用地使用权及地上房屋所有权出卖给他人的法律行为。这是实际生活中既普通又重要的法律行为,由此申请的国有建设用地使用权及地上房屋所有权转移登记也是不动产登记中最常见的登记类型之一。

在我国现阶段,多种财产所有制形式并存,导致了物权主体的多样化。按《民法典》第二百四十六条、第二百六十条、第二百六十六条、第二百六十九条和第二百七十条规定,法人、非法人组织和自然人等民事主体,可以是物权的主体,具体到国有建设用地使用权及地上房屋所有权亦然。根据国有建设用地使用权及地上房屋所有权出卖人的类型,基于合同出卖的主要情形有:① 自然人出卖的;② 机关法人、事业单位法人、国有企业、国有独资公司出卖的;③ 有限责任公司、股份制公司、中外合资经营企业出卖的;④ 集体企业或集体经济组织出卖的;⑤ 个人独资企业出卖的;⑥ 合伙企业出卖的;⑦ 外资企业出卖的等。

国有建设用地使用权及地上房屋所有权作价出资(入股),是指出资(入股)人与欲吸收股份的经济组织通过订立作价出资(入股)合同的方式,参照现时的房地产市场价格,对出资(入股)人享有的国有建设用地使用权及地上

第三章 国有建设用地使用权及地上房屋所有权登记收件

房屋所有权协商确认一个具体的价格,作为出资(入股)人在经济组织中享有股权,并据此行使权利和履行义务的法律行为。《公司法》第二十八条第一款规定,公司股东以非货币财产出资的,应当依法办理财产权的转移手续。在房屋交易监管实务中,《城市房地产转让管理规定》第三条规定,房屋作价入股与房屋买卖均属于房地产转让。概言之,作价出资(入股)也要导致国有建设用地使用权及地上房屋所有权转移,即作价出资(入股)的国有建设用地使用权及地上房屋所有权应当转移登记到吸收股份的经济组织名下。

如前所述,作价出资(入股)与买卖均属于国有建设用地使用权及地上房屋所有权转让的情形,但作价出资(入股)又不同于买卖。买卖是权利人以一定的价格将国有建设用地使用权及地上房屋所有权转让给他人,自完成转移登记时起,权利人完全失去所有权及孳息等相关收益;而关于作价出资(入股),权利人虽然失去了国有建设用地使用权及地上房屋所有权,但其因国有建设用地使用权及地上房屋所有权出资(入股)享有股份,并根据股份参与经济组织利益分配。所以,买卖和作价出资(入股)是基于两种不同的法律关系产生的国有建设用地使用权及地上房屋所有权转让,买卖的基础法律关系是买卖合同,而作价出资(入股)的基础法律关系是作价出资(入股)合同。根据现时的法律、法规规定和权利人的种类,以国有建设用地使用权及地上房屋所有权作价出资(入股)的情形主要有:① 自然人以国有建设用地使用权及地上房屋所有权作价出资(入股);② 事业单位法人、国有企业、国有独资公司以国有建设用地使用权及地上房屋所有权作价出资(入股);③ 有限责任公司、股份制公司、中外合资经营企业以国有建设用地使用权及地上房屋所有权作价出资(入股);④ 集体企业或集体经济组织以国有建设用地使用权及地上房屋所有权作价出资(入股);⑤ 个人独资企业以国有建设用地使用权及地上房屋所有权作价出资(入股);⑥ 合伙企业以国有建设用地使用权及地上房屋所有权作价出资(入股)等。

为了便于行文,下文称国有建设用地使用权及地上房屋所有权出卖人和入股人为失去方,或处分人,国有建设用地使用权及地上房屋所有权买受人和吸收股份的经济组织为取得方。

笔者拟根据不同种类的国有建设用地使用权及地上房屋所有权的失去方与取得方基于买卖合同、作价出资(入股)合同申请转移登记时应当提交的材料作阐释。

（一）失去方为自然人时，基于买卖合同、作价出资（入股）合同申请的转移登记收件

1. 登记申请书；
2. 申请人的身份证明；
3. 不动产权属证书；
4. 买卖合同或作价出资（入股）合同；
5. 失去方有权处分国有建设用地使用权及地上房屋所有权的证明；
6. 县级以上人民政府同意转让或作价出资（入股）的批文；
7. 土地出让合同和土地出让金缴纳凭证；
8. 土地增值税、契税缴纳凭证；
9. 其他必要材料。

注：第 5 项材料适用于提交登记簿制度建立前颁发的且没有载明共有情况的不动产权属证书的情形。第 6 项材料适用于划拨的国有建设用地使用权及地上房屋所有权买卖、作价出资（入股）的情形。第 7 项材料适用于划拨的国有建设用地使用权转出让的情形。

说明和理由：

1. 登记申请书

基于买卖合同、作价出资（入股）合同申请的国有建设用地使用权及地上房屋所有权转移登记，是将合同债权转化成物权——国有建设用地使用权和房屋所有权的过程，即合同目的实现的过程。合同目的要实现，须合同的当事人相互履行义务，其中，申请转移登记是当事人双方相互履行的当然义务。按《不动产登记暂行条例》第十四条第一款规定，基于买卖合同、作价入股合同产生的转移登记，由取得方和失去方共同申请。故登记申请书由权利的失去方和取得方共同出具。在司法实务中，终审法院鞍山市中级人民法院在审理"崔某与某房产局房屋行政登记案"中认为"根据'房屋转让协议'第四条规定，买卖双方应按有关规定向中介方提交办理交易手续所需的证件或资料。本案中，被诉房产转移登记行为，是由崔某单方委托中介公司办理的，原房屋所有权人高某夫妇未到场，也没有书面委托代理人，故该转移登记程序违法"，遂作出维持原审法院关于房产转移登记行为无效的判决的判决[①]。本案中，人民法院的认为和判决表明，基于买卖合同产生的房屋转移登记应当由权利的取得方与失去方共同申请，即转移登记申请书由权利的失去方与取得方共同出具。

---

① 鞍山市中级人民法院："崔某与某房产局房屋行政登记案"，http://www.148com.com/，访问时间：2017 年 12 月 12 日。

第三章 国有建设用地使用权及地上房屋所有权登记收件

转移登记申请书应当载明：权利的失去方与取得方；申请人的身份证明类型和号码；登记类型——转移登记；登记原因——买卖（或作价入股）；不动产单元号码；不动产权属证书号码；失去方享有的国有建设用地使用权及地上房屋所有权的面积；取得方取得的国有建设用地使用权及地上房屋所有权的面积等。

在不动产登记实务中，在满足不动产单元的前提下，一处国有建设用地及地上房屋由两个以上的人分别购买，但申请转移登记时，由各取得方按自己取得的面积分别与失去方一起申请登记。作价入股中，也有只用国有建设用地及地上房屋中某个不动产单元入股的情形，如一自然人，有5楼1底综合楼一栋，他只用底层的商业门市作价入股某有限责任公司。故转移登记申请书须载明失去方享有的国有建设用地使用权及地上房屋所有权的面积和取得方取得的国有建设用地使用权及地上房屋所有权的面积。

如前所述，出卖或作价出资（入股）的国有建设用地使用权及地上房屋所有权，原则上由权利失去方和取得方共同申请转移登记，但在不动产登记实务中，申请人提交的买卖合同或作价出资（入股）合同中，约定由其中一方当事人负责申请转移登记的情形时有出现，笔者认为，合同是当事人意思自治的产物，当事人约定由其中某一方负责申请转移登记，并不违反法律规定，也不损害社会公益和他人利益，且是为了实现共同签订的买卖合同或作价出资（入股）合同的目的，故应当从其约定，可由约定中的某一方当事人单方申请转移登记。但是，鉴于我国当前社会诚信度不高、个人诚信系统尚未建立的现实，当事人基于约定由某一方当事人单方申请转移登记的买卖合同或作价出资（入股）合同申请转移登记时，若该合同未经国家相关机构备案、鉴证的，登记机构宜将转移登记内容予以公告，以查明约定的真实性，确保登记质量。但该公告系由登记机构自行启动，公告期间应当计入登记办理时限。

2. 申请人的身份证明

因合同买卖、作价出资（入股）产生的国有建设用地使用权及地上房屋所有权转移登记由失去方和取得方共同申请，故申请人的身份证明为取得方和失去方的身份证明。

3. 不动产权属证书

不动产权属证书，是指载明欲转移的国有建设用地使用权及地上房屋所有权的不动产权属证书。

《房地产管理法》第三十八条第（六）项规定，未经登记领取权属证书的房地产不得转让。在不动产登记实务中，《不动产登记暂行条例实施细则》第三十八条第一款第（一）项规定，不动产权属证书是申请人申请国有建设用地使用权及地上房屋所有权转移登记时应当提交的材料。换言之，不动产权属证书是申请人申请买卖、作价出资（入股）产生的国有建设用地使用权及地上房屋所有权转移登记时应当提交的法定要件。

要求申请人提交不动产权属证书：一是证明欲转移的国有建设用地使用权及地上房屋所有权已经记载在登记簿上，申请转移登记的前提成立；二是便于登记机构结合失去方提交的身份证明，判定其作为转移登记申请人之一的失去方是否适格；三是转移登记被记载于登记簿上后，登记机构将基于登记簿的记载向取得方颁发新的不动产权属证书，原失去方名下的不动产权属证书由登记机构收回归档，以免流失社会造成负面影响。

在不动产登记实务中，若申请人申请因买卖或作价出资（入股）产生的转移登记时，因不动产权属证书遗失或毁损而不能提交又急需办理转移登记，欲以登记机构存档的登记材料复印件，或登记簿打印件、复印（制）件等欲转移的国有建设用地使用权及地上房屋所有权已经登记的证明替代不动产权属证书的，登记机构不应当准许，理由有三：一是申请人申请因买卖或作价出资（入股）产生的转移登记，表明国有建设用地使用权及地上房屋所有权的权利人在世或存续，具备申请补发不动产权属证书的主体条件；二是国有建设用地及地上房屋实体存在，权利人不抛弃国有建设用地使用权及地上房屋所有权，且要利用国有建设用地使用权及地上房屋所有权，具备申请补发不动产权属证书的客体条件和主观要求；三是按《民法典》第二百一十七条规定，不动产权属证书是权利人享有该不动产物权的外在表征形式。质言之，不动产权属证书是权利人享有国有建设用地使用权及地上房屋所有权的证明，也是买卖双方或作价出资（入股）当事人据此协商签订买卖合同、作价出资（入股）合同的基础凭证。所以，在因买卖或作价出资（入股）产生的转移登记中，不动产权属证书作为登记收件，登记机构应当按法律和规章的规定，从严掌握。如果申请人因不动产权属证书遗失或毁损而不能提交的，登记机构应当告知申请人按《不动产登记暂行条例实施细则》第二十二条第二款的规定申请补发，补发后，再按程序申请因买卖或作价出资（入股）产生的国有建设用地使用权及地上房屋所有权转移登记。

在司法实务中，终审法院商洛市中级人民法院在审理"上诉人常某因张某诉某县人民政府房屋行政登记一案"时认为"而本案上诉人常某申请登记的房屋，是从某县某街某组购买的，对于买受取得的房屋，申请人必须提交原房屋所有权证和买卖合同等相关材料，本案中，申请人提交材料中没有原房屋所有权证，提供的与某街某组签订的房屋买卖合同时间为2006年元月1日，而申请房屋登记时间却在 2005 年 11 月 9 日，不符合常理"，遂作出维持原审人民法院撤销某县人民政府为常某办理的房屋登记的判决的判决①。本案中，人民法院的认为和判决表明，申请房屋买卖产生的转移登记时，出卖人的房屋所有权证是应当提交的材料。

4. 买卖合同、作价出资（入股）合同

（1）买卖合同。

买卖合同，是申请人申请因买卖国有建设用地使用权及地上房屋所有权产生的转移登记的原因证明。

《房地产管理法》第四十一条规定："房地产转让，应当签订书面转让合同，合同中应当载明土地使用权取得的方式。"质言之，在房地产买卖中，当事人订立的书面买卖合同属于法定的要式法律行为。要式法律行为，指法律明确规定必须采用某种形式或履行一定程序才能成立的法律行为②。在司法实务中，贵州省黔西南布依族苗族自治州中级人民法院按审判监督程序审理"范某诉郭某买房款未付清房屋买卖和换房无效纠纷案"时认为"房屋买卖系要式法律行为，买卖双方应依法订立书面契约，有中间人证明，并按约定付清全部房款和交付房屋，办理过户、契税等相关手续"③。本案中，人民法院的认为表明，房屋买卖系要式法律行为，买卖合同须以书面方式存在。在不动产登记实务中，《不动产登记暂行条例实施细则》第三十八条第一款第（二）项规定，买卖合同是申请人申请因买卖国有建设用地使用权及地上房屋所有权产生的转移登记时应当提交的材料。

在不动产登记实务中，买卖合同虽然是登记机构办理转移登记时的必收要件，但登记机构无须对合同中当事人约定的权利和义务作实质审查。在司法实务中，终审法院湖南省邵阳市中级人民法院在审理"上诉人某房产局、邵阳市某物业发展有限公司因与被上诉人邵阳市某业主委员会房屋产权颁证一案"时认为"房产局只需依据申请人提供的产权明晰的资料进行产权登记和颁证，无须也不可能对整幢楼的房屋买卖合同及售房广告作出审查和认定"，遂判决维持了某房管局的房屋登记行为④。

---

① 商洛市中级人民法院"上诉人常某因张某诉某县人民政府房屋行政登记一案"，http://www.110.com/，访问时间：2017 年 11 月 30 日。
② 王利民：《民法学》，中央广播电视大学出版社 1995 年版，第 93 页。
③ "范某诉郭某买房款未付清房屋买卖和换房无效纠纷案"，见祝铭山：《房屋买卖合同纠纷》，中国法制出版社 2003 年版，第 52 页。
④ 湖南省邵阳市中级人民法院："上诉人某房产局、邵阳市某物业发展有限公司因与被上诉人邵阳市某业主委员会房屋产权颁证一案"，http://china.findlaw.cn/，访问时间：2017 年 10 月 6 日。

虽然登记机构对用作登记证据的买卖合同约定的权利义务不作实质审查，但应当根据登记需要作必要的核对、判定：一是核对合同签订的时间是否在申请登记日之前。二是核对登记申请人与合同当事人是否一致，即合同中的买方与卖方，与作为申请人中的取得方与失去方是否一致；根据申请人提供的身份证明，初步判断合同当事人（转移登记申请人）是否具有民事行为能力。若无民事行为能力，合同上是否有监护人的追认签字，以确认合同是否有效。三是核对申请登记的内容与合同固定的国有建设用地使用权及地上房屋所有权是否相符。四是核对当事人是否约定合同生效的期限或生效的条件，且生效期限是否届至或生效条件是否成就。凡签订时间在申请登记日之后的合同，无民事行为能力人、限制民事行为能力人签订且无监护人追认的合同，载明的国有建设用地使用权及地上房屋所有权与申请登记的内容不一致的合同，约定的生效期限未届至或生效条件未成就的合同，登记机构均不得用作登记要件。在司法实务中，终审法院商洛市中级人民法院在审理"上诉人常某因张某诉某县人民政府房屋行政登记一案"时认为"本案上诉人常某申请登记的房屋，是从某县某街某组购买的，对于买受取得的房屋申请人必须提交原房屋所有权证和买卖合同等相关材料，本案中，申请人提交材料中没有原房屋所有权证，提供的与某街某组签订的房屋买卖合同时间为 2006 年元月 1 日，而申请房屋登记时间却在 2005 年 11 月 9 日，不符合常理"，遂作出维持原审人民法院撤销某县人民政府为常某办理的房屋登记的判决的判决[①]。本案中，人民法院的认为和判决表明，签订于转移登记申请日之后的房屋买卖合同，登记机构不得用作登记要件。

（2）作价出资（入股）合同。

作价出资（入股）合同，是申请人申请以国有建设用地使用权及地上房屋所有权作价出资（入股）产生的转移登记的原因证明。

作价出资（入股）合同，是指权利人与欲吸收股份的经济组织，参照现时的房地产市场价格，协商议定欲入股的国有建设用地使用权及地上房屋所有权价格，并就入股后该权利人占有的股份额及相应的权利义务达成一致而成立的合同。作价出资（入股）合同生效后，国有建设用地使用权及地上房屋所有权应当转移给吸收股份的经济组织，成为该经济组织的财产，不再是原权利人的财产。在不动产登记实务中，《不动产登记操作规范（试行）》8.3.3 条第 4 项之（3）规定，申请人申请转移登记时，"作价出资（入股）的，提交作价出资（入股）协议"。

---

① 商洛市中级人民法院："上诉人常某因张某诉某县人民政府房屋行政登记一案"，http://www.110.com/，访问时间：2017 年 11 月 30 日。

第三章 国有建设用地使用权及地上房屋所有权登记收件

5. 失去方有权处分国有建设用地使用权及地上房屋所有权的证明

在 2007 年 10 月 1 日《物权法》实施前，登记簿制度没有建立，国有建设用地使用权及地上房屋所有权是否登记，以权利人持有合法、有效的国有土地使用权证书、房屋所有权证书为准，即原《城市房屋权属登记管理办法》（建设部令第 99 号）第五条规定，房屋权属证书是权利人依法拥有房屋所有权的唯一合法凭证。该办法第十一条规定，共有的房屋由共有人共同申请登记。原《土地登记规则》（国土〔法〕字第 184 号）第六十五条规定，土地证书是土地登记卡部分内容的副本，是土地使用者、所有者和土地他项权利者持有的法律凭证。综合原《城市房屋权属登记管理办法》和原《土地登记规则》的规定可知，没有向登记机构申请国有建设用地使用权及地上房屋所有权登记并持有国有土地使用权证书、房屋所有权证书的人，就不是法律意义上的土地使用权人、房屋所有权人。换言之，该办法不承认土地使用权、房屋所有权的隐名共有人的存在。

但是，隐名共有人的存在却得到了同时期的法律的认可，即旧的《婚姻法》（1980 年 9 月 10 日颁布）第十三条规定"夫妻在婚姻关系存续期间所得的财产，归夫妻共同所有，双方另有约定的除外。夫妻对共同所有的财产，有平等的处理权"。质言之，从法律上确立了夫妻在婚姻关系存续期间取得的财产是夫妻共同财产，当然也包括土地、房屋，申言之，国有建设用地使用权及地上房屋所有权虽然登记在夫或妻一方名下，但另一方也是具有法律意义的共有权人。在同期的司法实务中，《最高人民法院关于人民法院审理离婚案件处理财产分割问题的若干具体意见》（1993 年 11 月 3 日发布）第六条规定："一方婚前个人所有的财产，婚后由双方共同使用、经营、管理的，房屋和其他价值较大的生产资料经过 8 年，贵重的生活资料经过 4 年，可视为夫妻共同财产。"依据该规定，夫或妻婚前登记在一方名下的国有建设用地使用权及地上房屋所有权，在婚姻存续期限经过 8 年的，也被视为夫妻共有财产，支持了隐名共有人的存在。新《婚姻法》（2001 年 4 月 28 日颁布）第十七条规定，夫妻在婚姻关系存续期间取得的财产属于夫妻共同财产。质言之，新《婚姻法》再次支持了隐名共有人的存在。按《立法法》第八十八条规定，规章、政策的效力低于法律，故作为规章的原《城市房屋权属登记管理办法》和作为政策的《土地登记规则》中不承认隐名共有人存在的规定无效。因此，《物权法》颁布实施前取得的国有建设用地使用权及地上房屋所有权，因登记簿制度尚未建立，大部分国有建设用地使用权及地上房屋所有权的共有情况在证书上无记载，故此类国有建设用地使用权及地上房屋所有权，因买卖、作价出资（入股）等处分行为申请转移登记时，失去方应当向登记机构提交其有权处分的证明。失去方有权处分的最直接的证明就是其婚姻状况证明，登记机构根据其结婚或离婚的时间与不动产权属证书的颁发时间，或不动产权属证书上载明的国有建设用地使用权及地上房屋所有权的登记时间，审查处分人是否有处分权，转移登记申请人是否有遗漏，转移登记可否办理。我国现行法律规定，结婚实行登记发证制度，而离婚实行登记发证和诉讼裁判制度，因此，婚姻状况证明的具体形式有结婚证书、离婚证书、生效的离婚判决书或离婚民事调解书、婚姻登记机关出具的婚姻登记档案查询证明等。

《物权法》实施后，以登记簿的记载作为登记权利人是否有权处分国有建设用地使用权及地上房屋所有权的证据。该法第九条规定："不动产物权的设立、变更、转让和消灭，经依法登记，发生效力；未经登记，不发生效力，但法律另有规定的除外。"该法第十六条规定："不动产登记簿是物权归属和内容的依据。不动产登记簿由登记机构管理。"该法第十二条规定，登记机构有权就有关登记事项询问申请人。概言之，登记机构有权对申请登记的国有建设用地使用权及地上房屋所有权的共有情况询问申请人，并根据询问情况要求申请人提供支撑证据后才登记。据此可知，《物权法》的这些规定，可以使国有建设用地使用权及地上房屋所有权的权利主体全部登记，克服隐名共有人的存在。在曾经的房屋登记实务中，《房屋登记办法》第十三条规定，共有的房屋由共有人共同申请登记。《房屋登记簿管理试行办法》第九条第二款规定，共有情况属于房屋登记簿记载的内容。在曾经的土地登记实务中，按《土地登记办法》第十四条、第十五条和第十六条规定，对共有一宗土地的，应当为两个以上土地权利人分别填写土地权利证书。土地登记簿是土地权利归属和内容的根据。土地权利证书记载的事项，应当与土地登记簿一致；记载不一致的，除有证据证明土地登记簿确有错误外，以土地登记簿为准。因此，根据法律和规章的这些规定，只有记载在登记簿上并持有权利证书的人才是具有法律意义的国有建设用地使用权及地上房屋所有权的权利人，质言之，不动产登记簿制度依法建立后，法律和规章均不再支持隐名共有人的存在。

在司法实务中，北京市高级人民法院在审理"吴某等诉北京市建设委员会房屋行政登记案"时认为"婚姻法规定的法定共有权虽然未经房屋行政管理机关行政登记，但不应视为与不动产物权登记公示原则相矛盾，而应视为是不动产物权公示原则的一种例外与补充。因为婚姻法对于夫妻财产法定共有权的规定也是面向公众的，对世具有普遍效力。因此对于不动产权属登记为个人的情形，房屋行政管理机关均具有先行审查其是否属于夫妻共同财产的义务，再根

第三章 国有建设用地使用权及地上房屋所有权登记收件

据登记情况确认该房屋的最终权利状况"[1],本案中,人民法院的认为表明,对自然人申请的房屋所有权登记,登记机构应当在查明该房屋所有权属于申请人夫妻共有,还是属于申请人单独所有后,才能将之记载于登记簿,换言之,在登记簿制度建立后,人民法院不支持隐名共有人的存在,申言之,国有建设用地使用权及地上房屋所有权的归属以登记簿的记载为准。故权利人在登记簿制度建立后取得的国有建设用地使用权及地上房屋所有权,因买卖和作价出资(入股)申请转移登记时,登记机构无须再要求失去方提交婚姻状况证明作为佐证共有情况的登记材料。

6. 县级以上人民政府同意转让或作价出资(入股)的批文

《房地产管理法》第二十三条第一款规定,土地使用权划拨,是指县级以上人民政府依法批准,在土地使用者缴纳补偿、安置等费用后将该幅土地交付其使用,或者将土地使用权无偿交付给土地使用者使用的行为。该法第四十条第一款规定,以划拨方式取得土地使用权的,转让房地产时,应当按照国务院规定,报有批准权的人民政府审批。有批准权的人民政府准予转让的,应当由受让方办理土地使用权出让手续,并依照国家有关规定缴纳土地使用权出让金。据此可知,划拨取得的国有建设用地使用权及地上房屋所有权买卖、作价出资(入股),须经县级以上人民政府批准,且取得方须与作为出让人的县级以上人民政府自然资源主管机关签订出让合同并按出让合同约定缴纳土地出让金。在不动产登记实务中,《不动产登记操作规范(试行)》8.3.3条第5项规定"申请划拨取得国有建设用地使用权转移登记的,应当提交有批准权的人民政府的批准文件"。

7. 土地出让合同和土地出让金缴纳凭证

如前所述,划拨取得的国有建设用地使用权及地上房屋所有权买卖、作价出资(入股),须经县级以上人民政府批准,且取得方须与出让人签订土地出让合同并按土地出让合同约定缴纳土地出让金。此土地出让金缴纳凭证属于《不动产登记操作规范(试行)》8.3.3条第6项规定的,申请人申请划拨土地及地上房屋买卖、作价出资(入股)产生的转移登记时,"依法需要补交土地出让价款、缴纳税费的,应当提交缴清土地出让价款凭证、税费缴纳凭证"。土地由划拨转出让,按《不动产登记暂行条例实施细则》第三十四条规定,出让属于申请国有建设用地使用权首次登记的情形,故此类转移登记中有首次登记的

---

[1] 北京市高级人民法院行政审判庭:《行政诉讼案例研究》,中国法制出版社2008年版,第131页。转引自程啸:《不动产登记簿之推定效力》,载《房地产权籍》2010年第5期,第12页。

元素，土地出让合同是申请人应当提交的材料。

8. 土地增值税、契税缴纳凭证

（1）土地增值税缴纳凭证。

《土地增值税暂行条例》第二条规定，转让国有土地使用权、地上的建筑物及其附着物并取得收入的单位和个人，为土地增值税的纳税义务人，应当依照本条例缴纳土地增值税。该条例第十二条规定，纳税人未按照本条例缴纳土地增值税的，土地管理部门、房产管理部门不得办理有关的权属变更手续。《土地增值税暂行条例实施细则》第二条规定，条例第二条所称的转让国有土地使用权、地上的建筑物及其附着物并取得收入，是指以出售或者其他方式有偿转让房地产的行为。它不包括以继承、赠与方式无偿转让房地产的行为。据此可知，土地增值税缴纳凭证是申请人申请以买卖、作价出资（入股）等非无偿方式产生的国有建设用地使用权及地上房屋所有权转移登记时应当提交的材料。

（2）契税缴纳凭证。

《契税暂行条例》第十一条规定，纳税人应当持契税完税凭证和其他规定的文件材料，依法向土地管理部门、房产管理部门办理有关土地、房屋的权属变更登记手续。纳税人未出具契税完税凭证的，土地管理部门、房产管理部门不予办理有关土地、房屋的权属变更登记手续(将于2021年9月1日起施行的《契税法》第十一条规定，纳税人办理纳税事宜后，税务机关应当开具契税完税凭证。纳税人办理土地、房屋权属登记，不动产登记机构应当查验契税完税、减免税凭证或者有关信息。未按照规定缴纳契税的，不动产登记机构不予办理土地、房屋权属登记)。《契税暂行条例实施细则》第八条第（一）项规定，以土地作价投资、入股属于应当缴纳契税的情形[按将于2021年9月1日起施行的《契税法》第二条规定，以土地作价投资（入股）的，应当缴纳契税]。据此可知，契税缴纳凭证也是申请人申请以买卖、作价出资（入股）方式产生的国有建设用地使用权及地上房屋所有权转移登记时应当提交的材料。

特别说明：

（1）出卖未成年人名下的国有建设用地使用权及地上房屋所有权时，应当由监护人代为申请，代为申请人应当提交未成年人的身份证明、监护人身份证明、监护关系证明和为了未成年人利益的保证书。

监护关系证明主要指：① 未成年人的出生医学证明；② 载明监护人的残疾人证书；③ 能反映未成年人与监护人间血缘关系的户口簿；④ 收养登记证明；⑤ 未成年人所在社区居民委员会或村民委员会指定监护人的证明；⑥ 确认监护关系的民事判决书等。

第三章 国有建设用地使用权及地上房屋所有权登记收件

为了未成年人的利益主要指出卖国有建设用地使用权及地上房屋所有权的所得用于未成年人的就学、就医、民事赔偿等。

（2）一般情形下，未成年人的父母是其共同监护人，共同履行监护职责，且不因父母婚姻关系的改变而改变，换言之，出卖未成年人名下的国有建设用地使用权及地上房屋所有权时，应当由其父母共同出具此举是为了未成年人利益的保证书，并共同代其申请转移登记。未成年人作为取得方申请因买卖产生的转移登记时，若父母作监护人的，亦应当由其共同代为申请登记。

（3）监护人单方履行监护职责时，该监护人应当提交其有资格单方履行监护职责的证明。该证明主要指：① 另一个监护人的死亡证明；② 另一个监护人失去民事行为能力或被剥夺监护人资格的生效的民事判决书；③ 另一个监护人委托其代为行使监护权的材料等。

（4）登记机构办理净的国有建设用地使用权买卖、作价出资（入股）产生的转移登记时，是否要求申请人提交"完成开发投资总额的百分之二十五以上"的证明？《城市房地产管理法》第三十九条第一款第（二）项规定，以出让方式取得土地使用权的，转让房地产时，应当按照出让合同约定进行投资开发，属于房屋建设工程的，完成开发投资总额的百分之二十五以上，属于成片开发土地的，形成工业用地或者其他建设用地条件。据此可知，转让出让取得的属于房屋建设工程用地的国有建设用地使用权的，须完成开发投资总额的百分之二十五以上。但是，在司法实务中，最高人民法院于2016年11月30日发布实施的《第八次全国法院民事商事审判工作会议（民事部分）纪要》第十三条规定，城市房地产管理法第三十九条第一款第（二）项规定并非效力性强制性规定，当事人仅以转让国有土地使用权未达到该项规定条件为由，请求确认转让合同无效的，不予支持。据此可知，当事人签订合同转让出让取得的属于房屋建设工程用地的国有建设用地使用权时，虽然未完成开发投资总额的百分之二十五，但产生诉讼时，人民法院不确认转让合同无效。换言之，申请人申请净的出让取得的国有建设用地使用权买卖转移登记时，尽管该国有建设用地属于房屋建设用地，也未完成开发投资总额的百分之二十五，但其提交的买卖合同仍然是有效的合同，登记机构应当用作登记的证明材料，可以据此办理因买卖净的国有建设用地使用权产生的转移登记。申言之，登记机构办理净的国有建设用地使用权买卖、作价出资（入股）产生的转移登记时，无须要求申请人提交"完成开发投资总额的百分之二十五以上"的证明。

（5）登记机构办理净的国有建设用地使用权因买卖、作价出资（入股）产生的转移登记时，是否要求申请人提交该地不是闲置土地的证明？《闲置土地处置办法》第二十四条规定，国有建设用地使用权人违反法律法规规定和合同约定、划拨决定书规定恶意囤地、炒地的，依照本办法规定处理完毕前，市、县国土资源主管部门不得受理该国有建设用地使用权人新的用地申请，不得办理被认定为闲置土地的转让、出租、抵押和变更登记。据此可知，被认定为闲置土地的净地才不得转让、出租、抵押，由此产生的登记，登记机构也不能办理。换言之，没有被认定为闲置土地的净地就可以转让、出租、抵押，由此产生的登记，登记机构就应当办理。因此，登记机构没有收到申请转移登记的土地被认定为闲置土地的公文，或相关当事人没有主动向登记机构提交申请转移登记的土地被认定为闲置土地的公文的，登记机构无须主动探究该土地是否是闲置土地，更不能主观臆断该土地是闲置土地。在申请人按法律、法规、规章和登记政策的规定，提交齐全转移登记申请材料后，登记机构就应当为其办理转移登记。因此，登记机构办理净的国有建设用地使用权买卖、作价出资（入股）产生的转移登记时，无须要求申请人提交该地不是闲置土地的证明。

（6）《房地产管理法》第四十条第二款规定，以划拨方式取得土地使用权的，转让房地产报批时，有批准权的人民政府按照国务院规定决定可以不办理土地使用权出让手续的，转让方应当按照国务院规定将转让房地产所获收益中的土地收益上缴国家或者作其他处理。据此可知，经县级以上人民政府批准，划拨的国有建设用地使用权及地上房屋所有权，可以维持划状态转让，此情形下，申请人应当提交县级以上人民政府同意维持划拨状态转让的批文，无须提交出让合同和土地出让金缴纳凭证。当然，也无须提交转让房地产所获收益中的土地收益上缴凭证。

（二）失去方为法人、非法人组织时，基于买卖合同、作价出资（入股）合同申请的转移登记收件

1. 登记申请书；
2. 申请人的身份证明；
3. 不动产权属证书；
4. 买卖合同或作价出资（入股）合同；
5. 县级以上人民政府同意转让或作价出资（入股）的批文；
6. 土地出让合同和土地出让金缴纳凭证；
7. 土地增值税、契税缴纳凭证；
8. 其他必要材料。

注：第 4 项材料中的买卖合同为商品房预售合同的，应当是经过房地产开

第三章　国有建设用地使用权及地上房屋所有权登记收件

发主管机关备案的商品房预售合同，但其中的作价出资（入股）合同不适用于失去方为机关法人的情形。第 5 项材料适用于划拨的国有建设用地使用权及地上房屋所有权买卖、作价出资（入股）的情形。第 6 项材料适用于划拨的国有建设用地使用权转出让的情形。

说明和理由：

特别说明：

《房地产管理法》第四十五条第二款规定，商品房预售人应当按照国家有关规定将预售合同报县级以上人民政府房产管理部门和土地管理部门登记备案。在不动产登记实务中，《不动产登记暂行条例实施细则》第三十八条第二款规定，不动产买卖合同依法应当备案的，申请人申请登记时须提交经备案的买卖合同。据此可知，商品房预售合同是法律规定的应当备案的不动产买卖合同，经过备案的商品房预售合同，申请人才可以向登记机构提交，作为申请预售商品房买卖转移登记的登记材料。据笔者查考，需要依法备案的不动产买卖合同，只有商品房预售合同。

1. 机关法人、事业单位法人、国有企业、国有独资公司作为失去方，申请基于买卖合同、作价出资（入股）合同申请的国有建设用地使用权及地上房屋所有权转移登记时，是否应当提交县级以上人民政府国有资产管理部门同意出卖或同意作价出资（入股）的证明？

（1）笔者曾经的认为。

① 机关法人。

机关法人是县级以上人民政府根据国家法律规定设立的从事行政管理活动的法人，属于人民政府行使行政职权的职能部门，其占有、使用的财产由人民政府配置或出资购买，人民政府配置或购买的资产，及由这些资产衍生的资产都属于当然的国有资产。《行政单位国有资产管理暂行办法》第八条规定，各级财政部门负责同级行政单位处置国有资产的审批工作。因此，机关法人（行政机关）占有、使用的资产需要处置的，须有同级财政部门同意处置的批文。故机关法人出卖国有建设用地使用权及地上房屋所有权的，应当提交县级以上人民政府财政部门同意出卖的证明。

现时的法律、法规、规章和政策没有规定机关法人可以利用国有不动产对外投资，因此，不存在机关法人以国有建设用地使用权及地上房屋所有权作价出资（入股）的情形。

② 事业单位法人。

《事业单位登记管理暂行条例》第二条规定，事业单位是由国家机关举办或其他组织利用国有资产举办的社会服务组织。因此，事业单位的资产是国有资产。《事业单位国有资产管理暂行办法》第六条规定，各级政府财政部门负责同级事业单位国有资产的处置审批工作。该办法第二十一条规定，事业单位利用国有资产对外投资、出租、出借和担保等应当进行必要的可行性论证，并提出申请，经主管部门审核同意后，报同级财政部门审批。据此可知，事业单位法人出卖国有建设用地使用权及地上房屋所有权或以国有建设用地使用权及地上房屋所有权作价出资（入股）的，须提交县级以上人民政府财政部门同意的证明。

③ 国有企业、国有独资公司。

《公司法》第六十五条规定，国有独资公司，是指国家单独出资、由国务院或者地方人民政府委托本级人民政府国有资产监督管理机构履行出资人职责的有限责任公司。《企业国有资产法》第三十五条规定，国家出资企业发行债券、投资等事项，有关法律、行政法规规定应当报经人民政府或者人民政府有关部门、机构批准、核准或者备案的，依照其规定。该法第五十三条规定，国有资产转让由履行出资人职责的机构决定。概言之，国有企业、国有独资公司出卖其名下的国有建设用地使用权及地上房屋所有权，或以其名下的国有建设用地使用权及地上房屋所有权作价出资（入股）的，须提交县级以上人民政府国有资产管理部门同意的证明。

在实际工作中，县级以上人民政府设立国有资产管理部门，名称为国有资产监督管理委员会、国有资产管理局或国有资产管理办公室，专门负责机关法人、事业单位法人、国有企业和国有独资公司的资产配置、管理与处分，故政府国有资产管理部门出具的同意出卖国有建设用地使用权及地上房屋所有权或同意以国有建设用地使用权及地上房屋所有权作价出资（入股）的证明，也是登记机构办理转移登记时的合法的登记收件。

（2）笔者现时的认为。

《民法典》第二百一十六条第一款规定，不动产登记簿是物权归属和内容的根据。据此可知，不动产物权的权利主体和权利内容，以不动产登记簿的记载为准。因此，如果登记簿上记载的不动产物权的权利人为机关法人、国有企业、国有独资公司或事业单位法人的，则此机关法人、国有企业、国有独资公司或事业单位法人就是具有法律意义的不动产物权的权利主体。机关法人、国有企业、国有独资公司或事业单位法人出卖登记在其名下的不动产，或以登记在其名下的不动产作价出资（入股）时，由该机关法人、国有企业、国有独资公司或事业单位法人作为失去方与取得方签订买卖合同、作价出资（入股）合同。按《民法典》第一百五十八条规定，民事法律行为可以附条件，但是根据其性

第三章 国有建设用地使用权及地上房屋所有权登记收件

质不得附条件的除外。附生效条件的民事法律行为，自条件成就时生效。按该法第一百六十条规定，民事法律行为可以附期限，但是根据其性质不得附期限的除外。附生效期限的民事法律行为，自期限届至时生效。按该法第四百九十条第一款规定，当事人采用合同书形式订立合同的，自当事人均签名、盖章或者按指印时合同成立。该法第五百零二条第一款规定，依法成立的合同，自成立时生效，但是法律另有规定或者当事人另有约定的除外。该法第五百九十五条规定，买卖合同是出卖人转移标的物的所有权于买受人，买受人支付价款的合同。据此可知，不动产买卖合同，是指登记簿上记载的权利人转移不动产的权利于买受人，由买受人向其支付价款的合同。作价出资（入股）合同，是指权利人与欲吸收股份的经济组织，参照现时的房地产市场价格，协商议定欲入股的国有建设用地使用权及地上房屋所有权价格，并就入股后该权利人占有的股份额及相应的权利义务达成一致而成立的合同。一般情形下，只要买卖合同、作价出资（入股）合同上有双方当事人签字或者盖章，而无约定生效的条件或期限的，则此合同就是已经生效的合同，登记机构可以直接用作登记的证据材料。前已述及的相关法律、行政法规和规章中关于机关法人、事业单位法人、国有企业法人、国有独资公司处分财产须履行审批程序的规定，是这些法律、行政法规和规章对机关法人、事业单位法人、国有企业法人、国有独资公司处分其财产的内部制约机制的规定，属于管理性规定，且现时的法律、行政法规和司法解释，没有将县级以上人民政府国有资产管理部门同意出卖或同意作价出资（入股）规定为机关法人、事业单位法人、国有企业法人、国有独资公司与他人签订的买卖合同、作价出资（入股）合同生效的前提。故若机关法人、事业单位法人、国有企业、国有独资公司以其名义与取得方签订的国有建设用地使用权及地上房屋所有权买卖合同、作价出资（入股）合同中，无约定生效的条件或期限的，登记机构可以直接用作登记的证据材料，无须要求申请人提交县级以上人民政府财政部门或国有资产管理部门同意出卖或同意作价出资（入股）的证明佐证买卖合同、作价出资（入股）合同的效力。

但是，现时的法律、法规、规章和政策仍然没有规定机关法人可以利用国有不动产对外投资，因此，不存在机关法人以国有建设用地使用权及地上房屋所有权作价出资（入股）的情形。

2. 股份制公司、有限责任公司、中外合资经营企业法人作为失去方，基于买卖合同、作价出资（入股）合同申请国有建设用地使用权及地上房屋所有权转移登记时，是否应当提交股东会、股东大会或董事会同意出卖或作价出资（入股）的证明？

（1）笔者曾经的认为。

按《公司法》第三十七条和第七十五条规定，股东会是有限责任公司的权力机构。有限责任公司主要资产转让由股东会决定。按该法第九十九条和第一百零五条规定，股东大会是股份制公司的权力机构。公司重大资产转让由股东大会决定。一般情形下，无论有限责任公司还是股份制公司，国有建设用地使用权及地上房屋所有权都是其主要或重大资产。如前所述，《城市房地产转让管理规定》第三条规定，房屋买卖和以房屋作价入股均属于房屋转让。因此，股东会、股东大会作出的同意公司出卖国有建设用地使用权及地上房屋所有权，或同意公司以国有建设用地使用权及地上房屋所有权作价出资（入股）的书面决定，是登记机构办理股份制公司、有限责任公司作为出卖人或投资人，与他人基于买卖合同或作价出资（入股）合同申请转移登记时必须收取的材料。

按《公司法》第四十七条和第一百零九条规定，董事会行使公司章程赋予的其他职权。在不动产登记实务中，作为出卖人或投资人的有限责任公司、股份制公司常常提交公司董事会同意出卖国有建设用地使用权及地上房屋所有权或同意以国有建设用地使用权及地上房屋所有权作价出资（入股）的决定作为办理转移登记的材料，公司董事会同意出卖或同意作价出资（入股）的决定可否作为申请转移登记的材料？

① 董事会同意国有建设用地使用权及地上房屋所有权买卖的决定。

《物权法》第十二条第二款规定，申请登记的不动产的有关情况需要进一步证明的，登记机构可以要求申请人补充材料，必要时可以实地查看。因此，登记人员可据此规定要求作为出卖人的公司提交该公司的章程，查验公司章程是否赋予其董事会处分资产的职权，如赋予了职权，则公司董事会同意出卖的决定可作为办理转移登记的收件。公司章程作为"其他必要材料"一并作为转移登记收件，与董事会同意出卖国有建设用地使用权及地上房屋所有权的决定组合，构成失去方有权处分的证明。否则，公司董事会同意出卖的决定不得用作登记材料。

② 董事会同意作价入股的决定。

《公司法》第十六条规定，公司向其他企业投资的，可以由董事会决议。质言之，董事会有权决定以公司名下的国有建设用地使用权及地上房屋所有权对外投资入股，换言之，公司董事会出具的同意以国有建设用使用权及地上房屋所有权作价出资（入股）的证明，登记机构可以直接用作登记材料。

综上所述，股东会、股东大会作出的同意出卖或同意作价出资（入股）的书面决定，登记机构可以直接作为转移登记收件。公司章程赋予其董事会转让资产的，公司章程和董事会同意出卖的决定共同作为转移登记收件，但公司董事会出具的同意作价出资（入股）的决定可直接用作登记材料。

第三章 国有建设用地使用权及地上房屋所有权登记收件

股东会、股东大会、董事会同意出卖或作价出资（入股）的书面决定的形式是会议记录：

① 有限责任公司的股东会和董事会会议记录。

《公司法》第四十一条规定，股东会应当对所议事项的决定作成会议记录，出席会议的股东应当在会议记录上签名。该法第四十八条规定，董事会应当对所议事项的决定作成会议记录，出席会议的董事应当在会议记录上签名。

② 股份制公司的股东会和董事会会议记录。

《公司法》第一百零七条规定，股东大会应当对所议事项的决定作成会议记录，由主持人和出席会议的董事签名。该法第一百一十二条规定，董事会应当对会议所议事项的决定作成会议记录，出席会议的董事应当在会议记录上签名。因此，在不动产登记实务中，申请人提交股东会、股东大会、董事会会议记录作为登记要件的，登记机构应当按《公司法》的要求核对会议记录上是否有股东、董事的签名，如果没有，则该会议记录不符合法律规定，违背登记要件的合法性原则，不得用作登记要件。为了确保会议记录的真实性，笔者认为，还应当要求申请人在会议记录上加盖申请人的法人公章或董事会公章。如果申请人以法人或法人的董事会的名义出具同意出卖或同意作价出资（入股）决定的，应当将其股东会、股东大会、董事会会议记录复印件作为该决定的附件一并作为登记收件。《中外合资经营企业法》第四条规定，合营企业的形式为有限责任公司。所以，中外合资经营企业因买卖合同或作价出资（入股）合同申请转移登记时，提交的登记材料与有限责任公司一致。

（2）笔者现时的认为。

《民法典》第二百一十六条第一款规定，不动产登记簿是物权归属和内容的根据。《公司法》第二条规定，公司是指依照本法在中国境内设立的有限责任公司和股份有限公司。该法第三条规定，公司是企业法人，有独立的法人财产，享有法人财产权。据此可知，有限责任公司和股份有限公司是享有独立财产权的企业法人，以权利人名义记载在登记簿上的有限责任公司和股份有限公司，就是相应的不动产物权的权利主体。按《民法典》第一百五十八条规定，民事法律行为可以附条件，但是根据其性质不得附条件的除外。附生效条件的民事法律行为，自条件成就时生效。按该法第一百六十条规定，民事法律行为可以附期限，但是根据其性质不得附期限的除外。附生效期限的民事法律行为，自期限届至时生效。按该法第四百九十条第一款规定，当事人采用合同书形式订立合同的，自当事人均签名、盖章或者按指印时合同成立。该法第五百零二条第一款规定，依法成立的合同，自成立时生效，但是法律另有规定或者当事人另有约定的除外。该法第五百九十五条规定,买卖合同是出卖人转移标的物的所有权于买受人,买受人支付价款的合同。据此可知,不动产买卖合同,是指登记簿上记载的权利人转移不动产的权利于买受人,由买受人向其支付价款的合同。作价出资(入股)合同,是指权利人与欲吸收股份的经济组织,参照现时的房地产市场价格,协商议定欲入股的国有建设用地使用权及地上房屋所有权价格,并就入股后该权利人占有的股份额及相应的权利义务达成一致而成立的合同。一般情形下,只要买卖合同、作价出资(入股)合同上有双方当事人签字或者盖章,而无约定生效的条件或期限的,则此合同就是已经生效的合同,登记机构可以直接用作登记的证据材料。如前所述,按《公司法》的相关规定,公司出卖国有建设用地使用权及地上房屋所有权,或以国有建设用地使用权及地上房屋所有权作价出资(入股),须取得股东会、股东代表会或董事会的同意,但笔者认为,这是法律对公司处分其财产的内部制约机制的规定,属于管理性规定,且现时的法律、行政法规和司法解释,没有将经公司股东会、股东代表会或董事会同意出卖或同意作价出资(入股)规定为公司与他人签订的买卖合同、作价出资(入股)合同生效的前提。故若公司以其名义与取得方签订的买卖合同、作价出资(入股)合同中,无约定生效的条件或期限的,登记机构可以直接用作登记的证据材料,无须要求申请人提交股东会、股东大会或董事会同意出卖或同意作价出资(入股)的证明佐证合同的效力。

3. 集体企业或集体经济组织作为失去方,基于买卖合同、作价出资(入股)合同申请国有建设用地使用权及地上房屋所有权转移登记时,城镇集体企业是否应当提交职工会或职工代表会同意出卖国有建设用地使用权及地上房屋所有权,或同意以国有建设用地使用权及地上房屋所有权作价出资(入股)的证明?乡村集体企业是否应当提交村民会议或村民代表会议同意出卖国有建设用地使用权及地上房屋所有权,或同意以国有建设用地使用权及地上房屋所有权作价出资(入股)的证明?

(1)笔者曾经的认为。

① 失去方为城镇集体企业时,应当提交职工会或职工代表会同意出卖国有建设用地使用权及地上房屋所有权,或同意以国有建设用地使用权及地上房屋所有权作价出资(入股)的证明。

《城镇集体所有制企业条例》第四条规定,城镇集体企业属于该集体企业或该集体企业联合经济组织范围内的劳动群众集体所有。质言之,集体所有权是集体组织的成员对依法属于集体所有的财产,共同享有占有、使用、处分和收

第三章 国有建设用地使用权及地上房屋所有权登记收件

益的权利①。换言之,集体与成员是不可分割的,集体所有不是全民所有,而应当是小范围内的公有,即应当为集体的成员共同享有所有权②。按《物权法》第九十七条规定,处分共有的不动产或者动产以及对共有的不动产或者动产作重大修缮的,应当经占份额三分之二以上的按份共有人或者全体共同共有人同意,但共有人之间另有约定的除外。质言之,处分共有财产应当由占份额三分之二以上的按份共有人或者全体共同共有人同意。集体企业处分国有建设用地使用权及地上房屋所有权亦然。概言之,法律和行政法规规定,城镇集体企业对其财产享有的是所有权之集体所有权。集体所有权是集体组织的成员对依法属于集体所有的财产,共同享有占有、使用、处分和收益的权利。《城镇集体所有制企业条例》第九条规定,职工大会或职工代表会是集体企业的权力机构。申言之,集体企业所有的财产的处分权,应当由集体企业的权力机构代全体集体企业成员行使,即由职工会或职工代表会代全体集体企业成员行使。因此,城镇集体企业出卖国有建设用地使用权及地上房屋所有权,或以国有建设用地使用权及地上房屋所有权作价出资(入股)申请转移登记时,须提交该集体企业职工会或职工代表会同意出卖或同意作价出资(入股)的证明,以确保买卖合同或作价出资(入股)合同合法、有效,从而确保申请的转移登记合法、有效。此证明属于《不动产登记规范(试行)》8.3.3 条之 7 规定的"法律、行政法规以及《实施细则》规定的其他材料"。

城镇集体企业职工会或职工代表会同意出卖或同意作价出资(入股)的证明,须有参会职工或职工代表的签名,且应当加盖集体企业的公章,以增强证明的真实性。

② 失去方为乡村集体企业时,应当提交村民会议或村民代表会议同意出卖国有建设用地使用权及地上房屋所有权,或同意以国有建设用地使用权及地上房屋所有权作价出资(入股)的证明。

乡村集体企业也存在享有国有建设用地使用权及地上房屋所有权的情形。

《物权法》第五十九条第一款规定,农民集体所有的不动产和动产,属于本集体成员集体所有。按该法第九十七条规定,处分共有的不动产或者动产以及对共有的不动产或者动产作重大修缮的,应当经占份额三分之二以上的按份共有人或者全体共同共有人同意,但共有人之间另有约定的除外。《乡村集体所有制企业条例》第十八条第一款规定,企业财产属于举办该企业的乡或者村范围内的全体农民集体所有,由乡或者村的农民大会(农民代表会议)代表全体

---

① 王利明:《物权法教程》,中国政法大学出版社 2003 年版,第 143 页。
② 王利明:《物权法教程》,中国政法大学出版社 2003 年版,第 143 页。

农民的集体经济组织行使企业财产的所有权。《村民委员会组织法》第二十四条规定，处分集体所有的财产，由村民会议或村民会议授权的村民代表会议决定。概言之，乡村集体企业、集体经济组织出卖国有建设用地使用权及地上房屋所有权，或以国有建设用地使用权及地上房屋所有权作价出资（入股）申请转移登记时，应当提交村民会议或村民代表会议同意出卖或同意作价出资（入股）的证明，但提交村民代表会同意出卖或同意作价出资（入股）的证明时，应当同时提交村民会议授权村民代表会议有权处分集体财产的证明。此证明也属于《不动产登记规范（试行）》8.3.3条之7规定的"法律、行政法规以及《实施细则》规定的其他材料"。

村民会议或村民代表会议同意出卖或同意作价出资（入股）的证明，以及村民会议授权村民代表会议有权处分集体财产的证明，都应当有参会村民或村民代表的签名，且应当加盖集体企业或集体经济组织的公章，以增强证明的真实性。

（2）笔者现时的认为。

《民法典》第二百一十六条第一款规定，不动产登记簿是物权归属和内容的根据。《城镇集体所有制企业条例》第六条规定，集体企业依法取得法人资格，以其全部财产独立承担民事责任。据此可知，城镇集体企业是享有独立财产权的企业法人，以权利人名义记载在登记簿上的城镇集体企业，就是相应的不动产物权的权利主体。

《民法典》第二百一十六条第一款规定，不动产登记簿是物权归属和内容的根据。该法第九十九条规定，农村集体经济组织依法取得法人资格。法律、行政法规对农村集体经济组织有规定的，依照其规定。《乡村集体所有制企业条例》第五条规定，国家保护乡村集体所有制企业的合法权益，禁止任何组织和个人侵犯其财产。据此可知，一般情形下，乡村集体企业是享有独立财产权的企业法人，以权利人名义记载在登记簿上的乡村集体企业，就是相应的不动产物权的权利主体。

按《民法典》第一百五十八条规定，民事法律行为可以附条件，但是根据其性质不得附条件的除外。附生效条件的民事法律行为，自条件成就时生效。按该法第一百六十条规定，民事法律行为可以附期限，但是根据其性质不得附期限的除外。附生效期限的民事法律行为，自期限届至时生效。按该法第四百九十条第一款规定，当事人采用合同书形式订立合同的，自当事人均签名、盖章或者按指印时合同成立。该法第五百零二条第一款规定，依法成立的合同，自成立时生效，但是法律另有规定或者当事人另有约定的除外。该法第五百九十五条规定，买卖合同是出卖人转移标的物的所有权于买受人，买受人支付价

第三章 国有建设用地使用权及地上房屋所有权登记收件

款的合同。据此可知，不动产买卖合同，是指登记簿上记载的权利人转移不动产的权利于买受人，由买受人向其支付价款的合同。作价出资（入股）合同，是指权利人与欲吸收股份的经济组织，参照现时的房地产市场价格，协商议定欲入股的国有建设用地使用权及地上房屋所有权价格，并就入股后该权利人占有的股份额及相应的权利义务达成一致而成立的合同。一般情形下，只要买卖合同、作价出资（入股）合同上有双方当事人签字或者盖章，而无约定生效的条件或期限的，则此合同就是已经生效的合同，登记机构可以直接用作登记的证据材料。如前所述的行政法规的相关规定，城镇集体企业、乡村集体企业出卖国有建设用地使用权及地上房屋所有权，或以国有建设用地使用权及地上房屋所有权作价出资（入股），须取得职工会或职工代表会、村民会议或村民代表会的同意，但笔者认为，这是行政法规对城镇集体企业、乡村集体企业处分其财产的内部制约机制的规定，属于管理性规定，且现时的法律、行政法规和司法解释，没有将经职工会或职工代表会、村民会议或村民代表会同意出卖或同意作价出资（入股）规定为城镇集体企业、乡村集体企业与他人签订的买卖合同、作价出资（入股）合同生效的前提。故若城镇集体企业、乡村集体企业以其名义与取得方签订的买卖合同、作价出资（入股）合同中，无约定生效的条件或期限的，登记机构可以直接用作登记的证据材料，无须要求申请人提交职工会或职工代表会、村民会议或村民代表会同意出卖或同意作价出资（入股）的证明佐证合同的效力。

4.个人独资企业作为失去方，基于买卖合同、作价出资（入股）合同申请转移登记时，是否提交投资人或投资人夫妻同意的证明？

在不动产登记实务中，个人独资企业基于买卖合同或作价出资（入股）合同申请国有建设用地使用权及地上房屋所有权转移登记时，有的登记机构认为投资人对其投资的个人独资企业的财产享有所有权，个人独资企业的财产即投资人个人的财产，于是将企业的投资人，甚至将投资人夫妻纳入申请人范围，要求该投资人或其夫妻在登记申请书上签名，以参与登记申请且提交同意买卖或同意作价出资（入股）的材料。笔者对此不敢苟同。

《个人独资企业法》第五条规定，国家保护个人独资企业的财产和其他权益。《民法典》第一百零二条第二款规定，非法人组织包括个人独资企业、合伙企业、不具有法人资格的专业服务机构等。质言之，个人独资企业是可以以企业的名义依法享有财产权利的非法人组织。《个人独资企业法》第十七条规定，个人独资企业投资人对本企业的财产依法享有所有权，其有关权利可以依法进行转让或继承。质言之，投资人对其投资的个人独资企业的全部财产享有所有权。

概言之，在对内法律关系上，投资人对其投资的个人独资企业享有所有权，但在对外法律关系上，个人独资企业作为民事主体，依法以企业名义与他人发生法律关系，并可以依法享有财产权利，即个人独资企业与其投资人属于平等的、不同的民事主体。不动产物权属于对世的公开的权利，应当适用对外法律关系。《民法典》第二百一十六条第一款规定，不动产登记簿是物权归属和内容的根据。据此可知，不动产物权的权利主体和权利内容，以不动产登记簿的记载为准。如果登记簿上记载的不动产物权的权利主体为个人独资企业的，则此个人独资企业就是具有法律意义的不动产物权的权利主体。因此，个人独资企业可以以其名义与取得方签订买卖合同、作价出资（入股）合同。故申请人申请因个人独资企业的国有建设用地使用权及地上房屋所有权买卖、作价出资（入股）产生的转移登记时，无须提交投资人或投资人夫妻同意该不动产出卖或以该不动产作价出资（入股）的证明，也无须要求投资人，或投资人夫妻提交身份证明及同意买卖或同意作价出资（入股）的材料。

5. 合伙制企业作为失去方，申请基于买卖合同、作价出资（入股）合同产生的国有建设用地使用权及地上房屋所有权转移登记时，是否应当提交全体合伙人同意出卖或同意作价出资（入股）的证明？

（1）笔者曾经的认为。

《合伙企业法》第三十一条规定，处分合伙企业的不动产，须经全体合伙人一致同意。质言之，合伙关系存续期间，合伙人对于合伙财产为共同共有[①]。即合伙企业财产归全体合伙人共同共有，处分时当然应当经全体合伙人同意，确保处分导致的财产转移合法。笔者认为，以国有建设用地使用权及地上房屋所有权作价出资（入股），本质上是对国有建设用地使用权及地上房屋所有权的处分，"处分合伙企业的不动产"应当包含以合伙企业的国有建设用地使用权及地上房屋所有权作价出资（入股）。因此，登记机构办理合伙企业因出卖国有建设用地使用权及地上房屋所有权，或以国有建设用地使用权及地上房屋所有权作价出资（入股）产生的转移登记时，全体合伙人同意的证明是必收要件。

（2）笔者现时的认为。

《民法典》第二百一十六条第一款规定，不动产登记簿是物权归属和内容的根据。《合伙企业法》第二十条规定，合伙人的出资、以合伙企业名义取得的收益和依法取得的其他财产，均为合伙企业的财产。《民法典》第一百零二条第二款规定，非法人组织包括个人独资企业、合伙企业、不具有法人资格的专

[①] 王利民：《民法学》，复旦大学出版社2004年版，第315页。

第三章 国有建设用地使用权及地上房屋所有权登记收件

业服务机构等。据此可知，合伙企业是享有独立财产权的非法人组织，以权利人名义记载在登记簿上的合伙企业，就是相应的不动产物权的权利主体。按《民法典》第一百五十八条规定，民事法律行为可以附条件，但是根据其性质不得附条件的除外。附生效条件的民事法律行为，自条件成就时生效。按该法第一百六十条规定，民事法律行为可以附期限，但是根据其性质不得附期限的除外。附生效期限的民事法律行为，自期限届至时生效。按该法第四百九十条第一款规定，当事人采用合同书形式订立合同的，自当事人均签名、盖章或者按指印时合同成立。该法第五百零二条第一款规定，依法成立的合同，自成立时生效，但是法律另有规定或者当事人另有约定的除外。该法第五百九十五条规定，买卖合同是出卖人转移标的物的所有权于买受人，买受人支付价款的合同。据此可知，不动产买卖合同，是指登记簿上记载的权利人转移不动产的权利于买受人，由买受人向其支付价款的合同。作价出资（入股）合同，是指权利人与欲吸收股份的经济组织，参照现时的房地产市场价格，协商议定欲入股的国有建设用地使用权及地上房屋所有权价格，并就入股后该权利人占有的股份额及相应的权利义务达成一致而成立的合同。一般情形下，只要买卖合同、作价出资（入股）合同上有双方当事人签字或者盖章，而无约定生效的条件或期限，则此合同就是已经生效的合同，登记机构可以直接用作登记的证据材料。如前所述，《合伙企业法》第三十一条规定，处分合伙企业的不动产，须经全体合伙人一致同意。笔者认为，这是法律对合伙制企业处分其财产的内部制约机制的规定，属于管理性规定，且现时的法律、行政法规和司法解释，没有将经全体合伙人一致同意规定为合伙制企业与他人签订的买卖合同、作价出资（入股）合同生效的前提。故若合伙企业以其名义与他人签订的买卖合同、作价出资（入股）合同中，无约定生效的条件或期限的，登记机构可以直接用作登记的证据材料，无须要求申请人提交全体合伙人一致同意出卖或同意作价出资（入股）的证明佐证合同的效力。

6. 外资企业作为失去方，申请基于买卖合同、作价出资（入股）合同产生的国有建设用地使用权及地上房屋所有权转移登记时，是否应当提交设立外资企业的审批机关或人民政府同意买卖、作价出资（入股）的证明和工商行政管理机关对该证明已经备案的证明？

（1）笔者曾经的认为。

《外资企业法实施细则》（国务院第301号令发布）第七条规定，外资企业的设立由国家对外贸易经济合作部，或国务院授权的省、自治区、直辖市和计划单列市、经济特区人民政府审批。该实施细则第二十三条规定，外资企业将其财产或者权益对外抵押、转让，须经审批机关批准并向工商行政管理机关备案。因此，外资企业出卖国有建设用地使用权及地上房屋所有权，应当得到批准其设立的机关或人民政府的同意，且向工商行政管理机关备案。至于向那级工商行政管理机关备案，法律、法规没有规定，笔者认为，应当向为其颁发营业执照的工商行政管理机关备案。所以，在不动产登记实务中，外资企业出卖国有建设用地使用权及地上房屋所有权，或者以国有建设用地使用权及地上房屋所有权作价出资（入股）申请转移登记时，设立外资企业的审批机关或人民政府同意出卖或同意作价出资（入股）的证明和工商行政管理机关对该证明已经备案的证明是应当提交的材料。工商行政管理机关可以在该证明上签署备案意见，并加盖工商行政管理机关印章或专门的备案专用章，也可以专门出具备案凭证。

（2）笔者现时的认为。

《民法典》第二百一十六条第一款规定，不动产登记簿是物权归属和内容的根据。《外资企业法》第八条规定，外资企业符合中国法律关于法人条件的规定的，依法取得中国法人资格。该法第二十一条规定，外资企业终止，应当及时公告，按照法定程序进行清算。在清算完结前，除为了执行清算外，外国投资者对企业财产不得处理。据此可知，外资企业是享有独立财产权的企业法人或非法人组织，以权利人名义记载在登记簿上的外资企业，就是相应的不动产物权的权利主体，登记簿上记载的权利人可以按自己的意思处分其享有的财产。按《民法典》第一百五十八条规定，民事法律行为可以附条件，但是根据其性质不得附条件的除外。附生效条件的民事法律行为，自条件成就时生效。按该法第一百六十条规定，民事法律行为可以附期限，但是根据其性质不得附期限的除外。附生效期限的民事法律行为，自期限届至时生效。按该法第四百九十条第一款规定，当事人采用合同书形式订立合同的，自当事人均签名、盖章或者按指印时合同成立。该法第五百零二条第一款规定，依法成立的合同，自成立时生效，但是法律另有规定或者当事人另有约定的除外。该法第五百九十五条规定，买卖合同是出卖人转移标的物的所有权于买受人，买受人支付价款的合同。据此可知，不动产买卖合同，是指登记簿上记载的权利人转移不动产的权利于买受人，由买受人向其支付价款的合同。作价出资（入股）合同，是指权利人与欲吸收股份的经济组织，参照现时的房地产市场价格，协商议定欲入股的国有建设用地使用权及地上房屋所有权价格，并就入股后该权利人占有的股份额及相应的权利义务达成一致而成立的合同。一般情形下，只要买卖合同、

第三章　国有建设用地使用权及地上房屋所有权登记收件

作价出资（入股）合同上有双方当事人签字或者盖章，而无约定生效的条件或期限，则此合同就是已经生效的合同，登记机构可以直接用作登记的证据材料。如前所述，《外资企业法实施细则》第二十三条规定，外资企业将其财产或者权益对外抵押、转让，须经审批机关批准并向工商行政管理机关备案。笔者认为，这是行政法规对外资企业处分其财产的制约机制的规定，属于管理性规定，且现时的法律、行政法规和司法解释，没有将须经审批机关批准并向工商行政管理机关备案规定为外资企业与他人签订的买卖合同、作价出资（入股）合同生效的前提。故若外资企业以其名义与他人签订的买卖合同、作价出资（入股）合同中，无约定生效的条件或期限的，登记机构可以直接用作登记的证据材料，无须要求申请人提交经审批机关批准并向工商行政管理机关备案的证明佐证买卖合同、作价出资（入股）合同的效力。

二、基于拍卖申请的转移登记收件

《拍卖法》第三条规定："拍卖是指以公开竞价的形式，将特定物品或者财产权利转让给最高应价者的买卖方式。"质言之，拍卖本质上是一种买卖行为，换言之，拍卖国有建设用地使用权及地上房屋所有权实质上是一种买卖行为，只是这种买卖行为不由买卖双方自由协商，而是在拍卖机构的主持下，由一个以上的买方通过公开竞价的方式完成，拍卖成功，国有建设用地使用权及地上房屋所有权归最高应价人，即买受人，最后由拍卖机构对完成的国有建设用地使用权及地上房屋所有权买卖行为予以确认。因此，买受人基于拍卖申请的国有建设用地使用权及地上房屋所有权登记属于转移登记。

在实际工作中，根据拍卖委托人的不同，拍卖的情形主要有：① 普通拍卖，即出卖人为普通的民事主体，由其委托合法经营的拍卖公司实施的拍卖；② 人民法院委托的拍卖，即人民法院委托合法经营的拍卖公司实施的拍卖；③ 行政机关委托的拍卖，即国家行政机关委托合法经营的拍卖公司实施的拍卖。在不动产登记实务中，因拍卖委托人不同，登记机构办理因拍卖申请的转移登记时，收取的登记材料亦不同。

（一）基于普通拍卖申请的转移登记收件

1. 登记申请书；
2. 申请人的身份证明；
3. 不动产权属证书；
4. 拍卖成交确认书；

5. 拍卖人的从业资格证明；
6. 拍卖人的身份证明；
7. 县级以上人民政府同意转让的批文；
8. 土地出让合同和土地出让金缴纳凭证；
9. 土地增值税、契税缴纳凭证；
10. 其他必要材料。

注：第 7 项材料适用于划拨的国有建设用地使用权及地上房屋所有权被拍卖的情形。第 8 项材料适用于划拨的国有建设用地使用权转出让的情形。

说明和理由：

1. 登记申请书

《拍卖法》第五十五条规定："拍卖标的需要依法办理证照变更、产权过户手续的，委托人、买受人应当持拍卖人出具的成交证明和有关材料，向有关行政管理机关办理手续。"《不动产登记暂行条例》第十四条第一款规定，因买卖、设定抵押权等申请不动产登记的，应当由当事人双方共同申请。据此可知，如前所述，普通的国有建设用地使用权及地上房屋所有权拍卖实质上是民事主体间的一种买卖行为，故因拍卖产生的转移登记，由失去方（出卖方）与取得方（买受方）共同申请，即转移登记申请书由失去方与取得方共同出具。登记申请书应当载明：权利的取得方与失去方；申请人的身份证明类型与号码；登记类型——转移登记；登记原因——拍卖；不动产单元号码；不动产权属证书号码；失去方原有的国有建设用地使用权及地上房屋所有权面积；取得方取得的国有建设用地使用权及地上房屋所有权面积等。

2. 拍卖成交确认书

拍卖成交确认书，是申请人申请因普通拍卖产生的转移登记的原因凭证。

普通的国有建设用过使用权及地上房屋所有权拍卖虽然是一种买卖，但也有别于民事主体间经过自由协商完成的买卖，经过自由协商完成的买卖，买卖双方签订国有建设用地使用权及地上房屋所有权买卖合同作为成交证据，即《房地产管理法》第四十一条规定"房地产转让，应当签订书面转让合同，合同中应当载明土地使用权取得的方式"。而普通的国有建设用地使用权及地上房屋所有权拍卖成交，则由实施拍卖的拍卖公司与买受人签订拍卖成交确认书作为成交证据，即《拍卖法》第五十二条规定"拍卖成交后，买受人和拍卖人应当签署成交确认书"，该法第五十五条规定"拍卖标的需要依法办理证照变更、产权过户手续的，委托人、买受人应当持拍卖人出具的成交证明和有关材料，

第三章　国有建设用地使用权及地上房屋所有权登记收件

向有关行政管理机关办理手续"。据此可知，拍卖成交确认书是因普通拍卖产生的国有建设用地使用权及地上房屋所有权转移的基础法律关系，是登记机构办理该类转移登记时应当收取的权源证据。

申请人申请基于普通拍卖产生的转移登记时，登记机构收取拍卖成交确认书后，无须再要求申请人提交买卖合同。

3. 拍卖人的从业资格证明

《拍卖法》第十一条规定，设立拍卖企业必须经所在地的省、自治区、直辖市人民政府负责管理拍卖业的部门审核许可。《行政许可法》第八十一条规定，公民、法人或者其他组织未经行政许可，擅自从事依法应当取得行政许可的活动的，行政机关应当依法采取措施予以制止，并依法给予行政处罚；构成犯罪的，依法追究刑事责任。据此可知，国家对拍卖企业开展拍卖业务实行市场准入制度，即只有取得政府拍卖主管部门的行政许可并颁发许可凭证后，才具有从事拍卖业务的资格。否则，属于应当受到惩处的违法行为。《不动产登记暂行条例》第二十二条第（一）项规定，登记申请违反法律、行政法规规定的，属于登记机构不予登记的情形。据此可知，申请登记的内容应当符合法律、行政法规的规定。因此，如果不具有从事拍卖业务资格的企业与买受人签署的拍卖成交确认书，因其基于应当受到惩处的违法行为产生，其上载明的欲申请转移登记的内容当然也不符合法律的规定，由此产生的登记，登记机构不得办理。因此，申请人申请因拍卖产生的转移登记时，拍卖人的从业资格证明是应当提交的材料。在实际工作中，拍卖人的从业资格证明主要指国家拍卖主管部门许可拍卖人从事拍卖业务的批准书或拍卖机构资格证书等。

4. 拍卖人的身份证明

《拍卖法》第十一条规定，拍卖机构取得拍卖管理部门的执业许可后，须向工商行政管理部门领取营业执照。据此可知，拍卖人有效的身份证明，主要指拍卖人的有效的营业执照。拍卖人有效的身份证明表明拍卖人已经依法成立，具有民事权利能力和民事行为能力，具备实施拍卖行为的资格，故拍卖人有效的身份证明也是拍卖企业与买受人签署的拍卖成交确认书符合法律规定的佐证材料，也是拍卖成交确认书上载明的欲申请转移登记的内容符合法律规定的佐证材料。因此，申请人申请因拍卖产生的转移登记时，拍卖人的身份证明是应当提交的材料。

5. 契税缴纳凭证

契税缴纳凭证，包括国有建设用地使用权由划拨转为出让时缴纳契税的凭证和国有建设用地使用权及地上房屋所有权拍卖成交后缴纳契税的凭证。

特别说明：

如前所述，拍卖机构的从业资格证明与身份证明分别由不同的行政机关管理、颁发。在实际工作中，存在拍卖机构因违反相关法律规定，被行政机关吊销从业资格证后，在营业执照被吊销前的时间段内违规执业的情形；也存在营业执照被吊销后，在从业资格证被吊销前违规执业的情形。拍卖机构违法从事拍卖活动，基于违法拍卖行为出具的拍卖成交确认书不符合法律的规定，登记机构不得用作登记的证据材料。故为了确保用作登记证据的拍卖成交确认书的合法性，从而维护登记内容的合法性、有效性、严肃性和权威性，登记机构办理基于普通拍卖申请的转移登记时，应当要求申请人同时提交拍卖机构有效的从业资格证明和身份证明。

（二）基于人民法院委托的拍卖申请、嘱托的转移登记收件

1. 登记申请书、协助执行通知书；
2. 申请人的身份证明、执行员的工作证和执行公务证；
3. 不动产权属证书或国有建设用地使用权及地上房屋所有权已经登记的证明；
4. 人民法院出具的拍卖成交裁定书；
5. 其他必要材料。

注：人民法院嘱托登记时，只收取第 1 项材料中的协助执行通知书、第 2 项材料中的执行员的工作证和执行公务证以及第 4 项材料。

说明和理由：

1. 登记申请书、协助执行通知书

（1）登记申请书。

《最高人民法院关于人民法院民事执行中拍卖、变卖财产的规定》（法释〔2004〕16号）第二十三条和第二十九条规定，人民法院委托拍卖企业拍卖成交的，人民法院应当作出裁定。不动产拍卖成交的，该不动产的所有权自裁定送达买受人时起转移。据此可知，买受人自收到不动产拍卖成交裁定书时起，无须登记即依法、及时享有该不动产的物权，属于《民法典》第二百二十九条规定的权利人基于人民法院生效的法律文书取得物权的情形。《不动产登记暂行条例》第十四条第二款第（三）项规定，人民法院、仲裁委员会生效的法律文书或者人民政府生效的决定等设立、变更、转让、消灭不动产权利的，可以由当事人单方申请登记。故因人民法院委托拍卖产生的转移登记，由取得方（买受人）单方申请，即转移登记申请书由取得方单方出具。登记申请书应当载明：

第三章 国有建设用地使用权及地上房屋所有权登记收件

权利的取得方与失去方;申请人的身份证明类型和号码;登记类型——转移登记;登记原因——司法裁决(拍卖);不动产单元号码;不动产权属证书号码;失去方原有的国有建设用地使用权及地上房屋所有权面积;取得方取得的国有建设用地使用权及地上房屋所有权面积等。

登记申请书载明的登记原因为司法裁决(拍卖),而不只是司法裁决或拍卖,理由:买受人通过人民法院委托的拍卖取得国有建设用地使用权及地上房屋所有权,须经过两个步骤。第一步是通过拍卖这种民事行为,建立以取得国有建设用地使用权及地上房屋所有权为目的的基础法律关系,即因拍卖建立以取得国有建设用地使用权及地上房屋所有权为目的的债权;第二步是在该债权基础上,拍卖委托人人民法院依法行使司法权确认买受人享有因拍卖取得的物权——国有建设用地使用权及地上房屋所有权。所以,登记申请书须载明登记原因为司法裁决(拍卖),以充分、清晰地显示转移登记原因。

(2)协助执行通知书。

协助执行通知书,是指人民法院向登记机构送达的要求其办理因拍卖产生的转移登记或过户手续的协助执行通知书。

2. 人民法院的拍卖成交裁定书

如前所述,人民法院的拍卖成交裁定书,是基于《最高人民法院关于人民法院民事执行中拍卖、变卖财产的规定》(法释〔2004〕16号)第二十三条的规定制作的,旨在确认拍卖行为合法有效,并使买受人因拍卖成交而即时取得拍卖标的物的物权。在不动产登记实务中,由人民法院出具的国有建设用地使用权及地上房屋所有权拍卖成交裁定书,是权利人享有国有建设用地使用权及地上房屋所有权的权利凭证,而非权源证据,是登记机构办理该类转移登记时当然的登记收件。

3. 国有建设用地使用权及地上房屋所有权已经登记的证明

国有建设用地使用权及地上房屋所有权已经登记的证明,主要指登记机构存档的欲转移的国有建设用地使用权及地上房屋所有权的登记材料复印件,或记载有欲转移的国有建设用地使用权及地上房屋所有权的登记簿打印件、复印(制)件等。

按《不动产登记暂行条例实施细则》第三十八条第一款第(一)项规定,不动产权属证书是申请人申请因买卖(拍卖)产生的转移登记时,应当向登记机构提交的材料。但是,人民法院委托的拍卖,属于强制性的拍卖,由于种种原因,申请人申请该类强制性的拍卖产生的转移登记时不能提交失去方名下的不动产权属证书的情形时有出现,此时,如果要求申请人(买受人)提交不动产权属证书，确实勉为其难，但规章做了规定，登记机构也应当遵守。

在人民法院委托拍卖国有建设用地及地上房屋产生的转移登记中，收取不动产权属证书：一是证明作为拍卖标的的国有建设用地使用权及地上房屋所有权已经记载在登记簿上，因拍卖申请转移登记的前提成立；二是转移登记被记载在登记簿上后，登记机构将基于登记簿的记载，向权利人颁发新的不动产权属证书，原失去方名下的不动产权属证书，由登记机构收回归档，以免流失社会造成负面影响。但证明申请转移登记的前提成立是最主要的目的。笔者认为，国有建设用地使用权及地上房屋所有权已经登记的证明也具有此证明效力，且基于人民法院委托拍卖产生的转移登记，不是权利人须以不动产权属证书表征权利存在而与他人为交易法律行为产生的登记。故申请基于人民法院委托拍卖产生的转移登记时，申请人不能提交不动产权属证书的，可以提交国有建设用地使用权及地上房屋所有权已经登记的证明代替之。《不动产登记暂行条例实施细则》第二十三条规定，因不动产权利灭失等情形，不动产登记机构需要收回不动产权属证书或者不动产登记证明的，应当在不动产登记簿上将收回不动产权属证书或者不动产登记证明的事项予以注明；确实无法收回的，应当在不动产登记机构门户网站或者当地公开发行的报刊上公告作废。因此，基于人民法院的拍卖成交裁定书申请的转移登记完成后，原不动产权属证书表征的权利消灭，未收回的不动产权属证书由登记机构在其门户网站或当地公开发行的报刊上公告作废，以免除或减轻其流失社会造成的负面影响。

特别说明：

（1）《最高人民法院关于人民法院民事执行中拍卖、变卖财产的规定》（法释〔2004〕16号）第三条规定，人民法院拍卖被执行人的财产，应当委托具有相应资质的拍卖机构进行，并对拍卖机构的拍卖进行监督。因此，拍卖机构是否依法设立，是否具备开展拍卖业务的资格均由作为委托人的人民法院负责审查，故登记收件中无须收取拍卖企业的从业资格证明和身份证明。

（2）人民法院的拍卖成交裁定书是取得方（买受人）依法享有拍卖取得的国有建设用地使用权及地上房屋所有权的权利凭证，即拍卖成交裁定书的效力完全覆盖了拍卖成交确认书的效力，故收件时无须再收取拍卖成交确认书。

（3）在不动产登记实务中，有时候，执行裁定书虽然确认了国有建设用地使用权及地上房屋所有权的归属，但该国有建设用地使用权及地上房屋所有权是基于有偿交易取得，如执行中，人民法院裁定登记在甲名下的国有建设用地使用权及地上房屋所有权抵债给乙。因此，申请人提交的确认国有建设用地使用权及地上房屋所有权归属的执行裁定书是基于买卖等交易原因时，是否提交契税缴纳证明？

笔者认为，申请人无须提交契税缴纳证明。《民法典》第二百二十九条规定，因人民法院、仲裁机构的法律文书或者人民政府的征收决定等，导致物权设立、变更、转让或者消灭的，自法律文书或者征收决定等生效时发生效力。据此可知，自人民法院、仲裁机构生效的确认国有建设用地使用权及地上房屋所有权归属的法律文书生效时起，权利人无须登记，即及时、依法取得该国有建设用地使用权及地上房屋所有权，生效的确认国有建设用地使用权及地上房屋所有权归属的法律文书，是权利人享有权利的凭证，不是权利来源的凭证，即不是权利人取得权利的原因。申请人申请将基于执行裁定书享有的国有建设用地使用权及地上房屋所有权记载在登记簿上，一是宣示自己的权利存在；二是为在此基础上产生的变更登记、转移登记、抵押权登记等后续的登记建立前提，以遵循不动产登记的连续登记原则。因此，申请人是凭其享有国有建设用地使用权及地上房屋所有权的权利凭证申请登记，不是凭其取得国有建设用地使用权及地上房屋所有权的买卖合同或协议等原因凭证申请登记，故无须提交契税缴纳证明。当然，若申请人凭其取得国有建设用地使用权及地上房屋所有权的买卖合同或协议等原因凭证申请登记时，应当同时提交契税缴纳凭证。另外，申请人申请登记时主动提交契税缴纳凭证的，登记机构应当收取。至于申请人是否履行纳税义务，由税务机关按相关规定核查。

（三）基于行政机关委托的拍卖申请、嘱托的转移登记收件

1. 登记申请书、嘱托文件；
2. 申请人的身份证明、嘱托文件送达人的工作身份证明及其居民身份证；
3. 行政机关制作的拍卖决定书；
4. 不动产权属证书或国有建设用地使用权及地上房屋所有权已经登记的证明；
5. 拍卖成交确认书；
6. 县级以上人民政府同意转让的批文；
7. 土地出让合同和土地出让金缴纳凭证；
8. 土地增值税、契税缴纳凭证；
10. 其他必要材料。

注：第 3 项材料适用于依申请启动的登记。第 6 项材料适用于划拨的国有建设用地使用权及地上房屋所有权被拍卖的情形。第 7 项材料适用于划拨的国有建设用地使用权转出让的情形。

说明和理由：

1. 登记申请书、嘱托文件

（1）登记申请书。

基于行政机关委托拍卖申请的转移登记，主要产生于税务机关拍卖国有建设用地及地上房屋抵税。按《税收征收管理法》第三十八条规定，对逃避纳税和逾期未纳税的纳税人，税务机关可以依法拍卖其财物充抵税款。如某企业欠税500万元，税务局依法拍卖登记在其名下的经营门市12间充抵税款。《抵税财物拍卖、变卖试行办法》第六条规定，税务机关拍卖纳税人的财物抵税，应当制作拍卖抵税财物决定书。据此可知：① 税务机关可以依法直接拍卖登记在纳税人名下的国有建设用地使用权及地上房屋所有权抵税，无须履行因没收产生的转移登记程序；② 税务机关依法直接拍卖登记在纳税人名下的国有建设用地使用权及地上房屋所有权抵税，系行使法律赋予的强制权干涉欠税人的不动产权利，即直接处分欠税人的不动产权利。因此，在税务机关委托拍卖产生的转移登记中，如果国有建设用地使用权及地上房屋所有权的权利人（欠税人）配合买受人申请转移登记时，登记申请书由权利的失去方与取得方共同出具。

登记申请书应当载明：权利的取得方与失去方；申请人的身份证明类型和号码；登记类型——转移登记；登记原因——拍卖（抵税等）；不动产单元号码；不动产权属证书号码；失去方原有的国有建设用地使用权及地上房屋所有权面积；取得方取得的国有建设用地使用权及地上房屋所有权面积等。

登记申请书载明的登记原因是拍卖（抵税等），而不是行政决定，理由：行政机关的拍卖决定书，是对行政相对人的国有建设用地使用权及地上房屋所有权实施拍卖的决定，不是对买受人基于拍卖取得的国有建设用地使用权及地上房屋所有权予以确认，故买受人取得的国有建设用地使用权及地上房屋所有权自记载于登记簿上时起才产生法律效力。质言之，虽然买受人是通过拍卖并经登记后取得国有建设用地使用权及地上房屋所有权，但此类拍卖有其行政目的，即抵税等，故登记申请书载明的转移登记原因是拍卖（抵税等），以充分、清晰地反映登记原因。

（2）嘱托文件。

嘱托文件，主要指税务机关向登记机构送达的要求办理因拍卖产生的转移登记或过户手续的通知等公文。

2. 嘱托文件送达人的工作身份证明及其居民身份证

嘱托文件送达人的工作身份证明及其居民身份证，主要指送达行政嘱托公文的人员的工作介绍信、该人员的居民身份证等。当然，嘱托文件通过党政网、政府信函交换站等公文发送途径送达登记机构的，登记机构无须收取嘱托文件送达人员的工作关系证明、身份证明，但需在登记簿附记中加注嘱托文件的取得途径，如党政网收取嘱托转移登记文件等。

3. 行政机关制作的拍卖决定书

按《抵税财物拍卖、变卖试行办法》第六条规定，税务机关拍卖纳税人的财物须制作拍卖抵税财物决定书，该决定书是税务机关强制拍卖纳税人国有建设用地使用权及地上房屋所有权的凭证，也是用作登记证据的拍卖成交确认书合法的佐证。

4. 国有建设用地使用权及地上房屋所有权已经登记的证明

国有建设用地使用权及地上房屋所有权已经登记的证明，主要指登记机构存档的欲转移的国有建设用地使用权及地上房屋所有权的登记材料复印件，或记载有欲转移的国有建设用地使用权及地上房屋所有权的登记簿打印件、复印（制）件等。

行政机关委托的拍卖，属于强制性的拍卖，由于种种原因，申请人申请该类强制性的拍卖产生的转移登记时，常常不能提交失去方名下的不动产权属证书，故若申请基于行政机关委托拍卖产生的转移登记，在申请人不能提交失去方名下的不动产权属证书时，可以提交国有建设用地使用权及地上房屋所有权已经登记的证明代替之。基于行政机关委托拍卖产生的转移登记完成后，未收回的不动产权属证书由登记机构在其门户网站或当地公开发行的报刊上公告作废，以免除或减轻其流失社会造成的负面影响。

特别说明：

（1）《税收征收管理法实施细则》第六十九条规定，抵税财物应当委托依法成立的拍卖机构拍卖。因此，拍卖企业是否依法设立，是否合法经营，由委托拍卖的税务机关负责审查，故登记收件中无须收取拍卖企业的从业资质证明和身份证明。

（2）有拍卖决定权的行政机关主要是税务机关，但也不仅限于税务机关，其他有拍卖决定权的行政机关委托拍卖成交后申请、嘱托的转移登记收件，与税务机关委托拍卖成交后申请、嘱托的转移登记收件一致。

三、基于婚姻关系申请的转移登记收件

婚姻关系是人们生活中最重要的亲属关系之一，从实体法的角度看，婚姻关系属于亲属法调整的范畴，但因婚姻关系的建立或解除，又常常关系到财产

的分配、归属，其中，最重要的是国有建设用地使用权及地上房屋所有权的分配、归属。当事人基于婚姻关系的建立或解除，约定国有建设用地使用权及地上房屋所有权的转移（归属），属于物权法和房地产法调整的范畴。因婚姻关系的建立或解除申请的转移登记是不动产登记中的常见类型。

在不动产登记实务中，基于婚姻关系申请转移登记的情形主要有：① 因婚姻关系的建立，即结婚，夫或妻将其婚前取得的国有建设用地使用权及地上房屋所有权约定为夫妻共有；② 将原来属于夫妻共有的国有建设用地使用权及地上房屋所有权约定为归其中一方单独所有；③ 因婚姻关系的解除，即离婚，将夫妻共有的国有建设用地使用权及地上房屋所有权约定归第三人所有。

按我国《民法典》规定，结婚实行行政登记发证制度；离婚，一是实行行政登记发证制度，二是实行诉讼裁判制度。

在不动产登记实务中，登记机构应当区别基于婚姻关系申请转移登记的情形，收取相应的登记材料。

（一）基于婚姻关系的建立，夫或妻将其婚前取得的国有建设用地使用权及地上房屋所有权约定属夫妻共有申请的转移登记收件

1. 登记申请书；
2. 申请人的身份证明；
3. 不动产权属证书；
4. 结婚证或结婚登记证明；
5. 约定国有建设用地使用权及地上房屋所有权属夫妻共有的协议（或合同）；
6. 县级以上人民政府同意转让的批文；
7. 土地出让合同和土地出让金缴纳凭证；
8. 土地增值税、契税缴纳或免征凭证；
9. 其他必要材料。

注：第 6 项材料适用于约定划拨的国有建设用地使用权及地上房屋所有权属夫妻共有的情形。第 7 项材料适用于划拨的国有建设用地使用权转为出让的情形。

说明和理由：

1. 登记申请书

在不动产登记实务中，按《不动产登记操作规范（试行）》9.3.1 条、9.3.2 条规定，基于合同或协议产生的国有建设用地使用权及地上房屋所有权转移登记，应当由当事人双方共同申请。因此，夫妻间基于协议（或合同）约定夫或

第三章 国有建设用地使用权及地上房屋所有权登记收件

妻婚前单独所有的国有建设用地使用权及地上房屋所有权属夫妻共有产生的转移登记，由夫妻双方共同申请，即登记申请书由夫妻双方共同出具。登记申请书应当载明：权利的取得方与失去方；申请人的身份证明类型和号码；登记类型——转移登记；登记原因——约定共有；不动产单元号码；不动产权属证书号码；约定共有的性质等。

如果约定共有的协议或合同是经过公证的，且载明国有建设用地使用权及地上房屋所有权转移登记由对方当事人申请的，申请书由协议或合同中载明的该当事人单方出具。

约定共有的性质为共同共有或按份共有。若约定为按份共有的，协议（或合同）中应当载明各共有人享有的份额。

2. 结婚证或结婚登记证明

结婚证或结婚登记证明，是申请人申请因婚姻关系的建立，夫或妻将其婚前取得的国有建设用地使用权及地上房屋所有权，约定为夫妻共有产生的转移登记的原因证明材料之一，也是转移登记申请人是否适格的证明。

《民法典》第一千零四十九条规定，要求结婚的男女双方应当亲自到婚姻登记机关申请结婚登记。符合本法规定的，予以登记，发给结婚证。完成结婚登记，即确立婚姻关系。未办理结婚登记的，应当补办登记。质言之，结婚证是夫妻关系依法建立的凭证。在现实生活中，有的夫妻遗失了结婚证，补办尚需时日，但又因种种原因需要及时办理国有建设用地使用权及地上房屋所有权转移登记的，可以提交婚姻登记机关出具的结婚登记证明，该证明在证明婚姻关系上与结婚证具有同等效力。

3. 约定国有建设用地使用权及地上房屋所有权为夫妻共有的协议（或合同）

按《民法典》第一千零六十五条规定，夫妻可以约定婚前财产归共同所有。约定应当采用书面形式。质言之，约定国有建设用地使用权及地上房屋所有权为夫妻共有的协议（或合同），是法定的必要材料，是夫妻一方婚前单独取得的国有建设用地使用权及地上房屋所有权因约定变动为夫妻共有的基础法律关系。夫妻将其中一方于婚前单独取得的国有建设用地使用权及地上房屋所有权依法约定为夫妻共有，不是对夫妻共有财产进行分配，而是其中一方将原来由其单独享有的国有建设用地使用权及地上房屋所有权，部分赠与或部分转让给另一方而形成的共有。因此，此约定实质上属于《不动产登记暂行条例实施细则》第三十八条第一款第（二）项规定的申请人申请转移登记时应当提交的买卖或赠与合同。

4. 土地增值税、契税缴纳或免征凭证

如前所述，夫妻将其中一方于婚前单独取得的国有建设用地使用权及地上房屋所有权依法约定为夫妻共有，不是对夫妻共有的国有建设用地使用权及地上房屋所有权进行分配，而属于配偶中的一方向对方配偶赠与或转让部分份额。按《契税暂行条例》第二条和第十一条的规定，契税缴纳证明是申请人申请因赠与或转让国有建设用地使用权及地上房屋所有权产生的转移登记时应当提交的材料（将于 2021 年 9 月 1 日起施行的《契税法》第二条和第十一条做了同样的规定）。故申请人申请将婚前单独所有的国有建设用地使用权及地上房屋所有权约定为夫妻共有产生的转移登记时，契税缴纳凭证是应当提交的材料。如果约定中载明夫或妻系有偿取得对方的部分国有建设用地使用权及地上房屋所有权的，则此情形视为转让，申请人应当按《土地增值税暂行条例》的规定，向登记机构提交土地增值税缴纳凭证。当然，有些地方在具体执行中，对夫妻将其中一方于婚前单独取得的国有建设用地使用权及地上房屋所有权依法约定为夫妻共有免征契税，若如此，申请人则应当提交契税免征凭证。但是，若申请转移登记的国有建设用地使用权经县级以上人民政府批准，由划拨转为出让的，申请人在提交因赠与或转让产生的契税缴纳或免征凭证的同时，还应当提交国有建设用地使用权因划拨转出让产生的契税缴纳凭证。

（二）将夫妻共有的国有建设用地使用权及地上房屋所有权约定为归其中一方单独享有申请的转移登记收件

1. 登记申请书；
2. 申请人的身份证明；
3. 不动产权属证书；
4. 结婚证、离婚证或婚姻状况证明；
5. 约定国有建设用地使用权及地上房屋所有权为夫或妻一方单独享有的协议（或合同）；
6. 其他必要材料。

说明和理由：

1. 登记申请书

将原来由夫妻共有的国有建设用地使用权及地上房屋所有权以协议（或合同）的方式约定为归夫妻中一方单独享有，系夫妻共同对其共有的财产作处分，因而申请的国有建设用地使用权及地上房屋所有权转移登记，由夫妻或原夫妻共同申请登记，即登记申请书由夫妻或原夫妻共同出具。

第三章 国有建设用地使用权及地上房屋所有权登记收件

如果约定单独所有的协议（或合同）是经过公证的，或经婚姻登记机关盖章确认其与存档的协议（或合同）一致的，且载明转移登记由对方当事人单方申请的，登记申请书由协议（或合同）中载明的该当事人单方出具。

申请人提交离婚民事调解书申请转移登记时，是取得方单方申请，还是取得方与失去方共同申请？

《民事诉讼法》第九十七条规定，调解达成协议，人民法院应当制作调解书。质言之，民事调解书本质上仍然是一种协议，是一种民事法律行为。通过协议或合同明确国有建设用地使用权及地上房屋所有权归属，反映的是当事人间的国有建设用地使用权及地上房屋所有权的流转关系，是一种动态的财产性权利，即合同债权或协议债权。债权人取得、实现这种债权的目的，就是要把动态的财产性权利转换成静态的财产性权利——国有建设用地使用权及地上房屋所有权，国有建设用地使用权及地上房屋所有权属于物权，但基于此情形取得的物权属于《民法典》第二百一十四条规定的记载于登记簿上时才生效的物权。要将该物权记载在登记簿上，须由债务人履行协助办理转移登记义务，将原属于债务人的国有建设用地使用权及地上房屋所有权转移登记到债权人名下后，债权人才能取得具有法律意义的国有建设用地使用权及地上房屋所有权。在司法实务中，《物权法司法解释（一）》第七条规定，人民法院在分割共有不动产等案件中作出并依法生效的改变原有物权关系的民事调解书，应当认定为物权法第二十八条所称导致物权设立、变更、转让或者消灭的人民法院的法律文书。该解释第二十二条规定，本解释自2016年3月1日起施行。质言之，最高人民法院根据法律赋予的权力对《物权法》第二十八条规定做了扩张解释，即自2016年3月1日起立案的，人民法院在分割共有不动产等案件中作出并依法生效的改变原有物权关系的民事调解书与相应的判决、裁定具有同等效力。因此，当事人持人民法院于2016年3月1日前立案产生的离婚民事调解书申请转移登记的，由原夫妻双方共同申请，即转移登记申请书由原夫妻双方出具。反之，转移登记申请书由权利取得人单方出具。

登记申请书应当载明：权利的取得方与失去方；申请人的身份证明类型和号码；登记类型——转移登记；登记原因——约定单独所有；不动产单元号码；不动产权属证书号码等。

2. 结婚证、离婚证或婚姻状况证明

在不动产登记实务中，常常遇到当事人持离婚证、离婚协议等材料申请国有建设用地使用权及地上房屋所有权归夫或妻一方单独所有产生的转移登记，但婚姻关系合法存在的夫妻持结婚证、夫妻财产约定等材料，申请将原来由夫妻共有的国有建设用地使用权及地上房屋所有权转移登记到另一方名下的情形也时有发生。因此，结婚证、离婚证或婚姻状况证明，是申请此类转移登记的原因证明材料之一，也是转移登记申请人是否适格的证明。

此处的婚姻状况证明主要指婚姻登记机关出具的结婚登记证明、离婚登记证明、生效的关于婚姻关系是否解除的民事调解书或民事判决书等。

3. 约定国有建设用地使用权及地上房屋所有权归夫或妻一方单独所有的协议（或合同）

按《民法典》第一千零六十五条规定，夫妻可以约定婚姻关系存续期间所得的财产归各自所有或部分各自所有。约定应当采用书面形式。按该法第一千零八十七条规定，离婚时，夫妻的共同财产由双方协议处理。据此可知，无论婚姻关系存续的夫妻或离婚的夫妻，都可以以书面协议（或合同）的方式，约定夫妻共有的国有建设用地使用权及地上房屋所有权归夫或妻一方单独所有，该协议（或合同）是法定的必要材料，也是夫妻共同处分其共有的国有建设用地使用权及地上房屋所有权的基础法律关系，又是申请此类转移登记的原因证明，其主要形式有夫妻财产协议（或合同）、离婚协议（或合同）、离婚民事调解书等。

如果申请人提交离婚民事调解书作为约定国有建设用地使用权及地上房屋所有权归属的协议（或合同）的，因民事调解书中有关于离婚和财产归属的内容，登记机构无须再要求申请人另行提交离婚证明。

特别说明：

不管婚姻关系是合法存在还是已经解除，由此产生的将夫妻共有的国有建设用地使用权及地上房屋所有权转移登记到其中一方名下，属于夫妻共同财产在夫妻间的一种分配，不属于《契税暂行条例》规定的应当缴纳契税的情形。在工作实务中，《国家税务总局关于离婚后房屋权属变化是否征收契税的批复》（国税函〔1999〕391号）规定"根据我国婚姻法的规定，夫妻共有房屋属共同共有财产。因夫妻财产分割而将原共有房屋产权归属一方，是房产共有权的变动而不是现行契税政策规定征税的房屋产权转移行为"（将于2021年9月1日起施行的《契税法》第六条第一款第（四）项规定，婚姻关系存续期间夫妻之间变更土地、房屋权属，属于免征契税的情形）。笔者据此认为，婚姻关系存续期间，将夫妻共有的国有建设用地使用权及地上房屋所有权转移登记到其中一方名下，也属于共有权的变动，同样适用该规定。所以，将夫妻共有的国有建设用地使用权及地上房屋所有权申请转移登记到其中一方名下的，申请人也无须提交契税缴纳证明。当然，这也不属于《土地增值税暂行条例》规定的应

第三章 国有建设用地使用权及地上房屋所有权登记收件

当缴纳土地增值税的情形,即申请人无须向登记机构提交土地增值税缴纳凭证。此类转移登记不属于转让、赠与等交易原因产生的转移登记。

(三)因婚姻关系的解除,将夫妻共有的国有建设用地使用权及地上房屋所有权约定归第三人所有申请的转移登记收件

1. 登记申请书;
2. 申请人的身份证明;
3. 不动产权属证书;
4. 离婚证或婚姻关系解除证明;
5. 约定国有建设用地使用权及地上房屋所有权归第三人的协议(或合同);
6. 县级以上人民政府同意转让的批文;
7. 土地出让合同和土地出让金缴纳凭证;
8. 土地增值税、契税缴纳或免征凭证;
9. 其他必要材料。

注:第 6 项材料适用于约定划拨的国有建设用地使用权及地上房屋所有权归第三人的情形。第 7 项材料适用于划拨的国有建设用地使用权转为出让的情形。

说明和理由:

1. 登记申请书

将夫妻共有的国有建设用地使用权及地上房屋所有权约定归第三人享有,属于夫妻共同处分其共有的财产。因夫妻约定共有的国有建设用地使用权及地上房屋所有权归第三人享有,不是在夫妻间分配共有财产,在第三人接受的前提下,如果第三人系有偿取得的,属于转让;如果第三人是无偿取得的,则属于赠与。但第三人若不接受,则该处分无效。故夫妻共有的国有建设用地使用权及地上房屋所有权约定归第三人享有产生的转移登记,由原夫妻为失去方、接受人为取得方共同申请,即登记申请书由取得方与失去方共同出具。登记申请书应当载明:权利的取得方与失去方;申请人的身份证明类型和号码;登记类型——转移登记;登记原因——转让(或赠与);不动产单元号码;不动产权属证书号码;转让(或赠与)前的国有建设用地使用权及地上房屋所有权面积;受让(或受赠与)取得的国有建设用地使用权及地上房屋所有权面积等。

如果约定国有建设用地使用权及地上房屋所有权归第三人享有的协议(或合同)是经过公证,或人民法院确认,或经婚姻登记机关盖章确认其与存档的协议(或合同)一致,且载明转移登记申请人的,转移登记申请书由协议(或合同)中载明的申请人出具。如经过公证的离婚协议载明:国有建设用地使用

权及地上房屋所有权过户转移登记手续由权利取得人自行办理。转移登记申请书由该权利取得人单方出具。

2. 婚姻关系解除证明

婚姻关系解除证明，主要指婚姻登记机关出具的离婚证或离婚登记证明、人民法院生效的解除婚姻关系的民事调解书或民事判决书等。

3. 约定国有建设用地使用权及地上房屋所有权归第三人享有的协议（或合同）

按《民法典》第一千零八十七条第一款规定，离婚时，夫妻的共同财产由双方协议处理。据此可知，离婚时，夫妻约定共有的国有建设用地使用权及地上房屋所有权归第三人享有于法有据。在不动产登记实务中，离婚协议中将夫妻共有的国有建设用地使用权及地上房屋所有权约定归子女享有的情形较常见，约定归父母或贫困兄弟姐妹享有的情形也有。在由此而申请的转移登记中，该约定是国有建设用地使用权及地上房屋所有权转移登记的原因证明。

如果申请人提交离婚的民事调解书作为约定国有建设用地使用权及地上房屋所有权归属的协议（或合同），因民事调解书中有关于离婚和财产归属的内容，登记机构无须要求申请人另行提交婚姻关系解除的证明。

4. 土地增值税、契税缴纳证明

如前所述，夫妻约定共有的国有建设用地使用权及地上房屋所有权归第三人享有，不是在夫妻间分配共有财产，应当视为夫妻对第三人的转让或赠与。按《契税暂行条例》第二条和第十一条规定，契税缴纳凭证是申请人申请赠与或转让国有建设用地使用权及地上房屋所有权产生的转移登记时应当提交的材料（按将于2021年9月1日起施行的《契税法》第一条和第二条第一款规定，转让或赠与土地使用权、房屋所有权属于缴纳契税的情形）。故契税缴纳凭证是登记机构办理因转让或赠与国有建设用地使用权及地上房屋所有权产生的转移登记的必收材料。如果第三人系有偿取得的，视为转让取得，申请人应当按《土地增值税暂行条例》的规定向登记机构提交土地增值税缴纳凭证。但是，若申请转移登记的国有建设用地使用权经县级以上人民政府批准，由划拨转为出让的，申请人在提交因赠与或转让原因产生的契税缴纳凭证的同时，还应当提交国有建设用地使用权因划拨转出让产生的契税缴纳凭证。

（四）基于生效的民事判决书解除婚姻关系并确认夫妻共有的国有建设用地使用权及地上房屋所有权归某人所有申请、嘱托的转移登记收件

1. 登记申请书、协助执行通知书；

第三章 国有建设用地使用权及地上房屋所有权登记收件

2. 申请人的身份证明、执行员的工作证及执行公务证；
3. 不动产权属证书或国有建设用地使用权及地上房屋所有权已经登记的证明；
4. 生效的民事判决书；
5. 其他必要材料。

注：人民法院嘱托登记时，只收取第 1 项材料中的协助执行通知书、第 2 项材料中的执行员的工作证和执行公务证以及第 4 项材料。

说明和理由：

1. 登记申请书、协助执行通知书

（1）登记申请书。

此类转移登记虽然是因婚姻关系解除申请的转移登记，但申请转移登记的国有建设用地使用权及地上房屋所有权经人民法院的生效判决书确认了归属，故自民事判决书生效时起，权利人无须登记即依法、及时享有该国有建设用地使用权及地上房屋所有权，属于《民法典》第二百二十九条规定的基于人民法院生效的法律文书取得物权的情形。在不动产登记实务中，《不动产登记暂行条例实施细则》第十九条第一款规定，当事人可以持人民法院、仲裁委员会的生效法律文书或者人民政府的生效决定单方申请不动产登记。故转移登记申请书由权利取得方单方出具。登记申请书应当载明：权利的取得方与失去方、申请人的身份证明类型和号码、登记类型——转移登记；登记原因——司法裁决；不动产单元号码；不动产权属证书号码；失去方原有的国有建设用地使用权及地上房屋所有权面积；取得方因裁决取得的国有建设用地使用权及地上房屋所有权面积等。

（2）协助执行通知书。

协助执行通知书，主要指人民法院向登记机构送达的要求其办理转移登记或过户手续的协助执行通知书。

2. 国有建设用地使用权及地上房屋所有权已经登记的证明

国有建设用地使用权及地上房屋所有权已经登记的证明，主要指登记机构存档的欲转移的国有建设用地使用权及地上房屋所有权的登记材料复印件（适用于登记簿制度建立前核发的国有土地使用权证、房屋所有权证不能提交的情形）或载明欲转移的国有建设用地使用权及地上房屋所有权的登记簿打印件、复印（制）件等。

人民法院以判决的方式解除当事人的婚姻关系并确认原夫妻共同财产的归属，是在当事人不同意协商、调解的前提下作出的具有强制力的决断行为。

在基于人民法院生效的判决书申请、嘱托的转移登记中，由于种种原因，申请人不能提交不动产权属证书的情形时有出现，笔者认为，申请人可以提交国有建设用地使用权及地上房屋所有权已经登记的证明代替之。基于生效的民事判决书申请的转移登记完成后，未收回的不动产权属证书由登记机构在其门户网站或当地公开发行的报刊上公告作废，以免除或减轻其流失社会造成的负面影响。

3. 生效的民事判决书

生效的民事判决书系指人民法院制作的已经发生法律效力的，解除婚姻关系并确认夫妻共有的国有建设用地使用权及地上房屋所有权属某人的判决书。它既是当事人婚姻关系解除的证明，也是申请人享有国有建设用地使用权及地上房屋所有权的权利凭证。生效的民事判决书主要指当事人逾期未上诉的初审判决书、终审判决书、最高人民法院出具的判决书。

申请人提交初审判决书作为登记材料的，应当附初审人民法院出具的该判决书已经生效的证明。

四、基于继承、受遗赠申请的转移登记收件

继承，是指自然人死亡时，其法律规定范围内的亲属，基于法律的规定或死者生前立的合法、有效的遗嘱指定，取得死者遗留的合法财产的行为。死者遗留的合法财产，叫遗产；遗留遗产且该遗产权利因继承转移给他人的死者，叫被继承人；依法取得被继承人遗产的人，叫继承人。按《民法典》规定，继承分为法定继承和遗嘱继承。除此之外，《民法典》还规定了遗赠，即该法第一千一百三十三条第三款规定，自然人可以立遗嘱将个人财产赠与国家、集体或者法定继承人以外的组织、个人。

《民法典》第二百三十条规定，因继承取得物权的，自继承开始时发生效力。该法第一千一百二十一条第一款规定，继承从被继承人死亡时开始。该法第一千一百二十三条规定，继承开始后，按照法定继承办理；有遗嘱的，按照遗嘱继承或者遗赠办理；有遗赠扶养协议的，按照协议办理。概言之，一般情形下，自被继承人死亡时起，继承人无须登记即依法、及时取得被继承的国有建设用地使用权及地上房屋所有权。但遗赠属于法律行为中的死因行为，受遗赠人取得的不动产，按《民法典》第二百一十四条规定，自记载于登记簿上时起生效。在不动产登记实务中，按《不动产登记暂行条例实施细则》第二十七条第（五）项规定，继承和受遗赠产生的国有建设用地使用权及地上房屋所有权登记均属于转移登记。换言之，因继承、受遗赠申请的转移登记，是申请人申请将其因

第三章　国有建设用地使用权及地上房屋所有权登记收件

继承、受遗赠取得的国有建设用地使用权及地上房屋所有权，从登记簿上的被继承人或遗赠人名下转移登记到自己名下。

因继承或受遗赠申请转移登记的情形有法定继承、遗嘱继承、受遗赠等，登记机构办理转移登记时应当区别情形收取登记材料。

按《不动产登记暂行条例》第十四条第二款第（二）项规定，因继承、受遗赠产生的不动产登记，可以由取得方（继承人或受遗赠人）单方申请。因此，继承、受遗赠产生的国有建设用地使用权及地上房屋所有权转移登记，登记申请书由取得方（继承人或受遗赠人）单方出具。

（一）因继承申请的转移登记收件

1. 登记申请书；
2. 申请人的身份证明；
3. 不动产权属证书或国有建设用地使用权及地上房屋所有权已经登记的证明；
4. 继承证明材料；
5. 被继承人的死亡证明书；
6. 其他必要材料。

注：第 4 项材料中，继承人提交的继承证明材料为继承权公证书时，无须提交第 5 项材料。

说明和理由：

1. 登记申请书

登记申请书应当载明：权利的取得方与失去方；申请人的身份证明类型和号码；登记类型——转移登记；登记原因——法定继承（或遗嘱继承）；不动产单元号码；不动产权属证书号码；被继承的国有建设用地使用权及地上房屋所有权原有面积；继承取得的国有建设用地使用权及地上房屋所有权面积等。

在不动产登记实务中，一处国有建设用地使用权及地上房屋所有权由两个以上的继承人分别继承的情形常有出现，在满足不动产单元要求时，各继承人分别按自己继承的不动产单元、面积申请转移登记。如一被继承房屋，系四层的综合楼一栋，两个继承人分别继承其中的两层，继承后各自按层、按建筑面积申请将房屋所有权及相应的国有建设用地使用权登记到自己名下，故登记申请书须载明被继承的国有建设用地使用权及地上房屋所有权原有面积和继承取得的国有建设用地使用权及地上房屋所有权面积。

2. 国有建设用地使用权及地上房屋所有权已经登记的证明

国有建设用地使用权及地上房屋所有权已经登记的证明，主要指登记机构存档的被继承的国有建设用地使用权及地上房屋所有权的登记材料复印件（适用于登记簿制度建立前核发的国有土地使用权证、房屋所有权证不能提交的情形）或载明被继承的国有建设用地使用权及地上房屋所有权的登记簿打印件、复印（制）件等。

按《不动产登记暂行条例实施细则》第三十八条第一款第（一）项规定，申请人申请转移登记时，不动产权属证书是应当提交的材料。要求申请人提交被继承人名下的不动产权属证书：一是证明被继承人的国有建设用地使用权及地上房屋所有权已经记载在登记簿上，有合法的国有建设用地使用权及地上房屋所有权供继承人继承，申请继承转移登记的前提成立；二是继承转移登记被记载在登记簿上后，登记机构将基于登记簿的记载向权利人（继承人）核发新的不动产权属证书，原被继承人名下的不动产权属证书由登记机构收回归档，以免流失社会造成负面影响。其中，证明申请继承转移登记的前提成立是最主要的目的。

在实际生活中，由于种种原因，继承开始后，被继承人名下的不动产权属证书不知所终的情形时有发生。《民法典》第二百一十一条规定，当事人申请登记，应当根据不同登记事项提供权属证明和不动产界址、面积等必要材料。据此可以对申请人申请继承转移登记时应当提交的"不动产权属证书"作扩张理解，即将其理解成国有建设用地使用权及地上房屋所有权已经登记的证明。如前所述，收取被继承人名下的不动产权属证书，主要作用是证明申请继承转移登记的前提成立。笔者认为，被继承的国有建设用地使用权及地上房屋所有权已经登记的证明也具有这个作用。若如此，继承人可凭国有建设用地使用权及地上房屋所有权已经登记的证明申请转移登记，既方便申请人办事，又不违反法律规定。至于未收回的不动产权属证书，在继承转移登记完成后，由登记机构在其门户网站或当地公开发行的报刊上公告作废，以免除或减轻其流失社会造成的负面影响。

在司法实务中，终审法院广东省佛山市中级人民法院在审理"崔甲上诉某房产管理局房屋行政登记一案"时认为"被上诉人根据原审第三人崔乙提交的房地产权登记申请书、公证书、刊登有遗失产权证声明的报纸、国有土地使用证、申请人身份证明等材料，认定崔乙为某市某路某房的合法继承人，并为崔乙核发房地产权证，属认定事实清楚，证据充分，应予维持"，遂作出维持原审法院维持某房产管理局房屋登记的判决的判决[①]。本案中，人民法院的认为和

---

① 广东省佛山市中级人民法院："崔甲上诉某房产管理局房屋行政登记一案"，http://www.exam8.com/，访问时间：2017年12月14日。

判决表明，申请人申请继承产生的房屋转移登记时，无法提交房屋所有权证的，可以凭房屋所有权已经登记的证明（本案中该证明为登有遗失产权证声明的报纸[①]）替代之。

3. 继承证明材料

在不动产登记实务中，申请人提交的继承证明材料一般有四种：一是继承权公证书；二是经过公证的遗嘱；三是未经公证的依法定继承程序享有继承权的证明；四是未经公证的遗嘱。

（1）继承权公证书。

继承权公证书适用于因法定继承产生的国有建设用地使用权及地上房屋所有权转移登记。

继承权公证书，是指由国家公证机构制作的证明法定继承人依法享有国有建设用地使用权及地上房屋所有权的继承权的书面凭证。继承权公证书是继承人继承国有建设用地使用权及地上房屋所有权的权源证据。继承权公证书不同于继承权见证书。继承权见证书是指由律师事务所或法律服务所制作的证明法定继承人依法享有继承权的书面凭证。律师事务所或法律服务所是从事诉讼和非诉讼法律服务的民事主体，它们制作的见证书相似于同为民事主体的自然人出具的书面证言，是以民事主体自身的信誉为见证书上载明的内容的合法性、真实性、有效性作保证。而法定的公证机构出具的公证书是以国家的信誉为公证书上载明的内容的合法性、真实性、有效性作保证，具有高于见证书的效力，因此，不动产登记实务中不宜收取继承权见证书作为登记证据。

（2）经过公证的遗嘱。

经过公证的遗嘱适用于因遗嘱继承产生的国有建设用地使用权及地上房屋所有权转移登记。

按《民法典》第一千一百三十三条第一款和第二款规定，被继承人可以通过立遗嘱的方式处分自己的财产并可以指定财产继承人。质言之，被继承人可以立遗嘱指定自己遗留的财产继承人，换言之，遗嘱是继承人享有继承权的证明材料。经过公证的遗嘱，是指国家公证机构制作的记录立遗嘱人处分自己财产、指定自己财产继承人的文书。它是继承人继承国有建设用地使用权及地上

[①] 据笔者调查，有很多城市，当事人欲登报声明不动产权属证书遗失作废，须持有登记机构出具的载明不动产权属证书号码的证明，或是登记簿打印件、复印（制）件，否则，报社不予受理。据此可知，登记机构在出具证明时，已经查阅登记档案核实欲登报声明作废的不动产权属证书表征的国有建设用地使用权及地上房屋所有权已经依法登记。故此类刊载有不动产权属证书遗失作废声明的报纸，也可以作国有建设用地使用权及地上房屋所有权已经登记的证明使用。

房屋所有权的权源证据。

（3）未经公证的依法定继承程序享有继承权的证明。

《公证法》第二条规定，公证是公证机构根据自然人、法人或者其他组织的申请，依照法定程序对民事法律行为、有法律意义的事实和文书的真实性、合法性予以证明的活动。质言之，公证依当事人的申请启动，即公证是当事人自愿的，不是强制性的。申言之，在不动产登记实务中，登记机构不得强制要求申请人提交经过公证的继承证明材料，即申请人提交未经公证的依法定继承程序享有继承权的证明，登记机构也应当采用。

根据《不动产登记操作规范（试行）》1.8.6.1条规定，申请人应当同时提交以下材料组合成未经公证的依法定继承程序享有继承权的证明：

① 继承人与被继承人之间的亲属关系证明，主要形式有三：一是户口簿、婚姻证明、收养证明或出生医学证明；二是公安机关以及被继承人所在村委会或居委会、被继承人或继承人所在单位出具的证明材料；三是其他能够证明相关亲属关系的材料等。申请人只提交其中之一。但是，按民政部等六部门联合出台的《关于改进和规范基层群众性自治组织出具证明工作的指导意见》（民发〔2020〕20号）和公安部等十二部门联合出台的《关于改进和规范公安派出所出具证明工作的意见》（公通字〔2016〕21号）文件规定，公安派出所和社区居民委员会均不再出具亲属关系证明，在申请人不能提交户口簿、婚姻证明、收养证明、出生医学证明作为亲属关系证明的情形下，还可以提交什么样的材料作亲属关系证明？

笔者认为，申请人可以自己书写的继承人与被继承人的关系说明，其中载明被继承人姓名、全部继承人姓名及其与被继承人的关系、继承人是放弃继承还是接受继承等信息，该说明上须由两个以上继承人之外的人签名证明属实。申请人可以提交自己书写的继承人与被继承人的关系说明并附上在上面签名证明属实的证人的身份证明作为其申请继承转移登记的亲属关系证明。

按《不动产登记操作规范（试行）》1.8.6.5条规定，登记机构办理申请人凭公证的材料或者生效的法律文书之外的材料申请的继承转移登记时，须将继承转移登记事项在不动产登记机构门户网站进行公示，公示期不少于15个工作日。公示期满无异议的，将申请登记事项记载于不动产登记簿。据此可知，登记机构收取申请人提交自己书写的继承人与被继承人的关系说明后，可以通过公示程序查明该说明的真实性，也通过该公示程序证明自己尽到了力所能及（合理审慎）的查验职责。

② 登记机构的登记人员签字见证的其他继承人放弃继承权的材料。

③ 申请人享有继承权的声明或说明。

（4）未经公证的遗嘱。

① 自书遗嘱。

自书遗嘱是指自然人死亡前亲笔书写的遗嘱。《民法典》第一千一百三十四条规定，自书遗嘱由遗嘱人亲笔书写，签名，注明年、月、日。质言之，自书遗嘱必须由立遗嘱人亲笔书写遗嘱的全部内容。自书遗嘱既不能由他人代笔也不能用打印或印刷方式，只能由遗嘱人自己用笔将其意思记录下来[①]。

② 代书遗嘱。

代书遗嘱，是指由他人代立遗嘱人书写并经立遗嘱人签名的遗嘱。《民法典》第一千一百三十五条规定，代书遗嘱应当有两个以上见证人在场见证，由其中一人代书，并由遗嘱人、代书人和其他见证人签名，注明年、月、日。据此可知，立遗嘱时，须有两个以上的见证人在场见证，由其中的一个见证人代为书写遗嘱，且代书人、见证人、遗嘱人应当在立遗嘱完毕时同时签名。代书遗嘱的见证人须具有完全民事行为能力且与继承人及遗产分割无利害关系。

③ 打印遗嘱。

《民法典》第一千一百三十六条规定，打印遗嘱应当有两个以上见证人在场见证。遗嘱人和见证人应当在遗嘱每一页签名，注明年、月、日。据此可知，须有两个以上的见证人在场的情形下，才可以打印遗嘱，且打印出来的遗嘱的每一页上面，须同时具备遗嘱人和见证人的签名及其各自注明的年、月、日。遗嘱打印时，应当认真校核，避免打印错误，确保遗嘱的打印质量。打印遗嘱的见证人须是具有完全民事行为能力人且与遗嘱中指定的继承人无利害关系。

4. 被继承人的死亡证明书

死亡证明书，是指由相关机构依法出具的自然人因失去生命而不在人世的证明。在不动产登记实务中，死亡证明书主要有：① 公安派出所出具的因死亡注销户籍的证明；② 公安部门在刑事、交通等案件处理中出具的死亡证明；③ 应急管理部门或其消防机构在消防案件处理中出具的死亡证明；④ 人民法院宣告死亡的判决书；⑤ 殡仪馆出具的遗体火化证明；⑥ 医院出具的医学死亡证明等。

死亡证明书是继承是否开始的前提，被继承人不死亡，继承不开始，故死亡证明书是登记机构办理因继承产生的国有建设用地使用权及地上房屋所有权转移登记时的必收要件。但是，申请人提交继承权公证书作为继承证明材料时，因公证机构已经先行查明被继承人的死亡情况、其他继承人放弃继

---

① 梁慧星：《中国民法典草案建议稿附理由：侵权行为编·继承编》，法律出版社 2004 年版，第 189 页。

承权等情况后才出具该继承权公证书,故申请人提交继承权公证书作为继承证明材料的,无须再提交被继承人的死亡证明书和其他继承人放弃继承权的证明材料等。

特别说明:

在不动产登记实务中,常常有买受人持被继承人生前与其签订的国有建设用地使用权及地上房屋所有权买卖合同、被继承人的身份证复印件等材料申请因买卖产生的转移登记。笔者认为,基于此情形申请的买卖转移登记,登记机构不能办理。理由:《民法典》第二百一十五条规定,当事人之间订立有关设立、变更、转让和消灭不动产物权的合同,除法律另有规定或者当事人另有约定外,自合同成立时生效;未办理物权登记的,不影响合同效力。质言之,《民法典》的本条规定对物权和债权做了严格区分。买受人与被继承人生前签订的国有建设用地使用权及地上房屋所有权买卖合同,只证明该买受人取得了买卖国有建设用地使用权及地上房屋所有权的合同债权,此债权目的未实现,即没有经过转移登记而转化为物权——国有建设用地使用权及地上房屋所有权。《民法典》第二百一十六条第一款规定,不动产登记簿是物权归属和内容的根据。该法第二百三十条规定,因继承取得物权的,自继承开始时发生效力。据此可知,买卖产生的转移登记未完成,但出卖人已经死亡,登记簿和不动产权属证书上记载的权利人仍然是已经死亡的被继承人,故自被继承人死亡时起,登记在被继承人名下的国有建设用地使用权及地上房屋所有权成为遗产,继承人因继承无须登记即已经依法取得被继承人名下的国有建设用地使用权及地上房屋所有权。因此,买受人欲取得该国有建设用地使用权及地上房屋所有权,一是在继承人的配合下,由继承人办理因继承产生的转移登记后,重新与买受人签订买卖合同,再共同申请因买卖产生的转移登记;二是若继承人不配合,买受人可凭其与被继承人签订的买卖合同,将全部继承人作为被告,向人民法院提起确认产权之诉讼,凭人民法院生效的确认权属的判决书申请登记。

(二)因受遗赠申请的转移登记收件

1. 登记申请书;

2. 申请人的身份证明;

3. 不动产权属证书或国有建设用地使用权及地上房屋所有权已经登记的证明;

4. 遗赠证明材料;

5. 遗赠人的死亡证明书;

6. 契税缴纳凭证；

7. 其他必要材料。

说明和理由：

1. 登记申请书

登记申请书应当载明：权利的取得方与失去方；申请人的身份证明类型和号码；登记类型——转移登记；登记原因——受遗赠；不动产单元号码；不动产权属证书号码；国有建设用地使用权及地上房屋所有权原有面积；受遗赠取得的国有建设用地使用权及地上房屋所有权面积等。

2. 遗赠证明材料

《民法典》第一千一百三十三条第三款规定，自然人可以立遗嘱将个人财产赠与国家、集体或者法定继承人以外的组织、个人。该法第一千一百五十八条规定，自然人可以与继承人以外的组织或者个人签订遗赠扶养协议。按照协议，该组织或者个人承担该自然人生养死葬的义务，享有受遗赠的权利。据此可知，遗赠证明材料以遗赠遗嘱或遗赠扶养协议的方式体现。遗赠证明材料是受遗赠人取得国有建设用地使用权及地上房屋所有权的权源证据。在不动产登记实务中，申请人提交的遗赠证明材料，一是经过公证的遗赠遗嘱或遗赠扶养协议；二是未经过公证的遗赠遗嘱或遗赠扶养协议。

（1）经过公证的遗赠遗嘱或遗赠扶养协议。

经过公证的遗赠遗嘱，是指由国家公证机构制作的记载遗赠人决定在其死亡后将他的财产赠与国家、集体或法定继承人以外的人的遗嘱。

经过公证的遗赠扶养协议，是指由国家公证机构制作的记载遗赠人与继承人以外的人、组织签订的，载明由该人或该组织承担其生养死葬的义务，但在其死亡后将他的财产赠与该人或该组织的协议。

在不动产登记实务中，如果申请人仅持遗赠遗嘱公证书申请受遗赠产生的转移登记时，笔者认为，申请人申请遗赠转移登记的行为已经表明其接受遗赠，此行为与遗赠公证书组合，形成遗赠和接受遗赠的意思表示，遗赠关系成立，登记机构无须要求申请人另行提交接受遗赠的证明。

（2）未经过公证的遗赠遗嘱或遗赠扶养协议。

根据《不动产登记操作规范（试行）》1.8.6.1 条规定，申请人应当同时提交以下材料组合成未经过公证的遗赠证明材料：① 受遗赠人不是继承人的证明，此证明可由公安机关、遗赠人所在村委会或居委会、遗赠人或受遗赠人所在单位出具；② 遗赠遗嘱或遗赠扶养协议。

3. 遗赠人的死亡证明书

遗赠人的死亡证明书是遗赠遗嘱或遗赠扶养协议生效的前提，遗赠人不死亡，遗赠遗嘱或遗赠扶养协议不生效，因受遗赠产生的国有建设用地使用权及地上房屋所有权的转移不实现，故遗赠人的死亡证明书是登记机构办理因受遗赠申请的国有建设用地使用权及地上房屋所有权转移登记的必收要件。死亡证明书主要有：① 公安派出所出具的因死亡注销户籍的证明；② 公安部门在刑事、交通等案件处理中出具的死亡证明；③ 应急管理部门或其消防机构在消防案件处理中出具的死亡证明；④ 人民法院宣告死亡的判决书；⑤ 殡仪馆出具的遗体火化证明；⑥医院出具的医学死亡证明等。

4. 契税缴纳凭证

如前所述，遗赠本质上属于赠与，按《契税暂行条例》的规定，受赠人应当依法缴纳契税（按将于2021年9月1日起施行的《契税法》第一条和第二条第一款规定，转让或赠与土地使用权、房屋所有权属于缴纳契税的情形），故契税缴纳凭证是申请人申请因受遗赠产生的转移登记时应当提交的材料。因受遗赠取得他人的国有建设用地使用权及地上房屋所有权，属于无偿取得，不属于《土地增值税暂行条例》规定的应当缴纳土地增值税的范围。

五、基于生效的法律文书申请的转移登记收件

在不动产登记实务中，用作登记证据的生效的法律文书主要有：人民法院制作的民事判决书、执行裁定书、民事调解书和协助执行通知书，仲裁机构制作的仲裁裁决书和仲裁调解书。

在不动产登记实务中，常见的民事判决书有：

1. 给付判决书

给付判决书，是指记载确定当事人之间给付一定财物或履行某种行为的判决书。体现在不动产登记实务中，主要是判决国有建设用地使用权及地上房屋所有权的失去方协助取得方办理转移登记手续。

2. 确认判决书

确认判决书，是指记载确认当事人之间的某种法律关系是否存在，或者确认民事实体权利归属的判决书。体现在不动产登记实务中，主要是确认用作登记证据的国有建设用地使用权及地上房屋所有权转让合同、抵押合同等法律行为有无效力，国有建设用地使用权及地上房屋所有权是否归属当事人。质言之，确认判决书有确认法律关系的判决书和确认权利归属的判决书。

第三章 国有建设用地使用权及地上房屋所有权登记收件

《民事诉讼法》第二百三十六条规定："发生法律效力的民事判决、裁定，当事人必须履行。一方拒绝履行的，对方当事人可以向人民法院申请执行，也可以由审判员移送执行员执行。调解书和其他应当由人民法院执行的法律文书，当事人必须履行。一方拒绝履行的，对方当事人可以向人民法院申请执行。"有法官、律师和不动产登记人员据此认为，基于民事调解书取得的国有建设用地使用权及地上房屋所有权，也属于《民法典》第二百二十九条规定的基于生效的法律文书取得物权的情形，即国有建设用地使用权及地上房屋所有权自民事调解书生效时起具有法律效力。笔者不支持此观点。

笔者认为，生效的民事调解书只能与生效的给付判决书和确认法律关系的判决书具有同等效力，而有别于生效的确认权利归属的判决书。主要理由有：

（1）《民事诉讼法》第九十七条第一款规定，调解达成协议，人民法院应当制作调解书。因此，民事调解书本质上是协议，基于它取得的"国有建设用地使用权及地上房屋所有权"，只是一种债权性质的财产性权利，要将它转化为具有法律意义的物权——国有建设用地使用权及地上房屋所有权，须由协议的当事人履行义务和行使权利而使协议目的实现，换言之，当事人共同凭民事调解书申请转移登记，自转移的国有建设用地使用权及地上房屋所有权记载于登记簿上时起，权利人因协议目的实现才享有该国有建设用地使用权及地上房屋所有权。

（2）给付判决书确认当事人间须交付财物、履行义务。确认法律关系的判决书，在认定协议或合同有效后，当事人更是要履行合同约定的义务和行使合同约定的权利。在不动产登记实务中，给付判决书、确认法律关系的判决书并不直接认定国有建设用地使用权及地上房屋所有权的归属，而是认定当事人一方履行义务，或认定法律关系是否成立。其中，最重要的是履行协助申请转移登记的义务，以使对方当事人实现取得国有建设用地使用权及地上房屋所有权的目的。而确认国有建设用地使用权及地上房屋所有权归属的判决书，则直接认定国有建设用地使用权及地上房屋所有权归当事人中的某方所有，或当事人间共同所有，即无须他人履行义务，直接赋予当事人享有具有法律意义的国有建设用地使用权及地上房屋所有权。

因此，载明国有建设用地使用权及地上房屋所有权归属的民事调解书，有别于确认国有建设用地使用权及地上房屋所有权归属的民事判决书，不属于《民法典》第二百二十九条规定的基于生效的法律文书取得物权的情形。《民事诉讼法》第二百三十六条的规定表明，当事人在申请人民法院执行时，民事调解书和民事判决书才具有同等法律效力。但是，在司法实务中，《物权法司法解释（一）》第七条规定，人民法院、仲裁委员会在分割共有不动产等案件中作出并依法生效的改变原有物权关系的民事调解书、仲裁调解书，应当认定为物权法第二十八条所称导致物权设立、变更、转让或者消灭的人民法院、仲裁委员会的法律文书。该解释第二十二条规定，本解释自 2016 年 3 月 1 日起施行。质言之，最高人民法院根据法律赋予的权力对《物权法》第二十八条（现时的《民法典》第二百二十九条）规定做了扩张性解释，即自 2016 年 3 月 1 日起立案的，人民法院、仲裁机构在分割共有不动产等案件中作出并依法生效的改变原有物权关系的民事调解书、仲裁调解书与相应的判决、裁定具有同等效力。

在司法实务中，《最高人民法院、国土资源部、建设部关于依法规范人民法院执行和国土资源房地产管理部门协助执行若干问题的通知》（法发〔2004〕5 号）第二十七条规定，人民法院制作的土地使用权、房屋所有权转移裁定送达权利受让人时即发生法律效力，人民法院应当明确告知权利受让人及时到国土资源、房地产管理部门申请土地、房屋权属变更、转移登记。据此可知，人民法院在执行程序中出具的确认国有建设用地使用权及地上房屋所有权归属的裁定书，自送达权利受让人时起，国有建设用地使用权及地上房屋所有权归该受让人。基于此取得的国有建设用地使用权及地上房屋所有权属于《民法典》第二百二十九条规定的基于生效的法律文书取得物权的情形。

《仲裁法》第五十一条规定，调解达成协议的，仲裁庭应当制作调解书。仲裁调解书与仲裁裁决书具有同等法律效力。据此可知，仲裁调解书本质上仍然是协议，所谓仲裁调解书与仲裁裁决书具有同等法律效力，也是指仲裁调解书与给付裁决和确认法律关系的裁决具有同等法律效力，而有别于直接确认权利归属的仲裁裁决书，故基于仲裁调解书取得的国有建设用地使用权及地上房屋所有权，也不属于《民法典》第二百二十九条规定的基于生效的法律文书取得物权的情形。但是，如前所述，按《物权法司法解释（一）》第七条规定，仲裁机构于 2016 年 3 月 1 日起立案出具的分割共有的国有建设用地使用权及地上房屋所有权的仲裁调解书与相应的仲裁裁决书具有同等效力。

仲裁裁决书是仲裁机构对仲裁纠纷案件作出决断的法律文书。具体到国有建设用地使用权及地上房屋所有权归属的纠纷，仲裁裁决书可以直接决断国有建设用地使用权及地上房屋所有权的归属。基于直接确认国有建设用地使用权及地上房屋所有权归属的仲裁裁决书取得的国有建设用地使用权及地上房屋所有权，才属于《民法典》第二百二十九条规定的基于生效的法律文书取得物权的情形。

概言之，按《民法典》第二百二十九条规定，因人民法院、仲裁机构生效的法律文书取得的物权，自法律文书生效时发生效力。笔者认为，该规定中生

第三章 国有建设用地使用权及地上房屋所有权登记收件

效的法律文书，是指生效的直接确认国有建设用地使用权及地上房屋所有权归属的民事判决书、执行裁定书、仲裁裁决书和人民法院、仲裁机构于 2016 年 3 月 1 日起立案出具的分割共有的国有建设用地使用权及地上房屋所有权的民事调解书、仲裁调解书。

协助执行通知书，是指实施执行措施的人民法院制作的，通知有关单位或者个人协助执行发生法律效力的法律文书所确定之内容的一种法律文书。在不动产登记实务中，主要是要求登记机构办理查封不动产、转移不动产权利等登记。

法律文书体现的法律效果实现的方式不同，基于法律文书取得的国有建设用地使用权及地上房屋所有权转移登记启动的方式也不同，登记机构办理由此产生的转移登记收件亦不同。

（一）基于生效的确认国有建设用地使用权及地上房屋所有权归属的民事判决书、执行裁定书、仲裁裁决书和人民法院、仲裁机构于 2016 年 3 月 1 日起立案出具的分割共有的国有建设用地使用权及地上房屋所有权的民事调解书、仲裁调解书申请的转移登记收件

1. 登记申请书；
2. 申请人的身份证明；
3. 不动产权属证书或国有建设用地使用权及地上房屋所有权已经登记的证明；
4. 生效的民事判决书、执行裁定书、仲裁裁决书和 2016 年 3 月 1 日起立案产生的分割共有的国有建设用地使用权及地上房屋所有权的民事调解书、仲裁调解书；
5. 其他必要材料。

理由和说明：

1. 登记申请书

在不动产登记实务中，《不动产登记暂行条例实施细则》第十九条规定，当事人可以持人民法院、仲裁委员会的生效法律文书或者人民政府的生效决定单方申请不动产登记。故登记申请书由权利的取得方（权利人）单方出具。登记申请书应当载明：权利的取得方与失去方；申请人的身份证明类型与号码；登记类型——转移登记；登记原因——司法裁决（或仲裁裁决）；不动产单元号码；不动产权属证书号码；国有建设用地使用权及地上房屋所有权原有面积；因裁决取得的国有建设用地使用权及地上房屋所有权面积等。

在司法实务或仲裁实务中，在满足不动产单元的前提下，人民法院或仲裁机构常常将由若干不动产单元组成的国有建设用地使用权及地上房屋所有权以法律文书的形式确认归两个以上的当事人所有，或将某个或某几个不动产单元

确认归某人所有，其余的不动产单元予以保留。取得人按裁决取得的不动产单元、面积自行申请登记，故登记申请书中须载明国有建设用地使用权及地上房屋所有权原有面积、因裁决取得的国有建设用地使用权及地上房屋所有权面积等。

2. 国有建设用地使用权及地上房屋所有权已经登记的证明

按《不动产登记暂行条例实施细则》第三十八条第一款第（一）项规定，不动产权属证书是当事人申请转移登记时应当向登记机构提交的要件。但是，在不动产登记实务中，当事人遗失不动产权属证书，或不自觉履行生效的民事判决、仲裁裁决而隐匿不动产权属证书的情形时有出现，有的登记机构要求权利取得人先以登记簿上记载的权利人的名义申请补办不动产权属证书后再申请转移登记，笔者认为，权利取得人毕竟不是登记簿上记载的权利人，在没有得到登记簿上记载的权利人授权委托的前提下，无权以其名义申请补办不动产权属证书。那么，权利取得人不能提交不动产权属证书时，转移登记怎么申请？

笔者认为，登记机构在办理基于生效的民事判决书或仲裁裁决书产生的转移登记时，收取原权利人名下的不动产权属证书，主要是证明申请转移登记的前提成立，但欲转移的国有建设用地使用权及地上房屋所有权的登记档案材料复印件（适用于登记簿制度建立前核发的国有土地使用权证、房屋所有权证不能提交的情形），或载明欲转移的国有建设用地使用权及地上房屋所有权的登记簿打印件、复印（制）件等国有建设用地使用权及地上房屋所有权已经登记的证明也具有同样的证明作用，故权利取得人不能提交不动产权属证书时，可以凭国有建设用地使用权及地上房屋所有权已经登记的证明及其他材料申请转移登记，转移登记完成后，未收回的不动产权属证书由登记机构在其门户网站或当地公开发行的报刊上公告作废，以免除或减轻其流失社会造成的负面影响。

《不动产登记暂行条例实施细则》第二十三条规定，因不动产权利灭失等情形，不动产登记机构需要收回不动产权属证书或者不动产登记证明的，应当在不动产登记簿上将收回不动产权属证书或者不动产登记证明的事项予以注明；确实无法收回的，应当在不动产登记机构门户网站或者当地公开发行的报刊上公告作废。其中的"不动产权利灭失"，包括不动产权利的绝对灭失和相对灭失。不动产权利的绝对灭失，是指不动产权利随不动产实体的消灭而永久消灭，或者随依附的主权利、主债权的消灭而消灭。与之对应的是不动产权利的相对灭失：一是不动产权利因转移给他人而使原权利人的权利灭失，他人在此灭失的基础上设立属于自己的不动产权利；二是不动产权利因不动产实体灭失外的申请注销登记的事由成就完成注销登记而灭失（如权利人抛弃不动产权利申请

第三章 国有建设用地使用权及地上房屋所有权登记收件

注销登记后，该权利人享有的不动产权利灭失，但该不动产权利本身并不消灭，而其归属处于待定状态，故此情形属于不动产权利的相对灭失）；三是不动产权利内容因发生变更，变更前的不动产权利内容因变更的完成而消灭，不动产权利的新内容因变更的完成而产生。据此可知，国有建设用地使用权及地上房屋所有权转移登记完成后，原权利人的权利灭失，不能收回的载明该灭失权利的证书，由登记机构公告作废。

3. 生效的民事判决书、执行裁定书、仲裁裁决书和 2016 年 3 月 1 日起立案产生的分割共有的国有建设用地使用权及地上房屋所有权的民事调解书、仲裁调解书

如前所述，我国的诉讼制度实行的是二审终审制，仲裁制度实行的是一裁终局制，故申请人提交初审民事判决书作为登记证据时，应当同时提交初审人民法院出具的该判决书已经生效的证明。提交最高人民法院和终审人民法院出具的判决书、仲裁裁决书作为申请材料的，登记机构直接采用为登记的证据材料。

当事人提交 2016 年 3 月 1 日起立案产生的分割共有的国有建设用地使用权及地上房屋所有权的民事调解书、仲裁调解书时，如果民事调解书载明"本调解书自双方当事人签收后生效"的，则此调解书须与双方当事人签收调解书的人民法院的送达回证复印件组合后方可用作登记的证据材料。如果民事调解书载明"本调解书自双方当事人签名或者盖章时起生效"的，则此调解书已经生效，登记机构可直接用作登记的证据材料。仲裁调解书须与当事人签收此调解书的凭证组合后方可用作登记的证据材料。

在司法实务中，《最高人民法院、国土资源部、建设部关于依法规范人民法院执行和国土资源房地产管理部门协助执行若干问题的通知》（法发〔2004〕5 号）第二十七条规定，人民法院制作的土地使用权、房屋所有权转移裁定送达权利受让人时即发生法律效力，人民法院应当明确告知权利受让人及时到国土资源、房地产管理部门申请土地、房屋权属变更、转移登记。据此可知，人民法院在执行程序中出具的裁定书，自送达权利受让人时即发生法律效力，即权利人申请不动产登记时提交的执行裁定书，登记机构应当直接用作登记的证据材料。

生效的确认国有建设用地使用权及地上房屋所有权归属的民事判决书、执行裁定书、仲裁裁决书和 2016 年 3 月 1 日起立案产生的分割共有的国有建设用地使用权及地上房屋所有权的民事调解书、仲裁调解书，是权利人享有房地产权利的权利凭证，而非权源证据。

特别说明：

在不动产登记实务中，有时候，生效的民事判决书、仲裁裁决书虽然确认

了国有建设用地使用权及地上房屋所有权的归属，但该国有建设用地使用权及地上房屋所有权是基于有偿交易取得，如甲、乙签订房地产买卖合同，在申请转移登记前，卖方乙意外死亡，乙的继承人又不承认乙与甲签订的房地产买卖合同，甲遂将乙的继承人作为被告起诉，请求人民法院判决确认国有建设用地使用权及地上房屋所有权的归属，人民法院经审理后判决：登记在被告父亲名下的国有建设用地使用权及地上房屋所有权属原告所有。因此，申请人提交的确认国有建设用地使用权及地上房屋所有权归属的法律文书是基于买卖等交易原因时，是否提交契税缴纳证明？笔者认为，申请人无须提交契税缴纳证明。《民法典》第二百二十九条规定，因人民法院、仲裁机构的法律文书或者人民政府的征收决定等，导致物权设立、变更、转让或者消灭的，自法律文书或者人民政府的征收决定等生效时发生效力。据此可知，自人民法院、仲裁机构生效的确认国有建设用地使用权及地上房屋所有权归属的法律文书生效时起，权利人无须登记，即及时、依法取得该国有建设用地使用权及地上房屋所有权，生效的确认国有建设用地使用权及地上房屋所有权归属的法律文书，是权利人享有权利的凭证，不是权利来源的凭证，即不是权利人取得权利的原因。申请人申请将国有建设用地使用权及地上房屋所有权记载在登记簿上，一是宣示自己的权利存在；二是为在此基础上产生的变更登记、转移登记、抵押权登记等后续的登记建立前提，以遵循不动产登记的连续登记原则。因此，申请人是凭其享有国有建设用地使用权及地上房屋所有权的权利凭证申请登记，不是凭其取得国有建设用地使用权及地上房屋所有权的买卖合同或协议等原因凭证申请登记，故无须提交契税缴纳证明。当然，若申请人凭其取得国有建设用地使用权及地上房屋所有权的买卖合同或协议等原因凭证申请登记时，则应当同时提交契税缴纳凭证。另外，申请人申请登记时主动提交契税缴纳凭证的，登记机构应当收取。至于申请人是否履行纳税义务，由税务机关按相关规定核查。基于2016年3月1日起立案产生的分割共有的国有建设用地使用权及地上房屋所有权的民事调解书、仲裁调解书申请的转移登记亦然。

（二）基于生效的民事调解书或仲裁调解书取得的国有建设用地使用权及地上房屋所有权申请的转移登记收件

1. 登记申请书；

2. 申请人的身份证明；

3. 不动产权属证书或国有建设用地使用权及地上房屋所有权已经登记的证明；

4. 生效的民事调解书或仲裁调解书；

第三章 国有建设用地使用权及地上房屋所有权登记收件

5. 土地增值税缴纳凭证、契税缴纳凭证；

6. 其他必要材料。

注：第5项材料适用于赠与、抵债等交易原因产生的转移登记。

说明和理由：

1. 登记申请书

按《不动产登记操作规范》9.3.2条规定，基于协议或合同取得的国有建设用地使用权及房屋所有权转移登记，应当由当事人双方共同申请。如前所述，民事调解书和仲裁调解书，本质上是民事协议，故基于此产生的国有建设用地使用权及地上房屋所有权转移登记由取得方和失去方共同申请，即登记申请书原则上由取得方与失去方共同出具。但是，如果民事调解书或仲裁调解书中载明转移登记由某人负责申请的，可由该人单方申请，即登记申请书由该人单方出具。登记申请书应当载明：权利的取得方与失去方；申请人的身份证明类型和号码；登记类型——转移登记；登记原因——民事调解书或仲裁调解书；不动产单元号码；不动产权属证书号码；原有的国有建设用地使用权及房屋所有权面积；调解取得的国有建设用地使用权及房屋所有权面积等。

2. 生效的民事调解书或仲裁调解书

生效的民事调解书或仲裁调解书只是当事人取得国有建设用地使用权及地上房屋所有权的权源证据，而非当事人享有国有建设用地使用权及地上房屋所有权的权利凭证。此处的民事调解书或仲裁调解书不包括2016年3月1日起立案产生的分割共有的国有建设用地使用权及地上房屋所有权的民事调解书、仲裁调解书。

（1）生效的民事调解书。

《民事诉讼法》第九十七条第三款规定，调解书经双方当事人签收后，即具有法律效力。据此可知，调解书自双方当事人在人民法院的送达回证上签收后才发生法律效力。在司法实务中，《最高人民法院关于人民法院民事调解工作若干问题的规定》（法释〔2004〕12号）第十三条规定，根据民事诉讼法第九十条第一款第（四）项规定，当事人各方同意在调解协议上签名或者盖章后生效，经人民法院审查确认后，应当记入笔录或者将协议附卷，并由当事人、审判人员、书记员签名或者盖章后即具有法律效力。当事人请求制作调解书的，人民法院应当制作调解书送交当事人。据此可知，当事人在庭审笔录上的调解协议上签名或者盖章后，人民法院才制作调解书，但此调解书自出具时起就是生效的调解书。因此，在不动产登记实务中，如果民事调解书载明"本调解书自双方当事人签收后生效"的，则此调解书须与双方当事人签收该调解书的人民法院的送达回证复印件组合后方可用作登记的证据材料。如果民事调解书载明"本调解书自双方当事人签名或者盖章时起生效"的，则此调解书已经生效，登记机构可直接用作登记的证据材料。

（2）仲裁调解书。

《仲裁法》第五十二条第二款规定，调解书经双方当事人签收后，即发生法律效力。据此可知，仲裁调解书须经双方当事人签收后才生效。因此，在不动产登记实务中，载明国有建设用地使用权及地上房屋所有权归属的仲裁调解书，须与双方当事人签收该调解书的证明组合后，才可以用作登记材料。

特别说明：

（1）民事调解书或仲裁调解书与普通协议相比较，一是民事调解书或仲裁调解书作为证据，比普通协议的证明力强；二是义务人不履行民事调解书或仲裁调解书载明的义务时，权利人可以申请人民法院执行，普通协议则不可以。

（2）申请人凭生效的给付判决书、确认法律关系的判决书、确认法律关系的仲裁裁决书申请转移登记时，提交的申请材料与基于民事调解书或仲裁调解书申请的转移登记一致。

（三）基于人民法院的协助执行通知书产生的转移登记收件

1. 协助执行通知书；
2. 执行员的工作证和执行公务证；
3. 法律文书或公证书；
4. 不动产权属证书或国有建设用地使用权及地上房屋所有权已经登记的证明；
5. 其他必要材料。

注：人民法院不送达第4项材料的，登记机构不得主动索取。

说明和理由：

1. 协助执行通知书

《民事诉讼法》第二百五十一条规定："在执行中，需要办理有关财产权证照转移手续的，人民法院可以向有关单位发出协助执行通知书，有关单位必须办理。"质言之，协助执行通知书，是指实施执行措施的人民法院制作的，通知有关单位或者个人协助执行发生法律效力的法律文书所确定的内容的一种法律文书，协助执行通知书具有强制性。在不动产登记实务中，《不动产登记暂行条例实施细则》第十九条第二款第（一）项规定，人民法院持生效法律文书和协助执行通知书要求不动产登记机构办理登记的，不动产登记机构应当直接办理。

如前所述，协助执行通知书具有强制性，故因此产生的国有建设用地使

第三章 国有建设用地使用权及地上房屋所有权登记收件

权及地上房屋所有权转移登记系嘱托登记。所谓嘱托登记，是指国家机关为了维护社会公共利益或保护他人的合法权益，依据法定的职责，要求登记机构协助完成的登记。嘱托登记不是以权利人的申请为启动条件，而是以国家机关生效的公文为启动条件。人民法院是国家审判机关，依据法定职责发出的协助执行通知书是转移登记启动的凭证，也是办理相关国有建设用地使用权及地上房屋所有权转移登记事项的证据，即登记机构必须按协助执行通知书载明的事项办理转移登记。换言之，登记机构按协助执行通知书载明的事项办理转移登记是履行法定的协助执行义务。

2. 执行员的工作证和执行公务证

《民事诉讼法》第二百二十八条第一款规定，执行工作由执行员进行。质言之，作为执行工作环节之一的协助执行通知书等执行文书，应当由执行员向协助执行单位或个人送达，不能使用邮政信函、特快专递等其他送达方式。《最高人民法院关于人民法院执行工作若干问题的规定（试行）》（法释〔1998〕15号）第八条规定，执行人员执行公务时，应向有关人员出示工作证和执行公务证。据此可知，收取执行人员有效的工作证和执行公务证，表明协助执行通知书是由执行员送达登记机构的，且登记机构收取协助执行通知书时对该协助执行通知书的送达方式充分履行了合理审慎的注意义务。收取执行人员的工作证和执行公务证主要是验证其原件后收取复印件。

3. 法律文书或公证书

《民事诉讼法》第二百三十六条规定，发生法律效力的民事判决、裁定，当事人必须履行。一方拒绝履行的，对方当事人可以向人民法院申请执行，也可以由审判员移送执行员执行。调解书和其他应当由人民法院执行的法律文书，当事人必须履行。一方拒绝履行的，对方当事人可以向人民法院申请执行。该法第二百三十七条第一款规定，对依法设立的仲裁机构的裁决，一方当事人不履行的，对方当事人可以向有管辖权的人民法院申请执行。受申请的人民法院应当执行。该法第二百三十八条第一款规定，对公证机关依法赋予强制执行效力的债权文书，一方当事人不履行的，对方当事人可以向有管辖权的人民法院申请执行，受申请的人民法院应当执行。概言之，可以申请人民法院执行的主要有民事判决书、民事调解书、仲裁裁决书、仲裁调解书、公证书。在不动产登记实务中，按《国土资源部关于启用不动产登记簿证样式（试行）的通知》（国土资发〔2015〕25号）附《不动产登记簿样式及使用填写说明》规定，国有建设用地使用权及地上房屋所有权的登记原因（取得方式）属于登记簿记载的内容，故收取作为人民法院执行基础的民事判决书、民事裁定书、民事调解书、仲裁裁决书、仲裁调解书、公证书，便于准确记载国有建设用地使用权及地上房屋所有权的登记原因（取得方式），如民事判决书中的作价补偿，仲裁裁决书中的分割，公证书中的买卖等。

特别说明：

（1）此类登记是人民法院要求登记机构协助执行的转移登记，人民法院须向登记机构送达协助执行通知书，因此，法律文书是否生效或公证书是否有效，由发出协助执行通知书的人民法院负责审查，登记机构无须要求人民法院的执行员提交法律文书、公证文书生（有）效的证明。

（2）此类登记中，登记机构无须主动向人民法院索取契税缴纳凭证、土地增值税缴纳凭证。

① 契税缴纳凭证是申请转让产生的土地使用权、房屋所有权转移登记时应当缴纳的材料。

《契税暂行条例》第十一条规定，纳税人应当持契税完税凭证和其他规定的文件材料，依法向土地管理部门、房产管理部门办理有关土地、房屋的权属变更登记手续。纳税人未出具契税完税凭证的，土地管理部门、房产管理部门不予办理有关土地、房屋的权属变更登记手续（将于2021年9月1日起施行的《契税法》第十一条规定，纳税人办理纳税事宜后，税务机关应当开具契税完税凭证。纳税人办理土地、房屋权属登记，不动产登记机构应当查验契税完税、减免税凭证或者有关信息。未按照规定缴纳契税的，不动产登记机构不予办理土地、房屋权属登记）。据此可知，承让土地使用权、房屋所有权的人申请转移登记时，才须提交契税缴纳凭证。嘱托登记机构办理转移登记的人民法院不是纳税义务人。

② 人民法院要求办理转移登记时，登记机构无须收取契税缴纳凭证。

a）《民事诉讼法》第二百五十一条规定，在执行中，需要办理有关财产权证照转移手续的，人民法院可以向有关单位发出协助执行通知书，有关单位必须办理。据此可知，按执行文书办登记是登记机构的法定义务。

b）《不动产登记暂行条例实施细则》第十九条第二款第（二）项规定，人民法院持生效法律文书和协助执行通知书要求不动产登记机构办理的登记，登记机构应当直接办理。据此可知，"直接办理"即登记机构直接凭执行文书办相关登记，无须添加其他中间环节。收取契税缴纳凭证才办登记，属于增加中间环节的行为，与《不动产登记暂行条例实施细则》第十九条第二款第（二）项规定相悖。

③ 登记机构的实务处理。

《国家税务总局关于人民法院强制执行被执行人财产有关税收问题的复函》（国税函〔2005〕869号）规定："鉴于人民法院实际控制纳税人因强制执行活动而被拍卖、变卖财产的收入根据《中华人民共和国税收征收管理法》第五条的规定，人民法院应当协助税务机关依法优先从该收入中征收税款。"据此可知，实施执行措施的人民法院有协助税务机关征收税款的义务，但该人民法院是否履行协助税务机关征收税款的义务，登记机构无须过问。因此，登记机构在签收要求办理转让、抵债等交易原因产生的转移登记的执行文书时，在人民法院的送达回证上加注"未送达契税完税凭证"，表明登记机构尽到了合理审慎的注意义务。

六、基于赠与、互换、合并、分立申请的转移登记收件

赠与是赠与人将自己的财产无偿给予受赠人，受赠人表示接受的一种行为。赠与的目的是实现财产所有权的转移，实质上是赠与人对自己财产所有权的处分。国有建设用地使用权及地上房屋所有权赠与，就是现时的权利人将其享有的国有建设用地使用权及地上房屋所有权无偿给予他人的行为，这种行为主要以赠与合同或赠与书的形式体现。

互换是当事人经过协商达成一致，将自己依法享有权利的财产与对方进行交换的行为。国有建设用地使用权及地上房屋所有权互换，就是现时的权利人之间相互交换国有建设用地使用权及地上房屋所有权，通过交换使对方依法享有自己的国有建设用地使用权及地上房屋所有权。在国有建设用地使用权及地上房屋所有权互换中，有等价互换和差价互换。等价互换，是指价值额相等的国有建设用地使用权及地上房屋所有权之间产生的交换；差价互换，是指价值额不相等的国有建设用地使用权及地上房屋所有权之间产生的交换。

合并主要是指两个以上的法人或组织，按政策规定，或法人、组织共同的上级组织决定，或法人、组织间协商达成一致，归并为一个法人或组织的行为。如根据机构改革政策规定，原为机关法人的物价局并入另一个机关法人发展改革局；三家三级资质的房地产开发公司经过协商达成一致，合并后新成立一家具有一级资质的房地产开发公司等。由于合并，原属于不同法人或组织的财产权利要经过转移，整合为一个法人或组织的财产权利。合并导致的国有建设用地使用权及地上房屋所有权转移，就是现时登记在不同的法人或组织名下的国有建设用地使用权及地上房屋所有权，因法人或组织的合并而转移登记到并入或因合并新成立的法人或组织名下。

分立主要是指按政策规定，或法人、组织共同的上级组织决定，或法人、组

织间协商达成一致,从一个法人或组织中分割独立出来,再成立新的法人或组织的行为。如按政策规定,原中国人民保险公司分立为中国人寿保险公司和中国财产保险公司等。由于分立,原属于一个法人或组织享有的财产权利,经过分割,转移到新成立的法人或组织名下。分立导致的国有建设用地使用权及地上房屋所有权转移,就是现时登记在一个法人或组织名下的国有建设用地使用权及地上房屋所有权,因法人或组织分立而转移登记到新成立的法人或组织名下。

赠与、互换、合并、分立都关系到权利人对国有建设用地使用权及地上房屋所有权的处分,并因此申请国有建设用地使用权及地上房屋所有权转移登记。

(一)因赠与申请的转移登记收件

1. 登记申请书;
2. 申请人的身份证明;
3. 不动产权属证书;
4. 赠与材料;
5. 县级以上人民政府同意转让的批文;
6. 土地出让合同和土地出让金缴纳凭证;
7. 契税缴纳证明;
8. 其他必要材料。

注:第 5 项材料适用于赠与的国有建设用地使用权系划拨的情形。第 6 项材料适用于赠与的国有建设用地使用权由划拨转出让的情形。

说明和理由:

1. 登记申请书

赠与是一种法律行为,体现在不动产登记实务中,即赠与人消灭其国有建设用地使用权及地上房屋所有权,使受赠人在此基础上设立属于自己的国有建设用地使用权及地上房屋所有权的行为。按《不动产登记操作规范(试行)》9.3.2 条规定,赠与产生的国有建设用地使用权及地上房屋所有权转移登记由赠与方与受赠方共同申请,故登记申请书由赠与方和受赠方即由权利的取得方与失去方共同出具。登记申请书应当载明:权利的取得方与失去方;申请人的身份证明类型和号码;登记类型——转移登记;登记原因——赠与;不动产单元号码;不动产权属证书号码;国有建设用地使用权及地上房屋所有权原有面积和受赠取得的国有建设用地使用权及地上房屋所有权面积等。

2. 赠与材料

赠与材料,是申请因赠与产生的转移登记的原因凭证。

第三章　国有建设用地使用权及地上房屋所有权登记收件

《不动产登记暂行条例实施细则》第三十八条第一款第（二）项规定，赠与合同是申请人申请因赠与产生的转移登记时应当提交的材料。笔者认为该规定太狭窄，因为赠与由赠与方的赠与意思表示与受赠方的接受赠与意思表示构成，赠与合同只是将这两种意思表示结合在一起的一种方式。在不动产登记实务中，赠与方的赠与意思表示与受赠方的接受赠与意思表示分别以书面方式出现的情形时有出现，即申请人分别提交赠与书和接受赠与书，这两种文书相匹配时，能完整地反映赠与人的赠与意思表示和受赠人的接受赠与意思表示，与赠与合同本质上是一致的，故也是有效的赠与行为。此外，还存在只有赠与人的书面意思表示，而受赠人以行为表示接受赠与的情形，即赠与人与受赠人一起持赠与书等材料共同申请转移登记，受赠人虽然没有提交接受赠与的书面意思表示，但受赠人申请转移登记的行为能够充分表明其接受赠与的意思，赠与关系亦成立。因此，登记机构在办理因赠与产生的转移登记时，除了可以收取赠与合同外，也可以收取相匹配的赠与书和接受赠与书，还可以只收取赠与书。

3. 契税缴纳证明

《契税暂行条例》第二条规定，土地、房屋权属赠与应当缴纳契税（将于2021年9月1日起施行的《契税法》第二条做了同样的规定）。按该条例第十一条规定，契税缴纳凭证是申请人申请因赠与产生的转移登记时应当提交的要件（将于2021年9月1日起施行的《契税法》第十一条做了同样的规定）。如果发生赠与的国有建设用地使用权由划拨转出让时，申请人应当一并提交划拨转出让产生的契税缴纳凭证。赠与国有建设用地使用权及地上房屋所有权属于无偿行为，不属于《土地增值税暂行条例》规定的应当缴纳土地增值税的情形。

特别说明：赠与人为自然人时，若登记簿或不动产权属证书没有记载共有情况的，登记机构应当要求赠与人提交其有权处分用于赠与的国有建设用地使用权及地上房屋所有权的证明。

（二）因互换申请的转移登记收件

1. 登记申请书；
2. 申请人的身份证明；
3. 互换双方的不动产权属证书；
4. 互换合同（或协议）；
5. 县级以上人民政府同意转让的批文；
6. 土地出让合同和土地出让金缴纳凭证；
7. 契税、土地增值税缴纳或免征凭证；

8. 其他必要材料。

注：第 5 项材料适用于互换的国有建设用地使用权系划拨的情形。第 6 项材料适用于互换的国有建设用地使用权由划拨转出让的情形。

说明和理由：

1. 登记申请书

如前所述，国有建设用地使用权及地上房屋所有权互换是权利人间相互交换各自享有的国有建设用地使用权及地上房屋所有权归对方享有的法律行为，是权利人对其享有的国有建设用地使用权及地上房屋所有权的处分。按《不动产登记操作规范（试行）》9.3.2 条规定，互换国有建设用地使用权及地上房屋所有权产生的转移登记由互换当事人双方申请，故登记申请书由互换的双方共同出具。登记申请书应当载明：权利的取得方与失去方；申请人的身份证明类型和号码；登记类型——转移登记；登记原因——互换；互换双方的不动产单元号码；互换双方的不动产权属证书号码；互换前的国有建设用地使用权及地上房屋所有权面积和因互换取得的国有建设用地使用权及地上房屋所有权面积等。

2. 互换合同（或协议）

《不动产登记暂行条例实施细则》第三十八条第一款第（二）项规定，互换合同是当事人申请因互换产生的国有建设用地使用权及地上房屋所有权转移登记时应当提交的材料。国有建设用地使用权及地上房屋所有权互换合同（或协议），是指权利人间根据各自的需要，就国有建设用地使用权及地上房屋所有权互换及由此产生的权利义务达成一致而成立的合同（或协议）。互换合同（或协议）生效后，权利人应当根据该合同（或协议）的约定，将国有建设用地使用权及地上房屋所有权转移给对方当事人，故生效后的互换合同（或协议）是申请人申请因互换产生的国有建设用地使用权及地上房屋所有权转移登记的原因证明。

3. 契税、土地增值税缴纳或免征凭证

契税缴纳或免征凭证，是指契税缴纳凭证或契税免征凭证。按《契税暂行条例》第二条规定，国有建设用地使用权及地上房屋所有权交换须缴纳契税。按该条例第四条规定，国有建设用地使用权及地上房屋所有权交换的计税依据是国有建设用地使用权及地上房屋所有权交换的差额。（按将于 2021 年 9 月 1 日起施行的《契税法》第二条、第四条规定，土地使用权互换、房屋互换的，须按互换的土地使用权、房屋价格的差额计缴契税）。在不动产登记实务中，有的登记人员根据该条例第四条规定，只要看到互换合同中没有国有建设用地

第三章 国有建设用地使用权及地上房屋所有权登记收件

使用权及地上房屋所有权交换价格约定或是等价约定的,就主观认为无须缴纳契税,不收取契税缴纳或免征证明就办理转移登记。笔者对此不敢苟同,按《契税暂行条例》的规定,契税的征或免,由税务机关决定,即国有建设用地使用权及地上房屋所有权是等价交换还是差价交换,由税务机关认定,如果是等价交换,税务机关出具契税免征凭证;如果是差价交换,则出具契税缴纳凭证。据此可知,登记机构凭税务机关出具的契税免征或缴纳凭证才能办理转移登记。如果发生互换的国有建设用地使用权由划拨转出让时,申请人应当一并提交划拨转出让产生的契税缴纳凭证。差额互换情形下,差额部分属于有偿取得还是无偿(赠与)取得,也由税务机关认定,申请人应当按《土地增值税暂行条例》的规定向登记机构提交土地增值税缴纳或免征凭证。

特别说明:

(1)由于国有建设用地使用权及地上房屋所有权互换在登记实务中属于不常见的情形,故对其产生的转移登记收件只作概括性的介绍。

(2)互换双方中有自然人时,若登记簿或不动产权属证书没有记载共有情况的,登记机构应当要求该自然人提交其有权处分用于互换的国有建设用地使用权及地上房屋所有权的证明。

(三)因合并、分立申请的转移登记收件

1. 登记申请书;
2. 申请人的身份证明;
3. 不动产权属证书;
4. 权利人合并或分立的证明;
5. 国有建设用地使用权及地上房屋所有权归属的证明;
6. 其他必要材料。

注:第5项材料适用于权利人分立的情形。

说明和理由:

1. 登记申请书

如前所述,权利人合并,系指作为权利人的法人或组织,归并到另一个法人或组织中,原法人或组织随之消灭的情形。按《民法典》第六十七条第一款规定,法人合并的,其权利和义务由合并后的法人享有和承担。据此可知,法人或组织合并的,被合并的法人或组织享有的权利由并入后的法人或组织享有。因此,基于权利人合并申请的转移登记,由合并后的权利人单方申请,即登记申请书由权利的取得方单方出具。登记申请书应当载明：权利的取得方与失去方；申请人的身份证明类型和号码；登记类型——转移登记；登记原因——权利人合并；不动产单元号码；不动产权属证书号码等。

权利人分立，系指作为权利人的法人或组织，经过分割，成为两个以上的相互独立的同时存在的法人或组织的情形。按《民法典》第六十七条第二款规定，法人分立的，其权利和义务由分立后的法人享有连带债权，承担连带债务，但是债权人和债务人另有约定的除外。据此可知，法人或非法人组织分立后，分立前的法人或非法人组织享有的尚未实现的连带债权，分立后新产生的法人或非法人组织尚且有权享有，那么，分立前的法人或非法人组织享有的权利，分立后新产生的法人或非法人组织更应当享有。即法人分立、合并时，不影响原有权利义务的享有和承担[①]。因此，法人或非法人组织分立的，可以约定原法人或组织享有的权利归分立后新产生的法人或组织。故因权利人分立申请的转移登记，由权利失去方与取得方共同申请，即登记申请书由权利的失去方和取得方共同出具。登记申请书应当载明：权利的取得方与失去方；申请人的身份证明类型和号码；登记类型——转移登记；登记原因——权利人分立；不动产单元号码；不动产权属证书号码；分立前的国有建设用地使用权及地上房屋所有权面积和因分立取得的国有建设用地使用权及地上房屋所有权面积等。

2. 申请人的身份证明

申请因合并产生的转移登记时，申请人的身份证明为国有建设用地使用权及地上房屋所有权取得方的身份证明。申请因分立产生的转移登记时，申请人的身份证明为国有建设用地使用权及地上房屋所有权取得方与失去方的身份证明。

3. 权利人合并或分立的证明

权利人合并或分立的证明，是申请人申请因权利人合并或分立产生的国有建设用地使用权及地上房屋所有权转移登记的原因凭证。

一般情形下，法人或组织合并或分立的证明，是其达成的合并或分立协议，或其共同作出的合并或分立决定。但是，有的法人或组织合并、分立是基于人民政府的政策决定，或基于当事人共同的上级组织的决定。如前所述，根据政府的机构改革政策规定，原为机关法人的物价局并入到另一个机关法人发展改革局；按中国人民保险总公司的决定，该公司分立为中国人寿保险公司和中国

---

① 梁慧星：《中国民法典草案建议稿附理由：总则编》，法律出版社2004年版，第109页。

财产保险公司等。据此可知，法人、组织合并或分立的证明，是法人、组织达成的合并或分立协议，或法人、组织共同作出的合并、分立决定，或人民政府的合并、分立文件，或法人、组织共同的上级组织的合并、分立决定等。

4. 国有建设用地使用权及地上房屋所有权归属的证明

登记簿上记载的权利人经过分割，变成两个以上的法人或组织，但是，原法人或组织享有的国有建设用地使用权及地上房屋所有权仍属于其继续享有，还是属于分立后新成立的法人或组织享有，实质上是对国有建设用地使用权及地上房屋所有权的处分，当事人可以按《民法典》第六十七条第二款的规定，通过约定或共同作出的决定予以明确，也可以由作出权利人分立的人民政府或上级组织在文件中予以明确，该约定、决定或文件确定的国有建设用地使用权及地上房屋所有权的归属人，是转移登记申请人中的取得方。如果申请人提交的关于申请人分立的证明中明确了国有建设用地使用权及地上房屋所有权归属的，登记机构无须再要求其另行提交国有建设用地使用权及地上房屋所有权归属的证明。

按《民法典》第六十七条第一款规定，并入前的法人或组织享有的国有建设用地使用权及地上房屋所有权依法由并入后的法人或组织享有，因此，合并证明就是国有建设用地使用权及地上房屋所有权归属的证明材料，无须再以约定、决定或文件的方式确定国有建设用地使用权及地上房屋所有权的归属。

特别说明：合并或分立虽然产生国有建设用地使用权及地上房屋所有权的转移，但此转移不是转让、投资入股等交易原因产生的转移，故不属于《契税暂行条例》和《土地增值税暂行条例》规定的须缴纳契税、土地增值税的情形，因此，契税缴纳凭证、土地增值税缴纳凭证不是由此产生的转移登记的必收要件。

第五节 注销登记收件

国有建设用地使用权及地上房屋所有权注销登记，是指记载在登记簿上的国有建设用地使用权及地上房屋所有权，在使其消灭的法定事由成就时，对其予以涂销使其失去法律效力的登记。按《民法典》第二百一十四条规定，一般情形下，不动产物权的消灭，自记载于登记簿上时发生效力。按该法第二百二十九条规定，基于人民法院、仲裁机构的法律文书或人民政府的征收决定消灭物权的，自法律文书或人民政府的征收决定生效时起发生效力。按该法第二百三十一条规定，因拆除房屋等事实行为消灭物权的，自事实行为成就时发生效力。概言之，以法律行为消灭不动产物权的，非经登记不生效力；基于法律文书或人民政府的征收决定消灭物权的，自法律文书或人民政府的征收决定生效时起发生效力；以事实行为消灭不动产物权的，自事实行为成就时起生效。在不动产登记实务中，按《不动产登记暂行条例实施细则》第二十八条第一款规定，当事人可以申请国有建设用地使用权及地上房屋所有权注销登记的情形主要有：① 国有建设用地及地上房屋实体灭失，此为以事实行为消灭不动产物权；② 权利人放弃国有建设用地使用权及地上房屋所有权，此为以处分行为消灭不动产物权；③ 国有建设用地使用权及地上房屋所有权被依法没收、征收或者收回，此为以人民政府或其行政机关的决定消灭不动产物权；④ 人民法院、仲裁机构的生效法律文书导致国有建设用地使用权及地上房屋所有权消灭，此为以生效的法律文书消灭不动产物权。

按《不动产登记暂行条例实施细则》第十七条第一款第（四）项规定，登记机构可以依职权办理注销登记，但是，该实施细则没有对登记机构依职权办理注销登记的情形作规定，笔者据此认为，登记机构依职权办理注销登记不具有可操作性。

如前所述，注销登记的目的是消灭记载在登记簿上的国有建设用地使用权及地上房屋所有权的法律效力，事关权利人的切身利益，因此，登记机构应当予以充分重视，严格按程序办理。

一、因国有建设用地及地上房屋实体灭失申请的注销登记收件

1. 登记申请书；
2. 申请人的身份证明；
3. 不动产权属证书或国有建设用地使用权及地上房屋所有权已经登记的证明；
4. 国有建设用地及地上房屋实体已经灭失的证明；
5. 其他必要材料。

说明和理由：

1. 登记申请书

按《民法典》第二百三十一条规定，自国有建设用地及地上房屋实体消灭时起，国有建设用地使用权及地上房屋所有权灭失，即失去法律上的效力。此类灭失，称为国有建设用地使用权及地上房屋所有权的绝对灭失，即国有建设用地使用权及地上房屋所有权的永久消灭；与之对应的是国有建设用地使用权及地上房屋所有权的相对灭失，如国有建设用地使用权及地上房屋所有权因转移给他人而使原权利人的权利灭失，他人在此灭失的基础上设立属于自己的国有建设用地使用权及地上房屋所有权。《不动产登记暂行条例》第十四条第二

第三章 国有建设用地使用权及地上房屋所有权登记收件

款第（五）项规定，不动产灭失产生的注销登记可以由当事人单方申请。据此可知，因国有建设用地及地上房屋灭失产生的注销登记，由权利人单方申请。因此，登记申请书由权利人单方出具。登记申请书应当载明：权利人的姓名或名称；申请人的身份证明类型和号码；登记类型——注销登记；登记原因——国有建设用地及地上房屋灭失；不动产单元号码；不动产权属证书号码；国有建设用地使用权及地上房屋所有权面积等。

2. 不动产权属证书或国有建设用地使用权及地上房屋所有权已经登记的证明

（1）不动产权属证书。

不动产权属证书，是指载明欲注销的国有建设用地使用权及地上房屋所有权的不动产权属证书。

从实体上看，在2007年10月1日（《物权法》颁布实施）前，登记簿制度尚未建立，注销登记自记载于登记簿上时起生效无法实施。曾经的《城市房屋权属登记管理办法》第五条规定，房屋所有权证（或房地产权证）是权利人享有房屋所有权的唯一合法凭证。原《土地登记规则》（国土〔法〕字第184号）第六十五条规定，土地证书是土地登记卡部分内容的副本，是土地使用者、所有者和土地他项权利者持有的法律凭证。因此，对登记簿制度建立前颁发的不动产权属证书（房屋所有权证、房地产权证、国有土地使用权证），权利人申请注销登记，实质上是申请注销不动产权属证书，故申请人应当提交不动产权属证书，由登记机构收回归档。

从程序上看，按《民法典》第二百一十六条规定，不动产登记簿是物权归属和内容的依据。按该法第二百一十七条规定，不动产权属证书是权利人享有不动产物权的证明，不动产权属证书记载的事项应当与登记簿一致。据此可知，国有建设用地使用权及地上房屋所有权注销登记完成后，权利人享有的国有建设用地使用权及地上房屋所有权已经从登记簿上注销，登记簿上记载的事项失去法律效力，相应的不动产权属证书表征的权利也失去法律效力，即该不动产权属证书上也失去法律效力，应当由登记机构收回归档。

（2）国有建设用地使用权及地上房屋所有权已经登记的证明。

在不动产登记实务中，权利人因种种原因遗失或毁损不动产权属证书，申请注销登记时无法提交的情形时有出现。如果要求权利人先行补办不动产权属证书，然后再申请注销登记，显然与法律的规定相悖，因国有建设用地及地上房屋实体灭失，附于其上的权益随之灭失，又怎么能补办表征权利人享有国有建设用地使用权及地上房屋所有权的不动产权属证书呢？！因此，申请人可以凭登记机构存档的欲注销的国有建设用地使用权及地上房屋所有权的登记材料复印件（适用于登记簿制度建立前核发的国有土地使用权证、房屋所有权证不能提交的情形），或载明欲注销的国有建设用地使用权及地上房屋所有权的登记簿打印件、复印（制）件等国有建设用地使用权及地上房屋所有权已经登记的证明申请注销登记，注销登记记载于登记簿上后，申请人未提交的原不动产权属证书，由登记机构在其门户网站或当地公开发行的报刊上公告作废，以免除或减轻其流失社会造成的负面影响。

《不动产登记暂行条例实施细则》第二十三条规定，因不动产权利灭失等情形，不动产登记机构需要收回不动产权属证书或者不动产登记证明的，应当在不动产登记簿上将收回不动产权属证书或者不动产登记证明的事项予以注明；确实无法收回的，应当在不动产登记机构门户网站或者当地公开发行的报刊上公告作废。其中的"不动产权利灭失"，包括不动产权利的绝对灭失和相对灭失。不动产权利的绝对灭失，是指不动产权利随不动产实体的消灭而永久消灭，或者随依附的主权利、主债权的消灭而消灭。与之对应的是不动产权利的相对灭失：一是不动产权利因转移给他人而使原权利人的权利灭失，他人在此灭失的基础上设立属于自己的不动产权利；二是不动产权利因不动产实体灭失外的申请注销登记的事由成就完成注销登记而灭失（如权利人抛弃不动产权利申请注销登记后，该权利人享有的不动产权利灭失，但该不动产权利本身并不消灭，而其归属处于待定状态，故此情形属于不动产权利的相对灭失）；三是不动产权利内容因发生变更，变更前的不动产权利内容因变更的完成而消灭，不动产权利的新内容因变更的完成而产生。据此可知，国有建设用地使用权及地上房屋权所有权注销登记完成后，权利人的权利灭失，不能收回的载明该灭失权利的不动产权属证书，由登记机构公告作废。

3. 国有建设用地及地上房屋实体已经灭失的证明

国有建设用地及地上房屋实体已经灭失的证明，是申请人申请因灭失产生的注销登记的原因凭证。

国有建设用地及地上房屋实体已经灭失的证明应当根据灭失的原因，由相应的主体出具，如权利人自行拆除房屋的，可以是权利人出具的房屋实体已经灭失的声明或保证，也可以是房屋实体灭失的相片等；房屋因火灾灭失的，可以是应急管理机关或其消防机构、地方政府或房屋所在地社区出具的证明等；房屋因拆迁灭失的，可以是拆迁补偿安置协议；土地因山地自然灾害灭失的，

第三章 国有建设用地使用权及地上房屋所有权登记收件

可以由县级以上人民政府应急管理机关出具证明等。

二、因权利人放弃国有建设用地使用权及地上房屋所有权申请的注销登记收件

1. 登记申请书；
2. 申请人的身份证明；
3. 不动产权属证书；
4. 权利人放弃国有建设用地使用权及地上房屋所有权的证明；
5. 其他必要材料。

说明和理由：

1. 登记申请书

权利人放弃自己依法享有的国有建设用地使用权及地上房屋所有权，是对自己享有的国有建设用地使用权及地上房屋所有权的处分，是一种单纯的物权行为，权利人依自己的意思表示即可，无须他人同意和配合，故放弃国有建设用地使用权及地上房屋所有权是一种单方行为。《不动产登记暂行条例》第十四条第二款第（五）项规定，放弃不动产权利产生的注销登记可以由当事人单方申请。据此可知，因放弃国有建设用地使用权及地上房屋所有权产生的注销登记，由权利人单方申请，即登记申请书由权利人单方出具。登记申请书应当载明：权利人的姓名或名称；申请人的身份证明类型和号码；登记类型——注销登记；登记原因——放弃权利；不动产单元号码；不动产权属证书号码；国有建设用地使用权及地上房屋所有权面积等。

2. 权利人放弃权利的证明

权利人放弃权利的证明，是申请人申请因放弃权利产生的国有建设用地使用权及地上房屋所有权注销登记的原因凭证。

如前所述，放弃国有建设用地使用权及地上房屋所有权是权利人处分自己享有的国有建设用地使用权及地上房屋所有权的一种单方的物权行为，因此，放弃权利的证明，应当是权利人作出的明确放弃国有建设用地使用权及地上房屋所有权意思表示的声明、承诺等。

特别说明：

《不动产登记暂行条例实施细则》第二十八条第（二）款规定，不动产上已经设立抵押权、地役权或者已经办理预告登记，所有权人、使用权人因放弃权利申请注销登记的，申请人应当提供抵押权人、地役权人、预告登记权利人同

意的书面材料。据此可知，权利人申请因放弃国有建设用地使用权及地上房屋所有权产生的注销登记时，若登记簿上记载有抵押权、地役权、预告登记等限制权利人处分国有建设用地及地上房屋的权利或事项时，应当提交相关当事人同意注销登记的书面材料。笔者认为，《民法典》第二百一十六条第一款规定，不动产登记簿是物权归属和内容的根据。据此可知，记载在登记簿上的抵押权、地役权、预告登记，只要没有被依法注销，就对不动产的所有权人或使用权人处分（放弃）自己的不动产有限制作用，因此而申请的注销登记，登记机构不应当办理。登记簿上记载的抵押权人、地役权人、预告登记权利人同意不动产的所有权人或使用权人以放弃方式处分自己的权利，不是注销登记申请书，不能启动注销登记程序，更不直接产生注销记载在登记簿上的抵押权、地役权、预告登记的后果，应当由所有权人或使用权人与抵押权人、地役权人、预告登记权利人共同申请相关权利或事项注销登记并被记载于登记簿上后，这些权利或事项才对所有权人、使用权人以放弃方式处分自己的权利失去限制作用，所有权人或使用权人申请因放弃权利产生的注销登记，登记机构才可以办理。因此，权利人因放弃权利申请承载有抵押权、地役权和预告登记的不动产注销登记时，应当提交抵押权人、地役权人、预告登记权利人授权所有权人或使用权人代为申请相关权利或事项的注销登记的授权委托书和该权利、事项消灭的证明，而非同意注销相关权利或事项的证明。在不动产登记实务中，建议按此操作。

三、因国有建设用地使用权及地上房屋所有权被依法没收、征收或者收回申请、嘱托产生的注销登记收件

1. 登记申请书、嘱托文件；
2. 申请人的身份证明、嘱托文书送达人员的工作关系证明及身份证明；
3. 不动产权属证书或国有建设用地使用权及地上房屋所有权已经登记的证明；
4. 没收、征收国有建设用地使用权及地上房屋所有权的文件，或收回国有建设用地使用权的文件；
5. 其他必要材料。

注：第3项材料适用于依申请启动的注销登记。

说明和理由：

1. 登记申请书、嘱托文件

没收、征收或者收回不动产物权，属于以国家公权力消灭不动产物权的情形，具有强制性，不以权利人的意志为转移，一般以国家机关生效的文书方式

第三章　国有建设用地使用权及地上房屋所有权登记收件

体现。因国有建设用地使用权及地上房屋所有权被依法没收、征收或者收回产生的注销登记，可以由申请人申请启动，也可以由作出没收、征收、收回决定的国家机关嘱托启动。

（1）登记申请书。

在不动产登记实务中，《不动产登记操作规范（试行）》8.4.2条规定，国有建设用地使用权注销登记的申请主体应当是不动产登记簿记载的权利人。该规范第9.4.2条规定，申请国有建设用地使用权及房屋所有权注销登记的主体应当是不动产登记簿记载的权利人或者其他依法享有不动产权利的权利人。由于自人民政府的征收决定生效时起，权利人无须登记即依法、即时取得被征收的不动产的权利。基于没收、收回取得的不动产权利，须该被没收、征收的不动产权利记载于登记簿上后，当事人才享有该被没收、收回的不动产的权利，故国有建设用地使用权及地上房屋所有权注销登记由登记簿上记载的权利人或基于征收决定享有权利的权利人单方申请，即注销登记申请书由权利人单方出具。登记申请书应当载明：权利人姓名或名称；申请人的身份证明类型和号码；登记类型——注销登记；登记原因——没收（或征收、收回）；不动产单元号码；不动产权属证书号码；国有建设用地使用权及地上房屋所有权面积等。

（2）嘱托文件。

作出没收、征收或者收回国有建设用地使用权及地上房屋所有权决定的国家机关出具的嘱托文件，主要是指人民法院送达的要求登记机构办理注销登记的协助执行通知书，以及县级以上人民政府或其行政机关发送给登记机构要求其办理注销登记的通知等公文。

2. 嘱托文件送达人员的工作关系证明、身份证明

嘱托文件送达人员的工作关系证明、身份证明，主要指送达协助执行通知书的执行员的工作证、执行公务证，或送达行政嘱托文件的人员的工作介绍信、该人员的居民身份证。当然，行政嘱托文件通过党政网、政府信函交换站等公文发送途径送达登记机构的，登记机构无须收取嘱托文件送达人员的工作关系证明、身份证明，但须在登记簿附记中加注嘱托文件的取得途径，如党政网收取注销文件等。

3. 没收、征收国有建设用地使用权及地上房屋所有权的文件，或收回国有建设用地使用权的文件

（1）没收国有建设用地使用权及地上房屋所有权的文件。

没收国有建设用地使用权及地上房屋所有权的文件，主要指国家机关履行

法定职权，采用强制手段无偿剥夺他人非法取得的国有建设用地使用权及地上房屋所有权，从而消灭其享有的国有建设用地使用权及地上房屋所有权的情形。没收有行政没收和司法没收。

① 行政没收。

《行政处罚法》第八条规定，没收非法财物属于行政处罚的种类。该法第三十九条规定，行政机关给予行政处罚，应当制作行政处罚决定书。据此可知，行政没收，以行政处罚决定书的方式体现。因此，申请人申请或嘱托人嘱托因行政没收产生的国有建设用地使用权及地上房屋所有权注销登记时，应当提交载明没收内容的行政处罚决定书。

② 司法没收。

《刑法》第三十四条第一款第（三）项规定，没收财产属于附加刑的种类。该法第五十九条第二款规定，在判处没收财产的时候，不得没收属于犯罪分子家属所有或者应有的财产。据此可知，司法没收以生效的刑事判决书的形式体现。因此，申请人申请或嘱托人嘱托因司法没收产生的国有建设用地使用权及地上房屋所有权注销登记时，应当提交载明没收内容的生效的刑事判决书。也可以提交没收国有建设用地使用权及地上房屋所有权的裁定书。

（2）征收国有建设用地使用权及地上房屋所有权的文件。

按《民法典》第二百二十九条规定，因人民政府的征收决定导致物权消灭的，自人民政府的征收决定生效时发生效力。据此可知，征收是法律规定的导致不动产权利消灭的情形。《国有土地上房屋征收与补偿条例》第四条第一款规定，市、县级人民政府负责本行政区域的房屋征收与补偿工作。据此可知，征收国有建设用地使用权及地上房屋所有权，由县级以上人民政府以征收决定的方式体现。因此，申请人申请或嘱托人嘱托因征收产生的国有建设用地使用权及地上房屋所有权注销登记时，应当提交载明征收内容的县级以上人民政府作出的征收决定。

（3）收回国有建设用地使用权的文件。

《土地管理法》第五十八条第一款规定："有下列情形之一的，由有关人民政府土地行政主管部门报经原批准用地的人民政府或者有批准权的人民政府批准，可以收回国有土地使用权：（一）为公共利益需要使用土地的；（二）为实施城市规划进行旧城区改建，需要调整使用土地的；（三）土地出让等有偿使用合同约定的使用期限届满，土地使用者未申请续期或者申请续期未获批准的；（四）因单位撤销、迁移等原因，停止使用原划拨的国有土地的；（五）

第三章 国有建设用地使用权及地上房屋所有权登记收件

公路、铁路、机场、矿场等经核准报废的。"《土地管理法实施条例》第七条规定,依照《土地管理法》的有关规定,收回用地单位的土地使用权的,由原土地登记机关注销土地登记。土地使用权有偿使用合同约定的使用期限届满,土地使用者未申请续期或者虽申请续期未获批准的,由原土地登记机关注销土地登记。据此可知,收回国有建设用地使用权,应当由县级以上人民政府自然资源行政主管部门作出收回意见,经同级人民政府批准后生效,且国有建设用地使用权因被收回而消灭。因此,申请人申请或嘱托人嘱托因收回产生的国有建设用地使用权注销登记时,应当提交载明收回内容的县级以上人民政府自然资源行政主管部门作出的收回意见及同级人民政府同意实施该意见的批准文件。

四、因人民法院、仲裁机构的生效法律文书导致国有建设用地使用权及地上房屋所有权消灭申请、嘱托的注销登记收件

1. 登记申请书、协助执行通知书;
2. 申请人的身份证明、执行员的工作证和执行公务证;
3. 不动产权属证书或国有建设用地使用权及地上房屋所有权已经登记的证明;
4. 人民法院、仲裁机构生效的导致国有建设用地使用权及地上房屋所有权消灭的法律文书;
5. 其他必要材料。

注:第3项材料适用于依申请启动的注销登记。

说明和理由:

1. 登记申请书、协助执行通知书

《民法典》第二百二十九条规定,因人民法院、仲裁机构的法律文书或者人民政府的征收决定等,导致物权设立、变更、转让或者消灭的,自法律文书或者征收决定等生效时发生效力。据此可知,人民法院、仲裁机构的生效的确认登记簿上记载的国有建设用地使用权及地上房屋所有权无效的法律文书,是法律规定的导致国有建设用地使用权及地上房屋所有权消灭的情形。由此产生的国有建设用地使用权及地上房屋所有权可以由申请人申请启动,也可以由人民法院嘱托启动。

(1)登记申请书。

《不动产登记暂行条例》第十四条第二款第(三)项规定,人民法院、仲裁委员会生效的法律文书或者人民政府生效的决定等设立、变更、转让、消灭不动产权利的,不动产登记可以由当事人单方申请。因此,注销登记申请书由登

记簿上记载的权利人单方出具，登记申请书应当载明：权利人姓名或名称；申请人的身份证明类型和号码；登记类型——注销登记、登记原因——司法裁决（或仲裁裁决）；不动产单元号码；不动产权属证书号码；国有建设用地使用权及地上房屋所有权面积等。

（2）协助执行通知书。

《民事诉讼法》第二百二十四条第一款规定，发生法律效力的民事判决、裁定，以及刑事判决、裁定中的财产部分，由第一审人民法院或者与第一审人民法院同级的被执行的财产所在地人民法院执行。该法第二百三十七条第一款规定，对依法设立的仲裁机构的裁决，一方当事人不履行的，对方当事人可以向有管辖权的人民法院申请执行。受申请的人民法院应当执行。据此可知，人民法院、仲裁机构导致国有建设用地使用权及地上房屋所有权消灭的法律文书生效后，登记簿上记载的权利人不申请注销登记的，其他当事人可以申请人民法院执行，由人民法院向登记机构送达协助执行通知书要求登记机构办理注销登记。

2. 人民法院、仲裁机构生效的导致国有建设用地使用权及地上房屋所有权消灭的法律文书

人民法院、仲裁机构生效的导致国有建设用地使用权及地上房屋所有权消灭的法律文书，主要指确认登记簿上记载的国有建设用地使用权及地上房屋所有权无效的最高人民法院和终审人民的民事判决书、初审人民法院附生效证明的民事判决书、执行裁定书、仲裁机构的裁决书。

特别说明：

（1）注销登记不是撤销登记。撤销登记，是指行政复议机关以行政复议决定，或人民法院以行政判决书的方式作出的，使登记簿上记载的不正确的不动产登记自始归于无效的行为，如人民法院判决撤销房屋所有权登记等。撤销登记实质上是国家公权力对不动产登记的强制性干涉，对不正确的登记予以纠正，溯及既往地剥夺登记簿上记载的不动产权利的法律效力，即让登记簿上记载的不动产权利自始无效。但撤销登记不是不动产登记类型，只是一种公权力的强制手段。注销登记消灭的是登记簿上记载正确的，但消灭情形已经出现的不动产权利，它不溯及既往地剥夺登记簿上记载的不动产权利的法律效力，而是自注销登记被记载于登记簿上时起，才消灭登记簿上记载的不动产权利的法律效力。原《房屋登记办法》第八十一条规定"司法机关、行政机关、仲裁委员会发生法律效力的文件证明当事人以隐瞒真实情况、提交虚假材料等非法手段获

第三章　国有建设用地使用权及地上房屋所有权登记收件

取房屋登记的，房屋登记机构可以撤销原房屋登记，收回房屋权属证书、登记证明或者公告作废，但房屋权利为他人善意取得的除外。"据此可知，房屋登记机构可以依据司法机关、行政机关、仲裁机构发生法律效力的文件直接办理撤销房屋登记。不动产统一登记后，《不动产登记暂行条例实施细则》的规定没有授予登记机构以不动产登记撤销权，法律、行政法规也没有授予登记机构有权撤销不动产登记的规定，"法无授权不可为"，因此，现时的登记机构不能办理不动产撤销登记。

（2）国有建设用地上的构筑物登记适用本章内容。

第四章 宅基地使用权及地上房屋所有权登记收件

《土地管理法》第六十二条第一款和第五款规定，农村村民一户只能拥有一处宅基地。农村村民出卖、出租、赠与住宅后，再申请宅基地的，不予批准。《民法典》第三百六十二条规定，宅基地使用权人依法对集体所有的土地享有占有和使用的权利，有权依法利用该土地建造住宅及其附属设施。质言之，宅基地是供农村村民建造住宅及其附属设施的集体土地。按《不动产登记暂行条例》第五条第（二）项和第（六）项规定，宅基地使用权及地上房屋所有权属于不动产登记的范围。在不动产登记实务中，《不动产登记暂行条例实施细则》只对宅基地使用权及地上房屋所有权首次登记和转移登记做了规定，对其变更登记和注销登记则没有作规定，与《不动产登记暂行条例实施细则》配套的《不动产登记操作规范（试行）》对此做了补充，规定了宅基地使用权及地上房屋所有权的变更登记和注销登记。笔者拟对申请人申请宅基地使用权及地上房屋所有权首次登记、变更登记、转移登记和注销登记时应当提交的材料作阐释。

第一节 首次登记收件

宅基地使用权及地上房屋所有权首次登记，是指权利人向登记机构申请，将其依法设立或取得的宅基地使用权及地上房屋所有权第一次记载在登记簿上的登记。

在不动产登记实务中，按《不动产登记暂行条例实施细则》第四十条和第四十一条规定，权利人可以在依法取得宅基地使用权手续后，地上房屋尚未建造，或已经开始建造但尚未竣工的情形下，先行单独申请宅基地使用权首次登记。也可以待地上合法建造的房屋竣工后，一并申请宅基地使用权及地上房屋所有权首次登记。

我国的宅基地使用权及地上房屋所有权登记工作开展较晚，且各地开展的情况参差不齐，因此《不动产登记暂行条例实施细则》也只对宅基地上合法建造并竣工的房屋的首次登记做了规定，但笔者在研习中，还了解到有申请人持继承手续或遗赠手续、依法取得宅基地使用权及合法建造地上房屋的证明等材

第四章 宅基地使用权及地上房屋所有权登记收件

料申请的宅基地使用权及地上房屋所有权首次登记。笔者拟根据自己的研习体会及曾经的不动产登记经验，对申请人基于不同情形申请宅基地使用权及地上房屋所有权首次登记时应当提交的材料作阐释。

一、因依法设立的宅基地使用权及地上合法建造的房屋竣工后申请的首次登记收件

1. 登记申请书；
2. 申请人的身份证明和户口簿；
3. 不动产权属证书或者有效的宅基地权属来源材料；
4. 房屋建设符合规划的证明；
5. 房屋已经竣工的证明；
6. 权籍调查表、宗地图、房屋平面图以及载明宗地界址点坐标的材料等；
7. 其他必要材料。

注：第 3 项材料中的"有效的宅基地权属来源材料"和第 6 项材料中的宗地图、载明宗地界址点坐标的材料适用于申请人申请宅基地使用权首次登记的情形。

说明和理由：

1. 登记申请书

《不动产登记暂行条例》第十四条第二款第（一）项规定，尚未登记的不动产首次申请登记，可以由当事人单方申请。因此，依法设立的宅基地使用权、地上合法建造的房屋竣工后申请的宅基地使用权及地上房屋所有权首次登记，由权利人单方申请，即登记申请书由权利人单方出具。登记申请书应当载明：权利人——户主姓名；权利人的身份证明类型及号码；不动产类型——土地/房屋；宗地/房屋坐落；宗地面积；宗地的不动产单元号码或宗地及地上房屋的不动产单元号码；宗地用途——住宅；权利人类型——个人；登记类型——首次登记；登记原因——批准拨用/合法建造；权利类型——宅基地使用权/房屋所有权；宗地权利性质——批准拨用；宗地的权利设定方式——地表（或地下、地上）；宗地四至描述；房屋性质——自建房；房屋所在幢的层数和房屋所在的层数；房屋结构——钢结构（或钢和钢筋混凝土结构、钢筋混凝土结构、混合结构、砖木结构、其他结构等）；房屋规划用途；房屋的总建筑面积；房屋的专有建筑面积；房屋的分摊建筑面积；共有情况等。

申请登记为单独所有的，应当提交单独所有的证明材料，如婚前取得的证明、对方配偶关于归申请人单独所有的声明等。申请登记为按份共有的，应当

提交共有人关于份额的约定等。

《国土资源部关于启用不动产登记簿证样式（试行）的通知》（国土资发〔2015〕25号）附《不动产登记簿样式及使用填写说明》规定，按户取得宅基地的按照姓名（性别、年龄、与户主关系）的格式逐个填写共有人。因此，登记申请书还应当附记农户家庭成员情况，即宅基地使用权及地上房屋所有权的共有人情况。

2. 申请人的身份证明和户口簿

此处申请人的身份证明是指申请人现时使用的有效的居民身份证。

按《不动产登记暂行条例实施细则》第四十一条第（一）项规定，申请人申请宅基地使用权及地上房屋所有权首次登记时，应当同时提交其身份证和户口簿，但在现实生活中，存在村民取得宅基地使用权后，房屋建造中或建造完成后，将其户籍迁出集体经济组织，甚至取得境外居留权或他国国籍的情形。《民法典》第二百三十一条规定，因合法建造、拆除房屋等事实行为设立或者消灭物权的，自事实行为成就时发生效力。据此可知，只要是合法建造的房屋，自竣工时起，权利人无须登记即依法、及时取得房屋的所有权。因此，只要权利人取得宅基地时是该宅基地所在地集体经济组织成员，有合法的房屋建造手续的，申请宅基地使用权及地上房屋所有权首次登记时，尽管权利人不再是宅基地所在地集体经济组织成员，登记机构仍然应当受理登记申请，满足登记条件的，应当核准登记。在不动产登记实务中，《国土资源部关于进一步加快宅基地和集体建设用地确权登记发证有关问题的通知》（国土资发〔2016〕191号）第八条规定，农民进城落户后，其原合法取得的宅基地使用权应予以确权登记。因此，申请宅基地使用权及地上房屋所有权首次登记时，户籍已经迁出的申请人，提交的户口簿应当是能证明其取得宅基地时是宅基地及地上房屋所在地集体经济组织成员的户口簿复印件（复制件）或其他户籍证明材料。

3. 不动产权属证书或者有效的宅基地权属来源材料

（1）不动产权属证书。

不动产权属证书，是指申请人依法持有的记载有宅基地使用权的不动产权属证书。不动产权属证书是权利人单独申请宅基地上房屋及附属设施所有权登记时才提交的材料。按《不动产登记暂行条例实施细则》第一百零五条第一款规定，本实施细则施行前，依法核发的各类不动产权属证书继续有效。故此处的不动产权属证书，包括不动产统一登记前权利人合法持有的《集体土地使用权证》等。

第四章　宅基地使用权及地上房屋所有权登记收件

（2）有效的宅基地权属来源材料。

有效的宅基地权属来源材料，是指申请人持有的能证明其依法享有宅基地使用权的证明材料，是申请人单独申请无房屋的宅基地使用权首次登记，或者一并申请宅基地使用权及地上房屋所有权首次登记时应当提交的材料。主要有：

① 乡（镇）人民政府、县级人民政府批准用地的文件。

按《土地管理法》第六十二条第四款规定，农村村民住宅用地，由乡（镇）人民政府审核批准；其中，涉及占用农用地的，依法将农用地转为建设用地后，由县级人民政府审批。据此可知，一般情形下，宅基地使用权乡（镇）人民政府审核批准，村民占用农用地的建房的由县级人民政府批准。乡（镇）人民政府、县级人民政府批准使用宅基地的文件属于《不动产登记暂行条例实施细则》第四十一条第（二）项规定的申请人申请宅基地使用权及地上房屋所有权首次登记时，应当提交的"有批准权的人民政府批准用地的文件等权属来源材料"。

② 县级以上人民政府确认申请人享有宅基地使用权的证明或决定。

县级以上人民政府确认申请人享有宅基地使用权的证明或决定，是指申请人现时占有、使用的宅基地在没有直接的权属来源材料、超出批准范围使用土地、存在宅基地使用权权属纠纷等情形下，经过县级以上人民政府确认、调处后产生的能证明宅基地使用权归属的材料。

《确定土地所有权和使用权的若干规定》第二条规定，土地所有权和使用权由县级以上人民政府确定，土地管理部门具体承办。土地权属争议，由土地管理部门提出处理意见，报人民政府下达处理决定或报人民政府批准后由土地管理部门下达处理决定。据此可知，宅基地使用权权属确认，或者宅基地使用权权属纠纷调处，由县级以上人民政府负责。因此，县级以上人民政府确认申请人享有宅基地使用权的证明，或经县级以上人民政府批准后由土地管理部门下达的宅基地使用权纠纷处理决定、权利归属决定等，属于《不动产登记暂行条例实施细则》第四十一条第（二）项规定的申请人申请宅基地使用权及地上房屋所有权首次登记时，应当提交的"有批准权的人民政府批准用地的文件等权属来源材料"。

③ 其他有效的宅基地使用权权属来源材料。

1982年实施的《村镇建房用地管理条例》第十四条规定，农村社员，回乡落户的离休、退休、退职职工和军人，回乡定居的华侨，建房需要宅基地的，应向所在生产队申请，经社员大会讨论通过，生产大队审核同意，报公社管理委员会批准；确实需要占用耕地、园地的，必须报经县级人民政府批准。批准后，由批准机关发给宅基地使用证明。据此可知，此阶段权利人享有宅基地使用权的有效凭证是宅基地使用证明。《国土资源部、中央农村工作领导小组办公室、财政部、农业部关于农村集体土地确权登记发证的若干意见》（国土资发〔2011〕178号）第六条规定，已拥有一处宅基地的本农民集体成员、非本农民集体成员的农村或城镇居民，因继承房屋占用农村宅基地的，可按规定登记发证，在《集体土地使用证》记事栏应注记"该权利人为本农民集体原成员住宅的合法继承人"。据此可知，此阶段，权利人享有宅基地使用权的有效凭证是《集体土地使用证》。另外，据笔者查考，在各个不同时期，权利人享有宅基地使用权证明的形式不同。综合各个时期的法律、法规、规章和政策的规定，权利人享有宅基地使用权证明的主要形式有：① 宅基地使用证明；② 宅基证；③ 载明县（市、区）、乡批准建房意见的村民建房报批表（代准建证）；④ 城乡居民建设用地许可证；⑤ 集体建设用地使用权证；⑥ 集体土地使用权证等。这些材料也是不同的历史时期，由有批准权的人民政府审批后发放给权利人的有效的宅基地使用权凭证，这些凭证属于《不动产登记暂行条例实施细则》第四十一条第（二）项规定的申请人申请宅基地使用权及地上房屋所有权首次登记时，应当提交的"有批准权的人民政府批准用地的文件等权属来源材料"。

4. 房屋建设符合规划的证明

关于集体土地上房屋建设符合规划的证明，笔者区别城市、市、建制镇、村庄和集镇规划区以外的房屋，城市、市和建制镇规划区以内的房屋，村庄和集镇规划区以内的房屋等情形予以阐释。

（1）城市、市、建制镇、村庄和集镇规划区以外的集体土地上的房屋。

《城乡规划法》第四十二条规定，城乡规划主管部门不得在城乡规划确定的建设用地范围以外作出规划许可。据此可知，城市、市、建制镇规划区以外的集体土地上的房屋建设，不属于规划控制对象。因此，未在城市、市、建制镇规划区范围内的房屋申请首次登记时，提交县级以上人民政府规划行政主管机关或省级政府赋予规划许可权的镇人民政府出具的申请首次登记的房屋未在城市、市、建制镇规划区范围内的证明，以替代房屋建设符合规划的证明。村庄和集镇规划区外的房屋申请首次登记时，提交乡人民政府出具的房屋未在村庄、集镇规划区范围内的证明，以替代房屋建设符合规划的证明。

通过有权的人民政府发布的规划编制说明或规划图中明确的规划区范围，能够判定申请人申请首次登记的房屋不在此规划区范围内的，登记机构无须要求申请人提交房屋不在规划区范围内的证明，但须将此规划编制说明或规划图的相关内容摘要或复制件归入登记案卷。

（2）城市、市和建制镇规划区内的房屋。

1984年1月，国务院发布的《城市规划条例》第二条规定，本条例所称城市，是指国家行政区域划分设立的直辖市、市、镇，以及未设镇的县城。该条例第三条规定，任何组织和个人，在城市规划区内进行与城市规划管理有关的活动，必须遵守本条例，并服从城市规划和管理。但该条例第四十四条规定，在城市规划区内国家所有的土地和征用集体所有的土地上，需要新建、扩建、改建任何建筑物、构筑物的，都必须向城市规划主管部门提出建设申请。据此可知，此阶段，《城市规划条例》没有将城市规划区内集体土地上的房屋建设纳入规划控制范围。

1989年12月，《城市规划法》实施，按该法第三十二条规定，在城市规划区内新建、扩建和改建建筑物、构筑物，必须持有关批准文件向城市规划行政主管部门提出申请，由城市规划行政主管部门根据城市规划提出的规划设计要求，核发建设工程规划许可证件。据此可知，按《城市规划法》规定，在城市规划区范围内，无论国有土地上的房屋建设，还是集体土地上的房屋建设，均须取得规划行政主管机关核发的建设工程规划许可手续。

2008年1月，《城乡规划法》实施，该法第四十条第一款规定，在城市、镇规划区内进行建筑物、构筑物、道路、管线和其他工程建设的，建设单位或者个人应当向城市、县人民政府城乡规划主管部门或者省、自治区、直辖市人民政府确定的镇人民政府申请办理建设工程规划许可证。据此可知，《城乡规划法》规定，凡城市规划区范围内，无论国有土地上的房屋建设，还是集体土地上的房屋建设，均须取得城市规划行政主管机关或省级政府赋予规划许可权的镇人民政府颁发的建设工程规划许可手续。

综合以上情形，城市、市和建制镇规划区范围内的宅基地上的房屋申请首次登记时，1989年12月以前建成的房屋，提交镇人民政府或街道办事处出具的房屋建成年代证明替代房屋建设符合规划的证明；1989年12月以后建成的房屋，提交的房屋建设符合规划的证明为规划行政主管机关或省级政府赋予规划许可权的镇人民政府发放的建设工程规划许可证，也可以是其出具的符合规划的证明。

（3）村庄和集镇规划区内的房屋。

1993年11月，国务院发布的《村庄和集镇规划建设管理条例》实施，该条例第一次将村庄和集镇规划区内的房屋建设纳入规划控制范围。该条例第三条规定，村庄是指农村村民居住和从事各种生产的聚居点。集镇是指乡、民族乡人民政府所在地和经县级人民政府确认由集市发展而成的作为农村一定区域经济、文化和生活服务中心的非建制镇。该条例第十八条规定，村民进行房屋建设，原基改建的，由乡级人民政府规划许可；占用耕地建设的，须有县级人民政府规划行政主管部门核发选址意见书予以规划许可。因此，1993年11月以前建成的房屋申请首次登记的，提交乡人民政府出具的房屋建成年代的证明替代房屋建设符合规划的证明。1993年11月以后建成的房屋申请首次登记的，宅基地使用权手续上载明原基改建的，提交房屋建设符合规划的证明为乡人民政府出具的房屋建设符合规划要求的证明；宅基地使用权手续上载明占用耕地的，房屋建设符合规划的证明为县级人民政府规划行政主管机关核发的选址意见书，或其出具的符合规划的证明。

5. 房屋已经竣工的证明

《不动产登记暂行条例实施细则》和《不动产登记操作规范（试行）》的规定都没有将房屋已经竣工的证明列入申请人申请宅基地上的房屋所有权首次登记时应当提交的材料，但笔者认为，按《民法典》第二百三十一条规定，合法建造的房屋自竣工时起，权利人无须登记即依法、及时取得该房屋的所有权。因此，房屋已经竣工的证明是权利人能否依法、即时取得房屋所有权的证明，换言之，房屋已经竣工的证明是区分申请登记的客体是房屋，还是在建建筑物的证据。所以，申请人申请宅基地上的房屋所有权首次登记时应当向登记机构提交房屋已经竣工的证明，该证明主要指：① 建设工程质量管理部门出具的竣工验收备案表；② 建设单位组织相关部门对竣工房屋进行综合验收形成的建设工程质量竣工验收合格证；③ 承建单位或个人（有资质的建筑工匠等）出具的房屋已经竣工的证明；④ 所有权人出具的房屋已经竣工的保证，或证明房屋等建筑物、构筑物已经竣工的照片等。此处的房屋已经竣工的证明，属于《不动产登记暂行条例实施细则》第四十一条第（五）项规定的申请人申请宅基地使用权及地上房屋所有权首次登记时应当提交的"其他必要材料"。在不动产登记实务中，建议按此操作。

6. 权籍调查表、宗地图、房屋平面图以及载明宗地界址点坐标的材料

此类材料，主要指有资质的专业机构按《不动产权籍调查技术方案（试行）》的规定出具的从空间上、地域上特定申请首次登记的宅基地使用权及地上房屋所有权的权籍调查成果材料。权利人单独申请宅基地使用权或地上房屋所有权首次登记的，只提交与申请登记的内容相对应的权籍调查成果材料。

第四章 宅基地使用权及地上房屋所有权登记收件

二、继承人持依法取得宅基地使用权及合法建造地上房屋的证明申请的首次登记收件

1. 登记申请书；
2. 申请人的身份证明；
3. 不动产权属证书或者有效的宅基地权属来源材料；
4. 继承证明材料；
5. 房屋建设符合规划的证明；
6. 房屋已经竣工的证明；
7. 被继承人的死亡证明书；
8. 权籍调查表、宗地图、房屋平面图以及载明宗地界址点坐标的材料；
9. 其他必要材料。

注：第3项材料中的"有效的宅基地权属来源材料"和第8项材料中的"权籍调查表、宗地图、载明宗地界址点坐标的材料"适用于申请人申请宅基地使用权首次登记的情形。第4项材料中申请人提交的是继承权公证书的，无须提交第7项材料。

说明和理由：

1. 登记申请书

《不动产登记暂行条例》第十四条第二款第（二）项规定，继承取得的不动产权利，可以由当事人单方申请登记。据此可知，登记申请书由继承人（权利人）单方出具。登记申请书应当载明：权利人——继承人姓名；申请人的身份证明类型及号码；不动产类型——土地/房屋；宗地/房屋坐落；宗地面积；宗地的不动产单元号码或宗地及地上房屋的不动产单元号码；宗地用途——住宅；权利人类型——个人；登记类型——首次登记；登记原因——批准拨用/合法建造（继承）、权利类型——宅基地使用权/房屋所有权；宗地权利性质——批准拨用；宗地的权利设定方式——地表（或地下、地上）；宗地四至描述；房屋性质——自建房；房屋所在幢的层数和房屋所在的层数；房屋结构——钢结构（或钢和钢筋混凝土结构、钢筋混凝土结构、混合结构、砖木结构、其他结构等）；房屋规划用途；房屋的总建筑面积；房屋的专有建筑面积；房屋的分摊建筑面积；共有情况等。

申请登记为单独所有的，应当提交单独所有的证明材料，如婚前取得的证明、对方配偶关于归申请人单独所有的声明等。申请登记为按份共有的，应当提交共有人关于份额的约定等。

《民法典》第一千一百二十一条第一款规定，继承从被继承人死亡时开始。该法第二百三十条规定，因继承取得物权的，自继承开始时发生效力。该法第二百三十一条规定，因合法建造、拆除房屋等事实行为设立或者消灭物权的，自事实行为成就时发生效力。《国土资源部、中央农村工作领导小组办公室、财政部、农业部关于农村集体土地确权登记发证的若干意见》（国土资发〔2011〕178号）第六条规定，已拥有一处宅基地的本农民集体成员、非本农民集体成员的农村或城镇居民，因继承房屋占用农村宅基地的，可按规定登记发证，在《集体土地使用证》记事栏应注记"该权利人为本农民集体原成员住宅的合法继承人"。据此可知，自被继承人死亡时开始，继承人无须登记即依法、及时取得被继承人遗留财产的权利。因此，第一，继承人可以直接申请因继承取得的未经登记的但继承人遗留的合法的宅基地使用权及地上房屋所有权的首次登记；第二，宅基地使用权及地上房屋所有权的继承人可以是宅基地及地上房屋所在地集体经济组织成员以外的人。

2. 继承证明材料

在不动产登记实务中，申请人提交的继承证明材料一般有四种：一是继承权公证书；二是经过公证的遗嘱；三是未经公证的依法定继承程序享有继承权的证明；四是未经公证的遗嘱。

（1）继承权公证书。

继承权公证书适用于因法定继承产生的宅基地使用权及地上房屋所有权登记。

继承权公证书，是指由国家公证机构制作的证明法定继承人依法享有宅基地使用权及地上房屋所有权的继承权的书面凭证。继承权公证书是继承人继承宅基地使用权及地上房屋所有权的权源证据。继承权公证书不同于继承权见证书。继承权见证书是指由律师事务所或法律服务所制作的证明法定继承人依法享有宅基地使用权及地上房屋所有权继承权的书面凭证。律师事务所或法律服务所是从事诉讼和非诉讼法律服务的民事主体，它们制作的见证书相似于同为民事主体的自然人出具的书面证言，以民事主体自身的信誉为见证书上载明的内容的合法性、真实性、有效性作保证。而法定的公证机构出具的公证书以国家的信誉为公证书上载明的内容的合法性、真实性、有效性作保证，具有高于见证书的效力，因此，不动产登记实务中不宜收取继承权见证书作为登记证据。

（2）经过公证的遗嘱。

经过公证的遗嘱适用于因遗嘱继承产生的宅基地使用权及地上房屋所有权登记。

《民法典》第一千一百三十三条第二款规定，自然人可以立遗嘱将个人财产

第四章 宅基地使用权及地上房屋所有权登记收件

指定由法定继承人中的一人或者数人继承。质言之，被继承人可以立遗嘱指定自己遗留的财产继承人，换言之，遗嘱是当事人享有继承权的证明材料。经过公证的遗嘱，是指国家公证机构制作的记录立遗嘱人处分自己财产、指定财产继承人的文书。它是继承人继承宅基地使用权及地上房屋所有权的权源证据。

（3）未经公证的依法定继承程序享有继承权的证明。

《公证法》第二条规定，公证是公证机构根据自然人、法人或者其他组织的申请，依照法定程序对民事法律行为、有法律意义的事实和文书的真实性、合法性予以证明的活动。质言之，公证依当事人的申请办理，即公证是当事人自愿的，不是强制性的。申言之，在不动产登记实务中，登记机构不得强制要求申请人提交经过公证的继承证明材料，即申请人提交未经公证的依法定继承程序享有继承权的证明，登记机构也应当采用。

根据《不动产登记操作规范（试行）》1.8.6.1 条规定，申请人应当同时提交以下材料组合成未经公证的依法定继承程序享有继承权的证明：

① 继承人与被继承人之间的亲属关系证明，主要形式有三：一是户口簿、婚姻证明、收养证明或出生医学证明；二是公安机关、被继承人所在村委会或居委会、被继承人或继承人所在单位出具的证明材料；三是其他能够证明相关亲属关系的材料等。申请人只提交其中之一。但是，按民政部等六部门联合出台的《关于改进和规范基层群众性自治组织出具证明工作的指导意见》（民发〔2020〕20 号）和公安部等十二部门联合出台的《关于改进和规范公安派出所出具证明工作的意见》（公通字〔2016〕21 号）文件规定，公安派出所和社区居民委员会均不再出具亲属关系证明，在申请人不能提交户口簿、婚姻证明、收养证明、出生医学证明作为亲属关系证明的情形下，还可以提交什么样的材料作亲属关系证明？

笔者认为，申请人可以自己书写的继承人与被继承人的关系说明，其中载明被继承人姓名、全部继承人姓名及其与被继承人的关系、继承人是放弃继承还是接受继承等信息，该说明上须由两个以上继承人之外的人签名证明属实。申请人可以提交自己书写的继承人与被继承人的关系说明并附上在上面签名证明属实的证人的身份证明作为其申请继承转移登记的亲属关系证明。

按《不动产登记操作规范（试行）》1.8.6.5 条规定，登记机构办理申请人凭公证的材料或者生效的法律文书之外的材料申请的继承转移登记时，须将继承转移登记事项在不动产登记机构门户网站进行公示，公示期不少于 15 个工作日。公示期满无异议的，将申请登记事项记载于不动产登记簿。据此可知，登记机构收取申请人提交自己书写的继承人与被继承人的关系说明后，可以通过公示程序，查明该说明的真实性，也通过该公示程序证明自己尽到了力所能及

（合理审慎）的查验职责。

② 登记机构的登记人员签字见证的其他继承人放弃继承权的材料。

③ 申请人享有继承权的声明或说明。

（4）未经公证的遗嘱。

① 自书遗嘱。

自书遗嘱是指自然人死亡前亲笔书写的遗嘱。《民法典》第一千一百三十四条规定，自书遗嘱由遗嘱人亲笔书写，签名，注明年、月、日。质言之，自书遗嘱必须由立遗嘱人亲笔书写遗嘱的全部内容。自书遗嘱既不能由他人代笔也不能用打印或印刷方式，只能由遗嘱人自己用笔将其意思记录下来[①]。

② 代书遗嘱。

代书遗嘱是指由他人代立遗嘱人书写并经立遗嘱人、见证人签名的遗嘱。《民法典》第一千一百三十五条规定，代书遗嘱应当有两个以上见证人在场见证，由其中一人代书，并由遗嘱人、代书人和其他见证人签名，注明年、月、日。据此可知，代书遗嘱的代书人必须是见证人之一，且代书人、见证人、遗嘱人应当在立遗嘱完毕时同时签名。代书遗嘱的见证人须具有完全民事行为能力且与继承人及遗产分割无利害关系。

③ 打印遗嘱。

打印遗嘱，是指通过打印的方式立下的遗嘱，且该遗嘱上有立遗嘱人、见证人的签名。《民法典》第一千一百三十六条规定，打印遗嘱应当有两个以上见证人在场见证。遗嘱人和见证人应当在遗嘱每一页签名，注明年、月、日。据此可知，须有两个以上的见证人在场的情形下，才可以打印遗嘱，且打印出来的遗嘱的每一页上面，须同时具备遗嘱人和见证人的签名及其各自注明的年、月、日。遗嘱打印时，应当认真校核，避免打印错误，确保遗嘱的打印质量。打印遗嘱的见证人须是具有完全民事行为能力人且与遗嘱中指定的继承人无利害关系。

3. 被继承人的死亡证明书

死亡证明书，是指由相关机构依法出具的自然人因失去生命而不在人世的证明。在不动产登记实务中，死亡证明书主要有：① 公安派出所出具的因死亡注销户籍的证明；② 公安部门在刑事、交通等案件处理中出具的死亡证明；③ 应急管理部门或其消防机构在消防案件处理中出具的死亡证明；④ 人民法院宣告死亡的判决书；⑤ 殡仪馆出具的遗体火化证明；⑥ 医院出具的医

[①] 梁慧星：《中国民法典草案建议稿附理由：侵权行为编·继承编》，法律出版社 2004 年版，第 189 页。

学死亡证明等。死亡证明书是继承是否开始的前提，被继承人不死亡，继承不开始，故死亡证明书是登记机构办理因继承产生的宅基地使用权及地上房屋所有权登记时的必收要件。但是，申请人提交继承权公证书作为继承证明材料时，因公证机构已经先行查明被继承人的死亡情况、其他继承人放弃继承权等情况后才出具该继承权公证书，故申请人提交继承权公证书作为继承证明材料时，无须再提交被继承人的死亡证明书。

三、受遗赠人持依法取得的宅基地使用权及合法建造地上房屋的证明申请的首次登记收件

1. 登记申请书；
2. 申请人的身份证明；
3. 不动产权属证书或者有效的宅基地权属来源材料；
4. 遗赠证明材料；
5. 遗赠人的死亡证明书；
6. 房屋建设符合规划的证明；
7. 房屋已经竣工的证明；
8. 权籍调查表、宗地图、房屋平面图以及载明宗地界址点坐标的材料；
9. 受遗赠人是宅基地及地上房屋所在地集体经济组织成员的证明；
10. 契税缴纳凭证；
11. 其他必要材料。

注：第3项材料中的"有效的宅基地权属来源材料"和第8项材料中的"权籍调查表、宗地图、载明宗地界址点坐标的材料"适用于申请人申请宅基地使用权首次登记的情形。

说明和理由：

1. 登记申请书

《不动产登记暂行条例》第十四条第二款第（二）项规定，受遗赠取得的不动产权利，可以由当事人单方申请登记。故登记申请书由受遗赠人（权利人）单方出具。登记申请书应当载明：权利人——受遗赠人姓名（或集体经济组织名称）；申请人的身份证明类型及号码；不动产类型——土地/房屋；宗地/房屋坐落；宗地面积；宗地的不动产单元号码或宗地及地上房屋的不动产单元号码；宗地用途——住宅；权利人类型——个人或其他；登记类型——首次登记；登记原因——批准拨用/合法建造（受遗赠）；权利类型——宅基地使用权/房屋所有权；宗地权利性质——批准拨用；宗地的权利设定方式——地表（或地下、地上）；

宗地四至描述；房屋性质——自建房；房屋所在幢的层数和房屋所在的层数；房屋结构——钢结构（或钢和钢筋混凝土结构、钢筋混凝土结构、混合结构、砖木结构、其他结构等）；房屋规划用途；房屋的总建筑面积；房屋的专有建筑面积；房屋的分摊建筑面积；共有情况等。

自然人申请登记为单独所有的，应当提交单独所有的证明材料，如婚前取得的证明、对方配偶关于归申请人单独所有的声明等。

申请登记为按份共有的，应当提交共有人关于份额的约定等。

2. 遗赠证明材料

《民法典》第一千一百三十三条第三款规定，自然人可以立遗嘱将个人财产赠与国家、集体或者法定继承人以外的组织、个人。该法第一千一百五十八条规定，自然人可以与继承人以外的组织或者个人签订遗赠扶养协议。按照协议，该组织或者个人承担该自然人生养死葬的义务，享有受遗赠的权利。据此可知，遗赠证明材料以遗赠遗嘱或遗赠扶养协议的方式体现。遗赠证明材料是受遗赠人取得宅基地使用权及地上房屋所有权的权源证据。在不动产登记实务中，申请人提交的遗赠证明材料，一是经过公证的遗赠遗嘱或遗赠扶养协议；二是未经过公证的遗赠遗嘱或遗赠扶养协议。

（1）经过公证的遗赠遗嘱或遗赠扶养协议。

经过公证的遗赠遗嘱，是指由国家公证机构制作的记载遗赠人决定在其死亡后将他的财产赠与国家、集体或法定继承人以外的人的遗嘱。

经过公证的遗赠扶养协议，是指由国家公证机构制作的记载遗赠人与继承人以外的人、组织签订的，载明由该人或该组织承担其生养死葬的义务，但在其死亡后将他的财产赠与该人或该组织的协议。

在不动产登记实务中，如果申请人仅持遗赠遗嘱公证书申请遗赠产生的登记时，笔者认为，申请人申请遗赠遗嘱产生的登记的行为已经表明其接受遗赠，此行为与遗赠遗嘱公证书组合，形成遗赠和接受遗赠的意思表示，遗赠关系成立，登记机构无须要求申请人另行提交接受遗赠的证明。

（2）未经过公证的遗赠遗嘱或遗赠扶养协议。

根据《不动产登记操作规范（试行）》1.8.6.1条规定，申请人应当同时提交以下材料组合成未经过公证的遗赠证明材料：

① 受遗赠人不是继承人的证明，此证明可由公安机关、遗赠人所在村委会或居委会、受遗赠人或遗赠人所在单位出具。

② 遗赠遗嘱或遗赠扶养协议。

3. 遗赠人的死亡证明书

遗赠人的死亡证明书是因受遗赠产生的宅基地使用权及地上房屋所有权赠与是否实现的前提，遗赠人不死亡，遗赠遗嘱或遗赠扶养协议不生效，因受遗赠产生的宅基地使用权及地上房屋所有权不转归受遗赠人，故遗赠人的死亡证明书是登记机构办理因受遗赠产生的宅基地使用权及地上房屋所有权首次登记时的必收要件。在不动产登记实务中，死亡证明书主要有：① 公安派出所出具的因死亡注销户籍的证明；② 公安部门在刑事、交通等案件处理中出具的死亡证明；③ 应急管理部门或其消防机构在消防案件处理中出具的死亡证明；④ 人民法院宣告死亡的判决书；⑤ 殡仪馆出具的遗体火化证明；⑥ 医院出具的医学死亡证明等。

4. 受遗赠人是宅基地及地上房屋所在地集体经济组织成员的证明

按《土地管理法》第六十二条第一款和第五款规定，农村村民一户只能拥有一处宅基地。农村村民出卖、出租、赠与住宅后，再申请宅基地的，不予批准。在不动产登记实务中，按《不动产登记操作规范（试行）》10.3.4 条第一款之 1 规定，宅基地使用权及地上房屋所有权的受让方须为本集体经济组织的成员且符合宅基地申请条件。据此可知，如前所述，遗赠本质上是赠与，属于转让的范围。因此，受遗赠取得宅基地使用权及地上房屋所有权的人，须是宅基地及地上房屋所在地集体经济组织成员。受遗赠人持依法设立或取得宅基地使用权的证明及合法建造地上房屋的证明申请的是首次登记，但此类首次登记中有受遗赠产生的转移登记的元素，属于一种复合性的登记，应当遵守因遗赠产生的转移登记的相关规定。因此，一般情形下，只有符合宅基地申请条件的本集体经济组织成员基于遗赠取得的宅基地使用权及地上房屋所有权申请的转移登记，登记机构才予以受理。申言之，受遗赠人的集体经济组织成员资格证明，是受遗赠人持依法取得的宅基地使用权及合法建造的地上房屋的证明申请首次登记时应当提交的材料。集体经济组织成员资格证明主要是户口簿或公安派出所出具的户籍证明。

5. 契税缴纳凭证

在此类首次登记中，因含有因遗赠产生的转移登记的元素，而遗赠本质上是一种赠与，受遗赠人应当依《契税暂行条例》的规定缴纳契税（按将于 2021 年 9 月 1 日起施行的《契税法》第一条和第二条第一款规定，转让或赠与土地使用权、房屋所有权属于缴纳契税的情形），故契税缴纳凭证是申请人申请此类首次登记时应当提交的材料。

特别说明：

按《土地管理法》第六十二条第一款和第五款规定，农村村民一户只能拥有一处宅基地。农村村民出卖、出租住房后，再申请宅基地的，不予批准。据此可知，农村村民现时无宅基地，且先前无出卖宅基地及地上房屋的行为，才符合申请宅基地的条件。在不动产登记实务中，《不动产登记操作规范（试行）》10.3.4条第一款之1规定，一般情形下，登记机构办理宅基地使用权及地上房屋所有权转移登记时，宅基地的取得方须符合宅基地申请条件属于登记机构的审查要点。笔者据此认为，受遗赠人是否符合宅基地申请条件，由登记机构查询登记簿的记载或存档的宅基地及地上房屋登记材料核查，不应当由申请人举证证明。

第二节　变更登记收件

宅基地使用权及地上房屋所有权变更登记，是指在登记簿上记载的权利主体不变的前提下，对登记簿上记载的宅基地使用权及地上房屋所有权的内容、基本状况等与现实不符的有关事项予以变更，使之与现实情况一致的一种登记。

按《不动产登记暂行条例》第十四条第二款第（四）项规定和《不动产登记操作规范（试行）》2.1.2条和10.2.2条规定，一般情形下，宅基地使用权及地上房屋所有权变更登记由登记簿上记载的权利人单方申请，无须权利人以外的人协助、配合，即变更登记申请书由权利人单方出具。

按《不动产登记暂行条例实施细则》第二十六条规定和《不动产登记操作规范（试行）》10.2.1条规定，申请人申请宅基地使用权及地上房屋所有权变更登记的情形主要有：① 权利人姓名变更；② 权利人的身份证明类型或者身份证明号码变更；③ 宅基地及地上房屋的坐落名称变更；④ 宅基地及地上房屋的界址变更、面积变更；⑤ 同一权利人分割或者合并地上房屋；⑥ 共有性质变更等。笔者拟对申请人因不同情形申请变更登记时应当提交的材料作阐释。

一、因权利人姓名变更申请的变更登记收件

1. 登记申请书；
2. 申请人的身份证明；
3. 不动产权属证书或宅基地使用权及地上房屋所有权已经登记的证明；
4. 权利人姓名变更的证明；

第四章 宅基地使用权及地上房屋所有权登记收件

5. 其他必要材料。

说明和理由：

1. 登记申请书

登记申请书应当载明：权利人；申请人的身份证明类型和号码；登记类型——变更登记；登记原因——权利人姓名变更；不动产单元号码；不动产权属证书号码；权利人变更前的姓名和变更后的姓名等。

2. 申请人的身份证明

申请人的身份证明，是指申请人姓名变更后的合法、有效的身份证明，即申请人现时的有效的身份证明。

3. 不动产权属证书或宅基地使用权及地上房屋所有权已经登记的证明

（1）不动产权属证书。

不动产权属证书，是指记载有欲变更内容的不动产权属证书。

《不动产登记暂行条例实施细则》第三十七条第（一）项规定，不动产权属证书是申请人申请宅基地使用权及地上房屋所有权变更登记时应当向登记机构提交的材料。要求申请人提交不动产权属证书：一是证明欲变更的内容已经记载在登记簿上，申请变更登记的前提成立，以遵循连续登记原则；二是便于登记机构结合申请人提交的身份证明，查验申请人是否是申请变更登记的宅基地使用权及地上房屋所有权的权利人，即申请人身份是否适格；三是变更登记被记载在登记簿上后，登记机构将基于登记簿的记载向权利人颁发新的不动产权属证书，旧的不动产权属证书由登记机构收回归档，以免流失社会造成负面影响。其中，证明申请变更登记的前提成立是最主要的目的。

（2）宅基地使用权及地上房屋所有权已经登记的证明。

宅基地使用权及地上房屋所有权已经登记的证明，主要指记载有欲变更内容的登记档案材料（适用于登记簿制度建立前核发的房屋所有权证、集体土地使用权证等不能提交的情形）或载明欲变更内容的登记簿打印件、复（制）印件等。

在不动产登记实务中，权利人因种种原因遗失或毁损不动产权属证书，在申请变更登记时无法向登记机构提交的情形时有出现。有的登记机构要求申请人补发不动产权属证书后再申请变更登记。笔者不支持此做法，如前所述，申请人提交不动产权属证书的主要目的是证明申请变更登记的前提成立，宅基地使用权及地上房屋所有权已经登记的证明也能证明申请变更登记的前提成立。

再者，宅基地使用权及地上房屋所有权变更登记不是权利人须以不动产权属证书表征权利存在而与他人为交易法律行为产生的登记。因此，申请人申请变更登记时，遗失或毁损不动产权属证书而不能提交的，可用宅基地使用权及地上房屋所有权已经登记的证明代替之，未收回的不动产权属证书，在变更登记完成后，由登记机构在其门户网站或当地公开发行的报刊上公告作废，以免除或减轻其流失社会造成的负面影响。

《不动产登记暂行条例实施细则》第二十三条规定，因不动产权利灭失等情形，不动产登记机构需要收回不动产权属证书或者不动产登记证明的，应当在不动产登记簿上将收回不动产权属证书或者不动产登记证明的事项予以注明；确实无法收回的，应当在不动产登记机构门户网站或者当地公开发行的报刊上公告作废。其中的"不动产权利灭失"，包括不动产权利的绝对灭失和相对灭失。不动产权利的绝对灭失，是指不动产权利随不动产实体的消灭而永久消灭，或者随依附的主权利、主债权的消灭而消灭。与之对应的是不动产权利的相对灭失：一是不动产权利因转移给他人而使原权利人的权利灭失，他人在此灭失的基础上设立属于自己的不动产权利；二是不动产权利因不动产实体灭失外的申请注销登记的事由成就完成注销登记而灭失（如权利人抛弃不动产权利申请注销登记后，该权利人享有的不动产权利灭失，但该不动产权利本身并不消灭，而其归属处于待定状态，故此情形属于不动产权利的相对灭失）；三是不动产权利内容发生变更，变更前的不动产权利内容因变更的完成而消灭，不动产权利的新内容因变更的完成而产生。据此可知，宅基地使用权及地上房屋所有权变更登记完成后，原权利的相应内容灭失，新的内容产生，不能收回的载明该灭失权利内容的不动产权属证书，应当由登记机构公告作废。

4. 权利人姓名变更的证明

权利人姓名变更的证明，是申请人申请因权利人姓名变更产生的变更登记的原因凭证。权利人姓名变更的证明主要有：

（1）我国公民。

① 权利人户口簿或身份证上的姓名变更。

《户口登记条例》第三条和第十八条规定，户口登记工作由各级公安机关负责，公民姓名变更的应当申请变更登记。《居民身份证法》第六条和第十一条规定，居民身份证由公安机关统一制作、发放。居民身份证有效期满、公民姓名变更或者证件严重损坏不能辨认的，应当申请换领新证。因此，权利人姓名变更的证明主要有户口簿，上面有权利人曾用名和现用名的记载。也可以是公

第四章 宅基地使用权及地上房屋所有权登记收件

安机关出具的其他有关权利人更名的证明,如因姓名变更换领身份证的证明等。

② 权利人军官证、士兵证、学员证等非居民身份证件上的姓名变更。

权利人姓名变更的证明分别由军官证、士兵证、学员证等非居民身份证件的发证机关出具。

(2)港澳台地区自然人。

港澳同胞提交经我国司法部委托的律师出具的姓名变更事项公证书[①]。此公证书须加盖中国法律服务(香港)有限公司、中国法律服务(澳门)有限公司转递章。也可以提交我国公证机构出具的姓名变更事项公证书。

台湾同胞提交经大陆公证机构出具的姓名变更事项公证书,或台湾公证机构出具的姓名变更事项公证书[②]。台湾公证机构出具的公证书须经大陆相关机构认证(一般由省级公证协会认证)。

(3)持护照或居留证件的自然人。

① 持中华人民共和国护照的自然人。

《护照法》第十条规定,护照持有人所持护照的登记事项发生变更时,应当持相关证明材料,向护照签发机关申请护照变更加注。该法第四条规定,普通护照由公安部出入境管理机构或者公安部委托的县级以上地方人民政府公安机关出入境管理机构以及中华人民共和国驻外使馆、领馆和外交部委托的其他驻外机构签发。外交护照由外交部签发。公务护照由外交部、中华人民共和国驻外使馆、领馆或者外交部委托的其他驻外机构以及外交部委托的省、自治区、直辖市和设区的市人民政府外事部门签发。故我国护照的持有人姓名变更的证明应当区分普通护照、外交护照和因公护照,由相应的签发机关出具。

② 持中国政府主管机关签发的居留证件的自然人。

《外国人在中国永久居留审批管理办法》第二十二条规定,《外国人永久居留证》有效期满、内容变更、损坏或者遗失的,持证人应当向其长期居留地的设区的市级人民政府公安机关或者直辖市公安分、县局申请换发或者补发。因此,我国居留证件的持有人姓名变更的证明由县级以上公安机关出具。

③ 持所在国护照的自然人。

所在国护照的持有人姓名变更的证明为经我国驻外使(领)馆认证的,所在国公证机构出具的姓名变更事项公证书[③]。同时附申请人签字确认的该公证书的中文译本,或提交在我国合法经营的翻译机构出具的该公证书的中文译本。

---

① 参见《烟台市房屋登记规则(暂行)》第十条第(三)项。
② 参见《烟台市房屋登记规则(暂行)》第十条第(四)项。
③ 参见《烟台市房屋登记规则(暂行)》第十条第(五)项。

也可以提交我国驻外使（领）馆出具的姓名变更事项公证书。

特别说明：

（1）现役军官、士兵因婚姻关系、家庭关系、继承等原因享有宅基地使用权及地上房屋所有权的情形已经出现，故变更登记申请人中有现役军官、士兵。

（2）随社会多元化的发展，因继承、涉外婚姻等因素，导致港澳台地区人士和外籍人士对宅基地及地上房屋享有权利的情形已有出现，且符合我国现行法律、行政法规的规定，故在变更登记中，也可能出现港澳台地区人士和外籍人士姓名变更的情形。

二、因权利人身份证明类型或身份证明号码变更申请的变更登记收件

1. 登记申请书；
2. 申请人的身份证明；
3. 不动产权属证书或宅基地使用权及地上房屋所有权已经登记的证明；
4. 权利人身份证明类型或身份证明号码已经变更的证明；
5. 其他必要材料。

说明和理由：

1. 登记申请书

登记申请书应当载明：权利人；申请人的身份证明类型和号码；登记类型——变更登记；登记原因——身份证明类型（或身份证明号码）变更；不动产单元号码；不动产权属证书号码；权利人变更前的身份证明类型（或身份证明号码）和变更后的身份证明类型（或身份证明号码）等。

2. 权利人身份证明类型或身份证明号码变更的证明

权利人身份证明类型或身份证明号码变更的证明，是申请人申请因权利人身份证明类型或身份证明号码变更产生的变更登记的原因凭证。

同一申请人身份证明类型不同，身份证明号码也不同，即使身份证明相同，其号码也存在不同的情形，如居民身份证号码变动。在不动产登记实务中，权利人申请宅基地使用权及地上房屋所有权首次登记时提交的身份证明是一种合法、有效的身份证明，首次登记完成后，该权利人持有的身份证明转换成另一种合法、有效的身份证明。如王女士与其丈夫申请宅基地使用权及地上房屋所有权首次登记时，提交的均是我国的居民身份证，首次登记记载于登记簿上后，王女士因迁居持有的是香港居民身份证等。权利人身份证明类型或身份证明号

第四章　宅基地使用权及地上房屋所有权登记收件

码变更的证明主要有：

（1）我国公民因居民身份证号码变动，申请变更登记时，应当提交公安机关出具的，能证明原身份证明与现身份证明上的主体为同一人的书面材料，如居民身份证号码变更证明等。也可以是权利人自己出具的身份证明号码变动情况说明，此情形下，登记机构宜将变更登记内容予以公告，以查明变更登记的真实性，但该公告系由登记机构自行启动，公告期间应当计入登记办理时限。

（2）申请不动产登记时使用军官证、士兵证、学员证等非居民身份证件的，权利人换发并持有居民身份证件后，申请因身份证明类型或身份证明号码变更产生的变更登记时，应当提交公安机关出具的原非居民身份证件与现时的居民身份证件的主体系同一人的证明[1]。权利人户籍所在退役军人事务机关、县级以上人民武装部出具的原军人身份证件与现时的居民身份证件的主体系同一人的证明也可以用作登记材料。

（3）我国内地居民取得港澳居民身份证后，申请因身份证明类型或身份证明号码变更产生的变更登记时，应当提交经我国司法部委托的律师出具的身份证明类型或身份证明号码变更事项公证书[2]，并加盖中国法律服务（香港）有限公司、中国法律服务（澳门）有限公司转递章，也可以提交公安机关出具的变更证明。也可以提交我国公证机构出具的身份证明变更事项公证书。

（4）我国大陆居民取得台湾居民身份证后，申请因身份证明类型或身份证明号码变更产生的变更登记时，应当提交大陆公证机构出具的身份证明类型或身份证明号码变更事项公证书，或提交台湾公证机构出具的身份证明类型或身份证明号码变更事项公证书。台湾公证机构出具的公证书须经大陆相关机构认证（一般由省级公证协会认证）。也可以提交公安机关出具的变更证明[3]。

（5）我国公民取得外国身份证后，申请因身份证明类型或身份证明号码变更产生的变更登记时，应当提交经我国驻外使（领）馆认证的，所在国家公证机构出具的身份证明类型或身份证明号码变更事项公证书[4]，并附申请人签字确认的该公证书的中文译本，或提交在我国合法经营的翻译机构出具的该公证书的中文译本。也可以提交我国驻外使（领）馆出具的身份证明类型或身份证明号码变更事项公证书。

---

[1] 参见《烟台市房屋登记规则（暂行）》第十条第（二）项。
[2] 参见《烟台市房屋登记规则（暂行）》第十条第（三）项。
[3] 参见《烟台市房屋登记规则（暂行）》第十条第（四）项。
[4] 参见《烟台市房屋登记规则（暂行）》第十条第（五）项。

三、因宅基地及地上房屋坐落的名称变更申请的变更登记收件

1. 登记申请书；
2. 申请人的身份证明；
3. 不动产权属证书或宅基地使用权及地上房屋所有权已经登记的证明；
4. 县级以上人民政府民政机关出具的宅基地及地上房屋坐落名称已经变更的证明；
5. 其他必要材料。

说明和理由：

1. 登记申请书

登记申请书应当载明：权利人；申请人的身份证明类型和号码；登记类型——变更登记；登记原因——坐落名称变更；不动产单元号码；不动产权属证书号码；变更前的坐落名称和变更后的坐落名称等。

2. 县级以上人民政府民政机关出具的宅基地及地上房屋坐落名称变更的证明

宅基地及地上房屋坐落名称发生变更的证明，是申请人申请因坐落名称变更产生的变更登记的原因凭证。

《地名管理条例实施细则》第三条和第七条规定，行政区域、城镇、片区、街、巷、门牌号、地形区、区片、自然村、片村、农村牧渔点等名称均属地名。县级以上地方人民政府民政机关负责本行政区域内的地名管理工作。质言之，本行政区域内的地名变更，由县级以上人民政府民政机关负责。在实际工作中，县级以上人民政府设有地名管理办公室，专门负责本行政区域内的地名管理，如犍为县人民政府地名管理办公室。在不动产登记实务中，县级以上人民政府民政机关或地名管理办公室出具的宅基地及地上房屋坐落名称变更的证明都是合法、有效的，登记机构均可用作变更登记的证据。

四、因宅基地界址、面积变更申请的变更登记收件

1. 登记申请书；
2. 申请人的身份证明；
3. 不动产权属证书或宅基地使用权已经登记的证明；
4. 宅基地界址、面积发生变更的证明；
5. 增加宅基地面积的批准文件；
6. 权籍调查成果报告；
7. 其他必要材料。

第四章 宅基地使用权及地上房屋所有权登记收件

注：第 4 项材料中，申请人提交经县级以上人民政府自然资源主管部门备案或鉴证的地籍测量报告作为宗地界址、面积变更证明的，无须再提交第 6 项材料。第 5 项材料适用于界址变更导致宗地面积增加的情形。

说明和理由：

1. 登记申请书

登记申请书应当载明：权利人；申请人的身份证明类型和号码；登记类型——变更登记；登记原因——宗地界址（或面积）变更；不动产单元号码；不动产权属证书号码；变更前的宗地界址或面积和变更后的宗地界址或面积等。

2. 宅基地界址、面积发生变更的证明

宅基地界址、面积发生变更的证明，是申请人申请宅基地因界址、面积发生变更产生的变更登记的原因凭证。

宅基地界址、面积发生变更，主要指因自然原因或人为原因使宅基地的界址发生变动而导致与登记簿上的记载不一致的情形，如经自然资源主管部门同意当事人协商变更宗地界址后使宗地面积增加；因山体滑坡导致部分土地灭失产生的土地界址变动、面积减少等。宗地界址、面积变更的证明主要有：

（1）县级以上人民政府自然资源主管部门同意调整边界的批文或经其备案、鉴证的地籍测量报告。

《不动产单元设定与代码编制规则》3.5 条规定，界址线是指宗地（宗海）的边界线。该规则 3.6 条规定，界址点是指土地（海域）权属界址线的转折点。据此可知，界址点属于宗地边界线的组成部分。按《土地管理法》第二十六条第二款规定，县级以上人民政府自然资源主管部门会同同级有关部门进行土地调查。《地籍调查规程》（TD/T 1001—2012）3.2 条规定，地籍调查，针对每宗地的权属、界址、位置、面积、用途等进行的土地调查。该规程 3.4 条规定，日常地籍调查，因宗地设立、灭失、界址调整及其他地籍信息的变更而开展的地籍调查。据此可知，地籍调查属于土地调查，由县级以上人民政府自然资源主管部门负责。宗地的界址调整，属于地籍调查的范围。申言之，宗地的界址、界线调整或变更，属于地籍的范围。因此，申请人申请因宗地的界址、面积变更产生的登记时，应当提交县级以上人民政府自然资源主管部门同意的批文，或提交经县级以上人民政府自然资源主管部门备案或鉴证的地籍测量报告。据此可知，当事人间协商调整宗地边界线导致界址变更的，或县级以上人民政府自然资源主管部门决定调整宗边界线而导致界址变更的，都应当取得或出具县级以上人民政府自然资源主管部门同意的批文，或经县级以上人民政府自然资源主管部门备案或鉴证的地籍测量报告。因此，县级以上人民政府自然资源主管部门同意界址调整的批文,或经县级以上人民政府自然资源主管部门备案或鉴证的地籍测量报告,是宗地界址、面积变更的证明。

(2)县级以上人民政府自然资源主管部门的处理决定、人民法院生效的法律文书。

《地籍调查规程》(TD/T1001—2012)5.2.3条规定,土地界址、边界线调查属于土地权属状况调查的内容。据此可知,当事人对土地界址、边界线产生的争执,属于土地权属争议。按《土地管理法》第十四条规定,土地所有权和使用权争议,由当事人协商解决;协商不成的,由人民政府处理。单位之间的争议,由县级以上人民政府处理;个人之间、个人与单位之间的争议,由乡级人民政府或者县级以上人民政府处理。当事人对有关人民政府的处理决定不服的,可以自接到处理决定通知之日起三十日内,向人民法院起诉。据此可知,当事人就界址产生争执时,在相互协商不成的情形下,由人民政府处理,对有关人民政府的处理决定不服的,可以向人民法院起诉。因此,当事人间签订的解决宅基地宗地界址争执的协议,乡镇级以上人民政府关于当事人之间宗地界址的处理决定,人民法院关于解决当事人间宗地界址争议的生效的民事判决书、民事调解书等,是宗地界址、面积变更的证明。

(3)县级以上人民政府应急管理机关出具的发生自然灾害的证明。

因发生自然灾害导致宗地界址、面积变更的证明为县级以上人民政府应急管理机关出具的发生自然灾害的证明。

3. 增加宅基地面积的批准文件

增加宅基地面积的批准文件,是申请人申请因界址变更导致面积增加产生的宅基地使用权变更登记的原因凭证。

所谓增加宅基地面积,是指已经取得的宅基地使用权以宗地为不动产单元记载在登记簿上后,权利人通过合法途径变更界址而导致宗地面积增加的情形。

如前所述,取得宅基地使用权的方式是乡(镇)人民政府、县级以上人民政府批准,申言之,增加宅基地面积也应当取得乡(镇)人民政府、县级以上人民政府的用地批准文件,此批准文件属于《不动产登记操作规范》10.2.3条第4项之(2)规定的,申请人申请因界址变更导致面积增加产生的宅基地使用权及地上房屋所有权变更登记时应当"提交有批准权的人民政府或其主管部门的批准文件"。

4. 权籍调查成果报告

因宅基地界址、面积变更产生的变更登记,需要更新登记簿上记载的宗地界址、面积信息,登记簿需要记载确切的数据,有资质的专业机构按《不动产

第四章 宅基地使用权及地上房屋所有权登记收件

权籍调查技术方案（试行）》的规定出具的权籍调查成果报告，能够提供变更后的宗地界址、面积的准确数据，满足因变更登记更新登记簿信息的需要。因此，申请人申请因宅基地界址、面积变更产生的变更登记时，应当提交权籍调查成果报告。

五、因地上房屋扩建增加面积申请的变更登记收件

1. 登记申请书；
2. 申请人的身份证明；
3. 不动产权属证书或宅基地使用权及地上房屋所有权已经登记的证明；
4. 房屋扩建符合规划的证明；
5. 房屋扩建部分已经竣工的证明；
6. 权籍调查成果报告；
7. 其他必要材料。

说明和理由：

1. 登记申请书

登记申请书应当载明：权利人；申请人的身份证明类型和号码；登记类型——变更登记；登记原因——房屋扩建；不动产单元号码；不动产权属证书号码；变更前的房屋面积和变更后的房屋面积等。

2. 房屋扩建符合规划的证明

房屋扩建符合规划的证明，是申请人申请因房屋面积增加产生的变更登记的原因凭证。

所谓房屋面积增加，是指房屋所有权记载在登记簿上后，权利人取得规划手续并按此规划手续扩建房屋而使房屋面积增加的情形。

《城乡规划法》第六十四条规定，未取得建设工程规划许可证或者未按照建设工程规划许可证的规定进行建设的，由县级以上地方人民政府城乡规划主管机关责令停止建设；尚可采取改正措施消除对规划实施的影响的，限期改正，处建设工程造价百分之五以上百分之十以下的罚款；无法采取改正措施消除影响的，限期拆除，不能拆除的，没收实物或者违法收入，可以并处建设工程造价百分之十以下的罚款。质言之，未取得建设工程规划许可手续或未按照取得的建设工程规划许可手续实施的建设行为属于应当受到惩处的违法行为。据此可知，房屋扩建属于当然的建筑物建造工程，须依法申请办理建设工程规划许可证，并严格按建设工程规划许可证核准的结构、用途和建筑面积等内容实施，否则，属于应当受到惩处的违法行为。《不动产登记暂行条例》第二十二条第

（一）项规定，登记申请违反法律、行政法规规定的，属于登记机构不予登记的情形。据此可知，没有取得规划手续或未按取得的规划手续建造的房屋，虽然该房屋已经竣工，但属于违法建造物，当事人不能依法对其享有所有权，由此申请的登记，登记机构应当作不予登记处理。因此，没有取得建设工程规划许可证或不按照取得的建设工程规划许可证核准的内容扩建的房屋属于不合法建筑物，增加的面积不能通过变更登记记载到登记簿上，即因此而申请的变更登记不会被登记机构核准。故申请人申请因房屋扩建增加面积产生的变更登记时，建设工程规划许可证是应当提交的材料。

  在实际生活中，没有取得建设工程规划许可证或不按照取得的建设工程规划许可证核准的内容扩建房屋的情形时有发生，对此，《城乡规划法》第六十四条规定，未取得建设工程规划许可证或者未按照建设工程规划许可证的规定进行建设的，由县级以上地方人民政府城乡规划主管部门责令停止建设；尚可采取改正措施消除对规划实施的影响的，限期改正并实施行政处罚。该法第六十五条规定，在乡、村规划区内未依法取得乡村建设规划许可证或者未按照乡村建设规划许可证的规定进行建设的，由乡、镇人民政府责令停止建设、限期改正。限期改正的方式主要有：① 规划管理机关对违法扩建人实施行政处罚后，责令当事人补办建设工程规划许可证或乡村建设规划许可证；② 规划管理机关对违法扩建人实施处罚后，由规划管理机关或省级政府赋予规划许可权的镇政府为其出具满足城市（或建制镇）规划、乡或村规划要求的证明。因此，规划管理机关或省级政府赋予规划许可权的镇人民政府出具的满足城市（或建制镇）、乡或村规划要求的证明也是扩建房屋增加面积被核准变更登记的证据，与建设工程规划许可证或乡村建设规划许可证具有同等效力。但是，只有规划管理机关的行政处罚决定，没有房屋扩建符合规划的书面证明的，则单纯的行政处罚决定不能代替房屋扩建符合规划的证明，登记机构不得将其采用为变更登记的证据。

  所以，房屋扩建符合规划的证明包括建设工程规划许可证、乡村建设规划许可证和规划管理机关或省级政府赋予规划许可权的镇人民政府出具的满足城市、建制镇、乡或村规划要求的证明。此房屋符合规划的证明属于《不动产登记操作规范》10.2.3条第4项之（2）规定的，申请人申请因房屋面积增加产生的宅基地使用权及地上房屋所有权变更登记时应当"提交有批准权的人民政府或其主管部门的批准文件"。

  城市、建制镇、乡或村规划区外的房屋，须提交县级以上人民政府规划行政主管部门或省级政府赋予规划许可权的镇政府出具的房屋不在规划区范围内的证明。乡或村规划区外原基改建的房屋，提交乡政府出具的房屋不在规划区范围内的证明。

3. 权籍调查成果报告

因房屋面积增加产生的变更登记，需要更新登记簿上记载的房屋建筑面积信息。增加了多少面积，登记簿需要记载确切的数据，有资质的专业机构按《不动产权籍调查技术方案（试行）》的规定出具的权籍调查成果报告，能够提供增加的房屋建筑面积的准确数据，满足因变更登记更新登记簿信息的需要。因此，申请人申请因房屋面积增加产生的变更登记时应当提交权籍调查成果报告。

六、房屋基于自然原因（局部毁损）或人为原因（局部拆除或毁损）导致界址变更、面积减少申请的变更登记收件

1. 登记申请书；
2. 申请人的身份证明；
3. 不动产权属证书或宅基地使用权及地上房屋所有权已经登记的证明；
4. 房屋局部毁损或已经局部拆除的证明；
5. 权籍调查成果报告；
6. 其他必要材料。

说明和理由：

1. 登记申请书

登记申请书应当载明：权利人；申请人的身份证明类型和号码；登记类型——变更登记；登记原因——房屋局部毁损（或拆除）；不动产单元号码；不动产权属证书号码；变更前的房屋面积和变更后的房屋面积等。

2. 房屋局部毁损或已经局部拆除的证明

房屋局部毁损或已经局部拆除的证明，是申请人申请因自然原因（局部毁损）或人为原因（局部拆除或毁损）导致面积减少产生的变更登记的原因凭证。

房屋局部毁损或已经局部拆除，是指房屋的局部实体已经灭失，且不再修复。如某人的一间后房，因电线老化起火毁损，他不再修复，而是将空地用作堆放杂物的场所等。因此，房屋局部毁损或已经局部拆除的证明，应当根据具体原因确定出具主体。如房屋因所有权人自行局部拆除实质上是对随房屋实体灭失而灭失的所有权申请登记机构注销，未灭失部分的所有权予以保留，故该证明可由房屋所有权人出具。再如房屋因火灾局部毁损的证明可由应急管理机关或其消防机构、地方政府或房屋所在地村民委员会出具等。在不动产登记实

务中，权利人提交显示房屋保存、拆除或毁损情况的照片，也是宅基地上房屋局部已经毁损或拆除的证明。

3. 权籍调查成果报告

要求申请人提交权籍调查成果报告，是因为该报告由有资质的专业机构按《不动产权籍调查技术方案（试行）》的规定出具，能够提供房屋局部毁损或拆除后尚存房屋面积的准确数据，满足因变更登记更新登记簿信息的需要。

七、同一权利人分割或者合并宅基地上房屋申请的变更登记收件

1. 登记申请书；
2. 申请人的身份证明；
3. 不动产权属证书或宅基地使用权及地上房屋所有权已经登记的证明；
4. 建设工程规划许可材料；
5. 权籍调查成果报告；
6. 其他必要材料。

注：第 4 项材料适用于因分割或合并房屋而改变建造时的规划条件导致新的不动产单元产生的情形。

说明和理由：

1. 登记申请书

登记申请书应当载明：权利人；申请人的身份证明类型和号码；登记类型——变更登记；登记原因——房屋分割（或合并）；不动产单元号码；不动产权属证书号码；房屋分割或合并前的建筑面积和分割或合并后的建筑面积等。

2. 建设工程规划许可材料

《城乡规划法》第四十条第二款规定，申请办理建设工程规划许可证，应当提交使用土地的有关证明文件、建设工程设计方案等材料。该法第四十三条第一款规定，建设单位应当按照规划条件进行建设；确需变更的，必须向城市、县人民政府城乡规划主管机关提出申请。据此可知，建设单位或个人必须按其申请建设工程规划许可证时报送给规划行政主管机关的设计方案建造房屋，即建设单位或个人必须按照经过规划许可的设计方案建造房屋，建造过程中，即使需要变更设计方案进行建造，也须经过规划主管机关的同意并取得规划许可变更手续后方可为之。申言之，按建设单位申请建设工程规划许可证时报送给规划行政主管机关的设计方案，或经过规划行政主管机关同意变更后的设计方案建造而成的房屋的幢、层、套、间，才是按照规划许可条件建造而成的，即

第四章 宅基地使用权及地上房屋所有权登记收件

才是合法建造的房屋。故从法律的层面上看，在不动产登记实务中，作为房屋的不动产单元的幢、层、套、间依规划主管机关以规划许可的方式确定的为准。因此，如果分割或合并房屋并改变建造时的规划条件导致已经登记的房屋的不动产单元变更，随之导致房屋面积、界址变动的，应当持有建设工程规划许可材料，此规划许可材料属于《不动产登记操作规范（试行）》10.2.3 条第 4 项之（2）规定的申请人申请地上房屋分割或合并导致面积、界址变动产生的变更登记时，应当提交"有批准权的人民政府或其主管部门的批准文件"。

3. 权籍调查成果报告

要求申请人提交权籍调查成果报告，是因为该报告由有资质的专业测绘机构按《不动产权籍调查技术方案（试行）》的规定出具，能够提供分割或合并后申请登记的宅基地上房屋的界址、面积的准确数据，满足因变更登记更新登记簿信息的需要。

八、因共有性质变更申请的变更登记收件

1. 登记申请书；
2. 申请人的身份证明；
3. 不动产权属证书或宅基地使用权及地上房屋所有权已经登记的证明；
4. 共有性质变更证明；
5. 其他必要材料。

说明和理由：

1. 登记申请书

按《不动产登记操作规范》2.1.3 条规定，共有不动产的登记，应当由全体共有人共同申请。有的不动产因共有人姓名、名称发生变化申请变更登记的，可以由姓名、名称发生变化的权利人申请。据此可知，共有性质变更产生的变更登记，应当由全体共有人共同申请，即变更登记申请书由全体共有人共同出具。登记申请书应当载明：权利人；申请人的身份证明类型和号码；登记类型——变更登记；登记原因——共有性质变更；不动产单元号码；不动产权属证书号码；变更前的共有性质和变更后的共有性质等。

共有性质由共同共有变更为按份共有时，还应当载明各共有人的共有份额。

2. 共有性质变更证明

共有性质变更证明，是申请人申请因共有性质变更产生的变更登记的原因凭证。

《民法典》第二百九十七条规定，不动产或者动产可以由两个以上组织、个人共有。共有包括按份共有和共同共有。按该法第三百零八条规定，共有人对共有的不动产可以约定为按份共有或者共同共有。据此可知，法律规定的共有性质有按份共有和共同共有，是按份共有，还是共同共有，属于民事主体对自己民事权利的干涉，完全取决于当事人间的自愿和合意。另外，《民法典》第三百零八条规定，共有人对共有的不动产或者动产没有约定为按份共有或者共同共有，或者约定不明确的，除共有人具有家庭关系等外，视为按份共有。据此可知，共有人因共有性质没有约定，或因约定不明而产生争执时，若诉讼到法院或申请仲裁，共有人具有家庭关系的，人民法院或仲裁机构生效的法律文书会确认为共同共有，反之，确认为按份共有。因此，申请人申请因共有性质变更产生的变更登记时，应当提交"共有性质变更协议书或生效的法律文书"。

第三节 转移登记收件

宅基地使用权及地上房屋所有权转移登记，是指登记簿上记载的宅基地使用权及地上房屋所有权的内容、基本状况等事项不变，但权利主体变动产生的登记。

按《不动产登记暂行条例实施细则》第二十七条规定和《不动产登记操作规范（试行）》10.3.1条规定，申请人申请宅基地使用权及地上房屋所有权转移登记的情形主要有：① 集体经济组织内部的买卖、赠与、互换；② 分家析产；③ 继承或受遗赠；④ 因人民法院、仲裁机构生效的法律文书导致的宅基地使用权及地上房屋所有权转移等。笔者拟对申请人因不同情形申请转移登记时应当提交的材料作阐释。

一、因集体经济组织内部的买卖、赠与、互换申请的转移登记收件

1. 登记申请书；
2. 申请人的身份证明；
3. 不动产权属证书；
4. 买卖合同、赠与手续或互换合同；
5. 契税缴纳或免征凭证；
6. 取得方为宅基地及地上房屋所在地集体经济组织成员的证明；
7. 其他必要材料。

第四章 宅基地使用权及地上房屋所有权登记收件

说明和理由：

1. 登记申请书

按《不动产登记暂行条例》第十四条第一款规定和《不动产登记操作规范（试行）》10.3.2条规定，基于买卖、赠与和互换等法律行为产生的转移登记，由取得方和失去方共同申请。因此，登记申请书由权利的失去方和取得方共同出具。登记申请书应当载明：权利的取得方与失去方；申请人的身份证明类型和号码；登记类型——转移登记；登记原因——买卖（或赠与、互换）；不动产单元号码；不动产权属证书号码；失去方享有的宅基地使用权及地上房屋所有权的面积；取得方取得的宅基地使用权及地上房屋所有权的面积等。

如前所述，因买卖、赠与、互换产生的宅基地使用权及地上房屋所有权转移登记，原则上由权利的失去方和取得方共同申请，但在不动产登记实务中，申请人提交的买卖、赠与或互换合同中，约定由其中一方当事人负责申请转移登记的情形时有出现。笔者认为，合同是当事人意思自治的产物，当事人约定由其中某一方负责申请转移登记，并不违反法律规定，也不损害社会公益和他人利益，且是为了实现共同签订的买卖合同、赠与材料、互换合同的目的，故应当从其约定，可由约定中的某一方当事人单方申请转移登记。但是，鉴于我国当前社会诚信度不高、个人诚信系统尚未建立的现实，当事人基于未经公证的约定由某一方当事人单方申请转移登记的买卖合同、赠与材料或互换合同申请转移登记时，登记机构宜将转移登记内容予以公告，以查明约定的真实性，确保登记质量。

2. 申请人的身份证明

因买卖、赠与、互换产生的宅基地使用权及地上房屋所有权转移登记由权利的失去方和取得方共同申请，故申请人的身份证明为取得方和失去方的身份证明。

3. 不动产权属证书

不动产权属证书，是指记载有欲转移的内容的不动产权属证书。

在不动产登记实务中，《不动产登记暂行条例实施细则》第三十八条第（一）项规定，不动产权属证书是申请人申请宅基地使用权及地上房屋所有权转移登记时应当提交的材料。换言之，不动产权属证书是申请人申请集体经济组织内部因买卖、赠与、互换产生的转移登记时应当提交的要件。

要求申请人提交不动产权属证书：一是证明欲转移的宅基地使用权及地上房屋所有权已经记载在登记簿上，申请转移登记的前提成立；二是便于登记机构结合失去方提交的身份证明，判定其作为转移登记申请人之一的失去方是否适格；三是转移登记被记载于登记簿上后，登记机构将基于登记簿的记载向取得方颁发新的不动产权属证书，原失去方名下的不动产权属证书由登记机构收回归档，以免流失社会造成负面影响。其中，最主要的目的是证明申请转移登记的前提成立。

在不动产登记实务中，若申请人申请因买卖、赠与、互换产生的转移登记时，因不动产权属证书遗失或毁损，不能提交又急需办理转移登记，以登记档案材料复印件或登记簿打印件、复印（制）件等欲转移的宅基地使用权及地上房屋所有权已经登记的证明替代不动产权属证书的，登记机构应当不予准许，理由有三：一是申请人因买卖、赠与、互换申请转移登记，表明宅基地使用权及地上房屋所有权的权利人在世或存续，具备申请补发不动产权属证书的主体条件；二是宅基地及地上房屋实体存在，权利人不抛弃宅基地使用权及地上房屋所有权，且要利用宅基地使用权及地上房屋所有权，具备申请补发不动产权属证书的客体条件和主观要求；三是按《民法典》第二百一十七条规定，不动产权属证书是权利人享有该不动产物权的外在表征形式。质言之，不动产权属证书是权利人享有宅基地使用权及地上房屋所有权的证明，也是当事人据此协商签订买卖合同、赠与手续、互换合同的基础凭证。所以，在转移登记中，不动产权属证书作为登记收件，登记机构应当按法律和规章的规定，从严掌握。如果申请人因不动产权属证书遗失或毁损而不能提交的，登记机构应当告知申请人按《不动产登记暂行条例实施细则》第二十二条第二款的规定申请补发，补发后，再按程序申请因买卖、赠与、互换产生的宅基地使用权及地上房屋所有权转移登记。

4. 买卖合同、赠与材料、互换合同

（1）买卖合同。

买卖合同，是申请人申请因买卖宅基地使用权及地上房屋所有权产生的转移登记的原因证明。

在不动产登记实务中，买卖合同虽然是登记机构办理转移登记时的必收要件，但登记机构无须对合同中当事人约定的权利和义务作实质审查，但须根据登记需要作必要的核对、判定：一是核对合同签订的时间是否在申请登记日之前。二是核对登记申请人与合同当事人是否一致，即合同中的买方与卖方，与作为申请人中的取得方与失去方是否一致。另外，根据申请人提供的身份证明，初步判断合同当事人（转移登记申请人）是否具有民事行为能力。若是无民事

第四章 宅基地使用权及地上房屋所有权登记收件

行为能力人、限制民事行为能力人，合同上是否有监护人的追认签字，以确认合同是否有效。三是核对申请登记的内容与合同固定的宅基地使用权及地上房屋所有权是否相符合。四是查验合同内容中是否约定生效期限或是否约定生效条件。凡签订时间在申请登记日之后的合同，无民事行为能力人、限制民事行为能力人签订且无监护人追认的合同，合同载明的宅基地使用权及地上房屋所有权与申请登记的内容不一致的合同，约定的生效期限未届满或约定的生效条件未成就的合同，登记机构均不得用作登记要件。

（2）赠与材料。

赠与材料，是申请人申请因赠与产生的转移登记的原因凭证。

《不动产登记暂行条例实施细则》第三十八条第一款第（二）项规定，赠与合同是申请人申请因赠与产生的宅基地使用权及地上房屋所有权转移登记时应当提交的材料。笔者认为该规定太狭窄，因为赠与由赠与方的赠与意思表示与受赠方的接受赠与意思表示构成，赠与合同只是将这两种意思表示结合在一起的一种方式。在不动产登记实务中，赠与方的赠与意思表示与受赠方的接受赠与意思表示分别以书面方式出现的情形时有出现，即申请人分别提交赠与书和接受赠与书，这两种文书相匹配时，能完整地反映赠与人的赠与意思表示和受赠人的接受赠与意思表示，与赠与合同本质上是一致的，故也是有效的赠与材料。此外，还存在只有赠与人的书面意思表示，而受赠人以行为表示接受赠与的情形，即赠与人与受赠人一起持赠与书等材料共同申请转移登记，受赠人虽然没有接受赠与的书面意思表示，但受赠人申请转移登记的行为能够充分表明其接受赠与的意思。因此，登记机构在办理因赠与产生的转移登记时，除了可以收取赠与合同外，也可以收取相匹配的赠与书和接受赠与书，还可以只收取赠与书。

（3）互换合同。

互换合同，是当事人申请因互换产生的宅基地使用权及地上房屋所有权转移登记的原因凭证。

《不动产登记暂行条例实施细则》第三十八条第一款第（二）项规定，互换合同是申请人申请因互换产生的宅基地使用权及地上房屋所有权转移登记时应当提交的材料。宅基地使用权及地上房屋所有权互换合同，是指权利人间根据各自的需要，相互交换宅基地使用权及地上房屋所有权以及由此产生的权利义务达成一致而成立的合同。互换合同生效后，权利人应当根据该合同的约定，将宅基地使用权及地上房屋所有权转移登记给对方当事人。在宅基地使用权及地上房屋所有权互换中，有等价互换和差价互换。等价互换，是指价值额相等的宅基地使用权及地上房屋所有权之间产生的交换；差价互换，是指价值额不相等的宅基地使用权及地上房屋所有权间产生的交换。

5. 契税缴纳或免征凭证

按《契税暂行条例》第二条、第四条和第十一条规定，宅基地使用权及地上房屋所有权买卖、赠与、互换须缴纳契税。其中，等价互换的，应当提交税务机关出具的契税免征凭证。互换差价的，应当提交契税缴纳凭证（将于 2021 年 9 月 1 日起施行的《契税法》第二条、第四条规定和第十一条做了同样的规定）。

6. 取得方为宅基地及地上房屋所在地集体经济组织成员的证明

在不动产登记实务中，《不动产登记操作规范（试行）》10.3.4 条第一款之 1 规定，一般情形下，登记机构办理宅基地使用权及地上房屋所有权转移登记时，受让方为本集体经济组织的成员属于登记机构的审查要点。换言之，取得方为宅基地及地上房屋所在地集体经济组织成员，其基于买卖、赠与、互换取得的宅基地使用权及地上房屋所有权产生的转移登记，登记机构才能核准。因此，取得方为宅基地及地上房屋所在地集体经济组织成员的证明，是申请人申请因买卖、赠与、互换取得的宅基地使用权及地上房屋所有权转移登记时应当提交的材料，该材料为户口簿或公安机关出具的证明。

特别说明：

（1）在实际生活中，有的夫妻中只有一方是本集体经济组织成员，婚姻关系解除时非本集体经济组织成员的一方因夫妻财产分割取得宅基地使用权及地上房屋所有权，也有非本集经济组织成员因继承等原因取得宅基地使用权及地上房屋所有权，还有的权利人取得宅基地使用权及建造房屋时是本集体经济组织成员，尔后，又迁离了本集体经济组织。此类权利人出卖、赠与宅基地使用权及地上房屋所有权申请转移登记时，要求其必须是本集体经济组织成员显然不合法，也不合理。因此，登记机构办理宅基地使用权及地上房屋因买卖、赠与产生的转移登记时，应当只要求取得方（购买人）提交其集体经济组织成员资格证明，失去方（出卖方）则无须提交。

（2）按《土地管理法》第六十二条规定，农村村民一户只能拥有一处宅基地。农村村民出卖、出租住房后，再申请宅基地的，不予批准。据此可知，农村村民现时无宅基地，且先前无出卖宅基地及地上房屋的行为，才符合申请宅基地的条件。在不动产登记实务中，《不动产登记操作规范（试行）》10.3.4 条第一款之 1 规定，一般情形下，登记机构办理宅基地使用权及地上房屋所有

第四章　宅基地使用权及地上房屋所有权登记收件

权转移登记时，受让方须符合宅基地申请条件属于登记机构的审查要点。笔者据此认为，受让方是否符合宅基地申请条件，由登记机构查询登记簿的记载或存档的宅基地及地上房屋登记材料核查，不应当由申请人举证证明。

（3）若登记簿或不动产权属证书没有记载共有情况的，登记机构应当要求失去方提交其有权处分宅基地使用权及地上房屋所有权的证明。

二、因分家析产申请的转移登记收件

1. 登记申请书；
2. 申请人的身份证明；
3. 不动产权属证书；
4. 分家析产合同；
5. 其他必要材料。

说明和理由：

1. 登记申请书

分家析产，是指农村家庭中的一部分成员，从原有的家庭中分立出来，组成另一个新家庭，并对原家庭成员共同享有的宅基地使用权及地上房屋所有权予以分割确定其归属的情形。从本质上看，分家析产属于全体家庭成员对其共同享有的宅基地使用权及地上房屋所有权进行处置，因此，因分家析产产生的宅基地使用权及地上房屋所有权转移登记，由登记簿上记载的全体共有人共同申请，即登记申请书由登记簿上记载的全体共有人共同出具。登记申请书应当载明：权利的取得方与失去方；申请人的身份证明类型和号码；登记类型——转移登记；登记原因——分家析产；不动产单元号码；不动产权属证书号码；分家析产前的宅基地使用权及地上房屋所有权的面积；取得方取得的宅基地使用权及地上房屋所有权的面积等。

2. 分家析产合同

分家析产合同是申请人申请因分家析产产生的宅基地使用权及地上房屋所有权转移登记的原因凭证。

分家析产合同，主要指农村家庭成员分家另立门户时，对原共同享有的家庭财物进行分割，以明确其归属及相应权利义务的合同。用作不动产登记材料的分家析产合同须载明被分割的宅基地使用权及地上房屋所有权的归属，该合同属于《不动产登记暂行条例实施细则》第四十二条第（三）项规定的申请人申请因分家析产产生的宅基地使用权及地上房屋所有权转移登记时应当提交的材料。

三、因继承申请的转移登记收件

1. 登记申请书；
2. 申请人的身份证明；
3. 不动产权属证书或宅基地使用权及地上房屋所有权已经登记的证明；
4. 继承证明材料；
5. 被继承人的死亡证明书；
6. 其他必要材料。

注：第4项材料中，继承人提交的继承证明材料为继承权公证书时，无须提交第5项材料。

说明和理由：

1. 登记申请书

按《不动产登记暂行条例》第十四条第二款第（二）项规定，因继承产生的不动产登记，可以由当事人单方申请。因此，因继承产生的宅基地使用权及地上房屋所有权转移登记，由继承人单方申请，即登记申请书由继承人单方出具。登记申请书应当载明：权利的取得方与失去方；申请人的身份证明类型和号码；登记类型——转移登记；登记原因——法定继承（或遗嘱继承）；不动产单元号码；不动产权属证书号码；继承前的宅基地使用权及地上房屋所有权的面积；继承取得的宅基地使用权及地上房屋所有权的面积等。

2. 宅基地使用权及地上房屋所有权已经登记的证明

在不动产登记实务中，由于种种原因，继承开始后，被继承人名下的不动产权属证书不知所终，申请人申请因继承产生的转移登记时无法提交的情形时有出现。如前所述，收取不动产权属证书最主要的目的是证明申请继承转移登记的前提成立。笔者认为，登记档案材料复印件或登记簿打印件、复印（制）件等被继承的宅基地使用权及地上房屋所有权已经登记的证明也具有这个作用。继承转移登记不是继承人须凭不动产权属证书表征权利存在而与他人为交易法律行为产生的登记，因此，继承人可凭登记档案材料复印件（适用于登记簿制度建立前核发的房屋所有权证、集体土地使用权证等不能提交的情形）或登记簿打印件、复印（制）件等被继承的宅基地使用权及地上房屋所有权已经登记的证明申请继承转移登记，转移登记完成后，未收回的不动产权属证书，由登记机构在其门户网站或当地公开发行的报刊上公告作废，以免除或减轻其流失社会造成的负面影响。

《不动产登记暂行条例实施细则》第二十三条规定，因不动产权利灭失等情形，不动产登记机构需要收回不动产权属证书或者不动产登记证明的，应当在

第四章 宅基地使用权及地上房屋所有权登记收件

不动产登记簿上将收回不动产权属证书或者不动产登记证明的事项予以注明；确实无法收回的，应当在不动产登记机构门户网站或者当地公开发行的报刊上公告作废。其中的"不动产权利灭失"，包括不动产权利的绝对灭失和相对灭失。不动产权利的绝对灭失，是指不动产权利随不动产实体的消灭而永久消灭，或者随依附的主权利、主债权的消灭而消灭。与之对应的是不动产权利的相对灭失：一是不动产权利因转移给他人而使原权利人的权利灭失，他人在此灭失的基础上设立属于自己的不动产权利；二是不动产权利因不动产实体灭失外的申请注销登记的事由成就完成注销登记而灭失（如权利人抛弃不动产权利申请注销登记后，该权利人享有的不动产权利灭失，但该不动产权利本身并不消灭，而其归属处于待定状态，故此情形属于不动产权利的相对灭失）；三是不动产权利内容发生变更，变更前的不动产权利内容因变更的完成而消灭，不动产权利的新内容因变更的完成而产生。据此可知，宅基地使用权及地上房屋所有权转移登记完成后，权利取得人的权利产生，原权利人的权利灭失，不能收回的载明该灭失权利的不动产权属证书，应当由登记机构公告作废。

3. 继承证明材料

继承证明材料，是申请人申请因继承产生的宅基地使用权及地上房屋所有权转移登记的原因凭证。

在不动产登记实务中，申请人提交的继承证明材料一般有四种：一是继承权公证书；二是经过公证的遗嘱；三是未经公证的依法定继承程序享有继承权的证明；四是未经公证的遗嘱。

（1）继承权公证书。

继承权公证书适用于因法定继承产生的宅基地使用权及地上房屋所有权转移登记。

继承权公证书，是指由国家公证机构制作的证明法定继承人依法享有宅基地使用权及地上房屋所有权的继承权的书面凭证。继承权公证书是继承人继承宅基地使用权及地上房屋所有权的权源证据。

（2）经过公证的遗嘱。

经过公证的遗嘱适用于因遗嘱继承产生的宅基地使用权及地上房屋所有权转移登记。

《继承法》第一千一百三十三条第二款规定，自然人可以立遗嘱将个人财产指定由法定继承人中的一人或者数人继承。质言之，被继承人可以立遗嘱指定自己遗留的财产继承人，换言之，遗嘱是当事人享有继承权的证明材料。经过公证的遗嘱，是指由国家公证机构制作的记录立遗嘱人处分自己财产、指定财产继承人的文书,它是继承人继承宅基地使用权及地上房屋所有权的权源证据。

(3) 未经公证的依法定继承程序享有继承权的证明。

《公证法》第二条规定,公证是公证机构根据自然人、法人或者其他组织的申请,依照法定程序对民事法律行为、有法律意义的事实和文书的真实性、合法性予以证明的活动。质言之,公证依当事人的申请办理,即公证是当事人自愿的,不是强制性的。申言之,在不动产登记实务中,登记机构不得强制要求申请人提交经过公证的继承证明材料,即申请人提交未经公证的依法定继承程序享有继承权的证明,登记机构也应当采用。

根据《不动产登记操作规范(试行)》1.8.6.1条规定,申请人应当同时提交以下材料组合成未经公证的依法定继承程序享有继承权的证明:

① 继承人与被继承人之间的亲属关系证明,主要形式有三:一是户口簿、婚姻证明、收养证明或出生医学证明;二是公安机关、被继承人所在村委会或居委会、被继承人或继承人所在单位出具的证明材料;三是其他能够证明相关亲属关系的材料等。申请人只提交其中之一。但是,按民政部等六部门联合出台的《关于改进和规范基层群众性自治组织出具证明工作的指导意见》(民发〔2020〕20号)和公安部等十二部门联合出台的《关于改进和规范公安派出所出具证明工作的意见》(公通字〔2016〕21号)文件规定,公安派出所和社区居民委员会均不再出具亲属关系证明,在申请人不能提交户口簿、婚姻证明、收养证明、出生医学证明作为亲属关系证明的情形下,还可以提交什么样的材料作亲属关系证明?

笔者认为,申请人可以自己书写继承人与被继承人的关系说明,其中载明被继承人姓名、全部继承人姓名及其与被继承人的关系、继承人是放弃继承还是接受继承等信息,该说明上须由两个以上继承人之外的人签名证明属实。申请人可以提交自己书写的继承人与被继承人的关系说明并附上在上面签名证明属实的证人的身份证明作为其申请继承转移登记的亲属关系证明。

按《不动产登记操作规范(试行)》1.8.6.5条规定,登记机构办理申请人凭公证的材料或者生效的法律文书之外的材料申请的继承转移登记时,须将继承转移登记事项在不动产登记机构门户网站进行公示,公示期不少于15个工作日。公示期满无异议的,将申请登记事项记载于不动产登记簿。据此可知,登记机构收取申请人提交自己书写的继承人与被继承人的关系说明后,可以通过公示程序,查明该说明的真实性,也通过该公示程序证明尽到了力所能及(合理审慎)的查验职责。

② 登记机构的登记人员签字见证的其他继承人放弃继承权的材料。

第四章 宅基地使用权及地上房屋所有权登记收件

③ 申请人享有继承权的声明或说明。

（4）未经公证的遗嘱。

① 自书遗嘱。

自书遗嘱是指自然人死亡前亲笔书写的遗嘱。《民法典》第一千一百三十四条规定，自书遗嘱由遗嘱人亲笔书写，签名，注明年、月、日。质言之，自书遗嘱必须由立遗嘱人亲笔书写遗嘱的全部内容。自书遗嘱既不能由他人代笔也不能用打印或印刷方式，只能由遗嘱人自己用笔将其意思记录下来[①]。

② 代书遗嘱。

代书遗嘱是指由他人代立遗嘱人书写并经立遗嘱人、见证人签名的遗嘱。《民法典》第一千一百三十五条规定，代书遗嘱应当有两个以上见证人在场见证，由其中一人代书，并由遗嘱人、代书人和其他见证人签名，注明年、月、日。据此可知，代书遗嘱的代书人必须是见证人之一，且代书人、见证人、遗嘱人应当在立遗嘱完毕时同时签名。代书遗嘱的见证人须具有完全民事行为能力且与继承人及遗产分割无利害关系。

③ 打印遗嘱。

打印遗嘱，是指通过打印的方式立下的遗嘱，且该遗嘱上有立遗嘱人、见证人的签名。《民法典》第一千一百三十六条规定，打印遗嘱应当有两个以上见证人在场见证。遗嘱人和见证人应当在遗嘱每一页签名，注明年、月、日。据此可知，须两个以上的见证人在场的情形下，才可以打印遗嘱，且打印出来的遗嘱的每一页上面，须同时具备遗嘱人和见证人的签名及其各自注明的年、月、日。遗嘱打印时，应当认真校核，避免打印错误，确保遗嘱的打印质量。打印遗嘱的见证人须是具有完全民事行为能力人且与遗嘱中指定的继承人无利害关系。

4. 被继承人的死亡证明书

死亡证明书，是指由相关机构依法出具的自然人因失去生命而不在人世的证明。在不动产登记实务中，死亡证明书主要有：① 公安派出所出具的因死亡注销户籍的证明；② 公安部门在刑事、交通等案件处理中出具的死亡证明；③ 应急管理部门或其消防机构在消防案件处理中出具的死亡证明；④ 人民法院宣告死亡的判决书；⑤ 殡仪馆出具的遗体火化证明；⑥ 医院出具的医学死亡证明等。

[①] 梁慧星：《中国民法典草案建议稿附理由：侵权行为编·继承编》，法律出版社 2004 年版，第 189 页。

死亡证明书是继承是否开始的前提，被继承人不死亡，继承不开始，故死亡证明书是登记机构办理因继承产生的宅基地使用权及地上房屋所有权转移登记的必要要件。但是，申请人提交继承权公证书作为继承证明材料时，因公证机构已经先行查明被继承人的死亡情况、其他继承人放弃继承权等情况后才出具该继承权公证书，故申请人提交继承权公证书作为继承证明材料时，无须再提交被继承人的死亡证明书。

四、因受遗赠申请的转移登记收件

1. 登记申请书；
2. 申请人的身份证明；
3. 不动产权属证书或宅基地使用权及地上房屋所有权已经登记的证明；
4. 遗赠证明材料；
5. 遗赠人的死亡证明书；
6. 受遗赠人为宅基地及地上房屋所在地集体经济组织成员的证明；
7. 契税缴纳凭证；
8. 其他必要材料。

说明和理由：

1. 登记申请书

按《不动产登记暂行条例》第十四条第二款第（二）项规定，因受遗赠产生的不动产登记，可以由当事人单方申请。因此，因受遗赠产生的宅基地使用权及地上房屋所有权转移登记，由受遗赠人单方申请，即登记申请书由受遗赠人单方出具。登记申请书应当载明：权利的取得方与失去方；申请人的身份证明类型和号码；登记类型——转移登记；登记原因——受遗赠；不动产单元号码；不动产权属证书号码；宅基地使用权及地上房屋所有权原有面积和因受遗赠取得的宅基地使用权及地上房屋所有权面积等。

2. 遗赠证明材料

遗赠证明材料，是申请人申请因受遗赠产生的宅基地使用权及地上房屋所有权转移登记的原因凭证。

《民法典》第一千一百三十三条第三款规定，自然人可以立遗嘱将个人财产赠与国家、集体或者法定继承人以外的组织、个人。该法第一千一百五十八条规定，自然人可以与继承人以外的组织或者个人签订遗赠扶养协议。按照协议，该组织或者个人承担该自然人生养死葬的义务，享有受遗赠的权利。据此可知，遗赠证明材料以遗赠遗嘱或遗赠扶养协议的方式体现。遗赠证明材料是受遗赠

第四章 宅基地使用权及地上房屋所有权登记收件

人取得宅基地使用权及地上房屋所有权的权源证据。在不动产登记实务中,申请人提交的遗赠证明材料,一是经过公证的遗赠遗嘱或遗赠扶养协议;二是未经过公证的遗赠遗嘱或遗赠扶养协议。

(1)经过公证的遗赠遗嘱或遗赠扶养协议。

经过公证的遗赠遗嘱,是指由国家公证机构制作的记载遗赠人决定在其死亡后将他的财产赠与国家、集体或法定继承人以外的人的遗嘱。

经过公证的遗赠扶养协议,是指由国家公证机构制作的记载遗赠人与继承人以外的人、组织签订的,载明由该人或该组织承担其生养死葬的义务,但在其死亡后将他的财产赠与该人或该组织的协议。

在不动产登记实务中,如果申请人仅持遗赠遗嘱公证书申请遗赠产生的转移登记时,笔者认为,申请人申请遗赠转移登记的行为已经表明其接受遗赠,此行为与遗赠公证书组合,形成遗赠和接受遗赠的意思表示,遗赠关系成立,登记机构无须要求申请人另行提交接受遗赠的证明。

(2)未经过公证的遗赠遗嘱或遗赠扶养协议。

根据《不动产登记操作规范(试行)》1.8.6.1条规定,申请人应当同时提交以下材料组合成未经过公证的遗赠证明材料:

① 受遗赠人不是继承人的证明,此证明可由公安机关、遗赠人所在村委会或居委会、受遗赠人或遗赠人所在单位出具。

② 遗赠遗嘱或遗赠扶养协议。

3. 遗赠人的死亡证明书

遗赠人的死亡证明书是遗赠是否生效的前提,遗赠人不死亡,遗赠遗嘱或遗赠扶养协议不生效,受遗赠取得宅基地使用权及地上房屋所有权的目的不实现,故遗赠人的死亡证明书是登记机构办理因受遗赠产生的宅基地使用权及地上房屋所有权转移登记时的必收要件。在不动产登记实务中,死亡证明书主要有:① 公安派出所出具的因死亡注销户籍的证明;② 公安部门在刑事、交通等案件处理中出具的死亡证明;③ 应急管理部门或其消防机构在消防案件处理中出具的死亡证明;④ 人民法院宣告死亡的判决书;⑤ 殡仪馆出具的遗体火化证明;⑥ 医院出具的医学死亡证明等。

4. 受遗赠人为宅基地及地上房屋所在地集体经济组织成员的证明

在不动产登记实务中,《不动产登记操作规范(试行)》10.3.4条第一款之1规定,一般情形下,登记机构办理宅基地使用权及地上房屋所有权转移登记时,受让方为本集体经济组织的成员属于登记机构的审查要点。换言之,取得方为宅基地及地上房屋所在地集体经济组织成员,其基于买卖、赠与、互换取得的宅基地使用权及地上房屋所有权产生的转移登记，登记机构才能核准。如前所述，遗赠本质上是赠与，因此，受遗赠人为宅基地及地上房屋所在地集体经济组织成员的证明，是申请人申请因受遗赠产生的宅基地使用权及地上房屋所有权转移登记时应当提交的材料，该材料为户口簿或公安机关出具的证明。受遗赠人为宅基地及地上房屋所在地集体经济组织的，无须提交此项证明。

5. 契税缴纳凭证

遗赠本质上是赠与，按《契税暂行条例》第二条和第十一条规定，受遗赠人应当依法缴纳契税，且契税缴纳凭证是申请人申请受遗赠产生的宅基地使用权及地上房屋所有权转移登记时应当提交的材料（将于 2021 年 9 月 1 日起施行的《契税法》第二条和第十一条规定项做了同样的规定）。

特别说明：

按《土地管理法》第六十二条规定，农村村民一户只能拥有一处宅基地。农村村民出卖、出租住房后，再申请宅基地的，不予批准。据此可知，农村村民现时无宅基地，且先前无出卖宅基地及地上房屋的行为，才符合申请宅基地的条件。在不动产登记实务中，《不动产登记操作规范（试行）》10.3.4 条第一款之 1 规定，一般情形下，登记机构办理宅基地使用权及地上房屋所有权转移登记时，宅基地的取得方须符合宅基地申请条件属于登记机构的审查要点。笔者据此认为，受遗赠人是否符合宅基地申请条件，由登记机构查询登记簿的记载或存档的宅基地及地上房屋登记材料核查，不应当由申请人举证证明。

五、因人民法院、仲裁机构生效的法律文书申请的转移登记收件

（一）基于生效的确认宅基地使用权及地上房屋所有权归属的民事判决书、执行裁定书、仲裁裁决书和 2016 年 3 月 1 日起立案产生的分割共有的宅基地使用权及地上房屋所有权的民事调解书、仲裁调解书申请的转移登记收件

1. 登记申请书；

2. 申请人的身份证明；

3. 不动产权属证书或宅基地使用权及地上房屋所有权已经登记的证明；

4. 生效的确认宅基地使用权及地上房屋所有权归属的民事判决书、执行裁定书、仲裁裁决书和 2016 年 3 月 1 日起立案产生的分割共有的宅基地使用权及地上房屋所有权的民事调解书、仲裁调解书；

5. 其他必要材料。

说明和理由：

第四章　宅基地使用权及地上房屋所有权登记收件

1. 登记申请书

在不动产登记实务中，《不动产登记暂行条例实施细则》第十九条第一款规定，当事人可以持人民法院、仲裁委员会的生效法律文书或者人民政府的生效决定单方申请不动产登记。因此，登记申请书由权利的取得方（权利人）单方出具。登记申请书应当载明：权利的取得方与失去方；申请人的身份证明类型和号码；登记类型——转移登记；登记原因——司法判决（或仲裁裁决）；不动产单元号码；不动产权属证书号码；宅基地使用权及地上房屋所有权原有面积；判决（或裁决）取得的宅基地使用权及地上房屋所有权面积等。

在司法实务或仲裁实务中，在满足不动产单元的前提下，人民法院或仲裁机构常常将由若干不动产单元组成的宅基地上的房屋以法律文书的形式确认归两个以上的人所有，或将某个或某几个不动产单元确认归某人享有，其余不动产单元予以保留。取得人按判决（或裁决）取得的不动产单元、面积自行申请登记，故登记申请书中须载明宅基地使用权及地上房屋所有权原有面积、因判决（或裁决）取得的宅基地使用权及地上房屋所有权面积等。

2. 生效的民事判决书、执行裁定书、仲裁裁决书及2016年3月1日起立案产生的分割共有的宅基地使用权及地上房屋所有权的民事调解书、仲裁调解书

如前所述，我国的诉讼制度实行的是二审终审制，仲裁制度实行的是一裁终局制，故申请人提交确认宅基地使用权及地上房屋所有权归属的初审民事判决书作为登记证据时，应当同时提交初审人民法院出具的该判决书已经生效的证明。提交确认宅基地使用权及地上房屋所有权归属的最高人民法院和终审人民法院出具的判决书和仲裁机构出具的仲裁裁决书作为申请材料的，登记机构直接采用为登记的证据材料。

申请人提交载明宅基地使用权及地上房屋所有权的执行裁定书时，登记机构应当直接用作登记的证据材料。

申请人提交人民法院于2016年3月1日起立案产生的分割共有的宅基地使用权及地上房屋所有权的民事调解书时，如果民事调解书载明"本调解书自双方当事人签收后生效"的，此调解书须与双方当事人签收此调解书的人民法院的送达回证复印件组合后方可用作登记的证据材料。如果民事调解书载明"本调解书自双方当事人签名或者盖章时起生效"的，则此调解书已经生效，登记机构可直接用作登记的证据材料。

申请人提交仲裁机构于2016年3月1日起立案产生的分割共有的宅基地使用权及地上房屋所有权的仲裁调解书时，应当同时提交当事人签收此调解

书的证明。

生效的确认宅基地使用权及地上房屋所有权归属的民事判决书、执行裁定书、仲裁裁决书和2016年3月1日起立案产生的分割共有的宅基地使用权及地上房屋所有权的民事调解书、仲裁调解书，是权利人享有宅基地使用权及地上房屋所有权的权利凭证，而非权源证据。

特别说明：

在不动产登记实务中，有时候，生效的民事判决书、仲裁裁决书虽然确认了宅基地使用权及地上房屋所有权的归属，但该宅基地使用权及地上房屋所有权是基于有偿交易取得，如同一集体经济组织的甲、乙签订房地产买卖合同，在申请转移登记前，卖方乙意外死亡，乙的继承人又不承认乙与甲签订的房地产买卖合同，甲遂将乙的继承人作为被告起诉，请求人民法院判决确认宅基地使用权及地上房屋所有权的归属，人民法院经审理后判决：登记在被告父亲名下的宅基地使用权及地上房屋所有权属原告所有。因此，申请人提交的确认宅基地使用权及地上房屋所有权归属的法律文书是基于买卖等交易原因时，是否还应当提交契税缴纳证明？

笔者认为，申请人无须提交契税缴纳证明。《民法典》第二百二十九条规定，因人民法院、仲裁机构的法律文书或者人民政府的征收决定等，导致物权设立、变更、转让或者消灭的，自法律文书或者征收决定等生效时发生效力。据此可知，自人民法院、仲裁机构生效的确认宅基地使用权及地上房屋所有权归属的法律文书生效时起，权利人无须登记，即依法、即时取得该宅基地使用权及地上房屋所有权，生效的确认宅基地使用权及地上房屋所有权归属的法律文书，是权利人享有权利的凭证，不是权利来源的凭证，即不是权利人取得权利的原因。申请人申请将宅基地使用权及地上房屋所有权记载在登记簿上，一是宣示自己的权利存在；二是为在此基础上产生的变更登记、转移登记等后续的登记建立前提，以遵循不动产登记的连续登记原则。因此，申请人是凭其享有宅基地使用权及地上房屋所有权的权利凭证申请登记，不是凭其取得宅基地使用权及地上房屋所有权的买卖合同或协议等原因凭证申请登记，故无须提交契税缴纳证明。当然，若申请人凭其取得宅基地使用权及地上房屋所有权的买卖合同或协议等原因凭证申请转移登记时，应当同时提交契税缴纳凭证。另外，申请人申请登记时主动提交契税缴纳凭证的，登记机构应当收取。至于申请人是否履行纳税义务，由税务机关按相关规定核查。基于2016年3月1日起立案产生的分割共有的宅基地使用权及地上房屋所有权的民事调解书、仲裁调解书申请的转移登记亦然。

第四章　宅基地使用权及地上房屋所有权登记收件

（二）基于生效的民事调解书或仲裁调解书取得的宅基地使用权及地上房屋所有权申请的转移登记收件

1. 登记申请书；
2. 申请人的身份证明；
3. 不动产权属证书或宅基地使用权及地上房屋所有权已经登记的证明；
4. 生效的民事调解书或仲裁调解书；
5. 契税缴纳证明；
6. 其他必要材料。

注：第5项材料适用于买卖、赠与等交易原因产生的转移登记。

说明和理由：

1. 登记申请书

按《不动产登记暂行条例》第十四条第一款规定和《不动产登记操作规范（试行）》10.3.2条规定，基于协议或合同取得的宅基地使用权及地上房屋所有权转移登记，应当由当事人双方共同申请。如前所述，民事调解书和仲裁调解书，本质上是民事协议，基于此产生的宅基地使用权及地上房屋所有权转移登记由取得方和失去方共同申请，即转移登记申请书由取得方与失去方共同出具。但是，如果民事调解书或仲裁调解书中载明转移登记由某人负责申请的，可由该人单方申请，即转移登记申请书由该人单方出具。登记申请书应当载明：权利的取得方与失去方；申请人的身份证明类型和号码；登记类型——转移登记；登记原因——民事调解书（或仲裁调解书）；不动产单元号码；不动产权属证书号码；宅基地使用权及地上房屋所有权的原有面积；基于调解书取得的宅基地使用权及地上房屋所有权面积等。

2. 生效的民事调解书或仲裁调解书

此处的民事调解书或仲裁调解书，是指2016年3月1日前，人民法院和仲裁机构出具的民事调解书或仲裁调解书，或2016年3月1日起立案后，人民法院和仲裁机构出具的非分割共有财产的民事调解书或仲裁调解书。此类民事调解书或仲裁调解书是权利人取得不动产物权的权源凭证，而非权利凭证。因此，此类载明宅基地使用权及地上房屋所有权归属的民事调解书或仲裁调解书，是申请人申请宅基地使用权及地上房屋所有权转移登记的原因凭证。

（1）民事调解书。

在不动产登记实务中，如果作为宅基地使用权及地上房屋所有权原因证明的民事调解书载明"本调解书自双方当事人签收后生效"的，此调解书须与双方当事人签收该调解书的人民法院的送达回证复印件组合后方可用作登记的证据材料。如果民事调解书载明"本调解书自双方当事人签名或者盖章时生效"的，则此调解书已经生效，登记机构可直接用作登记的证据材料。

（2）仲裁调解书。

在不动产登记实务中，载明宅基地使用权及地上房屋所有权归属的仲裁调解书，须与双方当事人签收该调解书的证明组合后，才可以用作登记材料。

3. 契税缴纳凭证

按《契税暂行条例》第二条和第十一条规定，申请人因买卖、赠与等交易原因申请转移登记时，应当提交契税缴纳凭证（将于 2021 年 9 月 1 日起施行的《契税法》第二条和第十一条做了同样的规定）。

据此可知，申请人凭基于交易原因取得宅基地使用权及地上房屋所有权权源凭证的民事调解书或仲裁调解书申请转移登记时，应当提交契税缴纳凭证。换言之，申请人是凭取得宅基地使用权及地上房屋所有权的原因凭证申请转移登记，故应当提交契税缴纳凭证。

（三）基于人民法院协助执行通知书产生的转移登记收件

1. 协助执行通知书；
2. 执行员的工作证和执行公务证；
3. 法律文书或公证书；
4. 不动产权属证书或宅基地使用权及地上房屋所有权已经登记的证明；
5. 其他必要材料。

注：人民法院未送达第 4 项材料的，登记机构不得主动索取。

说明和理由：

1. 协助执行通知书

《民事诉讼法》第二百五十一条规定："在执行中，需要办理有关财产权证照转移手续的，人民法院可以向有关单位发出协助执行通知书，有关单位必须办理。"质言之，协助执行通知书，是指实施执行措施的人民法院制作的，通知有关单位或者个人协助执行发生法律效力的法律文书所确定的内容的一种法律文书，协助执行通知书具有强制性。在不动产登记实务中，《不动产登记暂行条例实施细则》第十九条第二款第（一）项规定，人民法院持生效法律文书和协助执行通知书要求不动产登记机构办理登记的，不动产登记机构应当直接办理。

如前所述，协助执行通知书具有强制性，故由此产生的宅基地使用权及地

第四章 宅基地使用权及地上房屋所有权登记收件

上房屋所有权登记系嘱托登记。所谓嘱托登记,是指国家机关为了维护社会公共利益或保护他人的合法权益,依据法定的职责,要求登记机构协助完成的登记。嘱托登记不是以权利人的申请为启动条件,而是以国家机关生效的公文为启动条件。人民法院是国家审判机关,依据法定职责发出的协助执行通知书是转移登记启动的凭证,也是办理相关宅基地使用权及地上房屋所有权转移登记事项的证据,即登记机构必须按协助执行通知书载明的事项办理转移登记。换言之,登记机构按协助执行通知书载明的事项办理转移登记是履行法定的协助执行义务。

2. 执行员的工作证和执行公务证

《民事诉讼法》第二百二十八条第一款规定,执行工作由执行员进行。质言之,作为执行工作环节之一的协助执行通知书等执行文书的送达,应当由执行员向协助执行单位或个人送达,不能使用邮政信函、特快专递等其他方式送达。《最高人民法院关于人民法院执行工作若干问题的规定(试行)》(法释〔1998〕15号)第八条规定,执行人员执行公务时,应向有关人员出示工作证和执行公务证。据此可知,收取执行人员的工作证和执行公务证的复印件,表明协助执行通知书是由执行员送达登记机构的,且登记机构收取协助执行通知书时对该协助执行通知书的送达方式充分履行了合理审慎的注意义务。

3. 法律文书或公证书

《民事诉讼法》第二百三十六条第一款规定,一方当事人不履行生效的民事判决书、民事裁定书和民事调解书的,对方当事人可以申请人民法院执行。该法第二百三十七条第一款规定,对依法设立的仲裁机构的裁决,一方当事人不履行的,对方当事人可以向有管辖权的人民法院申请执行。受申请的人民法院应当执行。该法第二百三十八条第一款规定,对公证机关依法赋予强制执行效力的债权文书,一方当事人不履行的,对方当事人可以向有管辖权的人民法院申请执行,受申请的人民法院应当执行。概言之,当事人不履行生效的民事判决书、民事裁定书、民事调解书、仲裁裁决书、仲裁调解书、公证书的,对方当事人可以申请人民法院执行。在不动产登记实务中,《国土资源部关于启用不动产登记簿证样式(试行)的通知》(国土资发〔2015〕25号)附《不动产登记簿样式及使用填写说明》规定,宅基地使用权及地上房屋所有权的转移登记原因(取得方式)属于登记簿记载的内容,故收取作为人民法院执行基础的民事判决书、民事裁定书、民事调解书、仲裁裁决书、仲裁调解书、公证书,便于登记机构准确记载宅基地使用权及地上房屋所有权的登记原因(取得方式),如民事判决中的抵债、仲裁裁决书中的分割、公证书中的买卖等。

特别说明:

基于人民法院的协助执行通知书产生的转移登记中,登记机构无须主动向人民法院索取契税缴纳凭证。

(1)契税缴纳凭证是申请转让产生的土地使用权、房屋所有权转移登记时应当缴纳的材料。

《契税暂行条例》第十一条规定,纳税人应当持契税完税凭证和其他规定的文件材料,依法向土地管理部门、房产管理部门办理有关土地、房屋的权属变更登记手续。纳税人未出具契税完税凭证的,土地管理部门、房产管理部门不予办理有关土地、房屋的权属变更登记手续(将于 2021 年 9 月 1 日起施行的《契税法》第十一条规定,纳税人办理纳税事宜后,税务机关应当开具契税完税凭证。纳税人办理土地、房屋权属登记,不动产登记机构应当查验契税完税、减免税凭证或者有关信息。未按照规定缴纳契税的,不动产登记机构不予办理土地、房屋权属登记)。据此可知,承让土地使用权、房屋所有权的人申请转移登记时,才须提交契税缴纳凭证。嘱托登记机构办理转移登记的人民法院不是纳税义务人。

(2)人民法院嘱托登记机构办理转移登记时无须收取契税缴纳凭证。

① 《民事诉讼法》第二百五十一条规定,在执行中,需要办理有关财产权证照转移手续的,人民法院可以向有关单位发出协助执行通知书,有关单位必须办理。据此可知,按执行文书办登记是登记机构的法定义务。

② 《不动产登记暂行条例实施细则》第十九条第二款第(二)项规定,人民法院持生效法律文书和协助执行通知书要求不动产登记机构办理的登记,登记机构应当直接办理。据此可知,"直接办理"即登记机构直接凭执行文书办理相关登记,无须添加其他中间环节。收取契税缴纳凭证才办理登记,属于增加中间环节的行为,与《不动产登记暂行条例实施细则》第十九条第二款第(二)项规定相悖。

(3)登记机构的实务处理。

《国家税务总局关于人民法院强制执行被执行人财产有关税收问题的复函》(国税函〔2005〕869号)规定:"鉴于人民法院实际控制纳税人因强制执行活动而被拍卖、变卖财产的收入,根据《中华人民共和国税收征收管理法》第五条的规定,人民法院应当协助税务机关依法优先从该收入中征收税款。"据此可知,实施执行措施的人民法院有协助税务机关征收税款的义务,但该人民法院是否履行协助税务机关征收税款的义务,登记机构无须过问。因此,登记机

第四章 宅基地使用权及地上房屋所有权登记收件

构在签收要求办理转让、抵债等交易原因产生的转移登记的执行文书时，在人民法院的送达回证上加注"未送达契税完税凭证"，表明登记机构尽到了合理审慎的注意义务。

第四节 注销登记收件

宅基地使用权及地上房屋所有权注销登记，是指记载在登记簿上的宅基地使用权及地上房屋所有权，在使其消灭的法定事由成就时，对其予以涂销使其失去法律效力的登记。在不动产登记实务中，按《不动产登记暂行条例实施细则》第二十八条第一款规定和《不动产登记操作规范（试行）》10.4.1条规定，当事人可以申请宅基地使用权及地上房屋所有权注销登记的情形主要有：① 宅基地及地上房屋实体灭失；② 权利人放弃宅基地使用权及地上房屋所有权；③ 宅基地使用权及地上房屋所有权被依法没收、征收，或宅基地被依法收回；④ 人民法院、仲裁机构的生效法律文书导致宅基地使用权及地上房屋所有权消灭等。

如前所述，注销登记的目的是消灭记载在登记簿上的宅基地使用权及地上房屋所有权的法律效力，事关权利人的切身利益，因此，登记机构应当予以充分重视，严格按程序办理。笔者拟对申请人因不同情形申请宅基地使用权及地上房屋所有权注销登记时应当提交的材料作阐释。

一、因宅基地及地上房屋实体灭失申请的注销登记收件

1. 登记申请书；
2. 申请人的身份证明；
3. 不动产权属证书或宅基地使用权及地上房屋所有权已经登记的证明；
4. 宅基地及地上房屋实体已经灭失的证明；
5. 其他必要材料。

说明和理由：

1. 登记申请书

《不动产登记暂行条例》第十四条第二款第（五）项规定，不动产灭失产生的登记可以由当事人单方申请。据此可知，因宅基地及地上房屋实体灭失产生的注销登记，由登记簿上记载的权利人单方申请。因此，登记申请书由登记簿上记载的权利人单方出具。登记申请书应当载明：权利人；申请人的身份证明类型和号码；登记类型——注销登记；登记原因——房屋（或宅基地）灭失；不动产单元号码；不动产权属证书号码等。

2. 不动产权属证书或宅基地使用权及地上房屋所有权已经登记的证明

（1）不动产权属证书。

不动产权属证书，是指记载有欲注销的宅基地使用权及地上房屋所有权的不动产权属证书。要求申请人提交不动产权属证书：一是表明欲申请注销登记的宅基地使用权及地上房屋所有权已经记载在登记簿上，申请注销登记的前提成立；二是宅基地使用权及地上房屋所有权的注销登记完成后，权利人的宅基地使用权及地上房屋所有权已经从登记簿上注销而失去法律效力，相应的不动产权属证书表征的权利也失去法律效力，即该不动产权属证书失去法律效力，应当由登记机构收回归档。

（2）宅基地使用权及地上房屋所有权已经登记的证明。

在不动产登记实务中，权利人因种种原因遗失或毁损不动产权属证书，申请注销登记时无法提交。因宅基地及地上房屋实体灭失，附于其上的权益随之灭失，不具备补办表征权利人享有宅基地使用权及地上房屋所有权的不动产权属证书的前提，且宅基地使用权及地上房屋所有权注销登记，不是权利人须凭不动产权属证书表征权利存在而与他人为交易法律行为产生的登记。因此，申请人可以凭登记档案材料复印件（适用于登记簿制度建立前核发的房屋所有权证、集体土地使用权证等不能提交的情形）或登记簿打印件、复印（制）件等欲注销的宅基地使用权及地上房屋所有权已经登记的证明申请注销登记，注销登记记载于登记簿上后，申请人未提交的不动产权属证书，由登记机构在其门户网站或当地公开发行的报刊上公告作废，以免除或减轻其流失社会造成的负面影响。

《不动产登记暂行条例实施细则》第二十三条规定，因不动产权利灭失等情形，不动产登记机构需要收回不动产权属证书或者不动产登记证明的，应当在不动产登记簿上将收回不动产权属证书或者不动产登记证明的事项予以注明；确实无法收回的，应当在不动产登记机构门户网站或者当地公开发行的报刊上公告作废。其中的"不动产权利灭失"，包括不动产权利的绝对灭失和相对灭失。不动产权利的绝对灭失，是指不动产权利随不动产实体的消灭而永久消灭，或者随依附的主权利、主债权的消灭而消灭。与之对应的是不动产权利的相对灭失：一是不动产权利因转移给他人而使原权利人的权利灭失，他人在此灭失的基础上设立属于自己的不动产权利；二是不动产权利因不动产实体灭失外的申请注销登记的事由成就完成注销登记而灭失（如权利人抛弃不动产权利申请注销登记后，该权利人享有的不动产权利灭失，但该不动产权利本身并不消灭，而其归属处于待定状态，故此情形属于不动产权利的相对灭失）；三是不动产

第四章 宅基地使用权及地上房屋所有权登记收件

权利内容发生变更,变更前的不动产权利内容因变更的完成而消灭,不动产权利的新内容因变更的完成而产生。据此可知,宅基地使用权及地上房屋所有权注销登记完成后,权利人的权利灭失,不能收回的载明该灭失权利的不动产权属证书,应当由登记机构公告作废。

3. 宅基地及地上房屋实体已经灭失的证明

宅基地及地上房屋实体已经灭失的证明,是申请人申请因灭失产生的宅基地使用权及地上房屋所有权注销登记的原因凭证。

宅基地及地上房屋实体已经灭失的证明应当根据灭失的原因,由相应的主体出具,如权利人自行拆除房屋的,可以是所有权人出具的房屋实体已经灭失的声明或保证,也可以是房屋实体灭失的相片等;房屋因火灾灭失的,可以是应急管理机关或其消防机构、地方政府或房屋所在地村民委员会出具的证明等;宅基地及地上房屋因征收灭失的,可以是征收补偿安置协议;土地因山地自然灾害灭失的,可以由县级以上人民政府应急管理机关出具证明等。

二、因权利人放弃权利申请的注销登记收件

1. 登记申请书;
2. 申请人的身份证明;
3. 不动产权属证书或宅基地使用权及地上房屋所有权已经登记的证明;
4. 权利人放弃权利的证明;
5. 其他必要材料。

说明和理由:

1. 登记申请书

《不动产登记暂行条例》第十四条第二款第(五)项规定,放弃不动产权利产生的登记可以由当事人单方申请。据此可知,因放弃宅基地使用权及地上房屋所有权产生的注销登记,由登记簿上记载的权利人单方申请。因此,登记申请书由登记簿上记载的权利人单方出具。登记申请书应当载明:权利人;申请人的身份证明类型和号码;登记类型——注销登记;登记原因——放弃权利;不动产单元号码;不动产权属证书号码等。

2. 宅基地使用权及地上房屋所有权已经登记的证明

宅基地使用权及地上房屋所有权已经登记的证明,主要指载明欲注销内容的登记簿打印件、复印(制)件,或登记机构存档的欲注销的宅基地使用权及地上房屋所有权的登记材料等。

在不动产登记实务中,申请人因遗失或毁损不动产权属证书,申请注销登

记时不能提交的情形时有出现。因权利人放弃权利产生的注销登记，是权利人依自己的意思表示单方处分其享有的宅基地使用权及地上房屋所有权产生的登记，不是权利人须凭不动产权属证书表征权利存在而与他人发生交易法律行为产生的登记。如前所述，要求申请人提交不动产权属证书最主要的目的，是证明申请注销登记的前提成立，宅基地使用权及地上房屋所有权已经登记的证明也可以证明申请注销登记的前提成立，因此，登记机构应当允许申请人提交宅基地使用权及地上房屋所有权已经登记的证明代替不能提交的不动产权属证书，注销登记完成后，未收回的不动产权属证书由登记机构在其门户网站或当地公开发行的报刊上公告作废，以免除或减轻其流失社会造成的负面影响。

3. 权利人放弃权利的证明

权利人放弃权利的证明，是申请人申请放弃权利产生的宅基地使用权及地上房屋所有权注销登记的原因凭证。

如前所述，放弃宅基地使用权及地上房屋所有权是权利人处分自己享有的权利的一种单方物权行为，因此，放弃权利的证明，应当是权利人作出的明确放弃宅基地使用权及地上房屋所有权意思表示的声明、承诺等。

三、因宅基地使用权及地上房屋所有权被依法没收、征收，或宅基地使用权被依法收回申请、嘱托产生的注销登记收件

1. 登记申请书、嘱托文件；
2. 申请人的身份证明、嘱托文件送达人员的工作关系证明和身份证明；
3. 不动产权属证书或宅基地使用权及地上房屋所有权已经登记的证明；
4. 没收、征收宅基地使用权及地上房屋所有权的文件，或收回宅基地使用权的文件；
5. 其他必要材料。

注：第3项材料适用于依申请启动的登记。

说明和理由：

1. 登记申请书、嘱托文件

没收、征收或者收回不动产物权，属于以国家公权力消灭不动产物权的情形，具有强制性，不以权利人的意志为转移，一般以人民法院生效的判决书、县级以上人民政府或其行政机关生效的决定的方式体现。因宅基地使用权及地上房屋所有权被依法没收、征收，或宅基地使用权被依法收回产生的注销登记，可以由申请人申请启动，也可以由作出没收、征收、收回的国家机关嘱托启动。

第四章 宅基地使用权及地上房屋所有权登记收件

（1）登记申请书。

在不动产登记实务中，《不动产登记操作规范（试行）》10.4.2条规定，申请宅基地使用权及房屋所有权注销登记的主体应当是不动产登记簿记载的权利人。因此，宅基地使用权及地上房屋所有权注销登记由登记簿上记载的权利人单方申请，即注销登记申请书由登记簿上记载的权利人单方出具。登记申请书应当载明：权利人；申请人的身份证明类型和号码；登记类型——注销登记；登记原因——没收（或征收、收回）；不动产单元号码；不动产权属证书号码等。

（2）嘱托文件。

嘱托文件主要指人民法院送达的要求登记机构办理注销登记的协助执行通知书，以及县级以上人民政府或其行政机关发送给登记机构要求其办理注销登记的通知等公文。

2. 嘱托文件送达人员的工作关系证明和身份证明

嘱托文件送达人员的工作关系证明和身份证明，主要指送达协助执行通知书的执行员的工作证、执行公务证，或行政嘱托文件送达人员的工作介绍信和该人员的居民身份证。当然，行政嘱托文件通过党政网、政府信函交换站等公文发送途径送达登记机构的，登记机构无须收取嘱托文件送达人员的工作关系证明、身份证明，但需在登记簿附记中加注嘱托文件的取得途径，如党政网收取注销文件等。

3. 没收、征收宅基地使用权及地上房屋所有权的文件，或收回宅基地使用权的文件

（1）没收宅基地使用权及地上房屋所有权的文件。

没收宅基地使用权及地上房屋所有权的文件，主要指国家机关履行法定职权，采用强制手段无偿剥夺他人非法取得的宅基地使用权及地上房屋所有权，从而消灭其享有的宅基地使用权及地上房屋所有权的情形。没收有行政没收和司法没收。

① 行政没收。

《行政处罚法》第八条规定，没收非法财物属于行政处罚的种类。该法第三十九条规定，行政机关给予行政处罚，应当制作行政处罚决定书。据此可知，行政没收，以行政处罚决定书的方式体现。因此，申请人申请或嘱托人嘱托因行政没收产生的宅基地使用权及地上房屋所有权注销登记时，应当提交载明没收内容的行政处罚决定书。

② 司法没收。

《刑法》第三十四条第一款第（三）项规定，没收财产属于附加刑的种类。该法第五十九条第二款规定，在判处没收财产的时候，不得没收属于犯罪分子家属所有或者应有的财产。据此可知，司法没收以生效的刑事判决书的形式体现。因此，申请人申请或嘱托人嘱托因司法没收产生的宅基地使用权及地上房屋所有权注销登记时，应当提交载明没收内容的生效的刑事判决书。也可以提交没收宅基地使用权及地上房屋所有权的裁定书。

（2）征收宅基地使用权及地上房屋所有权的文件。

《民法典》第二百二十九条规定，因人民法院、仲裁机构的法律文书或者人民政府的征收决定等，导致物权设立、变更、转让或者消灭的，自法律文书或者征收决定等生效时发生效力。据此可知，征收是法律规定的导致不动产权利终止的情形，征收以人民政府决定的方式体现。按《土地管理法》第四十七条第一款规定，国家征收土地的，依照法定程序批准后，由县级以上地方人民政府予以公告并组织实施。据此可知，征收宅基地使用权及地上房屋所有权，由县级以上人民政府组织实施。因此，申请人申请或嘱托人嘱托因征收产生的宅基地使用权及地上房屋所有权注销登记时，应当提交载明征收内容的县级以上人民政府作出的征收决定。

（3）收回宅基地使用权的文件。

按《土地管理法》第六十二条第四款规定，农村村民住宅用地，由乡（镇）人民政府审核批准；其中，涉及占用农用地的，依法将农用地转为建设用地后，由县级人民政府审批。按该法第六十六条规定，在乡（镇）村公共设施和公益事业建设需要使用土地，不按照批准的用途使用土地，因撤销、迁移等原因而停止使用土地等情形成就时，农村集体经济组织报经原批准用地的人民政府批准，可以收回土地使用权。据此可知，收回宅基地使用权，应当由县级人民政府批准后生效。在不动产登记实务中，《不动产登记暂行条例实施细则》第二十八条第一款第（三）项规定，不动产被依法收回的，属于当事人申请注销登记的情形。据此可知，宅基地使用权被收回也应当申请注销登记。因此，申请人申请或嘱托人嘱托因收回宅基地使用权产生的注销登记时，应当提交载明收回内容的县级人民政府的批准文件。

四、因人民法院、仲裁机构生效的法律文书导致宅基地使用权及地上房屋所有权消灭申请、嘱托的注销登记收件

1. 登记申请书、协助执行通知书；

第四章 宅基地使用权及地上房屋所有权登记收件

2. 申请人的身份证明、执行员的工作证和执行公务证；

3. 不动产权属证书或宅基地使用权及地上房屋所有权已经登记的证明；

4. 人民法院、仲裁机构生效的导致宅基地使用权及地上房屋所有权消灭的法律文书；

5. 其他必要材料。

注：人民法院嘱托注销登记时，没有送达第 3 项材料的，登记机构不得主动索取。

说明和理由：

1. 登记申请书、协助执行通知书

《民法典》第二百二十九条规定，因人民法院、仲裁机构的法律文书或者人民政府的征收决定等，导致物权设立、变更、转让或者消灭的，自法律文书或者征收决定等生效时发生效力。据此可知，人民法院、仲裁机构生效的确认登记簿上记载的不动产权利无效的法律文书是法律规定的导致不动产权利消灭的情形。因此，此类宅基地使用权及地上房屋所有权注销登记可以由申请人申请启动，也可以由人民法院以送达协助执行通知书的方式嘱托启动。

（1）登记申请书。

《不动产登记暂行条例》第十四条第二款第（三）项规定，人民法院、仲裁委员会生效的法律文书或者人民政府生效的决定等设立、变更、转让、消灭不动产权利产生的登记，可以由当事人单方申请。因此，注销登记申请书由登记簿上记载的权利人单方出具，登记申请书应当载明：权利人；申请人的身份证明类型和号码；登记类型——注销登记；登记原因——司法裁决（或仲裁裁决）；不动产单元号码；不动产权属证书号码等。

（2）协助执行通知书。

《民事诉讼法》第二百二十四条第一款规定，发生法律效力的民事判决、裁定，以及刑事判决、裁定中的财产部分，由第一审人民法院或者与第一审人民法院同级的被执行的财产所在地人民法院执行。该法第二百三十七条第一款规定，对依法设立的仲裁机构的裁决，一方当事人不履行的，对方当事人可以向有管辖权的人民法院申请执行。受申请的人民法院应当执行。据此可知，人民法院、仲裁机构导致宅基地使用权及地上房屋所有权消灭的法律文书生效后，登记簿上记载的权利人不申请注销登记的，其他当事人可以申请人民法院执行，由人民法院向登记机构送达协助执行通知书要求登记机构办理注销登记。因此，人民法院嘱托注销登记的启动方式是向登记机构送达协助执行通知书。

2. 人民法院、仲裁机构生效的导致宅基地使用权及地上房屋所有权消灭的法律文书

人民法院、仲裁机构生效的导致宅基地使用权及地上房屋所有权消灭的法律文书，主要指确认登记簿上记载的宅基地使用权及地上房屋所有权无效的，最高人民法院和终审人民的民事判决书、初审人民法院附生效证明的民事判决书、执行裁定书、仲裁机构的裁决书。

特别说明：宅基地上的构筑物登记适用本章内容。

第五章　集体建设用地使用权及地上房屋所有权登记收件

《民法典》第三百六十一条规定，集体所有的土地作为建设用地的，应当依照土地管理的法律规定办理。《土地管理法》第四十四条第三款规定，在土地利用总体规划确定的城市和村庄、集镇建设用地规模范围内，为实施该规划而将永久基本农田以外的农用地转为建设用地的，按土地利用年度计划分批次按照国务院规定由原批准土地利用总体规划的机关或者其授权的机关批准。在已批准的农用地转用范围内，具体建设项目用地可以由市、县人民政府批准。该法第六十条第一款规定，农村集体经济组织使用乡（镇）土地利用总体规划确定的建设用地兴办企业或者与其他单位、个人以土地使用权入股、联营等形式共同举办企业的，应当持有关批准文件，向县级以上地方人民政府自然资源主管部门提出申请，按照省、自治区、直辖市规定的批准权限，由县级以上地方人民政府批准；其中，涉及占用农用地的，依照本法第四十四条的规定办理审批手续。概言之，集体建设用地使用权，是由县级以上人民政府批准的在集体所有的土地上设立的用益物权。按《不动产登记暂行条例》第五条第（二）项和第（五）项规定，集体建设用地使用权及地上房屋所有权属于不动产登记的范围。在不动产登记实务中，《不动产登记暂行条例实施细则》规定了集体建设用地使用权及地上房屋所有权首次登记、变更登记、转移登记和注销登记。笔者拟对申请人申请集体建设用地使用权及地上房屋所有权首次登记、变更登记、转移登记和注销登记时应当提交的材料作阐释。

第一节　首次登记收件

集体建设用地使用权及地上房屋所有权首次登记，是指权利人向登记机构申请，将其依法设立或取得的集体建设用地使用权及地上房屋所有权第一次记载在登记簿上产生的登记。

在不动产登记实务中，按《不动产登记暂行条例实施细则》第四十四条和第四十五条规定，权利人可以在取得集体建设用地使用权手续后，地上房屋尚未建造，或已经开始建造但尚未竣工的情形下，先行单独申请集体建设用地使用权首次登记。也可以待地上房屋竣工后，一并申请集体建设用地使用权及地上房屋所有权首次登记。

《不动产登记暂行条例实施细则》只对申请人申请依法设立的集体建设用地使用权及地上合法建造并竣工的房屋的所有权首次登记时应当提交的材料做了规定，笔者从其规定，拟根据自己的研习体会及曾经的不动产登记经验，对申请人应当提交的具体材料作阐释。

因依法设立或取得的集体建设用地使用权及地上合法建造的房屋竣工后申请的首次登记收件：

1. 登记申请书；
2. 申请人的身份证明；
3. 不动产权属证书或者有效的集体建设用地权属来源材料；
4. 房屋建设符合规划的证明；
5. 房屋已经竣工的证明；
6. 权籍调查表、宗地图、房屋平面图以及载明宗地界址点坐标的材料；
7. 其他必要材料。

注：第 3 项材料中的"有效的集体建设用地权属来源材料"和第 6 项材料中的"权籍调查表、宗地图、载明宗地界址点坐标的材料"适用于申请人申请集体建设用地使用权首次登记的情形。

说明和理由：

1. 登记申请书

《不动产登记暂行条例》第十四条第二款第（一）项规定，尚未登记的不动产首次申请登记，可以由当事人单方申请。因此，集体建设用地使用权及地上房屋所有权首次登记，由权利人单方申请，即登记申请书由权利人单方出具。登记申请书应当载明：权利人——姓名（或名称）；申请人的身份证明类型及号码；不动产类型——土地/房屋；宗地/房屋坐落；宗地面积；宗地的不动产单元号码或宗地及地上房屋的不动产单元号码；宗地用途——用地批文上载明的用途；权利人类型——个人（或企业、其他）；登记类型——首次登记；登记原因——批准拨用（或行政确认、出让）/合法建造；权利类型——集体建设用地使用权/房屋所有权；宗地权利性质——批准拨用或出让；宗地的权利设定方式——地表（或地下、地上）；宗地四至描述；房屋性质——自建房；房屋所在幢的层数和房屋所在的层数；房屋结构——钢结构（或钢和钢筋混凝土结构、钢筋混凝土结构、混合结构、砖木结构、其他结构等）；房屋规划用途；房屋的总建筑面积；房屋的专有建筑面积；房屋的分摊建筑面积；共有情况等。

第五章 集体建设用地使用权及地上房屋所有权登记收件

自然人申请登记为单独所有的,应当提交单独所有的证明材料,如婚前取得的证明、对方配偶关于归申请人单独所有的声明等。

申请登记为按份共有的,应当提交共有人关于份额的约定等。

《国土资源部关于启用不动产登记簿证样式(试行)的通知》(国土资发〔2015〕25号)附《不动产登记簿样式及使用填写说明》规定,权利人类型无法归类为个人、企业、事业单位、国家机关的,填写其他。因此,因乡村修建的公共设施、公益设施申请集体建设用地使用权及地上房屋所有权首次登记时,因权利人"某村(组)农民集体",不是个人、企业、事业单位或国家机关,应当填写为"其他"。

2. 申请人的身份证明

申请人的身份证明,是指申请人现时使用的有效的身份证明。

因乡村修建的公共设施、公益设施申请集体建设用地使用权及地上房屋所有权首次登记时,由相应的集体经济组织代为申请登记,提交的身份证明为该集体经济组织的营业执照。没有集体经济组织的,由村民委员会、村民小组代为申请登记,村民委员会提交的身份证明为其法人登记证明或由县级人民政府为其出具的身份证明,村民小组提交的身份证明由其所在地村民委员会出具。

乡村企业或农村集体经济组织入股、联办的企业申请登记时,提交的身份证明为其营业执照。

3. 不动产权属证书或者有效的集体建设用地权属来源材料

(1)不动产权属证书。

不动产权属证书,是指申请人依法持有的载明集体建设用地使用权的不动产权属证书。不动产权属证书是权利人单独申请集体建设用地上的房屋及附属设施所有权登记时才提交的材料。按《不动产登记暂行条例实施细则》第一百零五条第一款规定,本实施细则施行前,依法核发的各类不动产权属证书继续有效。故此处的不动产权属证书,包括不动产统一登记前权利人合法持有的《集体土地使用权证》等。

(2)有效的集体建设用地权属来源材料。

有效的集体建设用地权属来源材料,主要指申请人持有的能证明其享有集体建设用地使用权的证明材料,是申请人在无房屋或房屋正在建造的情形下,单独申请集体建设用地使用权首次登记时应当提交的材料,或者待房屋竣工后一并申请集体建设用地使用权及地上房屋所有权首次登记时应当提交的材料。有效的集体建设用地权属来源材料主要有:

① 县级以上人民政府批准用地的文件。

如前所述，集体建设用地使用权，是由县级以上人民政府批准的在集体所有的土地上设立的用益物权，即集体建设用地使用权的取得须经县级以上人民政府批准。因此，县级以上人民政府批准使用集体建设用地的文件，属于《不动产登记暂行条例实施细则》第四十五条第一款第（一）项规定的申请人申请集体建设用地使用权及地上房屋所有权首次登记时，应当提交的"有批准权的人民政府批准用地的文件等土地权属来源材料"。

② 出让合同。

《土地管理法》第六十三条第一款规定，土地利用总体规划、城乡规划确定为工业、商业等经营性用途，并经依法登记的集体经营性建设用地，土地所有权人可以通过出让、出租等方式交由单位或者个人使用，并应当签订书面合同，载明土地界址、面积、动工期限、使用期限、土地用途、规划条件和双方其他权利义务。据此可知，土地所有权人可以通过与相关单位或者个人签订出让合同的方式，将经营性集体建设用地使用权交付给相关单位或者个人使用。换言之，相关单位或个人可以基于出让合同取得集体建设用地的使用权。因此，出让合同是权利人取得集体建设用地使用权的权属来源材料。

③ 县级以上人民政府确认申请人享有集体建设用地使用权的证明或决定。

县级以上人民政府确认申请人享有集体建设用地使用权的证明或决定，是指申请人现时占有、使用的集体建设用地在没有直接的权属来源材料、超出批准范围使用土地、存在集体建设用地使用权权属纠纷等情形下，经过县级以上人民政府确认、调处后产生的能证明集体建设用地使用权归属的材料。

《确定土地所有权和使用权的若干规定》第二条规定，土地所有权和使用权由县级以上人民政府确定，土地管理部门具体承办。土地权属争议，由土地管理部门提出处理意见，报人民政府下达处理决定或报人民政府批准后由土地管理部门下达处理决定。据此可知，集体建设用地使用权权属确认，或者集体建设用地使用权权属纠纷调处，由县级以上人民政府负责。因此，县级以上人民政府确认申请人享有集体建设用地使用权的证明，或经县级以上人民政府批准后由土地管理部门下达的集体建设用地使用权纠纷处理决定、权利归属决定等，属于《不动产登记暂行条例实施细则》第四十五条第一款第（一）项规定的申请人申请集体建设用地使用权及地上房屋所有权首次登记时，应当提交的"有批准权的人民政府批准用地的文件等土地权属来源材料"。

④ 其他有效的集体建设用地使用权权属来源材料。

据笔者查考，在各个不同时期，权利人享有集体建设用地使用权的证明的形式不同。综合各个时期的法律、法规、规章和政策的规定，权利人享有集体

第五章 集体建设用地使用权及地上房屋所有权登记收件

建设用地使用权的证明主要有：集体建设用地使用证明、集体建设用地使用权证、集体土地使用权证等。这些材料也是不同的历史时期，由有批准权的人民政府审批发放给权利人的证明其享有集体建设用地使用权的有效的证据，此类证据属于按《不动产登记暂行条例实施细则》第四十五条第（一）项规定的申请人申请集体建设用地使用权及地上房屋所有权首次登记时，应当提交的"有批准权的人民政府批准用地的文件等权属来源材料"。

4. 房屋建设符合规划的证明

关于集体建设用地上房屋建设符合规划的证明，笔者区别城市、市、建制镇、村庄和集镇规划区以外的房屋，城市、市和建制镇规划区以内的房屋，村庄和集镇规划区以内的房屋等情形予以阐释。

（1）城市、市、建制镇、村庄和集镇规划区以外地区的集体建设用地上的房屋。

《城乡规划法》第四十二条规定，城乡规划主管部门不得在城乡规划确定的建设用地范围以外作出规划许可。据此可知，城市、市、建制镇、村庄和集镇规划区以外地区的集体土地上的房屋建设，不属于规划控制对象。故未在城市、市、镇、集镇和村庄规划区范围内的房屋申请首次登记时，提交县级以上人民政府规划行政主管机关或省级政府赋予规划许可权的镇人民政府出具的申请登记的房屋未在规划区范围内的证明，以替代房屋建设符合规划的证明。

通过有权的人民政府发布的规划编制说明或规划图中明确的规划区范围，能够判定申请人申请登记的房屋不在此规划区范围的，登记机构无须要求申请人提交房屋不在规划范围内的证明，但应当将此规划编制说明或规划图中的相关内容复印（制），或截屏转化为纸质材料后归入登记案卷。

（2）城市、市和建制镇规划区以内的房屋。

1984年1月，国务院发布的《城市规划条例》第二条规定，城市，是指国家行政区域划分设立的直辖市、市、镇，以及未设镇的县城。该条例第三条规定，任何组织和个人，在城市规划区内进行与城市规划管理有关的活动，必须遵守本条例，并服从城市规划和管理。但该条例第四十四条规定，在城市规划区内国家所有的土地和征用集体所有的土地上，需要新建、扩建、改建任何建筑物、构筑物的，都必须向城市规划主管部门提出建设申请。据此可知，《城市规划条例》没有将城市规划区内集体建设用地上的房屋建设纳入规划控制范围。

1989年12月，《城市规划法》实施，按该法第三十二条规定，在城市规划区内新建、扩建和改建建筑物、构筑物，必须持有关批准文件向城市规划行政主管部门提出申请，由城市规划行政主管部门根据城市规划提出的规划设计要求，核发建设工程规划许可证件。据此可知，按《城市规划法》规定，在城市规划区范围内，无论国有土地上的房屋建设，还是集体土地上的房屋建设，均须取得规划行政主管机关核发的建设工程规划许可手续。

2008年1月，《城乡规划法》实施，该法第四十条第一款规定，在城市、镇规划区内进行建筑物、构筑物、道路、管线和其他工程建设的，建设单位或者个人应当向城市、县人民政府城乡规划主管部门或者省、自治区、直辖市人民政府确定的镇人民政府申请办理建设工程规划许可证。据此可知，按《城乡规划法》规定，凡城市规划区范围内，无论国有土地上的房屋建设，还是集体土地上的房屋建设，均须取得城市规划行政主管机关或省级人民政府赋予规划许可权的镇人民政府颁发的建设工程规划许可手续。

综合以上情形，城市、市和建制镇规划区范围内的集体建设用地上的房屋申请首次登记时，1989年12月以前建成的房屋，提交镇人民政府出具的房屋建成年代证明替代房屋建设符合规划的证明；1989年12月以后建成的房屋，提交的房屋建设符合规划的证明为县级以上人民政府规划行政主管机关或省级人民政府赋予规划许可权的镇人民政府发放的建设工程规划许可证，也可以是其出具的符合规划的证明。

（3）村庄和集镇规划区以内的房屋。

1993年11月，国务院发布的《村庄和集镇规划建设管理条例》实施，该条例第一次将村庄和集镇规划区内的房屋建设纳入规划控制范围。该条例第三条规定，村庄是指农村村民居住和从事各种生产的聚居点。集镇是指乡、民族乡人民政府所在地和经县级人民政府确认由集市发展而成的作为农村一定区域经济、文化和生活服务中心的非建制镇。该条例第十九条和第二十条规定，乡（镇）村企业、以乡村公益事业和公共设施为目的的房屋建设，须由县级人民政府规划行政主管部门核发选址意见书予以规划许可。2008年1月，《城乡规划法》颁布实施，该法第四十一条规定，在乡、村庄规划区内进行乡镇企业、乡村公共设施和公益事业建设的，建设单位或者个人应当向乡、镇人民政府提出申请，由乡、镇人民政府报城市、县人民政府城乡规划主管部门核发乡村建设规划许可证。因此，1993年11月以前建成的房屋申请首次登记的，提交乡人民政府出具的房屋建成年代的证明替代房屋建设符合规划的证明。1993年11月—2008年1月建成的房屋申请首次登记的，房屋建设符合规划的证明为县级人民政府规划行政主管机关核发的选址意见书，或其出具的房屋建设符合规划的证明。2008年1月以后建成的房屋申请首次登记的，提交房屋建设符合规划的证明为县级以上人民政府规划行政主管机关核发的乡村建设规划许可证，或其出具的房屋建设符合规划的证明。

第五章 集体建设用地使用权及地上房屋所有权登记收件

5. 房屋已经竣工的证明

《不动产登记暂行条例实施细则》第四十五条第一款第（四）项规定，房屋已经竣工的证明是申请人申请集体建设用地上的房屋所有权首次登记时应当提交的材料。该证明主要指：① 建设工程质量管理部门出具的竣工验收备案表；② 建设单位组织相关部门对竣工房屋进行综合验收形成的建设工程质量竣工验收合格证；③ 承建单位或个人（有资质的建筑工匠等）出具的房屋已经竣工的证明；④ 所有权人出具的房屋已经竣工的保证，或证明房屋等建筑物、构筑物已经竣工的照片等。

6. 权籍调查表、宗地图、房屋平面图以及载明宗地界址点坐标的材料

权籍调查表、宗地图、房屋平面图以及载明宗地界址点坐标的材料，属于不动产权籍调查成果材料，主要指有资质的专业机构按《不动产权籍调查技术方案（试行）》的规定出具的从空间上、地域上特定申请首次登记的集体建设用地使用权及地上房屋所有权的权籍调查成果材料。权利人单独申请集体建设用地使用权或地上房屋所有权首次登记的，只提交与申请登记的内容相对应的权籍调查成果材料。

第二节 变更登记收件

集体建设用地使用权及地上房屋所有权变更登记，是指在登记簿上记载的权利主体不变的前提下，对登记簿上记载的集体建设用地使用权及地上房屋所有权的内容、基本状况中与现实不符的有关事项予以变更，使之与现实情况一致的登记。

按《不动产登记暂行条例》第十四条第二款第（四）项规定和《不动产登记操作规范（试行）》2.1.2条和10.2.2条规定，一般情形下，集体建设用地使用权及地上房屋所有权变更登记由登记簿上记载的权利人单方申请，无须权利人以外的人协助、配合，即变更登记申请书由权利人单方出具。

按《不动产登记暂行条例实施细则》第二十六条规定和《不动产登记操作规范（试行）》2.1.2条和11.2.1条规定，申请人申请集体建设用地使用权及地上房屋所有权变更登记的情形主要有：① 权利人姓名或名称变更；② 权利人的身份证明类型或者身份证明号码发生变更；③ 集体建设用地及地上房屋的坐落名称变更；④ 集体建设用地、地上房屋的界址变更、面积变更；⑤ 同一权利人分割或者合并集体建设用地及地上房屋；⑥ 共有性质发生变更等。笔者拟对申请人因不同情形申请变更登记时应当提交的材料作阐释。

一、因权利人姓名或名称变更申请的变更登记收件

1. 登记申请书；
2. 申请人的身份证明；
3. 不动产权属证书或集体建设用地使用权及地上房屋所有权已经登记的证明；
4. 权利人姓名或名称变更证明；
5. 其他必要材料。

说明和理由：

1. 登记申请书

登记申请书应当载明：权利人；申请人的身份证明类型和号码；登记类型——变更登记；登记原因——权利人姓名（或名称）变更；不动产单元号码；不动产权属证书号码；权利人变更前的姓名或名称和变更后的姓名或名称等。

2. 申请人的身份证明

申请人的身份证明，是指载明申请人的姓名或名称变更后的合法、有效的身份证明，即申请人现时有效的身份证明。

3. 不动产权属证书或集体建设用地使用权及地上房屋所有权已经登记的证明

（1）不动产权属证书。

《不动产登记暂行条例实施细则》第三十七条第（一）项规定，不动产权属证书是申请人申请集体建设用地使用权及地上房屋所有权变更登记时应当向登记机构提交的材料。

不动产权属证书，是指载明欲变更的集体建设用地使用权及地上房屋所有权的不动产权属证书。要求申请人提交不动产权属证书：一是证明欲变更的内容已经记载在登记簿上，申请变更登记的前提成立，以遵循连续登记原则；二是便于登记机构结合申请人提交的身份证明，查验申请人是否是申请变更登记的集体建设用地使用权及地上房屋所有权的权利人，即申请人身份是否适格；三是变更登记被记载在登记簿上后，登记机构将基于登记簿的记载向权利人颁发新的不动产权属证书，旧的不动产权属证书由登记机构收回归档，以免流失社会造成负面影响。其中，证明申请变更登记的前提成立是最主要的目的。

（2）集体建设用地使用权及地上房屋所有权已经登记的证明。

集体建设用地使用权及地上房屋所有权已经登记的证明，主要指载明欲变更的集体建设用地使用权及地上房屋所有权的登记档案材料复印（制）件或登记簿打印件、复印（制）件等。

在不动产登记实务中，权利人因种种原因遗失或毁损不动产权属证书，在

申请变更登记时不能提交的情形时有出现。因集体建设用地使用权及地上房屋所有权变更登记不是权利人须以不动产权属证书表征其享有权利而与他人为交易法律行为产生的登记，且集体建设用地使用权及地上房屋所有权已经登记的证明也能证明申请变更登记的前提成立。因此，申请人申请变更登记时，因遗失或毁损不动产权属证书而不能提交的，登记机构应当允许其提交集体建设用地使用权及地上房屋所有权已经登记的证明代替不能提交的不动产权属证书，未收回的不动产权属证书，在变更登记完成后，由登记机构在其门户网站或当地公开发行的报刊上公告作废，以免除或减轻其流失社会造成的负面影响。

《不动产登记暂行条例实施细则》第二十三条规定，因不动产权利灭失等情形，不动产登记机构需要收回不动产权属证书或者不动产登记证明的，应当在不动产登记簿上将收回不动产权属证书或者不动产登记证明的事项予以注明；确实无法收回的，应当在不动产登记机构门户网站或者当地公开发行的报刊上公告作废。其中的"不动产权利灭失"，包括不动产权利的绝对灭失和相对灭失。不动产权利的绝对灭失，是指不动产权利随不动产实体的消灭而永久消灭，或者随依附的主权利、主债权的消灭而消灭。与之对应的是不动产权利的相对灭失：一是不动产权利因转移给他人而使原权利人的权利灭失，他人在此灭失的基础上设立属于自己的不动产权利；二是不动产权利因不动产实体灭失外的申请注销登记的事由成就完成注销登记而灭失（如权利人抛弃不动产权利申请注销登记后，该权利人享有的不动产权利灭失，但该不动产权利本身并不消灭，而其归属处于待定状态，故此情形属于不动产权利的相对灭失）；三是不动产权利内容发生变更，变更前的不动产权利的相应内容因变更的完成而消灭，不动产权利的新内容因变更的完成而产生。据此可知，集体建设用地使用权及地上房屋所有权变更登记完成后，原权利的相应内容灭失，新的权利内容产生，不能收回的载明该灭失权利内容的不动产权属证书，应当由登记机构公告作废。

4. 权利人姓名或名称变更证明

权利人姓名或名称变更证明，是申请人申请因权利人姓名或名称变更产生的变更登记的原因凭证。

在不动产登记实务中，《国土资源部、中央农村工作领导小组办公室、财政部、农业部关于农村集体土地确权登记发证的若干意见》（国土资发〔2011〕178号）第八条规定，村委会办公室、医疗教育卫生等公益事业和公共设施用地、乡镇企业用地及其他经依法批准用于非住宅建设的集体土地，应当依法进行确权登记发证，确认集体建设用地使用权。将集体土地使用权依法确认到每个权利主体。凡依法使用集体建设用地的单位或个人应申请确权登记。据此可知，享有集体建设用地使用权的可以是单位，也可以是个人。因此，集体建设用地使用权及地上房屋所有权变更登记事由中应当有"权利人姓名或名称变更"。权利人姓名或名称变更的证明的主要有：

（1）我国公民。

权利人姓名变更的证明主要有户口簿，上面有权利人曾用名和现用名的记载。也可以是公安机关出具的其他有关权利人更名的证明，如因姓名变更换领身份证的证明等。

（2）港澳台地区自然人。

港澳同胞提交经我国司法部委托的律师出具的姓名变更事项公证书[1]。此公证书须加盖中国法律服务（香港）有限公司、中国法律服务（澳门）有限公司转递章。也可以提交我国公证机构出具的姓名变更事项公证书。

台湾同胞提交经大陆公证机构出具的姓名变更事项公证书，或台湾公证机构出具的姓名变更事项公证书[2]。台湾公证机构出具的公证书须经大陆相关机构认证（一般由省级公证协会认证）。

（3）持护照或居留证件的自然人。

① 持我国护照的自然人。

我国护照的持有人姓名变更的证明应当区分普通护照、外交护照和因公护照，由护照的原签发机关出具。

② 持我国政府主管机关签发的居留证件的自然人。

我国居留证件的持有人姓名变更的证明由县级以上公安机关出具。

③ 持所在国护照的自然人。

所在国护照的持有人姓名变更的证明为经我国驻外使（领）馆认证的，所在国公证机构出具的姓名变更事项公证书[3]。同时附申请人签字确认的该公证书的中文译本，或提交在我国合法经营的翻译机构出具的该公证书的中文译本。也可以提交我国驻外使（领）馆出具的姓名变更事项公证书。

（4）企业法人或企业性质的非法人组织。

企业法人或企业性质的非法人组织名称变更的证明由企业登记机关出具。

在不动产登记实务中，申请人提交的企业法人或企业性质的非法人组织名称变更的证明，常常是企业登记机关出具的"更名通知单"。该更名通知单能清晰地反映申请人变更前的名称和变更后的名称，登记机构应当用作登记材料。

---

[1] 参见《烟台市房屋登记规则（暂行）》第十条第（三）项。
[2] 参见《烟台市房屋登记规则（暂行）》第十条第（四）项。
[3] 参见《烟台市房屋登记规则（暂行）》第十条第（五）项。

第五章 集体建设用地使用权及地上房屋所有权登记收件

特别说明：

随社会多元化的发展，权利人完成集体建设用地使用权及地上房屋所有权首次登记后，因迁居成为我国港澳台地区人士、外籍人士的情形已有出现，但其已经依法享有的集体建设用地使用权及地上房屋所有权受我国现行法律、行政法规的保护，故在变更登记中，也出现了我国港澳台地区人士和外籍人士姓名变更的情形。

二、因权利人身份证明类型或身份证明号码变更申请的变更登记收件

1. 登记申请书；
2. 申请人的身份证明；
3. 不动产权属证书或集体建设用地使用权及地上房屋所有权已经登记的证明；
4. 权利人身份证明类型或身份证明号码发生变更的证明；
5. 其他必要材料。

说明和理由：

1. 登记申请书

登记申请书应当载明：权利人；申请人的身份证明类型和号码；登记类型——变更登记；登记原因——身份证明类型变更（或身份证明号码变更）；不动产单元号码；不动产权属证书号码；权利人变更前的身份证明类型（或身份证明号码）和变更后的身份证明类型（或身份证明号码）等。

2. 权利人身份证明类型或身份证明号码发生变更的证明

权利人身份证明类型或身份证明号码变更的证明，是申请人申请因权利人身份证明类型或身份证明号码变更产生的变更登记的原因凭证。

同一申请人身份证明类型不同，身份证明号码也不同，即使身份证明相同，其号码也存在不同的情形，如居民身份证号码变动。权利人身份证明类型或身份证明号码发生变更的证明主要有：

（1）我国公民因居民身份证号码变动申请变更登记时，应当提交公安机关出具的，能证明原身份证明与现身份证明上的主体为同一人的书面材料，如居民身份证号码变更证明等。也可以是权利人自己出具的身份证明号码变动情况说明，此情形下，登记机构宜将变更登记内容予以公告，以查明变更登记的真实性，但该公告系由登记机构自行启动，公告期间应当计入登记办理时限。

（2）我国内地居民取得港澳居民身份证后，申请因身份证明类型或身份证明号码变更产生的变更登记时，应当提交经我国司法部委托的律师出具的身份证明类型或身份证明号码变更事项公证书[①]，并加盖中国法律服务（香港）有限公司、中国法律服务（澳门）有限公司转递章，或提交公安机关出具的变更证明。也可以提交我国公证机构出具的身份证明类型或身份证明号码变更事项公证书。

（3）我国大陆居民取得台湾居民身份证后，申请因身份证明类型或身份证明号码变更产生的变更登记时，应当提交大陆公证机构出具的身份证明类型或身份证明号码变更事项公证书，或提交台湾公证机构出具的身份证明类型或身份证明号码变更事项公证书。台湾公证机构出具的公证书须经大陆相关机构认证（一般由省级公证协会认证）。也可以提交公安机关出具的变更证明[②]。

（4）我国公民取得外国身份证后，申请因身份证明类型或身份证明号码变更产生的变更登记时，应当提交经我国驻外使（领）馆认证的，所在国家公证机构出具的身份证明类型或身份证明号码变更事项公证书[③]，并附申请人签字确认的该公证书的中文译本，或在我国合法经营的翻译机构出具的该公证书的中文译本。也可以提交我国公证机构出具的身份证明类型或身份证明号码变更事项公证书。

（5）企业法人、企业性质的非法人组织因身份证明类型或身份证明号码变动，申请变更登记时，应当提交营业执照颁发机关出具的，能证明原身份证明与现身份证明上的主体为同一人的书面材料，如企业登记机关出具的营业执照号码变更证明等。

三、因集体建设用地及地上房屋坐落的名称变更申请的变更登记收件

1. 登记申请书；
2. 申请人的身份证明；
3. 不动产权属证书或集体建设用地使用权及地上房屋所有权已经登记的证明；
4. 县级以上人民政府民政机关出具的集体建设用地及地上房屋坐落已经变更的证明；
5. 其他必要材料。

---

① 参见《烟台市房屋登记规则（暂行）》第十条第（三）项。
② 参见《烟台市房屋登记规则（暂行）》第十条第（四）项。
③ 参见《烟台市房屋登记规则（暂行）》第十条第（五）项。

第五章 集体建设用地使用权及地上房屋所有权登记收件

说明和理由：

1. 登记申请书

登记申请书应当载明：权利人；申请人的身份证明类型和号码；登记类型——变更登记；登记原因——坐落名称变更；不动产单元号码；不动产权属证书号码；变更前的坐落名称和变更后的坐落名称等。

2. 县级以上人民政府民政机关出具的集体建设用地及地上房屋坐落名称变更的证明

集体建设用地及地上房屋坐落名称变更的证明，是申请人申请因坐落名称变更产生的变更登记的原因凭证。该证明由县级以上人民政府民政机关或地名管理办公室出具。

四、因集体建设用地界址、面积变更申请的变更登记收件

1. 登记申请书；
2. 申请人的身份证明；
3. 不动产权属证书或集体建设用地使用权及地上房屋所有权已经登记的证明；
4. 集体建设用地界址、面积发生变更的证明；
5. 县级以上人民政府关于增加土地面积的批准文件；
6. 不动产权籍调查成果报告；
7. 其他必要材料。

注：申请人提交的第 4 项材料中包括第 6 项材料的，无须再提交第 6 项材料。第 5 项材料适用于因界址变更导致土地面积增加的情形。

说明和理由：

1. 登记申请书

登记申请书应当载明：权利人；申请人的身份证明类型和号码；登记类型——变更登记；登记原因——宗地界址（或面积）变更；不动产单元号码；不动产权属证书号码；变更前的界址（或面积）和变更后的界址（或面积）等。

2. 集体建设用地界址、面积发生变更的证明

集体建设用地界址、面积发生变更的证明，是申请人申请集体建设用地因界址、面积发生变更产生的变更登记的原因凭证。

集体建设用地界址、面积发生变更，主要指因自然原因或人为原因使集体建设用地的界址、面积变更而与登记簿上的记载不一致的情形，如经自然资源行政主管部门同意当事人协商变更宗地界址后使宗地面积增加；因山体滑坡导

致部分土地灭失产生的土地界址变动、面积减少等。宗地界址、面积变更的证明主要有：

（1）县级以上人民政府自然资源行政主管部门同意调整边界的批文，或经其备案、鉴证的地籍测量报告。

《不动产单元设定与代码编制规则》3.5 条规定，界址线是指宗地（宗海）的边界线。该规则3.6条规定，界址点是指土地（海域）权属界址线的转折点。据此可知，界址点属于宗地边界线的组成部分。《土地管理法》第二十六条第二款规定，县级以上人民政府自然资源主管部门会同同级有关部门进行土地调查。《地籍调查规程》（TD/T 1001—2012）3.2 条规定，地籍调查，针对每宗地的权属、界址、位置、面积、用途等进行的土地调查。该规程3.4条规定，日常地籍调查，因宗地设立、灭失、界址调整及其他地籍信息的变更而开展的地籍调查。据此可知，地籍调查属于土地调查的范围，由县级以上人民政府土地管理部门负责。宗地的界址调整，属于地籍调查的范围。申言之，宗地的界址、界线调整或变更，属于地籍调查的范围。因此，申请人申请因宗地的界址、面积变更产生的登记时，应当提交县级以上人民政府自然资源行政机关同意的批文，或经县级以上人民政府自然资源行政机关备案、鉴证的地籍测量报告。故当事人间协商调整宗地边界线导致界址变更的，或县级以上人民政府自然资源行政主管部门决定调整宗地边界线而导致界址变更的，都应当取得或出具县级以上人民政府自然资源行政机关同意的批文，或经县级以上人民政府自然资源行政机关备案或鉴证的地籍测量报告。因此，县级以上人民政府自然资源行政机关同意的批文，或经县级以上人民政府自然资源行政机关备案、鉴证的地籍测量报告，是宗地界址、面积变更的证明。

（2）县级以上人民政府自然资源行政机关的处理决定、人民法院生效的法律文书。

《地籍调查规程》（TD/T 1001—2012）5.2.3条规定，土地界址、边界线调查属于土地权属状况调查的内容。据此可知，当事人对土地界址、边界线产生的争执，属于土地权属争议。《土地管理法》第十四条第一款和第二款规定，土地所有权和使用权争议，由当事人协商解决；协商不成的，由人民政府处理。单位之间的争议，由县级以上人民政府处理；个人之间、个人与单位之间的争议，由乡级人民政府或者县级以上人民政府处理。当事人对有关人民政府的处理决定不服的，可以自接到处理决定通知之日起三十日内，向人民法院起诉。《土地权属争议调查处理办法》第五条第二款规定，个人之间、个人与单位之间发生的争议案件，可以根据当事人的申请，由乡级人民政府受理和处理。据此可知，当事人就界址产生争执时，在相互协商不成的情形下，由人民政府处理，对有关人民政府的处理决定不服的，可以向人民法院起诉。因此，当事人间签订的解决宗地界址争执的协议，乡级人民政府关于个人之间、个人与单位之间宗地界址的处理决定，县级人民政府关于宗地界址的处理决定，人民法院关于解决当事人间宗地界址争议的生效的民事判决书、民事调解书，是宗地界址、面积变更的证明。

（3）县级以上人民政府应急管理机关出具的发生自然灾害的证明。

因发生自然灾害导致集体建设用地宗地界址、面积变更的证明为县级以上人民政府应急管理机关出具的发生自然灾害的证明。

3. 县级以上人民政府关于增加土地面积的批准文件

增加土地面积的批准文件，是申请人申请因面积增加产生的集体建设用地使用权变更登记的原因凭证。

所谓增加土地面积，是指已经取得的集体建设用地使用权以宗地为不动产单元记载在登记簿上后，权利人通过合法途径变更界址而导致宗地面积增加的情形。

如前所述，取得集体建设用地使用权的方式是县级以上人民政府的批准文件，增加的集体建设用地部分，系权利人新取得该部分集体建设用地使用权，也应当取得县级以上人民政府的用地批准文件。该批准文件，属于《不动产登记操作规范（试行）》11.2.3条之4第（2）项规定的"（申请）集体建设用地或房屋面积、界址范围变更的，提交有批准权的人民政府或其主管部门的批准文件"。

4. 不动产权籍调查成果报告

因宗地界址、面积变更产生的变更登记，需要更新登记簿上记载的宗地界址、面积信息。有资质的专业机构按《不动产权籍调查技术方案（试行）》的规定出具的不动产权籍调查成果报告，能够提供变更后的宗地界址、面积的准确数据，满足因变更登记更新登记簿信息的需要。因此，申请人申请因宗地界址、面积变更产生的变更登记时应当提交权籍调查成果报告。

五、因房屋扩建导致面积增加申请的变更登记收件

1. 登记申请书；
2. 申请人的身份证明；
3. 不动产权属证书或集体建设用地使用权及地上房屋所有权已经登记的证明；
4. 房屋扩建符合规划的证明；

5. 房屋扩建部分已经竣工的证明；
6. 不动产权籍调查成果报告；
7. 其他必要材料。

说明和理由：

1. 登记申请书

登记申请书应当载明：权利人；申请人的身份证明类型和号码；登记类型——变更登记；登记原因——房屋扩建；不动产单元号码；不动产权属证书号码；变更前的房屋面积和变更后的房屋面积等。

2. 房屋扩建符合规划的证明

房屋扩建符合规划的证明，是申请人申请因房屋面积增加产生的变更登记的原因凭证。

所谓房屋面积增加，是指房屋所有权记载在登记簿上后，权利人又取得规划手续而扩建房屋导致房屋面积增加的情形。

《城乡规划法》第六十四条规定，未取得建设工程规划许可证或者未按照建设工程规划许可证的规定进行建设的，由县级以上地方人民政府城乡规划主管机关责令停止建设；尚可采取改正措施消除对规划实施的影响的，限期改正，处建设工程造价百分之五以上百分之十以下的罚款；无法采取改正措施消除影响的，限期拆除，不能拆除的，没收实物或者违法收入，可以并处建设工程造价百分之十以下的罚款。质言之，未取得建设工程规划许可证或未按照取得的建设工程规划许可证实施的建设行为均属于应当受到惩处的违法行为。据此可知，房屋扩建属于当然的建筑物建造工程，须依法申请办理建设工程规划许可证，并严格按建设工程规划许可证核准的结构、用途和建筑面积等内容建造，否则，属于应当受到惩处的违法行为。《不动产登记暂行条例》第二十二条第（一）项规定，登记申请违反法律、行政法规规定的，属于登记机构不予登记的情形。据此可知，申请所有权登记的房屋建设工程若没有取得规划许可证或未按取得的规划许可证建造的，虽然该房屋已经竣工，但属于违法建造物，当事人不能依法对其享有所有权，由此申请的登记，登记机构应当作不予登记处理。因此，没有申请办理建设工程规划许可证或不按照其取得的建设工程规划许可证核准的内容扩建的房屋属于不合法建筑物，增加的面积不能通过变更登记记载到登记簿上，即因此而申请的变更登记不会被登记机构核准。故申请人申请因房屋扩建产生的变更登记时，建设工程规划许可证是应当提交的材料。

在实际生活中，没有办理建设工程规划许可证或不按照取得的建设工程规

第五章 集体建设用地使用权及地上房屋所有权登记收件

划许可证核准的内容扩建房屋的情形时有出现，对此，《城乡规划法》第六十四条规定，未取得建设工程规划许可证或者未按照建设工程规划许可证的规定进行建设的，由县级以上地方人民政府城乡规划主管部门责令停止建设；尚可采取改正措施消除对规划实施的影响的，限期改正并实施行政处罚。该法第六十五条规定，在乡、村规划区内未依法取得乡村建设规划许可证或者未按照乡村建设规划许可证的规定进行建设的，由乡、镇人民政府责令停止建设、限期改正。限期改正的方式主要有：① 规划管理机关对违法扩建人实施行政处罚后，责令扩建人补办建设工程规划许可证或乡村建设规划许可证；② 规划管理机关对违法扩建人实施处罚后，依职权为其出具满足城市（或建制镇）规划、乡或村规划要求的证明。因此，规划管理机关或省级政府赋予规划许可权的镇人民政府出具的满足城市（或建制镇）、乡或村规划要求的证明也是扩建房屋增加面积被核准登记的证据，与建设工程规划许可证或乡村建设规划许可证具有同等效力。但是，只有规划管理机关的行政处罚决定，没有房屋扩建符合规划的书面证明的，则单纯的行政处罚决定不能代替房屋扩建符合规划的证明，登记机构不得采用为变更登记的证据。

综上所述，房屋扩建符合规划的证明包括建设工程规划许可证、乡村建设规划许可证和规划管理机关或省级政府赋予规划许可权的镇人民政府出具的满足城市、建制镇、乡或村规划要求的证明。房屋扩建符合规划的证明，属于《不动产登记暂行条例实施细则》第三十七条第（三）项规定的，申请人申请集体建设用地使用权及地上房屋所有权变更登记时应当提交的"有批准权的人民政府或者主管部门的批准文件"。

城市、镇、集镇、村庄规划区外的房屋，须提交县级以上人民政府规划行政主管部门或省级政府赋予规划许可权的镇政府出具的房屋不在规划区范围内的证明。

通过有权的人民政府发布的规划编制说明或规划图中明确的规划区范围，能够判定申请人申请变更登记的房屋不在此规划区范围内的，登记机构无须要求申请人提交房屋不在规划区范围内的证明，但须将此规划编制说明或规划图的相关内容摘要或复制件归入登记案卷。

3. 不动产权籍调查成果报告

房屋因扩建导致面积增加产生的变更登记，需要更新登记簿上记载的房屋面积信息。增加了多少面积，登记簿上需要记载确切的数据，有资质的专业机构按《不动产权籍调查技术方案（试行）》的规定出具的不动产权籍调查成果报告，能够提供增加面积的准确数据，满足因变更登记更新登记簿信息的需要。因此，申请人申请房屋因扩建导致面积增加产生的变更登记时，应当提交不动产权籍调查成果报告。

六、因房屋基于自然原因（局部毁损）或人为原因（局部拆除或毁损）导致面积减少申请的变更登记收件

1. 登记申请书；
2. 申请人的身份证明；
3. 不动产权属证书或集体建设用地使用权及地上房屋所有权已经登记的证明；
4. 房屋局部毁损或已经局部拆除的证明；
5. 不动产权籍调查成果报告；
6. 其他必要材料。

说明和理由：

1. 登记申请书

登记申请书应当载明：权利人；申请人的身份证明类型和号码；登记类型——变更登记；登记原因——房屋局部拆除（或局部毁损）；不动产单元号码；不动产权属证书号码；变更前的房屋面积和变更后的房屋面积等。

2. 房屋局部毁损或已经局部拆除的证明

房屋局部毁损或已经局部拆除的证明，是申请人申请因自然原因（局部毁损）或人为原因（局部拆除或毁损）导致面积减少产生的变更登记的原因凭证。

房屋局部毁损或已经局部拆除，是指房屋的局部实体因毁损或拆除已经灭失，且不再修复。如某厂的一车间，因火灾毁损三分之二，该厂不再修复，将残留物清理后的空地作货场。因此，房屋局部毁损或已经局部拆除的证明，应当根据具体原因确定出具主体，如房屋因所有权人自行局部拆除，是房屋所有权人根据自己房屋实体灭失情况申请的变更登记，实质上是对随房屋实体灭失而灭失的所有权申请登记机构注销，未灭失部分的所有权予以保留，故该证明可由房屋所有权人出具；再如房屋因火灾毁损的证明可由应急管理机关或其消防机构、地方政府或房屋所在地村民委员会出具等。在不动产登记实务中，权利人提交显示房屋保存、拆除或毁损情况的照片，也是房屋局部已经毁损或拆除的证明。

3. 不动产权籍调查成果报告

要求申请人提交不动产权籍调查成果报告，是因为该报告由有资质的专业

机构按《不动产权籍调查技术方案（试行）》的规定出具，能够提供房屋局部已经毁损或拆除后尚存房屋面积的准确数据，满足因变更登记更新登记簿信息的需要。

七、同一权利人分割或者合并集体建设用地、地上房屋申请的变更登记收件

1. 登记申请书；
2. 申请人的身份证明；
3. 不动产权属证书或集体建设用地使用权及地上房屋所有权已经登记的证明；
4. 建设工程规划许可材料；
5. 县级以上人民政府自然资源行政主管部门同意宗地分割或合并的证明；
6. 不动产权籍调查成果报告；
7. 其他必要材料。

注：第 4 项材料适用于因分割或合并改变建造时的规划条件而导致房屋的不动产单元变更的情形。第 5 项材料适用于分割或合并宗地的情形。第 5 项材料包括第 6 项材料的，无须再提交第 6 项材料。

说明和理由：

1. 登记申请书

登记申请书应当载明：权利人；申请人的身份证明类型和号码；登记类型——变更登记；登记原因——分割（或合并）；不动产单元号码；不动产权属证书号码；分割或合并前的土地及房屋面积和分割或合并后的土地及房屋面积。

2. 建设工程规划许可材料

《城乡规划法》第四十条第二款规定，申请办理建设工程规划许可证，应当提交使用土地的有关证明文件、建设工程设计方案等材料。该法第四十三条第一款规定，建设单位应当按照规划条件进行建设；确需变更的，必须向城市、县人民政府城乡规划主管机关提出申请。据此可知，建设单位或个人必须按其申请建设工程规划许可证时报送给规划行政主管机关的设计方案建造房屋，即建设单位或个人必须按照经过规划许可的设计方案建造房屋，在建造过程中，即使需要变更设计方案进行建造，也须经过规划行政主管机关的同意并取得规划许可变更手续后方可为之。申言之，按建设单位申请建设工程规划许可证时报送给规划行政主管机关的设计方案，或经过规划行政主管机关同意变更后的设计方案建造而成的房屋的幢、层、套、间，才是按照规划许可的条件建造而成的，即才是合法建造的房屋。故从法律的层面上看，在不动产登记实务中，

作为房屋的不动产单元的幢、层、套、间依规划主管机关以规划许可的方式确定的为准。因此，如果分割或合并房屋并改变建造时的规划条件而导致房屋的不动产单元变动的，应当持有建设工程规划许可材料，此规划许可材料，属于《不动产登记操作规范（试行）》11.2.3条之4第（2）项规定的申请人申请地上房屋分割或合并导致房屋的不动产单元变动产生的变更登记时，应当提交"有批准权的人民政府或其主管部门的批准文件"。

3. 县级以上人民政府自然资源行政主管部门同意宗地分割或合并的证明

县级以上人民政府自然资源行政主管部门同意宗地分割或合并的证明，是申请人申请因分割或合并集体建设用地产生的变更登记的原因凭证。

《不动产登记暂行条例》第八条第一款规定，不动产以不动产单元为基本单位进行登记。据此可知，集体建设用地使用权应当以宗地为不动产单元登记。《土地管理法》第二十六条第二款规定，县级以上人民政府自然资源主管部门会同同级有关部门进行土地调查。《地籍调查规程》（TD/T 1001—2012）3.2条规定，地籍调查，针对每宗地的权属、界址、位置、面积、用途等进行的土地调查。该规程3.4条规定，日常地籍调查，因宗地设立、灭失、界址调整及其他地籍信息的变更而开展的地籍调查。据此可知，地籍调查属于土地调查的范围，由县级以上人民政府土地管理部门负责。宗地的界址调整，属于地籍调查的范围。申言之，宗地的合并或分立，势必导致宗地的界址、界线调整或变更，即宗地的合并或分立，属于地籍调查的范围。因此，申请人申请因宗地的合并或分立产生的变更登记时，应当提交县级以上人民政府自然资源行政机关同意的批文，或提交经县级以上人民政府自然资源行政机关备案或鉴证的地籍测量报告。故以宗地为不动产单元记载在登记簿上的集体建设用地，权利人对其进行分割或合并的，应当提交县级以上人民政府自然资源行政机关同意的批文，或提交经县级以上人民政府自然资源行政机关备案、鉴证的地籍测量报告。该批文或地籍测量报告属于《不动产登记暂行条例实施细则》第三十七条第（三）项规定的，申请人申请集体建设用地使用权及地上房屋所有权变更登记时应当提交的"有批准权的人民政府或者主管部门的批准文件"。

4. 不动产权籍调查成果报告

要求申请人提交不动产权籍调查成果报告，是因为该报告由有资质的专业机构按《不动产权籍调查技术方案（试行）》的规定出具，能够提供分割或合并后申请登记的集体建设用地及地上房屋的不动产单元相关信息，满足因变更登记更新登记簿信息的需要。

八、因共有性质变更申请的变更登记收件

1. 登记申请书；
2. 申请人的身份证明；
3. 不动产权属证书或集体建设用地使用权及地上房屋所有权已经登记的证明；
4. 共有性质变更的证明；
5. 其他必要材料。

说明和理由：

1. 登记申请书

《不动产登记操作规范》2.1.3 条规定，共有不动产的登记，应当由全体共有人共同申请。有的不动产因共有人姓名、名称发生变化申请变更登记的，可以由姓名、名称发生变化的权利人申请。据此可知，共有性质变更产生的变更登记，应当由全体共有人共同申请，即变更登记申请书由全体共有人出具。登记申请书应当载明：权利人；申请人的身份证明类型和号码；登记类型——变更登记；登记原因——共有性质变更；不动产单元号码；不动产权属证书号码；变更前的共有性质和变更后的共有性质等。

如果是共同共有变更为按份共有的，登记申请书还应当载明共有人的共有份额。

2. 共有性质变更的证明

共有性质变更的证明，是申请人申请因共有性质变更产生的变更登记的原因凭证。

《民法典》第二百九十七条规定，不动产或者动产可以由两个以上组织、个人共有。共有包括按份共有和共同共有。按该法第三百零八条规定，共有人对共有的不动产可以约定为按份共有或者共同共有。据此可知，法律规定的共有性质有按份共有和共同共有，是按份共有，还是共同共有，属于民事主体对自己民事权利的处置，完全取决于当事人间的自愿和合意。另外，《民法典》第三百零八条规定，共有人对共有的不动产或者动产没有约定为按份共有或者共同共有，或者约定不明确的，除共有人具有家庭关系等外，视为按份共有。据此可知，共有人对因共有性质没有约定，或约定不明而产生争执时，若诉讼到法院或申请仲裁，共有人具有家庭关系的，人民法院或仲裁机构的生效法律文书会确定为共同共有，反之，确定为按份共有。因此，申请人申请因共有性质变更产生的变更登记时，提交的共有性质变更的证明为"共有性质变更协议书或生效的法律文书"。

第三节　转移登记收件

集体建设用地使用权及地上房屋所有权转移登记,是指登记簿上记载的集体建设用地使用权及地上房屋所有权的内容、基本状况不变,权利主体变动产生的登记。

如前所述,通过出让等方式取得的集体经营性建设用地使用权可以转让、互换、出资、赠与或者抵押,但法律、行政法规另有规定或者土地所有权人、土地使用权人签订的书面合同另有约定的除外。集体经营性建设用地的出租,集体建设用地使用权的出让及其最高年限、转让、互换、出资、赠与、抵押等,参照同类用途的国有建设用地执行。具体办法由国务院制定。据此可知,出让取得的集体经营性建设用地使用权可以转让、互换、出资、赠与,即出让取得的集体经营性建设用地使用权可以转移,但集体建设用地使用权的出让及其最高年限、转让、互换、出资、赠与、抵押等须由国务院制定具体办法来明确。截止笔者修订本书时止,国务院关于集体建设用地使用权的出让及其最高年限、转让、互换、出资、赠与、抵押等的具体办法尚未出台,本书本次修订时只对出让取得的集体建设用地使用权的相关登记作简单介绍。

按《国务院办公厅关于严格执行有关农村集体建设用地法律和政策的通知》(国办发〔2007〕71号)规定,符合土地利用总体规划并依法取得建设用地的企业发生破产、兼并等情形时,所涉及的农民集体所有建设用地使用权方可依法转移。据此可知,一般情形下,集体建设用地使用权及地上房屋所有权产生转移的情形为企业破产转让财产、企业合并或分立。但是,集体建设用地使用权及地上房屋所有权的权利人为自然人时,按《民法典》的规定,权利人死亡后,其享有的集体建设用地使用权及地上房屋所有权可以被其继承人继承而发生转移登记。在不动产登记实务中,《不动产登记操作规范(试行)》11.3.1条规定:"已经登记的集体建设用地使用权及建筑物、构筑物所有权,因下列情形之一导致权属发生转移的,当事人可以申请转移登记:1.作价出资(入股)的;2.因企业合并(兼并)、分立、破产等情形,导致建筑物、构筑物所有权发生转移的;3.因人民法院、仲裁机构的生效法律文书等导致权属转移的;4.法律、行政法规规定的其他情形。"概言之,集体建设用地使用权及地上房屋所有权产生转移的情形主要有:① 作价出资(入股);② 企业合并或分立;③ 企业破产;④ 因人民法院、仲裁机构的生效法律文书等导致权属转移;⑤ 继承等。笔者拟根据申请人因不同情形申请转移登记时应当提交的材料作阐释。

第五章　集体建设用地使用权及地上房屋所有权登记收件

一、因农村集体经济组织以集体建设用地使用权及地上房屋所有权作价出资（入股）申请的转移登记收件

1. 登记申请书；
2. 申请人的身份证明；
3. 不动产权属证书；
4. 作价出资（入股）合同；
5. 契税缴纳凭证；
6. 县级以上人民政府同意以集体建设用地使用权作价出资（入股）的批文；
7. 土地及地上房屋所在地集体经济组织三分之二以上成员或者三分之二以上村民代表同意作价出资（入股）的材料；
8. 其他必要材料。

说明和理由：

1. 登记申请书

《不动产登记操作规范（试行）》11.3.2条规定，集体建设用地使用权及建筑物、构筑物所有权转移登记应当由双方共同申请。因此，登记申请书由权利的失去方和取得方共同出具。登记申请书应当载明：权利的取得方与失去方；申请人的身份证明类型和号码；登记类型——转移登记；登记原因——作价出资（入股）；不动产单元号码；不动产权属证书号码；失去方享有集体建设用地使用权及地上房屋所有权的面积；取得方取得集体建设用地使用权及地上房屋所有权的面积等。

2. 申请人的身份证明

因作价出资（入股）产生的集体建设用地使用权及地上房屋所有权转移登记由权利的失去方和取得方共同申请，故申请人的身份证明为取得方和失去方的身份证明。

3. 不动产权属证书

不动产权属证书是《不动产登记暂行条例实施细则》第四十六条第一款第（一）项规定的申请人申请集体建设用地使用权及地上房屋所有权转移登记时应当提交的材料。

不动产权属证书，是指载明欲转移的集体建设用地使用权及地上房屋所有权的不动产权属证书。要求申请人提交不动产权属证书：一是证明欲转移的集体建设用地使用权及地上房屋所有权已经记载在登记簿上，申请转移登记的前提成立；二是便于登记机构结合失去方提交的身份证明，判定其作为转移登记

申请人是否适格；三是转移登记被记载于登记簿上后，登记机构将基于登记簿的记载向取得方颁发新的不动产权属证书，原不动产权属证书由登记机构收回归档，以免流失社会造成负面影响。

在不动产登记实务中，若申请人申请作价出资（入股）产生的转移登记时，因不动产权属证书遗失或毁损，不能提交又急需办理转移登记，欲以登记档案材料复印件或登记簿打印件、复印（制）件等欲转移的集体建设用地使用权及地上房屋所有权已经登记的证明替代不动产权属证书的，登记机构不应当准许，理由有三：一是申请人以作价出资（入股）为由申请转移登记，表明集体建设用地使用权及地上房屋所有权的权利人在世或存续，具备申请补发不动产权属证书的主体条件；二是集体建设用地及地上房屋实体存在，权利人不抛弃集体建设用地使用权及地上房屋所有权，且要利用集体建设用地使用权及地上房屋所有权，具备申请补发不动产权属证书的客体条件和主观要求；三是按《民法典》第二百一十七条规定，不动产权属证书是权利人享有该不动产物权的外在表征形式。质言之，不动产权属证书是权利人享有集体建设用地使用权及地上房屋所有权的证明，也是作价出资（入股）的双方当事人据此协商签订作价出资（入股）合同的基础凭证。所以，在转移登记中，不动产权属证书作为登记收件，登记机构应当按法律和规章的规定，从严掌握。如果申请人因不动产权属证书遗失或毁损而不能提交的，登记机构应当告知申请人按《不动产登记暂行条例实施细则》第二十二条第二款的规定申请补发，补发后，再按程序申请因作价出资（入股）产生的集体建设用地使用权及地上房屋所有权转移登记。

4. 作价出资（入股）合同

作价出资（入股）合同，是申请人申请以集体建设用地使用权及地上房屋所有权作价出资（入股）产生的转移登记的原因证明。

作价出资（入股）合同，是指权利人与欲吸收股份的经济组织，参照现时的房地产市场价格，协商议定欲入股的集体建设用地使用权及地上房屋所有权价格，并就入股后该权利人占有的股份额及相应的权利义务达成一致而成立的合同。作价出资（入股）合同生效后，集体建设用地使用权及地上房屋所有权应当转移给吸收股份的经济组织，成为该经济组织的财产，不再是原权利人的财产。在不动产登记实务中，《不动产登记操作规范（试行）》11.3.3 条第 4 项之（1）规定，申请人申请集体建设用地使用权及地上房屋所有权转移登记时"作价出资（入股）的，提交作价出资（入股）协议"。

第五章 集体建设用地使用权及地上房屋所有权登记收件

5. 契税缴纳凭证

以作价出资（入股）方式取得集体建设用地使用权及地上房屋所有权，属于财政部根据《契税暂行条例》的授权制定的《契税暂行条例实施细则》第八条第（一）项规定的应当缴纳契税的情形，故申请人申请以集体建设用地使用权及地上房屋所有权作价入股产生的转移登记时，应当提交契税缴纳凭证[按将于2021年9月1日起施行的《契税法》第二条第二款规定，申请人申请以集体建设用地使用权及地上房屋所有权作价投资（入股）产生的转移登记时，应当提交契税缴纳凭证]。

6. 县级以上人民政府同意以集体建设用地使用权作价出资（入股）的批文

《民法典》第二百六十八条规定，国家、集体和私人依法可以出资设立有限责任公司、股份有限公司或者其他企业。国家、集体和私人所有的不动产或者动产投到企业的，由出资人按照约定或者出资比例享有资产收益、重大决策以及选择经营管理者等权利并履行义务。据此可知，乡村集体企业或集体经济组织，也可以以其财产投资入股其他企业。换言之，乡村集体企业或集体经济组织，也可以以其集体建设用地使用权及地上房屋所有权投资入股其他企业。然而，按《土地管理法》第六十条规定，农村集体经济组织以集体建设用地使用权入股、联办等形式共同举办企业的，由县级以上地方人民政府批准。因此，乡村集体企业或集体经济组织申请以集体建设用地使用权及地上房屋所有权作价出资（入股）产生的转移登记时，县级以上人民政府同意以集体建设用地使用权作价出资（入股）的批文是应当提交的材料。

7. 土地及地上房屋所在地集体经济组织三分之二以上成员或者三分之二以上村民代表同意作价出资（入股）的材料

以集体建设用地使用权及地上房屋所有权作价出资（入股）属于对农民集体所有的财产作处分，须以本农村集体经济组织三分之二以上成员或三分之二以上村民代表同意的证明为证据。村民会议或村民代表会议同意作价出资（入股）的证明，以及村民会议授权村民代表会议有权处分集体财产的证明，都须载明应当参会人数或应当参会代表人数，实到参会人数或实到参会代表人数，以及村民或村民代表的签名，且应当加盖集体企业或集体经济组织的公章，以增强证明的真实性。该证明是《不动产登记操作规范（试行）》11.3.3条第6项规定的申请人申请以集体建设用地使用权及地上房屋所有权作价出资（入股）产生的转移登记时应当提交的材料。

二、因作为权利人的企业合并（兼并）、分立申请的转移登记收件

1. 登记申请书；
2. 申请人的身份证明；
3. 不动产权属证书；
4. 企业合并（兼并）或分立的证明；
5. 有权部门批准权利人合并（兼并）、分立的文件；
6. 集体建设用地使用权及地上房屋所有权归属的证明；
7. 土地及地上房屋所在地集体经济组织三分之二以上成员或者三分之二以上村民代表同意企业合并（兼并）、分立的材料；
8. 其他必要材料。

注：第 6 项材料适用于权利人分立的情形。

说明和理由：

1. 登记申请书

《民法典》第六十七条第一款规定，法人合并的，其权利和义务由合并后的法人享有和承担。据此可知，法人或非法人组织合并的，被合并的法人或非法人组织享有的权利由并入后的法人或非法人组织享有。因此，基于企业合并（兼并）申请的转移登记，由归并后的权利人单方申请，即登记申请书由权利的取得方单方出具。登记申请书应当载明：权利的取得方与失去方；申请人的身份证明类型和号码；登记类型——转移登记；登记原因——权利人合并（兼并）；不动产单元号码；不动产权属证书号码等。

《民法典》第六十七条第二款规定，法人分立的，其权利和义务由分立后的法人享有连带债权，承担连带债务，但是债权人和债务人另有约定的除外。据此可知，一般情形下，法人或非法人组织分立后，分立前的法人或非法人组织享有的尚未实现的连带债权，分立后新产生的法人或非法人组织尚且有权享有，那么，分立前的法人或非法人组织享有的权利，分立后新产生的法人或非法人组织更应当享有。即法人分立、合并时，不影响原有权利义务的享有和承担[①]。因此，法人或非法人组织分立的，可以约定原法人或非法人组织享有的权利归分立后新产生的法人或非法人组织。故因作为权利人的企业分立申请的转移登记，由权利的失去方与取得方共同申请，即登记申请书由权利的失去方和取得方共同出具。登记申请书应当载明：权利的取得方与失去方；申请人的身份证明类型和号码；登记类型——转移登记；登记原因——权利人分立；不动产单元

---

① 梁慧星：《中国民法典草案建议稿附理由：总则编》，法律出版社 2004 年版，第 109 页。

第五章 集体建设用地使用权及地上房屋所有权登记收件

号码；不动产权属证书号码；分立前的集体建设用地使用权及地上房屋所有权面积和因分立取得的集体建设用地使用权及地上房屋所有权面积等。

2. 申请人的身份证明

因权利人合并（兼并）申请转移登记时，申请人的身份证明为集体建设用地使用权及地上房屋所有权取得方的身份证明。因权利人分立申请转移登记时，申请人的身份证明为集体建设用地使用权及地上房屋所有权的取得方与失去方的身份证明。

3. 权利人合并或分立的证明

权利人合并（兼并）或分立的证明，是申请人申请权利人因合并（兼并）或分立产生的集体建设用地使用权及地上房屋所有权转移登记的原因凭证。

一般情形下，作为权利人的法人或非法人组织合并（兼并）或分立的证明，是其达成的合并（兼并）或分立协议，或其共同作出的合并（兼并）或分立决定。但是，有的法人或非法人组织合并（兼并）、分立是基于当事人共同的上级组织的决定。据此可知，法人、非法人组织合并（兼并）或分立的证明，是法人、非法人组织达成的合并（兼并）或分立协议，或法人、非法人组织共同作出的合并（兼并）、分立决定，或法人、非法人组织共同的上级组织作出的合并（兼并）、分立决定等。

4. 有权部门批准权利人合并（兼并）、分立的文件

《乡村集体所有制企业条例》第十四条第一款规定，设立企业必须依照法律、法规，经乡级人民政府审核后，报请县级人民政府乡镇企业主管部门以及法律、法规规定的有关部门批准，持有关批准文件向企业所在地工商行政管理机关办理登记，经核准领取《企业法人营业执照》或者营业执照后始得营业，并向税务机关办理税务登记。该条例第十五条规定，企业分立、合并、迁移、停业、终止以及改变名称、经营范围等，须经原批准企业设立的机关核准，向当地工商行政管理机关和税务机关办理变更或者注销登记，并通知开户银行。据此可知，乡村企业的合并（兼并）、分立，须经县级人民政府乡镇企业主管部门以及法律、法规规定的有关部门批准，因此，县级人民政府乡镇企业主管部门以及法律、法规规定的有关部门准予乡村企业的合并（兼并）、分立的批文，属于《不动产登记操作规范（试行）》11.3.3条第4项之（2）规定的申请人申请因企业合并（兼并）、分立产生的集体建设用地使用权及地上房屋所有权转移登记时，应当提交的"有权部门的批准文件"。其中"法律、法规规定的有关

部门"，登记机构应当根据个案，查阅专门的行业法律、法规后确定。

5. 集体建设用地使用权及地上房屋所有权归属的证明

企业的分立，系指权利人从一个企业变成两个以上的企业的情形。但是，原企业享有的集体建设用地使用权及地上房屋所有权仍属于其继续享有，还是属于分立后新成立的企业享有，实质上是对集体建设用地使用权及地上房屋所有权的处置，需要一个书面材料来确定，此书面材料即集体建设用地使用权及地上房屋所有权归属的证明，该证明的主要形式，可以是当事人按《民法典》第六十七条第二款的规定，由原企业和新企业通过约定或共同作出的决定予以明确，也可以由作出权利人分立的组织在文件中予以明确，该约定、决定或文件确定的集体建设用地使用权及地上房屋所有权的取得人，是转移登记申请人中的取得方。

企业的合并（兼并），是将作为权利人的企业归并到另一个企业后，被归并的企业消灭的情形。按《民法典》第六十七条第一款规定，并入前的企业享有的集体建设用地使用权及地上房屋所有权依法由并入后的企业享有，故企业合并证明就是集体建设用地使用权及地上房屋所有权归属的证明，无须再以约定、决定或文件方式确定集体建设用地使用权及地上房屋所有权的归属。

此处的集体建设用地使用权及地上房屋所有权归属的证明，属于《不动产登记操作规范（试行）》11.3.3条第4项之（2）规定的申请人申请因企业合并（兼并）、分立产生的集体建设用地使用权及地上房屋所有权转移登记时，应当提交的"集体建设用地使用权及建筑物、构筑物所有权权属转移材料"。

三、因企业破产申请、嘱托的转移登记收件

1. 登记申请书、协助执行通知书；
2. 申请人的身份证明、执行员的工作证和执行公务证；
3. 不动产权属证书；
4. 破产裁定书；
5. 集体建设用地使用权及地上房屋所有权归属的证明；
6. 契税缴纳凭证；
7. 其他必要材料。

注：第1项材料中的申请书、第2项材料中的申请人的身份证明、第3项材料和第6项材料，适用于因申请启动的转移登记。

说明和理由：

第五章　集体建设用地使用权及地上房屋所有权登记收件

1. 登记申请书

《破产法》第二十五条第一款第（六）项规定，管理和处分债务人的财产属于破产企业管理人的职责。因此，因企业破产产生的转移登记，可以由破产企业管理人与取得破产企业的集体建设用地使用权及地上房屋所有权的取得方共同申请登记，即登记申请书由破产企业管理人和权利取得方共同出具。也可以由人民法院向登记机构送达协助执行通知书启动转移登记。登记申请书应当载明：权利的取得方与失去方；取得方与破产企业管理人的身份证明类型和号码；登记类型——转移登记；登记原因——拍卖（破产）；不动产单元号码；不动产权属证书号码等。

2. 申请人的身份证明

《破产法》第二十二条规定，管理人由人民法院指定。据此可知，作为转移登记申请人中的失去方的破产企业管理人的身份证明为人民法院指定其为管理人的文书及其自身的身份证明。取得方的身份证明为其现时使用的合法、有效的身份证明。

3. 不动产权属证书

不动产权属证书，是指载明欲转移的集体建设用地使用权及地上房屋所有权的不动产权属证书。

按《不动产登记暂行条例实施细则》第四十六条第一款第（一）项规定，失去方名下的不动产权属证书，是申请人申请集体建设用地使用权及地上房屋所有权转移登记时应当提交的材料。因此，以申请启动的因破产产生的集体建设用地使用权及地上房屋所有权转移登记中，申请人应当提交不动产权属证书。

但是，按《不动产登记暂行条例实施细则》第十九条第二款第（一）项规定，人民法院持生效法律文书和协助执行通知书要求不动产登记机构办理登记的，登记机构应当直接办理。质言之，登记机构应当凭人民法院送达的生效法律文书和协助执行通知书直接办理相关登记，无须再收取其他材料或经过其他中间环节。申言之，基于人民法院送达的协助执行通知书启动的转移登记，人民法院没有同时送达不动产权属证书的，登记机构无须主动索取，转移登记完成后，未收回的不动产权属证书由登记机构在其门户网站或当地公开发行的报刊上公告作废，以免除或减轻其流失社会造成的负面影响。

《不动产登记暂行条例实施细则》第二十三条规定，因不动产权利灭失等情形，不动产登记机构需要收回不动产权属证书或者不动产登记证明的，应当在不动产登记簿上将收回不动产权属证书或者不动产登记证明的事项予以注明；

确实无法收回的，应当在不动产登记机构门户网站或者当地公开发行的报刊上公告作废。其中的"不动产权利灭失"，包括不动产权利的绝对灭失和相对灭失。不动产权利的绝对灭失，是指不动产权利随不动产实体的消灭而永久消灭，或者随依附的主权利、主债权的消灭而消灭。与之对应的是不动产权利的相对灭失：一是不动产权利因转移给他人而使原权利人的权利灭失，他人在此灭失的基础上设立属于自己的不动产权利；二是不动产权利因不动产实体灭失外的申请注销登记的事由成就完成注销登记而灭失（如权利人抛弃不动产权利申请注销登记后，该权利人享有的不动产权利灭失，但该不动产权利本身并不消灭，而其归属处于待定状态，故此情形属于不动产权利的相对灭失）；三是不动产权利内容发生变更，变更前的不动产权利内容因变更的完成而消灭，不动产权利的新内容因变更的完成而产生。据此可知，集体建设用地使用权及地上房屋所有权转移登记完成后，权利取得人的权利产生，原权利人的权利灭失，不能收回的载明该灭失权利的不动产权属证书，应当由登记机构公告作废。

4. 破产裁定书

破产裁定书，是申请人申请因破产产生的集体建设用地使用权及地上房屋所有权转移登记的原因凭证。

《企业破产法》第三条规定，破产案件由债务人住所地人民法院管辖。该法第一百零七条规定，人民法院依照本法规定宣告债务人破产的，应当自裁定作出之日起五日内送达债务人和管理人，自裁定作出之日起十日内通知已知债权人，并予以公告。据此可知，企业破产，只能由人民法院以裁定书的方式确定。破产裁定书属于《不动产登记操作规范（试行）》11.3.3条第4项之（2）规定的申请人申请因企业破产产生的集体建设用地使用权及地上房屋所有权转移登记时，应当提交的"有权部门的批准文件"。

5. 集体建设用地使用权及地上房屋所有权归属的证明

（1）破产财产管理人处分破产财产时产生的集体建设用地使用权及地上房屋所有权归属的证明。

《企业破产法》第一百一十二条规定，变价出售破产财产应当通过拍卖进行。但是，债权人会议另有决议的除外。破产企业可以全部或者部分变价出售。据此可知，破产企业财产的处置，可以是拍卖，也可以是变价出售。按该法第二十二条和第二十五条第一款第（六）项规定，人民法院指定的破产财产管理人有权处分破产企业的财产。因此，破产企业财产由破产财产管理人处分的，处分证明，一是破产财产管理人与买受人签订的买卖合同；二是破产财产管理

第五章 集体建设用地使用权及地上房屋所有权登记收件

人委托的合法经营的拍卖机构出具的拍卖成交确认书。即买卖合同、拍卖成交确认书是破产财产管理人处分破产财产时产生的集体建设用地使用权及地上房屋所有权归属的证明，该证明是权利人取得集体建设用地使用权及地上房屋所有权的权源凭证，属于《不动产登记操作规范（试行）》11.3.3条第4项之（2）规定的申请人申请因破产产生的集体建设用地使用权及地上房屋所有权转移登记时，应当提交的"集体建设用地使用权及建筑物、构筑物所有权权属转移材料"。

（2）人民法院处分破产财产时产生的集体建设用地使用权及地上房屋所有权归属的证明。

《最高人民法院关于人民法院民事执行中拍卖、变卖财产的规定》（法释〔2004〕16号）第二十九条第二款规定，不动产、有登记的特定动产或者其他财产权拍卖成交或者抵债后，该不动产、特定动产的所有权、其他财产权自拍卖成交或者抵债裁定送达买受人或者承受人时起转移。据此可知，人民法院执行企业破产案件，通过拍卖方式或抵债方式处分破产财产时，以拍卖成交裁定书、抵债裁定书的方式体现。即拍卖成交裁定书、抵债裁定书是人民法院处分破产财产时产生的集体建设用地使用权及地上房屋所有权归属的证明，该证明是权利人取得集体建设用地使用权及地上房屋所有权的权利凭证，也属于《不动产登记操作规范（试行）》11.3.3条第4项之（2）规定的申请人申请破产产生的集体建设用地使用权及地上房屋所有权转移登记时，应当提交的"集体建设用地使用权及建筑物、构筑物所有权权属转移材料"。

6．契税缴纳凭证

（1）因申请启动的转移登记。

按《契税暂行条例》第二条和第十一条规定及财政部根据该暂行条例的授权制定的《契税暂行条例实施细则》第八条第（二）项规定，申请人申请因买卖、抵债产生的集体建设用地使用权及地上房屋所有权转移登记时，契税缴纳凭证是应当提交的材料（将于2021年9月1日起施行的《契税法》第二条和第十一条做了同样的规定）。

（2）因人民法院的协助执行通知书启动的转移登记。

基于人民法院的协助执行通知书产生的转移登记中，登记机构无须主动向人民法院索取契税缴纳凭证。

① 契税缴纳凭证是申请转让产生的土地使用权、房屋所有权转移登记时应当缴纳的材料。

《契税暂行条例》第十一条规定，纳税人应当持契税完税凭证和其他规定的文件材料，依法向土地管理部门、房产管理部门办理有关土地、房屋的权属变更登记手续。纳税人未出具契税完税凭证的，土地管理部门、房产管理部门不予办理有关土地、房屋的权属变更登记手续（将于2021年9月1日起施行的《契税法》第十一条规定，纳税人办理纳税事宜后，税务机关应当开具契税完税凭证。纳税人办理土地、房屋权属登记，不动产登记机构应当查验契税完税、减免税凭证或者有关信息。未按照规定缴纳契税的，不动产登记机构不予办理土地、房屋权属登记）。据此可知，承让土地使用权、房屋所有权的人申请转移登记时，才须提交契税缴纳凭证。嘱托登记机构办理转移登记的人民法院不是纳税义务人。

② 人民法院要求登记机构办理转移登记时无须收取契税缴纳凭证。

a）《民事诉讼法》第二百五十一条规定，在执行中，需要办理有关财产权证照转移手续的，人民法院可以向有关单位发出协助执行通知书，有关单位必须办理。据此可知，按执行文书办登记是登记机构的法定义务。

b）《不动产登记暂行条例实施细则》第十九条第二款第（一）项规定，人民法院持生效法律文书和协助执行通知书要求不动产登记机构办理登记的，不动产登记机构直接办理不动产登记。据此可知，"直接办理"即登记机构直接凭执行文书办理相关登记，无须添加其他中间环节。收取契税缴纳凭证才办理登记，属于增加中间环节的行为，与《不动产登记暂行条例实施细则》第十九条第二款第（二）项规定相悖。

③ 登记机构的实务处理。

《国家税务总局关于人民法院强制执行被执行人财产有关税收问题的复函》（国税函〔2005〕869号）规定："鉴于人民法院实际控制纳税人因强制执行活动而被拍卖、变卖财产的收入，根据《中华人民共和国税收征收管理法》第五条的规定，人民法院应当协助税务机关依法优先从该收入中征收税款。"据此可知，实施执行措施的人民法院有协助税务机关征收税款的义务，但该人民法院是否履行协助税务机关征收税款的义务，登记机构无须过问。因此，登记机构在签收要求办理转让、抵债等交易原因产生的转移登记的执行文书时，在人民法院的送达回证上加注"未送达契税完税凭证"，表明登记机构尽到了合理审慎的注意义务。

第五章 集体建设用地使用权及地上房屋所有权登记收件

四、因人民法院、仲裁机构的生效法律文书申请的转移登记收件

（一）基于生效的确认集体建设用地使用权及地上房屋所有权归属的民事判决书、执行裁定书、仲裁裁决书和 2016 年 3 月 1 日起立案产生的分割共有的集体建设用地使用权及地上房屋所有权的民事调解书、仲裁调解书申请的转移登记收件

1. 登记申请书；
2. 申请人的身份证明；
3. 不动产权属证书或集体建设用地使用权及地上房屋所有权已经登记的证明；
4. 生效的民事判决书、执行裁定书、仲裁裁决书或 2016 年 3 月 1 日起立案产生的分割共有的集体建设用地使用权及地上房屋所有权的民事调解书、仲裁调解书；
5. 其他必要材料。

说明和理由：

1. 登记申请书

《不动产登记暂行条例》第十四条第二款第（三）项规定，因人民法院、仲裁委员会生效的法律文书或者人民政府生效的决定等设立、变更、转让、消灭不动产权利的，可以由当事人单方申请登记。据此可知，转移登记申请书由权利的取得方单方出具。登记申请书须载明：权利的取得方与失去方；申请人的身份证明类型和号码；登记类型——转移登记；登记原因——司法判决（或仲裁裁决）；不动产单元号码；不动产权属证书号码；集体建设用地使用权及地上房屋所有权原面积；因判决（或裁决）取得的集体建设用地使用权及地上房屋所有权面积等。

2. 集体建设用地使用权及地上房屋所有权已经登记的证明

集体建设用地使用权及地上房屋所有权已经登记的证明，主要指记载有欲转移的集体建设用地使用权及地上房屋所有权的登记档案材料复印件或登记簿打印件、复印（制）件等材料。

在不动产登记实务中，登记机构在办理基于生效的民事判决书、执行裁定书、仲裁裁决书或 2016 年 3 月 1 日起立案产生的分割共有的集体建设用地使用权及地上房屋所有权的民事调解书、仲裁调解书产生的转移登记时，收取不动产权属证书的主要目的是证明申请转移登记的前提成立，但集体建设用地使用权及地上房屋所有权已经登记的证明也具有同样的证明作用，且生效的确认集体建设用地使用权及地上房屋所有权归属的民事判决书、执行裁

定书、仲裁裁决书，或 2016 年 3 月 1 日起立案产生的分割共有的集体建设用地使用权及地上房屋所有权的民事调解书、仲裁调解书，是权利人无须登记即享有集体建设用地使用权及地上房屋所有权的权利凭证，而非权源凭证。此类转移登记，也不是权利人须凭不动产权属证书表征其享有权利而与他人为交易法律行为产生的登记，故权利取得人因遗失或毁损等原因不能提交不动产权属证书时，可以凭集体建设用地使用权及地上房屋所有权已经登记的证明及其他材料申请转移登记，转移登记完成后，未收回的不动产权属证书，由登记机构在其门户网站或当地公开发行的报刊上公告作废，以免除或减轻其流失社会造成的负面影响。

3. 生效的确认集体建设用地使用权及地上房屋所有权归属的民事判决书、执行裁定书、仲裁裁决书或 2016 年 3 月 1 日起立案产生的分割共有的集体建设用地使用权及地上房屋所有权的民事调解书、仲裁调解书

生效的确认集体建设用地使用权及地上房屋所有权归属的民事判决书、执行裁定书、仲裁裁决书或 2016 年 3 月 1 日起立案产生的分割共有的集体建设用地使用权及地上房屋所有权的民事调解书、仲裁调解书，是当事人享有集体建设用地使用权及地上房屋所有权的权利凭证。

申请人提交初审民事判决书作为登记证据时，应当同时提交初审人民法院出具的该判决书已经生效的证明。提交执行裁定书、最高人民法院和终审人民法院出具的判决书、仲裁机构出具的裁决书作为申请材料的，登记机构直接采用为登记的证据材料。

申请人提交 2016 年 3 月 1 日起立案产生的分割共有的集体建设用地使用权及地上房屋所有权的民事调解书或仲裁调解书作为登记证据时，如果民事调解书载明"本调解书自双方当事人签收后生效"的，此调解书须与双方当事人签收该调解书的人民法院的送达回证复印件组合后方可用作登记的证据材料。如果民事调解书载明"本调解书自双方当事人签名或者盖章时起生效"的，则此调解书已经生效，登记机构可直接用作登记的证据材料。仲裁调解书须附双方当事人签收此仲裁调解书的证明后，登记机构方可用作登记的证据材料。

特别说明：

在不动产登记实务中，生效的法律文书虽然确认了集体建设用地使用权及地上房屋所有权的归属，但该集体建设用地使用权及地上房屋所有权是基于有偿交易取得，如执行中，人民法院的执行裁定书裁定登记在甲名下的集体建设用地使用权及地上房屋所有权抵债归乙所有。因此，申请人提交的确认集体建

第五章 集体建设用地使用权及地上房屋所有权登记收件

设用地使用权及地上房屋所有权归属的法律文书是基于买卖等交易原因时,是否提交契税缴纳证明?

笔者认为,申请人无须提交契税缴纳证明。《物权法》第二百二十九条规定,因人民法院、仲裁机构的法律文书或者人民政府的征收决定等,导致物权设立、变更、转让或者消灭的,自法律文书或者征收决定等生效时发生效力。据此可知,自人民法院、仲裁机构生效的确认集体建设用地使用权及地上房屋所有权归属的法律文书生效时起,权利人无须登记,即及时、依法取得该集体建设用地使用权及地上房屋所有权,生效的确认集体建设用地使用权及地上房屋所有权归属的法律文书,是权利人享有权利的凭证,不是权利来源的凭证,即不是权利人取得权利的原因。申请人申请将集体建设用地使用权及地上房屋所有权记载在登记簿上,一是宣示自己的权利存在;二是为在此基础上产生的变更登记、转移登记、抵押权登记等后续的登记建立前提,以遵循不动产登记的连续登记原则。因此,申请人是凭其享有集体建设用地使用权及地上房屋所有权的权利凭证申请登记,不是凭其取得集体建设用地使用权及地上房屋所有权的买卖合同或协议等原因凭证申请登记,故无须提交契税缴纳证明。当然,若申请人凭其取得集体建设用地使用权及地上房屋所有权的买卖合同或协议等原因凭证申请登记时,应当同时提交契税缴纳凭证。另外,申请人申请登记时主动提交契税缴纳凭证的,登记机构应当收取。至于申请人是否履行纳税义务,由税务机关按相关规定核查。基于 2016 年 3 月 1 日起立案产生的分割共有的集体建设用地使用权及地上房屋所有权的民事调解书、仲裁调解书申请的转移登记亦然。

(二)基于生效的民事调解书或仲裁调解书申请的转移登记收件

1. 登记申请书;
2. 申请人的身份证明;
3. 不动产权属证书或集体建设用地使用权及地上房屋所有权已经登记的证明;
4. 生效的民事调解书或仲裁调解书;
5. 契税缴纳证明;
6. 其他必要材料。

注:第 5 项材料适用于因赠与、抵债等交易原因产生的转移登记。

说明和理由:

1. 登记申请书

登记申请书由取得方与失去方共同出具。但是,如果生效的民事调解书或仲裁调解书中载明转移登记由某人负责申请的，可由该人单方申请，即登记申请书由该人单方出具。登记申请书应当载明：权利的取得方与失去方；申请人的身份证明类型和号码；登记类型——转移登记；登记原因——民事调解书（或仲裁调解书）；不动产单元号码；不动产权属证书号码；集体建设用地使用权及地上房屋所有权原有面积；因调解取得的集体建设用地使用权及地上房屋所有权面积等。

2. 生效的民事调解书或仲裁调解书

生效的民事调解书或仲裁调解书，是指载明集体建设用地使用权及地上房屋所有权归属的生效的民事调解书或仲裁调解书，但不包括2016年3月1日起立案产生的分割共有财产的民事调解书或仲裁调解书。此类调解书系权利人取得集体建设用地使用权及地上房屋所有权的权源证明。

在不动产登记实务中，如果民事调解书载明"本调解书自双方当事人签收后生效"的，此调解书须与双方当事人签收调解书的人民法院的送达回证复印件组合后方可用作登记的证据材料。如果民事调解书载明"本调解书自双方当事人签名或者盖章时起生效"的，则此调解书已经生效，登记机构可直接用作登记的证据材料。仲裁调解书须附双方当事人签收该调解书的证明后，登记机构方可用作登记的证据材料。

（三）基于人民法院送达的协助执行通知书产生的转移登记收件

1. 协助执行通知书；
2. 执行员的工作证和执行公务证；
3. 法律文书或公证书；
4. 不动产权属证书或集体建设用地使用权及地上房屋所有权已经登记的证明；
5. 其他必要材料。

注：人民法院未送达第4项材料的登记机构不得主动索取。

说明和理由：

1. 法律文书或公证书

按《民事诉讼法》第二百三十六条、第二百三十七条、第二百三十八条规定，可以申请人民法院执行的主要有民事判决书、民事裁定书、民事调解书、仲裁裁决书、仲裁调解书、公证书。因此，在不动产登记实务中，应当收取的法律文书或公证书是指作为人民法院执行基础的载明集体建设用地使用权及地上房屋所有权归属的民事判决书、民事裁定书、民事调解书、仲裁裁决书、仲裁调解书、公证书。

第五章 集体建设用地使用权及地上房屋所有权登记收件

特别说明：

基于人民法院的协助执行通知书产生的转移登记中，登记机构无须主动向人民法院索取契税缴纳凭证。

（1）契税缴纳凭证是申请人申请转让产生的土地使用权、房屋所有权转移登记时应当缴纳的材料。

《契税暂行条例》第十一条规定，纳税人应当持契税完税凭证和其他规定的文件材料，依法向土地管理部门、房产管理部门办理有关土地、房屋的权属变更登记手续。纳税人未出具契税完税凭证的，土地管理部门、房产管理部门不予办理有关土地、房屋的权属变更登记手续（将于 2021 年 9 月 1 日起施行的《契税法》第十一条规定，纳税人办理纳税事宜后，税务机关应当开具契税完税凭证。纳税人办理土地、房屋权属登记，不动产登记机构应当查验契税完税、减免税凭证或者有关信息。未按照规定缴纳契税的，不动产登记机构不予办理土地、房屋权属登记）。据此可知，承让土地使用权、房屋所有权的人申请转移登记时，才须提交契税缴纳凭证。嘱托登记机构办理转移登记的人民法院不是纳税义务人。

（2）人民法院要求办理转移登记时，登记机构无须收取契税缴纳凭证。

① 《民事诉讼法》第二百五十一条规定，在执行中，需要办理有关财产权证照转移手续的，人民法院可以向有关单位发出协助执行通知书，有关单位必须办理。据此可知，按执行文书办理登记是登记机构的法定义务。

② 《不动产登记暂行条例实施细则》第十九条第二款第（二）项规定，人民法院持生效法律文书和协助执行通知书要求不动产登记机构办理的登记，登记机构应当直接办理。据此可知，"直接办理"即登记机构直接凭执行文书办理相关登记，无须添加其他中间环节。收取契税缴纳凭证才办理登记，属于增加中间环节的行为，与《不动产登记暂行条例实施细则》第十九条第二款第（二）项规定相悖。

（3）登记机构的实务处理。

《国家税务总局关于人民法院强制执行被执行人财产有关税收问题的复函》（国税函〔2005〕869 号）规定："鉴于人民法院实际控制纳税人因强制执行活动而被拍卖、变卖财产的收入，根据《中华人民共和国税收征收管理法》第五条的规定，人民法院应当协助税务机关依法优先从该收入中征收税款。"据此可知，实施执行措施的人民法院有协助税务机关征收税款的义务，但该人民法院是否履行协助税务机关征收税款的义务，登记机构无须过问。因此，登记机构在签收要求办理转让、抵债等交易原因产生的转移登记的执行文书时，在人民法院的送达回证上加注"未送达契税完税凭证",表明登记机构尽到了合理审慎的注意义务。

五、因继承申请的转移登记收件

1. 登记申请书;
2. 申请人的身份证明;
3. 不动产权属证书或集体建设用地使用权及地上房屋所有权已经登记的证明;
4. 继承证明材料;
5. 被继承人的死亡证明书;
6. 其他必要材料。

注:第 4 项材料中,继承人提交的继承证明材料为继承权公证书时,无须提交第 5 项材料。

说明和理由:

1. 登记申请书

《不动产登记暂行条例》第十四第二款第(二)项规定,继承、接受遗赠取得不动产权利的,可以由当事人单方申请登记。据此可知,转移登记申请书由继承人单方出具。登记申请书应当载明:权利的取得方与失去方;申请人的身份证明类型和号码;登记类型——转移登记;登记原因——法定继承(或遗嘱继承);不动产单元号码;不动产权属证书号码;集体建设用地使用权及地上房屋所有权原有面积;因继承取得的集体建设用地使用权及地上房屋所有权面积等。

2. 集体建设用地使用权及地上房屋所有权已经登记的证明

集体建设用地使用权及地上房屋所有权已经登记的证明,主要指载明欲因继承转移的集体建设用地使用权及地上房屋所有权的登记档案材料复印件或登记簿打印件、复印(制)件等材料。

在不动产登记实务中,由于种种原因,申请人申请继承转移登记时,被继承人名下的不动产权属证书不知所终而不能提交的情形时有发生。如前所述,收取被继承人名下的不动产权属证书,主要作用是证明申请继承转移登记的前提成立,集体建设用地使用权及地上房屋所有权已经登记的证明也具有这个作用,且继承转移登记不是权利人须凭不动产权属证书表征其享有权利而与他人为交易法律行为产生的登记,因此,申请人申请继承转移登记时,可以凭集体建设用地使用权及地上房屋所有权已经登记的证明代替不能提交的不动产权属证书,转移登记完成后,未收回的不动产权属证书,由登记机构在其门户网站或当地公开发行的报刊上公告作废，以免除或减轻其流失社会造成的负面影响。

3. 继承证明材料

继承证明材料，是申请人申请因继承产生的集体建设用地使用权及地上房屋所有权转移登记的原因凭证。

在不动产登记实务中，申请人提交的继承权证明材料一般有四种：一是继承权公证书；二是经过公证的遗嘱；三是未经公证的依法定继承程序享有继承权的证明；四是未经公证的遗嘱。

（1）继承权公证书。

继承权公证书适用于因法定继承产生的集体建设用地使用权及地上房屋所有权转移登记。继承权公证书，是指由国家公证机构制作的证明法定继承人依法享有集体建设用地使用权及地上房屋所有权的继承权的书面凭证。继承权公证书是继承人继承集体建设用地使用权及地上房屋所有权的权源证据。

（2）经过公证的遗嘱。

经过公证的遗嘱适用于因遗嘱继承产生的集体建设用地使用权及地上房屋所有权转移登记。经过公证的遗嘱，是指国家公证机构制作的记录立遗嘱人处分自己财产、指定财产继承人的文书。它是继承人继承集体建设用地使用权及地上房屋所有权的权源证据。

（3）未经公证的依法定继承程序享有继承权的证明。

申请人提交未经公证的依法定继承程序享有继承权的证明，登记机构也应当采用。但根据《不动产登记操作规范（试行）》1.8.6.1 条规定，申请人应当同时提交以下材料组合成未经公证的依法定继承程序享有继承权的证明：

① 继承人与被继承人之间的亲属关系证明，主要形式有三：一是户口簿、婚姻状况证明、收养证明或出生医学证明；二是公安机关、被继承人所在地村委会或居委会、被继承人或继承人所在单位出具的证明材料；三是其他能够证明相关亲属关系的材料等。申请人只提交其中之一。但是，按民政部等六部门联合出台的《关于改进和规范基层群众性自治组织出具证明工作的指导意见》（民发〔2020〕20号）和公安部等十二部门联合出台的《关于改进和规范公安派出所出具证明工作的意见》（公通字〔2016〕21号）文件规定，公安派出所和社区居民委员会均不再出具亲属关系证明，在申请人不能提交户口簿、婚姻证明、收养证明、出生医学证明作为亲属关系证明的情形下，还可以提交什么样的材料作亲属关系证明？

笔者认为，申请人可以自己书写继承人与被继承人的关系说明，其中载明被继承人姓名、全部继承人姓名及其与被继承人的关系、继承人是放弃继承还是接受继承等信息，该说明上须由两个以上继承人之外的人签名证明属实。申请人可以提交自己书写的继承人与被继承人的关系说明并附上在上面签名证明属实的证人的身份证明作为其申请继承转移登记的亲属关系证明。

按《不动产登记操作规范（试行）》1.8.6.5条规定，登记机构办理申请人凭公证的材料或者生效的法律文书之外的材料申请的继承转移登记时，须将继承转移登记事项在不动产登记机构门户网站进行公示，公示期不少于15个工作日。公示期满无异议的，将申请登记事项记载于不动产登记簿。据此可知，登记机构收取申请人提交自己书写的继承人与被继承人的关系说明后，可以通过公示程序，查明该说明的真实性，也通过该公示程序证明自己尽到了力所能及（合理审慎）的查验职责。

② 登记机构的登记人员签字见证的其他继承人放弃继承权的材料。

③ 申请人享有继承权的声明或说明。

（4）未经公证的遗嘱。

① 自书遗嘱。

自书遗嘱是指自然人死亡前亲笔书写的指定集体建设用地使用权及地上房屋所有权继承人的遗嘱。自书遗嘱必须由立遗嘱人亲笔书写遗嘱的全部内容。自书遗嘱既不能由他人代笔也不能用打印或印刷方式，只能由遗嘱人自己用笔将其意思记录下来[①]。

② 代书遗嘱。

代书遗嘱是指由他人代立遗嘱人书写并经立遗嘱人、见证人签名的遗嘱。《民法典》第一千一百三十五条规定，代书遗嘱应当有两个以上见证人在场见证，由其中一人代书，并由遗嘱人、代书人和其他见证人签名，注明年、月、日。据此可知，代书遗嘱的代书人必须是见证人之一，且代书人、见证人、遗嘱人应当在立遗嘱完毕时同时签名。代书遗嘱的见证人须具有完全民事行为能力且与继承人及遗产分割无利害关系。

③ 打印遗嘱。

打印遗嘱，是指通过打印的方式立下的遗嘱，且该遗嘱上有立遗嘱人、见证人的签名。《民法典》第一千一百三十六条规定，打印遗嘱应当有两个以上见证人在场见证。遗嘱人和见证人应当在遗嘱每一页签名，注明年、月、日。

---

① 梁慧星：《中国民法典草案建议稿附理由：侵权行为编·继承编》，法律出版社2004年版，第189页。

第五章 集体建设用地使用权及地上房屋所有权登记收件

据此可知，须有两个以上的见证人在场的情形下，才可以打印遗嘱，且打印出来的遗嘱的每一页上面，须同时具备遗嘱人和见证人的签名及其各自注明的年、月、日。遗嘱打印时，应当认真校核，避免打印错误，确保遗嘱的打印质量。打印遗嘱的见证人须是具有完全民事行为能力人且与遗嘱中指定的继承人无利害关系。

4. 被继承人的死亡证明书

死亡证明书，是指由相关机构依法出具的自然人因失去生命而不在人世的证明。在不动产登记实务中，死亡证明书主要有：① 公安派出所出具的因死亡注销户籍的证明；② 公安部门在刑事、交通等案件处理中出具的死亡证明；③ 应急管理部门或其消防机构在消防案件处理中出具的死亡证明；④ 人民法院宣告死亡的判决书；⑤ 殡仪馆出具的遗体火化证明；⑥ 医院出具的医学死亡证明等。

死亡证明书是继承是否开始的前提，被继承人不死亡，继承不开始，因继承产生的转移登记，登记机构不得办理。故死亡证明书是登记机构办理因继承产生的集体建设用地使用权及地上房屋所有权转移登记时的必收要件。但是，申请人提交继承权公证书作为继承证明材料时，因公证机构已经先行查明被继承人的死亡情况、其他继承人放弃继承权等情况后才出具该继承权公证书，故申请人提交继承权公证书作为继承证明材料时，无须再提交被继承人的死亡证明书。

第四节 注销登记收件

集体建设用地使用权及地上房屋所有权注销登记，是指记载在登记簿上的集体建设用地使用权及地上房屋所有权，在使其消灭的法定事由成就时，对其予以涂销使其失去法律效力的登记。在不动产登记实务中，按《不动产登记暂行条例实施细则》第二十八条第一款规定和《不动产登记操作规范（试行）》11.4.1 条规定，当事人可以申请集体建设用地使用权及地上房屋所有权注销登记的情形主要有：① 集体建设用地及地上房屋实体灭失；② 权利人放弃集体建设用地使用权及地上房屋所有权；③ 集体建设用地使用权及地上房屋所有权被依法没收、征收或者收回；④ 人民法院、仲裁机构生效的法律文书导致集体建设用地使用权及地上房屋所有权消灭等。笔者拟对申请人因不同情形申请集体建设用地使用权及地上房屋所有权注销登记时应当提交的材料作阐释。

一、因集体建设用地及地上房屋实体灭失申请的注销登记收件

1. 登记申请书；

2. 申请人的身份证明；
3. 不动产权属证书或集体建设用地使用权及地上房屋所有权已经登记的证明；
4. 集体建设用地及地上房屋实体已经灭失的证明；
5. 其他必要材料。

说明和理由：

1. 登记申请书

《不动产登记暂行条例》第十四条第二款第（五）项规定，不动产灭失产生的登记可以由当事人单方申请。据此可知，因集体建设用地及地上房屋灭失产生的注销登记，由登记簿上记载的权利人单方申请。因此，登记申请书由登记簿上记载的权利人单方出具。登记申请书应当载明：权利人；申请人的身份证明类型和号码；登记类型——注销登记；登记原因——房屋（或集体建设用地）灭失；不动产单元号码；不动产权属证书号码等。

2. 不动产权属证书或集体建设用地使用权及地上房屋所有权已经登记的证明

（1）不动产权属证书。

不动产权属证书，是指记载有欲注销的集体建设用地使用权及地上房屋所有权的不动产权属证书。要求申请人提交不动产权属证书：一是表明欲注销的内容已经记载在登记簿上，申请注销登记的前提成立；二是注销登记完成后，权利人的集体建设用地使用权及地上房屋所有权已经从登记簿上注销，即登记簿上记载的事项失去法律效力，相应的不动产权属证书表征的权利也失去法律效力，该不动产权属证书也失去法律效力，应当由登记机构收回归档。其中，证明申请注销登记的前提成立是最主要的目的。

（2）集体建设用地使用权及地上房屋所有权已经登记的证明。

集体建设用地使用权及地上房屋所有权已经登记的证明，主要指记载有欲注销的集体建设用地使用权及地上房屋所有权的登记档案材料复印件或登记簿打印件、复印（制）件等。

在不动产登记实务中，权利人因种种原因遗失或毁损不动产权属证书，申请注销登记时无法提交的情形时有出现，但因集体建设用地及地上房屋实体灭失，附于其上的权益随之灭失，不具备补办表征权利人享有集体建设用地使用权及地上房屋所有权的不动产权属证书的前提，且注销登记不是权利人须凭不动产权属证书表征其享有权利而与他人为交易法律行为产生的登记，另外，集体建设用地使用权及地上房屋所有权已经登记的证明也可以证明申请注销登记的前提成立。因此，申请人申请因集体建设用地及地上房屋灭失产生的注销登记时，不能提交不动产权属证书的，可以凭集体建设用地使用权及地上房屋所有权已经登记的证明代替之，注销登记完成后，未收回的不动产权属证书，由登记机构在其门户网站或当地公开发行的报刊上公告作废，以免除或减轻其流失社会造成的负面影响。

《不动产登记暂行条例实施细则》第二十三条规定，因不动产权利灭失等情形，不动产登记机构需要收回不动产权属证书或者不动产登记证明的，应当在不动产登记簿上将收回不动产权属证书或者不动产登记证明的事项予以注明；确实无法收回的，应当在不动产登记机构门户网站或者当地公开发行的报刊上公告作废。其中的"不动产权利灭失"，包括不动产权利的绝对灭失和相对灭失。不动产权利的绝对灭失，是指不动产权利随不动产实体的消灭而永久消灭，或者随依附的主权利、主债权的消灭而消灭。与之对应的是不动产权利的相对灭失：一是不动产权利因转移给他人而使原权利人的权利灭失，他人在此灭失的基础上设立属于自己的不动产权利；二是不动产权利因不动产实体灭失外的申请注销登记的事由成就完成注销登记而灭失（如权利人抛弃不动产权利申请注销登记后，该权利人享有的不动产权利灭失，但该不动产权利本身并不消灭，而其归属处于待定状态，故此情形属于不动产权利的相对灭失）；三是不动产权利内容发生变更，变更前的不动产权利内容因变更的完成而消灭，不动产权利的新内容因变更的完成而产生。据此可知，集体建设用地使用权及地上房屋所有权注销登记完成后，权利人的权利灭失，不能收回的载明该灭失权利的不动产权属证书，应当由登记机构公告作废。

3. 集体建设用地及地上房屋实体已经灭失的证明

集体建设用地及地上房屋实体已经灭失的证明，是申请人申请因灭失产生的集体建设用地使用权及地上房屋所有权注销登记的原因凭证。

集体建设用地及地上房屋实体已经灭失的证明应当根据灭失的原因，由相应的主体出具，如权利人自行拆除房屋的，可以是权利人出具的房屋实体已经因拆除而灭失的声明或保证，也可以是房屋实体灭失的相片等；房屋因火灾灭失的，可以是应急管理机关或其消防机构、地方政府或房屋所在地村民委员会出具的证明等；房屋因拆迁灭失的，可以是拆迁补偿安置协议；集体建设用地及地上房屋因山地自然灾害灭失的，可以由县级以上人民政府应急管理机关出具证明等。

二、因权利人放弃集体建设用地使用权及地上房屋所有权申请的注销登记收件

1. 登记申请书；
2. 申请人的身份证明；

3. 不动产权属证书或集体建设用地使用权及地上房屋所有权已经登记的证明；

4. 权利人放弃权利的证明；

5. 其他必要材料。

说明和理由：

1. 登记申请书

《不动产登记暂行条例》第十四条第二款第（五）项规定，因放弃不动产权利产生的登记可以由当事人单方申请。据此可知，因放弃集体建设用地使用权及地上房屋所有权产生的注销登记，可以由登记簿上记载的权利人单方申请。因此，登记申请书由登记簿上记载的权利人单方出具。登记申请书应当载明：权利人；申请人的身份证明类型和号码；登记类型——注销登记；登记原因——放弃权利；不动产单元号码；不动产权属证书号码等。

2. 集体建设用地使用权及地上房屋所有权已经登记的证明

集体建设用地使用权及地上房屋所有权已经登记的证明，主要指载明欲注销内容的登记簿打印件、复印（制）件，或登记机构存档的集体建设用地使用权及地上房屋所有权登记材料等。

在不动产登记实务中，申请人因遗失或毁损不动产权属证书，申请注销登记时不能提交的情形时有出现。因权利人放弃权利产生的注销登记，是权利人依自己的意思表示单方处分其享有的集体建设用地使用权及地上房屋所有权产生的登记，不是权利人须凭不动产权属证书表征权利存在而与他人发生交易法律行为产生的登记。如前所述，要求申请人提交不动产权属证书最主要的目的，是证明申请注销登记的前提成立，集体建设用地使用权及地上房屋所有权已经登记的证明也可以证明申请注销登记的前提成立，因此，登记机构应当允许申请人提交集体建设用地使用权及地上房屋所有权已经登记的证明代替不能提交的不动产权属证书，注销登记完成后，未收回的不动产权属证书由登记机构在其门户网站或当地公开发行的报刊上公告作废，以免除或减轻其流失社会造成的负面影响。

3. 权利人放弃权利的证明

权利人放弃权利的证明，是申请人申请因放弃权利产生的集体建设用地使用权及地上房屋所有权注销登记的原因凭证。

放弃集体建设用地使用权及地上房屋所有权是权利人处分自己享有的权利的一种单方的物权行为，因此，权利人放弃权利的证明，主要指权利人作出的

第五章 集体建设用地使用权及地上房屋所有权登记收件

明确放弃集体建设用地使用权及地上房屋所有权意思表示的声明、承诺等。

三、因集体建设用地使用权及地上房屋所有权被依法没收、征收，或者集体建设用地使用权被收回申请、嘱托产生的注销登记收件

1. 登记申请书、嘱托文件；
2. 申请人的身份证明、嘱托文件送达人员的工作关系证明和身份证明；
3. 不动产权属证书或集体建设用地使用权及地上房屋所有权已经登记的证明；
4. 没收、征收集体建设用地使用权及地上房屋所有权的文件，或收回集体建设用地使用权的文件；
5. 其他必要材料。

注：第3项材料适用于因申请启动的注销登记。

说明和理由：

1. 登记申请书、嘱托文件

因没收、征收集体建设用地使用权及地上房屋所有权，或收回集体建设用地使用权产生的注销登记，可以由申请人申请启动，也可以由人民法院嘱托启动。

（1）登记申请书。

在不动产登记实务中，《不动产登记操作规范（试行）》11.4.2条规定，申请集体建设用地使用权及地上房屋所有权注销登记的主体应当是不动产登记簿记载的权利人。据此可知，因没收、征收集体建设用地使用权及地上房屋所有权，或者收回集体建设用地使用权产生的注销登记由登记簿上记载的权利人单方申请，即注销登记申请书由登记簿上记载的权利人单方出具。登记申请书应当载明：权利人；申请人的身份证明类型和号码；登记类型——注销登记；登记原因——没收（或征收、收回）；不动产单元号码；不动产权属证书号码等。

（2）嘱托文件。

嘱托文件，主要指人民法院送达的要求登记机构办理注销登记的协助执行通知书，以及县级以上人民政府或其行政机关发送给登记机构要求其办理注销登记的通知等公文。

2. 嘱托文件送达人员的工作关系证明、身份证明

嘱托文件送达人员的工作关系证明、身份证明，主要指送达协助执行通知书的执行员的工作证、执行公务证，或行政嘱托文件送达人员的工作介绍信和该人员的居民身份证等。当然，行政嘱托文件通过党政网、政府信函交换站等公文发送途径送达登记机构的，登记机构无须收取嘱托文件送达人员的工作关

系证明、身份证明，但需在登记簿附记中加注嘱托文件的取得途径，如党政网收取注销文件等。

3. 没收、征收集体建设用地使用权及地上房屋所有权的文件，或收回集体建设用地使用权的文件

（1）没收集体建设用地使用权及地上房屋所有权的文件。

没收集体建设用地使用权及地上房屋所有权的文件，是申请人申请、嘱托人嘱托没收产生的集体建设用地使用权及地上房屋所有权注销登记的原因凭证，主要指国家机关履行法定职权，采用强制手段无偿剥夺他人非法取得的集体建设用地使用权及地上房屋所有权，从而消灭其享有的集体建设用地使用权及地上房屋所有权的情形。没收有行政没收和司法没收。

① 行政没收。

申请人申请或嘱托人嘱托因行政没收产生的集体建设用地使用权及地上房屋所有权注销登记时，应当提交载明没收内容的行政处罚决定书。

② 司法没收。

申请人申请或嘱托人嘱托因司法没收产生的集体建设用地使用权及地上房屋所有权注销登记时，应当提交载明没收内容的人民法院的生效的刑事判决书。也可以提交载明没收内容的裁定书。

（2）征收集体建设用地使用权及地上房屋所有权的文件。

征收集体建设用地使用权及地上房屋所有权的文件，是申请人申请或嘱托人嘱托征收产生的集体建设用地使用权及地上房屋所有权注销登记的原因凭证，主要指载明征收内容的县级以上人民政府作出的征收决定。

（3）收回集体建设用地使用权的文件。

收回集体建设用地使用权的文件，是申请人申请或嘱托人嘱托因收回集体建设用地使用权产生的注销登记的原因凭证，主要指载明收回内容的县级以上人民政府自然资源行政主管部门作出的收回意见及同级人民政府同意实施该意见的批准文件。

四、因人民法院、仲裁机构生效的法律文书导致集体建设用地使用权及地上房屋所有权消灭申请、嘱托的注销登记收件

1. 登记申请书、协助执行通知书；
2. 申请人的身份证明、执行员的执行公务证和工作证；
3. 不动产权属证书或集体建设用地使用权及地上房屋所有权已经登记的证明；
4. 人民法院、仲裁机构生效的导致集体建设用地使用权及地上房屋所有权

第五章 集体建设用地使用权及地上房屋所有权登记收件

消灭的法律文书；

5. 其他必要材料。

注：第 1 项材料中的协助执行通知书、第 2 项材料中的执行员的执行公务证和工作证及第 4 项材料适用于人民法院嘱托启动的注销登记。

说明和理由：

1. 登记申请书、嘱托文件

因人民法院、仲裁机构生效的确认集体建设用地使用权及地上房屋所有权产生的注销登记，可以由申请人申请启动，也可以由人民法院嘱托启动。

（1）登记申请书。

登记申请书由登记簿上记载的权利人单方出具，登记申请书应当载明：权利人；申请人的身份证明类型和号码；登记类型——注销登记；登记原因——司法裁决（或仲裁裁决）；不动产单元号码；不动产权属证书号码等。

（2）嘱托文件。

人民法院以向登记机构送达协助执行通知书的方式嘱托启动注销登记。

2. 人民法院、仲裁机构生效的导致集体建设用地使用权及地上房屋所有权消灭的法律文书

人民法院、仲裁机构生效的导致集体建设用地使用权及地上房屋所有权消灭的法律文书，主要指确认登记簿上记载的集体建设用地使用权及地上房屋所有权无效的执行裁定书，最高人民法院和终审人民的民事判决书，初审人民法院的附生效证明的民事判决书，仲裁机构的仲裁裁决书。

特别说明：集体建设用地上的构筑物登记适用本章内容。

第六章　土地承包经营权及地上林木所有权登记收件

土地承包经营权,是指自然人、法人或其他组织,对农村建设用地之外的土地通过农业生产的方式加以利用的用益物权[①]。地上林木所有权,是指自然人、法人或非法人组织,对其取得土地承包经营权的土地上的林木,依法享有占有、使用、收益和处分的权利。《民法典》第三百三十三条规定,土地承包经营权自土地承包经营权合同生效时设立。登记机构应当向土地承包经营权人发放土地承包经营权证、林权证等证书,并登记造册,确认土地承包经营权。《土地管理法》第十三条第二款规定,国家所有依法用于农业的土地可以由单位或者个人承包经营,从事种植业、林业、畜牧业、渔业生产。《农村土地承包法》第二十三条规定,承包合同自成立之日起生效。承包方自承包合同生效时取得土地承包经营权。概言之,虽然土地承包经营权随承包合同的生效而设立,但其也是法律规定应当登记并持相应权属证书表征权利的不动产用益物权。《不动产登记暂行条例》第五条第(三)项、第(四)项规定,土地承包经营权及地上森林、林木所有权属于不动产登记的范围。在不动产登记实务中,《不动产登记暂行条例实施细则》第二条第二款规定,房屋等建筑物、构筑物和森林、林木等定着物应当与其所依附的土地、海域一并登记,保持权利主体一致。该实施细则第四十七条规定,承包农民集体所有的耕地、林地、草地、水域、滩涂以及荒山、荒沟、荒丘、荒滩等农用地,或者国家所有依法由农民集体使用的农用地从事种植业、林业、畜牧业、渔业等农业生产的,可以申请土地承包经营权登记;地上有森林、林木的,应当在申请土地承包经营权登记时一并申请登记。质言之,权利人可以申请净的土地承包经营权登记,但地上有森林、林木时,应当遵守土地承包经营权与地上林木所有权一并登记原则和土地承包经营权主体与地上林木所有权主体同一原则。该实施细则规定了土地承包经营权及地上林木所有权的首次登记、变更登记、转移登记和注销登记。

[①] 王利明、尹飞、程啸:《中国物权法教程》,人民法院出版社2007年版,第297页。

第六章 土地承包经营权及地上林木所有权登记收件

第一节 首次登记收件

土地承包经营权及地上林木所有权首次登记,是指权利人向登记机构申请,将其依法取得的土地承包经营权及地上林木所有权第一次记载在登记簿上的登记。

在不动产登记实务中,《不动产登记暂行条例实施细则》第四十八条第二款和第三款规定,以家庭承包方式取得的土地承包经营权的首次登记,由发包方持土地承包经营合同等材料申请。以招标、拍卖、公开协商等方式承包农村土地的,由承包方持土地承包经营合同申请土地承包经营权首次登记。据此可知,申请人申请土地承包经营权及地上林木所有权首次登记的情形有两种,一是以家庭承包方式取得的土地承包经营权及地上林木所有权;二是以招标、拍卖、公开协商等方式取得的土地承包经营权及地上林木所有权。笔者拟对申请人因不同情形申请土地承包经营权及地上林木所有权首次登记时应当提交的材料作阐释。

一、以家庭承包方式取得的土地承包经营权及地上林木所有权申请的首次登记收件

1. 登记申请书;
2. 申请人和权利人的身份证明;
3. 载明土地承包经营权的不动产权属证书或土地承包经营权合同;
4. 宗地及地上林木所有权权属来源材料;
5. 宗地及地上林木所有权的权籍调查成果报告;
6. 其他必要材料。

注:第 3 项材料中的土地承包经营合同和第 5 项材料中的宗地权籍调查成果报告适用于申请人申请土地承包经营权首次登记的情形。第 3 项材料中载明土地承包经营权的不动产权属证书适用于申请人只申请地上林木所有权首次登记的情形。

说明和理由:

1. 登记申请书

《不动产登记暂行条例实施细则》第四十七条规定,承包土地上有森林、林木的,应当在申请土地承包经营权登记时一并申请登记。该实施细则第四十八条第二款规定,以家庭承包方式取得的土地承包经营权的首次登记,由发包方持土地承包经营合同等材料申请。据此可知,以家庭承包方式取得的土地承包

经营权及地上林木所有权申请的首次登记,由土地的发包方申请,即登记申请书由发包方单方出具。登记申请书应当载明:发包方;权利人(承包方)——姓名;申请人和权利人的身份证明类型和号码;不动产类型——土地/林木;宗地/林木坐落;宗地及地上林木的面积;宗地的不动产单元号码或宗地及地上林木的不动产单元号码;宗地用途——土地承包经营合同上载明的用途;权利人类型——个人(家庭代表);登记类型——首次登记;登记原因——家庭承包;权利类型——土地承包经营权/林木所有权;宗地所有权性质——集体所有(或国家所有);宗地的权利设定方式——地表;水域滩涂类型(或养殖方式、草原质量、适宜载畜量等);主要树种;林种——防护林(或用材林、经济林、薪炭林、特种用途林等);起源——天然林(或人工林);造林年度;小地名;林班;小班;共有情况等。

自然人申请登记为单独所有的,应当提交单独所有的证明材料,如婚前取得的证明、对方配偶关于归申请人单独所有的声明等。申请登记为按份共有的,应当提交共有人关于份额的约定等。

2. 申请人和权利人的身份证明

按前述《不动产登记暂行条例实施细则》第四十八条第二款规定,以家庭承包方式取得的土地承包经营权的首次登记,由发包方单方申请,因此,申请人为集体经济组织的,身份证明为其营业执照或其登记机关出具的身份证明材料;由村民委员会代为申请登记的,身份证明为其法人登记证明或县级人民政府为其出具的身份证明;由村民小组代为申请登记的,身份证明为其所在地村民委员会为其出具的身份证明。

虽然权利人不是申请人,但其是登记簿上应当记载的内容,要求申请人提交权利人的身份证明,一是便于登记簿准确记载权利人的姓名,减少不必要的更正登记;二是为变更登记等后续的登记建立审查前提,便于登记机构查验后续登记的申请人是否适格。权利人的身份证明为其居民身份证或户口簿等。

3. 土地承包经营权合同

土地承包经营权合同,是申请人申请因家庭承包取得的土地承包经营权首次登记的权利凭证。

土地承包经营权合同,是指土地的发包方与承包方之间签订的关于承包经营土地的权利义务关系的协议。按《民法典》第三百三十三条规定,土地承包经营权自土地承包经营权合同生效时设立。在不动产登记实务中,《不动产登记暂行条例实施细则》第四十八条第二款规定,以家庭承包方式取得的土地承包经营权的首次登记,由发包方持土地承包经营合同等材料申请。据此可知,

第六章 土地承包经营权及地上林木所有权登记收件

土地承包经营合同是申请人申请土地承包经营权首次登记时应当提交的材料。

4. 地上林木所有权权属来源材料

地上林木所有权权属来源材料,是申请人申请地上林木所有权首次登记的原因凭证。

《林木林地权属争议处理办法》第四条和第七条规定,尚未取得林权证的林木林地权属发生争执时,各级人民政府调处争执,作出明确林木林地归属处理决定时的证据主要有:① 人民政府作出的林权争议处理决定。对同一起林权争议有数次处理协议或者决定的,以上一级人民政府作出的最终决定或者所在地人民政府作出的最后一次决定为依据。② 人民法院作出的裁定、判决。③ 当事人之间依法达成的林权争议处理协议、赠送凭证及附图。据此可知,当事人因林权争执申请人民政府确认权属时,这些材料是各级人民政府确认权属的证据,申言之,在无权属争执的前提下,这些材料也可以作为申请人申请地上林木所有权首次登记时的权属来源材料。

此外,申请人与其他自然人、法人或非法人组织签订的造林合同、苗木购销合同、承包地所在地集体经济组织或村民委员会出具的林木栽种证明等材料,也可以作为申请人申请地上林木所有权首次登记时的权属来源材料。

5. 宗地及地上林木所有权的权籍调查成果报告

《不动产登记暂行条例实施细则》没有将有资质的专业机构按《不动产权籍调查技术方案(试行)》的规定出具的载明发包土地及地上林木情况的权籍调查成果报告列入申请人申请首次登记时应当提交的材料范围,但笔者认为,《民法典》第一百一十四条第二款规定,物权是权利人依法对特定的物享有直接支配和排他的权利,包括所有权、用益物权和担保物权。据此可知,法律的规定,确立了物权客体特定的原则。《不动产登记暂行条例》第八条第三款第(一)项规定:"不动产登记簿应当记载不动产的坐落、界址、空间界限、面积、用途等自然状况。"据此可知,登记机构在登记簿上作承包土地及地上林木所有权首次登记时,需要从权籍调查成果报告中调取承包土地及地上林木的坐落、界址、空间界限、面积、用途等自然状况信息,以从地域上、空间上具体、特定作为登记客体的宗地及地上林木的相关事项。因此,基于法律、行政法规的规定,申请人申请土地承包经营权及地上林木所有权首次登记时应当向登记机构提交权籍调查成果报告。

如果申请人只申请地上林木所有权首次登记时,向登记机构提交载明发包方享有集体土地所有权或国有农用地使用权的不动产权属证书的,表明发包土地的权籍调查已经在申请集体土地所有权或国有农用地使用权首次登记时完结，故申请人只申请地上林木所有权首次登记时无须提交该宗地的权籍调查成果报告，由登记机构根据既有的登记簿的记载登记土地承包经营权及地上林木所有权即可，申请人只需提交地上林木的权籍调查成果报告。

二、以招标、拍卖、公开协商等方式取得的土地承包经营权及地上林木所有权申请的首次登记收件

1. 登记申请书；
2. 申请人的身份证明；
3. 载明土地承包经营权的不动产权属证书或土地承包经营权合同；
4. 地上林木所有权权属来源材料；
5. 发包土地所在地集体经济组织成员的村民会议三分之二以上成员，或者村民代表会议三分之二以上村民代表同意发包的证明和乡（镇）人民政府的批准文件；
6. 宗地及地上林木所有权的权籍调查成果报告；
7. 其他必要材料。

注：第 3 项材料中的土地承包经营权合同和第 6 项材料中的宗地权籍调查成果报告适用于申请人申请土地承包经营权首次登记的情形。第 3 项材料中载明土地承包经营权的不动产权属证书适用于申请人只申请地上林木所有权首次登记的情形。承包地为国有农用地时无须提交第 5 项材料。

说明和理由：

1. 登记申请书

《不动产登记暂行条例实施细则》第四十八条第三款规定，以招标、拍卖、公开协商等方式承包农村土地的，由承包方持土地承包经营合同申请土地承包经营权首次登记。据此可知，以招标、拍卖、公开协商等方式取得的土地承包经营权及地上林木所有权产生的首次登记，由土地的承包方单方申请，即登记申请书由承包方单方出具。登记申请书应当载明：发包方；权利人——姓名（或名称）；申请人的身份证明类型和号码；不动产类型——土地/林木；宗地/林木坐落；宗地及地上林木面积；宗地的不动产单元号码或宗地及地上林木的不动产单元号码；宗地用途——土地承包经营合同上载明的用途；权利人类型——个人（或单位）；登记类型——首次登记；登记原因——其他方式（招标、拍卖或公开协商）承包；权利类型——土地承包经营权/林木所有权；宗地所有权性质——集体所有（或国家所有）；宗地的权利设定方式——地表；水域滩涂类型（或养殖方式、草原

第六章 土地承包经营权及地上林木所有权登记收件

质量、适宜载畜量等）；主要树种；林种——防护林（或用材林、经济林、薪炭林、特种用途林等）；起源——天然林（或人工林）；造林年度；小地名；林班；小班；共有情况等。

自然人申请登记为单独所有的，应当提交单独所有的证明材料，如婚前取得的证明、对方配偶关于归申请人单独所有的声明等。

申请登记为按份共有的，应当提交共有人关于份额的约定等。

2. 土地承包经营权合同

按《农村土地承包法》第四十八条规定，不宜采取家庭承包方式的荒山、荒沟、荒丘、荒滩等农村土地，可以通过招标、拍卖、公开协商等方式承包。按该法第四十九条规定，以其他方式承包农村土地的，应当签订承包合同，承包方取得土地经营权。据此可知，通过招标、拍卖、公开协商等方式设立的以荒山、荒沟、荒丘、荒滩等（下称"四荒"）为内容的土地承包经营权的，都以承包合同的方式来体现，换言之，承包合同是法律规定的通过招标、拍卖、公开协商等方式设立土地承包经营权的要式法律行为。生效的土地承包合同不仅是土地承包经营权设立的原因证明，更是承包人无须登记即依法享有土地承包经营权的法律规定的权利凭证，也是申请人申请土地承包经营权首次登记时应当提交的材料。该类承包合同应当载明承包方式（招标、拍卖或公开协商）。

3. 地上林木所有权权属来源材料

招标、拍卖、公开协商等方式取得的土地承包经营权，土地上既有的林木的所有权，土地承包经营权合同载明归属的，该合同为林木所有权的权源凭证，申请人无须另行提交其他材料佐证。之后产生的林木，所有权的权源证明主要为申请人与其他自然人、法人或非法人组织签订的造林合同、苗木购销合同、承包地所在地集体经济组织或村民委员会出具的林木栽种证明等材料。

4. 发包土地所在地集体经济组织成员的村民会议三分之二以上成员，或者村民代表会议三分之二以上村民代表同意发包的证明和乡（镇）人民政府的批准文件

《农村土地承包法》第五十二条第一款规定，发包方将农村土地发包给本集体经济组织以外的单位或者个人承包，应当事先经本集体经济组织成员的村民会议三分之二以上成员或者三分之二以上村民代表的同意，并报乡（镇）人民政府批准。据此可知，以其他方式承包的"四荒"地主要是农村集体所有的土地资源，从所有权归属上讲，属于集体经济组织成员共同所有，因此在由本集体经济组织以外的单位或个人承包时，应充分考虑集体经济组织内部成

员作为共同所有人的决策权利。因此，本条规定了由本集体经济组织以外的单位或个人承包土地时，应遵循的程序。换言之，应当事先经本集体经济组织成员的村民会议三分之二以上成员或者三分之二以上村民代表的同意①，且应当经过承包土地所在地乡（镇）人民政府的批准。

本农村集体经济组织成员的三分之二以上成员或三分之二以上村民代表同意将集体土地发包给本集体经济组织以外的个人或单位的证明，应当载明本农村集体经济组织村民会应到会人数和实到会人数，或本农村村民代表会议应到代表人数和实到代表人数、同意发包的内容、参会村民或村民代表的签名等。

在司法实务中，《最高人民法院关于审理涉及农村土地承包纠纷案件适用法律问题的解释》（法释〔2005〕6号）第十九条规定，本集体经济组织成员在承包费、承包期限等主要内容相同的条件下主张优先承包权的，应予支持。在发包方将农村土地发包给本集体经济组织以外的单位或者个人，已经法律规定的民主议定程序通过，并由乡（镇）人民政府批准后主张优先承包权的，不予支持。据此可知，如果发包方将农村土地发包给本集体经济组织以外的单位或者个人时，未经法律规定的民主议定程序通过，也未经乡（镇）人民政府批准的，集体经济组织成员主张优先承包权而产生诉讼时，人民法院会支持该集体经济组织成员主张的优先承包权，即人民法院会解除或撤销发包方与本集体经济组织成员以外的单位或者个人签订的土地承包经营权合同。

因此，为确保用作登记证据材料的土地承包经营合同的效力，申请人申请因招标、拍卖、公开协商等其他方式设立或取得的土地承包经营权及地上林木所有权首次登记时，应当提交承包土地所在地集体经济组织成员的村民会议三分之二以上成员或者村民代表会议三分之二以上村民代表同意发包的证明和乡（镇）人民政府的批准文件。

第二节　变更登记收件

土地承包经营权及地上林木所有权变更登记，是指在登记簿上记载的权利主体不变的前提下，对土地承包经营权及地上林木所有权的内容、基本状况与现实不符的有关事项予以变更，使之与现实情况一致的一种登记。

---

① "中华人民共和国农村土地承包法释义"，http://www.npc.gov.cn，访问时间：2017年4月17日。

第六章 土地承包经营权及地上林木所有权登记收件

按《不动产登记暂行条例》第十四条第二款第（四）项规定和第四十九条规定，一般情形下，土地承包经营权及地上林木所有权变更登记由承包方（登记簿上记载的权利人）单方申请，无须权利人以外的人协助、配合，即变更登记申请书由权利人单方出具。

在不动产登记实务中，按《不动产登记暂行条例实施细则》第四十九条规定，当事人申请土地承包经营权及地上林木所有权变更登记的情形主要有：① 权利人的姓名或者名称变更；② 承包土地的坐落、名称、面积变更；③ 承包期限变更；④ 承包期限届满，土地承包经营权人按照国家有关规定继续承包；⑤ 退耕还林、退耕还湖、退耕还草导致土地用途改变；⑥ 森林、林木的种类变更等。笔者拟对申请人因不同情形申请变更登记时应当提交的材料作阐释。

一、因权利人的姓名或者名称变更申请的变更登记收件

1. 登记申请书；
2. 申请人的身份证明；
3. 不动产权属证书或土地承包经营权及地上林木所有权已经登记的证明；
4. 权利人姓名或名称发生变更的证明；
5. 其他必要材料。

说明和理由：

1. 登记申请书

登记申请书应当载明：权利人；申请人的身份证明类型和号码；登记类型——变更登记；登记原因——姓名（或名称）变更；不动产单元号码；不动产权属证书号码；变更前的姓名（或名称）和变更后的姓名（或名称）等。

2. 不动产权属证书或土地承包经营权及地上林木所有权已经登记的证明

（1）不动产权属证书。

不动产权属证书，是指记载有欲变更的土地承包经营权及地上林木所有权的不动产权属证书。要求申请人提交不动产权属证书：一是证明欲变更的内容已经记载在登记簿上，申请变更登记的前提成立，以遵循连续登记原则；二是便于登记机构结合申请人提交的身份证明，查验申请人是否是申请变更登记的土地承包经营权人，即申请人是否适格；三是变更登记被记载在登记簿上后，登记机构将基于登记簿的记载向权利人颁发新的不动产权属证书，旧的不动产权属证书由登记机构收回归档，以免流失社会造成负面影响。其中，证明申请变更登记的前提成立是最主要的目的。按《不动产登记暂行条例实施细则》第

一百零五条第一款规定，本实施细则施行前，依法核发的各类不动产权属证书继续有效。故此处的不动产权属证书包括不动产统一登记前权利人合法持有的《土地承包经营权证》《林权证》等。

（2）土地承包经营权及地上林木所有权已经登记的证明。

土地承包经营权及地上林木所有权已经登记的证明，主要指记载有欲变更的土地承包经营权及地上林木所有权的登记簿打印件、复印（制）件，或登记机构存档的土地承包经营权与地上林木所有权登记材料等。在日常生活中，当事人遗失或毁损不动产权属证书而在申请变更登记时不能提交的情形时有出现，但申请人申请变更登记时，若提交土地承包经营权及地上林木所有权已经登记的证明，也可以起到提交不动产权属证书证明申请变更登记的前提成立的目的，另外，土地承包经营权及地上林木所有权变更登记，不是权利人须凭不动产权属证书表征其享有权利而与他人为交易法律行为产生的登记，故登记机构应当允许申请人提交土地承包经营权及地上林木所有权已经登记的证明代替遗失或毁损而不能提交的不动产权属证书，未收回的不动产权属证书，在变更登记完成后，由登记机构在其门户网站或当地公开发行的报刊上公告作废，以减轻或免除其流失社会造成的负面影响。

《不动产登记暂行条例实施细则》第二十三条规定，因不动产权利灭失等情形，不动产登记机构需要收回不动产权属证书或者不动产登记证明的，应当在不动产登记簿上将收回不动产权属证书或者不动产登记证明的事项予以注明；确实无法收回的，应当在不动产登记机构门户网站或者当地公开发行的报刊上公告作废。其中的"不动产权利灭失"，包括不动产权利的绝对灭失和相对灭失。不动产权利的绝对灭失，是指不动产权利随不动产实体的消灭而永久消灭，或者随依附的主权利、主债权的消灭而消灭。与之对应的是不动产权利的相对灭失：一是不动产权利因转移给他人而使原权利人的权利灭失，他人在此灭失的基础上设立属于自己的不动产权利；二是不动产权利因不动产实体灭失外的申请注销登记的事由成就完成注销登记而灭失（如权利人抛弃不动产权利申请注销登记后，该权利人享有的不动产权利灭失，但该不动产权利本身并不消灭，而其归属处于待定状态，故此情形属于不动产权利的相对灭失）；三是不动产权利内容发生变更，变更前的不动产权利内容因变更的完成而消灭，不动产权利的新内容因变更的完成而产生。据此可知，土地承包经营权及地上林木所有权变更登记完成后，原权利的相应内容灭失，新的权利内容产生，不能收回的载明该灭失权利内容的不动产权属证书，应当由登记机构公告作废。

3. 权利人姓名或名称发生变更的证明

权利人姓名或名称发生变更的证明，是申请人申请因权利人姓名或名称变更产生的变更登记的原因凭证。

权利人为自然人的，其姓名变更的证明由公安机关出具。权利人为集体经济组织、企业法人或企业性质的非法人组织的，其名称变更的证明由相关登记机关出具。

权利人姓名或名称变更的证明，应当载明权利人曾经的姓名或名称和现时使用的姓名或名称。记载有曾用名和现用名的自然人的户口本，登记机构可以直接用作登记材料。

权利人姓名或名称变更的证明属于《不动产登记暂行条例实施细则》第四十九条规定的申请人申请土地承包经营权及地上林木所有权变更登记时，应当提交的"其他证实发生变更事实的材料"。

二、因承包土地及地上林木的坐落、名称、面积变更申请的变更登记收件

1. 登记申请书；
2. 申请人的身份证明；
3. 不动产权属证书或土地承包经营权及地上林木所有权已经登记的证明；
4. 承包土地及地上林木的坐落、名称、面积已经发生变更的证明；
5. 宗地及地上林木的权籍调查成果报告；
6. 其他必要材料。

注：第 5 项材料适用于承包土地及地上林木的面积发生变更的情形。

说明和理由：

1. 登记申请书

登记申请书应当载明：权利人；申请人的身份证明类型和号码；登记类型——变更登记；登记原因——坐落（或名称、面积）变更；不动产单元号码；不动产权属证书号码；变更前的坐落（或名称、面积）和变更后的坐落（或名称、面积）等。

2. 承包土地及地上林木的坐落、名称、面积发生变更的证明

承包土地及地上林木的坐落、名称、面积发生变更的证明，是申请人申请因坐落、名称、面积变更产生的变更登记的原因凭证。

（1）承包土地坐落的村、组名称或地名因县级以上人民政府地名管理机关

更名的，应当提交县级以上人民政府民政机关或地名管理机构出具的土地坐落的村、组名称、地名变更的证明。该证明上应当载明土地坐落的村、组曾经的名称或地名和现时的名称或地名。

（2）因自然原因导致土地界址变动而使面积减少的，应当提交县级以上人民政府应急管理机关或其他有权机关出具的发生自然灾害的证明。因人为原因导致土地界址变动而使面积增加或减少的，应当提交：一是县级以上人民政府自然资源行政主管部门同意调整宗地边界的批文，或经其备案、鉴证的地籍测量报告；二是乡级人民政府关于个人之间、个人与单位之间宗地界址的处理决定，县级以上人民政府关于宗地界址的处理决定；三是人民法院关于解决当事人间宗地界址争议的生效的民事判决书、民事调解书；四是当事人间签订的解决宗地界址争执的协议。这些材料属于《不动产登记暂行条例实施细则》第四十九条规定的申请人申请土地承包经营权及地上林木所有权变更登记时，应当提交的"其他证实发生变更事实的材料"。

3. 宗地及地上林木的权籍调查成果报告

宗地及地上林木的权籍调查成果报告，是指有资质的专业机构按《不动产权籍调查技术方案（试行）》的规定出具的载明宗地及地上林木现时界址、面积的权籍调查成果材料，此成果材料作为承包土地及地上林木的面积已经发生变更的证明的佐证材料，能够满足更新登记簿记载信息的需要。因此，申请人申请因面积变更产生的土地承包经营权及地上林木所有权变更登记时，应当提交权籍调查成果报告。

三、因承包期限变更申请的变更登记收件

1. 登记申请书；
2. 申请人的身份证明；
3. 不动产权属证书或土地承包经营权及地上林木所有权已经登记的证明；
4. 承包期限发生变更的证明；
5. 其他必要材料。

说明和理由：

1. 登记申请书

登记申请书应当载明：权利人；申请人的身份证明类型和号码；登记类型——变更登记；登记原因——承包期限变更；不动产单元号码；不动产权属证书号码；变更前的期限和变更后的期限等。

第六章 土地承包经营权及地上林木所有权登记收件

2. 承包期限发生变更的证明

承包期限发生变更的证明,是申请人申请因承包期限变更产生的变更登记的原因凭证。

承包期限发生变更的证明,主要指承包合同的当事人签订的以延长或缩短承包期限为主要内容的承包合同变更协议,也可以是重新签订的承包合同,或延长、缩短承包期限的其他法定的原因证明材料。承包期限发生变更的证明为《不动产登记暂行条例实施细则》第四十九条规定的申请人申请土地承包经营权及地上林木所有权变更登记时,应当提交的"其他证实发生变更事实的材料"。

四、因承包期限届满,土地承包经营权人继续承包申请的变更登记收件

1. 登记申请书;
2. 申请人的身份证明;
3. 不动产权属证书或土地承包经营权及地上林木所有权已经登记的证明;
4. 承包期限届满,土地承包经营权人继续承包的证明;
5. 其他必要材料。

说明和理由:

1. 登记申请书

登记申请书应当载明:权利人;申请人的身份证明类型和号码;登记类型——变更登记;登记原因——继续承包;不动产单元号码;不动产权属证书号码;变更前的承包期限和变更后的承包期限等。

2. 承包期限届满,土地承包经营权人继续承包的证明

承包期限届满,土地承包经营权人继续承包的证明,是申请人申请因继续承包产生的变更登记的原因凭证。此证明为当事人间重新签订的承包合同。

五、因退耕还林、退耕还湖、退耕还草导致土地用途改变申请的变更登记收件

1. 登记申请书;
2. 申请人的身份证明;
3. 不动产权属证书或土地承包经营权及地上林木所有权已经登记的证明;
4. 退耕还林、退耕还湖、退耕还草导致土地用途改变的证明;
5. 其他必要材料。

说明和理由：

1. 登记申请书

登记申请书应当载明：权利人；申请人的身份证明类型和号码；登记类型——变更登记；登记原因——土地用途改变（退耕还林、退耕还湖或退耕还草）；不动产单元号码；不动产权属证书号码；变更前的土地用途和变更后的土地用途等。

2. 退耕还林、退耕还湖、退耕还草导致土地用途改变的证明

退耕还林、退耕还湖、退耕还草导致土地用途改变的证明，是申请人申请因退耕还林、退耕还湖、退耕还草导致土地用途改变产生的变更登记的原因凭证。

按《退耕还林条例》第六条、第七条规定，退耕还林、退耕还草属于政府负责的行为。按《水法》第四十条规定和《河道管理条例》第二十七条规定，退田还湖、退地还湖，即退耕还湖属于按国家计划实施的行为。据此可知，退耕还林、退耕还湖或退耕还草导致土地用途改变，是指因人民政府主导的退耕还林、退耕还湖、退耕还草，将承包时土地的用途由耕地变更为林地、草地、湖泊而与登记簿上记载的土地用途不一致的情形。因此，退耕还林、退耕还湖、退耕还草导致土地用途改变的证明，主要指县级以上人民政府出具的导致土地用途改变的退耕还林、退耕还湖、退耕还草文件等。此证明为《不动产登记暂行条例实施细则》第四十九条规定的申请人申请土地承包经营权及地上林木所有权变更登记时，应当提交的"其他证实发生变更事实的材料"。

六、因森林、林木的种类变更申请的变更登记收件

1. 登记申请书；
2. 申请人的身份证明；
3. 不动产权属证书或土地承包经营权及地上林木所有权已经登记的证明；
4. 森林、林木种类发生变更的证明；
5. 其他必要材料。

说明和理由：

1. 登记申请书

登记申请书应当载明：权利人；申请人的身份证明类型和号码；登记类型——变更登记；登记原因——森林（林木）种类变更；不动产单元号码；不动产权属证书号码；变更前的森林或林木的种类和变更后的森林或林木的种类。

2. 森林、林木种类发生变更的证明

森林、林木种类发生变更的证明，是申请人申请因森林、林木种类发生变

第六章 土地承包经营权及地上林木所有权登记收件

更产生的变更登记的原因凭证。

森林、林木种类发生变更，主要指林地上的森林、林木由登记簿上记载的种类变更成现时栽植的种类而与登记簿上记载的不一致的情形。因此，森林、林木种类发生变更的证明，主要指承包地上的森林、林木由登记簿上记载的种类变更成现时栽植的种类的证明，如现时承包地上的森林、林木的照片及相应的文字说明；再如某省林业科学研究院出具的现时承包地上的森林、林木种类的证明等。

第三节 转移登记收件

土地承包经营权及地上林木所有权转移登记，是指登记簿上记载的土地承包经营权及地上林木所有权的内容、基本状况不变，权利主体变动产生的登记。

《民法典》第六十七条规定，法人合并的，其权利和义务由合并后的法人享有和承担。法人分立的，其权利和义务由分立后的法人享有连带债权，承担连带债务，但是债权人和债务人另有约定的除外。据此可知，法人分立、合并时，不影响原有权利义务的享有和承担[①]。作为权利主体的法人或非法人组织合并，被合并的法人或非法人组织原来享有的权利归合并后的法人或非法人组织享有，自无可言。法人或非法人组织分立后，分立前的法人或非法人组织享有的尚未实现的连带债权，分立后新产生的法人或非法人组织尚且有权享有，那么，分立前的法人或非法人组织享有的权利，分立后新产生的法人或非法人组织更应当享有。因此，法人或非法人组织的合并、分立是导致土地承包经营权及地上林木所有权转移的情形。《农村土地承包法》第三十二条第二款规定，林地承包的承包人死亡，其继承人可以在承包期内继续承包。该法第五十四条规定，依照本章规定通过招标、拍卖、公开协商等方式取得土地经营权的，该承包人死亡，其应得的承包收益，依照继承法的规定继承；在承包期内，其继承人可以继续承包。据此可知，继承是导致土地承包经营权及地上林木所有权转移的情形。按《不动产登记暂行条例实施细则》第五十条规定，当事人申请土地承包经营权及地上林木所有权转移登记的情形主要有：① 互换；② 转让；③ 因家庭关系、婚姻关系变化导致土地承包经营权分割或者合并等。概言之，当事人申请土地承包经营权及地上林木所有权转移登记的情

---

① 梁慧星：《中国民法典草案建议稿附理由：总则编》，法律出版社2004年版，第109页。

形主要有：① 互换；② 转让；③因家庭关系、婚姻关系变化导致土地承包经营权分割或者合并；④ 权利人合并、分立；⑤ 继承等。笔者拟对申请人因不同情形申请土地承包经营权及地上林木所有权转移登记时应当提交的材料作阐释。

一、因互换申请的转移登记收件

1. 登记申请书；
2. 申请人的身份证明；
3. 不动产权属证书；
4. 互换合同；
5. 其他必要材料。

说明和理由：

1. 登记申请书

按《不动产登记暂行条例实施细则》第五十条第一款规定，因互换产生的土地承包经营权及地上林木所有权转移登记，由当事人双方共同申请。因此，因互换产生的土地承包经营权及地上林木所有权转移登记，由权利的取得方与失去方共同申请，即登记申请书由取得方与失去方共同出具。登记申请书应当载明：权利的取得方与失去方；申请人的身份证明类型和号码；登记类型——转移登记；登记原因——互换；不动产单元号码；不动产权属证书号码；失去方的土地承包经营权面积及地上林木的林班（或小班）和取得方因互换取得的土地承包经营权面积及地上林木的林班（或小班）等。

2. 申请人的身份证明

申请人的身份证明，是指互换的双方当事人，即互换的土地承包经营权及地上林木所有权的取得方与失去方现时使用的有效的身份证明。

3. 不动产权属证书

不动产权属证书，是指载明欲用于互换的土地承包经营权及地上林木所有权的不动产权属证书。

要求申请人提交不动产权属证书：一是证明欲转移的土地承包经营权及地上林木所有权已经记载在登记簿上，申请转移登记的前提成立；二是便于登记机构结合失去方提交的身份证明，判定其作为转移登记申请人是否适格；三是转移登记被记载于登记簿上后，登记机构将基于登记簿的记载向取得方颁发新的不动产权属证书，原不动产权属证书由登记机构收回归档，以免流失社会造成负面影响。

第六章 土地承包经营权及地上林木所有权登记收件

在不动产登记实务中,若申请人申请因互换产生的转移登记时,因不动产权属证书遗失或毁损而不能提交又急需办理转移登记,欲以登记档案材料复印件或登记簿打印件、复印(制)件等欲转移的土地承包经营权及地上林木所有权已经登记的证明替代的,登记机构不应当准许,理由有三:一是申请人因互换申请转移登记,表明土地承包经营权及地上林木所有权的权利人在世或存续,具备申请补发不动产权属证书的主体条件;二是承包土地及地上林木实体存在,权利人不抛弃土地承包经营权及地上林木所有权,且要利用土地承包经营权及地上林木所有权,具备申请补发不动产权属证书的客体条件和主观要求;三是《民法典》第二百一十七条规定,不动产权属证书是权利人享有该不动产物权的外在表现形式。质言之,不动产权属证书是权利人享有土地承包经营权及地上林木所有权的证明,也是互换双方当事人据此协商签订互换合同的基础凭证。所以,在因互换产生的转移登记中,不动产权属证书作为登记收件,登记机构应当按法律和规章的规定,从严掌握。如果申请人因不动产权属证书遗失或毁损而不能提交的,登记机构应当告知申请人按《不动产登记暂行条例实施细则》第二十二条第二款的规定申请补发,补发后,再按程序申请因互换产生的土地承包经营权及地上林木所有权转移登记。

4. 互换合同

互换合同是申请人申请因互换产生的土地承包经营权及地上林木所有权转移登记的原因凭证。

《农村土地承包法》第三十三条规定,承包方之间为方便耕种或者各自需要,可以对属于同一集体经济组织的土地的土地承包经营权进行互换,并向发包方备案。该法第三十五条规定,土地承包经营权互换、转让的,当事人可以向登记机构申请登记。未经登记,不得对抗善意第三人。据此可知,互换是农村集体经济组织内部的农户之间为方便耕种和各自需要,对各自的土地承包经营权的交换。互换是一种互易合同,互易后,互换的双方均取得对方的土地承包经营权,丧失自己的原土地承包经营权[①]。换言之,基于互换取得的土地承包经营权,也是自互换合同生效时产生法律效力,登记不是互换取得的土地承包经营权的生效前提,经登记的土地承包经营权只具有对抗第三人的效力。此互换合同属于《不动产登记暂行条例实施细则》第五十条第一款规定的申请人申请因互换产生的土地承包经营权及地上林木所有权转移登记时应当提交的材料。

---

① "中华人民共和国农村土地承包法释义",http://www.npc.gov.cn,访问时间:2017年4月17日。

5. 其他必要材料

按前述《土地承包法》第三十三条规定，互换因家庭承包取得的土地承包经营权的，互换双方应当为同一集体经济组织成员。因此，登记机构应当要求申请人提交其为同一集体经济组织成员的证明，此证明为能证明申请人为同一集体经济组织成员的户口簿或公安机关出具的其他证明材料。

二、因转让申请的转移登记收件

1. 登记申请书；
2. 申请人的身份证明；
3. 不动产权属证书；
4. 转让合同；
5. 发包方同意转让的证明；
6. 其他必要材料。

说明和理由：

1. 登记申请书

按《不动产登记暂行条例实施细则》第五十条第一款规定，因转让产生的土地承包经营权及地上林木所有权转移登记，由当事人双方共同申请。因此，因转让产生的土地承包经营权及地上林木所有权转移登记，由权利的取得方与失去方共同申请，即登记申请书由取得方与失去方共同出具。登记申请书应当载明：权利的取得方与失去方；申请人的身份证明类型和号码；登记类型——转移登记；登记原因——转让；不动产单元号码；不动产权属证书号码；失去方的土地承包经营权面积及地上林木的林班（或小班）和取得方受让取得的土地承包经营权面积及地上林木的林班（或小班）等。

2. 转让合同

转让合同，是申请人申请因转让产生的土地承包经营权及地上林木所有权转移登记的原因凭证。

《民法典》第三百三十四条规定，土地承包经营权人依照法律规定,有权将土地承包经营权互换、转让。未经依法批准,不得将承包地用于非农建设。据此可知，土地承包经营权是可以转让的用益物权。但转让土地承包经营权时，转让方和受让方是否签订土地承包经营权转让合同？据笔者查阅《民法典》《农村土地承包法》等现时有效的法律，没有关于转让方和受让方应当签订土地承包经营权转让合同的规定。《民法典》第二百一十一条规定，当事人申请登记,应当根据不同登记事项提供权属证明和不动产界址、面积等必要材料。该法第三百三十五条规定,土地承包经营权互换、转让的,当事人可以向登记机构申请登记;未经登记,不得对抗善意第三人。据此可知,当事人申请因转让土地承包经营权申请登记时,应当向登记机构提交受让人取得土地承包经营权的权属证明。笔者认为,此处的权属证明,是转让方与受让方签订的土地承包经营权转让合同,即当事人转让土地承包经营权且要向登记机构申请登记的,应当签订土地承包经营权转让合同,且基于转让取得的土地承包经营权,也是自转让合同生效时产生法律效力,登记不是转让取得的土地承包经营权的生效前提,经登记的土地承包经营权只具有对抗第三人的效力。换言之,生效的土地承包经营权转让合同是受让人依法、及时享有转让取得的土地承包经营权的权利凭证。此转让合同是《不动产登记暂行条例实施细则》第五十条第一款规定的申请人申请因转让产生的转移登记时应当提交的材料。

3. 发包方同意转让的证明

《农村土地承包法》第三十四条规定,经发包方同意,承包方可以将全部或者部分的土地承包经营权转让给本集体经济组织的其他农户,由该农户同发包方确立新的承包关系,原承包方与发包方在该土地上的承包关系即行终止。质言之,发包方不同意,土地承包经营权转让合同不成立[①]。换言之,未经发包人同意,转让双方签订的转让合同不成立,对方当事人不能基于此转让合同享有土地承包经营权,登记机构更不得将其用作登记的证据材料。发包方同意转让的证明是《不动产登记暂行条例实施细则》第五十条第二款规定的申请人申请因转让产生的土地承包经营权及地上林木所有权转移登记时应当提交的材料。

4. 其他必要材料

按《农村土地承包法》第三十四条规定,土地承包经营权的转让方与受让方须是同一集体经济组织的农户。据此可知,登记机构应当要求申请人提交其为同一集体经济组织成员的证明,此证明为能证明申请人为同一集体经济组织成员的户口簿或公安机关出具的其他证明材料。

三、因家庭关系、婚姻关系变化申请的转移登记收件

1. 登记申请书;
2. 申请人的身份证明;
3. 不动产权属证书;

[①] "中华人民共和国农村土地承包法释义",http://www.npc.gov.cn,访问时间:2017年4月17日。

4. 因家庭关系、婚姻关系变化导致土地承包经营权及地上林木所有权转移的材料；

5. 其他必要材料。

说明和理由：

1. 登记申请书

按《不动产登记暂行条例实施细则》第五十条第一款规定，因家庭关系、婚姻关系变化产生的土地承包经营权及地上林木所有权转移登记，由当事人双方共同申请。因此，因家庭关系、婚姻关系变化产生的土地承包经营权及地上林木所有权转移登记，由权利的取得方与失去方共同申请，即登记申请书由取得方与失去方共同出具。登记申请书应当载明：权利的取得方与失去方；申请人的身份证明类型和号码；登记类型——转移登记；登记原因——家庭关系（或婚姻关系）变化；不动产单元号码；不动产权属证书号码；失去方的土地承包经营权面积及地上林木的林班（或小班）和取得方取得的土地承包经营权面积及地上林木的林班（或小班）等。

2. 因家庭关系、婚姻关系变化导致土地承包经营权及地上林木所有权转移的材料

因家庭关系、婚姻关系变化导致土地承包经营权及地上林木所有权转移的材料，是申请人申请因家庭关系、婚姻关系变化产生的土地承包经营权及地上林木所有权转移登记的原因凭证。

（1）因家庭关系变化导致土地承包经营权及地上林木所有权转移的情形。

因家庭关系变化导致土地承包经营权及地上林木所有权转移的情形主要指享有土地承包经营权及地上林木所有权的家庭出现部分家庭成员从原家庭中分立出来成立新的家庭（包括离婚分户），新旧家庭约定既有的土地承包经营权的归属而导致其转移的情形。此情形下，当事人一般以签订载明土地承包经营权及地上林木所有权归属的家庭财产分割协议或夫妻财产分割协议的方式来体现。按《不动产登记暂行条例实施细则》第五十条第一款规定，此家庭财产分割协议或夫妻财产分割协议是申请人申请因家庭关系、婚姻关系（离婚分户）产生的土地承包经营权及地上林木所有权转移登记时应当提交的材料。

（2）因结婚导致土地承包经营权转移的情形。

按《民法典》第一千零六十五条第一款规定，夫妻可以约定婚姻关系存续期间所得的财产以及婚前财产归各自所有、共同所有或部分各自所有、部分共

第六章 土地承包经营权及地上林木所有权登记收件

同所有。约定应当采用书面形式。据此可知，土地承包经营权属于财产性权利，可以由夫妻约定其归属或共有情况。因此，因结婚导致土地承包经营权转移，主要指土地承包经营权人基于结婚，导致原来登记在各自名下的土地承包经营权归夫妻共有或归对方单独所有的情形。此情形下，当事人一般以签订载明土地承包经营权及地上林木所有权归属的夫妻财产约定的方式来体现。按《不动产登记暂行条例实施细则》第五十条第一款规定，此夫妻财产约定是申请人申请因婚姻关系（结婚）产生的土地承包经营权及地上林木所有权转移登记时应当提交的材料。

四、因权利人合并、分立申请的转移登记收件

1. 登记申请书；
2. 申请人的身份证明；
3. 不动产权属证书；
4. 权利人合并、分立的证明；
5. 土地承包经营权及地上林木所有权归属的证明；
6. 其他必要材料。

注：第5项材料适用于权利人分立的情形。

说明和理由：

1. 登记申请书

权利人合并，系指作为权利人的法人或非法人组织，归并到另一个法人或非法人组织中，原法人或非法人组织随之消灭的情形。按《民法典》第六十七条第一款规定，法人合并的，其权利和义务由合并后的法人享有和承担。据此可知，法人或非法人组织合并的，被合并的法人或非法人组织享有的权利由并入后的法人或非法人组织享有。因此，基于权利人合并申请的转移登记，由归并后的权利人单方申请，即登记申请书由权利取得方单方出具。

权利人分立，系指作为权利人的法人或非法人组织，经过分割，成为两个以上的相互独立的同时存在的法人或非法人组织的情形。按《民法典》第六十七条第二款规定，法人分立的，其权利和义务由分立后的法人享有连带债权，承担连带债务，但是债权人和债务人另有约定的除外。据此可知，如前所述，分立前的法人或非法人组织享有的权利，分立后新产生的法人或非法人组织也可以享有。故因权利人分立产生的转移登记，由权利的失去方与取得方共同申请，即登记申请书由权利的失去方和取得方共同出具。

登记申请书应当载明：权利的失去方与取得方；申请人的身份证明类型和号码；登记类型——转移登记；登记原因——权利人合并（或分立）；不动产单元号码；不动产权属证书号码；合并（或分立）前的土地承包经营权面积及地上林木的林班（或小班）和因合并（或分立）取得的土地承包经营权面积及地上林木的林班（或小班）等。

2. 申请人的身份证明

因合并申请转移登记时，申请人的身份证明为土地承包经营权及地上林木所有权取得方的身份证明。因分立申请转移登记时，申请人的身份证明为土地承包经营权及地上林木所有权取得方与失去方的身份证明。

3. 权利人合并或分立的证明

权利人合并或分立的证明，是申请人申请因权利人合并或分立产生的土地承包经营权及地上林木所有权转移登记的原因凭证。

一般情形下，如前所述，法人或非法人组织合并或分立的证明，是其达成的合并或分立协议，或其共同作出的合并或分立决定。但是，有的法人或非法人组织合并、分立是基于人民政府的政策决定，或基于当事人共同的上级组织的决定。概言之，法人、非法人组织合并或分立的证明，是法人、非法人组织达成的合并或分立协议，或法人、非法人组织共同作出的合并、分立决定，或人民政府的合并、分立文件，或法人、非法人组织共同的上级组织的合并、分立决定。

4. 土地承包经营权及地上林木所有权归属的证明

如前所述，权利人的分立，系指权利人从一个法人或非法人组织中经过分割变成两个以上的法人或非法人组织，但是，原法人或非法人组织享有的土地承包经营权及地上林木所有权是由其继续享有，还是属于分立后新成立的法人或非法人组织享有，实质上是对土地承包经营权及地上林木所有权归属的处分，当事人可以按《民法典》第六十七条第二款的规定，通过约定或共同作出的决定予以明确，也可以由作出权利人分立的人民政府或上级组织在文件中予以明确，该约定、决定或文件确定的取得土地承包经营权及地上林木所有权的人，是转移登记申请人中的取得方。如果申请人提交的关于权利人分立的证明中明确了土地承包经营权及地上林木所有权归属的，登记机构无须再要求其另行提交土地承包经营权及地上林木所有权归属的证明。

权利人合并，是指作为权利人的法人或非法人组织归并到另一个法人或非法人组织中的情形。按《民法典》第六十七条第一款规定，并入前的法人或非法人组织享有的土地承包经营权及地上林木所有权归并入后的法人或非法人组

第六章 土地承包经营权及地上林木所有权登记收件

织享有,合并证明就是土地承包经营权及地上林木所有权归属的权利凭证,无须再以约定、决定或文件确定土地承包经营权及地上林木所有权的归属。

五、因非家庭承包方式取得的土地承包经营权基于继承申请的转移登记收件

1. 登记申请书;
2. 申请人的身份证明;
3. 不动产权属证书或土地承包经营权及地上林木所有权已经登记的证明;
4. 继承证明材料;
5. 被继承人的死亡证明书;
6. 其他必要材料。

注:第4项材料中,继承人提交的继承证明材料为继承权公证书时,无须提交第5项材料。

说明和理由:

1. 登记申请书

按《不动产登记暂行条例》第十四条第二款第(二)项规定,因继承产生的不动产登记,由当事人单方申请。因此,因继承产生的土地承包经营权及地上林木所有权转移登记,由继承人单方申请,即登记申请书由继承人单方出具。登记申请书应当载明:权利的取得方与失去方;申请人的身份证明类型和号码;登记类型——转移登记;登记原因——法定继承(或遗嘱继承);不动产单元号码;不动产权属证书号码;被继承人名下的土地承包经营权面积及地上林木所有权的林班(或小班)和因继承取得的土地承包经营权面积及地上林木所有权的林班(或小班)等。

2. 土地承包经营权及地上林木所有权已经登记的证明

土地承包经营权及地上林木所有权已经登记的证明,是指载明欲被继承的土地承包经营权及地上林木所有权的登记档案材料复印件或登记簿打印件、复印(制)件等。

在不动产登记实务中,由于种种原因,继承开始后,被继承人名下的不动产权属证书不知所终,导致申请人申请继承转移登记时不能提交的情形时有出现。如前所述,收取载明欲转移内容的不动产权属证书,主要作用是证明申请转移登记的前提成立。笔者认为,欲被继承的土地承包经营权及地上林木所有权已经登记的证明也具有这个作用,且因继承申请的转移登记,不是当事人须凭不动产权属证书表征权利存在而与他人为交易法律行为产生的转移登记。因

此，登记机构应当允许申请人凭土地承包经营权及地上林木所有权已经登记的证明申请转移登记。未收回的不动产权属证书，在继承转移登记完成后，由登记机构在其门户网站或当地公开发行的报刊上公告作废，以免除或减轻其流失社会造成的负面影响。

《不动产登记暂行条例实施细则》第二十三条规定，因不动产权利灭失等情形，不动产登记机构需要收回不动产权属证书或者不动产登记证明的，应当在不动产登记簿上将收回不动产权属证书或者不动产登记证明的事项予以注明；确实无法收回的，应当在不动产登记机构门户网站或者当地公开发行的报刊上公告作废。其中的"不动产权利灭失"，包括不动产权利的绝对灭失和相对灭失。不动产权利的绝对灭失，是指不动产权利随不动产实体的消灭而永久消灭，或者随依附的主权利、主债权的消灭而消灭。与之对应的是不动产权利的相对灭失：一是不动产权利因转移给他人而使原权利人的权利灭失，他人在此灭失的基础上设立属于自己的不动产权利；二是不动产权利因不动产实体灭失外的申请注销登记的事由成就完成注销登记而灭失（如权利人抛弃不动产权利申请注销登记后，该权利人享有的不动产权利灭失，但该不动产权利本身并不消灭，而其归属处于待定状态，故此情形属于不动产权利的相对灭失）；三是不动产权利内容发生变更，变更前的不动产权利内容因变更的完成而消灭，不动产权利的新内容因变更的完成而产生。据此可知，土地承包经营权及地上林木所有权继承转移登记完成后，权利取得人的权利产生，原权利人的权利灭失，不能收回的载明该灭失权利的不动产权属证书，应当由登记机构公告作废。

3. 继承证明材料

继承证明材料，是申请人申请因继承产生的土地承包经营权及地上林木所有权转移登记的原因凭证。

在不动产登记实务中，申请人提交的继承权证明材料一般有四种：一是继承权公证书；二是经过公证的遗嘱；三是未经公证的依法定继承程序享有继承权的证明；四是未经公证的遗嘱。

（1）继承权公证书。

继承权公证书适用于因法定继承产生的土地承包经营权及地上林木所有权转移登记。

继承权公证书，是指由国家公证机构制作的证明法定继承人依法享有土地承包经营权及地上林木所有权的继承权的书面凭证。继承权公证书是继承人继承土地承包经营权及地上林木所有权的权源证据。

第六章 土地承包经营权及地上林木所有权登记收件

（2）经过公证的遗嘱。

经过公证的遗嘱适用于因遗嘱继承产生的土地承包经营权及地上林木所有权转移登记。

经过公证的遗嘱，是指国家公证机构制作的记录立遗嘱人处分自己财产、指定财产继承人的文书。它是继承人继承土地承包经营权及地上林木所有权的权源证据。

（3）未经公证的依法定继承程序享有继承权的证明。

根据《不动产登记操作规范（试行）》1.8.6.1条规定，申请人应当同时提交以下材料组合成未经公证的依法定继承程序享有继承权的证明：

① 继承人与被继承人之间的亲属关系证明，主要形式有三：一是户口簿、婚姻证明、收养证明或出生医学证明；二是公安机关、被继承人所在村委会或居委会、被继承人或继承人所在单位出具的证明材料；三是其他能够证明相关亲属关系的材料等。申请人只提交其中之一。但是，按民政部等六部门联合出台的《关于改进和规范基层群众性自治组织出具证明工作的指导意见》（民发〔2020〕20号）和公安部等十二部门联合出台的《关于改进和规范公安派出所出具证明工作的意见》（公通字〔2016〕21号）文件规定，公安派出所和社区居民委员会均不再出具亲属关系证明，在申请人不能提交户口簿、婚姻证明、收养证明、出生医学证明作为亲属关系证明的情形下，还可以提交什么样的材料作亲属关系证明？

笔者认为，申请人可以自己书写的继承人与被继承人的关系说明，其中载明被继承人姓名、全部继承人姓名及其与被继承人的关系、继承人是放弃继承还是接受继承等信息，该说明上须由两个以上继承人之外的人签名证明属实。申请人可以提交自己书写的继承人与被继承人的关系说明并附上在上面签名证明属实的证人的身份证明作为其申请继承转移登记的亲属关系证明。

按《不动产登记操作规范（试行）》1.8.6.5条规定，登记机构办理申请人凭公证的材料或者生效的法律文书之外的材料申请的继承转移登记时，须将继承转移登记事项在不动产登记机构门户网站进行公示，公示期不少于15个工作日。公示期满无异议的，将申请登记事项记载于不动产登记簿。据此可知，登记机构收取申请人提交自己书写的继承人与被继承人的关系说明后，可以通过公示程序，查明该说明的真实性，也通过该公示程序证明自己尽到了力所能及（合理审慎）的查验职责。

② 登记机构的登记人员签字见证的其他继承人放弃继承权的材料。

③ 申请人享有继承权的声明或说明。

（4）未经公证的遗嘱。

① 自书遗嘱。

自书遗嘱是指自然人死亡前亲笔书写的遗嘱。《民法典》第一千一百三十四条规定，自书遗嘱由遗嘱人亲笔书写，签名，注明年、月、日。质言之，自书遗嘱必须由立遗嘱人亲笔书写遗嘱的全部内容。自书遗嘱既不能由他人代笔也不能用打印或印刷方式，只能由遗嘱人自己用笔将其意思记录下来[①]。

② 代书遗嘱。

代书遗嘱是指由他人代立遗嘱人书写并经立遗嘱人、见证人签名的遗嘱。《民法典》第一千一百三十五条规定，代书遗嘱应当有两个以上见证人在场见证，由其中一人代书，并由遗嘱人、代书人和其他见证人签名，注明年、月、日。据此可知，代书遗嘱的代书人必须是见证人之一，且代书人、见证人、遗嘱人应当在立遗嘱完毕时同时签名。代书遗嘱的见证人须具有完全民事行为能力且与继承人及遗产分割无利害关系。

③ 打印遗嘱。

打印遗嘱，是指通过打印的方式立下的遗嘱，且该遗嘱上有立遗嘱人、见证人的签名。《民法典》第一千一百三十六条规定，打印遗嘱应当有两个以上见证人在场见证。遗嘱人和见证人应当在遗嘱每一页签名，注明年、月、日。据此可知，须有两个以上的见证人在场的情形下，才可以打印遗嘱，且打印出来的遗嘱的每一页上面，须同时具备遗嘱人和见证人的签名及其各自注明的年、月、日。遗嘱打印时，应当认真校核，避免打印错误，确保遗嘱的打印质量。打印遗嘱的见证人须是具有完全民事行为能力人且与遗嘱中指定的继承人无利害关系。

4. 被继承人的死亡证明书

死亡证明书，是指由相关机构依法出具的自然人因失去生命而不在人世的证明。在不动产登记实务中，被继承人的死亡证明书主要有：① 公安派出所出具的因死亡注销户籍的证明；② 公安部门在刑事、交通等案件处理中出具的死亡证明；③ 应急管理部门或其消防机构在消防案件处理中出具的死亡证明；④ 人民法院宣告死亡的判决书；⑤ 殡仪馆出具的遗体火化证明；⑥ 医院出具的医学死亡证明等。

死亡证明书是继承是否开始的前提，被继承人不死亡，继承不开始，故死

[①] 梁慧星：《中国民法典草案建议稿附理由：侵权行为编·继承编》，法律出版社 2004 年版，第 189 页。

第六章　土地承包经营权及地上林木所有权登记收件

亡证明书是登记机构办理因继承申请的土地承包经营权及地上林木所有权转移登记时的必收要件。但是，申请人提交继承权公证书作为继承证明材料时，因公证机构已经先行查明被继承人的死亡情况、其他继承人放弃继承权等情况后才出具该继承权公证书，故申请人提交继承权公证书作为继承证明材料时，无须再提交被继承人的死亡证明书。

第四节　注销登记收件

土地承包经营权及地上林木所有权注销登记，是指记载在登记簿上的土地承包经营权及地上林木所有权，在使其消灭的法定事由成就时，对其予以涂销使其失去法律效力的登记。《民法典》第二百二十九条规定，因人民法院、仲裁机构的法律文书或者人民政府的征收决定等，导致物权设立、变更、转让或者消灭的，自法律文书或征收决定等生效时发生效力。据此可知，自确认不动产物权消灭的法律文书和人民政府征收不动产的决定生效时起，无须登记，权利人享有的不动产物权即消灭。换言之，确认不动产物权消灭的生效的法律文书和人民政府的征收决定，是导致土地承包经营权及地上林木所有权消灭的情形。在不动产登记实务中，按《不动产登记暂行条例实施细则》第五十一条规定，申请人申请土地承包经营权及地上林木所有权注销登记的情形主要有：① 承包经营的土地及地上林木实体灭失；② 承包经营的土地被依法转为建设用地；③ 承包经营权人丧失承包经营资格或者放弃承包经营权。概言之，申请人申请土地承包经营权及地上林木所有权注销登记的情形主要有：① 承包经营的土地及地上林木灭失；② 承包经营的土地被依法转为建设用地；③ 承包经营权人丧失承包经营资格或者放弃承包经营权；④ 生效的法律文书和人民政府的征收决定导致土地承包经营权及地上林木所有权消灭。笔者拟对申请人因不同情形申请注销登记时应当提交的材料作阐释。

一、因承包土地及地上林木实体灭失申请的注销登记收件

1. 登记申请书；
2. 申请人的身份证明；
3. 不动产权属证书或土地承包经营权及地上林木所有权已经登记的证明；
4. 承包土地及地上林木实体已经灭失的证明；
5. 其他必要材料。

说明和理由：

1. 登记申请书

《不动产登记暂行条例实施细则》第五十一条规定，土地承包经营权及地上林木所有权注销登记由承包人（登记簿上记载的权利人）单方申请。因此，登记申请书由承包人（登记簿上记载的权利人）单方出具。登记申请书应当载明：权利人；申请人的身份证明类型和号码；登记类型——注销登记；登记原因——林木（或承包地）灭失；不动产单元号码；不动产权属证书号码等。

2. 不动产权属证书或土地承包经营权及地上林木所有权已经登记的证明

（1）不动产权属证书。

不动产权属证书，是指记载有欲注销的土地承包经营权及地上林木所有权的不动产权属证书。要求申请人提交不动产权属证书：一是表明欲注销的内容已经记载在登记簿上，申请注销登记的前提成立；二是土地承包经营权及地上林木所有权的注销登记完成后，权利人享有的土地承包经营权及地上林木所有权已经从登记簿上注销，登记簿上记载的事项失去法律效力，相应的不动产权属证书表征的权利也失去法律效力，即该不动产权属证书也失去法律效力，应当由登记机构收回归档。其中，证明申请注销登记的前提成立是最主要的目的。此处的不动产权属证书包括不动产统一登记前权利人合法持有的《土地承包经营权证》《林权证》等。

（2）土地承包经营权及地上林木所有权已经登记的证明。

土地承包经营权及地上林木所有权已经登记的证明，主要指载明欲注销的土地承包经营权及地上林木所有权的登记档案材料复印件或登记簿打印件、复印（制）件等。

在不动产登记实务中，权利人因种种原因遗失或毁损不动产权属证书，申请注销登记时不能提交的情形时有出现。如前所述，要求申请人提交不动产权属证书，最主要的目的是证明申请注销登记的前提成立，土地承包经营权及地上林木所有权已经登记的证明也有这个证明作用，且注销登记不是当事人须凭不动产权属证书表征权利存在而与他人为交易法律行为产生的登记，因此，登记机构应当允许申请人凭土地承包经营权及地上林木所有权已经登记的证明申请注销登记，注销登记记载于登记簿上后，未收回的不动产权属证书，由登记机构在其门户网站或当地公开发行的报刊上公告作废，以免除或减轻其流失社会造成的负面影响。

《不动产登记暂行条例实施细则》第二十三条规定，因不动产权利灭失等情

第六章 土地承包经营权及地上林木所有权登记收件

形,不动产登记机构需要收回不动产权属证书或者不动产登记证明的,应当在不动产登记簿上将收回不动产权属证书或者不动产登记证明的事项予以注明;确实无法收回的,应当在不动产登记机构门户网站或者当地公开发行的报刊上公告作废。其中的"不动产权利灭失",包括不动产权利的绝对灭失和相对灭失。不动产权利的绝对灭失,是指不动产权利随不动产实体的消灭而永久消灭,或者随依附的主权利、主债权的消灭而消灭。与之对应的是不动产权利的相对灭失:一是不动产权利因转移给他人而使原权利人的权利灭失,他人在此灭失的基础上设立属于自己的不动产权利;二是不动产权利因不动产实体灭失外的申请注销登记的事由成就完成注销登记而灭失(如权利人抛弃不动产权利申请注销登记后,该权利人享有的不动产权利灭失,但该不动产权利本身并不消灭,而其归属处于待定状态,故此情形属于不动产权利的相对灭失);三是不动产权利内容发生变更,变更前的不动产权利内容因变更的完成而消灭,不动产权利的新内容因变更的完成而产生。据此可知,土地承包经营权及地上林木所有权注销登记完成后,权利人的权利灭失,不能收回的载明该灭失权利的不动产权属证书,应当由登记机构公告作废。

3. 承包土地及地上林木实体已经灭失的证明

承包土地及地上林木实体已经灭失的证明,是申请人申请因灭失产生的土地承包经营权及地上林木所有权注销登记的原因凭证。

承包土地及地上林木实体已经灭失的证明应当根据灭失的原因,由相应的主体出具,如权利人自行砍伐林木的,可以是权利人出具的因砍伐林木消灭的声明或保证,也可以是林木实体灭失的相片等;林木因火灾灭失的,可以是应急管理机关或其消防机构、地方政府或林木所在地村民委员会出具的证明等;土地因山地自然灾害灭失的,可以提交县级以上人民政府应急管理机关出具的证明等。此类证明属于《不动产登记暂行条例实施细则》第五十一条规定的申请人申请因土地及地上林木灭失产生的注销登记时应当提交"证实灭失的材料"。

二、因承包经营的土地被依法转为建设用地申请的注销登记收件

1. 登记申请书;
2. 申请人的身份证明;
3. 不动产权属证书或土地承包经营权及地上林木所有权已经登记的证明;
4. 承包经营的土地被依法转为建设用地的证明;
5. 其他必要材料。

说明和理由：

1. 登记申请书

登记申请书由承包人（登记簿上记载的权利人）单方出具。登记申请书应当载明：权利人；申请人的身份证明类型和号码；登记类型——注销登记；登记原因——转为建设用地；不动产单元号码；不动产权属证书号码等。

2. 承包经营的土地被依法转为建设用地的证明

承包经营的土地被依法转为建设用地的证明，是申请人申请因被依法转为建设用地产生的土地承包经营权及地上林木所有权注销登记的原因凭证。

《农村土地承包法》第十一条第一款规定，农村土地承包经营应当遵守法律、法规，保护土地资源的合理开发和可持续利用。未经依法批准不得将承包地用于非农建设。按《民法典》第三百三十四条规定，未经依法批准，不得将承包地用于非农建设。质言之，承包土地用途经依法批准，可以由农业用地转为非农业建设用地。据此可知，承包经营的土地被依法转为建设用地，是指承包经营的土地用途由农业用地依法变更为集体建设用地，使承包经营目的无法实现而导致土地承包经营权消灭的情形。

《土地管理法》第四十四条第三款规定，在土地利用总体规划确定的城市和村庄、集镇建设用地规模范围内，为实施该规划而将永久基本农田以外的农用地转为建设用地的，按土地利用年度计划分批次按照国务院规定由原批准土地利用总体规划的机关或者其授权的机关批准。在已批准的农用地转用范围内，具体建设项目用地可以由市、县人民政府批准。该法第六十条第一款规定，农村集体经济组织使用乡（镇）土地利用总体规划确定的建设用地兴办企业或者与其他单位、个人以土地使用权入股、联营等形式共同举办企业的，应当持有关批准文件，向县级以上地方人民政府自然资源主管部门提出申请，按照省、自治区、直辖市规定的批准权限，由县级以上地方人民政府批准；其中，涉及占用农用地的，依照本法第四十四条的规定办理审批手续。概言之，集体建设用地使用权，是由县级以上人民政府批准的在集体所有的土地上设立的用益物权。换言之，将土地用途由承包用途改变为建设用地的批准机关也应当是县级以上人民政府，因此，承包土地被依法转化为建设用地的证明为县级以上人民政府的批准文件。此批准文件属于《不动产登记暂行条例实施细则》第五十一条规定的申请人申请因承包经营的土地被依法转为建设用地产生的注销登记时应当提交的"证实灭失的材料"。

三、因承包经营权人丧失承包经营资格或者放弃承包经营权申请的注销登记收件

1. 登记申请书；
2. 申请人的身份证明；
3. 不动产权属证书或土地承包经营权及地上林木所有权已经登记的证明；
4. 经营权人丧失承包经营资格或者放弃承包经营权的证明；
5. 其他必要材料。

说明和理由：

1. 登记申请书

登记申请书由承包人（登记簿上记载的权利人）单方出具。登记申请书应当载明：权利人；申请人的身份证明类型和号码；登记类型——注销登记；登记原因——丧失经营资格（或放弃经营权）；不动产单元号码；不动产权属证书号码等。

2. 经营权人丧失承包经营资格或者放弃承包经营权的证明

经营权人丧失承包经营资格或者放弃承包经营权的证明，是申请人申请因丧失经营资格或放弃承包经营权产生的注销登记的原因凭证。

（1）承包经营权人丧失承包经营资格的证明。

承包经营权人丧失承包经营资格，主要指现时的土地承包人因法定原因致使承包地被收回，或基于自己的意思表示自愿交回承包地，或承包期限届满未继续承包而失去承包经营资格的情形。

① 按《农村土地承包法》第三十条规定，承包期内，承包方可以自愿将承包地交回发包方。质言之，承包期内，承包方自愿将承包地交回发包方致使承包经营资格丧失，从而导致土地承包经营权灭失。此情形下，承包经营权人丧失承包经营资格的证明为承包方自愿交回承包地的声明、承诺，也可以是承包方和发包方签订的交回承包地的合同或协议等。

② 按《民法典》第三百三十二条规定，耕地、林地、草地承包期届满，承包期限届满，由土地承包经营权人依照农村土地承包的法律规定继续承包。质言之，承包经营期限届满后，未依法取得继续承包权的承包人，丧失承包经营资格而导致土地承包经营权灭失。此情形下，承包经营权人丧失承包经营资格的证明为原承包合同，还可以是承包方与发包方签订的土地承包合同终止协议等。

（2）经营权人放弃承包经营权的证明。

经营权人放弃承包经营权，主要指承包人在承包期内依自己的意思表示抛弃自己依法享有的土地承包经营权的情形。因此，放弃承包经营权的证明，主要指承包人出具的明确放弃土地承包经营权的声明或承诺。

经营权人丧失承包经营资格或者放弃承包经营权的证明属于《不动产登记暂行条例实施细则》第五十一条规定的申请人申请因丧失承包经营资格或放弃承包经营权产生的注销登记时应当提交的"证实灭失的材料"。

四、因生效的法律文书和人民政府的征收决定导致土地承包经营权及地上林木所有权消灭申请、嘱托的注销登记收件

1. 登记申请书、嘱托文件；
2. 申请人的身份证明、嘱托文件送达人员的工作关系证明和身份证明；
3. 不动产权属证书或土地承包经营权及地上林木所有权已经登记的证明；
4. 生效的导致土地承包经营权及地上林木所有权消灭的法律文书或人民政府的征收决定；
5. 其他必要材料。

说明和理由：

1. 登记申请书、嘱托文件

（1）登记申请书。

登记申请书由承包人（登记簿上记载的权利人）单方出具。登记申请书应当载明：权利人；申请人的身份证明类型和号码；登记类型——注销登记；登记原因——生效的法律文书（或生效的征收决定）；不动产单元号码；不动产权属证书号码等。

（2）嘱托文件。

嘱托文件，主要指人民法院送达的要求登记机构办理注销登记的协助执行通知书，或征收机关发送给登记机构要求其办理注销登记的通知等公文。

2. 嘱托文件送达人员的工作关系证明和身份证明

嘱托文件送达人员的工作关系证明和身份证明，主要指送达协助执行通知书的执行员的工作证和执行公务证，或征收机关送达嘱托文件的人员的工作介绍信和该人员的居民身份证等。当然，征收机关的嘱托文件通过党政网、政府信函交换站等公文发送途径送达登记机构的，登记机构无须收取嘱托文件送达人员的工作关系证明、身份证明，但须在登记簿附记中加注嘱托文件的取得途径，如党政网收取注销文件等。

第六章 土地承包经营权及地上林木所有权登记收件

3. 生效的导致土地承包经营权及地上林木所有权消灭的法律文书或人民政府的征收决定

生效的导致土地承包经营权及地上林木所有权消灭的法律文书或人民政府的征收决定,是申请人申请因生效的法律文书或征收决定产生的土地承包经营权及地上林木所有权注销登记的原因凭证。

(1)生效的法律文书。

生效的法律文书,主要指确认登记簿上记载的土地承包经营权及地上林木所有权无效的执行裁定书、最高人民法院和终审人民法院的民事判决书、初审人民法院附生效证明的民事判决书等。

(2)生效的人民政府的征收决定。

生效的人民政府的征收决定,主要指已经发生效力的县级以上人民政府征收土地及地上林木的决定。

第七章　国有农用地使用权首次登记收件

　　按《土地管理法》第四条第三款规定，农用地是指直接用于农业生产的土地，包括耕地、林地、草地、农田水利用地、养殖水面等。该法第十三条第二款规定，国家所有依法用于农业的土地可以由单位或者个人承包经营，从事种植业、林业、畜牧业、渔业生产。据此可知，国有农用地，是指国家所有的用于种植业、林业、畜牧业、渔业等农业生产的土地。在不动产登记实务中，《不动产登记暂行条例实施细则》第五十二条第一款规定，以承包经营以外的合法方式使用国有农用地的国有农场、草场，以及使用国家所有的水域、滩涂等农用地进行农业生产，申请国有农用地的使用权登记的，参照本实施细则有关规定办理。该实施细则第五十三条规定，国有林地使用权登记，应当提交有批准权的人民政府或者主管部门的批准文件，地上森林、林木一并登记。笔者据此将申请人申请国有农用地使用权首次登记的情形区分为：① 使用水域、滩涂等国有农用地申请的首次登记；② 国有农场、草场使用国有农用地申请的首次登记；③ 国有林场使用国有农用地申请的首次登记。笔者拟对申请人因不同情形申请国有农用地使用权首次登记时应当提交的材料作阐释。

一、因使用水域、滩涂等国有农用地申请的首次登记收件

1. 登记申请书；
2. 申请人的身份证明；
3. 养殖证或县级以上人民政府准予使用水域、滩涂的批准文件；
4. 权籍调查成果报告；
5. 其他必要材料。

说明和理由：

1. 登记申请书

　　《不动产登记暂行条例》第十四条第二款第（一）项规定，尚未登记的不动产首次申请登记的，可以由当事人单方申请。据此可知，国有农用地使用权首次登记由权利人单方申请，即登记申请书由权利人单方出具。登记申请书应当载明：权利人——自然人姓名（或法人、非法人组织的名称）；申请人的身份证明类型及号码；不动产类型——土地；宗地坐落；宗地面积；宗地的不动产单元号码；宗地用途——农用；权利人类型——个人（或企业、事业单位、其他等）；

第七章 国有农用地使用权首次登记收件

登记类型——首次登记；登记原因——批准使用；权利类型——国有农用地使用权；权利性质——批准使用；权利设定方式——水面（或地表）；共有情况等。

自然人申请登记为单独所有的，应当提交单独所有的证明材料，如婚前取得的证明、对方配偶关于归申请人单独所有的声明等。

申请登记为按份共有的，应当提交共有人关于份额的约定等。

2. 申请人的身份证明

申请人的身份证明，是指申请人现时使用的合法有效的身份证明。自然人提交其现时有效的居民身份证、户口簿等，法人或非法人组织提交其营业执照或其登记机关、批准设立机关出具的身份证明等。

3. 养殖证或县级以上人民政府准予使用水域、滩涂的批准文件

养殖证或县级以上人民政府准予使用水域、滩涂的批准文件是申请人申请使用水域、滩涂产生的国有农用地使用权首次登记的凭证。

《土地管理法》第四十一条规定，开发未确定使用权的国有荒山、荒地、荒滩从事种植业、林业、畜牧业、渔业生产的，经县级以上人民政府依法批准，可以确定给开发单位或者个人长期使用。《渔业法》第十一条规定，国家对水域利用进行统一规划，确定可以用于养殖业的水域和滩涂。单位和个人使用国家规划确定用于养殖业的全民所有的水域、滩涂的，使用者应当向县级以上地方人民政府渔业行政主管部门提出申请，由本级人民政府核发养殖证，许可其使用该水域、滩涂从事养殖生产。据此可知，欲取得国有的水域、滩涂等农用地使用权，须得到县级以上人民政府许可，许可的方式是向权利人核发养殖证。在实际工作中，除养殖证外，县级以上人民政府准予使用水域、滩涂的批准文件也是许可方式之一。因此，养殖证或县级以上人民政府准予使用水域、滩涂的批准文件是申请人申请使用水域、滩涂产生的国有农用地使用权首次登记时应当提交的材料。

4. 权籍调查成果报告

《民法典》第一百一十四条规定，物权是权利人依法对特定的物享有直接支配和排他的权利，包括所有权、用益物权和担保物权。据此可知，法律的规定，确立了物权客体特定的原则。《不动产登记暂行条例》第八条第三款第（一）项规定："不动产登记簿应当记载不动产的坐落、界址、空间界限、面积、用途等自然状况。"据此可知，登记机构在登记簿上登记因使用水域或滩涂产生的国有农用地使用权首次登记时，需要从权籍调查成果材料中调取水域或滩涂的坐落、界址、界限、面积、用途等自然状况信息，以从地域上具体、特定登

记客体及其相关事项。因此,基于法律、行政法规的规定,申请人申请使用水域或滩涂产生的国有农用地使用权首次登记时,应当向登记机构提交有资质的专业机构按《不动产权籍调查技术方案(试行)》的规定出具的权籍调查成果报告。

二、国有农场、草场使用国有农用地申请的首次登记收件

1. 登记申请书;
2. 申请人的身份证明;
3. 县级以上人民政府或有关部门关于组建国有农场、草场的批准文件;
4. 权籍调查成果报告;
5. 其他必要材料。

说明和理由:

1. 登记申请书

登记申请书由权利人单方出具。登记申请书应当载明:权利人——法人(或非法人组织的名称);申请人的身份证明类型和号码;不动产类型——土地;宗地坐落;宗地面积;宗地的不动产单元号码;宗地用途——农用;权利人类型——事业单位(或企业单位、其他等);登记类型——首次登记;登记原因——批准使用(或确认、纠纷调处等);权利类型——国有农用地使用权;权利性质——批准使用(或确认、纠纷调处等);权利设定方式——地面;共有情况等。

2. 申请人的身份证明

申请人的身份证明,是指申请人现时使用的合法有效的营业执照或其登记机关、批准设立机关为其出具的身份证明等。

3. 县级以上人民政府或有关部门关于组建国有农场、草场的批准文件

县级以上人民政府或有关部门关于组建国有农场、草场的批准文件,是申请人申请因国有农场、草场使用国有农用地产生的首次登记的凭证。

(1)国有农场。

《国务院办公厅转发〈国土资源部、农业部关于依法保护国有农场土地合法权益意见〉的通知》(国办发〔2001〕8号)第一条第(一)项规定,县级以上人民政府及有关部门关于组建国有农场的批文和国有农场与周边农民集体签定的用地协议书,原则上应作为确认国有农场的国有土地使用权的依据。《国土资源部、农业部关于加强国有农场土地使用管理的意见》(国土资发〔2008〕202号)第二条规定,土地登记是土地管理的重要环节,依法登记的国有农场土地使用权受法律保护。各地要加大土地确权力度,加快推进国有农场土地登记工作,对国有农场依法申请登记并提交符合要求的土地登记申请资料,经审核

第七章 国有农用地使用权首次登记收件

权属来源合法、界址清楚、面积准确、无争议的土地,要尽快登记发证。对存在土地权属争议的,要严格按照国办发〔2001〕8号文件及相关法律规定依法调处,确定权属并登记发证。据此可知,县级以上人民政府及有关部门关于组建国有农场的批文和国有农场与周边农民集体签订的用地协议书,是国有农场享有国有农用地使用权的证据。因此,国有农场申请国有农用地使用权首次登记时,应当提交县级以上人民政府及有关部门关于组建国有农场的批文和国有农场与周边农民集体签订的用地协议书。

(2)国有草场。

《草原法》第八条第二款规定,县级以上地方人民政府草原行政主管部门主管本行政区域内草原监督管理工作。该法第十条第一款规定,国家所有的草原,可以依法确定给全民所有制单位、集体经济组织等使用。该法第十一条规定,依法确定给全民所有制单位、集体经济组织等使用的国家所有的草原,由县级以上人民政府登记,核发使用权证,确认草原使用权。据此可知,国有草场欲取得草原的使用权应当得到县级以上人民政府草原行政主管部门的批准或持有草原使用权证。因此,国有草场申请国有农用地使用权首次登记时,应当提交县级以上人民政府草原行政主管部门批准使用草原的文件或草原使用权证。

4. 权籍调查成果报告

权籍调查成果报告,是指有资质的专业机构按《不动产权籍调查技术方案(试行)》的规定出具的载明申请首次登记的国有农用地的坐落、界址、界限、面积、用途等自然状况信息的测绘成果材料。

5. 其他必要材料

(1)县级以上人民政府确认申请人享有国有农用地使用权的证明。

《确定土地所有权和使用权的若干规定》第二条第一款规定,土地所有权和使用权由县级以上人民政府确定,土地管理部门具体承办。据此可知,县级以上人民政府是国有农用地使用权归属的确认机关,其出具的国有农用地使用权确认证明,是权利人享有此国有农用地使用权的凭证。

(2)县级以上人民政府或其相关行政主管部门赋予当事人国有农用地使用权的批准文件或处理决定。

《土地管理法》第十四条第一款和第二款规定,土地所有权和使用权争议,由当事人协商解决;协商不成的,由人民政府处理。单位之间的争议,由县级以上人民政府处理;个人之间、个人与单位之间的争议,由乡级人民政府或者县级以上人民政府处理。《确定土地所有权和使用权的若干规定》第二条第二款规定,土地权属争议,由土地管理部门提出处理意见,报人民政府下达处理决定或报人民政府批准后由土地管理部门下达处理决定。据此可知，国有农场、国有草场与他人就国有农用地使用权归属发生的争议，在协商不成时，县级以上人民政府土地管理部门提出处理意见，由县级以上人民政府作出关于土地权属的处理决定，或是县级以上人民政府批准其土地管理部门的处理决定后，由该土地管理部门直接向当事人出具处理决定。因此，在不动产登记实务中，县级以上人民政府关于土地权属的争议处理决定，登记机构应当直接用作登记的证据材料；如果是县级以上人民政府的土地管理部门出具的土地权属争议处理决定，则需与县级以上人民政府同意该决定的批准文件组合后才可以用作登记的证据材料。

（3）县级以上人民政府自然资源行政主管部门出具的载明国有农用地使用权归属的调解书。

按《土地权属争议调查处理办法》第四条规定，县级以上国土资源行政主管部门负责土地权属争议案件的调查和调解工作。按该办法第二十三条规定，国土资源行政主管部门对受理的争议案件，应当在查清事实、分清权属关系的基础上先行调解，促使当事人以协商方式达成协议。该办法第二十五条规定，调解书经双方当事人签名或者盖章，由承办人署名并加盖国土资源行政主管部门的印章后生效。生效的调解书具有法律效力，是土地登记的依据。

因此，申请人不能提交县级以上人民政府或有关部门关于组建国有农场、草场的批准文件时，可以提交县级以上人民政府确认申请人享有国有农用地使用权的证明、县级以上人民政府或其相关行政主管部门赋予当事人国有农用地使用权的批准文件（或处理决定），或县级以上人民政府自然资源行政主管部门出具的载明国有农用地使用权归属的调解书等材料代替之。

三、国有林场使用国有农用地申请的首次登记收件

1. 登记申请书；
2. 申请人的身份证明；
3. 省级林业主管部门批准设立国有林场的文件和相应的林地权属来源证明材料；
4. 权籍调查成果报告；
5. 其他必要材料。

说明和理由：

1. 登记申请书

登记申请书由权利人单方出具。登记申请书应当载明：权利人——法人（或非法人组织的名称）；申请人的身份证明类型及号码；不动产类型——土地；宗地

第七章　国有农用地使用权首次登记收件

坐落；宗地面积；宗地的不动产单元号码；宗地用途——农用；权利人类型——事业单位（或企业单位、其他等）；登记类型——首次登记；登记原因——批准使用（或确认、纠纷调处等）；权利类型——国有农用地使用权；权利性质——批准使用（或确认、纠纷调处等）；权利设定方式——地面；共有情况等。

2. 省级林业主管部门批准设立国有林场的文件和相应的林地权属来源证明材料

《国有林场管理办法》第十一条规定，设立国有林场，应当经省级林业主管部门审核或审批，并由省级林业主管部门报国务院林业主管部门备案。该办法第十二条规定，新设立的国有林场，应当林地权属清楚，四至界线分明，且具有合法有效的林地权属证明材料。据此可知，设立国有林场，应当经省级林业主管部门批准且将要设立的林场应当具有有效的林地权属证明材料。因此，申请人申请因国有林场使用国有农用地产生的首次登记时，应当提交省级林业主管部门批准设立国有林场的文件和相应的林地权属来源证明材料。

特别说明：

（1）申请人因其他情形申请的国有农用地使用权首次登记，参见本章阐述。

（2）申请人申请的国有农用地使用权变更登记、转移登记、注销登记，参见本书第六章相关部分阐述。

第八章 海域使用权及海域内的房屋所有权登记收件

海域使用权，是指经批准取得的或基于海域使用权出让合同取得的在一定期限内持续使用特定海域的用益物权。《民法典》第三百二十八条规定，依法取得的海域使用权受法律保护。《海域使用权管理法》第六条规定，国家建立海域使用权登记制度，依法登记的海域使用权受法律保护。按《不动产登记暂行条例》第五条第（二）项和第（七）项规定，海域使用权及海域内的房屋所有权属于不动产登记的范围。概言之，海域使用权及海域内的房屋所有权属于应当登记的不动产物权。在不动产登记实务中，《不动产登记暂行条例实施细则》规定了海域使用权及海域内的房屋所有权的首次登记、变更登记、转移登记和注销登记。笔者拟对申请人申请不同的海域使用权登记类型时应当提交的材料作阐释。

第一节 首次登记收件

海域使用权及海域内的房屋所有权首次登记，是指权利人向登记机构申请，将其依法设立或取得的海域使用权及海域内的房屋所有权第一次记载在登记簿上的登记。

在不动产登记实务中，《不动产登记暂行条例实施细则》第五十四条第一款和第二款规定，依法取得海域使用权，可以单独申请海域使用权登记。依法使用海域，在海域上建造建筑物、构筑物的，应当申请海域使用权及建筑物、构筑物所有权登记。据此可知，若海域范围内无房屋等建筑物、构筑物的，或者虽然有合法建造的建筑物、构筑物，但建筑物、构筑物尚未竣工的，权利人可以单独申请海域使用权登记；若海域范围内有合法建造的房屋等建筑物、构筑物的，权利人应当同时一并申请海域使用权及海域范围内的房屋等建筑物、构筑物所有权登记。按《不动产登记暂行条例实施细则》第五十五条规定，申请人申请海域使用权及海域内的房屋所有权首次登记的情形主要有：① 因审批取得的海域使用权及海域内基于合法建造享有的房屋所有权；② 因招标、拍卖

第八章 海域使用权及海域内的房屋所有权登记收件

取得的海域使用权及海域内基于合法建造享有的房屋所有权。笔者拟对登记机构办理不同情形下的海域使用权及海域内的房屋所有权首次登记时应当收取的材料作阐释。

一、因审批取得的海域使用权及海域内合法建造的房屋竣工后申请的首次登记收件

1. 登记申请书；
2. 申请人的身份证明；
3. 有批准权的人民政府准予使用海域的文件；
4. 宗海界址图以及界址坐标材料、房屋测绘成果报告；
5. 海域使用金缴纳或者减免凭证；
6. 房屋建设符合规划的证明；
7. 房屋已经竣工的证明；
8. 其他必要材料。

注：第4项材料中的房屋测绘成果报告、第6项材料和第7项材料适用于申请人申请海域内的房屋所有权首次登记的情形。

说明和理由：

1. 登记申请书

按《不动产登记暂行条例》第十四条第二款第（一）项规定，尚未登记的不动产首次申请登记的，可以由当事人单方申请。因此，海域使用权及海域内的房屋所有权首次登记由权利人单方申请，即登记申请书由权利人单方出具。登记申请书应当载明：权利人——自然人的姓名（或法人、非法人组织的名称）；申请人的身份证明类型和号码；不动产类型——海域/房屋；宗海坐落；宗海坐标；宗海面积；宗海的不动产单元号码或宗海及其范围内的房屋的不动产单元号码；权利人类型——自然人（或企业单位、其他等）；登记类型——首次登记；登记原因——审批取得/合法建造；权利类型——海域使用权/房屋所有权；权利性质——审批取得/合法建造；项目性质——公益性（或经营性）；等别；占用岸线；用海类型；用海方式（包括面积和用途）——用海批文上的用途；房屋所在幢的层数和房屋所在的层数；房屋结构——钢结构（或钢和钢筋混凝土结构、钢筋混凝土结构、混合结构、砖木结构、其他结构等）；房屋规划用途；房屋建筑面积；共有情况等。

自然人申请登记为单独所有的，应当提交单独所有的证明材料，如婚前取得的证明、对方配偶关于归申请人单独所有的声明等。

申请登记为按份共有的,应当提交共有人关于份额的约定等。

2. 申请人的身份证明

申请人的身份证明,是指申请人现时使用的合法有效的身份证明。不同种类的申请人,身份证明的形式也不同,主要有:

① 境内自然人。

提交有效的居民身份证、户口簿等。

② 港澳台地区自然人。

港澳同胞提交香港特别行政区居民身份证或香港特别行政区护照、澳门特别行政区居民身份证或澳门特别行政区护照、港澳居民来往内地通行证。台湾同胞提交台湾居民来往大陆通行证等[1]。

③ 华侨、外籍自然人。

华侨提交中华人民共和国护照和国外长期居留身份证件。外籍自然人提交中国政府主管机关签发的居留证件或其所在国护照等[2]。《不动产登记操作规范（试行）》1.8.2.4条之3规定,外文文本的申请材料应当翻译成汉字译本,当事人应签字确认,并对汉字译本的真实性负责。据此可知,提供外文身份证明的申请人应当同时提交经过其签字确认的该身份证明的中文译本。也可以提交在我国合法经营的翻译机构出具的中文译本。

④ 境内法人及非法人组织。

提交事业单位法人资格证、社会团体法人登记证书、营业执照等[3]。

特别说明:

按《事业单位登记管理暂行条例》第三条、第五条和第八条规定,事业单位经主管部门批准成立后,须经县级以上人民政府机构编制管理机关登记并颁发《事业单位法人证书》。按《社会团体登记管理条例》第三条、第六条和第十五条规定,社会团体经其业务主管机关批准,并经县级以上人民政府民政机关登记,领取《社会团体法人登记证书》。《公司法》第七条规定,依法设立的公司,由公司登记机关发给公司营业执照。公司自营业执照签发时成立。《个人独资企业法》第十二条和第十三条规定,登记机关应当在收到个人独资企业设立申请文件之日起十五日内,对符合该法规定条件的,予以登记,发给营业执照。企业自营业执照签发时成立。《合伙企业法》第十条和第十一条规定,

---

[1] 参见《不动产登记操作规范（试行）》1.8.4.1条之2和3。
[2] 参见《不动产登记操作规范（试行）》1.8.4.1条之4和5。
[3] 参见《房地产登记技术规程》附录 B.0.10 条。

第八章 海域使用权及海域内的房屋所有权登记收件

申请人提交的登记申请材料齐全、符合法定形式，企业登记机关能够当场登记的，应予当场登记，发给营业执照。企业自营业执照签发时成立。据此可知，事业单位法人、社会团体法人、企业法人及企业性质的非法人组织须经相关机关登记，故其身份证明，除法人资格证、营业执照外，还可以是其登记机关出具的有关身份证明的文件或书面材料，如县级以上人民政府机构编制管理机关批准或准予事业单位（如海洋研究院）撤、并、转或设立的文件；再如企业登记机关出具的"兹证明某海产品经营公司系经我局登记成立的公司法人"等。

⑤ 港澳地区法人。

提交经我国司法部委托的律师出具的公证书公证的商业登记证，且加盖中国法律服务（香港）有限公司、中国法律服务（澳门）有限公司转递章。也可以提交我国公证机构办理的商业登记证公证书。

⑥ 台湾地区法人。

提交企业登记证或注册证①，但须经大陆公证机构公证，或经台湾公证机构公证。台湾公证机构出具的公证书须经大陆相关机构认证（一般由省级公证协会认证）。

⑦ 外国法人、组织。

提交经我国驻外使（领）馆认证的，所在国家公证机构公证的身份证明②。或直接在我国使（领）馆办理公证的身份证明。《不动产登记操作规范（试行）》1.8.2.4条之3规定，外文文本的申请材料应当翻译成汉字译本，当事人应签字确认，并对汉字译本的真实性负责。据此可知，提供外文公证文书的申请人应当同时提交经过其签字确认的该公证书的中文译本，也可以提交在我国合法经营的翻译机构出具的中文译本。

特别说明：

《最高人民法院有关执行和解转仲裁的答复》（最高人民法院〔2004〕民四他字第17号）批复："美国国际商品与投资有限公司（以下简称美国ICI公司）与大连水产集团有限公司于2003年4月13日、15日分别签订了《和解协议》和《和解协议补充修改协议》。该两份协议明确约定由大连水产集团有限公司限期办理有关土地使用权、海域使用权出让/转让手续，并在未办理上述手续时赔偿美国ICI公司560万元人民币和1100万美元的经济损失。该两份协议还约定将协议内容提交中国国际经济贸易仲裁委员会按照简易程序指定独任仲裁员作出仲裁裁决。中国国际经济贸易仲裁委员会依照当事人的请求指定独任仲裁

---

① 参见《广州市城镇房地产登记技术规范》第二十七条。
② 参见《广州市城镇房地产登记技术规范》第二十七条。

员作出〔2003〕贸仲裁字第0398号裁决书。该裁决书裁决：'确认申请人与被申请人于2003年4月13日签订的《和解协议》及于2003年4月15日签订的《和解协议补充修改协议》合法有效，双方应遵照执行'。裁决主文虽然没有明确的支付金额和履行期限，但依照双方当事人签订的和解协议及其补充修改协议的内容，能够确定债务人大连水产集团有限公司应履行的义务以及在未履行义务的情况下应支付的赔偿额及履行期限。因此，不应认定本案仲裁裁决没有执行内容。如无证据表明本案仲裁裁决存在其他法定不予执行的情形，本案仲裁裁决应依法予以执行。"据此可知，境外法人或非法人组织可以是海域使用权的权利主体。申言之，境外自然人、法人或非法人组织通过合法途径可以成为海域使用权的权利主体。

3. 有批准权的人民政府准予使用海域的文件

有批准权的人民政府准予使用海域的文件，是申请人申请审批产生的海域使用权首次登记的原因凭证。

《海域使用权管理法》第十七条规定，县级以上人民政府海洋行政主管部门依据海洋功能区划，对海域使用申请进行审核，并依照本法和省、自治区、直辖市人民政府的规定，报有批准权的人民政府批准。质言之，一般情形下，海域使用权的取得实行申请审批制度。取得海域使用权的审批机关为省级人民政府授予批准权的人民政府。因此，在不动产登记实务中，当事人申请海域使用权首次登记时，应当提交有批准权的人民政府准予使用海域的文件。此文件属于《不动产登记暂行条例实施细则》第五十五条第（一）项规定的申请人申请因审批取得的海域使用权首次登记时应当提交的"项目用海批准文件"。

4. 宗海界址图以及界址坐标材料、房屋测绘成果报告

宗海界址图以及界址坐标材料、房屋测绘成果报告，主要指有资质的专业机构按《不动产权籍调查技术方案（试行）》的规定出具的从空间上、平面上特定申请首次登记的海域使用权及海域内的房屋所有权的权籍调查成果材料。

5. 海域使用金缴纳凭证或减免凭证

《海域使用权管理法》第三十三条规定，国家实行海域有偿使用制度。单位和个人使用海域，应当按照国务院的规定缴纳海域使用金。据此可知，海域实行缴纳使用金的有偿使用制度，换言之，一般情形下，海域使用权是有偿取得的，海域使用金缴纳凭证是权利人合法取得权利的证据之一，应当与海域使用权批准文件组合，才能形成权利人依法取得海域使用权的原因证明。因此，一

第八章 海域使用权及海域内的房屋所有权登记收件

般情形下，权利人申请海域使用权首次登记时，应当提交海域使用金缴纳凭证。如果申请人因特殊原因免缴或少缴海域使用金的，应当提交批准使用海域的人民政府出具的减免凭证。

6. **房屋建设符合规划的证明**

房屋建设符合规划的证明，是申请人申请所有权首次登记的房屋系合法建造的凭证。

房屋在城市、镇规划区以内的海域范围内的，房屋建设符合规划的证明为县级以上人民政府规划行政主管机关、省级人民政府赋予规划许可权的镇人民政府核发的建设工程规划许可证或其他规划手续。房屋在乡、村庄规划区范围内的，房屋建设符合规划的证明为县级以上人民政府规划行政主管机关核发的乡村建设规划许可证或其他规划手续。房屋不在城镇、乡、村庄规划区范围内的，提交县级以上人民政府规划主管机关、省级人民政府赋予规划许可权的镇人民政府出具的房屋在城镇、乡、村庄规划区以外的海域范围内的证明，以代替房屋建设符合规划的证明。房屋建设符合规划的证明，是《不动产登记操作规范（试行）》12.1.3条第二款之5规定的申请人申请海域使用权及海域内的房屋所有权首次登记时应当提交的材料。

7. **房屋已经竣工的证明**

房屋已经竣工的证明是房屋可否作为所有权客体的证明，更是房屋可否申请所有权首次登记的关键证据。房屋已经竣工的证明主要有：①建设工程质量管理部门出具的竣工验收备案表；②建设单位组织相关部门对竣工房屋进行综合验收形成的建设工程质量竣工验收合格证；③承建单位或个人（有资质的建筑工匠等）出具的房屋已经竣工的证明；④所有权人出具的房屋已经竣工的保证，或证明房屋等建筑物、构筑物已经竣工的照片等。房屋已经竣工的证明，是《不动产登记操作规范（试行）》12.1.3条第二款之6规定的申请人申请海域使用权及海域内的房屋所有权首次登记时应当提交的材料。

二、因招标、拍卖取得的海域使用权及海域内合法建造的房屋竣工后申请的首次登记收件

1. 登记申请书；
2. 申请人的身份证明；
3. 海域使用权出让合同；
4. 宗海界址图以及界址坐标材料、房屋测绘成果报告；

5. 海域使用金缴纳或者减免凭证；

6. 房屋建设符合规划的证明；

7. 房屋已经竣工的证明；

8. 其他必要材料。

注：第 4 项材料中的房屋测绘成果报告、第 6 项材料和第 7 项材料适用于申请人申请海域内的房屋所有权首次登记的情形。

说明和理由：

1. 登记申请书

登记申请书由权利人单方出具。登记申请书应当载明：权利人——自然人的姓名（或法人、非法人组织的名称）；申请人的身份证明类型及号码；不动产类型——海域/房屋；宗海坐落；宗海坐标；宗海面积；宗海的不动产单元号码或宗海及其范围内的房屋的不动产单元号码；权利人类型——自然人（或企业单位、其他等）；登记类型——首次登记；登记原因——出让（招标或拍卖）取得/合法建造；权利类型——海域使用权/房屋所有权；权利性质——出让（招标或拍卖）取得/合法建造；项目性质——公益性（或经营性）；等别；占用岸线；用海类型；用海方式（包括面积和用途）——出让合同上的用途；房屋所在幢的层数和房屋所在的层数；房屋结构——钢结构（或钢和钢筋混凝土结构、钢筋混凝土结构、混合结构、砖木结构、其他结构等）；房屋规划用途；房屋建筑面积；共有情况等。

自然人申请登记为单独所有的，应当提交单独所有的证明材料，如婚前取得的证明、对方配偶关于归申请人单独所有的声明等。

申请登记为按份共有的，应当提交共有人关于份额的约定等。

2. 海域使用权出让合同

海域使用权出让合同，是申请人申请因招标、拍卖产生的海域使用权首次登记的权源凭证。

《海域使用权管理规定》第三十四条规定，以招标、拍卖方式确定中标人、买受人后，海洋行政主管部门和中标人、买受人签署成交确认书，并按规定签订海域使用权出让合同。质言之，海域使用权出让合同是当事人以招标、拍卖方式取得海域使用权的结果凭证。海域使用权出让合同属于《不动产登记暂行条例实施细则》第五十五条第（一）项规定的申请人申请因招标或拍卖取得的海域使用权首次登记时应当提交的材料。海域使用权出让合同应当载明海域使用权的具体取得方式：招标或拍卖。

第八章 海域使用权及海域内的房屋所有权登记收件

第二节 变更登记收件

海域使用权及海域内的房屋所有权变更登记,是指在登记簿上记载的权利主体不变的前提下,对登记簿上记载的海域使用权及海域内的房屋所有权的内容、基本状况等与现实不符合的有关事项予以变更,使之与现实情况一致的登记。

在不动产登记实务中,按《不动产登记暂行条例实施细则》第五十六条规定和《不动产登记操作规范(试行)》12.2.1条规定,申请人申请海域使用权及海域内的房屋所有权变更登记的情形主要有:① 权利人姓名或者名称变更;② 权利人身份证明类型或身份证明号码变更;③ 海域坐落、名称发生变化;④ 改变海域使用位置、面积或海域内的房屋面积变更;⑤ 海域使用权续期;⑥ 海域或海域内的房屋用途变更;⑦ 共有性质变更等。笔者拟对申请人因不同情形申请海域使用权及海域内的房屋所有权变更登记时应当提交的材料作阐释。

一、因权利人姓名或名称变更申请的变更登记收件

1. 登记申请书;
2. 申请人的身份证明;
3. 不动产权属证书或海域使用权及海域内的房屋所有权已经登记的证明;
4. 权利人姓名或名称已经变更的证明;
5. 其他必要材料。

说明和理由:

1. 登记申请书

按《不动产登记操作规范(试行)》12.2.2条规定,海域使用权以及建筑物、构筑物所有权变更登记的申请主体应当为不动产登记簿记载的权利人。据此可知,因权利人姓名或名称变更申请的海域使用权及海域内的房屋所有权变更登记,由权利人单方申请,即登记申请书由权利人单方出具。登记申请书应当载明:权利人;申请人的身份证明类型和号码;登记类型——变更登记;登记原因——姓名(或名称)变更;不动产单元号码;不动产权属证书号码;变更前的姓名(或名称)和变更后的姓名(或名称)等。

2. 申请人的身份证明

申请人的身份证明,是指申请人现时使用的合法有效的身份证明。

3. 不动产权属证书或海域使用权及海域内的房屋所有权已经登记的证明

（1）不动产权属证书。

不动产权属证书，是指记载有欲变更的海域使用权及海域内的房屋所有权的不动产权属证书。要求申请人提交不动产权属证书：一是证明欲变更的内容已经记载在登记簿上，申请变更登记的前提成立，以遵循连续登记原则；二是便于登记机构结合申请人提交的身份证明，查验申请人是否是申请变更登记的海域使用权及海域内的房屋所有权的权利人，即申请人是否适格；三是变更登记被记载在登记簿上后，登记机构将基于登记簿的记载向权利人颁发新的不动产权属证书，旧的不动产权属证书由登记机构收回归档，以免流失社会造成负面影响。其中，证明申请变更登记的前提成立是最主要的目的。按《不动产登记暂行条例实施细则》第一百零五条第一款规定，本实施细则施行前，依法核发的各类不动产权属证书继续有效。故此处的不动产权属证书包括不动产统一登记前权利人合法持有的《海域使用权证书》等。

（2）海域使用权及海域内的房屋所有权已经登记的证明。

海域使用权及海域内的房屋所有权已经登记的证明，主要指记载有欲变更的海域使用权及海域内的房屋所有权的登记簿打印件、复印（制）件，或登记机构存档的欲变更的海域使用权及海域内的房屋所有权登记材料等。在不动产登记实务中，申请人申请变更登记时因遗失或毁损不动产权属证书而不能提交的情形时有出现，但海域使用权及海域内的房屋所有权变更登记，不是权利人须凭不动产权属证书表征其享有权利而与他人为交易法律行为产生的登记，且海域使用权及海域内的房屋所有权已经登记的证明能够证明申请变更登记的前提成立。因此，申请人申请变更登记时，可以提交海域使用权及海域内的房屋所有权已经登记的证明代替因遗失或毁损而不能提交的不动产权属证书，未收回的不动产权属证书，在变更登记完成后，由登记机构在其门户网站或当地公开发行的报刊上公告作废，以免除或减轻其流失社会造成的负面影响。

《不动产登记暂行条例实施细则》第二十三条规定，因不动产权利灭失等情形，不动产登记机构需要收回不动产权属证书或者不动产登记证明的，应当在不动产登记簿上将收回不动产权属证书或者不动产登记证明的事项予以注明；确实无法收回的，应当在不动产登记机构门户网站或者当地公开发行的报刊上公告作废。其中的"不动产权利灭失"，包括不动产权利的绝对灭失和相对灭失。不动产权利的绝对灭失，是指不动产权利随不动产实体的消灭而永久消灭，或者随依附的主权利、主债权的消灭而消灭。与之对应的是不动产权利的相对

第八章 海域使用权及海域内的房屋所有权登记收件

灭失：一是不动产权利因转移给他人而使原权利人的权利灭失，他人在此灭失的基础上设立属于自己的不动产权利；二是不动产权利因不动产实体灭失外的申请注销登记的事由成就完成注销登记而灭失（如权利人抛弃不动产权利申请注销登记后，该权利人享有的不动产权利灭失，但该不动产权利本身并不消灭，而其归属处于待定状态，故此情形属于不动产权利的相对灭失）；三是不动产权利内容发生变更，变更前的不动产权利内容因变更的完成而消灭，不动产权利的新内容因变更的完成而产生。据此可知，海域使用权及海域内的房屋所有权变更登记完成后，原权利的相应内容灭失，新的权利内容产生，不能收回的载明该灭失权利内容的不动产权属证书，应当由登记机构公告作废。

4. 权利人姓名或名称已经发生变更的证明

权利人姓名或名称已经发生变更的证明，是申请人申请因权利人姓名或名称变更产生的海域使用权及海域内的房屋所有权变更登记的原因凭证。权利人姓名或名称发生变更的证明主要有：

（1）境内自然人。

① 权利人户口簿或身份证上的姓名变更。

《户口登记条例》第三条和第十八条规定，户口登记工作由各级公安机关负责，公民姓名变更的应当申请变更登记。《居民身份证法》第六条和第十一条规定，居民身份证由公安机关统一制作、发放。居民身份证有效期满、公民姓名变更或者证件严重损坏不能辨认的，应当申请换领新证。因此，权利人姓名变更的证明主要有户口簿，上面有权利人曾用名和现用名的记载。也可以是公安机关出具的其他有关权利人更名的证明，如因姓名变更换领身份证的证明等。

② 权利人军官证、士兵证、学员证等非居民身份证件上的姓名变更。

权利人姓名变更的证明分别由军官证、士兵证、学员证等非居民身份证件的发证机关出具。

（2）港澳台地区自然人。

港澳同胞提交经大陆司法部委托的律师出具的姓名变更事项公证书[1]。此公证书须加盖中国法律服务（香港）有限公司、中国法律服务（澳门）有限公司转递章。也可以提交我国公证机构办理的姓名变更事项公证书。

台湾同胞提交经大陆公证机构出具的姓名变更事项公证书，或台湾公证机

---

[1] 参见《烟台市房屋登记规则（暂行）》第十条第（三）项。

构出具的姓名变更事项公证书①。台湾公证机构出具的公证书须经大陆相关机构认证（一般由省级公证协会认证）。

（3）持护照或居留证件的自然人。

① 持中华人民共和国护照的自然人。

《护照法》第四条规定，普通护照由公安部出入境管理机构或者公安部委托的县级以上地方人民政府公安机关出入境管理机构以及中华人民共和国驻外使馆、领馆和外交部委托的其他驻外机构签发。外交护照由外交部签发。公务护照由外交部、中华人民共和国驻外使馆、领馆或者外交部委托的其他驻外机构以及外交部委托的省、自治区、直辖市和设区的市人民政府外事部门签发。该法第十条规定，护照持有人所持护照的登记事项发生变更时，应当持相关证明材料，向护照签发机关申请护照变更加注。据此可知，我国护照的持有人姓名变更的证明应当区分普通护照、外交护照和因公护照，由相应的护照签发机关出具。

② 持中国政府主管机关签发的居留证件的自然人。

《外国人在中国永久居留审批管理办法》第二十二条规定，《外国人永久居留证》有效期满、内容变更、损坏或者遗失的，持证人应当向其长期居留地的设区的市级人民政府公安机关或者直辖市公安分、县局申请换发或者补发。据此可知，我国居留证件的持有人姓名变更的证明由县级以上公安机关出具。

③ 持所在国护照的自然人。

所在国护照的持有人姓名变更的证明为经我国驻外使（领）馆认证的，所在国公证机构出具的姓名变更事项公证书②。同时附申请人签字确认的该公证书的中文译本，或在我国合法经营的翻译机构出具的该公证书的中文译本。也可以提交我国公证机构办理的名称变更事项公证书。

（4）事业单位法人。

《事业单位登记管理暂行条例》第五条规定，县级以上各级人民政府机构编制管理机关所属的事业单位登记管理机构（以下简称登记管理机关）负责实施事业单位的登记管理工作。在工作实际中，县级以上人民政府一般都设立事业单位登记管理局负责事业单位法人的登记。按该条例第八条、第十条规定，事业单位法人的名称需要变更的，应当向登记管理机关办理变更登记。概言之，事业单位法人名称变更的证明由县级以上人民政府机构编制管理机关或其事业单位登记管理局出具。

---

① 参见《烟台市房屋登记规则（暂行）》第十条第（四）项。
② 参见《烟台市房屋登记规则（暂行）》第十条第（五）项。

第八章 海域使用权及海域内的房屋所有权登记收件

（5）社会团体法人。

按《社会团体登记管理条例》第六条规定，县级以上人民政府民政部门是本级人民政府的社会团体登记管理机关。该条例第十二条、第十八条规定，社会团体法人名称变更的，应当向登记管理机构申请变更登记。因此，社会团体法人名称变更证明由县级以上人民政府民政机关出具。

（6）企业法人或企业性质的非法人组织。

按《企业名称登记管理规定》第三条、第四条和第二十二条规定，企业名称须在其申请登记时由工商行政管理机关核准。企业名称经核准登记注册后，无特殊原因在一年内不得申请变更。质言之，企业名称的起用及起用后的变更，均须企业登记机关核准。因此，企业法人和企业性质的非法人组织名称变更的证明由企业登记机关出具。

在不动产登记实务中，申请人提交的企业法人或企业性质的非法人组织名称变更的证明，常常是企业登记机关出具的"更名通知单"。该更名通知单能清晰地反映权利人变更前的名称和变更后的名称，登记机构应当用作登记材料。

（7）港澳地区法人。

提交经我国司法部委托的律师出具的名称变更事项公证书[①]，并加盖中国法律服务（香港）有限公司、中国法律服务（澳门）有限公司转递章。也可以提交我国公证机构办理的名称变更事项公证书。

（8）台湾地区法人。

提交大陆公证机构出具的名称变更事项公证书，或台湾公证机构出具的名称变更事项公证书。台湾公证机构出具的公证书须经大陆相关机构认证（一般由省级公证协会认证）[②]。

（9）外国法人、组织。

外国法人、组织名称变更的证明为经我国驻外使（领）馆认证的，所在国家公证机构出具的名称变更事项公证书[③]，同时附申请人签字确认的该公证书的中文译本，或提交在我国合法经营的翻译机构出具的该公证书的中文译本。也可以提交我国公证机构办理的名称变更事项公证书。

权利人姓名或名称变更证明为《不动产登记操作规范（试行）》12.2.3条第4项之（1）规定的申请人申请因权利人姓名或名称变更产生的海域使用权及海域内的房屋所有权变更登记时应当提交的"能够证明其身份变更的材料"。

---

① 参见《烟台市房屋登记规则（暂行）》第十条第（七）项。
② 参见《烟台市房屋登记规则（暂行）》第十条第（八）项。
③ 参见《烟台市房屋登记规则（暂行）》第十条第（九）项。

二、因权利人身份证明类型或身份证明号码变更申请的变更登记收件

1. 登记申请书；
2. 申请人的身份证明；
3. 不动产权属证书或海域使用权及海域内的房屋所有权已经登记的证明；
4. 权利人身份证明类型或身份证明号码变更证明；
5. 其他必要材料。

说明和理由：

1. 登记申请书

登记申请书由权利人单方出具。登记申请书应当载明：权利人；申请人的身份证明类型和号码；登记类型——变更登记；登记原因——身份证明类型变更（或身份证明号码变更）；不动产单元号码；不动产权属证书号码；权利人变更前的身份证明类型（或身份证明号码）和变更后的身份证明类型（或身份证明号码）等。

2. 权利人身份证明类型或身份证明号码变更证明

权利人身份证明类型或身份证明号码变更证明，是申请人申请因权利人身份证明类型或身份证明号码变更产生的变更登记的原因凭证。

同一权利人的身份证明类型不同，身份证明号码也不同，即使身份证明相同，其号码也存在不同的情形，如居民身份证号码变动。在不动产登记实务中，权利人申请海域使用权及海域内的房屋所有权首次登记时提交的身份证明是一种合法、有效的身份证明，首次登记完成后，该权利人持有的身份证明转换成另一种合法、有效的身份证明的情形时有出现。如海域使用权及海域内的房屋所有权首次登记时，申请人提交的是我国的居民身份证，首次登记记载于登记簿上后，权利人因迁居持有的是香港居民身份证等。《不动产登记簿填写说明》规定，权利人的身份证明种类和身份证明号码是登记簿记载的内容。概言之，身份证明类型不同，与之对应的身份证明号码也不同。故因身份证明类型或身份证明号码变动申请的登记，不属于登记簿上记载的权利转移导致的权利主体变动，由此产生的登记属于变更登记。

身份证明类型或身份证明号码变更的证明主要有：

（1）境内自然人因身份证明类型或身份证明号码变动，申请因身份证明类型或身份证明号码变更产生的变更登记时，应当提交公安机关出具的、能证明原身份证明与现身份证明上记载的主体为同一人的书面材料，如居民身份证号

第八章　海域使用权及海域内的房屋所有权登记收件

码变更证明。也可以是权利人自己出具的身份证明号码变动情况说明，此情形下，登记机构宜将变更登记内容予以公告，以查明变更登记的真实性，但该公告系由登记机构自行启动，公告期间应当计入登记办理时限。

（2）申请海域使用权及海域内的房屋所有权首次登记时使用军官证、士兵证、学员证等非居民身份证件的，权利人换发并持有居民身份证件后，申请因身份证明类型或身份证明号码变更产生的变更登记时，应当提交公安机关出具的原非居民身份证件与现时的居民身份证件的主体系同一人的证明[1]。权利人户籍所在退役军人事务机关、县级以上人民武装部出具的原军人身份证件与现时的居民身份证件的主体系同一人的证明也可以用作登记材料。

（3）我国内地居民取得港澳居民身份证后，申请因身份证明类型或身份证明号码变更产生的变更登记时，应当提交我国公证机构出具的身份证明类型或身份证明号码变更事项公证书，或经我国司法部委托的律师出具的身份证明类型或身份证明号码变更事项公证书[2]，并加盖中国法律服务（香港）有限公司、中国法律服务（澳门）有限公司转递章，或提交公安机关出具的变更证明。

（4）我国大陆居民取得台湾居民身份证后，申请因身份证明类型或身份证明号码变更产生的变更登记时，应当提交大陆公证机构出具的身份证明类型或身份证明号码变更事项公证书，或提交台湾公证机构出具的身份证明类型或身份证明号码变更事项公证书。台湾公证机构出具的公证书须经大陆相关机构认证（一般由省级公证协会认证）。也可以提交公安机关出具的变更证明[3]。

（5）境内自然人取得外国身份证后，申请因身份证明类型或身份证明号码变更产生的变更登记时，应当提交我国驻外使（领）馆出具的身份证明类型或身份证明号码变更事项公证书，或提交经我国驻外使（领）馆认证的，所在国家公证机构出具的身份证明类型或身份证明号码变更事项公证书[4]，并附申请人签字确认的该公证书的中文译本，或提交在我国合法经营的翻译机构出具的该公证书的中文译本。

（6）我国境内企业法人、企业性质的非法人组织因身份证明类型或身份证明号码变动，申请变更登记时，应当提交营业执照颁发机关出具的，能证明原身份证明与现身份证明上记载的主体为同一人的书面材料，如企业登记机关出具的营业执照号码变更证明等。

---

[1] 参见《烟台市房屋登记规则（暂行）》第十条第（二）项。
[2] 参见《烟台市房屋登记规则（暂行）》第十条第（三）项。
[3] 参见《烟台市房屋登记规则（暂行）》第十条第（四）项。
[4] 参见《烟台市房屋登记规则（暂行）》第十条第（五）项。

（7）外国法人、组织，因身份证明类型或身份证明号码变动，申请变更登记时，应当提交我国驻外使（领）馆出具的身份证明类型或身份证明号码变更事项公证书，或提交经我国驻外使（领）馆认证的、所在国家公证机构出具的身份证明类型或身份证明号码变更事项公证书，同时附申请人签字确认的该公证书的中文译本，或提交在我国合法经营的翻译机构出具的该公证书的中文译本。

三、因海域坐落、名称发生变化申请的变更登记收件

1. 登记申请书；
2. 申请人的身份证明；
3. 不动产权属证书或海域使用权及海域内的房屋所有权已经登记的证明；
4. 海域坐落、名称已经变更的证明；
5. 其他必要材料。

说明和理由：

1. 登记申请书

变更登记申请书由权利人单方出具。登记申请书应当载明：权利人；申请人的身份证明类型和号码；登记类型——变更登记；登记原因——坐落（或名称）变更；不动产单元号码；不动产权属证书号码；变更前的坐落（或名称）和变更后的坐落（或名称）等。

2. 海域坐落、名称已经变更的证明

海域坐落、名称已经变更的证明，是申请人申请因坐落、名称变化产生的海域使用权及海域内的房屋所有权变更登记的原因凭证。

《地名管理条例实施细则》第三条规定，《条例》所称自然地理实体名称，包括山、河、湖、海、岛礁、岬角、海湾、水道、地形区等名称。因此，海域坐落、名称发生变更，主要指因县级以上人民政府民政机关或地名管理机构变更海域坐落、名称而导致与登记簿上的记载不一致的情形。因此，海域坐落、名称发生变更的证明，主要指县级以上人民政府民政机关或地名管理机构出具的变更海域坐落、名称的证明，该证明应当载明该海域原来的坐落、名称和现时的坐落、名称。

四、因海域使用位置、面积或海域内的房屋面积变更申请的变更登记收件

1. 登记申请书；
2. 申请人的身份证明；

第八章 海域使用权及海域内的房屋所有权登记收件

3. 不动产权属证书或海域使用权及海域内的房屋所有权已经登记的证明；
4. 海域使用位置、面积或海域内的房屋面积已经变更的证明；
5. 海域使用金缴纳凭证；
6. 变更后的海域及海域内的房屋权籍调查成果报告；
7. 其他必要材料。

注：第 5 项材料适用于因海域使用位置、面积变更产生的应当缴纳海域使用金的情形。

说明和理由：

1. 登记申请书

登记申请书由权利人单方出具。登记申请书应当载明：权利人；申请人的身份证明类型和号码；登记类型——变更登记；登记原因——海域位置（或面积）变更或房屋面积变更；不动产单元号码；不动产权属证书号码；变更前的海域使用位置（或面积）或房屋面积和变更后的海域使用位置（或面积）或房屋面积等。

2. 海域使用位置、面积或海域内的房屋面积已经变更的证明

海域使用位置、面积或海域内的房屋面积已经变更的证明，是申请人申请因海域使用位置、面积或房屋面积变更产生的海域使用权及海域内的房屋所有权变更登记的原因凭证。

按《海域使用权管理法》第十六条、第十八条和第二十五条规定，经批准使用的海域位置、面积和使用期限均确定。据此可知，改变海域使用位置、面积，主要指权利人经原批准使用海域的人民政府或与之签订海域使用权出让合同的行政机关同意，变更原来使用海域的位置、面积而导致与登记簿的记载不一致的情形。因此，海域使用位置、面积已经变更的证明，经批准取得海域使用权的，主要指原批准使用海域的人民政府同意变更原来批准使用的海域的位置、面积为现时的位置、面积的文件。海域面积因自然原因发生变更的，应当提交县级以上人民政府应急管理机关出具的相关证明。因出让取得海域使用权的，该证明为载明变更原来使用海域的位置、面积为现时的位置、面积的海域使用权出让合同变更协议。

海域内的房屋因扩建增加面积的，在城市、镇规划区范围内的，应当提交县级以上人民政府规划行政主管部门或省级人民政府赋予规划许可权的镇人民政府核发的建设工程规划许可证或其他规划手续；在集镇、村庄规划区范围内的，应当提交县级以上人民政府规划行政主管部门核发的乡村建设规划许可证或其他规划手续。在城市、镇、集镇、村庄规划区范围外的，应当提交县级以

上人民政府规划行政主管部门或省级人民政府赋予规划许可权的镇人民政府出具的房屋不在规划区范围内的证明，以代替房屋建设符合规划的证明。此类证明属于《不动产登记操作规范（试行）》12.2.3条第4项之（2）规定的申请人申请海域内的房屋因面积变更产生的变更登记时应当提交的"有批准权的人民政府或者主管部门的批准文件"。

自行拆除或自然毁损导致房屋面积减少的，应当提交申请人出具的房屋拆除情况说明、县级以上人民政府应急管理机关出具的发生自然灾害的证明等。

3. 海域使用金缴纳凭证

因海域位置、面积变动导致海域使用金缴纳数额变动的，使用权人应当缴纳相应的海域使用金。此类海域使用金缴纳凭证属于《不动产登记操作规范（试行）》12.2.3条第4项之（2）规定的申请人申请海域因位置、面积变更产生的变更登记时"依法需要补交海域使用金的，还应当提交相关的缴纳凭证"。

4. 变更后的海域及海域内的房屋权籍调查成果报告

因海域位置、面积及海域内的房屋面积变更产生的变更登记，需要更新登记簿上记载的相关信息。有资质的专业机构按《不动产权籍调查技术方案（试行）》的规定出具的变更后的海域及海域内的房屋权籍调查成果报告，能够提供相应的数据信息，满足因变更登记更新登记簿信息的需要。因此，申请人申请海域位置、面积或海域内的房屋面积变更产生的变更登记时，变更后的海域及海域内的房屋权籍调查成果报告是应当提交的材料。

五、因海域使用权续期申请的变更登记收件

1. 登记申请书；
2. 申请人的身份证明；
3. 不动产权属证书或海域使用权及海域内的房屋所有权已经登记的证明；
4. 原批准使用海域的人民政府准予续期的批文或载明续期的海域使用权出让合同变更协议、重新签订的海域使用权出让合同；
5. 续期的海域使用金缴纳证明；
6. 其他必要材料。

说明和理由：

1. 登记申请书

登记申请书由权利人单方出具。登记申请书应当载明：权利人；申请人的身份证明类型和号码；登记类型——变更登记；登记原因——续期；不动产单元号码；不动产权属证书号码；变更前的期限和变更后的期限等。

第八章 海域使用权及海域内的房屋所有权登记收件

2. 原批准使用海域的人民政府准予续期的批文或载明续期的海域使用权出让合同变更协议、重新签订的海域使用权出让合同

原批准使用海域的人民政府准予续期的批文或载明续期的海域使用权出让合同变更协议、重新签订的海域使用权出让合同,是申请人申请因续期产生的海域使用权及海域内的房屋所有权变更登记的原因凭证。

《海域使用权管理法》第二十五条规定了各种用途海域的最高使用期限。据此可知,海域使用权实行有限期使用制度。按该法第二十六条规定,海域使用权期限届满,海域使用权人需要继续使用海域的,应当至迟于期限届满前二个月向原批准用海的人民政府申请续期。除根据公共利益或者国家安全需要收回海域使用权的外,原批准用海的人民政府应当批准续期。据此可知,海域使用权续期,主要指原批准使用海域的人民政府同意延长使用期限,或权利人与与之签订海域使用权出让合同的行政机关约定延长使用期限而导致与登记簿上的记载不一致的情形。因此,海域使用权续期的证明,因批准取得海域使用权的,主要指原批准使用海域的人民政府同意延长海域使用期限的文件。因出让合同取得海域使用权的,应当为载明续期的海域使用权出让合同变更协议或重新签订的海域使用权出让合同。此类证明属于《不动产登记操作规范(试行)》12.2.3条第4项之(4)规定的申请人申请因续期产生的海域使用权及海域内的房屋所有权变更登记时"提交有批准权的人民政府或其主管部门的批准文件或者海域使用权出让合同补充协议"。

3. 续期的海域使用金缴纳证明

按《海域使用权管理法》第二十六条规定,准予续期的,海域使用权人应当依法缴纳续期的海域使用金。据此可知,续期的海域使用金缴纳证明,也是申请人申请海域使用权续期产生的变更登记时应当提交的材料。在不动产登记实务中,此类证明属于《不动产登记操作规范(试行)》12.2.3条第4项之(4)规定的申请人申请因续期产生的海域使用权及海域内的房屋所有权变更登记时"依法需要补交海域使用金的,还应当提交相关的缴纳凭证"。

六、因海域或海域内的房屋用途变更申请的变更登记收件

1. 登记申请书;
2. 申请人的身份证明;
3. 不动产权属证书或海域使用权及海域内的房屋所有权已经登记的证明;
4. 海域或海域内的房屋用途发生变更的证明;
5. 变更用途产生的海域使用金缴纳证明;

6. 其他必要材料。

说明和理由：

1. 登记申请书

登记申请书由权利人单方出具。登记申请书应当载明：权利人；申请人的身份证明类型和号码；登记类型——变更登记；登记原因——海域（或房屋）用途变更；不动产单元号码；不动产权属证书号码；变更前的海域（或房屋）用途和变更后的海域（或房屋）用途等。

2. 海域或海域内的房屋用途发生变更的证明

海域或海域内的房屋用途发生变更的证明，是申请人申请因用途变更产生的海域使用权及海域内的房屋所有权变更登记的原因凭证。

《海域使用权管理法》第二十八条规定，海域使用权人不得擅自改变经批准的海域用途；确需改变的，应当在符合海洋功能区划的前提下，报原批准用海的人民政府批准。质言之，改变因批准使用海域的用途的，须取得原批准使用海域的人民政府准予变更的批文。基于海域使用权出让合同取得的海域使用权用途改变的，应当签订载明变更海域使用权用途的海域使用权出让合同变更协议。此类批文或变更协议属于《不动产登记操作规范（试行）》12.2.3条第4项之（3）规定的申请人申请因海域用途变更产生的变更登记时应当提交的"有批准权的人民政府或其主管部门的批准文件或者海域使用权出让合同补充协议"。

海域内的房屋用途变更的，房屋在城市、镇规划区范围内的，应当提交县级以上人民政府规划行政主管部门或省级人民政府赋予规划许可权的镇人民政府核发的准予用途变更的建设工程规划许可证或其他规划手续。在集镇、村庄规划区范围内的，应当提交县级以上人民政府规划行政主管部门核发的准予用途变更的乡村建设规划许可证或其他规划手续。在城市、镇、集镇、村庄规划区范围外的，应当提交县级以上人民政府规划行政主管部门或省级人民政府赋予规划许可权的镇人民政府出具的房屋不在规划区范围内的证明，以代替准予房屋用途变更的规划手续。此类证明属于《不动产登记操作规范（试行）》12.2.3条第4项之（3）规定的申请人申请海域或海域内的房屋用途变更产生的变更登记时，提交"有批准权的人民政府或者主管部门的批准文件"。

3. 变更用途产生的海域使用金缴纳证明

变更用途产生的海域使用金缴纳证明，是《不动产登记操作规范（试行）》12.2.3条第4项之（3）规定的申请人申请因海域用途变更产生的变更登记时"依法需要补交海域使用金的，还应当提交相关的缴纳凭证"。

第八章 海域使用权及海域内的房屋所有权登记收件

七、因共有性质变更申请的变更登记收件

1. 登记申请书；
2. 申请人的身份证明；
3. 不动产权属证书或海域使用权及海域内的房屋所有权已经登记的证明；
4. 共有性质变更协议或生效的法律文书；
5. 其他必要材料。

说明和理由：

1. 登记申请书

按《不动产登记操作规范》2.1.3条规定，共有不动产的登记，应当由全体共有人共同申请。有的不动产因共有人姓名、名称发生变化申请变更登记的，可以由姓名、名称发生变化的权利人申请。据此可知，共有性质变更产生的海域使用权及海域内的房屋所有权变更登记，由全体共有人共同申请，即登记申请书由全体共有人出具。登记申请书应当载明：权利人；申请人身份证明类型和号码；登记类型——变更登记；登记原因——共有性质变更；不动产单元号码；不动产权属证书号码；变更前的共有性质和变更后的共有性质等。

共同共有变更为按份共有的，登记申请书还应当载明共有人的共有份额。

2. 共有性质变更协议或生效的法律文书

共有性质变更协议或生效的法律文书，是申请人申请因共有性质变更产生的海域使用权及海域内的房屋所有权变更登记的原因凭证。

《民法典》第二百九十七条规定，不动产或者动产可以由两个以上组织、个人共有。共有包括按份共有和共同共有。按该法第三百零八条规定，共有人对共有的不动产可以约定为按份共有或者共同共有。据此可知，法律规定的共有性质有按份共有和共同共有，是按份共有，还是共同共有，属于民事主体对自己民事权利的干涉，完全取决于当事人间的自愿和合意。另外，《民法典》第三百零八条规定，共有人对共有的不动产或者动产没有约定为按份共有或者共同共有，或者约定不明确的，除共有人具有家庭关系等外，视为按份共有。据此可知，共有人因共有性质没有约定，或约定不明而产生争执时，若诉讼到法院或申请仲裁，共有人具有家庭关系的，人民法院或仲裁机构生效的法律文书会确认为共同共有，反之，确认为按份共有。因此，《不动产登记操作规范（试行）》12.2.3条第4项之（5）规定，申请人申请因共有性质变更产生的海域使用权及海域内的房屋所有权变更登记时应当提交"共有性质变更协议书或生效法律文书"。

第三节 转移登记收件

海域使用权及海域内的房屋所有权转移登记,是指登记簿上记载的海域使用权及海域内的房屋所有权,在权利内容、权利客体和相关事项不变的前提下,权利主体发生变动产生的登记。在不动产登记实务中,《不动产登记暂行条例实施细则》第五十七条规定的申请人申请海域使用权及海域内的房屋所有权转移登记的情形主要有:① 因企业合并、分立或者与他人合资、合作经营、作价入股导致海域使用权转移;② 依法转让、赠与、继承、受遗赠导致海域使用权转移;③ 因人民法院、仲裁机构生效的法律文书导致海域使用权转移。笔者拟对申请人因不同情形申请转移登记时应当提交的材料作阐释。

一、因权利人合并、分立申请的转移登记收件

1. 登记申请书;
2. 申请人的身份证明;
3. 不动产权属证书;
4. 权利人合并或分立的证明;
5. 海域使用权及海域内的房屋所有权归属的证明;
6. 其他必要材料。

注:第5项材料适用于权利人分立的情形。

说明和理由:

1. 登记申请书

权利人合并,主要指作为权利人的法人或非法人组织,归并到另一个法人或非法人组织中,原法人或非法人组织随之消灭的情形。《民法典》第六十七条第一款规定,法人合并的,其权利和义务由合并后的法人享有和承担。据此可知,法人或非法人组织合并的,被合并的法人或非法人组织享有的权利由并入后的法人或非法人组织享有。因此,登记申请书由权利的取得方单方出具。

权利人的分立,主要指从作为权利人的一个法人或非法人组织中分割出两个以上的法人或非法人组织的情形。《民法典》第六十七条第二款规定,法人分立的,其权利和义务由分立后的法人享有连带债权,承担连带债务,但是债权人和债务人另有约定的除外。据此可知,一般情形下,法人或非法人组织分立后,分立前的法人或非法人组织享有的尚未实现的连带债权,分立后新产生的法人或非法人组织尚且有权享有,那么,分立前的法人或非法人组织享有的

第八章 海域使用权及海域内的房屋所有权登记收件

权利，分立后新产生的法人或非法人组织更可以享有，即法人分立、合并时，不影响原有权利义务的享有和承担[①]。因此，法人或非法人组织分立的，可以约定原法人或非法人组织享有的权利归分立后产生的法人或非法人组织。故因权利人分立申请的转移登记，由权利的失去方与取得方共同申请，即登记申请书由权利的失去方和取得方共同出具。

登记申请书应当载明：权利的取得方与失去方；申请人的身份证明类型和号码；登记类型——转移登记；登记原因——权利人合并（或分立）；不动产单元号码；不动产权属证书号码；合并或分立前的海域使用权及海域内的房屋所有权原有面积和因合并或分立取得的海域使用权及海域内的房屋所有权面积等。

2. 申请人的身份证明

申请因合并产生的转移登记时，申请人的身份证明为海域使用权及海域内的房屋所有权取得方的身份证明。申请因分立产生的转移登记时，申请人的身份证明为海域使用权及海域内的房屋所有权取得方与失去方的身份证明。

3. 不动产权属证书

不动产权属证书，是指记载有欲转移的海域使用权及海域内的房屋所有权的不动产权属证书。要求申请人提交不动产权属证书：一是证明欲转移的内容已经记载在登记簿上，申请转移登记的前提成立，以遵循连续登记原则；二是便于登记机构结合当事人提交的身份证明，查验作为申请人中的权利失去方是否适格；三是转移登记被记载在登记簿上后，登记机构将基于登记簿的记载向权利人颁发新的不动产权属证书，旧的不动产权属证书由登记机构收回归档，以免流失社会造成负面影响。其中，证明申请转移登记的前提成立是最主要的目的。按《不动产登记暂行条例实施细则》第一百零五条第一款规定，本实施细则施行前，依法核发的各类不动产权属证书继续有效。故此处的不动产权属证书，包括不动产统一登记前权利人合法持有的《海域使用权证书》等。

4. 权利人合并或分立的证明

权利人合并或分立的证明，是申请人申请因权利人合并或分立产生的海域使用权及海域内的房屋所有权转移登记的原因凭证。

一般情形下，法人或非法人组织合并或分立的证明，是其达成的合并或分立协议，或其共同作出的合并或分立决定。但是，有的法人或非法人组织合并、

[①] 梁慧星：《中国民法典草案建议稿附理由：总则编》，法律出版社2004年版，第109页。

分立是基于人民政府的政策决定，或基于当事人共同的上级组织的决定。据此可知，法人、非法人组织合并或分立的证明，是法人、非法人组织间达成的合并或分立协议，或法人、非法人组织共同作出的合并、分立决定，或人民政府的合并、分立文件，或法人、非法人组织共同的上级组织的合并、分立决定。权利人合并、分立的协议、文件或决定，属于《不动产登记操作规范（试行）》12.3.3条第4项之（1）规定的申请人申请因法人或非法人组织合并、分立产生的转移登记时"提交法人或其他组织合并、分立的材料"。

5. 海域使用权及海域内的房屋所有权归属的证明

法人或非法人组织分立后，原法人或非法人组织享有的海域使用权及海域内的房屋所有权是由其继续享有，还是属于分立后新成立的法人或非法人组织享有，实质上是对海域使用权及海域内的房屋所有权归属的处置，当事人可以按《民法典》第六十七条第二款的规定，通过约定或共同作出的决定予以明确，也可以由作出权利人分立的人民政府或上级组织在文件中予以明确，该约定、决定或文件确定的海域使用权及海域内的房屋所有权的归属人，是转移登记申请人中的取得方。此类证明属于《不动产登记操作规范（试行）》12.3.3条第4项之（1）规定的申请人申请因法人或非法人组织合并、分立产生的转移登记时应当提交的"不动产权属转移的材料"。如果申请人提交的关于申请人分立的证明中明确了海域使用权及海域内的房屋所有权归属的，登记机构无须再要求其另行提交海域使用权及海域内的房屋所有权归属的证明。

按《民法典》第六十七条第一款规定，并入前的法人或非法人组织享有的海域使用权及海域内的房屋所有权由并入后的法人或非法人组织享有，合并证明就是海域使用权及海域内的房屋所有权归属的证明材料，无须再以约定、决定或文件确定海域使用权及海域内的房屋所有权的归属。

二、因合资、合作经营申请的转移登记收件

1. 登记申请书；
2. 申请人的身份证明；
3. 不动产权属证书；
4. 合资协议、合作经营协议；
5. 原批准用海的人民政府准予转让的批文；
6. 海域使用金补缴凭证或免缴审批证明、契税缴纳凭证；
7. 其他必要材料。

注：第5项材料和第6项材料中的海域使用金缴纳凭证或免缴审批证明适

第八章 海域使用权及海域内的房屋所有权登记收件

用于申请转移登记的海域使用权系无偿取得的情形。第 6 项材料中的契税缴纳凭证适用于转移海域内的房屋所有权的情形。

说明和理由：

1. 登记申请书

按《不动产登记操作规范（试行）》12.3.2 条规定，因合资、合作经营产生的转移登记，由海域使用权及海域内的房屋所有权的取得方与失去方共同申请，即登记申请书由取得方与失去方共同出具。登记申请书应当载明：权利的取得方与失去方；申请人的身份证明类型和号码；登记类型——转移登记；登记原因——合资（或合作经营）；不动产单元号码；不动产权属证书号码；合资或合作经营前的海域使用权及海域内的房屋所有权原有面积和因合资或合作经营取得的海域使用权及海域内的房屋所有权面积等。

2. 合资协议、合作经营协议

合资协议、合作经营协议，是申请人申请因合资、合作经营产生的海域使用权及海域内的房屋所有权转移登记的原因凭证。

（1）合资。

合资，主要指权利人与他人签订合资合同或协议约定，将登记在其名下的海域使用权及海域内的房屋所有权按现时的市场行情作价作为出资与该他人组建合资企业，海域使用权及海域内的房屋所有权作为作价出资资产转移给合资企业的情形。

（2）合作经营。

合作经营，主要指权利人与他人签订合作合同或协议约定，将登记在其名下的海域使用权及海域内的房屋所有权按现时的市场行情作价作为出资与该他人组建合作企业，海域使用权及海域内的房屋所有权作为作价出资资产转移给合作企业的情形。

合资协议、合作经营协议属于《不动产登记操作规范（试行）》12.3.3 条第 4 项之（1）规定的申请人申请因合资或合作经营产生的转移登记时应当提交的"不动产权属转移的材料"。

笔者认为，以海域使用权及海域内的房屋所有权合资、合作经营，本质上是以海域使用权及海域内的房屋所有权投资入股组建合资企业或合作经营企业。《海域使用权管理规定》第三十七条规定，海域使用权有出售、赠与、作价入股、交换等情形的，可以依法转让。据此可知，以海域使用权及海域内的房屋所有权与他人合资、合作经营，属于海域使用权转让的范围。

3. 原批准用海的人民政府准予转让的批文

《海域使用权管理规定》第三十七条规定，海域使用权有出售、赠与、作价入股、交换等情形的，可以依法转让。据此可知，海域使用权的转让包括转让、赠与、作价入股。按该规定第三十九条和第四十条规定，海域使用权转让实行申请审批制度。据此可知，海域使用权转让、赠与和以海域使用权作价入股的，须先行取得原批准使用海域的人民政府准予转让的批文。此批文属于《不动产登记操作规范（试行）》12.3.3条第4项之（6）规定的申请人申请因转让（合资、合作经营）"批准取得的海域使用权"时"提交原批准用海的海洋行政主管部门批准转让的文件"。

4. 海域使用金补缴凭证或免缴审批证明、契税缴纳凭证

（1）海域使用金补缴凭证或免缴审批证明。

《海域使用权管理规定》第三十八条第（三）项规定，已缴清海域使用金是转让海域使用权须具备的条件之一。质言之，转让无偿取得的海域使用权须履行海域使用金补缴手续、免缴审批手续。故海域使用金补缴凭证或免缴审批证明是申请人申请无偿取得的海域使用权转让转移登记时应当提交的材料。换言之，当事人转让海域使用权时，无须以办理无偿取得转化为有偿取得产生的其他登记为前提，可以凭补缴海域使用金的凭证、免缴审批证明和其他转让手续直接申请转让转移登记。海域使用金补缴凭证或免缴审批证明是《不动产登记暂行条例实施细则》第五十七条第（四）项规定和《不动产登记操作规范（试行）》12.3.3条第5项规定的申请人申请转让（合资、合作经营）无偿取得的海域使用权产生的转移登记时应当提交的材料。

（2）契税缴纳凭证。

按《契税暂行条例》第二条和第十一条规定，契税缴纳凭证是申请人申请赠与或转让房屋所有权产生的转移登记时应当提交的材料。以作价入股方式取得房屋所有权，属于财政部根据《契税暂行条例》的授权制定的《契税暂行条例实施细则》第八条第（一）项规定的应当缴纳契税的情形（将于2021年9月1日起施行的《契税法》第二条和第十一条做了同样的规定）。

因此，契税缴纳凭证是申请人申请以海域范围内的房屋所有权作价入股（合资、合作经营）产生的转移登记时应当提交的材料。

三、因作价入股、转让、赠与申请的转移登记收件

1. 登记申请书；
2. 申请人的身份证明；

第八章 海域使用权及海域内的房屋所有权登记收件

3. 不动产权属证书;
4. 作价入股协议、转让合同、赠与合同;
5. 原批准用海的人民政府准予转让的批文;
6. 海域使用金补缴凭证或免缴审批证明、契税缴纳凭证;
7. 其他必要材料。

注：第 5 项材料和第 6 项材料中的海域使用金缴纳凭证或免缴审批证明适用于申请转移登记的海域使用权系无偿取得的情形。第 6 项材料中的契税缴纳凭证适用于转移海域内的房屋所有权的情形。

说明和理由：

1. 登记申请书

按《不动产登记操作规范（试行）》12.3.2 条规定，因作价入股、转让、赠与产生的转移登记，由海域使用权及海域内的房屋所有权的取得方与失去方共同申请，即登记申请书由取得方与失去方共同出具。登记申请书应当载明：权利的取得方与失去方；申请人的身份证明类型和号码；登记类型——转移登记；登记原因——作价入股（或转让、赠与）；不动产单元号码；不动产权属证书号码；作价入股（或转让、赠与）前的海域使用权及海域内的房屋所有权原有面积和因作价入股（或转让、赠与）取得的海域使用权及海域内的房屋所有权面积等。

2. 作价入股协议、转让合同、赠与合同

作价入股协议、转让合同、赠与合同，是申请人申请因作价入股、转让、赠与产生的海域使用权及海域内的房屋所有权转移登记的原因凭证。

（1）作价入股。

作价入股，主要指权利人与欲吸收股份的经济组织参照现时的市场价格，对登记在入股人名下的海域使用权及海域内的房屋所有权协商确认一个具体的价格，作为入股人在该经济组织中享有股权，并据此行使权利和履行义务的法律行为。海域使用权及海域内的房屋所有权作为作价入股资产转移给吸收股份的经济组织的情形。

（2）转让。

转让，主要指权利人通过签订转让合同的方式将登记在其名下的海域使用权及海域内的房屋所有权有偿转移给他人的情形。

（3）赠与。

赠与，主要指权利人通过无偿给予的方式将登记在其名下的海域使用权及海域内的房屋所有权转移给他人，该他人也表示接受的情形。一般情形下，以赠与书或赠与合同的形式体现。

作价入股协议、转让合同、赠与合同，是《不动产登记操作规范（试行）》12.3.3 条第 4 项之（2）和（3）规定的申请人申请因作价入股、转让、赠与产生的转移登记时应当提交的材料。

四、因继承申请的转移登记收件

1. 登记申请书；
2. 申请人的身份证明；
3. 不动产权属证书或海域使用权及海域内的房屋所有权已经登记的证明；
4. 继承证明材料；
5. 被继承人的死亡证明书；
6. 其他必要材料。

注：第 4 项材料中申请人提交继承权公证书的，无须再提交第 5 项材料。

说明和理由：

1. 登记申请书

按《不动产登记暂行条例》》第十四条第二款第（二）项规定，因继承产生的转移登记，可以由继承人单方申请。即登记申请书由继承人单方出具。登记申请书须载明：权利的取得方与失去方；申请人的身份证明类型和号码；登记类型——转移登记；登记原因——法定继承（或遗嘱继承）；不动产单元号码；不动产权属证书号码；被继承的海域使用权及海域内的房屋所有权面积和因继承取得的海域使用权及海域内的房屋所有权面积等。

2. 海域使用权及海域内的房屋所有权已经登记的证明

海域使用权及海域内的房屋所有权已经登记的证明，主要指记载有欲被继承的海域使用权及海域内的房屋所有权的登记簿打印件、复制件，或登记机构存档的欲被继承的海域使用权及海域内的房屋所有权登记材料。

在不动产登记实务中，申请人申请因继承产生的转移登记时，因不动产权属证书遗失或毁损而不能提交的情形时有出现，但因继承产生的海域使用权及海域内的房屋所有权转移登记，不是权利人须以不动产权属证书表征其享有权利而与他人为交易法律行为产生的登记，且海域使用权及海域内的房屋所有权已经登记的证明能够证明申请转移登记的前提成立。因此，申请人申请因继承产生的转移登记时可以提交海域使用权及海域内的房屋所有权已经登记的证明代替因遗失或毁损而不能提交的不动产权属证书，未收回的不动产权属证书，

第八章 海域使用权及海域内的房屋所有权登记收件

在转移登记完成后,由登记机构在其门户网站或当地公开发行的报刊上公告作废,以免除或减轻其流失社会造成的负面影响。

《不动产登记暂行条例实施细则》第二十三条规定,因不动产权利灭失等情形,不动产登记机构需要收回不动产权属证书或者不动产登记证明的,应当在不动产登记簿上将收回不动产权属证书或者不动产登记证明的事项予以注明;确实无法收回的,应当在不动产登记机构门户网站或者当地公开发行的报刊上公告作废。其中的"不动产权利灭失",包括不动产权利的绝对灭失和相对灭失。不动产权利的绝对灭失,是指不动产权利随不动产实体的消灭而永久消灭,或者随依附的主权利、主债权的消灭而消灭。与之对应的是不动产权利的相对灭失:一是不动产权利因转移给他人而使原权利人的权利灭失,他人在此灭失的基础上设立属于自己的不动产权利;二是不动产权利因不动产实体灭失外的申请注销登记的事由成就完成注销登记而灭失(如权利人抛弃不动产权利申请注销登记后,该权利人享有的不动产权利灭失,但该不动产权利本身并不消灭,而其归属处于待定状态,故此情形属于不动产权利的相对灭失);三是不动产权利内容发生变更,变更前的不动产权利内容因变更的完成而消灭,不动产权利的新内容因变更的完成而产生。据此可知,海域使用权及海域内的房屋所有权继承转移登记完成后,权利取得人的权利产生,原权利人的权利灭失,不能收回的载明该灭失权利的不动产权属证书,应当由登记机构公告作废。

3. 继承证明材料

继承证明材料,是申请人申请因继承产生的海域使用权及海域内的房屋所有权转移登记的原因凭证。

在不动产登记实务中,申请人提交的继承证明材料一般有四种:一是继承权公证书;二是经过公证的遗嘱;三是未经公证的依法定继承程序享有继承权的证明;四是未经公证的遗嘱。

(1)继承权公证书。

继承权公证书适用于因法定继承产生的海域使用权及海域内的房屋所有权转移登记。继承权公证书,是指由国家公证机构制作的证明法定继承人依法享有海域使用权及海域内的房屋所有权的继承权的书面凭证。继承权公证书是继承人继承海域使用权及海域内的房屋所有权的权源证据。

(2)经过公证的遗嘱。

经过公证的遗嘱适用于因遗嘱继承产生的海域使用权及海域内的房屋所有权转移登记。经过公证的遗嘱,是指国家公证机构制作的记录立遗嘱人处分自己财产、指定财产继承人的文书。它是继承人继承海域使用权及海域内的房屋所有权的权源证据。

（3）未经公证的依法定继承程序享有继承权的证明。

申请人提交未经公证的依法定继承程序享有继承权的证明，登记机构也应当采用。但根据《不动产登记操作规范（试行）》1.8.6.1条规定，申请人应当同时提交以下材料组合成未经公证的依法定继承程序享有继承权的证明：

① 继承人与被继承人之间的亲属关系证明，主要形式有三：一是户口簿、婚姻证明、收养证明或出生医学证明；二是公安机关、被继承人所在村委会或居委会、被继承人或继承人所在单位出具的证明材料；三是其他能够证明相关亲属关系的材料等。申请人只提交其中之一。但是，按民政部等六部门联合出台的《关于改进和规范基层群众性自治组织出具证明工作的指导意见》（民发〔2020〕20号）和公安部等十二部门联合出台的《关于改进和规范公安派出所出具证明工作的意见》（公通字〔2016〕21号）文件规定，公安派出所和社区居民委员会均不再出具亲属关系证明，在申请人不能提交户口簿、婚姻证明、收养证明、出生医学证明作为亲属关系证明的情形下，还可以提交什么样的材料作亲属关系证明？

笔者认为，申请人可以自己书写继承人与被继承人的关系说明，其中载明被继承人姓名、全部继承人姓名及其与被继承人的关系、继承人是放弃继承还是接受继承等信息，该说明上须由两个以上继承人之外的人签名证明属实。申请人可以提交自己书写的继承人与被继承人的关系说明并附上在上面签名证明属实的证人的身份证明作为其申请继承转移登记的亲属关系证明。

按《不动产登记操作规范（试行）》1.8.6.5条规定，登记机构办理申请人凭公证的材料或者生效的法律文书之外的材料申请的继承转移登记时，须将继承转移登记事项在不动产登记机构门户网站进行公示，公示期不少于15个工作日。公示期满无异议的，将申请登记事项记载于不动产登记簿。据此可知，登记机构收取申请人提交自己书写的继承人与被继承人的关系说明后，可以通过公示程序，查明该说明的真实性，也通过该公示程序证明自己尽到了力所能及（合理审慎）的查验职责。

② 登记机构的登记人员签字见证的其他继承人放弃继承权的材料。

③ 申请人享有继承权的声明或说明。

（4）未经公证的遗嘱。

① 自书遗嘱。

自书遗嘱是指自然人死亡前亲笔书写的遗嘱。《民法典》第一千一百三十四条规定，自书遗嘱由遗嘱人亲笔书写，签名，注明年、月、日。质言之，自书遗嘱必须由立遗嘱人亲笔书写遗嘱的全部内容。自书遗嘱既不能由他人代笔

第八章 海域使用权及海域内的房屋所有权登记收件

也不能用打印或印刷方式，只能由遗嘱人自己用笔将其意思记录下来①。

② 代书遗嘱。

代书遗嘱是指由他人代立遗嘱人书写并经立遗嘱人、见证人签名的遗嘱。《民法典》第一千一百三十五条规定，代书遗嘱应当有两个以上见证人在场见证，由其中一人代书，并由遗嘱人、代书人和其他见证人签名，注明年、月、日。据此可知，代书遗嘱的代书人必须是见证人之一，且代书人、见证人、遗嘱人应当在立遗嘱完毕时同时签名。代书遗嘱的见证人须具有完全民事行为能力且与继承人及遗产分割无利害关系。

③ 打印遗嘱。

打印遗嘱是指通过打印的方式立下的遗嘱，且该遗嘱上有立遗嘱人、见证人的签名。《民法典》第一千一百三十六条规定，打印遗嘱应当有两个以上见证人在场见证。遗嘱人和见证人应当在遗嘱每一页签名，注明年、月、日。据此可知，须有两个以上的见证人在场的情形下，才可以打印遗嘱，且打印出来的遗嘱的每一页上面，须同时具备遗嘱人和见证人的签名及其各自注明的年、月、日。遗嘱打印时，应当认真校核，避免打印错误，确保遗嘱的打印质量。打印遗嘱的见证人须是具有完全民事行为能力人且与遗嘱中指定的继承人无利害关系。

4. 被继承人的死亡证明书

死亡证明书，是指由相关机构依法出具的自然人因失去生命而不在人世的证明。在不动产登记实务中，被继承人的死亡证明书主要有：① 公安派出所出具的因死亡注销户籍的证明；② 公安部门在刑事、交通等案件处理中出具的死亡证明；③ 应急管理部门或其消防机构在消防案件处理中出具的死亡证明；④ 人民法院宣告死亡的判决书；⑤ 殡仪馆出具的遗体火化证明；⑥ 医院出具的医学死亡证明等。

死亡证明书是继承是否开始的前提，被继承人不死亡，继承不开始，故死亡证明书是登记机构办理因继承产生的海域使用权及海域内的房屋所有权转移登记时的必收要件。但是，申请人提交继承权公证书作为继承证明材料时，因公证机构已经先行查明被继承人的死亡情况、其他继承人放弃继承权等情况后才出具该继承权公证书，故申请人提交继承权公证书作为继承证明材料时，无须再提交被继承人的死亡证明书。

---

① 梁慧星：《中国民法典草案建议稿附理由：侵权行为编·继承编》，法律出版社 2004 年版，第189页。

五、因受遗赠申请的转移登记收件

1. 登记申请书；
2. 申请人的身份证明；
3. 不动产权属证书或海域使用权及海域内的房屋所有权已经登记的证明；
4. 遗赠证明材料；
5. 遗赠人的死亡证明书；
6. 契税缴纳凭证；
7. 其他必要材料。

注：第6项材料适用于因受遗赠取得海域内的房屋所有权的情形。

说明和理由：

1. 登记申请书

按《不动产登记暂行条例》第十四条第二款第（二）项规定，因受遗赠产生的转移登记，可以由受遗赠人单方申请。即登记申请书由受遗赠人单方出具。登记申请书应当载明：权利的取得方和失去方；申请人的身份证明类型和号码；登记类型——转移登记；登记原因——受遗赠；不动产单元号码；不动产权属证书号码；受遗赠前的海域使用权及海域内的房屋所有权面积和因受遗赠取得的海域使用权及海域内的房屋所有权面积等。

2. 遗赠证明材料

遗赠证明材料，是申请人申请因受遗赠产生的转移登记的原因凭证。

在不动产登记实务中，申请人提交的遗赠证明材料，一是经过公证的遗赠遗嘱或遗赠扶养协议；二是未经过公证的遗赠遗嘱或遗赠扶养协议。

（1）经过公证的遗赠遗嘱或遗赠扶养协议。

经过公证的遗赠遗嘱，是指由国家公证机构制作的记载遗赠人决定在其死亡后将他的财产赠与国家、集体或法定继承人以外的人的遗嘱。

经过公证的遗赠扶养协议，是指由国家公证机构制作的记载遗赠人与继承人以外的人、组织签订的，载明由该人或该组织承担其生养死葬的义务，但在其死亡后将他的财产赠与该人或该组织的协议。

在不动产登记实务中，如果申请人仅持遗赠遗嘱公证书申请遗赠产生的转移登记时，笔者认为，申请人申请遗赠转移登记的行为已经表明其接受遗赠，此行为与遗赠公证书组合，形成遗赠和接受遗赠的意思表示，遗赠关系成立，登记机构无须要求申请人另行提交接受遗赠的证明。

（2）未经过公证的遗赠遗嘱或遗赠扶养协议。

根据《不动产登记操作规范（试行）》1.8.6.1条规定，申请人应当同时提

第八章 海域使用权及海域内的房屋所有权登记收件

交以下材料组合成未经过公证的遗赠证明材料：

① 受遗赠人不是继承人的证明，此证明可由公安机关、遗赠人所在村委会或居委会、遗赠人或受遗赠人所在单位出具。

② 遗赠遗嘱或遗赠扶养协议。

3. 遗赠人的死亡证明书

遗赠人的死亡证明书是因遗赠产生的海域使用权及海域内的房屋所有权转移是否实现的前提，即遗赠人不死亡，遗赠遗嘱或遗赠扶养协议不生效，因遗赠产生的海域使用权及海域内的房屋所有权转移不实现，故遗赠人的死亡证明书是登记机构办理因受遗赠产生的海域使用权及海域内的房屋所有权转移登记时的必收要件。在不动产登记实务中，遗赠人的死亡证明书主要有：① 公安派出所出具的因死亡注销户籍的证明；② 公安部门在刑事、交通等案件处理中出具的死亡证明；③ 应急管理部门或其消防机构在消防案件处理中出具的死亡证明；④ 人民法院宣告死亡的判决书；⑤ 殡仪馆出具的遗体火化证明；⑥ 医院出具的医学死亡证明等。

4. 契税缴纳凭证

遗赠本质上是一种赠与，按《契税暂行条例》第二条和第十一条规定，契税缴纳凭证是申请人申请因受遗赠产生的海域内的房屋所有权转移登记时应当提交的材料（将于2021年9月1日起施行的《契税法》第二条和第十一条做了同样的规定）。

六、因人民法院、仲裁机构生效的法律文书申请的转移登记收件

（一）基于生效的确认海域使用权及海域内的房屋所有权归属的民事判决书、执行裁定书、仲裁裁决书和2016年3月1日起立案产生的分割共有的海域使用权及海域内的房屋所有权的民事调解书、仲裁调解书申请的转移登记收件

1. 登记申请书；
2. 申请人的身份证明；
3. 不动产权属证书或海域使用权及海域内的房屋所有权已经登记的证明；
4. 生效的民事判决书、执行裁定书、仲裁裁决书或2016年3月1日起立案产生的分割共有的海域使用权及海域内的房屋所有权的民事调解书、仲裁调解书；
5. 其他必要材料。

说明和理由：

1. 登记申请书

在不动产登记实务中,《不动产登记暂行条例实施细则》第十九条第一款规定,当事人可以持人民法院、仲裁委员会的生效法律文书或者人民政府的生效决定单方申请不动产登记。故登记申请书由权利的取得方(权利人)单方出具。登记申请书应当载明:权利的取得方与失去方;申请人的身份证明类型和号码;登记类型——转移登记;登记原因——司法裁决(或仲裁裁决);不动产单元号码;不动产权属证书号码;海域使用权及海域内的房屋所有权原有面积和因裁决取得的海域使用权及海域内的房屋所有权面积等。

2. 生效的民事判决书、执行裁定书、仲裁裁决书或2016年3月1日起立案产生的分割共有的海域使用权及海域内的房屋所有权的民事调解书、仲裁调解书

生效的民事判决书、执行裁定书、仲裁裁决书或2016年3月1日起立案产生的分割共有的海域使用权及海域内的房屋所有权的民事调解书、仲裁调解书,是申请人享有海域使用权及海域内的房屋所有权的权利凭证。

如前所述,我国的诉讼制度实行的是二审终审制,仲裁制度实行的是一裁终局制,故申请人提交初审民事判决书作为登记证据时,应当同时提交初审人民法院出具的该判决书已经生效的证明。提交执行裁定书、最高人民法院和终审人民法院出具的判决书、仲裁裁决书作为申请材料的,登记机构直接采用。

当事人提交人民法院于2016年3月1日起立案产生的分割共有的海域使用权及海域内的房屋所有权的民事调解书或仲裁调解书时,如果民事调解书载明"本调解书自双方当事人签收后生效"的,此调解书须与双方当事人签收调解书的人民法院的送达回证复印件组合后方可用作登记的证据材料。如果民事调解书载明"本调解书自双方当事人签名或者盖章时起生效"的,则此调解书已经生效,登记机构可直接用作登记的证据材料。仲裁调解书则须与双方当事人签收此调解书的证明组合后方可用作登记材料。

特别说明:

在不动产登记实务中,民事判决书虽然确认了海域内的房屋所有权的归属,但该房屋所有权是基于有偿交易取得,如甲、乙签订海域使用权及海域内的房屋所有权买卖合同,在申请转移登记前,卖方乙意外死亡,乙的继承人又不承认乙与甲签订的买卖合同,甲遂将乙的继承人作为被告起诉,请求人民法院判决确认海域使用权及海域内的房屋所有权的归属,人民法院经审理后判决:登记在被告父亲名下的海域使用权及海域内的房屋所有权属原告所有。因此,申请人提交的确认海域使用权及海域内的房屋所有权归属的法律文书是基于买卖等交易原因时,是否提交契税缴纳证明?如果法律文书载明的海域使用权是无偿

第八章 海域使用权及海域内的房屋所有权登记收件

取得的,申请人是否提交海域使用金补缴凭证或免缴审批证明?笔者认为,申请人无须提交契税缴纳证明,也无须提交海域使用金补缴凭证或免缴审批证明。

《民法典》第二百二十九条规定,因人民法院、仲裁机构的法律文书或者人民政府的征收决定等,导致物权设立、变更、转让或者消灭的,自法律文书或者征收决定等生效时发生效力。据此可知,自人民法院、仲裁机构生效的确认海域使用权及海域内的房屋所有权归属的法律文书生效时起,权利人无须登记,即依法、即时取得该海域使用权及海域内的房屋所有权,生效的确认海域使用权及海域内的房屋所有权归属的法律文书,是权利人享有权利的凭证,不是权利来源的凭证,即不是权利人取得权利的原因。申请人申请将海域使用权及海域内的房屋所有权记载在登记簿上,一是宣示自己的权利存在,供欲与之为交易的人查询、抉择;二是为在此基础产生的变更登记、转移登记、抵押权登记等后续的登记建立前提,以遵循不动产登记的连续登记原则。因此,申请人是凭其享有海域使用权及海域内的房屋所有权的权利凭证申请登记,不是凭其取得海域使用权及海域内的房屋所有权的买卖合同或协议等原因凭证申请登记,故无须提交契税缴纳证明,也无须提交海域使用金补缴凭证或免缴审批证明。当然,若申请人凭其取得海域使用权及海域内的房屋所有权的买卖合同或协议等原因凭证申请转移登记时,应当同时提交契税缴纳凭证及海域使用金补缴凭证或免缴审批证明。另外,申请人申请登记时主动提交契税缴纳凭证及海域使用金补缴凭证或免缴审批证明的,登记机构应当收取。至于申请人是否履行纳税义务和海域使用金缴纳义务,由相关国家机关按相关规定核查。

基于确认海域使用权及海域内的房屋所有权归属的执行裁定书、仲裁裁决书及2016年3月1日起立案产生的分割共有的海域使用权及海域内的房屋所有权的民事调解书、仲裁调解书申请的转移登记亦然。

(二)基于生效的民事调解书或仲裁调解书取得的海域使用权及海域内的房屋所有权申请的转移登记收件

1. 登记申请书;
2. 申请人的身份证明;
3. 不动产权属证书或海域使用权及海域内的房屋所有权已经登记的证明;
4. 生效的民事调解书或仲裁调解书;
5. 海域使用金补缴凭证或免缴审批证明、契税缴纳证明;
6. 其他必要材料。

注:第5项材料中的海域使用金补缴凭证或免缴审批证明适用于因赠与、抵债等交易原因转移无偿取得的海域使用权的情形;该材料中的契税缴纳证明

适用于海域内的房屋所有权因赠与、抵债等交易原因产生的转移登记。

说明和理由：

1. 登记申请书

按《不动产登记暂行条例》第十四条第一款规定和《不动产登记操作规范（试行）》12.3.1 条、12.3.2 条规定，基于协议或合同取得的海域使用权及海域内的房屋所有权转移登记，应当由当事人双方共同申请。如前所述，民事调解书和仲裁调解书，本质上是民事协议，基于此产生的海域使用权及海域内的房屋所有权转移登记由取得方和失去方共同申请，即登记申请书原则上由权利的取得方与失去方共同出具。但是，如果民事调解书或仲裁调解书中载明转移登记由某人负责申请的，可由该人单方申请，即登记申请书由该人单方出具。登记申请书应当载明：权利的取得方与失去方；申请人的身份证明类型和号码；登记类型——转移登记；登记原因——民事调解（或仲裁调解）；不动产单元号码；不动产权属证书号码；海域使用权及海域内的房屋所有权的原有面积；基于调解取得的海域使用权及海域内的房屋所有权面积等。

2. 生效的民事调解书或仲裁调解书

生效的民事调解书或仲裁调解书只是当事人取得海域使用权及海域内的房屋所有权的权源证据，而非当事人享有海域使用权及海域内的房屋所有权的权利凭证。此处的民事调解书和仲裁调解书，不包括 2016 年 3 月 1 日起立案产生的分割共有的海域使用权及海域内的房屋所有权的民事调解书、仲裁调解书。

在不动产登记实务中，如果民事调解书载明"本调解书自双方当事人签收后生效"的，此调解书须与双方当事人签收调解书的人民法院的送达回证复印件组合后方可用作登记的证据材料。如果民事调解书载明"本调解书自双方当事人签名或者盖章时起生效"的，则此调解书已经生效，登记机构可直接用作登记的证据材料。仲裁调解书，须与双方当事人签收该调解书的证明组合后，才可以用作登记材料。

（三）基于人民法院协助执行通知书产生的转移登记收件

1. 协助执行通知书；

2. 执行员的工作证和执行公务证；

3. 法律文书或公证书；

4. 不动产权属证书或海域使用权及海域内的房屋所有权已经登记的证明；

第八章 海域使用权及海域内的房屋所有权登记收件

5. 其他必要材料。

注：人民法院未送达第 4 项材料的，登记机构不得主动索取。

说明和理由：

1. 协助执行通知书

在不动产登记实务中，《不动产登记暂行条例实施细则》第十九条第二款第（一）项规定，人民法院持生效法律文书和协助执行通知书要求不动产登记机构办理登记的，不动产登记机构应当直接办理。据此可知，人民法院送达的协助执行通知书是转移登记的启动材料，更是登记机构办理转移登记的必收要件。

2. 执行员的工作证和执行公务证

《民事诉讼法》第二百二十八条第一款规定，执行工作由执行员进行。质言之，作为执行工作环节之一的协助执行通知书等执行文书，应当由执行员向协助执行单位或个人送达，不能使用邮政信函、特快专递等其他送达方式。《最高人民法院关于人民法院执行工作若干问题的规定（试行）》（法释〔1998〕15 号）第八条规定，执行人员执行公务时，应向有关人员出示工作证和执行公务证。据此可知，收取执行人员的工作证和执行公务证的复印件，表明协助执行通知书是由执行员送达登记机构的，且登记机构收取协助执行通知书时对其送达方式充分履行了合理审慎的注意义务。

3. 法律文书或公证书

在不动产登记实务中，《国土资源部关于启用不动产登记簿证样式（试行）的通知》（国土资发〔2015〕25 号）附《不动产登记簿样式及使用填写说明》规定，海域使用权及海域内的房屋所有权的登记原因（取得方式）属于登记簿记载的内容，故收取作为人民法院执行基础的民事判决书、民事裁定书、民事调解书、仲裁裁决书、仲裁调解书等法律文书和公证书，便于登记机构准确记载海域使用权及海域内的房屋所有权的登记原因（取得方式），如民事判决书中的作价补偿，仲裁裁决书中的分割，公证书中的买卖等。

特别说明：

基于人民法院的协助执行通知书产生的海域使用权及海域内的房屋所有权转让转移登记中，虽然关系到房屋所有权的转让转移登记，但登记机构无须主动向人民法院索取契税缴纳凭证。

（1）契税缴纳凭证是申请人申请转让产生的房屋所有权转移登记时应当缴纳的材料。

《契税暂行条例》第十一条规定，纳税人应当持契税完税凭证和其他规定的文件材料，依法向土地管理部门、房产管理部门办理有关土地、房屋的权属变更登记手续。纳税人未出具契税完税凭证的，土地管理部门、房产管理部门不予办理有关土地、房屋的权属变更登记手续（将于2021年9月1日起施行的《契税法》第十一条规定，纳税人办理纳税事宜后，税务机关应当开具契税完税凭证。纳税人办理土地、房屋权属登记，不动产登记机构应当查验契税完税、减免税凭证或者有关信息。未按照规定缴纳契税的，不动产登记机构不予办理土地、房屋权属登记）。据此可知，房屋所有权的取得人因交易原因申请转移登记时，才须提交契税缴纳凭证。嘱托登记机构办理转移登记的人民法院不是纳税义务人。

（2）人民法院要求办理转移登记时，登记机构无须收取契税缴纳凭证。

① 《民事诉讼法》第二百五十一条规定，在执行中，需要办理有关财产权证照转移手续的，人民法院可以向有关单位发出协助执行通知书，有关单位必须办理。据此可知，按执行文书办登记是登记机构的法定义务。

② 《不动产登记暂行条例实施细则》第十九条第二款第（二）项规定，人民法院持生效法律文书和协助执行通知书要求不动产登记机构办理的登记，登记机构应当直接办理。据此可知，"直接办理"即登记机构直接凭执行文书办相关登记，无须添加其他中间环节。收取契税缴纳凭证才办理相关登记，属于增加中间环节的行为，与《不动产登记暂行条例实施细则》第十九条第二款第（二）项规定相悖。

（3）登记机构的实务处理。

《国家税务总局关于人民法院强制执行被执行人财产有关税收问题的复函》（国税函〔2005〕869号）规定："鉴于人民法院实际控制纳税人因强制执行活动而被拍卖、变卖财产的收入，根据《中华人民共和国税收征收管理法》第五条的规定，人民法院应当协助税务机关依法优先从该收入中征收税款。"据此可知，实施执行措施的人民法院有协助税务机关征收税款的义务，但该人民法院是否履行协助税务机关征收税款的义务，登记机构无须过问。因此，登记机构在签收要求办理转让、抵债等交易原因产生的转移登记的执行文书时，在人民法院的送达回证上加注"未送达契税完税凭证"，表明登记机构尽到了合理审慎的注意义务。

（4）协助办理转移登记的海域使用权系无偿取得的，登记机构也无须向人民法院索取海域使用金补缴凭证或免缴审批证明。原理与不主动向人民法院索取契税缴纳凭证相同。

第八章　海域使用权及海域内的房屋所有权登记收件

第四节　注销登记收件

海域使用权及海域内的房屋所有权注销登记，是指导致登记簿上记载的海域使用权及海域内的房屋所有权消灭的事由出现时，对其予以涂销使其失去法律效力的登记。在不动产登记实务中，按《不动产登记暂行条例实施细则》第二十八条规定，申请人申请海域使用权及海域内的房屋所有权注销登记的情形主要有：① 海域及海域内的房屋灭失；② 权利人放弃海域使用权及海域内的房屋所有权；③ 海域及海域内的房屋被依法没收、征收，海域使用权被收回；④ 人民法院、仲裁机构生效的法律文书导致海域使用权及海域内的房屋所有权消灭。笔者拟对申请人因不同情形申请注销登记时应当提交的材料作阐释。

一、因海域及海域内的房屋灭失申请的注销登记收件

1. 登记申请书；
2. 申请人的身份证明；
3. 不动产权属证书或海域使用权及海域内的房屋所有权已经登记的证明；
4. 海域及海域内的房屋已经灭失的证明；
5. 其他必要材料。

说明和理由：

1. 登记申请书

《不动产登记暂行条例》第十四条第二款第（五）项规定，不动产灭失产生的登记，可以由当事人单方申请。据此可知，因海域及海域内的房屋灭失产生的注销登记，由权利人单方申请。因此，登记申请书由权利人单方出具。登记申请书应当载明：权利人；申请人的身份证明类型和号码；登记类型——注销登记；登记原因——海域（或房屋）灭失；不动产单元号码；不动产权属证书号码等。

2. 不动产权属证书或海域使用权及海域内的房屋所有权已经登记的证明

（1）不动产权属证书。

不动产权属证书，是指记载有欲注销的海域使用权及海域内的房屋所有权的不动产权属证书。要求申请人提交不动产权属证书：一是表明欲注销的内容已经记载在登记簿上，申请注销登记的前提成立；二是海域使用权及海域内的房屋所有权的注销登记完成后，权利人的海域使用权及海域内的房屋所有权已

经从登记簿上注销，登记簿上记载的事项失去法律效力，相应的不动产权属证书表征的权利也失去法律效力，即该不动产权属证书也失去法律效力，应当由登记机构收回归档。其中，最主要的作用是表明申请注销登记的前提成立。

（2）海域使用权及海域内的房屋所有权已经登记的证明。

海域使用权及海域内的房屋所有权已经登记的证明，主要指记载有欲注销的海域使用权及海域内的房屋所有权的登记档案材料复印件或登记簿打印件、复印（制）件等。

在不动产登记实务中，权利人因种种原因遗失或毁损不动产权属证书，申请注销登记时无法提交的情形时有出现，但注销登记不是权利人须凭不动产权属证书表征其享有权利而与他人为交易法律行为产生的登记，且海域使用权及海域内的房屋所有权已经登记的证明能够证明申请注销登记的前提成立。因此，申请人申请海域使用权及海域内的房屋所有权注销登记时，可以提交海域使用权及海域内的房屋所有权已经登记的证明代替因遗失或毁损而不能提交的不动产权属证书，注销登记完成后，未收回的不动产权属证书，由登记机构在其门户网站或当地公开发行的报刊上公告作废，以免除或减轻其流失社会造成的负面影响。

《不动产登记暂行条例实施细则》第二十三条规定，因不动产权利灭失等情形，不动产登记机构需要收回不动产权属证书或者不动产登记证明的，应当在不动产登记簿上将收回不动产权属证书或者不动产登记证明的事项予以注明；确实无法收回的，应当在不动产登记机构门户网站或者当地公开发行的报刊上公告作废。其中的"不动产权利灭失"，包括不动产权利的绝对灭失和相对灭失。不动产权利的绝对灭失，是指不动产权利随不动产实体的消灭而永久消灭，或者随依附的主权利、主债权的消灭而消灭。与之对应的是不动产权利的相对灭失：一是不动产权利因转移给他人而使原权利人的权利灭失，他人在此灭失的基础上设立属于自己的不动产权利；二是不动产权利因不动产实体灭失外的申请注销登记的事由成就完成注销登记而灭失（如权利人抛弃不动产权利申请注销登记后，该权利人享有的不动产权利灭失，但该不动产权利本身并不消灭，而其归属处于待定状态，故此情形属于不动产权利的相对灭失）；三是不动产权利内容发生变更，变更前的不动产权利内容因变更的完成而消灭，不动产权利的新内容因变更的完成而产生。据此可知，海域使用权及海域内的房屋所有权注销登记完成后，权利人的权利灭失，不能收回的载明该灭失权利的不动产权属证书，应当由登记机构公告作废。

第八章 海域使用权及海域内的房屋所有权登记收件

3. 海域及海域内的房屋已经灭失的证明

海域及海域内的房屋已经灭失的证明，是申请人申请因灭失产生的海域使用权及海域内的房屋所有权注销登记的原因凭证。

海域及海域内的房屋已经灭失的证明应当根据灭失的原因，由相应的主体出具，如权利人自行拆除房屋的，可以是权利人出具的拆除房屋的声明或保证，也可以是房屋实体灭失的相片等；房屋因火灾灭失的，可以是应急管理机关或其消防机构、地方政府出具的证明等；海域因自然灾害灭失的，可以由县级以上人民政府应急管理机关出具证明；填海造地导致海域消灭的，按《海域使用权管理法》第十八条规定，围海、填海项目由省级以上人民政府决定审批机关。因此，因填海造地导致海域灭失的，申请人应当提交省级以上人民政府授予批准权的审批机关出具的填海造地工程批准文件和项目竣工证明等。

二、因权利人放弃海域使用权及海域内的房屋所有权申请的注销登记收件

1. 登记申请书；
2. 申请人的身份证明；
3. 不动产权属证书或海域使用权及海域内的房屋所有权已经登记的证明；
4. 权利人放弃权利的证明；
5. 其他必要材料。

说明和理由：

1. 登记申请书

《不动产登记暂行条例》第十四条第二款第（五）项规定，权利人放弃不动产权利产生的注销登记，可以由当事人单方申请。据此可知，因放弃海域使用权及海域内的房屋所有权产生的注销登记，由权利人单方申请。因此，登记申请书由权利人单方出具。登记申请书应当载明：权利人；申请人的身份证明类型和号码；登记类型——注销登记；登记原因——放弃权利；不动产单元号码；不动产权属证书号码等。

2. 权利人放弃权利的证明

权利人放弃权利的证明，是申请人申请放弃权利产生的海域使用权及海域内的房屋所有权注销登记的原因凭证。

放弃海域使用权及海域内的房屋所有权是权利人处分自己享有的权利的一种单方的物权行为，因此，权利人放弃权利的证明，应当是权利人作出的明确

其放弃海域使用权及海域内的房屋所有权意思表示的声明、承诺等。

三、因海域使用权及海域内的房屋所有权被依法没收、征收，或者海域使用权被收回申请、嘱托产生的注销登记收件

1. 登记申请书、嘱托文件；
2. 申请人的身份证明、嘱托文件送达人员的工作关系证明和身份证明；
3. 不动产权属证书或海域使用权及海域内的房屋所有权已经登记的证明；
4. 没收、征收海域使用权及海域内的房屋所有权的文件，或收回海域使用权的文件；
5. 其他必要材料。

注：嘱托人嘱托启动注销登记时，嘱托机关没有送达第 3 项材料的，登记机构不得主动索取。

说明和理由

1. 登记申请书、嘱托文件

没收、征收或者收回不动产物权，属于以国家公权力消灭不动产物权的情形，具有强制性，不以权利人的意志为转移，一般以人民法院生效的法律文书，或者以人民政府或其行政机关生效的决定的方式体现。因海域使用权及海域内的房屋所有权被依法没收、征收，或者海域使用权被收回产生的注销登记，可以由权利人申请启动，也可以由作出没收、征收、收回的人民政府或其行政机关嘱托启动。

（1）登记申请书。

《不动产登记暂行条例》第十四条第二款第（三）项规定，人民法院、仲裁机构生效的法律文书或者人民政府生效的决定等设立、变更、转让、消灭不动产权利产生的登记，可以由当事人单方申请。据此可知，海域使用权及海域内的房屋所有权被依法没收、征收，或者海域使用权被收回，属于以人民法院生效的法律文书，以及以人民政府或其行政机关生效的决定消灭海域使用权及海域内的房屋所有权，故由此产生的注销登记由权利人单方申请，即登记申请书由权利人单方出具。登记申请书应当载明：权利人；申请人的身份证明类型和号码；登记类型——注销登记；登记原因——没收（或征收、收回）；不动产单元号码；不动产权属证书号码等。

（2）嘱托文件。

嘱托启动，由作出没收、征收海域使用权及海域内的房屋所有权，或者作

第八章 海域使用权及海域内的房屋所有权登记收件

出收回海域使用权决定的国家机关出具嘱托文件启动,该嘱托文件主要指人民法院送达的要求登记机构办理注销登记的协助执行通知书,以及人民政府或其行政机关发送给登记机构要求其办理注销登记的通知等公文。

2. 嘱托文件送达人员的工作关系证明和身份证明

嘱托文件送达人员的工作关系证明和身份证明,主要指送达协助执行通知书的执行员的工作证和执行公务证,或送达行政嘱托文件人员的工作介绍信和该人员的居民身份证等。当然,行政嘱托文件通过党政网、政府信函交换站等公文发送途径送达登记机构的,登记机构无须收取嘱托文件送达人员的工作关系证明、身份证明,但需在登记簿附记中加注嘱托文件的取得途径,如党政网收取注销文件等。

3. 没收、征收海域使用权及海域内的房屋所有权的文件,或收回海域使用权的文件

(1) 没收海域使用权及海域内的房屋所有权的文件。

没收海域使用权及海域内的房屋所有权的文件,主要指国家机关履行法定职权,采用强制手段无偿将他人非法取得的海域使用权及海域内的房屋所有权收归国有,从而消灭其享有的海域使用权及海域内的房屋所有权的情形。没收有行政没收和司法没收。

① 行政没收。

《行政处罚法》第八条规定,没收非法财物属于行政处罚的种类。该法第三十九条规定,行政机关给予行政处罚,应当制作行政处罚决定书。据此可知,行政没收,以行政处罚决定书的方式体现。因此,申请人申请或嘱托人嘱托因行政没收产生的海域使用权及海域内的房屋所有权注销登记时,应当提交或送达载明没收内容的行政处罚决定书。

② 司法没收。

《刑法》第三十四条第一款第(三)项规定,没收财产属于附加刑的种类。该法第五十九条第二款规定,在判处没收财产的时候,不得没收属于犯罪分子家属所有或者应有的财产。据此可知,司法没收以生效的刑事判决书的形式体现。因此,申请人申请或嘱托人嘱托因司法没收产生的海域使用权及海域内的房屋所有权注销登记时,应当提交或送达载明没收内容的生效的刑事判决书。也可以提交载明没收内容的裁定书。

(2) 征收海域使用权及海域内的房屋所有权的文件。

按《民法典》第二百二十九条规定,因人民政府的征收决定导致物权消灭的,自人民政府的征收决定生效时发生效力。据此可知,征收是法律规定的导

致不动产权利终止的情形。因此，申请人申请或嘱托人嘱托因征收产生的海域使用权及海域内的房屋所有权注销登记时，应当提交载明征收内容的县级以上人民政府作出的征收决定。

（3）收回海域使用权的文件。

《海域使用管理法》第三十条第一款规定，因公共利益或者国家安全的需要，原批准用海的人民政府可以依法收回海域使用权。该法第四十六条规定，违反本法第二十八条规定，擅自改变海域用途的，责令限期改正，没收违法所得，并处非法改变海域用途的期间内该海域面积应缴纳的海域使用金五倍以上十五倍以下的罚款；对拒不改正的，由颁发海域使用权证书的人民政府注销海域使用权证书，收回海域使用权。该法第四十八条规定，违反本法规定，按年度逐年缴纳海域使用金的海域使用权人不按期缴纳海域使用金的，限期缴纳；在限期内仍拒不缴纳的，由颁发海域使用权证书的人民政府注销海域使用权证书，收回海域使用权。据此可知，收回海域使用权，是海域使用权消灭的情形，应当由原批准使用海域的人民政府出具收回海域使用权的文件。因此，申请人申请或嘱托人嘱托因收回产生的海域使用权注销登记时，应当提交或送达原批准使用海域的人民政府出具的收回海域使用权的文件。

特别说明：

嘱托人嘱托注销登记时未提交的不动产权属证书，在注销登记完成后，由登记机构在其门户网站或当地公开发行的报刊上公告作废，以免除或减轻其流失社会造成的负面影响。

四、因人民法院、仲裁机构生效的法律文书导致海域使用权及海域内的房屋所有权消灭申请、嘱托的注销登记收件

1. 登记申请书、协助执行通知书；
2. 申请人的身份证明、执行员的工作证和执行公务证；
3. 不动产权属证书或海域使用权及海域内的房屋所有权已经登记的证明；
4. 人民法院、仲裁机构生效的导致海域使用权及海域内的房屋所有权消灭的法律文书；
5. 其他必要材料。

注：人民法院嘱托注销登记时，没有送达第 3 项材料的，登记机构不得主动索取。

说明和理由：

第八章 海域使用权及海域内的房屋所有权登记收件

1. 登记申请书、协助执行通知书

按《民法典》第二百二十九条规定，因人民法院、仲裁机构的法律文书导致物权设立、变更、转让或者消灭的，自法律文书生效时发生效力。据此可知，人民法院、仲裁机构生效的确认登记簿上记载的权利无效的法律文书是法律规定的导致不动产权利消灭的情形。由此产生的海域使用权及海域内的房屋所有权注销登记可以由权利人申请启动，也可以由人民法院嘱托启动。

（1）登记申请书。

《不动产登记暂行条例》第十四条第二款第（三）项规定，人民法院、仲裁委员会生效的法律文书或者人民政府生效的决定等设立、变更、转让、消灭不动产权利产生的登记，可以由当事人单方申请。据此可知，因人民法院、仲裁机构生效的法律文书导致海域使用权及海域内的房屋所有权消灭产生的注销登记，由权利人单方申请，即登记申请书由权利人单方出具。登记申请书应当载明：权利人；申请人的身份证明类型和号码；登记类型——注销登记；登记原因——司法裁决（或仲裁裁决）；不动产单元号码；不动产权属证书号码等。

（2）协助执行通知书。

协助执行通知书，是指人民法院向登记机构送达的要求其办理注销登记的协助执行通知书。

2. 人民法院、仲裁机构生效的导致海域使用权及海域内的房屋所有权消灭的法律文书

人民法院、仲裁机构生效的导致海域使用权及海域内的房屋所有权消灭的法律文书，主要指确认登记簿上记载的海域使用权及海域内的房屋所有权无效的执行裁定书、最高人民法院和终审人民法院的民事判决书、初审人民法院附生效证明的民事判决书、仲裁机构的裁决书等。

第九章 地役权登记收件

地役权，指以他人土地供自己土地的方便和利益之用的权利。在分类上，地役权属于一种为增加自己土地的利用价值而利用他人土地的用益物权。地役权的发生以存在两个土地为前提[①]。质言之，理论上，地役权的客体只能是土地，即地役权只是在土地所有权或土地使用权上设定的一种以提高权利人土地效用为目的的用益物权。

然而，从境外立法上看，地役权的客体有只限于土地的，如《日本民法典》第二百八十条规定，地役权人，依设定行为所定的目的，有以他人土地供自己土地便宜之用的权利。也有及于地上建筑物的，如《德国民法典》第一千零二十二条规定，地役权是在供役地的建筑工作物上设置建筑工作物的权利的，除另有规定外，供役地的所有人必须保持其工作物，但以地役权人的利益要求这样做为限。

按我国《民法典》第三百七十二条第一款规定，地役权人有权按照合同约定，利用他人的不动产，以提高自己的不动产的效益。其中，不动产的范围，包括土地和土地定作物，主要指建筑物[②]。据此可知，按我国《民法典》规定，土地、房屋等地上定作物都可以作地役权的客体。按《不动产登记暂行条例》第五条第（八）项规定，地役权属于不动产登记的内容。

按我国《民法典》规定，房屋所有权、土地所有权和土地使用权是三种不同的不动产物权。在不动产登记实务中，按《不动产登记操作规范（试行）》13.1.1条规定，在房屋所有权、土地所有权和土地使用权上设立地役权的情形主要有：

1. 因用水、排水、通行利用他人不动产的情形

（1）因用水、排水利用他人不动产的情形。

因用水、排水利用他人不动产，主要指在他人地下、地表、地上，或在他人地上房屋等定作物下面修建供排水沟渠、安置供排水管道，或穿越他人房屋等定作物安置供排水管道等情形。

---

① 陈华彬：《物权法》，法律出版社2004年版，第435页。
② 梁慧星：《中国民法典草案建议稿附理由：总则编》，法律出版社2004年版，第126页。

第九章 地役权登记收件

（2）因通行利用他人不动产的情形。

因通行利用他人不动产，主要指在他人地上修建人行、车行道路，或利用他人地上房屋等定作物进出等情形。

2. 因铺设电线、电缆、水管、输油管线、暖气和燃气管线等管线利用他人不动产的情形

因铺设电线、电缆、水管、输油管线、暖气和燃气管线等管线利用他人不动产，主要指在他人地下、地表、地上，或穿行地上房屋等定作物，或者在地上房屋等定作物表面铺设电线、电缆、水管、输油管线、暖气和燃气管线等情形。

3. 因架设铁塔、基站、广告牌等利用他人不动产的情形

因架设铁塔、基站、广告牌等利用他人不动产，主要指在他人地下、地表、地上，或在地上房屋等建筑物、构筑物顶层，或在地上房屋等建筑物、构筑物外墙面、其他定作物表面架设铁塔、基站、广告牌等情形。

4. 因采光、通风、保持视野等限制他人不动产利用的情形

因采光、通风、保持视野等限制他人不动产利用，主要指要求他人不得在其土地或地上房屋等建筑物、构筑物上设置影响自己采光、通风、保持视野的设施、设备等情形。

《民法典》第三百七十四条规定，地役权自地役权合同生效时设立。当事人要求登记的，可以向登记机构申请地役权登记；未经登记，不得对抗善意第三人。据此可知，我国《民法典》对地役权的设立采用的是登记对抗主义，即地役权的设立不以登记为生效要件，而以登记为对抗要件。地役权自地役权合同生效时设立，是否申请登记，由当事人自己决定，但经过登记的地役权对他人具有对抗效力。在不动产登记实务中，《不动产登记暂行条例实施细则》第六十条规定，按照约定设定地役权，当事人可以持需役地和供役地的不动产权属证书、地役权合同以及其他必要文件，申请地役权首次登记。据此可知，该实施细则关于地役权登记的规定，遵循的也是当事人自愿原则，即当事人可以依自己的意思申请登记，也可以不申请登记。

在不动产登记实务中，尽管《不动产登记暂行条例实施细则》对地役权的登记做了专门规定，但由于《民法典》对地役权的设立采用登记对抗主义，也由于民众认识上的原因，据笔者调查，截至目前，当事人申请地役权登记的案例微乎其微。由此可见，地役权登记在现阶段和未来的一定期间内，不是常用的不动产登记类型，故关于地役权登记的收件，笔者遵从《不动产登记暂行条例实施细则》的规定，只作原则性和概括性的介绍。

不动产登记收件实务

一、首次登记收件

1. 登记申请书；
2. 申请人的身份证明；
3. 不动产权属证书；
4. 地役权合同；
5. 其他必要材料。

说明和理由：

1. 登记申请书

地役权首次登记，是指权利人将其依法享有的地役权第一次向登记机构申请记载在登记簿上产生的登记。

按《民法典》第三百七十二条规定，笔者称为地役权人设立地役权提供土地或房屋等定作物的人为供役人，地役权人为需役人。

《不动产登记操作规范（试行）》13.1.2 条规定，地役权首次登记应当由地役权合同中载明的需役地权利人和供役地权利人共同申请。因此，地役权首次登记由供役人和需役人共同申请，故登记申请书由供役人与需役人共同出具。《国土资源部关于启用不动产登记簿证样式（试行）的通知》（国土资发〔2015〕25 号）附《不动产登记簿样式及使用填写说明》规定，登记簿应当记载的地役权的内容有：地役权人（需役人）；供役地权利人（供役人）；申请人的身份证明类型和号码；登记类型——首次登记；登记原因——合同设立等；地役权内容——管线铺设（通风、观瞻、广告牌架设、禁止或限制声响发放等）；地役权利用期限等。故地役权首次登记的登记申请书应当载明这些内容。

在不动产登记实务中，不动产权利人为利用他人不动产而设立地役权，满足登记要求的，登记机构应当分别在供役地上的登记簿和需役地上的登记簿上予以记载。

2. 申请人的身份证明

地役权首次登记由供役人和需役人共同申请，故申请人的身份证明为供役人和需役人的身份证明。

地役权人可以为自然人、法人及非法人组织，不同种类的申请人，身份证明的形式也不同，主要有：

（1）境内自然人。

提交有效的居民身份证、户口簿、军官证、士兵证、文职干部证、学员证等[①]。

---

① 参见《不动产登记操作规范（试行）》1.8.4.1 条之 1。

第九章 地役权登记收件

（2）港澳台地区自然人。

港澳同胞提交香港特别行政区居民身份证或香港特别行政区护照、澳门特别行政区居民身份证或澳门特别行政区护照、港澳居民来往内地通行证。台湾同胞提交台湾居民来往大陆通行证等[①]。

（3）华侨、外籍自然人。

华侨提交中华人民共和国护照和国外长期居留身份证件。外籍自然人提交中国政府主管机关签发的居留证件或其所在国护照等[②]。《不动产登记操作规范（试行）》1.8.2.4条之3规定，外文文本的申请材料应当翻译成汉字译本，当事人应签字确认，并对汉字译本的真实性负责。据此可知，提供外文身份证明的申请人应当同时提交申请人签字确认的该身份证明的中文译本，或提交在我国合法经营的翻译机构出具的该身份证明的中文译本。

（4）境内法人或其他组织。

提交机关法人设立文件、事业单位法人资格证、社会团体法人登记证书、营业执照等[③]。

特别说明：

按《事业单位登记管理暂行条例》第三条、第五条和第八条规定，事业单位经主管部门批准成立后，须经县级以上人民政府机构编制管理机关登记并颁发《事业单位法人证书》。按《社会团体登记管理条例》第三条、第六条和第十五条规定，社会团体经其业务主管机关批准，并经县级以上人民政府民政机关登记，领取《社会团体法人登记证书》。《公司法》第七条规定，依法设立的公司，由公司登记机关发给公司营业执照。公司自营业执照签发时成立。《个人独资企业法》第十二条和第十三条规定，登记机关应当在收到个人独资企业设立申请文件之日起十五日内，对符合该法规定条件的，予以登记，发给营业执照。企业自营业执照签发时成立。《合伙企业法》第十条和第十一条规定，申请人提交的登记申请材料齐全、符合法定形式，企业登记机关能够当场登记的，应予当场登记，发给营业执照。企业自营业执照签发时成立。据此可知，事业单位法人、社会团体法人、企业法人及企业性质的非法人组织须经相关机关登记，故其身份证明，除法人资格证、营业执照外，还可以是其登记机构出具的有关身份证明的文件或书面材料，如县级以上人民政府机构编制管理机关

[①] 参见《不动产登记操作规范（试行）》1.8.4.1条之2和3。
[②] 参见《不动产登记操作规范（试行）》1.8.4.1条之4和5。
[③] 参见《房地产登记技术规程》附录B.0.10条。

批准或准予事业单位撤、并、转或设立的文件；再如企业登记机关出具的"兹证明某运输公司系经我局登记成立的公司法人"等。

（5）港澳地区法人。

提交经我国司法部委托的律师出具的公证书公证的商业登记证，且加盖中国法律服务（香港）有限公司、中国法律服务（澳门）有限公司转递章。也可以提交我国公证机构办理的商业登记证公证书。

（6）台湾地区法人。

提交企业登记证或注册证[①]，但须经大陆公证机构公证，或经台湾公证机构公证。台湾公证机构出具的公证书须经大陆相关机构认证（一般由省级公证协会认证）。

（7）外国法人、组织。

提交经我国驻外使（领）馆认证的，所在国家公证机构公证的身份证明[②]。或直接在我国使（领）馆办理公证的身份证明。《不动产登记操作规范（试行）》1.8.2.4条之3规定，外文文本的申请材料应当翻译成汉字译本，当事人应签字确认，并对汉字译本的真实性负责。据此可知，提供外文身份证明的申请人应当同时提交申请人签字确认的该公证书的中文译本，或提交在我国合法经营的翻译机构出具的该公证书的中文译本。

3. 不动产权属证书

不动产权属证书，是指载明供役的不动产权利和需役的不动产权利的不动产权属证书。《不动产登记暂行条例实施细则》第六十条规定，需役地和供役地的不动产权属证书，是申请人申请地役权首次登记时应当提交的材料。要求申请人提交不动产权属证书：一是证明供役和需役的不动产权利已经记载在登记簿上，申请地役权首次登记的前提成立；二是便于登记机构结合申请人提交的身份证明，判定申请地役权首次登记的申请人是否适格。

4. 地役权合同

地役权合同，是申请人申请地役权首次登记的原因凭证和权利凭证。

按《民法典》第三百七十四条规定，地役权自地役权合同生效时设立。质言之，地役权合同是地役权依法设立的证明，也是当事人申请地役权登记的权利凭证。在不动产登记实务中，地役权登记属于宣示登记，该登记只具有公示作用，没有设权作用，即登记机构应供役人和需役人的申请，将需役人已经依

[①] 参见《广州市城镇房地产登记技术规范》第二十七条。
[②] 参见《广州市城镇房地产登记技术规范》第二十七条。

第九章　地役权登记收件

法享有的地役权记载在登记簿上，供他人查阅、知晓。《不动产登记暂行条例实施细则》第六十条规定，地役权合同是申请人申请地役权首次登记时应当提交的材料。

二、变更登记收件

1. 登记申请书；
2. 申请人的身份证明；
3. 不动产登记证明或地役权已经登记的证明；
4. 地役权发生变更的证明；
5. 其他必要材料。

说明和理由：

1. 登记申请书

地役权变更登记，是指记载在登记簿上的地役权，权利主体不变，权利内容、权利客体或其他事项发生变更产生的登记。在不动产登记实务中，《不动产登记操作规范（试行）》13.2.2条规定，地役权变更登记的申请主体应当为需役地权利人和供役地权利人。因共有人的姓名、名称发生变化的，可以由姓名、名称发生变化的权利人申请；因不动产自然状况变化申请变更登记的，可以由共有人一人或多人申请。据此可知，地役权变更登记既有由供役人和需役人共同申请的情形，也有由供役人或需役人单方申请的情形，故变更登记申请书根据不同的情形由供役人和需役人共同出具，或由供役人、需役人单方出具。登记申请书应当载明：地役权人（需役人）；供役人；申请人的身份证明类型和号码；登记类型——变更登记；登记原因——地役权内容变更（当事人姓名变更、权利期限变更、共有性质变更等）；供役的不动产和需役的不动产的不动产单元号码；不动产登记证明号码；变更前的内容和变更后的内容等。

2. 不动产登记证明或地役权已经登记的证明

（1）不动产登记证明。

不动产登记证明，是指载明欲变更的地役权内容的不动产登记证明。

《不动产登记暂行条例实施细则》第二十条第二款规定，除办理抵押权登记、地役权登记和预告登记、异议登记，向申请人核发不动产登记证明外，不动产登记机构应当依法向权利人核发不动产权属证书。故该实施细则第六十一条规定，申请人申请地役权变更登记时，应当向登记机构提交不动产登记证明。

要求申请人提交不动产登记证明：一是证明欲变更的地役权已经记载在登

记簿上，申请地役权变更登记的前提成立；二是便于登记机构结合申请人提交的身份证明，判定申请地役权变更登记的申请人是否适格；三是变更登记被记载于登记簿上后，登记机构将基于登记簿的记载向权利人颁发新的不动产登记证明，原不动产登记证明由登记机构收回归档，以免流失社会造成负面影响。其中，证明申请人申请地役权变更登记的前提成立是最主要的目的。按《不动产登记暂行条例实施细则》第一百零五条第一款规定，本实施细则施行前，依法核发的各类不动产权属证书继续有效。故此处的不动产登记证明包括不动产统一登记前，权利人合法持有的载明地役权的《土地他项权证》《房屋他项权证》等。

（2）地役权已经登记的证明。

地役权已经登记的证明，主要指记载有欲变更的地役权的登记簿打印件、复印（制）件，或登记机构存档的载明欲变更的地役权的登记材料等。申请人申请地役权变更登记时因不动产登记证明遗失或毁损而不能提交的，由于地役权变更登记，不是地役权人（需役人）与他人发生的，须以不动产登记证明表征地役权存在而与他人为交易法律行为产生的登记，且地役权已经登记的证明能够证明申请变更登记的前提成立。因此，申请人申请地役权变更登记时可以提交地役权已经登记的证明代替因遗失或毁损而不能提交的不动产登记证明，变更登记完成后，未收回的不动产登记证明由登记机构在其门户网站或当地公开发行的报刊上公告作废，以免除或减轻其流失社会造成的负面影响。

《不动产登记暂行条例实施细则》第二十三条规定，因不动产权利灭失等情形，不动产登记机构需要收回不动产权属证书或者不动产登记证明的，应当在不动产登记簿上将收回不动产权属证书或者不动产登记证明的事项予以注明；确实无法收回的，应当在不动产登记机构门户网站或者当地公开发行的报刊上公告作废。其中的"不动产权利灭失"，包括不动产权利的绝对灭失和相对灭失。不动产权利的绝对灭失，是指不动产权利随不动产实体的消灭而永久消灭，或者随依附的主权利、主债权的消灭而消灭。与之对应的是不动产权利的相对灭失：一是不动产权利因转移给他人而使原权利人的权利灭失，他人在此灭失的基础上设立属于自己的不动产权利；二是不动产权利因不动产实体灭失外的申请注销登记的事由成就完成注销登记而灭失（如权利人抛弃不动产权利申请注销登记后，该权利人享有的不动产权利灭失，但该不动产权利本身并不消灭，而其归属处于待定状态，故此情形属于不动产权利的相对灭失）；三是不动产权利内容发生变更，变更前的不动产权利内容因变更的完成而消灭，不动产权利的新内容因变更的完成而产生。据此可知，地役权变更登记完成后，

第九章 地役权登记收件

原权利的相应内容灭失,新的权利内容产生,不能收回的载明该灭失权利内容的不动产登记证明,应当由登记机构公告作废。

3. 地役权发生变更的证明

地役权发生变更的证明是申请人申请地役权变更登记的原因凭证。

按《不动产登记暂行条例实施细则》第六十一条规定,申请地役权变更登记的情形主要有:① 地役权当事人的姓名或者名称等发生变化;② 共有性质变更;③ 需役不动产或者供役不动产自然状况发生变化;④ 地役权内容变更。根据地役权变更的情形,地役权发生变更的证明主要有:

(1) 当事人的姓名或者名称等发生变更的证明。

当事人姓名或名称变更的证明,是申请人申请因当事人姓名、名称变更产生的地役权变更登记的原因凭证。当事人姓名或名称变更的证明主要有:

① 境内自然人。

a) 当事人户口簿或身份证上的姓名变更。

《户口登记条例》第三条和第十八条规定,户口登记工作由各级公安机关负责,公民姓名变更的应当申请变更登记。《居民身份证法》第六条和第十一条规定,居民身份证由公安机关统一制作、发放。居民身份证有效期满、公民姓名变更或者证件严重损坏不能辨认的,应当申请换领新证。因此,当事人姓名变更的证明主要有户口簿,上面有当事人曾用名和现用名的记载。也可以是公安机关出具的其他有关当事人更名的证明,如因姓名变更换领身份证的证明等。

b) 当事人军官证、士兵证、学员证等非居民身份证件上的姓名变更。

当事人姓名变更的证明分别由军官证、士兵证、学员证等非居民身份证件的发证机关出具。

② 港澳台地区自然人。

港澳同胞提交经我国司法部委托的律师出具的姓名变更事项公证书[1]。此公证书须加盖中国法律服务(香港)有限公司、中国法律服务(澳门)有限公司转递章。也可以提交我国公证机构办理的姓名变更事项公证书。

台湾同胞提交经大陆公证机构出具的姓名变更事项公证书,或台湾公证机构出具的姓名变更事项公证书[2]。台湾公证机构出具的公证书须经大陆相关机构认证(一般由省级公证协会认证)。

---

[1] 参见《烟台市房屋登记规则(暂行)》第十条第(三)项。
[2] 参见《烟台市房屋登记规则(暂行)》第十条第(四)项。

③ 持护照或居留证件的自然人。

a）持中华人民共和国护照的自然人。

《护照法》第四条规定，普通护照由公安部出入境管理机构或者公安部委托的县级以上地方人民政府公安机关出入境管理机构以及中华人民共和国驻外使馆、领馆和外交部委托的其他驻外机构签发。外交护照由外交部签发。公务护照由外交部、中华人民共和国驻外使馆、领馆或者外交部委托的其他驻外机构以及外交部委托的省、自治区、直辖市和设区的市人民政府外事部门签发。该法第十条规定，护照持有人所持护照的登记事项发生变更时，应当持相关证明材料，向护照签发机关申请护照变更加注。据此可知，我国护照的持有人姓名变更的证明应当区分普通护照、外交护照和因公护照，由相应的签发机关出具。

b）持中国政府主管机关签发的居留证件的自然人。

《外国人在中国永久居留审批管理办法》第二十二条规定，《外国人永久居留证》有效期满、内容变更、损坏或者遗失的，持证人应当向其长期居留地的设区的市级人民政府公安机关或者直辖市公安分、县局申请换发或者补发。据此可知，我国居留证件的持有人姓名变更的证明由县级以上公安机关出具。

c）持所在国护照的自然人。

所在国护照的持有人姓名变更的证明为经我国驻外使（领）馆认证的，所在国公证机构出具的姓名变更事项公证书[①]。同时附申请人签字确认的该公证书的中文译本，或提交在我国合法经营的翻译机构出具的该公证书的中文译本。也可以提交我国公证机构办理的姓名变更事项公证书。

④ 事业单位法人。

《事业单位登记管理暂行条例》第五条规定，县级以上地方各级人民政府机构编制管理机关是本级人民政府的事业单位登记管理机关。在工作实际中，县级以上人民政府一般都设立事业单位登记管理局负责事业单位法人的登记。该条例第八条第二款规定，事业单位法人登记事项包括：名称、住所、宗旨和业务范围、法定代表人、经费来源（开办资金）等情况。该条例第十条规定，事业单位的登记事项需要变更的，应当向登记管理机关办理变更登记。概言之，事业单位法人名称变更的证明由县级以上人民政府机构编制管理机关或其事业单位登记管理局出具。

---

① 参见《烟台市房屋登记规则（暂行）》第十条第（五）项。

第九章 地役权登记收件

⑤ 社会团体法人。

按《社会团体登记管理条例》第六条规定,县级以上人民政府民政部门是本级人民政府的社会团体登记管理机关。该条例第十二条第二款规定,社会团体登记事项包括:名称、住所、宗旨、业务范围、活动地域、法定代表人、活动资金和业务主管单位。该条例第十八条第一款规定,社会团体的登记事项需要变更的,应当自业务主管单位审查同意之日起 30 日内,向登记管理机关申请变更登记。因此,社会团体法人名称变更证明由县级以上人民政府民政机关出具。

⑥ 企业法人或企业性质的非法人组织。

按《企业名称登记管理规定》第三条、第四条和第二十二条规定,企业名称须在其申请登记时由工商行政管理机关核准。企业名称经核准登记注册后,无特殊原因在一年内不得申请变更。质言之,企业名称的起用及起用后的变更,均须企业登记机关核准。因此,企业法人和企业性质的非法人组织名称变更的证明由企业登记机关出具。

在不动产登记实务中,申请人提交的企业法人或企业性质的非法人组织名称变更的证明,常常是企业登记机关出具的"更名通知单"。该更名通知单能清晰地反映当事人变更前的名称和变更后的名称,登记机构应当用作登记材料。

⑦ 港澳地区法人。

提交经我国司法部委托的律师出具的名称变更事项公证书[1],并加盖中国法律服务(香港)有限公司、中国法律服务(澳门)有限公司转递章。也可以提交我国公证机构出具的名称变更事项公证书。

⑧ 台湾地区法人。

提交大陆公证机构出具的名称变更事项公证书,或台湾公证机构出具的名称变更事项公证书。台湾公证机构出具的公证书须经大陆相关机构认证(一般由省级公证协会认证)[2]。

⑨ 外国法人、组织。

外国法人、组织名称变更的证明为经我国驻外使(领)馆认证的,所在国家公证机构出具的名称变更事项公证书[3],同时附申请人签字确认的该公证书的中文译本,或提交在我国合法经营的翻译机构出具的该公证书的中文译本。

(2)共有性质变更的证明。

共有性质变更的证明,主要指地役权的全部共有人签订的将地役权的共有

---

[1] 参见《烟台市房屋登记规则(暂行)》第十条第(七)项。
[2] 参见《烟台市房屋登记规则(暂行)》第十条第(八)项。
[3] 参见《烟台市房屋登记规则(暂行)》第十条第(九)项。

性质由共同共有变更成按份共有，或将按份共有变更成共同共有的合同或协议。

（3）需役不动产或供役不动产自然状况发生变化的证明。

需役不动产或供役不动产自然状况发生变化的证明，主要指县级以上人民政府应急管理机关出具的因自然原因导致需役地或供役地面积、地形、地貌变动的证明。

（4）地役权内容变更的证明。

地役权内容变更的证明，主要指供役人与需役人签订的变动供役的不动产利用方式的地役权合同变更协议等。

三、转移登记收件

1. 登记申请书；
2. 申请人的身份证明；
3. 不动产登记证明或地役权已经登记的证明；
4. 地役权发生转移的证明；
5. 其他必要材料。

注：第 3 项材料中的地役权已经登记的证明适用于因继承、受遗赠产生的地役权转移登记。

说明和理由：

1. 登记申请书

地役权转移登记，是指登记簿上记载的地役权内容、地役权客体或其他事项不变，地役权主体变动产生的登记。《不动产登记操作规范（试行）》13.3.2 条规定，地役权转移登记应当由双方当事人共同申请。据此可知，地役权转移登记由地役权的取得方与失去方共同申请，故登记申请书由地役权的取得方与失去方共同出具。但是，因继承、受遗赠等非基于当事人的合意产生的转移登记和因地役权人合并产生的转移登记，由地役权取得人单方申请。登记申请书应当载明：地役权的取得方与失去方；申请人的身份证明类型和号码；登记类型——转移登记；登记原因——随土地使用权转让（或随土地使用权被继承、权利人合并等）；供役的和需役的不动产的不动产单元号码；不动产登记证明号码等。

2. 申请人的身份证明

申请人的身份证明为地役权失去方和取得方的身份证明。但是，因继承、受遗赠等非基于当事人的合意产生的转移登记和因地役权人合并产生的转移登记，申请人的身份证明为地役权取得方的身份证明。

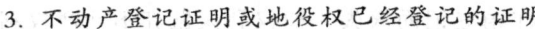 第九章 地役权登记收件

3. 不动产登记证明或地役权已经登记的证明

（1）不动产登记证明。

不动产登记证明，主要指记载有欲转移的地役权的不动产登记证明。要求申请人提交不动产登记证明：一是证明欲转移的地役权已经记载在登记簿上，申请地役权转移登记的前提成立；二是便于登记机构结合申请人提交的身份证明，判定申请地役权转移登记的申请人中的失去方是否适格；三是转移登记被记载于登记簿上后，登记机构将基于登记簿的记载向权利人颁发新的不动产登记证明，原不动产登记证明由登记机构收回归档，以免流失社会造成负面影响。其中，证明申请地役权转移登记的前提成立是最主要的目的。按《不动产登记暂行条例实施细则》第一百零五条第一款规定，本实施细则施行前，依法核发的各类不动产权属证书继续有效。故此处的不动产登记证明，包括不动产统一登记前权利人合法持有的载明地役权的《土地他项权证》《房屋他项权证》等。

（2）地役权已经登记的证明。

地役权已经登记的证明，主要指记载有欲转移的地役权的登记簿打印件、复印件，或登记机构存档的载明欲转移的地役权的登记材料等。申请人申请因继承、受遗赠产生的地役权转移登记时因不动产登记证明遗失或毁损而不能提交的，由于因继承、受遗赠产生的地役权转移登记，不是地役权人（需役人）与他人发生的，须以不动产登记证明表征地役权存在而与他人为交易法律行为产生的登记，且地役权已经登记的证明能够证明申请转移登记的前提成立。因此，申请人申请因继承、受遗赠产生的转移登记时，可以提交地役权已经登记的证明代替因遗失或毁损而不能提交的不动产登记证明，在转移登记完成后，未收回的不动产登记证明由登记机构在其门户网站或当地公开发行的报刊上公告作废，以免除或减轻其流失社会造成的负面影响。

《不动产登记暂行条例实施细则》第二十三条规定，因不动产权利灭失等情形，不动产登记机构需要收回不动产权属证书或者不动产登记证明的，应当在不动产登记簿上将收回不动产权属证书或者不动产登记证明的事项予以注明；确实无法收回的，应当在不动产登记机构门户网站或者当地公开发行的报刊上公告作废。其中的"不动产权利灭失"，包括不动产权利的绝对灭失和相对灭失。不动产权利的绝对灭失，是指不动产权利随不动产实体的消灭而永久消灭，或者随依附的主权利、主债权的消灭而消灭。与之对应的是不动产权利的相对灭失：一是不动产权利因转移给他人而使原权利人的权利灭失，他人在此灭失的基础上设立属于自己的不动产权利；二是不动产权利因不动产实体灭失外的

申请注销登记的事由成就完成注销登记而灭失（如权利人抛弃不动产权利申请注销登记后，该权利人享有的不动产权利灭失，但该不动产权利本身并不消灭，而其归属处于待定状态，故此情形属于不动产权利的相对灭失）；三是不动产权利内容发生变更，变更前的不动产权利内容因变更的完成而消灭，不动产权利的新内容因变更的完成而产生。据此可知，地役权因继承、受遗赠产生的转移登记完成后，权利取得人的权利产生，原权利人的权利灭失，不能收回的载明该灭失权利的不动产登记证明，应当由登记机构公告作废。

4. 地役权发生转移的证明

地役权发生转移的证明是申请人申请地役权转移登记的原因凭证。

《不动产登记暂行条例实施细则》第六十二条第一款规定，地役权只有因土地承包经营权、建设用地使用权转让而发生转移一种情形。在不动产登记实务中，因地役权人的分立或合并也产生地役权的转移。因享有地役权的土地承包经营权、建设用地使用权及地上房屋所有权被继承、受遗赠等也产生地役权的转移。因此，产生地役权转移登记的情形主要有：①随需役地上的不动产权利的转移（买卖、赠与等）而转移；②因地役权人的分立或合并而转移；③因继承、受遗赠取得享有地役权的不动产权利而转移。按《不动产登记暂行条例实施细则》第六十二条第一款规定，地役权转移合同是申请人申请地役权转移登记时应当提交的材料，但鉴于地役权产生转移登记的情形中有非基于合同的情形，笔者对此作扩张解释，即将地役权转移合同解释为"地役权发生转移的证明"。根据地役权转移的情形，地役权发生转移的证明主要有：

（1）随需役地上的不动产权利的转移而转移的，地役权发生转移的证明为权利人因转移登记完成后领取的不动产权属证书，或记载有不动产权利转移登记的登记簿打印件、复（制）印件等。

（2）因地役权人的分立或合并而转移的，地役权发生转移的证明为权利人分立或合并的证明。权利人分立的，还应当提交取得需役地上不动产权利的证明。

（3）因继承、受遗赠产生转移的，地役权发生转移的证明为权利人因继承或受遗赠取得的不动产权属证书，或记载有因继承、受遗赠产生的不动产权利转移登记的登记簿打印件、复（制）印件等。

四、注销登记收件

1. 登记申请书；
2. 申请人的身份证明；

第九章 地役权登记收件

3. 不动产登记证明或地役权已经登记的证明；
4. 地役权消灭的证明；
5. 其他必要材料。

说明和理由：

1. 登记申请书

地役权注销登记，是指记载在登记簿上的地役权，因使其消灭的情形（或法定事实）成就而产生的对其予以涂销使其失去法律效力的登记。《不动产登记操作规范（试行）》13.4.2条规定，当事人依法解除地役权合同的，应当由供役地、需役地双方共同申请，其他情形可由当事人单方申请。据此可知，因地役权设立合同解除产生的注销登记由供役人与需役人共同申请，即注销登记申请书由供役人和需役人共同出具，此外的情形产生的地役权注销登记可以由供役人或需役人单方申请，即注销登记申请书由供役人或需役人单方出具。登记申请书应当载明：地役权人（需役人）；供役人；申请人的身份证明类型和号码；登记类型——注销登记；登记原因——地役权合同解除（或地役权期限届满等）；供役的和需役的不动产的不动产单元号码；不动产登记证明号码等。

2. 不动产登记证明或地役权已经登记的证明

（1）不动产登记证明。

不动产登记证明，是指载明欲注销的地役权的不动产登记证明。按《不动产登记暂行条例实施细则》第六十三条第一款规定，不动产登记证明，是申请人申请地役权注销登记时应当提交的材料。要求申请人提交不动产登记证明：一是证明欲注销的地役权已经记载在登记簿上，申请地役权注销登记的前提成立；二是便于登记机构结合申请人提交的身份证明，判定申请地役权注销登记的申请人是否适格；三是注销登记被记载于登记簿上后，地役权消灭，不动产登记证明失去权利证明作用，由登记机构收回归档，以免流失社会造成负面影响。其中，证明申请地役权注销登记的前提成立是最主要的目的。

（2）地役权已经登记的证明。

地役权已经登记的证明，主要指记载有欲注销的地役权的登记簿打印件、复印（制）件，或登记机构存档的载明欲注销的地役权的登记材料等。在不动产登记实务中，申请人申请地役权注销登记时因不动产登记证明遗失或毁损而不能提交的，由于地役权注销登记，不是地役权人与他人发生的，须以不动产登记证明表征地役权存在而与他人为交易法律行为产生的登记，且地役权已经登记的证明能够证明申请注销登记的前提成立，故申请人申请注销登记时可以提交地役权已经登记的证明代替因遗失或毁损而不能提交的不动产登记证明，在注销登记完成后，未收回的不动产登记证明由登记机构在其门户网站或当地公开发行的报刊上公告作废，以免除或减轻其流失社会造成的负面影响。

《不动产登记暂行条例实施细则》第二十三条规定，因不动产权利灭失等情形，不动产登记机构需要收回不动产权属证书或者不动产登记证明的，应当在不动产登记簿上将收回不动产权属证书或者不动产登记证明的事项予以注明；确实无法收回的，应当在不动产登记机构门户网站或者当地公开发行的报刊上公告作废。其中的"不动产权利灭失"，包括不动产权利的绝对灭失和相对灭失。不动产权利的绝对灭失，是指不动产权利随不动产实体的消灭而永久消灭，或者随依附的主权利、主债权的消灭而消灭。与之对应的是不动产权利的相对灭失：一是不动产权利因转移给他人而使原权利人的权利灭失，他人在此灭失的基础上设立属于自己的不动产权利；二是不动产权利因不动产实体灭失外的申请注销登记的事由成就完成注销登记而灭失（如权利人抛弃不动产权利申请注销登记后，该权利人享有的不动产权利灭失，但该不动产权利本身并不消灭，而其归属处于待定状态，故此情形属于不动产权利的相对灭失）；三是不动产权利内容发生变更，变更前的不动产权利内容因变更的完成而消灭，不动产权利的新内容因变更的完成而产生。据此可知，地役权注销登记完成后，权利人的权利灭失，不能收回的载明该灭失权利的不动产登记证明，应当由登记机构公告作废。

3. 地役权消灭的证明

地役权消灭的证明，是申请人申请地役权注销登记的原因凭证。《不动产登记暂行条例实施细则》第六十三条规定的申请地役权注销登记的情形主要有：① 地役权期限届满；② 供役的不动产、需役的不动产归于同一人；③ 供役的不动产或需役的不动产消灭；④ 人民法院、仲裁机构生效的法律文书导致地役权消灭；⑤ 地役权合同被解除或被撤销。该实施细则第六十三条规定，地役权消灭的材料，是申请人申请地役权注销登记时应当提交的材料。根据地役权消灭的情形，地役权消灭的证明主要有：

（1）地役权利用期限届满的证明。

地役权利用期限届满，主要指地役权设立合同中约定的地役权存续期间届满，当事人未续签地役权合同以延长期限而使地役权终止、消灭的情形。此情形下，地役权消灭的证明为载明地役权存续期间的原地役权设立合同，或记载有地役权利用期限的登记簿打印件、复制件等。

（2）供役的不动产、需役的不动产归于同一人的证明。

供役的不动产、需役的不动产归于同一人，主要指供役的不动产权利人或需役的不动产权利人，因依法取得对方的不动产权利，使供役的权利人和需役的权利人同一而消灭地役权的情形。此情形下，地役权消灭的证明为供役的权利人和需役的权利人同一的证明，如记载有相应的土地使用权及地上房屋等建筑物、构筑物所有权的不动产权属证书等。

（3）供役的不动产或者需役的不动产灭失的证明。

按《民法典》第二百三十一条规定，不动产实体灭失的，其上权利随之灭失。据此可知，供役的不动产或者需役的不动产灭失，系供役不动产上承载的地役权，随供役不动产实体灭失而灭失，或需役不动产权利人享有的地役权，随需役的不动产实体的灭失而灭失的情形。此情形下，不动产因自然原因灭失的，地役权消灭的证明为县级以上人民政府应急管理机关出具的土地及地上房屋等不动产因自然原因灭失的证明等。不动产因人为原因灭失的，地役权消灭的证明因个案确定，如权利人自行拆除房屋的，地役权消灭的证明为权利人出具的拆除房屋说明等。

征收、收回也导致供役的不动产或者需役的不动产灭失，此情形下地役权消灭的证明为县级以上人民政府生效的征收决定，或载明收回内容的县级以上人民政府自然资源行政主管部门作出的收回意见及同级人民政府同意实施该意见的批准文件等。

（4）人民法院、仲裁机构生效的法律文书导致地役权消灭的证明。

人民法院、仲裁机构生效的法律文书导致地役权消灭，主要指人民法院生效的判决书、执行裁定书消灭地役权，或仲裁机构生效的裁决书消灭地役权的情形。此情形下，地役权消灭的证明为人民法院生效的确认地役权消灭的判决书、执行裁定书，或仲裁机构生效的确认地役权消灭的裁决书。

（5）依法解除或撤销地役权合同的证明。

依法解除地役权合同，主要指地役权合同的当事人在合同有效期内协商一致后解除或终止地役权合同而消灭地役权的情形。撤销地役权合同，是指人民法院、仲裁机构经过依法审理作出的撤销地役权合同的情形。因此，地役权消灭的证明为地役权当事人签订的地役权合同解除或终止协议，以及人民法院、仲裁机构出具的撤销地役权合同的生效的判决书、裁决书。

第十章　一般抵押权登记收件

《民法典》第三百九十四条规定："为担保债务的履行，债务人或者第三人不转移财产的占有，将该财产抵押给债权人的，债务人不履行到期债务或者发生当事人约定的实现抵押权的情形，债权人有权就该财产优先受偿。前款规定的债务人或者第三人为抵押人，债权人为抵押权人，提供担保的财产为抵押财产。"其中，债权人享有的优先受偿权即抵押权，抵押权属于担保物权的一种。

《民法典》第二百一十四条规定，不动产物权的设立、变更、转让和消灭，依照法律规定应当登记的，自记载于不动产登记簿时发生效力。据此可知，一般情形下，属于不动产担保物权的抵押权，其设立、变更、转让和消灭，亦应当自记载于登记簿上时起生效。依该法第十六章规定，抵押权分为一般抵押权和最高额抵押权。在不动产登记实务中，《不动产登记暂行条例实施细则》规定了一般抵押权首次登记、一般抵押权变更登记、一般抵押权转移登记和一般抵押权注销登记。也规定了最高额抵押权首次登记、最高额抵押权变更登记、最高额抵押权转移登记和最高额抵押权确定登记。同时，该实施细则对相应的抵押权登记类型以概括加例举的方式规定了登记收件。

随着社会经济、文化、生活的快速、多元化发展，不动产抵押不仅成为借款债权实现的担保手段，也成为货物供销、承揽加工等生产、流通领域产生的债权实现的担保手段，抵押权登记随之成为不动产登记中最主要的登记类型之一。在不动产登记实务中，申请抵押权登记的原因越来越多样化、复杂化，《不动产登记暂行条例实施细则》虽然对各种抵押权登记类型以概括加例举的方式规定了登记收件，但仍难以满足以个案为主的不动产登记实务的需要。笔者在遵循这些规定的前提下，根据自己研习不动产登记的体会和曾经的工作经验，对登记机构基于不同情形办理具体抵押权登记时应当收取的材料作梳理、介绍。

第一节　首次登记收件

一般抵押权首次登记，是指为了担保债权的实现，抵押当事人新创设一个原来不存在的一般抵押权并第一次申请将该抵押权记载在登记簿上产生的登记。本节简称一般抵押权为抵押权。一般情形下，通过法律行为设立抵押权。

第十章 一般抵押权登记收件

通过法律行为设立抵押权,是指在被担保的主债权存在的前提下,抵押当事人以合同或协议的形式达成设立抵押权的合意,然后申请将该抵押权记载在登记簿上使其产生法律上的效力的情形。

在不动产登记实务中,申请抵押权首次登记的,主要是因法律行为设立抵押权的情形,申请人有自然人、法人和非法人组织等,抵押权设立的原因有借款、产品(货物)销售、反担保抵押等,笔者拟区别抵押权的设立原因和抵押人,对登记机构在办理相应的抵押权首次登记时应当收取的材料作介绍。

一、因借款申请的首次登记收件

因借款产生的抵押权,是指应贷款人(债权人)的要求,借款人(债务人)或第三人以其依法享有的不动产物权为借款债权的实现提供担保设立的抵押权。

不动产价值量大,具有保值增值的作用,故不动产成为贷款人(债权人)发放借款时,要求借款人(债务人)或抵押人提供的最主要的担保财产之一。因此,因借款产生的不动产抵押权首次登记是抵押权登记中最常见的登记类型之一。

按《民法典》第三百九十五条规定,债务人或第三人有处分权的建设用地、建筑物、地上林木等不动产均可抵押。质言之,一般情形下,权利人依法享有的不动产物权都可以作为担保债务履行的抵押财产。按该法第二百六十六条、第二百六十八条、第二百六十九条和第二百七十条规定,享有物权的主体为自然人、法人和非法人组织。据此可知,自然人、法人和非法人组织都可以作抵押人。其中,法人和非法人组织具体有国有企业、事业单位、集体所有制企业、中外合资经营企业、中外合作经营企业、外资企业、有限责任公司、股份有限公司等。笔者区分抵押人类型对登记机构办理抵押权首次登记时应当收取的材料作介绍。

(一)抵押人是自然人时申请的首次登记收件

1. 登记申请书;
2. 申请人的身份证明;
3. 抵押权人的金融许可证或准予经营贷款业务的批文;
4. 不动产权属证书;
5. 抵押人的婚姻状况证明;
6. 借款合同;
7. 抵押合同;
8. 其他必要材料。

注：第 3 项材料适用于抵押权人为银行类金融机构或小额贷款公司的情形。第 5 项材料适用于登记簿上没有记载抵押不动产的共有情况的情形。第 6 项材料中的债权人为境外机构、境内的外资机构、外籍人士的，申请人应当同时提交国家外汇管理机关准予对外担保的批文。第 6 项材料中载明的抵押信息满足登记簿需要的，无须提交第 7 项材料。

说明和理由：

1. 登记申请书

在不动产登记实务中，《不动产登记操作规范（试行）》14.1.4 条规定，抵押权首次登记应当由抵押人和抵押权人共同申请。据此可知，抵押权登记申请书由抵押人和抵押权人共同出具。在司法实务中，终审法院河南省安阳市中级人民法院在审理"上诉人某房产管理局、上诉人某农村信用合作社因房屋他项权登记一案"时认为"本案房屋他项权的登记、颁证行为，段某称其不知情、未办理，而某房产管理局及某信用社既未提供段某本人到该局申请办理本案房屋抵押登记的有效证据，又未提供段某委托他人到该局办理本案房屋抵押登记的有效证据，且王某又认可本案房屋抵押登记是由其办理，故某房产管理局及某信用社主张段某对本案房屋抵押登记一事知情并亲自办理的理由不成立，某房产管理局及某信用社的上诉请求本院不予支持"，遂作出维持原审人民法院撤销某房产管理局抵押登记的原审判决的判决[①]。本案中，人民法院的认为和判决表明，抵押权登记须由抵押权人和抵押人共同申请，且申请时应当提交登记申请书。

《国土资源部关于启用不动产登记簿证样式（试行）的通知》（国土资发〔2015〕25 号）附《不动产登记簿样式及使用填写说明》规定，登记簿应当记载的抵押权的内容有：抵押权人；抵押人；申请人的身份证明类型和号码；抵押不动产的类型——土地（或土地及地上房屋、林地和林木、海域及海域内的构筑物等）；抵押方式——一般抵押权；登记类型——首次登记；登记原因——因合同设立（借款）；被担保主债权的数额；债务履行期限；共有情况等。因此，抵押权登记申请书须载明这些内容。

自然人申请登记为单独所有的，应当提交单独所有的证明材料，如婚前取得的证明、对方配偶关于归申请人单独所有的声明等。

申请登记为按份共有的，应当提交共有人关于份额的约定等。

[①] 河南省安阳市中级人民法院："上诉人某房产管理局、上诉人某农村信用合作社因房屋他项权登记一案"，http://www.110.com，访问时间：2017 年 11 月 15 日。

第十章 一般抵押权登记收件

2. 申请人的身份证明

如前所述,因抵押权首次登记由抵押权人和抵押人共同申请,故申请人的身份证明是指抵押权人和抵押人的有效的身份证明。申请人的身份证明主要有:

(1)境内自然人。

提交有效的居民身份证、户口簿、军官证、士兵证、文职干部证、学员证等[①]。

(2)港澳台地区自然人。

港澳同胞提交香港特别行政区居民身份证或香港特别行政区护照、澳门特别行政区居民身份证或澳门特别行政区护照、港澳居民来往内地通行证。台湾同胞提交台湾居民来往大陆通行证等[②]。

(3)华侨、外籍自然人。

华侨提交中华人民共和国护照和国外长期居留身份证件。外籍自然人提交中国政府主管机关签发的居留证件或其所在国护照等[③]。《不动产登记操作规范(试行)》1.8.2.4条之3规定,外文文本的申请材料应当翻译成汉字译本,当事人应签字确认,并对汉字译本的真实性负责。据此可知,提供外文身份证明的申请人应当同时提交经过其签字确认的该身份证明的中文译本。也可以提交在我国合法经营的翻译机构出具的中文译本。

(4)境内法人或其他组织。

提交机关法人设立文件、事业单位法人资格证、社会团体法人登记证书、营业执照等[④]。

特别说明:

按《事业单位登记管理暂行条例》第三条、第五条和第八条规定,事业单位经主管部门批准成立后,须经县级以上人民政府机构编制管理机关登记并颁发《事业单位法人证书》。按《社会团体登记管理条例》第三条、第六条和第十五条规定,社会团体经其业务主管机关批准,并经县级以上人民政府民政机关登记,领取《社会团体法人登记证书》。《公司法》第七条规定,依法设立的公司,由公司登记机关发给公司营业执照。公司自营业执照签发时成立。《个人独资企业法》第十二条和第十三条规定,登记机关应当在收到个人独资企业设立申请文件之日起十五日内,对符合该法规定条件的,予以登记,发给营业执照。企业自营业执照签发时成立。《合伙企业法》第十

---

① 参见《不动产登记操作规范(试行)》1.8.4.1条之1。
② 参见《不动产登记操作规范(试行)》1.8.4.1条之2和3。
③ 参见《不动产登记操作规范(试行)》1.8.4.1条之4和5。
④ 参见《房地产登记技术规程》附录B.0.10条。

条和第十一条规定,申请人提交的登记申请材料齐全、符合法定形式,企业登记机关能够当场登记的,应予当场登记,发给营业执照。企业自营业执照签发时成立。据此可知,事业单位法人、社会团体法人、企业法人及企业性质的非法人组织须经相关国家机关登记,故其身份证明,除法人资格证、营业执照外,还可以是其登记机关出具的有关身份证明的文件或书面材料,如县级以上人民政府机构编制管理机关批准或准予事业单位撤、并、转或设立的文件;再如企业登记机关出具的"兹证明某金属公司系经我局登记成立的公司法人"等。

(5)港澳地区法人。

提交经我国司法部委托的律师出具的公证书公证的商业登记证,且加盖中国法律服务(香港)有限公司、中国法律服务(澳门)有限公司转递章。也可以提交我国公证机构办理的商业登记证公证书。

(6)台湾地区法人。

提交企业登记证或注册证[①],但须经大陆公证机构公证,或经台湾公证机构公证。台湾公证机构出具的公证书须经大陆相关机构认证(一般由省级公证协会认证)。

(7)外国法人、组织。

提交经我国驻外使(领)馆认证的,所在国家公证机构公证的身份证明[②]。或直接在我国使(领)馆办理公证的身份证明。《不动产登记操作规范(试行)》1.8.2.4条之3规定,外文文本的申请材料应当翻译成汉字译本,当事人应签字确认,并对汉字译本的真实性负责。据此可知,提供外文身份证明的申请人应当同时提交申请人签字确认的该公证书的中文译本,或提交在我国合法经营的翻译机构出具的该公证书的中文译本。

3. 抵押权人的金融许可证或准予经营贷款业务的批文

按《商业银行法》第三条、第十六条和第九十二条、第九十三条规定,在中国境内开展贷款业务的中资银行、信用社、外资银行、中外合资银行和外国银行,须经国务院银行业监督管理机构批准并核发金融许可证。《中国银行业监督管理委员会、中国人民银行关于小额贷款公司试点的指导意见》(银监发〔2008〕23号)规定,小额贷款公司是由自然人、企业法人与其他社会组织投资设立,不吸收公众存款,经营小额贷款业务的有限责任公司或股份有限公司。

---

① 参见《广州市城镇房地产登记技术规范》第二十七条。
② 参见《广州市城镇房地产登记技术规范》第二十七条。

第十章 一般抵押权登记收件

申请设立小额贷款公司，应向省级政府主管部门提出正式申请，经批准后，到当地工商行政管理部门申请办理注册登记手续并领取营业执照。概言之，在不动产登记实务中，登记机构办理一般抵押权登记时，债权人即抵押权人，属于登记簿记载的内容，若债权人的名称中有"银行"或"信用社"字样的，须持有金融许可证且该金融许可证应当载明"经营贷款业务"。债权人名称中有"小额贷款"字样的，须经省级政府主管机关批准并核发准予开展贷款业务的批文。《行政许可法》第八十一条规定，当事人未经行政许可，擅自从事依法应当取得行政许可的活动的，应当受到行政处罚，甚至承担刑事责任。质言之，未获得行政许可，擅自从事依法应当取得行政许可的活动属于应当受到惩处的违法行为。《不动产登记暂行条例》第二十二条第（一）项规定，登记申请违反法律、行政法规规定的属于不予登记的情形。据此可知，申请登记的内容应当符合法律、行政法规的规定。如果银行在没有取得金融许可证，小额贷款公司没有取得准予开展贷款业务的批文的情形下，与他人建立借贷关系设立的贷款债权属于违反《行政许可法》规定的行为，不能设立抵押权保障其实现，更不能向登记机构申请抵押权首次登记。债权人名称以其持有的营业执照等合法身份证明载明的名称为准。

4. 不动产权属证书

不动产权属证书，是指载明欲抵押的不动产物权的不动产权属证书。要求申请人提交不动产权属证书：一是表明欲抵押的不动产已经记载在登记簿上，申请抵押权首次登记的前提成立；二是便于登记机构结合申请人提交的身份证明，判定不动产权利人与申请人中的抵押人是否一致，即判定申请人是否适格；三是便于登记机构办理抵押权首次登记时明确抵押不动产的范围，即特定抵押权的权利客体。其中，证明申请抵押权首次登记的前提成立是最主要的目的。《不动产登记暂行条例实施细则》第六十六条规定，不动产权属证书是申请人申请抵押权首次登记时应当提交的材料。

在抵押权首次登记中，若申请人因不动产权属证书遗失或毁损而不能提交，但又急需办理抵押权登记，欲以不动产登记档案材料复印件或登记簿打印件、复印（制）件等抵押的不动产物权已经登记的证明替代不动产权属证书的，登记机构应当不予支持，理由有三：一是以不动产作抵押，表明抵押人（不动产权利人）在世或存续，具备申请补发不动产权属证书的主体条件；二是不动产实体存在，权利人不抛弃不动产权利，且要利用不动产权利，具备申请补发不动产权属证书的客体条件和主观要求；三是按《民法典》第二百一十七条规定，不动产权属证书是权利人享有该不动产物权的外在表征形式。质言之，不动产权属证书是权利人享有不动产物权的证明,也是抵押人以此表征用于抵押的不动产物权存在,并与抵押权人据此协商签订不动产抵押合同的基础凭证。所以,在抵押权首次登记中,不动产权属证书作为登记收件,登记机构应当按法律、法规和规章的规定,从严掌握。如果抵押人因不动产权属证书遗失或毁损而不能提交的,登记机构应当告知抵押人按《不动产登记暂行条例实施细则》第二十二条第二款的规定申请补发,补发后,再按程序申请抵押权首次登记。

在不动产登记实务中,按《不动产登记暂行条例实施细则》第二十条第一款规定,不动产权属证书是由登记机构根据登记簿的记载,向权利人颁发的证明其依法享有不动产物权的凭证。因此,登记机构对自己颁发的不动产权属证书负有识别真假的责任,换言之,登记机构对自己向权利人颁发的不动产权属证书,负有实质审查的责任。如果登记机构对不动产权属证书的真假识别不正确,则未尽审查之责,在可能出现的行政诉讼或行政复议中,将承担不利后果。在司法实务中,最高人民法院在审理"江西省某房产管理局与某银行江西省分行违法办理房屋抵押登记案"时认为"某房管局在本案中违反职业规范,未尽必要的注意义务,为持有假房产证实施诈骗的某公司办理抵押登记手续,并明示信托公司可以办理贷款。信托公司基于对房产登记机关所办抵押登记行为的信赖,为某公司发放贷款,致使信托公司遭受了财产损失",遂判决某房产管理局承担因抵押登记给某银行造成的损失[①]。本案中,人民法院的认为和判决表明,登记机构办理抵押权首次登记时,不仅要收取登记在抵押人名下的不动产权属证书,且对识别该不动产权属证书的真假承担责任,否则,在诉讼中会被人民法院认定为"未尽必要的注意义务",即未尽合理审慎的审查之责,并承担由此产生的不利后果。

5. 抵押人的婚姻状况证明

按我国《民法典》规定,结婚实行登记发证制度,而离婚实行登记发证和诉讼裁判制度,因此,婚姻状况证明的具体形式有结婚证书、离婚证书、生效的离婚判决书或离婚民事调解书、婚姻登记机关出具的婚姻关系证明等。

2017年10月1日前(《物权法》实施前),自然人取得的不动产权属证书(如国有土地使用权证、房屋所有权证、林权证等),因不动产登记簿制度尚未建立,大部分不动产的共有情况在不动产权属证书上无记载,故申请抵押权首次登记时,抵押人应当向登记机构提交其婚姻状况证明,登记机构根据其婚姻关系建立或解除的时间和不动产权属证书上的颁证或登记时间,查验抵押人是

---

① 最高人民法院:"江西省某房产管理局与某银行江西省分行违法办理房屋抵押登记案",http://www.110.com,访问时间:2017年12月1日。

第十章 一般抵押权登记收件

否有权抵押不动产,抵押登记申请人是否有遗漏,抵押权登记可否办理等。

原《物权法》第九条规定,不动产物权的设立、变更、转让和消灭,经依法登记,发生效力;未经登记,不发生效力,但是法律另有规定的除外。该法第十六条第一款规定,不动产登记簿是物权归属和内容的根据。按该法第十二条规定,登记机构有权就有关登记事项询问申请人。申请登记的不动产的有关情况需要进一步证明的,登记机构可以要求申请人补充材料(现《民法典》第二百零九条、第二百一十六条第一款、第二百一十二条做了同样的规定)。质言之,登记机构有权对申请登记的不动产的共有状况询问申请人,并根据询问情况要求申请人提供支撑证据后才登记。因此,当权利人为自然人时,原《物权法》(现《民法典》)的这些规定,可以使其全部登记,克服隐名共有人的存在。在不动产登记实务中,《不动产登记操作规范(试行)》2.1.3条第一款规定,共有不动产的登记,应当由全体共有人共同申请。《国土资源部关于启用不动产登记簿证样式(试行)的通知》(国土资发〔2015〕25号)附《不动产登记簿样式及使用填写说明》规定,共有情况属于不动产登记簿记载的内容。根据法律、规章和政策的这些规定,只有记载在登记簿上的人才是具有法律意义的不动产物权的权利人,概言之,不动产登记簿制度建立后,法律、规章和政策的规定均不再支持隐名共有人的存在。故权利人取得的不动产权利在登记簿制度建立后,申请抵押权首次登记时,登记簿记载的权利人有权处分登记在其名下的不动产,登记机构无须再要求抵押人提交婚姻状况证明作为其有权抵押不动产的佐证。

6. 借款合同

《民法典》第三百九十四条规定:"为担保债务的履行,债务人或者第三人不转移财产的占有,将该财产抵押给债权人的,债务人不履行到期债务或者发生当事人约定的实现抵押权的情形,债权人有权就该财产优先受偿。前款规定的债务人或者第三人为抵押人,债权人为抵押权人,提供担保的财产为抵押财产。"按《民法典》第三百八十八条规定,担保合同是主债权债务合同的从合同。主债权债务合同无效,担保合同无效。概言之,抵押权是为担保债权的实现而设立的一种担保物权,即抵押权依附于债权而成立、存在,没有债权,就没有抵押权。借款合同是被担保的借款债权存在的凭证,借款合同也是抵押合同成立、存在的支撑。

在不动产登记实务中,《不动产登记暂行条例实施细则》第六十六条第一款规定,主债权合同是登记机构办理抵押权首次登记时的必收要件。

在不动产登记实务中，登记机构对借款合同的审查：一是核对借款合同与抵押合同是否匹配，即借款债权是否是被抵押权担保的债权，与抵押合同不匹配的借款合同，不能用作抵押权首次登记的要件；二是核对作为登记簿记载内容的被担保的债权数额、债务履行期间等是否明确，即是否满足登记簿的记载所需的信息要求，所载明的信息不能满足登记簿的记载需要的，应当告知申请人予以修正、补正；三是判定合同是否已经生效，一般情形下，合同自双方当事人签名、指印或签章时起生效，但当事人约定有生效期间或生效条件的，须在生效期间届至或生效条件成就后，合同方生效力。未生效的借款合同，登记机构不得用作登记材料。

7. 抵押合同

抵押合同是申请人申请抵押权首次登记的原因凭证。

按《民法典》第三百八十八条规定，设立担保物权，应当依照本法和其他法律的规定订立担保合同。概言之，抵押合同是抵押权设立的法定条件，也是抵押权设立的基础法律关系。

在不动产登记实务中，按《不动产登记暂行条例实施细则》第六十六条第一款规定，抵押合同是登记机构办理抵押权首次登记时的必收要件。在司法实务中，终审法院河南省濮阳市中级人民法院在审理"上诉人某城市信用社股份有限公司因与被上诉人何某担保物权确认纠纷一案"时认为"信用社与周某在办理贷款抵押时，应当争得房屋所有权人何某同意，才能办理抵押登记，签订抵押担保合同，因何某未与信用社办理抵押担保合同，故双方不存在抵押担保关系，该房产抵押合同未成立，故信用社不享有抵押权"，遂作出维持原审人民法院确认某城市信用社不享有抵押权的原审判决的判决[①]。本案中，人民法院的认为和判决表明，抵押当事人未签订抵押合同的，抵押关系不存在，抵押权亦不成立。申言之，登记机构办理抵押权首次登记时，如果没有收取抵押合同，抵押权登记亦不能成立。

在不动产登记实务中，《国土资源部关于启用不动产登记簿证样式（试行）的通知》（国土资发〔2015〕25号）附《不动产登记簿样式及使用填写说明》规定，抵押权人、抵押人、被担保主债权的数额、债务履行期间等属于登记簿记载的不动产抵押权的内容。登记机构据此对抵押合同作审查，也主要是核对、查验抵押合同载明的信息能否满足登记簿的记载需要，不对合同的内容作实质审查。核对抵押合同载明的信息：一是看合同的签订主体是否适格，即签订抵

---

① 河南省濮阳市中级人民法院："上诉人某市城市信用社股份有限公司因与被上诉人何某担保物权确认纠纷一案"，http://www.110.com，访问时间：2017年12月7日。

第十章 一般抵押权登记收件

押合同的抵押人与抵押权人是否适格。如前所述，抵押人是对用于抵押不动产享有物权的自然人、法人或非法人组织，抵押权人是债权人，一般情形下，因借款建立的抵押关系的抵押权人，须是有完全民事行为能力的自然人、法人或非法人组织。二是看抵押合同是否与借款合同匹配，即是否为因借款合同建立的债权作担保。一般情形下，经营贷款的机构的借款合同有合同编号，抵押合同应当载明与之匹配的借款合同的合同编号。没有合同编号的，则查验主债权合同上的债权数额、债务履行期限等与抵押合同上载明的是否对应。三是看抵押合同的签订时间与借款合同的签订时间是否冲突，作为借款合同从合同的抵押合同，应当在借款合同签订之后签订，即抵押合同的签订时间应当与借款合同在同一天或之后，以体现主从关系。四是抵押合同是否已经生效。签订主体不适格的抵押合同，与借款合同不匹配的抵押合同，与借款合同的签订时间相冲突的抵押合同和没有生效的抵押合同，登记机构均不得用作办理抵押权首次登记的要件。

在不动产登记实务中，借款合同载明的债权数额与抵押合同载明的被担保的债权数额不一致的情形时有出现。借款合同载明的债权数额大于抵押合同载明的被担保的债权数额时，表明抵押的不动产只担保该债权中的一部分债权，大于部分不属于担保范围，登记簿记载的被担保的债权数额以抵押合同载明的为准；抵押合同载明的被担保的债权数额大于借款合同载明的债权数额时，系将不与抵押合同匹配的借款合同产生的债权列入担保范围，与法理和法律的规定相悖，登记机构应当告知申请人，将被担保的债权数额修正为等于或小于借款合同载明的债权额后再申请抵押权首次登记。

在不动产登记实务中，常常有监护人用被监护人的不动产作抵押并与抵押权人签订抵押合同的情形。按《民法典》第三十五条第一款规定，监护人除为维护被监护人利益外，不得处分被监护人的财产。《民法典》第六百六十八条第二款规定，借款合同的内容一般包括借款种类、币种、用途、数额、利率、期限和还款方式等条款。因此，对用被监护人的不动产抵押签订的抵押合同，登记机构应当结合与之匹配的借款合同进行审查，如果借款合同中载明的借款用途是为了被监护人的利益（一般情形下，借款用于被监护人利益的用途有就学、就医和民事赔偿费等），则该抵押合同可以用作办理抵押权首次登记的要件，否则，不可以用作办理抵押权首次登记的要件，由此申请的抵押权登记不予核准。登记机构还应当要求申请人另行提交抵押不动产是为了未成年人利益的书面保证。在司法实务中，终审法院湖南省娄底市中级人民法院在审理"上诉人某农村信用合作联社因房产登记管理一案"时认为"根据《城市房地产抵押管理办法》第三十二条之规定，应取得抵押当事人的身份证明及抵押登记申请书等相关资料，且肖某当时系未成年人，他人处置其财产进行抵押登记应当符合民事法律的特别规定，房产局亦有义务对此进行严格审查。但某房地产管理局未能向法庭提交以上能供其审查的必备资料，且在对刘某以肖某的财产进行抵押登记是否符合民法规定未进行严格审查的情况下，即为肖某享有产权的房屋及土地办理了抵押登记手续，程序严重违法，一审法院判决撤销某房地产管理局于 2003 年 1 月 27 日颁发的某房押登字第 2003-01-82 号抵押登记通知和某房他字第 2003-01-82 号房屋他项权证是正确的，本院应予维持"，遂作出维持原审人民法院撤销某房地产管理局抵押登记的原审判决的判决[①]。本案中，人民法院的认为和判决表明，未成年人的不动产抵押应当符合民事法律的特别规定，即是为了未成年人利益而抵押不动产，登记机构对此有审查责任。

特别说明：

（1）在不动产登记实务中，申请人提交附生效条件或生效期间的抵押合同作为登记材料的情形时有出现，且申请时，所附的生效条件尚未成就，或所附的生效期间尚未届至，但是，抵押权首次登记的申请人是抵押合同的当事人，即抵押权人和抵押人共同申请，登记机构应当要求抵押当事人在所附生效条件成就或生效期间届至时，再申请抵押权登记。也可以建议当事人删除或修正所附生效条件或生效期间的合同条款后，再申请抵押权首次登记。

（2）关于对外抵押担保的说明。按《境内机构对外担保管理办法》第二条规定，对外抵押担保，是指中国境内机构以其可以依法抵押的财产，抵押给境外机构或境内的外资机构，作为自己或他人履行债务的担保。该办法第三条规定，中国人民银行授权国家外汇管理局及其分、支局为对外担保的管理机关，负责对外担保的审批、管理和登记。《个人外汇管理办法》第二十一条规定，境内个人向境外提供贷款、借用外债、提供对外担保和直接参与境外商品期货和金融衍生产品交易，应当符合有关规定并到外汇局办理相应登记手续。据此可知，境内机构、自然人以其可以依法抵押的财产抵押给境外机构、境内的外资机构、外籍人士作为债务履行担保的，应当经国家外汇管理机关批准或登记。在司法实务中，《担保法司法解释》第六条第（一）项和第（二）项规定，未经国家有关主管部门批准或者登记对外担保的，或者未经国家有关主管部门批准或者登记，为境外机构向境内债权人提供担保的，对外担保合同无效。据此可知，未经国家外汇管理机关批准的，境内机构、自然人以其可以依法抵押的

---

① 湖南省娄底市中级人民法院："上诉人某农村信用合作联社因房产登记管理一案"，http://www.110.com，访问时间：2017 年 12 月 17 日。

第十章 一般抵押权登记收件

财产抵押给境外机构、境内的外资机构或外籍人士作为债务履行担保的,或者境内机构、自然人以其可以依法抵押的财产担保境外债务履行而抵押给境内机构的,对外担保合同无效。在不动产登记实务中,无效的担保合同,登记机构不得用作登记的证据材料。概言之,申请人提交的借款合同中的债权人为境外机构、境内的外资机构或外籍人士的,应当同时提交国家外汇管理机关准予对外抵押担保的批文。最高额抵押权首次登记、在建建筑物抵押权首次登记亦然。

(3) 关于当事人提交金融许可证的说明。银行或银行类金融机构的金融许可证与身份证明分别由不同的行政机关管理、颁发,在实际工作中,存在银行或银行类金融机构因违反相关法律规定,被行政机关吊销金融许可证后,在营业执照被吊销前的时间段内违规执业的情形;也存在营业执照被吊销后,在金融许可证被吊销前违规执业的情形。银行或银行类金融机构违法从事贷款经营活动,基于此建立的贷款债权的合同不符合法律的规定,登记机构不得用作登记的证据材料。故为了确保用作登记证据的借款合同的合法性,从而维护登记内容的合法性、有效性、严肃性和权威性,登记机构办理银行或银行类金融机构申请的抵押权首次登记时,应当要求申请人同时提交有效的金融许可证和身份证明。

(4) 在不动产登记实务中,《不动产登记暂行条例实施细则》第六十六条第二款规定,抵押合同可以是单独订立的书面合同,也可以是主债权合同中的抵押条款。因此,如果主债权合同中的抵押条款载明的信息满足登记簿记载内容的需要时,申请人无须另行提交抵押合同,此主债权合同为集主债权债务关系、抵押关系于一体的二合一合同。

(二)抵押人是法人或非法人组织时申请的抵押权首次登记收件

1. 登记申请书;
2. 申请人的身份证明;
3. 抵押权人的金融许可证或准予开展贷款业务的批文;
4. 不动产权属证书;
5. 借款合同;
6. 抵押合同;
7. 其他必要材料。

注:第3项材料适用于抵押权人为银行类金融机构或小额贷款公司的情形。第5项材料中的债权人为境外机构、境内的外资机构、外籍人士的,申请人应当同时提交国家外汇管理机关准予对外担保的批文。第5项材料载明的抵押信息满足登记簿记载的需要的,无须再提交第6项材料。

说明和理由:

1. 申请人申请一般抵押权登记时,用国有企业、国有独资公司、事业单位法人的不动产抵押的,是否应当向登记机构提交县级以上人民政府或其国有资产管理部门同意用该不动产抵押的证明?

(1) 笔者曾经的认为。

国有企业、国有独资公司,是指由国家全额投资,依法取得法人资格,实行自主经营、自负盈亏、独立核算,以国家授予其经营管理的财产承担民事责任的企业组织。国有企业、国有独资公司以生产、经营主体的身份参与市场经济,在市场经济活动中,与其他市场主体一样,融通资金是生产、经营活动得以正常开展的保证,以土地、房屋等不动产抵押获取借款是其常用的融通资金的手段之一。

《事业单位登记管理暂行条例》第二条规定,事业单位是由国家机关举办或其他组织利用国有资产举办的社会服务组织。据此可知:① 事业单位是社会服务组织,不是生产、经营的经济实体;② 事业单位的资产是国有资产。那么,事业单位为了社会服务所需,可否以其不动产抵押获取借款呢?《物权法》第一百八十四条第(三)项规定,学校、幼儿园、医院等以公益为目的的事业单位、社会团体的教育设施、医疗卫生设施和其他社会公益设施不得抵押。据此作反面解释:学校、幼儿园、医院等以公益为目的的事业单位、社会团体的非教育设施、非医疗卫生设施和其他非社会公益设施可以作抵押。在司法实务中,《担保法司法解释》第五十三条规定,学校、幼儿园、医院等以公益为目的的事业单位、社会团体,以其教育设施、医疗卫生设施和其他社会公益设施以外的财产为自身债务设定抵押的,人民法院可以认定抵押有效。因此,事业单位可以用登记在其名下的不用于公益服务的不动产作抵押,如:某县人民医院,为了筹集购置医疗设备款,用登记在其名下的商业门市向银行作抵押借款。

如前所述,国有企业、国有独资公司和事业单位法人的财产都属于国有资产。《企业国有资产法》第三条、第四条和第十一条规定,国务院代表国家行使国有资产所有权。国务院和地方人民政府依照法律、行政法规的规定,分别代表国家对国家出资企业履行出资人职责,享有出资人权益。国务院国有资产监督管理机构和地方人民政府按照国务院的规定设立的国有资产监督管理机构,根据本级人民政府的授权,代表本级人民政府对国家出资企业履行出资人职责。国务院和地方人民政府根据需要,可以授权其他部门、机构代表本级人民政府对国家出资企业履行出资人职责。该法第四十五条第(二)项规定,未经履行出资人职责的机构同意,国有企业、国有独资公司不得为关联方提供担保。申言之,在人民政府或其国有资产管理部门同意的前提下,国有企业、国

第十章 一般抵押权登记收件

有独资公司可以用登记在其名下的不动产为他人作抵押担保。《事业单位国有资产管理暂行办法》第二十一条规定，事业单位利用国有资产对外担保应当进行必要的可行性论证，并提出申请，经主管部门审核同意后，报同级财政部门审批。据此可知，法律和规章只规定国有企业、国有独资公司和事业单位法人用登记在其名下的财产为他人债务作抵押担保须经人民政府或其国有资产管理部门同意，但对他们用其不动产为自身债务作抵押担保是否经人民政府或其国有资产管理部门同意，则没有作规定。笔者认为，国有企业、国有独资公司和事业单位法人的不动产都属于国有资产，由国家行使权利，用国有不动产作抵押，实质上是对不动产作处分，无论用不动产为他人债务作抵押担保，还是用不动产为自身债务作抵押担保，都应当经权利人同意，具体到登记在国有企业、国有独资公司和事业单位法人名下的不动产，应当经人民政府或其国有资产管理部门同意。在现时的行政体制中，县级以上人民政府才设立财政机关或国有资产监督管理机构代政府行使不动产物权。

综上所述，国有企业、国有独资公司和事业单位法人以登记在其名下的不动产抵押，申请抵押权首次登记时，应当提交县级以上人民政府或其国有资产管理部门同意抵押的证明。

（2）笔者现时的认为。

《民法典》第二百一十六条第一款规定，不动产登记簿是物权归属和内容的根据。该法第三百九十四条规定："为担保债务的履行，债务人或者第三人不转移财产的占有，将该财产抵押给债权人的，债务人不履行到期债务或者发生当事人约定的实现抵押权的情形，债权人有权就该财产优先受偿。前款规定的债务人或者第三人为抵押人，债权人为抵押权人，提供担保的财产为抵押财产。"据此可知，不动产物权的权利主体和权利内容，以不动产登记簿的记载为准。因此，如果登记簿上记载的不动产物权的权利人为国有企业、国有独资公司或事业单位法人的，则此国有企业、国有独资公司或事业单位法人就是具有法律意义的不动产物权的权利主体。国有企业、国有独资公司或事业单位法人以登记在其名下的不动产作贷款抵押担保时，由该国有企业、国有独资公司或事业单位法人作为抵押人与抵押权人签订抵押合同。按《民法典》第一百五十八条规定，民事法律行为可以附条件，但是根据其性质不得附条件的除外。附生效条件的民事法律行为，自条件成就时生效。按该法第一百六十条规定，民事法律行为可以附期限，但是根据其性质不得附期限的除外。附生效期限的民事法律行为，自期限届至时生效。按该法第四百九十条第一款规定，当事人采用合同书形式订立合同的，自当事人均签名、盖章或者按指印时合同成立。该法第五百零二条第一款规定，依法成立的合同，自成立时生效，但是法律另有规定或者当事人另有约定的除外。据此可知，一般情形下，只要作为民事法律行为的抵押合同上有双方当事人的签字、按指印或者盖章，而无约定生效的条件或期限，则此合同就是已经生效的合同，登记机构可以直接用作登记的证据材料。至于法律、行政法规或规章规定，国有企业、国有独资公司和事业单位法人以登记在其名下的不动产作抵押，须向县级以上人民政府或其国有资产管理部门履行审批程序，笔者认为，这是法律、行政法规或规章对国有企业、国有独资公司和事业单位法人处分财产的内部制约机制的规定，属于管理性的规定。现时的法律、行政法规和司法解释，没有将县级以上人民政府或其国有资产管理部门审批同意不动产抵押的证明规定为国有企业、国有独资公司和事业单位法人与他人签订的抵押合同生效的前提。在司法实务中，《最高人民法院关于国有工业企业以机器设备等财产为抵押物与债权人签订的抵押合同的效力问题的批复》（法释〔2002〕14号）规定，国有工业企业以机器设备、厂房等财产与债权人签订的抵押合同，如无其他法定的无效情形，不应当仅以未经政府主管部门批准为由认定抵押合同无效。最高人民法院在审理"AT集团控股有限公司、中原银行股份有限公司KZ支行金融借款合同纠纷案"中认为，《合同法》第四十四条规定："依法成立的合同，自成立时生效。法律、行政法规规定应当办理批准、登记等手续生效的，依照其规定。"（现时的《民法典》第五百零二条第一款规定，依法成立的合同，自成立时生效，但是法律另有规定或者当事人另有约定的除外。）那么，AT集团公司与中原银行KZ支行之间成立的担保合同是否已经生效，取决于该合同是否属于法律、行政法规规定的应当办理批准、登记等手续才生效的合同。AT集团公司主张，其系国有独资公司，按照其公司章程以及《中华人民共和国企业国有资产法》（以下简称《企业国有资产法》）第三十条、第三十二条等规定，对外担保事项必须经过审批程序。对此，《企业国有资产法》第三十条规定："国家出资企业合并、分立、改制、上市、增加或者减少注册资本，发行债券，进行重大投资，为他人提供大额担保，转让重大财产，进行大额捐赠，分配利润，以及解散、申请破产等重大事项，应当遵守法律、行政法规以及企业章程的规定，不得损害出资人和债权人的利益。"该法第三十二条规定："国有独资企业、国有独资公司有本法第三十条所列事项的，除依照本法第三十一条和有关法律、行政法规以及企业章程的规定，由履行出资人职责的机构决定的以外，国有独资企业由企业负责人集体讨论决定，国有独资公司由董事会决定。"《公司法》第六十六条规定："国有独资公司不设股东会，由国有资产监督管理机构行使股东会职权。国有资产监督管理机构可以授权董事会行使股东会的部分职权，但公司的分离、合并、解散、增加或者减少注册资本和发行公司债券，必须由国有资产监督管理机构决定。"上

第十章 一般抵押权登记收件

述法律并未规定国有独资公司对外担保必须经过国有资产管理机构的审批程序，同时也未有法律明确规定国有独资公司签订对外担保合同必须经过批准方能生效，因此本案 AT 集团公司与中原银行 KZ 支行形成的担保合同不属于必须经过审批方可生效的合同。AT 集团公司申请再审称因合同未经批准未生效的意见缺乏法律依据，不能成立[①]。据此可知，国有工业企业、国有独资公司在未经政府主管部门批准的前提下，以其房地产作抵押与债权人签订的抵押合同有效。申言之，国有企业、国有独资公司和事业单位法人未经相关国家机关审批同意，以登记在其名下的不动产与他人签订的抵押合同也是有效的合同。因此，国有企业、国有独资公司和事业单位法人以其名义与抵押权人签订的抵押合同中，如无约定生效期限或生效条件的，登记机构可以直接用作登记的证据材料，无须要求申请人提交县级以上人民政府或其国有资产管理部门同意抵押的证明佐证抵押合同的效力。

2. 申请人申请一般抵押权登记时，用个人独资企业的不动产作抵押的，是否提交投资人或投资人夫妻同意用不动产抵押的证明？

《个人独资企业法》第五条规定，国家保护个人独资企业的财产和其他权益。《民法典》第一百零二条第二款规定，非法人组织包括个人独资企业、合伙企业、不具有法人资格的专业服务机构等。质言之，个人独资企业是可以以企业的名义依法享有财产权利的非法人组织。《个人独资企业法》第十七条规定，个人独资企业投资人对本企业的财产依法享有所有权，其有关权利可以依法进行转让或继承。质言之，投资人对其投资的个人独资企业的全部财产享有所有权。概言之，在对内法律关系上，投资人对其投资的个人独资企业享有所有权，但在对外法律关系上，个人独资企业作为民事主体，依法以企业名义与他人发生法律关系，并可以依法享有财产权利，即个人独资企业与其投资人属于平等的、不同的民事主体。不动产物权属于对世的公开的权利，应当适用对外法律关系。《民法典》第二百一十六条第一款规定，不动产登记簿是物权归属和内容的根据。据此可知，不动产物权的权利主体和权利内容，以不动产登记簿的记载为准。如果登记簿上记载的不动产物权的权利人为个人独资企业的，则此个人独资企业就是具有法律意义的不动产物权的权利主体。因此，个人独资企业可以以其名义与抵押权人签订抵押合同设立不动产抵押权。故申请人申请一般抵押权登记时，用登记在个人独资企业名下的不动产作抵押的，无须提交投资人或投资

[①] 最高人民法院："AT 集团控股有限公司、中原银行股份有限公司 KZ 支行金融借款合同纠纷案"，http://www.zhangguoyin.cn/，访问时间：2017 年 12 月 21 日。

人夫妻同意用该不动产抵押的证明。

3. 申请人申请一般抵押权登记时，用城镇集体企业的不动产作抵押的，是否提交企业职工会或职工代表大会同意用不动产抵押的证明和企业主管部门对该证明已经备案的证明？

（1）笔者曾经的认为。

《城镇集体所有制企业条例》第四条第一款规定，城镇集体所有制企业是财产属于劳动群众集体所有、实行共同劳动、在分配方式上以按劳分配为主体的社会主义经济组织。据此可知，集体所有是一种特殊的共有，即应当为集体的成员所共同享有所有权[①]。故集体企业以不动产作抵押须经全体共有人——全体职工同意。但规模较大的集体企业，如果要每个职工同意，一是意见不易统一，二是费时费力。为此，《城镇集体所有制企业条例》第九条规定，职工会或职工代表大会是集体企业的权力机构。质言之，职工会或职工代表大会代表全体职工行使企业的权力，具体到财产上，则代表职工行使其对共同财产享有的权利，换言之，以不动产作抵押的，只需城镇集体企业职工会或职工代表大会同意即可。在曾经的房屋登记实务中，《城市房地产抵押管理办法》第十四条规定，以集体所有制企业的房地产抵押的，必须经集体所有制企业职工（代表）大会通过，并报其上级主管机关备案。申言之，城镇集体企业以不动产作抵押申请抵押权首次登记时，职工会或职工代表大会同意用不动产抵押的证明和企业主管部门对该证明已经备案的证明是应当提交的材料。职工会或职工代表大会同意用不动产抵押的证明为有参会职工或职工代表签名的会议记录或会议决定，并加盖企业公章。企业主管部门可以在该证明上签署备案意见，并加盖企业主管部门印章或专门的备案专用章，也可以专门出具备案凭证。

（2）笔者现时的认为。

《民法典》第二百一十六条第一款规定，不动产登记簿是物权归属和内容的根据。《城镇集体所有制企业条例》第六条规定，集体企业依法取得法人资格，以其全部财产独立承担民事责任。据此可知，城镇集体企业是享有独立财产权的企业法人，以权利人名义记载在登记簿上的城镇集体企业，就是相应的不动产物权的权利主体。按《民法典》第一百五十八条规定，民事法律行为可以附条件，但是根据其性质不得附条件的除外。附生效条件的民事法律行为，自条件成就时生效。按该法第一百六十条规定，民事法律行为可以附期限，但是根据其性质不得附期限的除外。附生效期限的民事法律行为，自期限届至时生效。

---

① 王利明：《物权法教程》，中国政法大学出版社2003年版，第143页。

第十章 一般抵押权登记收件

按该法第四百九十条第一款规定，当事人采用合同书形式订立合同的，自当事人均签名、盖章或者按指印时合同成立。该法第五百零二条第一款规定，依法成立的合同，自成立时生效，但是法律另有规定或者当事人另有约定的除外。据此可知，一般情形下，只要作为民事法律行为的抵押合同上有双方当事人签字、按指印或者盖章，而无约定生效的条件或期限，则此合同就是已经生效的合同，登记机构可以直接用作登记的证据材料。至于《城镇集体所有制企业条例》第四条规定，城镇集体所有制企业的财产属于该企业的劳动群众集体所有。笔者认为，从集体企业与职工间的内部法律关系上看，集体企业的财产归企业的全体职工所有。但从外部法律关系上看，如前所述，集体企业是依法享有企业法人财产权利的民事主体，与该企业职工是平等的、两种不同的民事主体。不动产物权是对世的公开的权利，应当适用外部法律关系。现时的法律、行政法规和司法解释，没有将企业职工会或职工代表大会同意用不动产抵押的证明规定为城镇集体企业与他人签订的抵押合同生效的前提。因此城镇集体企业以其名义与抵押权人签订的抵押合同中，如无约定生效的条件或期限的，登记机构可以直接用作登记的证据材料，无须要求申请人提交企业职工会或职工代表大会同意用该不动产抵押的证明佐证抵押合同的效力，更不用提交企业主管部门对该证明已经备案的证明。

4. 申请人申请一般抵押权登记时，用乡村集体企业的不动产抵押的，是否应当提交村民会议或村民代表会议同意用不动产抵押的证明？

（1）笔者曾经的认为。

《乡村集体所有制企业条例》第十八条第一款规定，企业财产属于举办该企业的乡或者村范围内的全体农民集体所有，由乡或者村的农民大会（农民代表会议）代表全体农民的集体经济组织行使企业财产的所有权。《村民委员会组织法》第二十四条规定，处分集体所有的财产，由村民会议或村民会议授权的村民代表会议决定。据此可知，乡村集体企业抵押不动产申请抵押权首次登记时，申请人应当提交村民会议或村民代表会同意用不动产抵押的证明，但提交村民代表会同意抵押的证明时，应当同时提交村民会议授权村民代表会议有权处分集体财产的证明。

村民会议或村民代表会议同意用不动产抵押的证明，以及村民会议授权村民代表会议有权处分集体财产的证明，都应当有参会村民或村民代表的签名，且应当加盖集体企业的公章，以增强证明的真实性。

（2）笔者现时的认为。

《民法典》第二百一十六条第一款规定，不动产登记簿是物权归属和内容的根据。《民法典》第九十九条第一款规定，农村集体经济组织依法取得法人资格。《乡村集体所有制企业条例》第五条规定，国家保护乡村集体所有制企业的合法权益，禁止任何组织和个人侵犯其财产。据此可知，乡村集体企业是享有独立财产权的企业法人，以权利人名义记载在登记簿上的乡村集体企业，就是相应的不动产物权的权利主体。按《民法典》第一百五十八条规定，民事法律行为可以附条件，但是根据其性质不得附条件的除外。附生效条件的民事法律行为，自条件成就时生效。按该法第一百六十条规定，民事法律行为可以附期限，但是根据其性质不得附期限的除外。附生效期限的民事法律行为，自期限届至时生效。按该法第四百九十条第一款规定，当事人采用合同书形式订立合同的，自当事人均签名、盖章或者按指印时合同成立。该法第五百零二条第一款规定，依法成立的合同，自成立时生效，但是法律另有规定或者当事人另有约定的除外。据此可知，一般情形下，只要作为民事法律行为的抵押合同上有双方当事人的签字、按指印或者盖章，而无约定生效的条件或期限，则此合同就是已经生效的合同，登记机构可以直接用作登记的证据材料。至于《乡村集体所有制企业条例》第十八条第一款规定，企业财产属于举办该企业的乡或者村范围内的全体农民集体所有，由乡或者村的农民大会（农民代表会议）代表全体农民的集体经济组织行使企业财产的所有权。《村民委员会组织法》第二十四条规定，处分集体所有的财产，由村民会议或村民会议授权的村民代表会议决定。笔者认为，前者是从乡村集体企业与举办该企业的乡或者村范围内的农民间的内部法律关系上看，集体企业的财产归举办该企业的乡或者村范围内的全体农民所有。后者则是对乡村集体企业处分其财产的内部制约机制的规定，属于管理性规定。但从外部法律关系上看，按前述《民法总则》第九十九条规定和《乡村集体所有制企业条例》第五条规定，乡、村集体企业是依法享有企业法人财产权利的民事主体，与举办企业的乡、村及其村民是平等的、两种不同的民事主体。不动产物权是对世的公开的权利，应当适用外部法律关系。现时的法律、行政法规和司法解释，没有将村民会议或村民代表会议同意用不动产抵押的证明规定为乡村集体企业与他人签订的抵押合同生效的前提。因此，乡村集体企业以其名义与抵押权人签订的抵押合同中，如无约定生效的条件或期限的，登记机构可以直接用作登记的证据材料，无须要求申请人提交村民会议或村民代表会议同意用不动产抵押的证明佐证抵押合同的效力。

5. 申请人申请一般抵押权登记时，用有限责任公司、股份制公司、中外合资经营企业的不动产抵押的，是否应当提交股东会、股东大会或董事会同意用不动产抵押的证明？

（1）笔者曾经的认为。

第十章 一般抵押权登记收件

《公司法》第十六条规定，公司向其他企业投资或者为他人提供担保，依照公司章程的规定，由董事会或者股东会、股东大会决议；公司章程对投资或者担保的总额及单项投资或者担保的数额有限额规定的，不得超过规定的限额。公司为公司股东或者实际控制人提供担保的，必须经股东会或者股东大会决议。前款规定的股东或者受前款规定的实际控制人支配的股东，不得参加前款规定事项的表决。该项表决由出席会议的其他股东所持表决权的过半数通过。质言之，公司为他人提供担保，由董事会或者股东会、股东大会决议。在曾经的不动产登记实务中，《城市房地产抵押管理办法》第十六条规定，以有限责任公司、股份有限公司的房地产抵押的，必须经董事会或者股东大会通过。综合法律和规章的规定，有限责任公司和股份制公司，无论用房屋或其他不动产为他人债务作抵押，还是为自身债务作抵押，股东会、股东大会或董事会同意抵押的证明，是申请人申请不动产抵押权首次登记时应当提交的材料。

在不动产登记实务中，股东会、股东大会或董事会同意用不动产抵押的证明应当以会议记录或会议决定的方式出现：① 有限责任公司的股东会和董事会会议记录。《公司法》第四十一条规定，股东会应当对所议事项的决定作成会议记录，出席会议的股东应当在会议记录上签名。该法第四十八条规定，董事会应当对所议事项的决定作成会议记录，出席会议的董事应当在会议记录上签名。② 股份制公司的股东大会和董事会会议记录。《公司法》第一百零七条规定，股东大会应当对所议事项的决定作成会议记录，由出席会议的董事签名。该法第一百一十二条规定，董事会应当对会议所议事项的决定作成会议记录，出席会议的董事应当在会议记录上签名。因此，在不动产登记实务中，一是申请人提交股东会、股东大会、董事会同意用不动产抵押的会议记录作为登记要件的，登记机构应当按《公司法》的要求核对会议记录上是否有股东、董事的签名，如果没有，则该会议记录不符合法律规定，违背登记要件的合法性原则，不得用作登记要件。至于在会议记录上签名的是否是该公司股东或董事，登记机构则无须过问。为了确保会议记录的真实性，笔者认为，还应当要求申请人在会议记录上加盖申请人的法人印章或董事会印章。二是申请人提交有股东签名并加盖公司印章的股东会或股东大会同意用不动产抵押的决定，此决定可以直接用作登记材料。三是申请人以法人或法人的股东会、股东大会、董事会的名义出具同意用不动产抵押的决定的，应当将股东会、股东大会、董事会会议记录复印件作为该决定的附件一并作为登记收件。

《中外合资经营企业法》第四条规定，中外合资经营企业的形式为有限责任公司。所以，中外合资经营企业以其不动产作抵押，申请抵押权首次登记时，提交的登记材料与有限责任公司一致。

（2）笔者现时的认为。

《民法典》第二百一十六条第一款规定，不动产登记簿是物权归属和内容的根据。《公司法》第二条规定，公司是指依照本法在中国境内设立的有限责任公司和股份有限公司。该法第三条规定，公司是企业法人，有独立的法人财产，享有法人财产权。据此可知，有限责任公司和股份有限公司是享有独立财产权的企业法人，以权利人名义记载在登记簿上的有限责任公司和股份有限公司，就是相应的不动产物权的权利主体。按《民法典》第一百五十八条规定，民事法律行为可以附条件，但是根据其性质不得附条件的除外。附生效条件的民事法律行为，自条件成就时生效。按该法第一百六十条规定，民事法律行为可以附期限，但是根据其性质不得附期限的除外。附生效期限的民事法律行为，自期限届至时生效。按该法第四百九十条第一款规定，当事人采用合同书形式订立合同的，自当事人均签名、盖章或者按指印时合同成立。该法第五百零二条第一款规定，依法成立的合同，自成立时生效，但是法律另有规定或者当事人另有约定的除外。据此可知，一般情形下，只要作为民事法律行为的抵押合同上有双方当事人的签字、按指印或者盖章，而无约定生效的条件或期限，则此合同就是已经生效的合同，登记机构可以直接用作登记的证据材料。至于《公司法》第十六条规定，公司为他人提供担保，由董事会或者股东会、股东大会决议。笔者认为，这是法律对公司处分其财产的内部制约机制的规定，属于管理性规定。现时的法律、行政法规和司法解释，没有将董事会或者股东会、股东大会同意用不动产抵押的决定规定为有限责任公司和股份有限公司与他人签订的抵押合同生效的前提。在司法实务中，最高人民法院在"再审申请人招商银行股份有限公司大连 DG 支行为与被申请人大连 ZB 氟涂料股份有限公司、原审被告大连 ZB 集团有限公司借款合同纠纷一案"（民提字〔2012〕第 156 号）中认为，公司法第一条开宗明义规定"为了规范公司的组织和行为，保护公司、股东和债权人的合法权益，维护社会经济秩序，促进社会主义市场经济的发展，制定本法"，公司法第十六条第二款规定"公司为公司股东或者实际控制人提供担保的，必须经股东会或者股东大会决议"，上述公司法规定已然明确了其立法本意在于限制公司主体行为，防止公司的实际控制人或者高级管理人员损害公司、小股东或其他债权人的利益，故其实质是内部控制程序，不能以此约束交易相对人。故此上述规定宜理解为管理性强制性规范。对违反该规范的，原则上不宜认定合同无效[①]。据此可知，人民法院的认为表明，是否有公司的股

[①] 最高人民法院："再审申请人招商银行股份有限公司大连 DG 支行为与被申请人大连 ZB 氟涂料股份有限公司、原审被告大连 ZB 集团有限公司借款合同纠纷一案"，

第十章 一般抵押权登记收件

东会同意用不动产担保的决定,不影响担保合同的效力。因此,有限责任公司和股份有限公司以其名义与抵押权人签订的抵押合同中,如无约定生效的条件或期限的,登记机构可以直接用作登记的证据材料,无须要求申请人提交董事会或者股东会、股东大会同意用不动产抵押的证明佐证抵押合同的效力。如前所述,中外合资经营企业的形式为有限责任公司,其以不动产作抵押申请抵押权登记时,也无须提交董事会或者股东会、股东大会同意用不动产抵押的证明。

6. 申请人申请一般抵押权登记时,以合伙企业的不动产抵押的,是否应当提交全体合伙人同意用不动产抵押的证明?

(1)笔者曾经的认为。

《合伙企业法》第三十一条第(三)项和第(五)项规定,处分合伙企业的不动产和以合伙企业名义为他人提供担保,均须全体合伙人一致同意。质言之,合伙并非法人,所以合伙财产属于全体合伙人共有①。合伙关系存续期间,合伙人对于合伙财产为共同共有②。申言之,合伙企业的不动产为全体合伙人共同共有,用合伙企业的不动产为本企业债务或为他人债务提供抵押担保时,须得到全体合伙人的一致同意。在曾经的房屋登记实务中,《城市房地产抵押管理办法》第十九条规定,以共有的房地产抵押的,抵押人应当事先征得其他共有人的书面同意。如前所述,合伙企业的房屋属于全体合伙人共同共有,也应当遵守此规定。在司法实务中,《担保法司法解释》第五十四条规定,共同共有人以其共有财产设定抵押,未经其他共有人同意,抵押无效。所以,合伙企业以不动产作抵押申请抵押权首次登记时,全体合伙人签名同意用不动产抵押的证明是登记机构必须收取的材料。笔者认为,为了确保该证明的真实性,应当在该证明上加盖合伙企业公章。

(2)笔者现时的认为。

《民法典》第二百一十六条第一款规定,不动产登记簿是物权归属和内容的根据。《合伙企业法》第二十条规定,合伙人的出资、以合伙企业名义取得的收益和依法取得的其他财产,均为合伙企业的财产。《民法典》第一百零二条第二款规定,非法人组织包括个人独资企业、合伙企业、不具有法人资格的专业服务机构等。据此可知,合伙企业是享有独立财产权的非法人组织,以权利人名义记载在登记簿上的合伙企业,就是相应的不动产物权的权利主体。按《民法典》第一百五十八条规定,民事法律行为可以附条件,但是根据其性质不得附条件的除外。附生效条件的民事法律行为,自条件成就时生效。按该法第一

---

http://www.360doc.com,访问时间:2017年6月9日。
① 谢怀栻:《民法总则讲要》,北京大学出版社2007年版,第94页。
② 王利明:《民法学》,复旦大学出版社2004年版,第315页。

百六十条规定,民事法律行为可以附期限,但是根据其性质不得附期限的除外。附生效期限的民事法律行为,自期限届至时生效。按该法第四百九十条第一款规定,当事人采用合同书形式订立合同的,自当事人均签名、盖章或者按指印时合同成立。该法第五百零二条第一款规定,依法成立的合同,自成立时生效,但是法律另有规定或者当事人另有约定的除外。据此可知,一般情形下,只要作为民事法律行为的抵押合同上有双方当事人的签字、按指印或者盖章,而无约定生效的条件或期限,则此合同就是已经生效的合同,登记机构可以直接用作登记的证据材料。至于《合伙企业法》第三十一条第(三)项和第(五)项规定,处分合伙企业的不动产和以合伙企业名义为他人提供担保,均须全体合伙人一致同意。笔者认为,这是法律对合伙企业处分其财产的内部制约机制的规定,属于管理性规定。现时的法律、行政法规和司法解释,没有将全体合伙人同意用不动产抵押的决定规定为合伙企业与他人签订的抵押合同生效的前提。因此,合伙企业以其名义与抵押权人签订的抵押合同中,如无约定生效的条件或期限的,登记机构可以直接用作登记的证据材料,无须要求申请人提交全体合伙人同意用不动产抵押的证明佐证抵押合同的效力。

7. 申请人申请一般抵押权登记时,以中外合作经营企业的不动产抵押的,是否应当提交中外合作经营企业的董事会或联合管理机构同意用不动产抵押的证明?

《民法典》第二百一十六条第一款规定,不动产登记簿是物权归属和内容的根据。《中外合作经营企业法》第二条第二款规定,合作企业符合中国法律关于法人条件的规定的,依法取得中国法人资格。该法第三条第一款规定,国家依法保护合作企业和中外合作者的合法权益。据此可知,中外合作经营企业是享有独立财产权的企业法人或非法人组织,以权利人名义记载在登记簿上的中外合作经营企业,就是相应的不动产物权的权利主体。按《民法典》第一百五十八条规定,民事法律行为可以附条件,但是根据其性质不得附条件的除外。附生效条件的民事法律行为,自条件成就时生效。按该法第一百六十条规定,民事法律行为可以附期限,但是根据其性质不得附期限的除外。附生效期限的民事法律行为,自期限届至时生效。按该法第四百九十条第一款规定,当事人采用合同书形式订立合同的,自当事人均签名、盖章或者按指印时合同成立。该法第五百零二条第一款规定,依法成立的合同,自成立时生效,但是法律另有规定或者当事人另有约定的除外。据此可知,一般情形下,只要作为民事法律行为的抵押合同上有双方当事人的签字、按指印或者盖章,而无约定生效的条件或期限的,则此合同就是已经生效的合同,登记机构可以直接用作登记的

第十章 一般抵押权登记收件

证据材料。虽然《中外合作经营企业法》第十二条第一款规定，合作企业应当设立董事会或者联合管理机构，依照合作企业合同或者章程的规定，决定合作企业的重大问题。笔者认为，虽然中外合作企业用其不动产作抵押是企业的重大问题，对企业内部而言，应当取得董事会或联合管理机构的同意，但这是法律对中外合作经营企业处分其财产的内部制约机制的规定，属于管理性规定。现时的法律、行政法规和司法解释，没有将其董事会或联合管理机构同意用不动产抵押的决定规定为中外合作经营企业与他人签订的抵押合同生效的前提。因此，中外合作经营企业以其名义与抵押权人签订的抵押合同中，如无约定的生效条件或期限的，登记机构可以直接用作登记的证据材料，无须要求申请人提交其董事会或其联合管理机构同意用不动产抵押的证明佐证抵押合同的效力。

8. 申请人申请一般抵押权登记时，用外资企业的不动产抵押的，是否应当提交设立外资企业的审批机关批准的证明和工商行政管理机关对该证明已经备案的证明？

《民法典》第二百一十六条第一款规定，不动产登记簿是物权归属和内容的根据。《外资企业法》第八条规定，外资企业符合中国法律关于法人条件的规定的，依法取得中国法人资格。该法第二十一条规定，外资企业终止，应当及时公告，按照法定程序进行清算。在清算完结前，除为了执行清算外，外国投资者对企业财产不得处理。据此可知，外资企业是享有独立财产权的企业法人或非法人组织，以权利人名义记载在登记簿上的外资企业，就是相应的不动产物权的权利主体。按《民法典》第一百五十八条规定，民事法律行为可以附条件，但是根据其性质不得附条件的除外。附生效条件的民事法律行为，自条件成就时生效。按该法第一百六十条规定，民事法律行为可以附期限，但是根据其性质不得附期限的除外。附生效期限的民事法律行为，自期限届至时生效。按该法第四百九十条第一款规定，当事人采用合同书形式订立合同的，自当事人均签名、盖章或者按指印时合同成立。该法第五百零二条第一款规定，依法成立的合同，自成立时生效，但是法律另有规定或者当事人另有约定的除外。据此可知，一般情形下，只要作为民事法律行为的抵押合同上有双方当事人的签字、按指印或者盖章，而无约定的生效条件或期限的，则此合同就是已经生效的合同，登记机构可以直接用作登记的证据材料。虽然《外资企业法》第二十三条规定，外资企业将其财产或者权益对外抵押、转让，须经审批机关批准并向工商行政管理机关备案。笔者认为，这是法律对外资企业处分其财产的制约机制的规定，属于管理性规定。现时的法律、行政法规和司法解释，没有将审批机关批准其用不动产抵押并向工商行政管理机关备案规定为外资企业与他人签订的抵押合同生效的前提。因此，外资企业以其名义与抵押权人签订的抵押合同中，如无约定的生效条件或期限的，登记机构可以直接用作登记的证据材料，无须要求申请人提交审批机关批准其用不动产抵押并向工商行政管理机关备案的证明佐证抵押合同的效力。

二、因货物的供销、运输或承揽加工申请的首次登记收件

随着社会主义市场经济制度的建立和逐步完善，社会经济秩序的有序和稳定，市场的繁荣，货物生产、流转速度加快，货物流通量加大。在货物的供销、运输和承揽加工等环节产生的法律关系和结算关系日益复杂，传统的订货加工、付款发货、赊销等方式难以满足货物生产和流通的需要。在此基础上，以不动产作抵押，使货物的供销、运输和承揽加工有序进行的担保方式应势而生，如供销水泥、钢材等建筑材料，承销人以不动产向供货人作抵押担保，保证及时结算、回笼货款；物流公司以不动产向货物托运人作抵押担保，保证保质、保量、及时将货物安全运到目的地等。由于该类抵押与借款抵押相比较，具有不占用现金，也无须承担利息负担，且方便、快捷的优点。近年来，该类抵押呈上升趋势。

那么，因货物的供销、运输和承揽加工产生的不动产抵押可否申请抵押权首次登记呢？

按《民法典》第三百八十七条规定，债权人在借贷、买卖等民事活动中，为保障实现其债权，需要担保的，可以依照本法和其他法律的规定设立担保物权。据此可知，一般情形下，在民事活动中产生的合法的债权，当事人可以设立抵押权保障其实现。申言之，基于货物供销合同、运输合同或承揽加工合同建立的债权，属于典型的民事（经济）活动中基于法律关系建立的债权，是法律规定的可以设立担保物权保障其实现的债权，换言之，该类债权可以以不动产作抵押设立抵押权来保障其实现。在不动产登记实务中，《不动产登记暂行条例实施细则》第六十六条规定，自然人、法人或者其他组织为保障其债权的实现，依法以不动产设定抵押的，可以由当事人持不动产权属证书、抵押合同与主债权合同等必要材料，共同申请办理抵押登记。据此可知，以不动产担保基于货物供销合同、运输合同或承揽加工合同建立的债权实现而设定抵押权的，当事人可以申请抵押权首次登记。笔者拟区别抵押人申请相应的抵押权首次登记时应当提交的材料作介绍。

第十章 一般抵押权登记收件

（一）抵押人是自然人时申请的首次登记收件

1. 登记申请书；
2. 申请人的身份证明；
3. 不动产权属证书；
4. 抵押人的婚姻状况证明；
5. 货物供销合同，或货物运输合同，或货物承揽加工合同；
6. 抵押合同；
7. 其他必要材料。

注：第 4 项材料适用登记簿上没有记载抵押不动产共有情况的情形。第 5 项材料中的债权人为境外机构、境内的外资机构、外籍人士的，应当同时提交国家外汇管理机关准予对外担保的批文。第 5 项材料载明的抵押信息满足登记簿的记载需要的，无须再提交第 6 项材料。

说明和理由：

1. 登记申请书

登记申请书由抵押权人与抵押人共同出具。登记申请书应当载明：抵押权人；抵押人；申请人的身份证明类型和号码；抵押不动产的类型——土地（土地及地上房屋、林地及地上林木、海域及海域内的构筑物等）；抵押方式——一般抵押权；登记类型——首次登记；登记原因——因合同设立（货物供应、货物运输或货物承揽加工等）；被担保主债权的数额；债务履行期限；共有情况等。

自然人申请登记为单独所有的，应当提交单独所有的证明材料，如婚前取得的证明、对方配偶关于归申请人单独所有的声明等。

申请登记为按份共有的，应当提交共有人关于份额的约定等。

2. 货物供销合同，或货物运输合同，或货物承揽加工合同

申请人申请因货物的供销、运输或承揽加工产生的抵押权首次登记时，货物供销合同、货物运输合同或货物承揽加工合同是主债权合同，是登记机构办理此类抵押权首次登记时应当收取的材料。

（1）货物供销合同。

货物供销合同，是指供货方（厂家或代理商）与销售方就某种或某类货物的供应方式、数量、品质、结算等达成一致而建立的合同。在不动产登记实务中，一般情形下，申请人提交的货物供销合同中，是销售方作为债务人，债务人须及时向供货方结算、回笼货物销售款，即供货方是债权人。按《国土资源部关于启用不动产登记簿证样式（试行）的通知》（国土资发〔2015〕25 号）附《不动产登记簿样式及使用填写说明》规定，货物供应的数量不是登记簿记

载的被担保的主债权数额,而是供货方供应的货物的价值额,故货物供销合同中应当载明供应货物的价值额,如《机电产品供销合同》中约定"甲方(供货方)按本合同所附清单载明的种类、型号向乙方(销售方)供应机电产品,产品价值1000万元",其中,机电产品1000万元的价值额是应当记载在登记簿上的被担保的主债权数额。

(2)货物运输合同。

货物运输合同,是指承运人将货物从起运点运输到约定地点,由托运人或收货人支付运输费用的合同。按《民法典》第八百二十五条第一款规定,托运人办理货物运输,应当向承运人准确表明收货人的姓名、名称或者凭指示的收货人,货物的名称、性质、重量、数量,收货地点等有关货物运输的必要情况。在不动产登记实务中,申请人提交的货物运输合同:一是承运人作为债务人,债务人须按时、保质、保量将货物运到约定地点,此时托运人或收货人是债权人,被运送的货物数量是不动产抵押权担保的主债权,但须以货币额的方式体现,如《钢材运输合同》中约定"乙方(承运方)应当在1个月内将2万吨,价值1100万元的钢材运到甲方(托运方)在乐山、绵阳、自贡、南充、广元的5个销售点……",其中,1100万元的货物价值额是应当记载在登记簿上的被担保的主债权数额;二是托运人或收货人作为债务人,承运人是债权人,债务人须在债权人完成货物运输后,及时、足额结算并支付运输费用,运输费用数额是抵押权担保的主债权,如《家具运输合同》中约定"本次运输费人民币100万元整,自甲方(承运人)完成运输任务之日起7日内,由乙方(托运人)足额以转账的方式向甲方支付",其中,运输费100万元是登记簿上记载的被担保的主债权数额。

(3)货物承揽加工合同。

货物承揽加工合同,是指承揽人按照定作人的要求完成货物加工并交付工作成果,由定作人给付报酬的合同。《民法典》第七百七十一条规定,承揽合同的内容一般包括承揽的标的、数量、质量、报酬,承揽方式,材料的提供,履行期限,验收标准和方法等条款。在不动产登记实务中,申请人提交的货物承揽加工合同:一是承揽人作为债务人,定作人为债权人,债务人须按时、保质、保量交付定作货物,但定作货物数量不是登记簿记载的被担保的主债权数额,而是以货币体现定作物的价值额,如《玉石承揽加工合同》中约定"加工所需原材料由甲方(定作人)提供,乙方(承揽人)应当于3个月内为甲方完成3万件价值额150万元的十二生肖玉石挂件",其中,玉石挂件的价值额150

第十章 一般抵押权登记收件

万元是应当记载在登记簿上的被担保的主债权数额；二是定作人作为债务人，承揽人为债权人，债务人须按时、足额支付货款，如《苦笋罐头承揽加工合同》中约定"加工所需原材料由甲方（承揽人）自行负责采购，甲方应当在 3 个月内为乙方（定作人）完成 5 万听价值 50 万元的苦笋罐头加工、制作任务，自货物交付之日起三个月内，乙方以现金支票的方式结清货款"，其中，苦笋罐头的价值额 50 万元是应当记载在登记簿上的被担保的主债权数额。

（二）抵押人是法人或非法人组织时申请的首次登记收件

1. 登记申请书；
2. 申请人的身份证明；
3. 不动产权属证书；
4. 货物供销合同，或货物运输合同，或货物承揽加工合同；
5. 抵押合同；
6. 其他必要材料。

注：第 4 项材料中的债权人为境外机构、境内的外资机构、外籍人士的，应当同时提交国家外汇管理机关准予对外担保的批文。第 4 项材料载明的抵押信息满足登记簿的记载需要的，无须再提交第 5 项材料。

三、因典当、融资租赁、信托申请的首次登记收件

在不动产登记实务中，申请人申请因典当、融资租赁、信托产生的一般抵押权首次登记的情形时有出现，基于当票或典当合同、融资租赁合同、信托手续建立的债权，可否设立抵押权保障其实现，由此申请的抵押权登记，登记机构可否办理？

1. 基于当票或典当合同建立的是借贷债权

在司法实务中，《民法通则司法解释》第一百二十条规定，在房屋出典期间或者典期届满时，当事人之间约定延长典期或者增减典价的，应当准许。据此可知，因房屋典当产生诉讼时，房屋典当的合法性会得到人民法院的支持，换言之，房屋典当是合法的。在典当实务中，《典当管理办法》第三十条第一款规定，当票是典当行与当户之间的借贷契约，是典当行向当户支付当金的付款凭证。质言之，基于典当建立的是一种借贷债权。

2. 基于融资租赁合同建立的是租赁债权

《民法典》第七百三十五条规定，融资租赁合同是出租人根据承租人对出卖人、租赁物的选择，向出卖人购买租赁物，提供给承租人使用，承租人支付租

金的合同。据此可知，当事人基于融资租赁合同建立的是"承租人支付租金"的租赁债权。

3. 基于信托手续建立的是受益人基于受托人管理或处分委托人的财产取得的利益的债权

《信托法》第二条规定，信托是指委托人基于对受托人的信任，将其财产权委托给受托人，由受托人按委托人的意愿以自己的名义，为受益人的利益或者特定目的，进行管理或者处分的行为。该法第八条规定，设立信托，应当采取书面形式。书面形式包括信托合同、遗嘱或者法律、行政法规规定的其他书面文件等。采取信托合同形式设立信托的，信托合同签订时，信托成立。采取其他书面形式设立信托的，受托人承诺信托时，信托成立。据此可知，基于信托手续建立的是一种受益人基于受托人管理或处分委托人的财产取得的利益的债权。其中，受益人是债权人，受托人是债务人。受益人可以是委托人，也可以是委托人在信托手续中指定的其他享受利益的人。

按《民法典》第三百八十七条规定，债权人在借贷、买卖等民事活动中，为保障实现其债权，需要担保的，可以依照本法和其他法律的规定设立担保物权。据此可知，一般情形下，在民事活动中产生的合法的债权，当事人可以设立抵押权保障其实现。如前所述，基于当票或典当合同、融资租赁合同、信托手续建立的债权，都有法律上的依据，换言之，基于当票或典当合同、融资租赁合同、信托手续建立的债权都是合法的债权，当事人可以设立不动产抵押权保障其实现。在不动产登记实务中，《不动产登记暂行条例实施细则》第六十六条规定，自然人、法人或者其他组织为保障其债权的实现，依法以不动产设定抵押的，可以由当事人持不动产权属证书、抵押合同与主债权合同等必要材料，共同申请办理抵押登记。据此可知，以不动产担保基于当票或典当合同、融资租赁合同、信托手续建立的债权实现而设立不动产抵押权的，当事人可以申请抵押权首次登记。笔者根据申请人申请相应的抵押权首次登记时应当提交的材料作介绍。

（一）抵押人是自然人时申请的首次登记收件

1. 登记申请书；
2. 申请人的身份证明；
3. 不动产权属证书；
4. 抵押人的婚姻状况证明；
5. 当票或典当合同、融资租赁合同、信托手续；
6. 抵押合同；

第十章 一般抵押权登记收件

7.《典当经营许可证》《信托机构法人许可证》；

8. 其他必要材料。

注：第 4 项材料适用于登记簿上没有记载抵押不动产共有情况的情形。第 5 项材料中的债权人为境外机构、境内的外资机构、外籍人士的，应当同时提交国家外汇管理机关准予对外担保的批文。第 5 项材料载明的抵押信息满足登记簿的记载需要的，无须再提交第 6 项材料。第 7 项材料中的《典当经营许可证》适用于抵押权人为典当机构的情形；《信托机构法人许可证》适用抵押权人为信托机构的情形。

说明和理由：

1. 登记申请书

登记申请书由抵押权人与抵押人共同出具。登记申请书应当载明：抵押权人；抵押人；申请人的身份证明类型和号码；抵押不动产的类型——土地（土地及地上房屋、林地及地上林木、海域及海域内的构筑物等）；抵押方式——一般抵押权；登记类型——首次登记；登记原因——因合同设立（典当、融资租赁或信托）；被担保主债权的数额；债务履行期限；共有情况等。

自然人申请登记为单独所有的，应当提交单独所有的证明材料，如婚前取得的证明、对方配偶关于归申请人单独所有的声明等。

申请登记为按份共有的，应当提交共有人关于份额的约定等。

2. 当票或典当合同、融资租赁合同、信托手续

当票或典当合同、融资租赁合同、信托手续，是申请人申请因典当、融资租赁、信托产生的抵押权登记的主债权存在的证明。

（1）当票或典当合同。

在典当实务中，《典当管理办法》第三十条第一款规定，当票是典当行与当户之间的借贷契约，是典当行向当户支付当金的付款凭证。据此可知，当票本质上属于借贷合同，换言之，在因典当产生的抵押权登记中，当票是主债权合同。

但是，《典当管理办法》第三十条第二款规定，典当行和当户就当票以外事项进行约定的，应当补充订立书面合同，但约定的内容不得违反有关法律、法规和本办法的规定。据此可知，当票以外的内容，当事人才可以以合同的方式约定，换言之，如前所述，当票是当事人间的借贷契约，是当事人间债权债务的表现方式，不能以其他方式表现，即当票是当事人间债权债务的唯一表现方式。那么，当事人申请抵押权登记时，提交的是典当合同，而非当票，登记机构可否将典当合同用作登记的证据材料？

《民法典》第四百六十九条规定，当事人订立合同，可以采用书面形式、口

头形式或者其他形式。书面形式是合同书、信件、电报、电传、传真等可以有形地表现所载内容的形式。以电子数据交换、电子邮件等方式能够有形地表现所载内容，并可以随时调取查用的数据电文，视为书面形式。据此可知，当事人以合同书方式订立的合同，属于法律规定的合同方式。因此，当事人以典当合同的方式建立的借贷合同，属于《民法典》规定的合同订立的方式，虽然与《典当管理办法》第三十条的规定不相符合，但《民法典》是法律，《典当管理办法》属于行政规章，《典当管理办法》是《民法典》的下位法，基于下位法服从上位法的法律适用原则，应当以《民法典》的规定为准，所以，当事人申请抵押权登记时，提交的是典当合同，而非当票，登记机构可以将典当合同用作登记的证据材料。

（2）融资租赁合同。

《民法典》第七百三十六条规定，融资租赁合同的内容一般包括租赁物的名称、数量、规格、技术性能、检验方法、租赁期限、租金构成及其支付期限和方式、币种、租赁期限届满租赁物的归属等条款。融资租赁合同应当采用书面形式。据此可知，融资租赁合同载明的租金数额即需要记载在登记簿上的主债权数额，租赁期间即需要记载在登记簿上的债务履行期间。

（3）信托手续。

《信托法》第九条规定："设立信托，其书面文件应当载明下列事项：（一）信托目的；（二）委托人、受托人的姓名或者名称、住所；（三）受益人或者受益人范围；（四）信托财产的范围、种类及状况；（五）受益人取得信托利益的形式、方法。除前款所列事项外，可以载明信托期限、信托财产的管理方法、受托人的报酬、新受托人的选任方式、信托终止事由等事项。"据此可知，《信托法》中只规定了信托手续需要载明受益人取得信托利益的形式、方法，对受益人取得信托利益的数额是否载明，则没有作规定。在不动产登记实务中，被抵押权担保的主债权数额是登记簿应当记载的内容，具体到基于信托手续产生的抵押权登记中，受益人取得的信托利益数额，是需要在登记簿上记载的主债权数额，因此，如果信托手续中没有载明受益人取得的受益数额的，登记机构应当要求申请人在信托手续中明确，或另行出具书面材料予以明确。信托手续中载明的信托期限是需要在登记簿上记载的债务履行期间。信托手续主要是信托合同。

3.《典当经营许可证》《信托机构法人许可证》

按《典当管理办法》第十五条规定，设立典当行或者典当行设立分支机构，应当取得国家商务部颁发的《典当经营许可证》。按《信托投资公司管理办法》

第十章 一般抵押权登记收件

第十二条规定，设立信托投资公司，必须经中国人民银行批准，并领取《信托机构法人许可证》。据此可知，国家对经营典当和信托投资业务的机构实行行政许可制度，即未取得《典当经营许可证》的机构不得经营典当业务，未取得《信托机构法人许可证》的机构不得经营信托业务。《行政许可法》第八十一条规定，当事人未经行政许可，擅自从事依法应当取得行政许可的活动的，应当受到行政处罚，甚至承担刑事责任。质言之，未获得行政许可，擅自从事依法应当取得行政许可的活动属于应当受到惩处的违法行为。《不动产登记暂行条例》第二十二条第（一）项规定，登记申请违反法律、行政法规规定的属于不予登记的情形。据此可知，申请登记的内容应当符合法律、行政法规的规定。如果典当机构在没有取得《典当经营许可证》，信托投资机构在没有取得《信托机构法人许可证》的情形下，与他人建立的借贷关系、信托关系设立的债权属于违反《行政许可法》规定的行为，不能设立抵押权保障其实现，因此，典当机构申请抵押权首次登记时应当提交《典当经营许可证》，信托机构申请抵押权首次登记时应当提交《信托机构法人许可证》。

（二）抵押人是法人或非法人组织时申请的首次登记收件

1. 登记申请书；
2. 申请人的身份证明；
3. 不动产权属证书；
4. 当票或典当合同、融资租赁合同、信托手续；
5. 抵押合同；
6.《典当经营许可证》《信托机构法人许可证》；
7. 其他必要材料。

注：第 4 项材料中的债权人为境外机构、境内的外资机构、外籍人士的，应当同时提交国家外汇管理机关准予对外担保的批文。第 7 项材料中的《典当经营许可证》适用于抵押权人为典当机构的情形，《信托机构法人许可证》适用于抵押权人为信托机构的情形。第 4 项材料载明的抵押信息满足登记簿的记载需要的，无须再提交第 5 项材料。

特别说明：

典当机构的《典当经营许可证》、信托机构的《信托机构法人许可证》与作为其身份证明的营业执照分别由不同的行政机关管理、颁发，在实际工作中，存在典当机构或信托机构因违反相关法律规定，被行政机关吊销《典当经营许可证》《信托机构法人许可证》后，在营业执照被吊销前的时间段内违规执业的情形；也存在营业执照被吊销后，在《典当经营许可证》《信托机构法人许可证》被吊销前的时间段内违规执业的情形。典当机构违法从事典当经营活动，基于此建立的借贷债权合同不符合法律的规定，登记机构不得用作登记的证据材料。信托机构违法从事信托经营活动，基于此建立的利益取得债权手续不符合法律的规定，登记机构也不得用作登记的证据材料。故为了确保用作登记证据的当票或典当合同、信托手续的合法性，从而维护登记内容的合法性、有效性、严肃性和权威性，登记机构办理典当机构或信托机构申请的抵押权首次登记时，应当要求申请人同时提交有效的《典当经营许可证》《信托机构法人许可证》和营业执照。

四、因反担保申请的首次登记收件

反担保，是指债务人或第三人向为主债务人履行主债务提供担保的担保人所提供的，保障担保人的追偿权实现的担保[1]。质言之，在反担保中，担保权人不能是主债权的债权人，而是担保中的担保人，并且该担保人不能是主债务人，只能是第三人；但向该担保权人提供反担保的，可以是主债务人，也可以是其他第三人，而且一般是主债务人。按《民法典》第三百九十二条规定，债务人不履行到期债务，提供担保的第三人承担担保责任后，有权向债务人追偿。该法第三百八十七条第二款规定，第三人为债务人向债权人提供担保的，可以要求债务人提供反担保。反担保适用本法和其他法律的规定。概言之，反担保是确保为债务人履行债务提供担保的第三人承担担保责任后，向债务人行使的追偿权实现。由此可知，法律之所以规定反担保，旨在维护为债务人提供债务履行担保的第三人的合法利益。

如前所述，反担保的追偿权是一种将来的债权，该将来的债权不是提供担保的第三人与债务人通过合同约定，而是基于法律规定，提供担保的第三人承担了担保责任后，取代原债权人享有的对债务人的债权，即追偿权。申言之，提供担保的第三人的将来债权（追偿权），依附于主债权人与被担保的债务人间建立的主债权。如果债务人履行了债务，则提供担保的第三人不承担担保责任，即追偿权不成立，反担保随之不成立，换言之，被担保的将来的债权不发生，反担保亦不成立。

以不动产作反担保抵押建立反担保关系的过程主要有：

（1）由债务人与债权人签订债权合同，如借款合同、货物供销合同等，建立主债权。

---

[1] 郭明瑞：《担保法》，法律出版社2004年版，第19页。

第十章 一般抵押权登记收件

（2）债务人与保证人（提供担保的第三人，一般是担保公司）签订委托保证合同，委托保证人（提供担保的第三人）为自己向债权人提供债务履行保证。

（3）保证人（提供担保的第三人，一般是担保公司）与债权人签订保证合同，为债务人履行债务提供保证担保，建立将来的债权——追偿权。

（4）债务人或其他第三人与保证人（提供担保的第三人，一般是担保公司）签订反担保抵押合同，以自己的不动产作抵押担保，保障保证人（提供担保的第三人）的将来债权（追偿权）实现。

按《民法典》第三百八十七条第二款规定，反担保适用《民法典》和其他法律的规定。据此可知，从本质说，反担保也是担保[①]。申言之，因反担保产生的不动产抵押权，与因借款、货物供销等产生的不动产抵押权本质上是一致的。但因反担保申请抵押权首次登记时，申请人提交的登记材料，与因借款、货物运输等申请抵押权首次登记时提交的材料不一致。笔者拟区分抵押人，对申请人申请因反担保产生的抵押权首次登记时应当提交的材料作介绍。

（一）抵押人是自然人时申请的首次登记收件

1. 登记申请书；
2. 申请人的身份证明；
3. 抵押权人经营担保业务的资质证或准予经营担保业务的批文；
4. 不动产权属证书；
5. 抵押人的婚姻状况证明；
6. 保证合同；
7. 反担保抵押合同；
8. 其他必要材料。

注：第 3 项材料适用于抵押权人为经营担保业务的机构的情形。第 5 项材料适用于登记簿上没有记载抵押不动产的共有情况的情形。第 6 项材料中的债权人为境外机构、境内的外资机构、外籍人士的，应当同时提交国家外汇管理机关准予对外担保的批文。第 6 项材料载明的抵押信息满足登记簿的记载需要的，无须再提交第 7 项材料。

说明和理由：

1. 登记申请书

登记申请书由抵押权人和抵押人双方出具。登记申请书应当载明：抵押权人；抵押人；申请人的身份证明类型和号码；抵押不动产的类型——土地

[①] 刘保玉：《反担保初探》，载《法律科学》1997 年第 1 期。

（土地及地上房屋、林地及地上林木、海域及海域内的构筑物等）；抵押方式——一般抵押权；登记类型——首次登记；登记原因——因合同设立（反担保抵押）；被担保主债权的数额；债务履行期限；共有情况等。

自然人申请登记为单独所有的，应当提交单独所有的证明材料，如婚前取得的证明、对方配偶关于归申请人单独所有的声明等。

申请登记为按份共有的，应当提交共有人关于份额的约定等。

《民法典》第三百九十四条规定："为担保债务的履行，债务人或者第三人不转移财产的占有，将该财产抵押给债权人的，债务人不履行到期债务或者发生当事人约定的实现抵押权的情形，债权人有权就该财产优先受偿。前款规定的债务人或者第三人为抵押人，债权人为抵押权人，提供担保的财产为抵押财产。"据此可知，以不动产作反担保抵押建立的反担保关系中，抵押人不只是债务人，债务人以外的依法享有不动产权利的自然人、法人和非法人组织，都可以成为反担保抵押关系中的抵押人。但是，被监护人作为反担保抵押中的抵押人的，保证人保证履行的债务须是为了被监护人的利益，如某未成年人为了治病筹集医疗费，在父母竭尽全力后，仍有相当大的资金缺口，需向银行借款30万元，但外祖父赠与的登记在其名下的房屋价值仅有30万元，某担保公司为该未成年人的30万元借款债权作保证担保后，该未成年人以其房屋向担保公司作反担保抵押。

那么，凡有民事行为能力的自然人、法人和非法人组织，是否可以成为反担保抵押中的抵押权人呢？因为保证合同是一种民事法律行为，行为人当然要具备相应的民事法律行为。又因为保证合同为单务的无偿合同，保证人仅负担义务而不享有权利，因此，就自然人来说，只有具有完全民事行为能力者才可担任保证人[①]。因此，只有具备完全民事行为能力的自然人才可以是反担保抵押关系中的抵押权人。

《民法典》第六百八十三条规定，机关法人不得为保证人，但是经国务院批准为使用外国政府或者国际经济组织贷款进行转贷的除外。以公益为目的的非营利法人、非法人组织不得为保证人。在司法实务中，按《担保法司法解释》第十七条、第十八条规定，企业法人的分支机构未经法人书面授权提供保证的和企业法人的职能部门提供保证的，保证合同无效。据此可知，机关法人、以公益服务为目的的非营利法人和非法人组织、无企业法人书面授权的该企业的分支机构、企业法人的职能部门，不能作保证人，即不可以成为反担保抵押关系中的抵押权人。

---

① 郭明瑞：《担保法》，法律出版社2004年版，第32页。

第十章 一般抵押权登记收件

综上所述，因反担保申请抵押权首次登记时，申请人中的抵押人可以是依法享有不动产处分权的自然人、法人和非法人组织。申请人中的抵押权人是具有民事行为能力的自然人、企业法人或企业法人书面授权的该企业的分支机构、营利性的非法人组织。

2. 抵押权人经营担保业务的资质证或准予经营担保业务的批文

《融资担保公司监督管理条例》第二条规定，融资担保公司，是指依法设立、经营融资担保业务的有限责任公司或者股份有限公司。该条例第六条规定，设立融资担保公司，应当经监督管理部门批准。融资担保公司的名称中应当标明融资担保字样。《非融资性担保机构规范管理指导意见》第二条规定，非融资性担保机构，是指在中华人民共和国行政区域内依法设立，但未取得《中华人民共和国融资性担保机构经营许可证》，实际在为法人及自然人提供担保业务的机构。该意见第六条规定，各省市非融资性担保协会为行业规范管理工作指导部门。非融资担保机构应取得担保行业指导机构颁发的资质证书，并通过行业协会的年检。概言之，国家对经营担保业务的机构实行市场准入制度，即没有取得从事担保业务的资质证明或准予经营担保业务的批文的机构，不得开展担保经营业务，其与他人签订的保证合同，登记机构不得用作登记材料。因此，作为反担保抵押中的抵押权人的保证人是从事担保经营的机构的，其从事担保业务的资质证明或准予经营担保业务的批文，是登记机构办理因反担保抵押产生的抵押权首次登记时应当收取的材料。申请人是否是从事担保经营的机构的认定，以其提交的营业执照中载明的名称中是否有"担保"字样为准。非从事担保经营的自然人、法人或非法人组织申请因反担保抵押产生的抵押权首次登记时，登记机构无须要求其提交从事担保业务的资质证明或准予经营担保业务的批文。

3. 保证合同

保证合同是保证人（提供担保的第三人）与债权人签订的，保证债务人履行到期债务的担保合同。虽然主债权合同、委托保证合同和保证合同须相互依存、相互关联才能形成反担保的主债权——追偿权，换言之，主债权合同和委托保证合同是保证合同成立、存在的前提。但笔者认为，主债权合同、委托保证合同只与保证合同有直接的因果关系，而与反担保抵押合同无直接的因果关系。当事人签订反担保抵押合同的目的是保障担保人（保证人）履行担保（保证）责任后，基于保证合同建立的债权——追偿权实现，故保证合同表征的追偿权是反担保抵押担保的主债权，换言之，在反担保抵押关系中，保证合同是主债权合同，反担保抵押合同是其从合同。因此，在不动产登记实务中，申请因反担保抵押产生的抵押权首次登记时，申请人向登记机构提交的主债权合同为保证合同，而债权人与债务人签订的主债权合同、债务人与保证人签订的委托保证合同则无须提交。在不动产登记实务中，按《不动产登记暂行条例实施细则》第六十六条第一款规定，"主债权合同"是申请人申请抵押权首次登记时应当提交的材料。此处的保证合同即申请人应当提交的"主债权合同"。

4. 反担保抵押合同

反担保抵押合同，是申请人申请因反担保抵押产生的抵押权首次登记的原因凭证。

反担保抵押合同，是指债务人或其他第三人与提供债务履行担保的保证人签订的，以债务人或其他第三人依法享有权利的财产，为保证人承担保证责任后形成的追偿权的实现作抵押担保的合同。如前所述，反担保本质上也是担保，申言之，反担保抵押合同本质上也是抵押合同，是因反担保抵押产生的抵押权的基础法律关系，也是抵押权设立的证据之一，是保证合同的从合同。在不动产登记实务中，按《不动产登记暂行条例实施细则》第六十六条第一款规定，"抵押合同"是申请人申请抵押权首次登记时应当提交的材料。此处的反担保抵押合同即申请人应当提交的"抵押合同"。

（二）抵押人是法人或非法人组织时申请的首次登记收件

1. 登记申请书；
2. 申请人的身份证明；
3. 抵押权人经营担保业务的资质证或准予经营担保业务的批文；
4. 不动产权属证书；
5. 保证合同；
6. 反担保抵押合同；
7. 其他必要材料。

注：第3项材料适用于抵押权人为经营担保业务的机构的情形。第5项材料中的债权人为境外机构、境内的外资机构、外籍人士的，应当同时提交国家外汇管理机关准予对外担保的批文。第5项材料载明的抵押信息满足登记簿的记载需要的，无须再提交第6项材料。

五、因其他原因申请的首次登记收件

《民法典》第三百八十七条第一款规定，债权人在借贷、买卖等民事活动中，为保障实现其债权，需要担保的，可以依照本法和其他法律的规定设立担保物权。据此可知，一般情形下，凡是民事主体在民事活动中产生的合法债权，即使不是因借贷、买卖关系建立的债权，需要以不动产抵押担保其实现的，都可

第十章 一般抵押权登记收件

以申请不动产抵押权首次登记,如离婚协议中,配偶一方给予对方一定数额的货币补偿,不能现时支付或不能一次性支付时,为了保障该补偿额的足额支付,受偿方可以要求补偿方以其名下的不动产作抵押担保,补偿方也可以请求第三人以该第三人名下的不动产作抵押担保。因离婚协议建立的债权不属于借贷或买卖活动建立的债权,但它仍然是民事主体在民事活动中产生的合法债权,为了保障其实现,可以用不动产作抵押担保并依法向登记机构申请抵押权首次登记,载明补偿额的离婚协议是登记收件中的主债权合同。

《民法典》第一千一百八十七条规定,损害发生后,当事人可以协商赔偿费用的支付方式。协商不一致的,赔偿费用应当一次性支付;一次性支付确有困难的,可以分期支付,但是被侵权人有权请求提供相应的担保。质言之,经协商达成的赔偿协议中约定的赔偿额,不能现时支付或不能一次性支付时,可以用不动产作为侵权人向被侵权人支付损害赔偿费用的抵押担保物,并可以向登记机构申请不动产抵押权首次登记,赔偿协议是抵押权首次登记收件中的主债权合同。

民法是调整民事主体人身关系和财产关系的法律,故民事活动也是围绕民事主体的人身关系和财产关系展开,其间势必会产生纷繁复杂的债权债务关系,而这些债权债务又有以借贷、买卖等常见情形以外的情形出现的时候,除前述因离婚和侵权行为建立的债权外,还有因不当得利、缔约过失、单方允诺或者法律的特别规定建立的债权。对此,笔者无力预见并作具体介绍,但笔者认为,不管以什么方式出现的,只要是依法产生于民事活动中的债权,如果当事人愿意以不动产为此债权的实现作抵押担保的,都可以依法向登记机构申请抵押权首次登记。

在不动产登记实务中,《不动产登记暂行条例实施细则》第六十六条规定,自然人、法人或者其他组织为保障其债权的实现,依法以不动产设定抵押的,可以由当事人持不动产权属证书、抵押合同与主债权合同等必要材料,共同申请办理抵押登记。据此可知,本条规定适用于担保基于合同建立的债权实现的不动产抵押权首次登记。如前所述,由于债权的产生原因复杂多样,债权的存在除以合同方式外,还有其他方式,如因伤害产生的诉讼中,人民法院生效的判决书判决致害方赔偿受害方人民币 20 万元,此判决书就是赔偿债权存在的证明等,故《不动产登记暂行条例实施细则》第六十六条的规定过窄,应当作扩张解释,即将申请抵押权首次登记时,申请人应当提交的材料中的主债权合同扩张解释为主债权存在的证明。申请人因不同的其他原因申请抵押权首次登记时应当提交的材料参照前述相应情形。

第二节　变更登记收件

抵押权变更登记，是指记载在登记簿上的不动产抵押权，抵押权主体不变，抵押权内容、抵押权客体和其他事项发生变更产生的登记。

在不动产登记实务中，按《不动产登记暂行条例实施细则》第二十六条和第六十八条规定，申请人申请一般抵押权变更登记的情形主要有：① 抵押权人、抵押人（下称当事人）的姓名或名称变更；② 抵押权人、抵押人（下称当事人）的身份证明类型或身份证明号码变更；③ 主债权数额变更；④ 债务履行期限变更；⑤ 抵押权顺位变更；⑥ 担保范围变更等。

按《不动产登记暂行条例实施细则》第六十八条第二款规定，被担保的主债权种类变更属于当事人申请抵押权变更登记的情形，但笔者认为，被担保的债权种类变更，主要指将被担保的甲债权变更成现时的欲继续被同一抵押物担保的乙债权，换言之，原被担保的甲债权因变动而消灭，欲继续被同一抵押物担保的乙债权因变动而新成立，基于此，当事人应当分别申请一般抵押权注销登记和一般抵押权首次登记，不应当申请一般抵押权变更登记。因此，本书不将此情形列为申请人申请抵押权变更登记的情形。

如前所述，不动产抵押权发生变更的原因多样，当事人申请变更登记时提交的登记材料当然也是多样的。笔者拟区分导致抵押权变更的原因，对申请人申请抵押权变更登记时应当提交的材料作介绍。

一、因当事人姓名或名称变更申请的变更登记收件

1. 登记申请书；
2. 申请人的身份证明；
3. 不动产登记证明或抵押权已经登记的证明；
4. 当事人姓名或名称变更证明；
5. 其他必要材料。

说明和理由：

1. 登记申请书

按《不动产登记操作规范（试行）》14.2.2条规定，因抵押人或抵押权人姓名、名称发生变化的，可由发生变化的当事人单方申请。据此可知，登记申请书由姓名、名称发生变化的抵押权人或抵押人单方出具。登记申请书应当载明：抵押权人；抵押人；申请人的身份证明类型和号码；登记类型——变更登记；登

第十章 一般抵押权登记收件

记原因——抵押权人（或抵押人）姓名或名称变更；不动产登记证明号码；不动产权属证书号码；当事人变更前的姓名或名称和变更后的姓名或名称等。

2. 申请人的身份证明

申请人的身份证明，是指出具抵押权变更登记申请书的抵押权人或抵押人现时使用的合法、有效的身份证明。

3. 不动产登记证明或抵押权已经登记的证明

（1）不动产登记证明。

不动产登记证明，主要指记载有欲变更的一般抵押权的不动产登记证明。要求申请人提交不动产登记证明：一是证明欲变更的一般抵押权已经记载在登记簿上，申请一般抵押权变更登记的前提成立；二是便于登记机构结合申请人提交的身份证明，判定申请一般抵押权变更登记的申请人是否适格；三是变更登记被记载于登记簿上后，登记机构将基于登记簿的记载向权利人颁发新的不动产登记证明，原不动产登记证明由登记机构收回归档，以免流失社会造成负面影响。其中，证明申请一般抵押权变更登记的前提成立是最主要的目的。按《不动产登记暂行条例实施细则》第一百零五条第一款规定，本实施细则施行前，依法核发的各类不动产权属证书继续有效。故此处的不动产登记证明，包括不动产统一登记前权利人合法持有的载明一般抵押权的《土地他项权证》《房屋他项权证》等。

（2）抵押权已经登记的证明。

抵押权已经登记的证明，主要指登记机构存档的载明欲变更的一般抵押权的登记材料复印件（适用于登记簿制度建立前核发的房屋他项权证、土地他项权证不能提交的情形）或记载有欲变更的抵押权的登记簿打印件、复印（制）件等。

在不动产登记实务中，申请人申请抵押权变更登记时，因不动产登记证明遗失或毁损而无法提交的情形时有出现，但抵押权的权利内容、权利客体或其他事项变更，即使以合同或协议的形式明确，也是抵押当事人间实施的非交易法律行为，不是抵押权人与第三人实施的且须以不动产登记证明表征抵押权存在为前提的交易法律行为，换言之，抵押权变更登记不是抵押权人与他人因交易法律行为产生的登记，且一般抵押权已经登记的证明能够证明申请变更登记的前提成立。因此，申请人申请变更登记时因不动产登记证明遗失或毁损而不能提交的，可以提交一般抵押权已经登记的证明代替之，在抵押权变更登记完成后，未收回的不动产登记证明由登记机构在其门户网站或当地公开发行的报刊上公告作废，以免除或减轻其流失社会造成的负面影响。

《不动产登记暂行条例实施细则》第二十三条规定，因不动产权利灭失等情形，不动产登记机构需要收回不动产权属证书或者不动产登记证明的，应当在不动产登记簿上将收回不动产权属证书或者不动产登记证明的事项予以注明；确实无法收回的，应当在不动产登记机构门户网站或者当地公开发行的报刊上公告作废。其中的"不动产权利灭失"，包括不动产权利的绝对灭失和相对灭失。不动产权利的绝对灭失，是指不动产权利随不动产实体的消灭而永久消灭，或者随依附的主权利、主债权的消灭而消灭。与之对应的是不动产权利的相对灭失：一是不动产权利因转移给他人而使原权利人的权利灭失，他人在此灭失的基础上设立属于自己的不动产权利；二是不动产权利因不动产实体灭失外的申请注销登记的事由成就完成注销登记而灭失（如权利人抛弃不动产权利申请注销登记后，该权利人享有的不动产权利灭失，但该不动产权利本身并不消灭，而其归属处于待定状态，故此情形属于不动产权利的相对灭失）；三是不动产权利内容发生变更，变更前的不动产权利内容因变更的完成而消灭，不动产权利的新内容因变更的完成而产生。据此可知，抵押权变更登记完成后，原抵押权的相应内容灭失，新的权利内容产生，不能收回的载明该灭失权利内容的不动产登记证明，应当由登记机构公告作废。

4. 当事人姓名或名称变更证明

当事人姓名或名称变更证明，是申请人申请因抵押权人或抵押人姓名、名称变更产生的抵押权变更登记的原因凭证。主要有：

（1）境内自然人。

① 当事人户口簿或身份证上的姓名变更。

《户口登记条例》第三条和第十八条规定，户口登记工作由各级公安机关负责，公民姓名变更的应当申请变更登记。《居民身份证法》第六条和第十一条规定，居民身份证由公安机关统一制作、发放。居民身份证有效期满、公民姓名变更或者证件严重损坏不能辨认的，应当申请换领新证。因此，当事人姓名变更的证明主要有户口簿，上面有当事人曾用名和现用名的记载。也可以是公安机关出具的其他有关当事人更名的证明，如因姓名变更换领身份证的证明等。

② 当事人军官证、士兵证、学员证等非居民身份证件上的姓名变更。

当事人姓名变更的证明分别由军官证、士兵证、学员证等非居民身份证件的发证机关出具。

（2）港澳台地区自然人。

港澳同胞提交经我国司法部委托的律师出具的姓名变更事项公证书[①]。此公

---

① 参见《烟台市房屋登记规则（暂行）》第十条第（三）项。

第十章 一般抵押权登记收件

证书须加盖中国法律服务（香港）有限公司、中国法律服务（澳门）有限公司转递章。也可以提交我国公证机构出具的姓名变更事项公证书。

台湾同胞提交经大陆公证机构出具的姓名变更事项公证书，或台湾公证机构出具的姓名变更事项公证书①。台湾公证机构出具的公证书须经大陆相关机构认证（一般由省级公证协会认证）。

（3）持护照或居留证件的自然人。

① 持中华人民共和国护照的自然人。

《护照法》第四条规定，普通护照由公安部出入境管理机构或者公安部委托的县级以上地方人民政府公安机关出入境管理机构以及中华人民共和国驻外使馆、领馆和外交部委托的其他驻外机构签发。外交护照由外交部签发。公务护照由外交部、中华人民共和国驻外使馆、领馆或者外交部委托的其他驻外机构以及外交部委托的省、自治区、直辖市和设区的市人民政府外事部门签发。该法第十条规定，护照持有人所持护照的登记事项发生变更时，应当持相关证明材料，向护照签发机关申请护照变更加注。据此可知，我国护照的持有人姓名变更的证明应当区分普通护照、外交护照和因公护照，由相应的签发机关出具。

② 持中国政府主管机关签发的居留证件的自然人。

《外国人在中国永久居留审批管理办法》第二十二条规定，《外国人永久居留证》有效期满、内容变更、损坏或者遗失的，持证人应当向其长期居留地的设区的市级人民政府公安机关或者直辖市公安分、县局申请换发或者补发。据此可知，我国居留证件的持有人姓名变更的证明由县级以上公安机关出具。

③ 持所在国护照的自然人。

所在国护照的持有人姓名变更的证明为经我国驻外使（领）馆认证的，所在国公证机构出具的姓名变更事项公证书②，同时附申请人签字确认的该公证书的中文译本，或提交在我国合法经营的翻译机构出具的该公证书的中文译本。也可以提交我国驻外使（领）馆办理的姓名变更事项公证书。

（4）事业单位法人。

《事业单位登记管理暂行条例》第五条规定，县级以上地方各级人民政府机构编制管理机关是本级人民政府的事业单位登记管理机关。在工作实际中，县级以上人民政府一般都设立事业单位登记管理局负责事业单位法人的登记。该条例第八条第二款规定，事业单位法人登记事项包括：名称、住所、宗旨和业务范围、法定代表人、经费来源（开办资金）等情况。该条例第十条规定，事

---

① 参见《烟台市房屋登记规则（暂行）》第十条第（四）项。
② 参见《烟台市房屋登记规则（暂行）》第十条第（五）项。

业单位的登记事项需要变更的，应当向登记管理机关办理变更登记。概言之，事业单位法人名称变更的证明由县级以上人民政府机构编制管理机关或其事业单位登记管理局出具。

（5）社会团体法人。

按《社会团体登记管理条例》第六条规定，县级以上人民政府民政部门是本级人民政府的社会团体登记管理机关。该条例第十二条第二款规定，社会团体登记事项包括：名称、住所、宗旨、业务范围、活动地域、法定代表人、活动资金和业务主管单位。该条例第十八条第一款规定，社会团体的登记事项需要变更的，应当自业务主管单位审查同意之日起30日内，向登记管理机关申请变更登记。因此，社会团体法人名称变更证明由县级以上人民政府民政机关出具。

（6）企业法人或企业性质的非法人组织。

按《企业名称登记管理规定》第三条、第四条和第二十二条规定，企业名称须在其申请登记时由工商行政管理机关核准。企业名称经核准登记注册后，无特殊原因在一年内不得申请变更。质言之，企业名称的起用及起用后的变更，均须企业登记机关核准。因此，企业法人和企业性质的非法人组织名称变更的证明由企业登记机关出具。

在不动产登记实务中，申请人提交的企业法人或企业性质的非法人组织名称变更的证明，常常是企业登记机关出具的"更名通知单"。该更名通知单能清晰地反映申请人变更前的名称和变更后的名称，登记机构应当用作登记材料。

（7）港澳地区法人。

提交经我国司法部委托的律师出具的名称变更事项公证书[1]，并加盖中国法律服务（香港）有限公司、中国法律服务（澳门）有限公司转递章。也可以提交我国公证机构办理的名称变更事项公证书。

（8）台湾地区法人。

提交大陆公证机构出具的名称变更事项公证书，或台湾公证机构出具的名称变更事项公证书。台湾公证机构出具的公证书须经大陆相关机构认证（一般由省级公证协会认证）[2]。

（9）外国法人、组织。

外国法人、组织名称变更的证明为经我国驻外使（领）馆认证的，所在国

---

[1] 参见《烟台市房屋登记规则（暂行）》第十条第（七）项。
[2] 参见《烟台市房屋登记规则（暂行）》第十条第（八）项。

第十章 一般抵押权登记收件

家公证机构出具的名称变更事项公证书[1]，同时附申请人签字确认的该公证书的中文译本，或提交在我国合法经营的翻译机构出具的该公证书的中文译本。也可以提交我国驻外使（领）馆办理的名称变更事项公证书。

二、因当事人身份证明类型或身份证明号码变更申请的变更登记收件

1. 登记申请书；
2. 申请人的身份证明；
3. 不动产登记证明或一般抵押权已经登记的证明；
4. 当事人身份证明类型或身份证明号码已经变更的证明；
5. 其他必要材料。

说明和理由：

1. 登记申请书

按《不动产登记操作规范（试行）》14.2.2条规定，因抵押人或抵押权人姓名、名称发生变化的，可由发生变化的当事人单方申请。据此可知，抵押人或抵押权人姓名、名称发生变化非因法律行为所致，由此产生的抵押权变更登记，无须对方当事人协助、配合，由姓名、名称发生变化的当事人单方申请即可。申言之，抵押人或抵押权人身份证明类型或身份证明号码变更也是非因法律行为所致，由此产生的抵押权变更登记也由身份证明类型或身份证明号码发生变更的当事人单方申请，即变更登记申请书由身份证明类型或身份证明号码发生变更的抵押权人或抵押人单方出具。登记申请书应当载明：抵押权人；抵押人；申请人的身份证明类型和号码；登记类型——变更登记；登记原因——抵押权人（或抵押人）身份证明类型变更（或身份证明号码变更）；不动产登记证明号码；不动产权属证书号码；变更前的身份证明类型（或身份证明号码）和变更后的身份证明类型（或身份证明号码）等。

2. 当事人身份证明类型或身份证明号码已经变更的证明

当事人身份证明类型或身份证明号码已经变更的证明，是申请人申请因抵押权人、抵押人的身份证明类型或身份证明号码变更产生的抵押权变更登记的原因凭证。

当事人身份证明类型或身份证明号码已经变更的证明主要有：

（1）境内自然人因居民身份证号码变动，申请变更登记时，应当提交公安机关出具的，能证明原身份证明与现身份证明上记载的主体为同一人的书面材

---

[1] 参见《烟台市房屋登记规则（暂行）》第十条第（九）项。

料,如居民身份证号码变更证明等。也可以提交当事人自己出具的身份证明号码变动情况说明,此情形下,登记机构宜将变更登记内容予以公告,以查明变更登记的真实性,但该公告系由登记机构自行启动,公告期间应当计入登记办理时限。

(2)申请不动产登记时使用军官证、士兵证、学员证等非居民身份证件的,当事人换发并持有居民身份证件后,申请因证件类型或号码变更产生的变更登记时,应当提交公安机关出具的原非居民身份证件与现时的居民身份证件的主体系同一人的证明。当事人户籍所在退役军人事务机关、县级以上人民武装部出具的原军人身份证件与现时的居民身份证件的主体系同一人的证明也可以用作登记材料。

(3)我国内地居民取得港澳居民身份证后,申请因身份证明类型或身份证明号码变更产生的变更登记时,应当提交经我国司法部委托的律师出具的身份证明类型或身份证明号码变更事项公证书[①],并加盖中国法律服务(香港)有限公司、中国法律服务(澳门)有限公司转递章,或提交公安机关出具的变更证明。也可以提交我国公证机构办理的身份证明类型或身份证明号码变更事项公证书。

(4)我国大陆居民取得台湾居民身份证后,申请因身份证明类型或身份证明号码变更产生的变更登记时,应当提交大陆公证机构出具的身份证明类型或身份证明号码变更事项公证书,或提交台湾公证机构出具的身份证明类型或身份证明号码变更事项公证书。台湾公证机构出具的公证书须经大陆相关机构认证(一般由省级公证协会认证)。或提交公安机关出具的变更证明[②]。

(5)境内自然人取得外国身份证后,申请因身份证明类型或身份证明号码变更产生的变更登记时,应当提交我国驻外使(领)馆出具的身份证明类型或身份证明号码变更事项公证书,或提交经我国驻外使(领)馆认证的,所在国家公证机构出具的身份证明类型或身份证明号码变更事项公证书[③],并附申请人签字确认的该公证书的中文译本,或提交在我国合法经营的翻译机构出具的该公证书的中文译本。

(6)我国境内企业法人、企业性质的非法人组织因身份证明类型或身份证明号码变动,申请变更登记时,应当提交营业执照颁发机关出具的,能证明原身份证明与现身份证明上记载的主体为同一人的书面材料,如企业登记机关出具的营业执照号码变更证明等。

---

① 参见《烟台市房屋登记规则(暂行)》第十条第(三)项。
② 参见《烟台市房屋登记规则(暂行)》第十条第(四)项。
③ 参见《烟台市房屋登记规则(暂行)》第十条第(五)项。

第十章 一般抵押权登记收件

（7）外国法人、组织，因身份证明类型或身份证明号码变动，申请变更登记时，应当提交我国驻外使（领）馆出具的身份证明类型或身份证明号码变更事项公证书，或提交经我国驻外使（领）馆认证的、所在国家公证机构出具的身份证明类型或身份证明号码变更事项公证书，同时附申请人签字确认的该公证书的中文译本，或提交在我国合法经营的翻译机构出具的该公证书的中文译本。

三、因被担保的主债权数额变更申请的变更登记收件

1. 登记申请书；
2. 申请人的身份证明；
3. 不动产登记证明或一般抵押权已经登记的证明；
4. 关于主债权数额变更的抵押权变更协议；
5. 其他必要材料。

说明和理由：

1. 登记申请书

按《不动产登记操作规范（试行）》14.2.2条规定，被担保的债权数额变更产生的抵押权变更登记，由抵押权人和抵押人共同申请。据此可知，变更登记申请书由抵押权人和抵押人共同出具。登记申请书应当载明：抵押权人；抵押人；申请人的身份证明类型和号码；登记类型——变更登记；登记原因——债权数额变更；不动产登记证明号码；不动产权属证书号码；变更前的被担保的主债权数额和变更后的被担保的主债权数额等。

2. 关于主债权数额变更的抵押权变更协议

关于主债权数额变更的抵押权变更协议，是申请人申请因主债权数额变更产生的变更登记的原因证明。其中，"被担保的主债权数额变更"是其主要内容。

按《民法典》第四百条规定，被担保债权的数额是抵押合同应当载明的内容。按《民法典》第四百零九条规定，抵押权人和抵押人可以协议变更被担保的债权数额。据此可知，抵押权被记载在登记簿上后，被担保的主债权数额仍然是可以变更的。在不动产登记实务中，《国土资源部关于启用不动产登记簿证样式（试行）的通知》（国土资发〔2015〕25号）附《不动产登记簿样式及使用填写说明》规定，被担保的主债权数额属于登记簿记载的抵押权的内容。概言之，主债权数额变更属于抵押权的内容变更，且主债权数额变更由抵押权人和抵押人通过抵押权变更协议约定，向登记机构申请抵押权变更登记并被记载于登记簿上后生效。按《不动产登记暂行条例实施细则》第六十八条第一款规定，申请人申请抵押权变更登记时，应当提交"抵押权变更的材料"。此处关于主债

权数额变更的抵押权变更协议即属于此"抵押权变更的材料"。

特别说明：

当一处不动产上存在两个以上有效的抵押权时，申请人申请因被担保的主债权数额变更产生的抵押权变更登记时，是否应当提交其他抵押权人同意变更的证明？

按《民法典》第四百零九条规定，抵押权人和抵押人可以协议变更被担保的债权数额，但抵押权的变更，未经其他抵押权人书面同意，不得对其他抵押权人产生不利影响。质言之，因主债权数额变更产生的抵押权变更未经其他抵押权人同意的，不得影响该抵押权人的利益。换言之，在同一不动产上有两个以上的抵押权人时，某抵押权人因主债权数额发生变更，该抵押权人与抵押人可以申请抵押权变更登记，登记机构应申请人的申请，在满足登记要求时，也可以予以变更登记，但申请变更登记时没有取得其他抵押权人书面同意的，变更登记后的抵押权，不得影响该其他抵押权人的利益。概言之，若其他抵押权人同意因债权数额变更产生的抵押权变更登记的，则表明该其他抵押权人愿意承担因变更登记对其造成的不利后果；若其他抵押权人不同意变更登记的，则表明该其他抵押权人不承担因变更登记对其造成的不利后果，变更登记的内容不得损害其利益，其既有的优先受偿权优先于变更登记的内容。如某房屋上有甲、乙两个抵押权，甲抵押权顺位在前，担保债权额500万元，乙抵押权顺位在后。抵押人与甲抵押权人协商，欲变更被担保的主债权数额为800万元，若乙抵押权人同意甲增加被担保的主债权额300万元，则该300万元对乙产生的不利后果，乙应当承受，即甲抵押权人以房屋变现款受偿时，乙既有的抵押权后于甲增加的300万元被担保债权受偿（原来的500万元基于顺位本来就优于乙受偿），反之，不承受。因此，在不动产登记实务中，申请人申请因被担保的主债权数额变更产生的抵押权变更登记时，无须提交其他抵押权人同意变更的证明。

四、因债务履行期限变更申请的变更登记收件

1. 登记申请书；
2. 申请人的身份证明；
3. 不动产登记证明或一般抵押权已经登记的证明；
4. 关于债务履行期限变更的抵押权变更协议；
5. 其他必要材料。

说明和理由：

第十章 一般抵押权登记收件

1. 登记申请书

按《不动产登记操作规范（试行）》14.2.2 条规定，债务履行期限变更产生的抵押权变更登记，由抵押权人和抵押人共同申请，即变更登记申请书由抵押权人和抵押人共同出具。登记申请书应当载明：抵押权人；抵押人；申请人的身份证明类型和号码；登记类型——变更登记；登记原因——债务履行期限变更；不动产登记证明号码；不动产权属证书号码；变更前的债务履行期限和变更后的债务履行期限等。

2. 因债务履行期限变更的抵押权变更协议

因债务履行期限变更的抵押权变更协议，是申请人申请因债务履行期限变更产生的变更登记的原因证明。其中，"债务履行期限变更情况"是其主要内容。

债务履行期限变更，是指当事人约定对记载在登记簿上的债务履行期限予以延长或缩短的情形。按《民法典》第四百条规定，债务履行期限是抵押合同应当具备的内容。在不动产登记实务中，《国土资源部关于启用不动产登记簿证样式（试行）的通知》（国土资发〔2015〕25 号）附《不动产登记簿样式及使用填写说明》规定，债务履行期限是登记簿应当记载的抵押权的内容。概言之，在抵押权被记载在登记簿上后，债务履行期限变更，属于抵押权的内容变更，应当由抵押权人和抵押人通过抵押权变更协议的形式确定，并经申请抵押权变更登记后生效。按《不动产登记暂行条例实施细则》第六十八条第一款规定，申请人申请抵押权变更登记时，应当提交"抵押权变更的材料"。此处关于债务履行期限变更的抵押权变更协议即属于此"抵押权变更的材料"。

五、因抵押权顺位变更申请的变更登记收件

1. 登记申请书；
2. 申请人的身份证明；
3. 不动产登记证明；
4. 关于抵押权顺位变更的抵押权变更协议；
5. 其他必要材料。

说明和理由：

1. 登记申请书

按《不动产登记操作规范（试行）》14.2.2 条规定，抵押权顺位变更产生的抵押权变更登记，由相互交换顺位的抵押权人共同申请，即变更登记申请书由相互交换顺位的抵押权人共同出具。登记申请书应当载明：抵押权人；抵押人；申请人的身份证明类型和号码；登记类型——变更登记；登记原因——顺位变更；不动产登记证明号码；不动产权属证书号码；变更前的顺位和变更后的顺位等。

2. 申请人的身份证明

申请人的身份证明为相互交换抵押权顺位的抵押权人的身份证明。

3. 不动产登记证明

在不动产登记实务中，若申请人申请因顺位变更产生的抵押权变更登记时，以不动产登记证明遗失或毁损为由，不能提交，又急需办理变更登记，欲以登记机构存档的载明欲交换顺位的抵押权登记材料复印件或记载有欲交换顺位的抵押权的登记簿打印件、复印（制）件等一般抵押权已经登记的证明替代不动产登记证明的，登记机构不应当准许，理由有三：一是申请人申请因抵押权顺位变更产生的变更登记，表明权利人合法存在或存续，具备申请补发不动产登记证明的主体条件；二是权利人要交换抵押权顺位，具备申请补发不动产登记证明的主观要求；三是抵押权人间相互交换抵押权顺位，须以不动产登记证明表征抵押权存在，并以此为据达成抵押权顺位变更协议。所以，在因顺位变更产生的抵押权变更登记中，不动产登记证明作为登记收件，登记机构应当按法律和规章的规定，从严掌握。如果申请人因不动产登记证明遗失或毁损而不能提交的，登记机构应当告知申请人按《不动产登记暂行条例实施细则》第二十二条第二款的规定申请补发，补发后，再按程序申请因顺位变更产生的抵押权变更登记。

4. 关于抵押权顺位变更的抵押权变更协议

关于抵押权顺位变更的抵押权变更协议，是申请人申请因抵押权顺位变更产生的抵押权变更登记的原因证明。其中，"抵押权顺位变更情况"是其主要内容。

所谓顺位，就是不动产物权在不动产登记簿上依设立的时间先后所排列的顺序中所占据的位置[①]。按《民法典》第四百一十四条规定，抵押权的受偿顺序，抵押权已经登记的，按照登记的时间先后确定清偿顺序。换言之，不动产抵押权顺位的功能，就是维护同一不动产上有两个以上的抵押权存在时的受偿秩序，顺位在先的优先受偿。

按《民法典》第四百零九条规定，抵押权人和抵押人可以通过协议变更抵押权顺位。质言之，抵押权顺位的变更，是指同一抵押物上数个抵押权人将其抵押顺位互相交换的情形[②]。抵押权顺位的变更属于抵押权内容的变更，为物权变更，因此，如果该抵押物上的抵押权是以登记作为成立要件，则未经登记变更不生效力[③]。

[①] 梁慧星：《中国民法典草案建议稿附理由：物权编》，法律出版社2004年版，第34页。
[②] 王利明、尹飞、程啸：《中国物权法教程》，人民法院出版社2007年版，第471页。
[③] 王利明、尹飞、程啸：《中国物权法教程》，人民法院出版社2007年版，第472页。

第十章 一般抵押权登记收件

如前所述,不动产抵押权顺位变更属于抵押权内容的变更,由相互交换顺位的抵押权人以协议的形式约定,经申请登记并被记载于登记簿上后才能产生法律上的效力。按《不动产登记暂行条例实施细则》第六十八条第一款规定,申请人申请抵押权变更登记时,应当提交"抵押权变更的材料"。此处关于抵押权顺位变更的抵押权变更协议即属于此"抵押权变更的材料"。

六、因担保范围变更申请的变更登记收件

1. 登记申请书;
2. 申请人的身份证明;
3. 不动产登记证明或一般抵押权已经登记的证明;
4. 关于担保范围变更的一般抵押权变更协议;
5. 其他必要材料。

说明和理由:

1. 登记申请书

按《不动产登记操作规范(试行)》14.2.2条规定,担保范围变更产生的抵押权变更登记,由抵押权人和抵押人共同申请,即变更登记申请书由抵押权人和抵押人共同出具。登记申请书应当载明:抵押权人;抵押人;申请人的身份证明类型和号码;登记类型——变更登记;登记原因——担保范围变更;不动产登记证明号码;不动产权属证书号码;变更前的担保范围和变更后的担保范围等。

2. 关于担保范围变更的抵押权变更协议

《民法典》第三百八十九条规定,担保物权的担保范围包括主债权及其利息、违约金、损害赔偿金、保管担保财产和实现担保物权的费用。当事人另有约定的,按照其约定。据此可知,抵押权的担保范围,当事人可以协商约定。因此,对当事人协商约定的担保范围,当事人也可以协商变更并以协议的方式来明确。因担保范围变更的抵押权变更协议,是申请人申请因担保范围变更产生的抵押权变更登记的原因证明。其中,"担保范围变更情况"是其主要内容。在不动产登记实务中,按《不动产登记暂行条例实施细则》第六十八条第一款规定,申请人申请抵押权变更登记时,应当提交"抵押权变更的材料"。此处关于担保范围变更的抵押权变更协议即属于此"抵押权变更的材料"。

七、因抵押物数量变更申请的变更登记收件

1. 登记申请书;
2. 申请人的身份证明;

3. 不动产登记证明或抵押权已经登记的证明；
4. 关于抵押物数量变更的抵押权变更协议；
5. 其他必要材料。

说明和理由：

1. 登记申请书

按《民法典》第四百条第二款第（三）项规定，抵押物的数量属于抵押合同载明的内容。该法第五百四十三条规定，当事人协商一致，可以变更合同。据此可知，抵押物的数量属于当事人可以协商变更的抵押合同的内容。《不动产登记暂行条例实施细则》和《不动产登记操作规范（试行）》规定的当事人申请抵押权变更登记的情形中，没有抵押物数量变更，但不动产登记实务中，抵押当事人申请抵押物数量变更产生的抵押权变更登记的情形时有出现。笔者认为，抵押合同属于抵押权登记的原因凭证，抵押当事人协商变更此原因内容于法有据，由此产生的抵押权变更登记也不违反法律的规定，登记机构应当支持。由于此抵押权变更登记是基于抵押当事人合意的法律行为产生，应当由抵押权人和抵押人共同申请，即变更登记申请书由抵押权人和抵押人共同出具。登记申请书应当载明：抵押权人；抵押人；申请人的身份证明类型和号码；登记类型——变更登记；登记原因——抵押物数量变更；不动产登记证明号码；变更前的抵押物数量和变更后的抵押物数量等。

2. 关于抵押物数量变更的抵押权变更协议

关于抵押物数量变更的抵押权变更协议，是申请人申请因抵押物数量变更产生的抵押权变更登记的原因凭证。其中，"抵押物数量变更情况"是其主要内容。

抵押物数量变更，是指作为抵押物的数量的增加或减少。此处的抵押物数量，包括抵押物的面积增加或减少。在不动产登记实务中，抵押权首次登记后，抵押当事人协商增加或减少抵押物数量的情形时有出现，此情形下，当事人通过签订抵押权更协议的方式来约定，此抵押权变更协议属于抵押权发生变更的材料。

第三节 转移登记收件

抵押权转移登记，是指登记簿上记载的不动产抵押权，在抵押权的内容、抵押权的客体和相关事项不变的前提下，抵押权的权利主体发生变更产生的登记，如抵押权的转让、继承等。《民法典》第二百一十四条规定，不动产物权

第十章 一般抵押权登记收件

的设立、变更、转让和消灭,依照法律规定应当登记的,自记载于不动产登记簿时发生效力。据此可知,一般情形下,不动产抵押权的转移自记载于登记簿上时起生效。

在不动产登记实务中,按《不动产登记暂行条例实施细则》第六十九条规定,因主债权转让导致抵押权转让的,当事人可以申请抵押权转移登记。据此可知,《不动产登记暂行条例实施细则》中只规定了一种申请抵押权转移登记的情形,即抵押权随被担保的主债权转让而转让。但笔者认为,抵押权人的合并或分立、抵押权的继承或受遗赠等情形也导致抵押权权利主体变更,即导致抵押权转移。

1. 因抵押权人的合并、分立产生的抵押权权利主体变动

《民法典》第六十七条规定,法人合并的,其权利和义务由合并后的法人享有和承担。法人分立的,其权利和义务由分立后的法人享有连带债权,承担连带债务,但是债权人和债务人另有约定的除外。质言之,法人发生合并、分立时,不影响原有权利义务的享有和承担[1]。申言之,作为抵押权人的法人、非法人组织合并或分立后,抵押权可以由因合并或分立后的法人、非法人组织享有。

(1) 抵押权人的合并。

抵押权人的合并,主要指作为抵押权人的法人、非法人组织,按政策规定,或其共同的上级组织决定,或与其他法人、组织协商达成一致,归并到另一个法人或非法人组织中的情形,被归并的原法人或非法人组织不再存在。如甲钢材销售公司经与乙销售公司协商,达成合并协议,甲公司整体合并到乙公司,合并完成后,甲公司注销。甲公司对丙物流公司享有的,担保按时、保质、保量运输钢材的不动产抵押权依法由乙公司享有。

(2) 抵押权人的分立。

抵押权人的分立,主要指作为抵押权人的法人、非法人组织,按政策规定,或其共同的上级组织决定,或经过法人、非法人组织内部协商达成一致,经过分割从原来的法人或非法人组织中独立出来,成立新的法人或非法人组织的情形。如甲饲料厂股东会决定:从甲饲料厂中分立出乙饲料厂,乙饲料厂具有独立的法人资格。甲饲料厂对丙销售人享有的担保按时结算、回笼货款的房屋抵押权转归乙饲料厂享有。

2. 因抵押权继承或受遗赠产生的抵押权权利主体变动

《民法典》第二百三十条规定,因继承取得物权的,自继承开始时发生效力。

---

[1] 梁慧星:《中国民法典草案建议稿附理由:总则编》,法律出版社2004年版,第109页。

该法第一千一百二十一条第一款规定,继承从被继承人死亡时开始。概言之,不动产抵押权是法律规定的不动产物权,可以被依法继承,且自登记簿上记载的抵押权人死亡时起,继承人基于继承取得的不动产抵押权依法生效。如李甲意外去世,他对张乙享有的,担保按时归还借款的房屋抵押权依法由其独子李丙继承,且自李甲死亡时起,李丙因继承依法享有对张乙的房屋抵押权。《民法典》第一千一百五十八条规定,自然人可以与继承人以外的组织或者个人签订遗赠扶养协议。按照协议,该组织或者个人承担该自然人生养死葬的义务,享有受遗赠的权利。据此可知,受遗赠也是抵押权主体变更原因。

如前所述,抵押权人的合并、分立和抵押权的继承,均是抵押权权利主体变动的法定原因,但是,这些原因产生的一般抵押权转移可否申请抵押权转移登记?《不动产登记暂行条例实施细则》和《不动产登记操作规范(试行)》均没有作规定。笔者认为:

(1)抵押权人的合并、分立导致的抵押权主体变更。

《民法典》第二百一十四条规定,不动产物权的设立、变更、转让和消灭,依照法律规定应当登记的,自记载于不动产登记簿时发生效力。其中,所谓不动产物权的转让,是指在物权客体、内容不发生变化的情况下,物权的主体变化的情况①。笔者据此认为,不动产抵押权权利人的合并、分立导致抵押权权利主体变动,实质上是使抵押权产生转让(只是此转让系无偿转让),当事人可以申请抵押权转移登记,且该抵押权转移登记自记载于登记簿上时起产生法律上的效力。

(2)基于继承、受遗赠产生的抵押权主体变更。

按《物权法》第二百三十二条规定,基于继承享有不动产物权的,非经登记不得处分。据此可知,基于继承享有的不动产抵押权,在该抵押权未记载于登记簿上前,权利人不得转让、赠与或抛弃。申言之,权利人必须申请将基于继承取得的不动产抵押权转移登记到自己名下后,才可以申请转让、赠与或抛弃等处分行为产生的后续登记。《民法典》第一千一百三十三条第三款规定,自然人可以立遗嘱将个人财产赠与国家、集体或者法定继承人以外的组织、个人。该法第一千一百五十八条规定,自然人可以与继承人以外的组织或者个人签订遗赠扶养协议。按照协议,该组织或者个人承担该自然人生养死葬的义务,享有受遗赠的权利。据此可知,受遗赠也是抵押权主体变更原因。概言之,权利人基于继承、受遗赠取得的不动产抵押权,也可以申请抵押权转移登记。

---

① 王利明、尹飞、程啸:《中国物权法教程》,人民法院出版社2007年版,第92页。

第十章 一般抵押权登记收件

因此，申请人申请抵押权转移登记的情形主要有：① 随被担保的债权转让而转让；② 因抵押权人的分立或合并而转移；③ 因继承或受遗赠产生转移。

一、因随被担保的主债权转让而转让申请的转移登记收件

1. 登记申请书；
2. 申请人的身份证明；
3. 不动产登记证明；
4. 被抵押权担保的主债权已经转让的证明；
5. 债权人通知债务人的证明；
6. 其他必要材料。

说明和理由：

1. 登记申请书

《不动产登记操作规范（试行）》14.3.2条规定，抵押权转移登记应当由不动产登记簿记载的抵押权人和债权受让人共同申请。据此可知，转移登记申请书由抵押权的取得方与失去方共同出具。登记申请书应当载明：抵押权的取得方与失去方；申请人的身份证明类型和号码；登记类型——转移登记；登记原因——随主债权转让；不动产登记证明号码；不动产权属证书号码等。

2. 申请人的身份证明

申请人的身份证明是指抵押权的取得方与失去方的身份证明，不包括抵押人的身份证明。

3. 不动产登记证明

不动产登记证明，是指记载有欲转移的一般抵押权的不动产登记证明。要求申请人提交不动产登记证明：一是证明欲转移的一般抵押权已经记载在登记簿上，申请一般抵押权转移登记的前提成立；二是便于登记机构结合申请人提交的身份证明，判定申请一般抵押权转移登记的申请人是否适格；三是转移登记被记载于登记簿上后，登记机构将基于登记簿的记载向一般抵押权的取得人颁发新的不动产登记证明，原不动产登记证明由登记机构收回归档，以免流失社会造成负面影响。其中，证明申请转移登记的前提成立是最主要的目的。在不动产登记实务中，按《不动产登记暂行条例实施细则》第六十九条规定，不动产登记证明是申请人申请因主债权转让产生的抵押权转移登记时应当提交的材料。按该实施细则第一百零五条第一款规定，本实施细则施行前，依法核发的各类不动产权属证书继续有效。故此处的不动产登记证明，包括不动产统一登记前

权利人合法持有的载明一般抵押权的《土地他项权证》《房屋他项权证》等。

在不动产登记实务中，若申请人申请抵押权随被担保的主债权转让产生的转移登记时，因不动产登记证明遗失或毁损不能提交，又急需办理转移登记，欲以登记机构存档的载明欲转移的抵押权登记材料复印件或记载有欲转移的抵押权的登记簿打印件、复印（制）件等一般抵押权已经登记的证明替代不动产登记证明，登记机构不应当准许，理由有三：一是申请人申请抵押权转移登记，表明抵押权人在世或存续，具备申请补发不动产登记证明的主体条件；二是抵押权存在，权利人不抛弃抵押权，且要利用抵押权，具备申请补发不动产登记证明的客体条件和主观要求；三是不动产登记证明是权利人据以表征自己享有抵押权并与受让方协商转让抵押权的基础凭证。所以，在抵押权随主债权转让产生的转移登记中，不动产登记证明作为登记收件，登记机构应当按法律和规章的规定，从严掌握。申请人申请因随被担保的主债权转让而转让产生的抵押权转移登记时，若不动产登记证明遗失或毁损而不能提交的，登记机构应当告知申请人按《不动产登记暂行条例实施细则》第二十二条第二款的规定申请补发，补发后，再按程序申请抵押权转移登记。

4. 被抵押权担保的主债权已经转让的证明

被抵押权担保的主债权已经转让的证明，是申请人申请因随主债权转让而转让产生的抵押权转移登记的原因凭证。

有观点认为，按《民法典》第三百八十八条规定，设立担保物权，当事人应当订立担保合同。担保合同是主债权债务合同的从合同。换言之，抵押合同是被担保的主债权合同的从合同，该合同约定设立的不动产抵押权，是主债权的从权利。若抵押权随被其担保的主债权的转让而转让，转让方与受让方在签订主债权转让合同的同时或之后，也应当签订抵押权转让合同，才能表明作为主债权从权利的抵押权，随主债权发生了转让，故抵押权转让合同也是抵押权发生转让的证明材料。在不动产登记实务中，按《不动产登记暂行条例实施细则》第六十六条规定，申请人申请抵押权登记时应当向登记机构提交抵押合同。据此可知，申请因主债权转让产生的转移登记时，申请人也应当向登记机构提交抵押权转让合同。

笔者认为，抵押权随被其担保的主债权转让而转让时，无须另行签订抵押权转让合同。理由主要有：

（1）《民法典》第四百零七条规定，抵押权不得与债权分离而单独转让或者作为其他债权的担保。债权转让的，担保该债权的抵押权一并转让，但是法

第十章　一般抵押权登记收件

律另有规定或者当事人另有约定的除外。概言之，一般情形下，被担保的主债权转让时，作为从权利的抵押权随之转让是法定的。换言之，主债权已经转让的证明，即抵押权已经转让的证明，无须再以其他方式证明抵押权随主债权转让。在不动产登记实务中，《不动产登记暂行条例实施细则》第六十九条规定，被担保的主债权转让协议是申请人申请因随被担保的主债权转让而转让产生的抵押权转移登记时应当提交的材料。

（2）《民法典》第五百四十七条规定，债权人转让债权的，受让人取得与债权有关的从权利，但是该从权利专属于债权人自身的除外。受让人取得从权利不因该从权利未办理转移登记手续或者未转移占有而受到影响。据此可知，债权转让，作为其从权利的抵押权也随之依法转让。换言之，自债权转让时起，作为其从权利的抵押权同时随之转让，主债权已经转让的证明就是抵押权随之转让的证明，申言之，如果主债权转让以合同的形式体现，则主债权转让合同覆盖了抵押权转让合同，当事人无须另行签订抵押权转让合同。

因此，申请人申请因随被担保的主债权转让而转让产生的抵押权转移登记时，无须单独提交抵押权转让合同，只需提交被担保的债权转让协议或合同。

5. 债权人通知债务人的证明

《民法典》第五百四十六条第一款规定，债权人转让债权，未通知债务人的，该转让对债务人不发生效力。据此可知，债权人将债权转让事宜通知债务人，便于债务人履行债务，以充分保护债权受让人的利益，即使抵押权受让人的利益得到充分保护，故申请人申请抵押权转移登记时，应当要求申请人提交债权人将债权转让事宜通知债务人的证明，此证明一般以有债务人签名的债权转让通知的形式体现，债务人在该通知上签名，表明其知晓债权转让事宜。按《不动产登记暂行条例实施细则》第六十九条规定，债权人通知债务人的证明是申请人申请因随被担保的主债权转让而转让产生的抵押权转移登记时应当提交的材料。

二、因抵押权人的合并、分立申请的转移登记收件

1. 登记申请书；
2. 申请人的身份证明；
3. 不动产登记证明；
4. 抵押权人合并、分立的证明；
5. 抵押权归属的证明；
6. 其他必要材料。

注：第 5 项材料适用于抵押权人分立的情形。

说明和理由：

1. 登记申请书

如前所述，抵押权人合并，系指作为抵押权人的法人或非法人组织，归并到另一个法人或非法人组织中，被归并的原法人或非法人组织随之消灭的情形，故由此申请的抵押权转移登记，由归并后的法人或非法人组织单方申请，即登记申请书由抵押权的取得方单方出具。

抵押权人分立，系指作为抵押权人的法人或非法人组织，经过分割，成为两个以上的相互独立的同时存在的法人或非法人组织的情形，故由此申请的抵押权转移登记，由抵押权的失去方与取得方共同申请，即登记申请书由抵押权的失去方和取得方共同出具。

登记申请书应当载明：抵押权的取得方与失去方；申请人的身份证明类型和号码；登记类型——转移登记；登记原因——抵押权人合并（或分立）；不动产登记证明号码；不动产权属证书号码等。

2. 抵押权人合并、分立的证明

抵押权人合并、分立的证明，是申请人申请因抵押权人合并、分立产生的抵押权转移登记的原因证明。

作为抵押权人的法人或非法人组织合并、分立的证明主要有：① 当事人间达成的合并、分立合同；② 当事人共同作出的合并、分立决定；③ 有权的行政机关关于抵押权人合并、分立的文件；④ 抵押权人共同的上级组织关于其合并、分立的决定等。

3. 抵押权归属的证明

《民法典》第六十七条第二款规定，法人分立的，其权利和义务由分立后的法人享有连带债权，承担连带债务，但是债权人和债务人另有约定的除外。据此可知，法人或非法人组织分立后，分立前的法人或非法人组织享有的尚未实现的连带债权，分立后新产生的法人或非法人组织尚且有权享有，那么，分立前的法人或非法人组织享有的权利，分立后新产生的法人或非法人组织更可以享有。法人分立、合并时，不影响原有权利义务的享有和承担①。因此，法人或非法人组织分立的，可以约定原法人或非法人组织享有的权利归分立后产生的法人或非法人组织。申言之，分立后新成立的法人或非法人组织对原法人或非法人组织享有的抵押权，可以协商后通过约定或决定予以明确，或由决定抵押

---

① 梁慧星：《中国民法典草案建议稿附理由：总则编》，法律出版社 2004 年版，第 109 页。

第十章 一般抵押权登记收件

权人分立的行政机关、上级组织在文件中予以明确，该约定、决定或文件确定的抵押权的归属人，是抵押权转移登记申请人中的取得方。

《民法典》第六十七条第一款规定，法人合并的，其权利和义务由合并后的法人享有和承担。据此可知，法人或非法人组织合并的，被合并的法人或非法人组织原来享有的权利归合并后的法人或非法人组织享有。因此，并入前的法人或非法人组织享有的抵押权依法由并入后的法人或非法人组织享有，合并证明就是抵押权归属的凭证，无须再以约定、决定或文件确定抵押权的归属。

三、因继承申请的转移登记收件

1. 登记申请书；
2. 申请人的身份证明；
3. 不动产登记证明或抵押权已经登记的证明；
4. 继承证明材料；
5. 被继承人的死亡证明书；
6. 其他必要材料。

注：第4项材料中，申请人提交继承权公证书的，无须再提交第5项材料。

说明和理由：

1. 登记申请书

《不动产登记暂行条例》第十四条第二款第（二）项规定，因继承取得的不动产权利，可以由权利取得人单方申请登记。据此可知，因继承产生的不动产抵押权转移登记由取得人单方申请，即登记申请书由抵押权的继承人单方出具。登记申请书应当载明：抵押权的取得方与失去方；申请人的身份证明类型和号码；登记类型——转移登记；登记原因——继承；不动产登记证明号码；不动产权属证书号码等。

2. 抵押权已经登记的证明

抵押权已经登记的证明，主要指登记机构存档的载明欲转移的抵押权的登记材料复印件（适用于登记簿制度建立前核发的房屋他项权证、土地他项权证等不能提交的情形）或记载有欲转移的一般抵押权的登记簿打印件、复印（制）件等材料。

在不动产登记实务中，申请人申请因继承产生的抵押权转移登记时，由于种种原因，不动产登记证明不知所终的情形时有出现，申请人因此而无法提交不动产登记证明时，由于因继承产生的抵押权转移登记，不是权利人须凭不动产登记证明表征其享有权利而与他人为交易法律行为产生的登记，且抵押权已经登记的证明可以证明申请转移登记的前提成立，故申请人申请因继承产生的抵押权转移登记时，可以提交抵押权已经登记的证明替代不知所终的不动产登记证明，转移登记完成后，未收回的不动产登记证明由登记机构在其门户网站或当地公开发行的报刊上公告作废，以免除或减轻其流失社会造成的负面影响。

《不动产登记暂行条例实施细则》第二十三条规定，因不动产权利灭失等情形，不动产登记机构需要收回不动产权属证书或者不动产登记证明的，应当在不动产登记簿上将收回不动产权属证书或者不动产登记证明的事项予以注明；确实无法收回的，应当在不动产登记机构门户网站或者当地公开发行的报刊上公告作废。其中的"不动产权利灭失"，包括不动产权利的绝对灭失和相对灭失。不动产权利的绝对灭失，是指不动产权利随不动产实体的消灭而永久消灭，或者随依附的主权利、主债权的消灭而消灭。与之对应的是不动产权利的相对灭失：一是不动产权利因转移给他人而使原权利人的权利灭失，他人在此灭失的基础上设立属于自己的不动产权利；二是不动产权利因不动产实体灭失外的申请注销登记的事由成就完成注销登记而灭失（如权利人抛弃不动产权利申请注销登记后，该权利人享有的不动产权利灭失，但该不动产权利本身并不消灭，而其归属处于待定状态，故此情形属于不动产权利的相对灭失）；三是不动产权利内容发生变更，变更前的不动产权利内容因变更的完成而消灭，不动产权利的新内容因变更的完成而产生。据此可知，因继承产生的抵押权转移登记完成后，权利取得人的权利产生，原权利人的权利灭失，不能收回的载明该灭失权利的不动产登记证明，应当由登记机构公告作废。

3. 继承证明材料

继承证明材料，是申请人申请因继承产生的不动产抵押权转移登记的原因证明，也是权利人享有不动产抵押权的权源凭证。

在不动产登记实务中，申请人提交的继承权证明材料一般有四种：一是继承权公证书；二是经过公证的遗嘱；三是未经公证的依法定继承程序享有继承权的证明；四是未经公证的遗嘱。

（1）继承权公证书。

继承权公证书适用于因法定继承产生的抵押权转移登记。

继承权公证书，是指由国家公证机构制作的证明法定继承人依法享有抵押权的继承权的书面凭证。继承权公证书是继承人因继承取得抵押权的权源证据。

（2）经过公证的遗嘱。

经过公证的遗嘱适用于因遗嘱继承产生的抵押权转移登记。

《民法典》第一千一百三十三条第一款、第二款规定，自然人可以依照本法

第十章　一般抵押权登记收件

规定立遗嘱处分个人财产，并可以指定遗嘱执行人。自然人可以立遗嘱将个人财产指定由法定继承人中的一人或者数人继承。质言之，被继承人可以立遗嘱指定自己遗留的财产继承人，换言之，遗嘱是当事人享有继承权的证明材料。经过公证的遗嘱，是指国家公证机构制作的记录立遗嘱人处分自己财产、指定财产继承人的文书。它是继承人因继承取得抵押权的权源证据。

（3）未经公证的依法定继承程序享有继承权的证明。

根据《不动产登记操作规范（试行）》1.8.6.1条规定，申请人应当同时提交以下材料组合成未经公证的依法定继承程序享有继承权的证明：

① 继承人与被继承人之间的亲属关系证明，主要形式有三：一是户口簿、婚姻证明、收养证明或出生医学证明；二是公安机关、被继承人所在的村委会或居委会、被继承人或继承人单位出具的证明材料；三是其他能够证明相关亲属关系的材料等。申请人只提交其中之一。但是，按民政部等六部门联合出台的《关于改进和规范基层群众性自治组织出具证明工作的指导意见》（民发〔2020〕20号）和公安部等十二部门联合出台的《关于改进和规范公安派出所出具证明工作的意见》（公通字〔2016〕21号）文件规定，公安派出所和社区居民委员会均不再出具亲属关系证明，在申请人不能提交户口簿、婚姻证明、收养证明、出生医学证明作为亲属关系证明的情形下，还可以提交什么样的材料作亲属关系证明？

笔者认为，申请人可以自己书写继承人与被继承人的关系说明，其中载明被继承人姓名、全部继承人姓名及其与被继承人的关系、继承人是放弃继承还是接受继承等信息，该说明上须由两个以上继承人之外的人签名证明属实。申请人可以提交自己书写的继承人与被继承人的关系说明并附上在上面签名证明属实的证人的身份证明作为其申请继承转移登记的亲属关系证明。

按《不动产登记操作规范（试行）》1.8.6.5条规定，登记机构办理申请人凭公证的材料或者生效的法律文书之外的材料申请的继承转移登记时，须将继承转移登记事项在不动产登记机构门户网站进行公示，公示期不少于15个工作日。公示期满无异议的，将申请登记事项记载于不动产登记簿。据此可知，登记机构收取申请人提交自己书写的继承人与被继承人的关系说明后，可以通过公示程序，查明该说明的真实性，也通过该公示程序证明自己尽到了力所能及（合理审慎）的查验职责。

② 登记机构的登记人员签字见证的其他继承人放弃继承权的材料。

③ 申请人享有继承权的声明或说明。

(4)未经公证的遗嘱。

① 自书遗嘱。

自书遗嘱是指自然人死亡前亲笔书写的遗嘱。《民法典》第一千一百三十四条规定,自书遗嘱由遗嘱人亲笔书写,签名,注明年、月、日。质言之,自书遗嘱必须由立遗嘱人亲笔书写遗嘱的全部内容。自书遗嘱既不能由他人代笔也不能用打印或印刷方式,只能由遗嘱人自己用笔将其意思记录下来[1]。

② 代书遗嘱。

代书遗嘱是指由他人代立遗嘱人书写并经立遗嘱人、见证人签名的遗嘱。《民法典》第一千一百三十五条规定,代书遗嘱应当有两个以上见证人在场见证,由其中一人代书,并由遗嘱人、代书人和其他见证人签名,注明年、月、日。据此可知,代书遗嘱的代书人必须是见证人之一,且代书人、见证人、遗嘱人应当在立遗嘱完毕时同时签名。代书遗嘱的见证人须具有完全民事行为能力且与继承人及遗产分割无利害关系。

③ 打印遗嘱。

打印遗嘱是指通过打印的方式立下的遗嘱,且该遗嘱上有立遗嘱人、见证人的签名。《民法典》第一千一百三十六条规定,打印遗嘱应当有两个以上见证人在场见证。遗嘱人和见证人应当在遗嘱每一页签名,注明年、月、日。据此可知,须有两个以上的见证人在场的情形下,才可以打印遗嘱,且打印出来的遗嘱的每一页上面,须同时具备遗嘱人和见证人的签名及其各自注明的年、月、日。遗嘱打印时,应当认真校核,避免打印错误,确保遗嘱的打印质量。打印遗嘱的见证人须是具有完全民事行为能力人且与遗嘱中指定的继承人无利害关系。

4. 被继承人的死亡证明书

死亡证明书,是指由相关机构依法出具的自然人因失去生命而不在人世的证明。在不动产登记实务中,被继承人的死亡证明书主要有:① 公安派出所出具的因死亡注销户籍的证明;② 公安部门在刑事、交通等案件处理中出具的死亡证明;③ 应急管理部门或其消防机构在消防案件处理中出具的死亡证明;④ 人民法院宣告死亡的判决书;⑤ 殡仪馆出具的遗体火化证明;⑥ 医院出具的医学死亡证明等。

死亡证明书是继承是否开始的前提,被继承人不死亡,继承不开始,故死亡证明书是登记机构办理因继承产生的抵押权转移登记时的必收要件。但是,

---

[1] 梁慧星:《中国民法典草案建议稿附理由:侵权行为编·继承编》,法律出版社2004年版,第189页。

第十章 一般抵押权登记收件

申请人提交继承权公证书作为继承证明材料时，因公证机构已经先行查明被继承人的死亡情况、其他继承人放弃继承权等情况后才出具该继承权公证书，故申请人提交继承权公证书作为继承证明材料时，无须再提交被继承人的死亡证明书。

四、因受遗赠申请的转移登记收件

1. 登记申请书；
2. 申请人的身份证明；
3. 不动产登记证明或抵押权已经登记的证明；
4. 遗赠证明材料；
5. 遗赠人的死亡证明书；
6. 其他必要材料。

说明和理由：

1. 登记申请书

《不动产登记暂行条例》第十四条第二款第（二）项规定，因受遗赠取得的不动产权利，可以由权利取得人单方申请登记。据此可知，因受遗赠产生的不动产抵押权转移登记由取得人单方申请，即登记申请书由抵押权的受遗赠人单方出具。登记申请书应当载明：抵押权的取得方与失去方；申请人的身份证明类型和号码；登记类型——转移登记；登记原因——受遗赠；不动产登记证明号码；不动产权属证书号码等。

2. 遗赠证明材料

遗赠证明材料，是申请人申请因受遗赠产生的抵押权转移登记的原因凭证。

《民法典》第一千一百三十三条第三款规定，自然人可以立遗嘱将个人财产赠与国家、集体或者法定继承人以外的组织、个人。该法第一千一百五十八条规定，自然人可以与继承人以外的组织或者个人签订遗赠扶养协议。按照协议，该组织或者个人承担该自然人生养死葬的义务，享有受遗赠的权利。据此可知，遗赠证明材料以遗赠遗嘱或遗赠扶养协议的方式体现。遗赠证明材料是受遗赠人取得不动产抵押权的权源证据。在不动产登记实务中，申请人提交的遗赠证明材料，一是经过公证的遗赠遗嘱或遗赠扶养协议；二是未经过公证的遗赠遗嘱或遗赠扶养协议。

（1）经过公证的遗赠遗嘱或遗赠扶养协议。

经过公证的遗赠遗嘱，是指由国家公证机构制作的记载遗赠人决定在其死亡后将他的财产赠与国家、集体或法定继承人以外的人的遗嘱。

经过公证的遗赠扶养协议，是指由国家公证机构制作的记载遗赠人与继承人以外的人、组织签订的，载明由该人或该组织承担其生养死葬的义务，但在其死亡后将他的财产赠与该人或该组织的协议。

在不动产登记实务中，如果申请人仅持遗赠遗嘱公证书申请因受遗赠产生的抵押权转移登记时，笔者认为，申请人申请遗赠转移登记的行为已经表明其接受遗赠，此行为与遗赠公证书组合，形成遗赠和接受遗赠的意思表示，遗赠关系成立，登记机构无须要求申请人另行提交接受遗赠的证明。

（2）未经过公证的遗赠遗嘱或遗赠扶养协议。

根据《不动产登记操作规范（试行）》1.8.6.1条规定，申请人应当同时提交以下材料组合成未经过公证的遗赠证明材料：

① 受遗赠人不是继承人的证明，此证明可由公安机关、遗赠人所在村委会或居委会、遗赠人或受遗赠人所在单位出具；

② 遗赠遗嘱或遗赠扶养协议。

3. 遗赠人的死亡证明书

遗赠人的死亡证明书是因受遗赠产生的抵押权转移是否实现的前提，遗赠人不死亡，遗赠遗嘱或遗赠扶养协议不生效，因受遗赠产生的抵押权转移不实现，故遗赠人的死亡证明书是登记机构办理因受遗赠产生的抵押权转移登记时的必收要件。在不动产登记实务中，遗赠人的死亡证明书主要有：① 公安派出所出具的因死亡注销户籍的证明；② 公安部门在刑事、交通等案件处理中出具的死亡证明；③ 应急管理部门或其消防机构在消防案件处理中出具的死亡证明；④ 人民法院宣告死亡的判决书；⑤ 殡仪馆出具的遗体火化证明；⑥ 医院出具的医学死亡证明等。

第四节　注销登记收件

抵押权注销登记，是指记载在登记簿上的抵押权，在使其消灭的情形（或法定事实）成就时，对其予以涂销使其失去法律效力的登记。《民法典》第二百一十四条规定，不动产物权的设立、变更、转让和消灭，依照法律规定应当登记的，自记载于不动产登记簿时发生效力。据此可知，一般情形下，不动产抵押权自注销登记记载在登记簿上时起，失去法律效力。在不动产登记实务中，按《不动产登记暂行条例实施细则》第七十条规定，抵押权的消灭适用抵押权注销登记。

《民法典》第三百九十三条规定："有下列情形之一的，担保物权消灭：（一）

第十章 一般抵押权登记收件

主债权消灭；（二）担保物权实现；（三）债权人放弃担保物权；（四）法律规定担保物权消灭的其他情形。"该法第二百三十一条规定，因合法建造、拆除房屋等事实行为设立或者消灭物权的，自事实行为成就时发生效力。据此可知，自房屋实体灭失时，房屋的所有权无须注销登记依法、即时消灭，申言之，自不动产实体灭失时起，不动产物权无须注销登记即依法、即时消灭，依附该不动产物权设立的抵押权亦随之消灭，因此，抵押权因抵押物灭失而消灭。除此之外，在不动产登记实务中，《不动产登记操作规范（试行）》14.4.1条之4规定，因人民法院、仲裁委员会的生效法律文书致使抵押权消灭属于申请人申请抵押权注销登记的情形。概言之，申请人申请抵押权注销登记的情形主要有：① 被担保的主债权消灭；② 抵押权已经实现；③ 抵押权人放弃抵押权；④ 抵押物灭失；⑤ 人民法院、仲裁机构的生效法律文书致使抵押权消灭。笔者拟对申请人因不同情形申请抵押权注销登记时应当提交的材料作阐释。

一、因主债权消灭申请的注销登记收件

1. 登记申请书；
2. 申请人的身份证明；
3. 不动产登记证明或抵押权已经登记的证明；
4. 被担保的主债权消灭的证明；
5. 其他必要材料。

说明和理由：

1. 登记申请书

按《不动产登记操作规范（试行）》14.4.2条规定，不动产登记簿记载的抵押权人与抵押人可以共同申请抵押权的注销登记。债权消灭的，抵押权人可以单方申请抵押权的注销登记。据此可知，因主债权消灭产生的抵押权注销登记，可以由抵押权人和抵押人共同申请，也可以由抵押权人单方申请，即注销登记申请书可以由抵押权人和抵押人共同出具，也可以由抵押权人单方出具。登记申请书应当载明：抵押权人；抵押人；申请人的身份证明类型和号码；登记类型——注销登记；登记原因——主债权消灭；不动产登记证明号码；不动产权属证书号码等。

2. 申请人的身份证明

抵押权注销登记由抵押权人和抵押人共同申请的，申请人的身份证明为抵押权人和抵押人的身份证明。抵押权注销登记由抵押权人单方申请的，申请人的身份证明仅为抵押权人的身份证明。

3. 不动产登记证明或抵押权已经登记的证明

（1）不动产登记证明。

不动产登记证明，是指记载有欲注销的一般抵押权的不动产登记证明。要求申请人提交不动产登记证明：一是证明欲注销的一般抵押权已经记载在登记簿上，申请一般抵押权注销登记的前提成立；二是便于登记机构结合申请人提交的身份证明，判定申请一般抵押权注销登记的申请人是否适格；三是注销登记被记载于登记簿上后，一般抵押权消灭，不动产登记证明失去权利表征作用，由登记机构收回归档，以免流失社会造成负面影响。其中，证明申请抵押权注销登记的前提成立是最主要的目的。不动产登记证明是《不动产登记暂行条例实施细则》第七十条规定的申请人申请抵押权注销登记时应当提交的材料。按该实施细则第一百零五条第一款规定，本实施细则施行前，依法核发的各类不动产权属证书继续有效。故此处的不动产登记证明，包括不动产统一登记前权利人合法持有的载明一般抵押权的《土地他项权证》《房屋他项权证》等。

（2）抵押权已经登记的证明。

抵押权已经登记的证明，主要指登记机构存档的载明欲注销的抵押权的登记材料复印件（适用于登记簿制度建立前核发的房屋他项权证、土地他项权证不能提交的情形）或记载有欲注销的一般抵押权的登记簿打印件、复印（制）件等材料。

在不动产登记实务中，申请人申请抵押权注销登记时，因不动产登记证明遗失或毁损而无法提交的情形时有出现，但抵押权注销登记不是抵押权人与第三人实施的须以不动产登记证明表征抵押权存在为前提的交易法律行为产生的登记，且抵押权已经登记的证明能够证明申请注销登记的前提成立。因此，申请人申请抵押权注销登记时因不动产登记证明遗失或毁损而不能提交的，可以提交抵押权已经登记的证明代替之，在抵押权注销登记完成后，未收回的不动产登记证明由登记机构在其门户网站或当地公开发行的报刊上公告作废，以免除或减轻其流失社会造成的负面影响。

《不动产登记暂行条例实施细则》第二十三条规定，因不动产权利灭失等情形，不动产登记机构需要收回不动产权属证书或者不动产登记证明的，应当在不动产登记簿上将收回不动产权属证书或者不动产登记证明的事项予以注明；确实无法收回的，应当在不动产登记机构门户网站或者当地公开发行的报刊上公告作废。其中的"不动产权利灭失"，包括不动产权利的绝对灭失和相对灭失。不动产权利的绝对灭失，是指不动产权利随不动产实体的消灭而永久消灭，或者随依附的主权利、主债权的消灭而消灭。与之对应的是不动产权利的相对

第十章 一般抵押权登记收件

灭失：一是不动产权利因转移给他人而使原权利人的权利灭失，他人在此灭失的基础上设立属于自己的不动产权利；二是不动产权利因不动产实体灭失外的申请注销登记的事由成就完成注销登记而灭失（如权利人抛弃不动产权利申请注销登记后，该权利人享有的不动产权利灭失，但该不动产权利本身并不消灭，而其归属处于待定状态，故此情形属于不动产权利的相对灭失）；三是不动产权利内容发生变更，变更前的不动产权利内容因变更的完成而消灭，不动产权利的新内容因变更的完成而产生。据此可知，抵押权注销登记完成后，权利人的权利灭失，不能收回的载明该灭失权利的不动产登记证明，应当由登记机构公告作废。

4. 被担保的主债权消灭的证明

被担保的主债权消灭的证明，是申请人申请因被担保的主债权消灭产生的抵押权注销登记的原因凭证。

被担保的主债权消灭，是指基于某种原因，既存的主债权客观地丧失其存在，即主债权绝对地灭失了。《物权法》第三百九十三条第（一）项规定，主债权消灭是担保物权消灭的情形之一。质言之，抵押权附随被担保的债权而存在，债权不存在的，抵押权丧失存在的基础。抵押担保的债权因为清偿、抵销、免除、混同等原因全部消灭时，抵押权随之消灭①。此外，生效的法律文书消灭主债权时，抵押权也随之消灭。

（1）债权因清偿而消灭。

债权因清偿而消灭，是指债务人按照约定履行债务，使债权因实现而消灭。如借款人按时还本付息而使因借款产生的债权消灭。

（2）债权因抵销而消灭。

债权因抵销而消灭，是指债权人和债务人相互享有债权时，各以其债权充抵债务，使相互享有的债权在对等额内消灭。如甲借款10万元给乙作经营建筑、装饰材料的流动资金，在乙还款前，甲因重新装修房屋，在乙处赊用了10万元的装修材料，甲、乙协商借款和材料款相抵销，使相互享有的债权消灭。

（3）债权因免除而消灭。

债权因免除而消灭，是指债权人抛弃债权而使债权消灭。如甲为支持朋友乙从事货物运输，借款20万元给乙买货车。乙在送货途中出车祸，人受重伤，车亦受重损，甲考虑到乙的现状，也念及朋友之情，向乙书面声明免除其借款债权。

---

① 梁慧星：《中国民法典草案建议稿附理由：物权编》，法律出版社2004年版，第339页。

（4）债权因混同而消灭。

债权因混同而消灭，是指债权和债务同属一人时而使债权消灭，即《合同法》第一百零六条规定，债权和债务同归于一人的，合同的权利义务终止。质言之，债权人和债务人同一后，基于合同产生的债权债务均消灭。如生产厂家甲与经销公司乙签订产品供销合同而建立了相应的债权债务关系，后甲、乙经协商达成合并协议，乙并入甲，成为甲的一个销售部而使债权债务归于甲而消灭。

（5）债权因生效的法律文书而消灭。

债权因生效的法律文书而消灭，是指基于人民法院、仲裁机构生效的判决书、裁定书、裁决书或调解书，使合同的债权债务终止。如仲裁机构生效的裁决书解除主债权合同等。

概言之，被担保的主债权消灭的证明主要是指主债权发生清偿、抵销、免除、混同等的证明，如还款证明、抵销协议、债权人免除债务人债务的声明或决定、生效的终止债权的法律文书等。

主债权消灭的证明属于《不动产登记暂行条例实施细则》第七十条规定的申请人申请抵押权注销登记时应当向登记机构提交的"抵押权消灭的材料"。

二、因抵押权实现申请的注销登记收件

1. 登记申请书；
2. 申请人的身份证明；
3. 不动产登记证明或抵押权已经登记的证明；
4. 抵押权实现的证明；
5. 其他必要材料。

说明和理由：

1. 登记申请书

抵押权的实现，是指抵押权人行使抵押权，实现抵押物的价值，从中优先受偿其债权的法律现象[①]。具体到不动产抵押权的实现，则是指抵押权人变现不动产，使自己的债权优先受偿而消灭。此情形下，抵押当事人应当申请抵押权注销登记。

若抵押不动产以折价抵债，或由抵押权人和抵押人依约定行使抵押权等非强制处分方式变现的，按《不动产登记操作规范（试行）》14.4.2条规定，此类抵押权注销登记由抵押权人和抵押人共同申请，即注销登记申请书由抵押权人

---

① 郭明瑞：《担保法》，法律出版社2004年版，第131页。

第十章 一般抵押权登记收件

和抵押人共同出具。登记申请书应当载明：抵押权人、抵押人、申请人的身份证明类型和号码、登记类型——注销登记、登记原因—抵押权实现、不动产登记证明号码、不动产权属证书号码等。

特别说明：

《最高人民法院关于人民法院民事执行中拍卖、变卖财产的规定》（法释〔2004〕16号）第二十九条第二款规定，不动产、有登记的特定动产或者其他财产权拍卖成交或者抵债后，该不动产、特定动产的所有权、其他财产权自拍卖成交或者抵债裁定送达买受人或者承受人时起转移。据此可知，若由人民法院拍卖、变卖或折价抵债实现抵押权的，人民法院要制作拍卖成交裁定书、变卖成交裁定书或抵债裁定书，且自该裁定书送达买受人时起，买受人无须登记即享有该不动产的物权，而抵押人原来享有的不动产物权，则自该人民法院的裁定书生效时起失效，附于其上的抵押权也随之失效，故登记机构办理此类变现抵押不动产产生的转移登记时，可凭该法律文书直接办理因实现抵押权而拍卖、变卖不动产或以不动产折价抵债产生的转移登记，无须再另行收取抵押权注销登记申请书。

2. 抵押权实现的证明

抵押权实现的证明，是申请人申请因抵押权实现产生的抵押权注销登记的原因凭证。

按《民法典》第四百一十条第一款规定，债务人不履行到期债务或者发生当事人约定的实现抵押权的情形，抵押权人可以与抵押人协议以抵押财产折价或者以拍卖、变卖该抵押财产所得的价款优先受偿。据此可知，实现抵押权的方式主要有拍卖、变卖和折价。

（1）抵押物的拍卖。

抵押物的拍卖主要是指在合法经营的拍卖公司的主持下，通过公开竞价将抵押物转让给最高应价者的买卖方式。

（2）抵押物的变卖。

抵押物的变卖主要是指由抵押权人通过一般的买卖或者以招标转让等方式而实现的买卖[①]。

（3）抵押物的折价。

抵押物的折价，主要是指抵押权人与抵押人协商由抵押权人以确定的价格取得抵押物的所有权[②]。

[①] 王利明：《物权法教程》，中国政法大学出版社2003年版，第378页。
[②] 郭明瑞：《担保法》，法律出版社2004年版，第140页。

在不动产登记实务中，抵押权实现的证明主要是指抵押不动产已经拍卖、变卖或者折价的证明，如拍卖成交确认书、变卖合同、折价协议等。

三、因抵押权人放弃抵押权申请的注销登记收件

1. 登记申请书；
2. 申请人的身份证明；
3. 不动产登记证明或抵押权已经登记的证明；
4. 抵押权人放弃抵押权的证明；
5. 其他必要材料。

说明和理由：

1. 登记申请书

《不动产登记操作规范（试行）》14.4.2条第二款规定，抵押权人放弃抵押权的，抵押权人可以单方申请抵押权的注销登记。因此，注销登记申请书由抵押权人单方出具。登记申请书应当载明：抵押权人；抵押人；申请人的身份证明类型和号码；登记类型——注销登记；登记原因——放弃抵押权；不动产登记证明号码；不动产权属证书号码等。

2. 抵押权人放弃抵押权的证明

抵押权人放弃抵押权的证明，是申请人申请因抵押权人放弃抵押权产生的注销登记的原因凭证。

按《民法典》第四百零九条第二款规定，抵押权人可以放弃抵押权或者抵押权的顺位。据此可知，抵押权人放弃抵押权有法可依。在不动产登记实务中，抵押权人放弃抵押权的证明主要指抵押权人放弃抵押权的声明、承诺、决定等。

四、因抵押不动产灭失申请的注销登记收件

1. 登记申请书；
2. 申请人的身份证明；
3. 不动产登记证明或抵押权已经登记的证明；
4. 抵押不动产灭失的证明；
5. 其他必要材料。

说明和理由：

1. 登记申请书

不动产实体灭失，附于其上的权益随之灭失。《不动产登记暂行条例》第十四条第二款第（五）规定，不动产灭失导致的登记，可以由当事人单方申请。

第十章 一般抵押权登记收件

据此可知，因不动产灭失产生的抵押权注销登记，可以由抵押权人或抵押人单方申请，即注销登记申请书可以由抵押权人或抵押人单方出具。登记申请书应当载明：抵押权人；抵押人；申请人的身份证明类型和号码；登记类型——注销登记；登记原因——抵押物灭失；不动产登记证明号码；不动产权属证书号码等。

2. 抵押不动产灭失的证明

抵押不动产灭失的证明，是申请人申请因抵押不动产灭失产生的抵押权注销登记的原因凭证。

抵押不动产灭失的证明，是指抵押不动产实体已经灭失的证明，该证明根据不动产实体灭失的原因，由相应的主体出具，如房屋因火灾灭失的，可以是应急管理机关或其消防机构、地方政府或房屋所在地社区出具的证明等；房屋因拆迁灭失的，可以是拆迁补偿安置协议等。

五、因人民法院、仲裁机构生效的致使抵押权消灭的法律文书申请、嘱托的注销登记收件

1. 登记申请书、协助执行通知书；
2. 申请人的身份证明、执行员的执行公务证和工作证；
3. 不动产登记证明或抵押权已经登记的证明；
4. 人民法院、仲裁机构生效的致使抵押权消灭的法律文书；
5. 其他必要材料。

注：嘱托注销登记的人民法院没有送达第 3 项材料的，登记机构不得主动索取。

说明和理由：

1. 登记申请书、协助执行通知书

（1）登记申请书。

《不动产登记操作规范（试行）》14.4.2 条第三款规定，人民法院、仲裁委员会生效法律文书确认抵押权消灭的，抵押人等当事人可以单方申请抵押权的注销登记。因此，注销登记申请书由抵押权人、抵押人或与法律文书载明事项有利害关系的人单方出具。登记申请书应当载明：抵押权人；抵押人；申请人的身份证明类型和号码；登记类型——注销登记；登记原因——生效的法律文书；不动产登记证明号码；不动产权属证书号码等。

（2）协助执行通知书。

协助执行通知书，是指人民法院向登记机构送达的要求其办理抵押权注销登记的协助执行通知书。

2. 人民法院、仲裁机构生效的致使抵押权消灭的法律文书

人民法院、仲裁机构生效的致使抵押权消灭的法律文书，是申请人申请注销登记的原因凭证。

人民法院、仲裁机构生效的致使抵押权消灭的法律文书，主要指确认登记簿上记载的抵押权无效的执行裁定书、最高人民法院和终审人民法院的民事判决书、初审人民法院附生效证明的民事判决书、仲裁机构的裁决书等。

第十一章 最高额抵押权登记收件

《民法典》第四百二十条规定，为担保债务的履行，债务人或者第三人对一定期间内将要连续发生的债权提供担保财产的，债务人不履行到期债务或者发生当事人约定的实现抵押权的情形，抵押权人有权在最高债权额限度内就该担保财产优先受偿。最高额抵押权设立前已经存在的债权，经当事人同意，可以转入最高额抵押担保的债权范围。概言之，最高额抵押权不同于一般抵押权，一般情形下，一般抵押权只为已经存在的某一明确、具体的债权作担保，而最高额抵押权既可以只为将来发生的债权作担保，也可同时为已经存在的债权和将来发生的债权作担保，即最高额抵押权担保的债权是不确定的。最高额抵押权的存在不依附于被其担保的债权。

在实际生活中，最高额抵押已经发展成为一种广泛适用的担保方式，其主要原因有两个：其一，最高额抵押有利于维系持续的信用关系，加速资金融通；其二，最高额抵押为当事人间持续发生的债权之担保，创造了便利条件[①]。

在不动产登记实务中，最高额抵押权登记是一种常见的、重要的登记类型。按《不动产登记暂行条例实施细则》第七十一条、第七十二条、第七十三条和第七十四条规定，最高额抵押权登记主要有首次登记、变更登记、转移登记和确定登记。《不动产登记操作规范（试行）》14.4条规定的抵押权注销登记准用于最高额抵押权。

第一节 首次登记收件

最高额抵押，是指抵押人与抵押权人协议，在最高债权额限度内，以抵押物对一定范围内连续发生的不特定债权设定的担保[②]。质言之，最高额抵押权是抵押人与抵押权人通过协议的方式设定，且预先确定一个最高的债权限额，对当事人在一定期限内连续发生的债权提供抵押担保的担保物权。

在不动产登记实务中，申请人申请最高额抵押权首次登记时，向登记机构提交的材料中，有很多与申请一般抵押权首次登记时提交的材料一致，只是个

[①] 梁慧星：《中国民法典草案建议稿附理由：物权编》，法律出版社2004年版，第351页。
[②] 梁慧星：《中国民法典草案建议稿附理由：物权编》，法律出版社2004年版，第351页。

别材料，因其本身的特性而与申请一般抵押权首次登记时提交的材料不同。故本节中，申请人申请最高额抵押权首次登记时应当提交的材料，根据下列情形综合考虑、确定：① 最高额抵押权只对将要发生的债权作担保，还是将已经发生的债权一并担保；② 最高额抵押关系中的抵押人有自然人、法人和非法人组织；③ 最高额抵押权设立的原因有借款、货物供销、货物运输、货物承揽加工、反担保抵押等。

为了方便阅读，也为了减少过多的内容重复，笔者拟对申请人申请最高额抵押权首次登记时应当提交的材料，只区别抵押人作概括性的介绍。

一、抵押人是自然人时申请的首次登记收件

1. 登记申请书；
2. 申请人的身份证明；
3. 抵押权人的金融许可证或准予经营贷款业务的批文；
4. 抵押权人经营担保业务的资质证或准予经营担保业务的批文；
5. 不动产权属证书；
6. 抵押人的婚姻状况证明；
7. 一定期间内连续发生债权的合同或者其他登记原因证明材料；
8. 最高额抵押合同；
9. 其他必要材料。

注：第3项材料适用于抵押权人为银行类金融机构或小额贷款公司的情形。第4项材料适用于抵押权人为经营担保业务的机构的情形。第6项材料适用于登记簿上没有记载抵押不动产的共有情况的情形。第7项材料中的债权人为境外机构、境内的外资机构、外籍人士的，申请人应当同时提交国家外汇管理机关准予对外担保的批文。第7项材料中的抵押条款载明的抵押信息满足登记簿的记载需要的，无须再提交第8项材料。

说明和理由：

1. 登记申请书

在不动产登记实务中，《不动产登记操作规范（试行）》14.1.4条规定，抵押权首次登记应当由抵押人和抵押权人共同申请。据此可知，最高额抵押权登记申请书由抵押人和抵押权人共同出具。《国土资源部关于启用不动产登记簿证样式（试行）的通知》（国土资发〔2015〕25号）附《不动产登记簿样式及使用填写说明》规定，登记簿应当记载的最高额抵押权的内容有：抵押权人；抵押人；申请人的身份证明类型和号码、抵押不动产的类型——土地（土地及地上房屋、林地及地上林木、海域及海域内的构筑物等）；抵押方式——最高额抵

第十一章 最高额抵押权登记收件

押；登记类型——首次登记；登记原因——因合同设立（借款、货物供销、货物运输、货物承揽加工、反担保等）；被担保的最高债权数额；债权确定期间；共有情况等。最高额抵押权登记申请书应当载明这些内容。

自然人申请登记为单独所有的，应当提交单独所有的证明材料，如婚前取得的证明、对方配偶关于归申请人单独所有的声明等。

申请登记为按份共有的，应当提交共有人关于份额的约定等。

2. 申请人的身份证明

抵押权人和抵押人是最高额抵押权首次登记的申请人，故申请人的身份证明为抵押权人和抵押人的身份证明。申请人的身份证明主要有：

（1）境内自然人。

提交有效的居民身份证、户口簿、军官证、士兵证、文职干部证、学员证等[1]。

（2）港澳台地区自然人。

港澳同胞提交香港特别行政区居民身份证或香港特别行政区护照、澳门特别行政区居民身份证或澳门特别行政区护照、港澳居民来往内地通行证。台湾同胞提交台湾居民来往大陆通行证等[2]。

（3）华侨、外籍自然人。

华侨提交中华人民共和国护照和国外长期居留身份证件。外籍自然人提交中国政府主管机关签发的居留证件或其所在国护照等[3]。《不动产登记操作规范（试行）》1.8.2.4条之3规定，外文文本的申请材料应当翻译成汉字译本，当事人应签字确认，并对汉字译本的真实性负责。据此可知，提供外文身份证明的申请人应当同时提交申请人签字确认的该身份证明的中文译本，或提交在我国合法经营的翻译机构出具的该身份证明的中文译本。

（4）境内法人或其他组织。

提交事业单位法人资格证、社会团体法人登记证书、营业执照等[4]。

特别说明：

按《事业单位登记管理暂行条例》第三条、第五条和第八条规定，事业单位经主管部门批准成立后，须经县级以上人民政府机构编制管理机关登记并颁发《事业单位法人证书》。按《社会团体登记管理条例》第三条、第六条和第十五条规定，社会团体经其业务主管机关批准，并经县级以上人民政府民政机

---

[1] 参见《不动产登记操作规范（试行）》1.8.4.1条之1。
[2] 参见《不动产登记操作规范（试行）》1.8.4.1条之2和3。
[3] 参见《不动产登记操作规范（试行）》1.8.4.1条之4和5。
[4] 参见《房地产登记技术规程》附录B.0.10条。

关登记，领取《社会团体法人登记证书》。《公司法》第七条规定，依法设立的公司，由公司登记机关发给公司营业执照。公司自营业执照签发时成立。《个人独资企业法》第十二条和第十三条规定，登记机关应当在收到个人独资企业设立申请文件之日起十五日内，对符合该法规定条件的，予以登记，发给营业执照。企业自营业执照签发时成立。《合伙企业法》第十条和第十一条规定，申请人提交的登记申请材料齐全、符合法定形式，企业登记机关能够当场登记的，应予当场登记，发给营业执照。企业自营业执照签发时成立。据此可知，事业单位法人、社会团体法人、企业法人及企业性质的非法人组织须经相关机关登记，故其身份证明，除法人资格证、营业执照外，还可以是其登记机关出具的有关身份证明的文件或书面材料，如县级以上人民政府机构编制管理机关批准或准予事业单位撤、并、转或设立的文件；企业登记机关出具的"兹证明某有限责任公司系经我局登记成立的公司法人"等。

（5）港澳地区法人。

提交经我国司法部委托的律师出具的公证书公证的商业登记证，且加盖中国法律服务（香港）有限公司、中国法律服务（澳门）有限公司转递章。也可以提交我国公证机构办理的商业登记证公证书。

（6）台湾地区法人。

提交企业登记证或注册证[①]，但须经大陆公证机构公证，或经台湾公证机构公证。台湾公证机构出具的公证书须经大陆相关机构认证（一般由省级公证协会认证）。

（7）外国法人、组织。

提交经我国驻外使（领）馆认证的，所在国家公证机构公证的身份证明[②]。或直接在我国使（领）馆办理公证的身份证明。《不动产登记操作规范（试行）》1.8.2.4条之3规定，外文文本的申请材料应当翻译成汉字译本，当事人应签字确认，并对汉字译本的真实性负责。据此可知，提供外文身份证明的申请人应当同时提交申请人签字确认的该身份证明的中文译本，或提交在我国合法经营的翻译机构出具的该身份证明的中文译本。

3. 抵押权人的金融许可证或准予经营贷款业务的批文

按《商业银行法》第三条、第十六条、第九十二条和第九十三条规定，在中国境内开展贷款业务的中资银行、银行类金融机构、外资银行、中外合资银

---

① 参见《广州市城镇房地产登记技术规范》第二十七条。
② 参见《广州市城镇房地产登记技术规范》第二十七条。

第十一章 最高额抵押权登记收件

行和外国银行，须经国务院银行业监督管理机构批准并核发金融许可证。《中国银行业监督管理委员会、中国人民银行关于小额贷款公司试点的指导意见》（银监发〔2008〕23号）规定，小额贷款公司是由自然人、企业法人与其他社会组织投资设立，不吸收公众存款，经营小额贷款业务的有限责任公司或股份有限公司。申请设立小额贷款公司，应向省级政府主管部门提出正式申请，经批准后，到当地工商行政管理部门申请办理注册登记手续并领取营业执照。据此可知，对经营贷款的机构，以行政许可的方式实行市场准入制度，即没有获得政府主管部门准予经营贷款业务的行政许可的机构，不得实施贷款经营行为，概言之，在不动产登记实务中，登记机构办理最高额抵押权登记时，债权人即最高额抵押权人，属于登记簿记载的内容，若债权人的名称中有"银行"或"小额贷款"字样的，须持有金融许可证且该金融许可证应当载明"经营贷款业务"。债权人名称中有"小额贷款"字样的，须提交省级人民政府主管机关批准成立并准予开展贷款业务的批文。《行政许可法》第八十一条规定，当事人未经行政许可，擅自从事依法应当取得行政许可的活动的，应当受到行政处罚，其至承担刑事责任。质言之，未获得行政许可，擅自从事依法应当取得行政许可的活动属于应当受到惩处的违法行为。《不动产登记暂行条例》第二十二条第（一）项规定，登记申请违反法律、行政法规规定的属于不予登记的情形。据此可知，申请登记的内容应当符合法律、行政法规的规定。如果银行在没有取得金融许可证，小额贷款公司在没有取得准予开展贷款业务的批文的情形下，与他人建立的借贷关系设立的贷款债权属于违反《行政许可法》规定的行为，不能设立最高额抵押权保障其实现，更不能向登记机构申请最高额抵押权登记。债权人名称以其持有的营业执照等合法身份证明载明的名称为准。

4. 抵押权人经营担保业务的资质证或准予经营担保业务的批文

《融资性担保公司监督管理条例》第二条规定，融资性担保公司，是指依法设立的经营融资性担保业务的有限责任公司和股份有限公司。该条例第六条规定，设立融资性担保公司应当经监管部门审查批准。融资担保公司的名称中应当标明融资担保字样。《非融资性担保机构规范管理指导意见》第二条规定，非融资性担保机构，是指在中华人民共和国行政区域内依法设立，但未取得《中华人民共和国融资性担保机构经营许可证》，实际在为法人及自然人提供担保业务的机构。该意见第六条规定，各省市非融资性担保协会为行业规范管理工作指导部门。非融资担保机构应取得担保行业指导机构颁发的资质证书，并通过行业协会的年检。概言之，国家对经营担保业务的机构实行市场准入制度，即没有取得从事担保业务的资质证明或准予经营担保业务的批文的机构,不得开展担保经营业务,其与他人签订的保证合同,登记机构不得用作登记材料。因此,作为反担保抵押中的最高额抵押权人的保证人是从事担保经营的机构的,其从事担保业务的资质证明或准予经营担保业务的批文,是登记机构办理因反担保抵押产生的最高额抵押权首次登记时应当收取的材料。申请人是否是从事担保经营的机构的认定,以其提交的营业执照载明的名称中是否有"担保"字样为准。非从事担保经营的自然人、法人或非法人组织申请因反担保产生的最高额抵押权首次登记时,登记机构无须要求其提交从事担保业务的资质证明或准予经营担保业务的批文。

5. 不动产权属证书

不动产权属证书,是指载明欲抵押的不动产物权的不动产权属证书。

要求申请人提交不动产权属证书:一是表明欲抵押的不动产物权已经记载在登记簿上,申请最高额抵押权首次登记的前提成立;二是便于登记机构结合申请人提交的身份证明,判定作为申请人之一的抵押人是否适格;三是便于登记机构办理最高额抵押权首次登记时明确抵押不动产的范围,即特定抵押权的权利客体。其中,证明申请最高额抵押权首次登记的前提成立是最主要的目的。《不动产登记暂行条例实施细则》第七十一条第一款规定,不动产权属证书是申请人申请最高额抵押权首次登记时应当提交的材料。按该实施细则第一百零五条第一款规定,本实施细则施行前,依法核发的各类不动产权属证书继续有效。故此处的不动产权属证书,包括不动产统一登记前权利人合法持有的《国有土地使用权证》《房屋所有权证》《林权证》《海域使用权证书》等。

在最高额抵押权首次登记中,申请人因不动产权属证书遗失或毁损而不能提交的情形时有出现,但最高额抵押权首次登记是抵押人凭不动产权属证书向抵押权人表征其享有不动产物权而与之协商签订最高额抵押合同产生的登记。因此,登记机构在办理最高额抵押权首次登记时,不动产权属证书作为登记收件,应当按法律和规章的规定,从严掌握。如果抵押人因不动产权属证书遗失或毁损而不能提交的,登记机构应当告知抵押人按《不动产登记暂行条例实施细则》第二十二条第二款的规定申请补发,补发后,再按程序申请最高额抵押权首次登记。

6. 抵押人的婚姻状况证明

按我国《民法典》规定,结婚实行登记发证制度,而离婚实行登记发证和诉讼裁判制度,因此,婚姻状况证明的具体形式有结婚证书、离婚证书、生效的离婚判决书或离婚民事调解书、婚姻登记机关出具的婚姻关系证明等。

第十一章 最高额抵押权登记收件

2007年10月1日前（《物权法》实施前），自然人取得的不动产权属证书（如国有土地使用权证、房屋所有权证、林权证等），因不动产登记簿制度尚未建立，大部分不动产的共有情况在不动产权属证书上无记载，故申请最高额抵押权首次登记时，抵押人应当向登记机构提交其婚姻状况证明，登记机构根据其婚姻关系建立或解除的时间和不动产权属证书的颁发时间，查验抵押人是否有权抵押不动产，抵押登记申请人是否有遗漏，申请人申请的最高额抵押权登记可否办理等。

原《物权法》第九条规定，不动产物权的设立、变更、转让和消灭，经依法登记，发生效力；未经登记，不发生效力，但是法律另有规定的除外。该法第十六条第一款规定，不动产登记簿是物权归属和内容的根据。按该法第十二条规定，登记机构有权就有关登记事项询问申请人。申请登记的不动产的有关情况需要进一步证明的，登记机构可以要求申请人补充材料（现《民法典》第二百零九条、第二百一十六条第一款、第二百一十二条做了同样的规定）。质言之，登记机构有权对申请登记的不动产的共有状况询问申请人，并根据询问情况要求申请人提供支撑证据后才登记。因此，当权利人为自然人时，原《物权法》（现《民法典》）的这些规定，可以使不动产登记克服隐名共有人的存在。在不动产登记实务中，《不动产登记操作规范（试行）》2.1.3条第一款规定，共有不动产的登记，应当由全体共有人共同申请。《国土资源部关于启用不动产登记簿证样式（试行）的通知》（国土资发〔2015〕25号）附《不动产登记簿样式及使用填写说明》规定，共有情况属于不动产登记簿记载的内容。因此，根据法律和政策的这些规定，只有记载在登记簿上的权利人才是具有法律意义的不动产权利人，概言之，不动产登记簿制度建立后，法律、规章和政策的规定均不再支持隐名共有人的存在。故权利人在登记簿制度建立后取得的不动产权利，申请最高额抵押权首次登记时，登记簿记载的权利人为有权处分不动产的人，登记机构无须再要求抵押人提交婚姻状况证明作为其有权抵押不动产的佐证。

7. 一定期间内连续发生债权的合同或者其他登记原因证明材料

一定期间内连续发生债权的合同或者其他登记原因证明材料，是最高额抵押权设立的前提，也是《不动产登记暂行条例实施细则》第七十一条第一款规定的申请人申请最高额抵押权登记时应当提交的材料。

（1）一定期间内连续发生债权的合同。

《民法典》第四百二十条规定，为担保债务的履行，债务人或者第三人对一定期间内将要连续发生的债权提供担保财产的，债务人不履行到期债务或者发生当事人约定的实现抵押权的情形，抵押权人有权在最高债权额限度内就该担保财产优先受偿。最高额抵押权设立前已经存在的债权，经当事人同意，可以转入最高额抵押担保的债权范围。据此可知，一定期间内连续发生债权的合同，是产生被最高额抵押权担保的债权的基础法律关系，只有基于此基础法律关系产生的债权才属于最高额抵押权担保的范围。因此，一定期间内连续发生债权的合同是最高额抵押合同依附、依存的主债权合同，也是申请人申请最高额抵押权首次登记时应当提交的主债权合同。基于连续发生债权的合同发生的某笔明确、具体的债权，只是被最高额抵押权担保的一定期间内连续发生的债权中的某一个债权，当事人因此签订的合同或协议，不是最高额抵押合同依附、依存的主债权合同，也不是申请人申请最高额抵押权首次登记时应当提交的材料。

在不动产登记实务中，一定期间内连续发生债权的合同主要有《循环借款合同》《最高额度借款合同》《最高额保证合同》《连续供货合同》等。

（2）其他登记原因证明材料。

其他登记原因证明材料，主要指体现一定期间内连续发生债权的证明材料，如最高额度信用卡协议、银行承兑协议等。

8. 最高额抵押合同

最高额抵押合同，是申请人申请最高额抵押权登记的原因凭证。

按《民法典》第三百八十八条规定，最高额抵押合同是一定期间内连续发生债权的合同的从合同。最高额抵押合同，是指在预定的最高限额内，以一定的财产担保一定期间内连续发生的债权的清偿而成立的合同。合同的内容主要有抵押人和债务人、抵押权人、被担保债权的范围、债权的最高限额和债权确定期间等。

被最高额抵押权担保的债权范围：一是一定期间内连续发生债权的合同中约定的，被担保的债权只是将要发生的债权，或是已经发生的债权和将要发生的债权；二是纳入担保范围的债权产生的利息、违约金、损害赔偿金、保管担保财产和实现担保物权的费用等。

债权的最高限额，是指在一定期间内连续发生债权的合同中约定的，属于最高额抵押权担保的，债权人向债务人提供的债权本金的最高限额。

债权确定期间，是指最高额抵押合同中抵押当事人约定的被担保的最高额债权确定的期间，换言之，债权确定期间是使最高额抵押权担保的债权具体、特定的期间。

最高额抵押权因反担保而设立时，最高额抵押合同以反担保抵押合同的形式体现，但该反担保抵押合同须具有最高额抵押合同的性质，即包含前已述及的最高额抵押合同应当具有的主要内容。

第十一章 最高额抵押权登记收件

二、抵押人是法人或非法人组织时申请的首次登记收件

1. 登记申请书；
2. 申请人的身份证明；
3. 抵押权人的金融许可证或准予经营贷款业务的批文；
4. 抵押权人经营担保业务的资质证或准予经营担保业务的批文；
5. 不动产权属证书；
6. 一定期间内连续发生债权的合同或者其他登记原因证明材料；
7. 最高额抵押合同；
8. 其他必要材料。

注：第 3 项材料适用于抵押权人为银行类金融机构或小额贷款公司的情形。第 4 项材料适用于抵押权人为经营担保业务的机构的情形。第 6 项材料中的债权人为境外机构、境内的外资机构、外籍人士的，申请人应当同时提交国家外汇管理机关准予对外担保的批文。第 6 项材料中的抵押条款载明的抵押信息满足登记簿记载的需要的，无须再提交第 7 项材料。

说明和理由：

1. 申请人申请最高额抵押权首次登记时，用国有企业、国有独资公司、事业单位法人的不动产抵押的，是否应当向登记机构提交县级以上人民政府或其国有资产管理部门同意用不动产抵押的证明？

（1）笔者曾经的认为。

国有企业、国有独资公司，是指由国家全额投资，依法取得法人资格，实行自主经营、自负盈亏、独立核算，以国家授予其经营管理的财产承担民事责任的企业组织。国有企业、国有独资公司以生产、经营主体的身份参与市场经济，在市场经济活动中，与其他市场主体一样，融通资金、参与货物流通等是生产、经营活动得以正常开展的保证，以不动产抵押获取借款、参与货物流通等是其常用的生产、经营手段。

《事业单位登记管理暂行条例》第二条规定，事业单位是由国家机关举办或其他组织利用国有资产举办的社会服务组织。据此可知：① 事业单位是社会服务组织，不是生产、经营的经济实体；② 事业单位的资产是国有资产。那么，事业单位为了社会服务所需，可否以其不动产抵押获取借款呢？《物权法》第一百八十四条第（三）项规定，学校、幼儿园、医院等以公益为目的的事业单位、社会团体的教育设施、医疗卫生设施和其他社会公益设施不得抵押。据此作反面解释：学校、幼儿园、医院等以公益为目的的事业单位、社会团体的非教育设施、非医疗卫生设施和其他非社会公益设施可以作抵押。在司法实务中，

《担保法司法解释》第五十三条规定，学校、幼儿园、医院等以公益为目的的事业单位、社会团体，以其教育设施、医疗卫生设施和其他社会公益设施以外的财产为自身债务设定抵押的，人民法院可以认定抵押有效。因此，事业单位可以用登记在其名下的不用于公益服务的不动产作抵押，如某县人民医院，为了筹集购置医疗设备款，用登记在其名下的商业门市向银行作借款的抵押担保。

如前所述，国有企业、国有独资公司和事业单位法人的财产都属于国有资产。按《企业国有资产法》第三条、第四条和第十一条规定，国务院代表国家行使国有资产所有权。国务院和地方人民政府依照法律、行政法规的规定，分别代表国家对国家出资企业履行出资人职责，享有出资人权益。国务院国有资产监督管理机构和地方人民政府按照国务院的规定设立的国有资产监督管理机构，根据本级人民政府的授权，代表本级人民政府对国家出资企业履行出资人职责。国务院和地方人民政府根据需要，可以授权其他部门、机构代表本级人民政府对国家出资企业履行出资人职责。该法第四十五条第（二）项规定，未经履行出资人职责的机构同意，国有企业、国有独资公司不得为关联方提供担保。申言之，在人民政府或其国有资产管理部门同意的前提下，国有企业、国有独资公司可以用登记在其名下的不动产为他人作抵押担保。《事业单位国有资产管理暂行办法》第二十一条规定，事业单位利用国有资产对外担保应当进行必要的可行性论证，并提出申请，经主管部门审核同意后，报同级财政部门审批。据此可知，法律和规章只规定国有企业、国有独资公司和事业单位法人用登记在其名下的财产为他人债务作抵押担保须经人民政府或其国有资产管理部门同意，但对它们用其不动产为自身债务作抵押担保是否经人民政府或其国有资产管理部门同意，则没有作规定。笔者认为，国有企业、国有独资公司和事业单位法人的不动产都属于国有资产，由国家行使所有权，用国有不动产作抵押，实质上是行使所有权中的处分权能，无论用不动产为他人债务作抵押担保，还是用不动产为自身债务作抵押担保，都应当经所有权人同意，具体到登记在国有企业、国有独资公司和事业单位法人名下的不动产，应当经人民政府或其国有资产管理部门同意。在现时的行政体制中，县级以上人民政府才设立财政机关或国有资产监督管理机构代政府行使所有权。

综上所述，国有企业、国有独资公司和事业单位法人以登记在其名下的不动产作抵押，申请最高额抵押权首次登记时，应当提交县级以上人民政府或其国有资产管理部门同意抵押的证明。

（2）笔者现时的认为。

《民法典》第二百一十六条第一款规定，不动产登记簿是物权归属和内容的

第十一章 最高额抵押权登记收件

根据。该法第三百九十四条规定,为担保债务的履行,债务人或者第三人不转移财产的占有,将该财产抵押给债权人的,债务人不履行到期债务或者发生当事人约定的实现抵押权的情形,债权人有权就该财产优先受偿。前款规定的债务人或者第三人为抵押人,债权人为抵押权人,提供担保的财产为抵押财产。据此可知,不动产物权的权利主体和权利内容,以不动产登记簿的记载为准。如果登记簿上记载的不动产物权的权利人为国有企业、国有独资公司或事业单位法人的,则此国有企业、国有独资公司或事业单位法人就是具有法律意义的不动产物权的权利主体。国有企业、国有独资公司或事业单位法人以登记在其名下的不动产作贷款、货物流通等债务履行的最高额抵押担保时,由该国有企业、国有独资公司或事业单位法人作为抵押人与抵押权人签订最高额抵押合同。按《民法典》第一百五十八条规定,民事法律行为可以附条件,但是根据其性质不得附条件的除外。附生效条件的民事法律行为,自条件成就时生效。按该法第一百六十条规定,民事法律行为可以附期限,但是根据其性质不得附期限的除外。附生效期限的民事法律行为,自期限届至时生效。按该法第四百九十条第一款规定,当事人采用合同书形式订立合同的,自当事人均签名、盖章或者按指印时合同成立。该法第五百零二条第一款规定,依法成立的合同,自成立时生效,但是法律另有规定或者当事人另有约定的除外。据此可知,一般情形下,只要最高额抵押合同上有双方当事人签字、按指印或者盖章,而无约定的生效条件或期限的,则此最高额抵押合同就是已经生效的合同,登记机构可以直接用作登记的证据材料。至于法律、行政法规或规章规定,国有企业、国有独资公司和事业单位法人以登记在其名下的不动产作抵押,须向县级以上人民政府或其国有资产管理部门履行审批程序,笔者认为,这是法律、行政法规或规章对国有企业、国有独资公司和事业单位法人处分其财产的内部制约机制的规定,属于管理性的规定。现时的法律、行政法规和司法解释,没有将县级以上人民政府或其国有资产管理部门审批同意不动产抵押的证明规定为国有企业、国有独资公司和事业单位法人与他人签订的最高额抵押合同生效的前提。在司法实务中,《最高人民法院关于国有工业企业以机器设备等财产为抵押物与债权人签订的抵押合同的效力问题的批复》(法释〔2002〕14号)规定,国有工业企业以机器设备、厂房等财产与债权人签订的抵押合同,如无其他法定的无效情形,不应当仅以未经政府主管部门批准为由认定抵押合同无效。据此可知,国有工业企业在未经政府主管部门批准的前提下,以其房地产作抵押与债权人签订的抵押合同有效。申言之,国有企业、国有独资公司和事业单位法人未经相关国家机关审批同意,以登记在其名下的不动产与他人签订的最高额抵押合同也有效。因此，国有企业、国有独资公司和事业单位法人以其名义与抵押权人签订的最高额抵押合同中，若无约定生效的条件或期限的，登记机构可以直接用作登记的证据材料，无须要求申请人提交县级以上人民政府或其国有资产管理部门同意抵押的证明佐证该最高额抵押合同的效力。

2. 申请人申请最高额抵押权首次登记时，用个人独资企业的不动产作抵押的，是否提交投资人或投资人夫妻同意用不动产抵押的证明？

《个人独资企业法》第五条规定，国家保护个人独资企业的财产和其他权益。《民法典》第一百零二条第二款规定，非法人组织包括个人独资企业、合伙企业、不具有法人资格的专业服务机构等。质言之，个人独资企业是可以以企业的名义依法享有财产权利的非法人组织。《个人独资企业法》第十七条规定，个人独资企业投资人对本企业的财产依法享有所有权，其有关权利可以依法进行转让或继承。质言之，投资人对其投资的个人独资企业的全部财产享有所有权。概言之，在对内法律关系上，投资人对其投资的个人独资企业享有所有权，但在对外法律关系上，个人独资企业作为民事主体，依法以企业名义与他人发生法律关系，并可以依法享有财产所有权，即个人独资企业与其投资人属于平等的、不同的民事主体。不动产物权属于对世的公开的权利，应当适用对外法律关系，且《民法典》第二百一十六条第一款规定，不动产登记簿是物权归属和内容的根据。据此可知，不动产物权的权利主体和权利内容，以不动产登记簿的记载为准。换言之，如果登记簿上记载的不动产物权的权利人为个人独资企业的，则此个人独资企业就是具有法律意义的不动产物权的权利主体。因此，个人独资企业可以以其名义与债权人签订最高额抵押合同。故申请人申请最高额抵押权首次登记时，用个人独资企业的不动产作抵押的，无须提交该企业的投资人或投资人夫妻同意用不动产抵押的证明。

3. 申请人申请最高额抵押权首次登记时，用城镇集体企业的不动产作抵押的，是否提交职工会或职工代表大会同意用不动产抵押的证明和企业主管部门对该证明已经备案的证明？

（1）笔者曾经的认为。

《城镇集体所有制企业条例》第四条规定，城镇集体所有制企业的财产属劳动群众集体所有。据此可知，集体所有是一种特殊的共有，即应当为集体的成员所共同享有所有权[①]。集体企业以不动产作抵押须经全体共有人——企业职工同意。但规模较大的集体企业，如果要每个职工同意，一是意见不易统一，二

[①] 王利明：《物权法教程》，中国政法大学出版社2003年版，第143页。

第十一章 最高额抵押权登记收件

是费时费力。为此,《城镇集体所有制企业条例》第九条规定,职工会或职工代表大会是集体企业的权力机构。质言之,职工会或职工代表大会代表全体职工行使企业的权力,具体到财产上,则代表全体职工行使企业财产的共同所有权,换言之,以不动产作抵押的,只需城镇集体企业职工会或职工代表大会同意即可。在曾经的房屋登记实务中,《城市房地产抵押管理办法》第十四条规定,以集体所有制企业的房地产抵押的,必须经集体所有制企业职工(代表)大会通过,并报其上级主管机关备案。申言之,集体企业以不动产作抵押申请最高额抵押权首次登记时,企业职工会或职工代表大会同意用不动产抵押的证明和企业主管部门对该证明已经备案的证明是应当提交的材料。职工会或职工代表大会同意用不动产抵押的证明为有参会职工或职工代表签名的会议记录或会议决定,并加盖企业公章。企业主管部门可以在该证明上签署备案意见,并加盖企业主管部门印章或专门的备案专用章,也可以专门出具备案凭证。

(2)笔者现时的认为。

《民法典》第二百一十六条第一款规定,不动产登记簿是物权归属和内容的根据。《城镇集体所有制企业条例》第六条规定,集体企业依法取得法人资格,以其全部财产独立承担民事责任。据此可知,城镇集体企业是享有独立财产权的企业法人,以权利人名义记载在登记簿上的城镇集体企业,就是相应的不动产物权的权利主体。按《民法典》第一百五十八条规定,民事法律行为可以附条件,但是根据其性质不得附条件的除外。附生效条件的民事法律行为,自条件成就时生效。按该法第一百六十条规定,民事法律行为可以附期限,但是根据其性质不得附期限的除外。附生效期限的民事法律行为,自期限届至时生效。按该法第四百九十条第一款规定,当事人采用合同书形式订立合同的,自当事人均签名、盖章或者按指印时合同成立。该法第五百零二条第一款规定,依法成立的合同,自成立时生效,但是法律另有规定或者当事人另有约定的除外。据此可知,一般情形下,只要最高额抵押合同上有双方当事人的签字、按指印或者盖章,而无约定生效的条件或期限,则此最高额抵押合同就是已经生效的合同,登记机构可以直接用作登记的证据材料。至于《城镇集体所有制企业条例》第四条规定,城镇集体所有制企业的财产属于劳动群众集体所有。笔者认为,从集体企业与职工间的内部法律关系上看,集体企业的财产归企业的全体职工所有。但从外部法律关系上看,按前述《城镇集体所有制企业条例》第六条规定,城镇集体企业是依法享有企业法人财产权利的民事主体,与企业职工是平等的、两种不同的民事主体。不动产物权是对世的公开的权利,应当适用外部法律关系。现时的法律、行政法规和司法解释,没有将企业职工会或职工代表大会同意用不动产抵押的证明规定为城镇集体企业与他人签订的最高额抵押合同生效的前提。因此，城镇集体企业以其名义与抵押权人签订的最高额抵押合同中，若无约定的生效条件或期限的，登记机构可以直接用作登记的证据材料，无须要求申请人提交企业职工会或职工代表大会同意用不动产抵押的证明佐证该最高额抵押合同的效力，更无须提交企业主管部门对该证明已经备案的证明。

4. 申请人申请最高额抵押权首次登记时，用乡村集体企业的财产抵押的，是否应当提交村民会议或村民代表会议同意用不动产抵押的证明？

（1）笔者曾经的认为。

《乡村集体所有制企业条例》第十八条第一款规定，企业财产属于举办该企业的乡或者村范围内的全体农民集体所有，由乡或者村的农民大会（农民代表会议）代表全体农民的集体经济组织行使企业财产的所有权。《村民委员会组织法》第二十四条规定，处分集体所有的财产，由村民会议或村民会议授权的村民代表会议决定。据此可知，乡村集体企业抵押不动产申请最高额抵押权首次登记时，申请人应当提交村民会议或村民代表会同意抵押不动产的证明，但提交村民代表会同意抵押的证明时，应当同时提交村民会议授权村民代表会议有权处分集体财产的证明。

村民会议或村民代表会议同意用不动产抵押的证明，以及村民会议授权村民代表会议有权处分集体财产的证明，都应当有参会村民或村民代表的签名，且应当加盖集体企业的公章，以增强证明的真实性。

（2）笔者现时的认为。

《民法典》第二百一十六条第一款规定，不动产登记簿是物权归属和内容的根据。《民法典》第九十九条第一款规定，农村集体经济组织依法取得法人资格。《乡村集体所有制企业条例》第五条规定，国家保护乡村集体所有制企业的合法权益，禁止任何组织和个人侵犯其财产。据此可知，乡村集体企业是享有独立财产权的企业法人，以权利人名义记载在登记簿上的乡村集体企业，就是相应的不动产物权的权利主体。按《民法典》第一百五十八条规定，民事法律行为可以附条件，但是根据其性质不得附条件的除外。附生效条件的民事法律行为，自条件成就时生效。按该法第一百六十条规定，民事法律行为可以附期限，但是根据其性质不得附期限的除外。附生效期限的民事法律行为，自期限届至时生效。按该法第四百九十条第一款规定，当事人采用合同书形式订立合同的，自当事人均签名、盖章或者按指印时合同成立。该法第五百零二条第一款规定，依法成立的合同，自成立时生效，但是法律另有规定或者当事人另

第十一章 最高额抵押权登记收件

有约定的除外。据此可知，一般情形下，只要最高额抵押合同上有双方当事人的签字、按指印或者盖章，而无约定的生效条件或期限的，则此最高额抵押合同就是已经生效的合同，登记机构可以直接用作登记的证据材料。至于《乡村集体所有制企业条例》第十八条第一款规定，企业财产属于举办该企业的乡或者村范围内的全体农民集体所有，由乡或者村的农民大会（农民代表会议）代表全体农民的集体经济组织行使企业财产的所有权。《村民委员会组织法》第二十四条规定，处分集体所有的财产，由村民会议或村民会议授权的村民代表会议决定。笔者认为，前者是从集体企业与职工间的内部法律关系上看，集体企业的财产归举办该企业的乡或者村范围内的全体农民集体所有。后者是关于乡村集体企业处分其财产的内部制约机制的规定，属于管理性规定。但从外部法律关系上看，按前述《民法典》第九十九条第一款规定和《乡村集体所有制企业条例》第五条规定，乡村集体企业是依法享有企业法人财产权利的民事主体，与举办企业的乡、村及村民是平等的、不同的民事主体。不动产物权是对世的公开的权利，应当适用外部法律关系。现时的法律、行政法规和司法解释，没有将村民会议或村民代表会议同意用不动产抵押的证明规定为乡村集体企业与他人签订的最高额抵押合同生效的前提。因此，乡村集体企业以其名义与抵押权人签订的最高额抵押合同中，若无约定的生效条件或期限的，登记机构可以直接用作登记的证据材料，无须要求申请人提交村民会议或村民代表会议同意用不动产抵押的证明佐证最高额抵押合同的效力。

5. 申请人申请最高额抵押权首次登记时，用有限责任公司、股份制公司、中外合资经营企业的不动产抵押的，是否应当提交股东会、股东大会或董事会同意用不动产抵押的证明？

（1）笔者曾经的认为。

《公司法》第十六条规定，公司向其他企业投资或者为他人提供担保，依照公司章程的规定，由董事会或者股东会、股东大会决议；公司章程对投资或者担保的总额及单项投资或者担保的数额有限额规定的，不得超过规定的限额。公司为公司股东或者实际控制人提供担保的，必须经股东会或者股东大会决议。前款规定的股东或者受前款规定的实际控制人支配的股东，不得参加前款规定事项的表决。该项表决由出席会议的其他股东所持表决权的过半数通过。质言之，公司为他人提供担保，由董事会或者股东会、股东大会决议。在曾经的房屋登记实务中，《城市房地产抵押管理办法》第十六条规定，以有限责任公司、股份有限公司的房地产抵押的，必须经董事会或者股东大会通过。综合法律和规章的规定，有限责任公司和股份制公司，无论用房屋或其他不动产为他人债务作抵押,还是为自身债务作抵押,股东会、股东大会或董事会同意抵押的证明,是申请人申请最高额抵押权首次登记时应当提交的材料。

在不动产登记实务中,股东会、股东大会或董事会同意用不动产抵押的证明应当以会议记录或会议决定的方式出现:① 有限责任公司的股东会和董事会会议记录。《公司法》第四十一条规定,股东会应当对所议事项的决定作成会议记录,出席会议的股东应当在会议记录上签名。该法第四十八条规定,董事会应当对所议事项的决定作成会议记录,出席会议的董事应当在会议记录上签名。② 股份制公司的股东大会和董事会会议记录。《公司法》第一百零七条规定,股东大会应当对所议事项的决定作成会议记录,由出席会议的董事签名。该法第一百一十二条规定,董事会应当对会议所议事项的决定作成会议记录,出席会议的董事应当在会议记录上签名。因此,在不动产登记实务中,一是申请人提交股东会、股东大会、董事会同意用不动产抵押的会议记录作为登记要件的,登记机构应当按《公司法》的要求核对会议记录上是否有股东、董事的签名,如果没有,则该会议记录不符合法律规定,违背登记要件的合法性原则,不得用作登记要件。至于在会议记录上签名的是否是该公司股东或董事,登记机构则无须过问。为了确保会议记录的真实性,笔者认为,还应当要求申请人在会议记录上加盖申请人的法人印章或董事会印章。二是申请人提交有股东签名并加盖公司印章的股东会或股东大会同意用不动产抵押的决定的,此决定可以直接用作登记材料。三是申请人以法人或法人的股东会、股东大会、董事会的名义出具同意不动产抵押的决定的,应当将股东会、股东大会、董事会会议记录复印件作为该决定的附件一并作为登记收件。

《中外合资经营企业法》第四条规定,中外合资经营企业的形式为有限责任公司。所以,中外合资经营企业以其不动产作抵押,申请最高额抵押权首次登记时,提交的登记材料与有限责任公司一致。

(2)笔者现时的认为。

《民法典》第二百一十六条第一款规定,不动产登记簿是物权归属和内容的根据。《公司法》第二条规定,公司是指依照本法在中国境内设立的有限责任公司和股份有限公司。该法第三条规定,公司是企业法人,有独立的法人财产,享有法人财产权。据此可知,有限责任公司和股份有限公司是享有独立财产权的企业法人,以权利人名义记载在登记簿上的有限责任公司或股份有限公司,就是相应的不动产物权的权利主体。按《民法典》第一百五十八条规定,民事法律行为可以附条件,但是根据其性质不得附条件的除外。附生效条件的民事法律行为,自条件成就时生效。按该法第一百六十条规定,民事法律行为可以

第十一章 最高额抵押权登记收件

附期限，但是根据其性质不得附期限的除外。附生效期限的民事法律行为，自期限届至时生效。按该法第四百九十条第一款规定，当事人采用合同书形式订立合同的，自当事人均签名、盖章或者按指印时合同成立。该法第五百零二条第一款规定，依法成立的合同，自成立时生效，但是法律另有规定或者当事人另有约定的除外。据此可知，一般情形下，只要最高额抵押合同上有双方当事人的签字、按指印或者盖章，而无约定的生效条件或期限的，则此最高额抵押合同就是已经生效的合同，登记机构可以直接用作登记的证据材料。至于《公司法》第十六条规定，公司为他人提供担保，由董事会或者股东会、股东大会决议。笔者认为，这是法律对公司处分其财产的内部制约机制的规定，属于管理性规定。现时的法律、行政法规和司法解释，没有将董事会或者股东会、股东大会同意用不动产抵押的证明规定为有限责任公司和股份有限公司与他人签订的最高额抵押合同生效的前提。在司法实务中，最高人民法院在"再审申请人招商银行股份有限公司大连 DG 支行为与被申请人大连 ZB 氟涂料股份有限公司、原审被告大连 ZB 集团有限公司借款合同纠纷一案"（民提字〔2012〕第156号）认为，《公司法》第一条规定"为了规范公司的组织和行为，保护公司、股东和债权人的合法权益，维护社会经济秩序，促进社会主义市场经济的发展，制定本法"，《公司法》第十六条第二款规定"公司为公司股东或者实际控制人提供担保，必须经股东会或者股东大会决议"，上述公司法规定已然明确了其立法本意在于限制公司主体行为，防止公司的实际控制人或者高级管理人员损害公司、小股东或其他债权人的利益，故其实质是内部控制程序，不能以此约束交易相对人。故此上述规定宜理解为管理性强制性规范。对违反该规范的，原则上不宜认定合同无效[①]。据此可知，人民法院的认为表明，是否有公司的股东会同意用不动产担保的决定，不影响担保合同的效力。因此，有限责任公司和股份有限公司以其名义与抵押权人签订的最高额抵押合同中，若无约定的生效条件或期限的，登记机构可以直接用作登记的证据材料，无须要求申请人提交董事会或者股东会、股东大会同意用不动产抵押的证明佐证该最高额抵押合同的效力。如前所述，中外合资经营企业的形式为有限责任公司，其以不动产作抵押申请最高额抵押权登记时，也无须提交董事会或者股东会、股东大会同意用不动产抵押的证明。

---

① 最高人民法院："再审申请人招商银行股份有限公司大连 DG 支行为与被申请人大连 ZB 氟涂料股份有限公司、原审被告大连 ZB 集团有限公司借款合同纠纷一案"，http://www.360doc.com，访问时间：2017 年 6 月 9 日。

6. 申请人申请最高额抵押权登记时，以合伙企业的不动产抵押的，是否应当提交全体合伙人同意用不动产抵押的证明？

（1）笔者曾经的认为。

《合伙企业法》第三十一条第（三）项和第（五）项规定，处分合伙企业的不动产和以合伙企业的名义为他人提供担保，均须全体合伙人一致同意。质言之，合伙并非法人，所以合伙财产属于全体合伙人共有[①]。合伙关系存续期间，合伙人对于合伙财产为共同共有[②]。申言之，合伙企业的不动产为全体合伙人共同共有，用合伙企业的不动产为本企业债务或为他人债务提供抵押担保时，须得到全体合伙人的一致同意。在曾经的房屋登记实务中，《城市房地产抵押管理办法》第十九条规定，以共有的房地产抵押的，抵押人应当事先征得其他共有人的书面同意。如前所述，合伙企业的不动产属于全体合伙人共同共有，也应当遵守此规定。在司法实务中，《担保法司法解释》第五十四条规定，共同共有人以其共有财产设定抵押，未经其他共有人同意，抵押无效。所以，合伙企业以不动产作抵押申请最高额抵押权首次登记时，全体合伙人签名同意用不动产抵押的证明是登记机构应当收取的材料。笔者认为，为了确保该证明的真实性，应当在该证明上加盖合伙企业公章。

（2）笔者现时的认为。

《民法典》第二百一十六条第一款规定，不动产登记簿是物权归属和内容的根据。《合伙企业法》第二十条规定，合伙人的出资、以合伙企业名义取得的收益和依法取得的其他财产，均为合伙企业的财产。《民法典》第一百零二条第二款规定，非法人组织包括个人独资企业、合伙企业、不具有法人资格的专业服务机构等。据此可知，合伙企业是享有独立财产权的非法人组织，以权利人名义记载在登记簿上的合伙企业，就是相应的不动产物权的权利主体。按《民法典》第一百五十八条规定，民事法律行为可以附条件，但是根据其性质不得附条件的除外。附生效条件的民事法律行为，自条件成就时生效。按该法第一百六十条规定，民事法律行为可以附期限，但是根据其性质不得附期限的除外。附生效期限的民事法律行为，自期限届至时生效。按该法第四百九十条第一款规定，当事人采用合同书形式订立合同的，自当事人均签名、盖章或者按指印时合同成立。该法第五百零二条第一款规定，依法成立的合同，自成立时生效，但是法律另有规定或者当事人另有约定的除外。据此可知，一般情形下，只要

[①] 谢怀栻：《民法总则讲要》，北京大学出版社2007年版，第94页。
[②] 王利明：《民法学》，复旦大学出版社2004年版，第315页。

第十一章 最高额抵押权登记收件

最高额抵押合同上有双方当事人的签字、按指印或者盖章，而无约定的生效条件或期限的，则此最高额抵押合同就是已经生效的合同，登记机构可以直接用作登记的证据材料。至于《合伙企业法》第三十条第（三）项和第（五）项规定，处分合伙企业的不动产和以合伙企业的名义为他人提供担保，均须全体合伙人一致同意。笔者认为，这是法律对合伙企业处分其财产的内部制约机制的规定，属于管理性规定。现时的法律、行政法规和司法解释，没有将全体合伙人同意用不动产抵押的证明规定为合伙企业与他人签订的最高额抵押合同生效的前提。因此，合伙企业以其名义与抵押权人签订的最高额抵押合同中，如无约定生效的条件或期限的，登记机构可以直接用作登记的证据材料，无须要求申请人提交全体合伙人同意用不动产抵押的证明佐证最高额抵押合同的效力。

7. 申请人申请最高额抵押权登记时，以中外合作经营企业的不动产抵押的，是否应当提交中外合作经营企业的董事会或联合管理机构同意用不动产抵押的证明？

《民法典》第二百一十六条第一款规定，不动产登记簿是物权归属和内容的根据。《中外合作经营企业法》第二条第二款规定，合作企业符合中国法律关于法人条件的规定的，依法取得中国法人资格。该法第三条第一款规定，国家依法保护合作企业和中外合作者的合法权益。据此可知，中外合作经营企业是享有独立财产权的企业法人或非法人组织，以权利人名义记载在登记簿上的中外合作经营企业，就是相应的不动产物权的权利主体。按《民法典》第一百五十八条规定，民事法律行为可以附条件，但是根据其性质不得附条件的除外。附生效条件的民事法律行为，自条件成就时生效。按该法第一百六十条规定，民事法律行为可以附期限，但是根据其性质不得附期限的除外。附生效期限的民事法律行为，自期限届至时生效。按该法第四百九十条第一款规定，当事人采用合同书形式订立合同的，自当事人均签名、盖章或者按指印时合同成立。该法第五百零二条第一款规定，依法成立的合同，自成立时生效，但是法律另有规定或者当事人另有约定的除外。据此可知，一般情形下，只要最高额抵押合同上有双方当事人的签字、按指印或者盖章，而无约定的生效条件或期限的，则此最高额抵押合同就是已经生效的合同，登记机构可以直接用作登记的证据材料。虽然《中外合作经营企业法》第十二条第一款规定，合作企业应当设立董事会或者联合管理机构，依照合作企业合同或者章程的规定，决定合作企业的重大问题。笔者认为，用中外合作经营企业的不动产作抵押是企业的重大问题，对企业内部而言，应当取得董事会或联合管理机构的同意，但这是法律对中外合作经营企业处分其财产的内部制约机制的规定，属于管理性规定。现时的法律、行政法规和司法解释，没有将董事会或联合管理机构同意用不动产抵押的证明规定为中外合作经营企业与他人签订的最高额抵押合同生效的前提。因此，中外合作经营企业以其名义与抵押权人签订的最高额抵押合同中，如无约定的生效条件或期限的，登记机构可以直接用作登记的证据材料，无须要求申请人提交董事会或其联合管理机构同意用不动产抵押的证明佐证最高额抵押合同的效力。

8. 申请人申请最高额抵押权登记时，以外资企业的不动产抵押的，是否应当提交设立外资企业的审批机关同意的证明和工商行政管理机关对该证明已经备案的证明？

《民法典》第二百一十六条第一款规定，不动产登记簿是物权归属和内容的根据。《外资企业法》第八条规定，外资企业符合中国法律关于法人条件的规定的，依法取得中国法人资格。该法第二十一条规定，外资企业终止，应当及时公告，按照法定程序进行清算。在清算完结前，除为了执行清算外，外国投资者对企业财产不得处理。据此可知，外资企业是享有独立财产权的企业法人或非法人组织，以权利人名义记载在登记簿上的外资企业，就是相应的不动产物权的权利主体。按《民法典》第一百五十八条规定，民事法律行为可以附条件，但是根据其性质不得附条件的除外。附生效条件的民事法律行为，自条件成就时生效。按该法第一百六十条规定，民事法律行为可以附期限，但是根据其性质不得附期限的除外。附生效期限的民事法律行为，自期限届至时生效。按该法第四百九十条第一款规定，当事人采用合同书形式订立合同的，自当事人均签名、盖章或者按指印时合同成立。该法第五百零二条第一款规定，依法成立的合同，自成立时生效，但是法律另有规定或者当事人另有约定的除外。据此可知，一般情形下，只要最高额抵押合同上有双方当事人的签字、按指印或者盖章，而无约定的生效条件或期限的，则此最高额抵押合同就是已经生效的合同，登记机构可以直接用作登记的证据材料。虽然《外资企业法》第二十三条规定，外资企业将其财产或者权益对外抵押、转让，须经审批机关批准并向工商行政管理机关备案。笔者认为，这是法律对外资企业处分其财产的制约机制的规定，属于管理性规定。现时的法律、行政法规和司法解释，没有将审批机关批准并向工商行政管理机关备案规定为外资企业与他人签订的最高额抵押合同生效的前提。因此，外资企业以其名义与抵押权人签订的最高额抵押合同中，若无约定的生效条件或期限的，登记机构可以直接用作登记的证据材料，无须要求申请人提交审批机关批准并向工商行政管理机关备案的证明佐证最高额抵押合同的效力。

第十一章 最高额抵押权登记收件

第二节 变更登记收件

最高额抵押权变更登记，是指记载在登记簿上的最高额抵押权，在其担保的债权尚未确定前，权利主体不变，权利内容、权利客体和其他事项发生变动产生的登记。《民法典》第二百一十四条规定，不动产物权的设立、变更、转让和消灭，依照法律规定应当登记的，自记载于不动产登记簿时发生效力。据此可知，作为不动产担保物权的最高额抵押权，其变更事项亦应自记载于登记簿上时生效。在不动产登记实务中，按《不动产登记暂行条例实施细则》第七十二条和《不动产登记操作规范（试行）》14.2.1条规定的申请人申请最高额抵押权变更登记的情形主要有：①当事人的姓名或名称变更；②当事人的身份证明类型或身份证明号码变更；③最高债权数额变更；④担保范围变更；⑤顺位变更；⑥债权确定的期间变更等。

按《不动产登记暂行条例实施细则》第七十二条和《不动产登记操作规范（试行）》14.2.1条规定，债权种类变更属于当事人申请抵押权变更登记的情形，但笔者认为，被担保的债权种类变更，主要指将被担保的甲债权变更成现时的欲继续被同一抵押物担保的乙债权，换言之，原被担保的甲债权因变动而消灭，欲继续被同一抵押物担保的乙债权因变动而新成立，基于此，当事人应当分别申请最高额抵押权注销登记和最高额抵押权首次登记，不应当申请最高额抵押权变更登记，因此，本书不将此情形列为申请人申请最高额抵押权变更登记的情形。

笔者拟对申请人因不同情形申请最高额抵押权变更登记时应当提交的材料作阐释。

一、因当事人姓名或名称变更申请的变更登记收件

1. 登记申请书；
2. 申请人的身份证明；
3. 不动产登记证明或最高额抵押权已经登记的证明；
4. 当事人姓名或名称变更的证明；
5. 其他必要材料。

说明和理由：

1. 登记申请书

按《不动产登记操作规范（试行）》14.2.2条规定，因抵押人或抵押权人姓

名、名称变更产生的最高额抵押权变更登记可由发生变化的当事人单方申请。据此可知，变更登记申请书由姓名、名称发生变化的抵押权人或抵押人单方出具。登记申请书应当载明：抵押权人；抵押人；申请人的身份证明类型和号码；登记类型——变更登记；登记原因——姓名变更（或名称变更）；不动产登记证明号码；不动产权属证书号码；变更前的姓名（或名称）和变更后的姓名（或名称）等。

2. 申请人的身份证明

申请人的身份证明，是指出具最高额抵押权变更登记申请书的抵押权人或抵押人现时合法、有效的身份证明。

3. 不动产登记证明或最高额抵押权已经登记的证明

（1）不动产登记证明。

不动产登记证明，是指记载有欲变更的最高额抵押权的不动产登记证明。要求申请人提交不动产登记证明：一是证明欲变更的最高额抵押权已经记载在登记簿上，申请最高额抵押权变更登记的前提成立；二是便于登记机构结合申请人提交的身份证明，判定作为最高额抵押权变更登记的申请人是否适格；三是变更登记被记载于登记簿上后，登记机构将基于登记簿的记载向权利人颁发新的不动产登记证明，原不动产登记证明由登记机构收回归档，以免流失社会造成负面影响。其中，证明申请最高额抵押权变更登记的前提成立是最主要的目的。按《不动产登记暂行条例实施细则》第一百零五条第一款规定，本实施细则施行前，依法核发的各类不动产权属证书继续有效。故此处的不动产登记证明，包括不动产统一登记前权利人合法持有的载明最高额抵押权的《土地他项权证》《房屋他项权证》等。

（2）最高额抵押权已经登记的证明。

最高额抵押权已经登记的证明，主要指记载有欲变更的最高额抵押权的登记簿打印件、复印（制）件，或登记机构存档的载明欲变更的最高额抵押权的登记材料等。

在不动产登记实务中，申请人申请最高额抵押权变更登记时，因不动产登记证明遗失或毁损而无法提交的情形时有出现，但最高额抵押权的权利内容、权利客体或其他事项变更，即使以合同或协议的形式明确，也是抵押当事人间实施的非交易法律行为，不是抵押权人与第三人实施的，且须以不动产登记证明表征最高额抵押权存在为前提的交易法律行为，即因当事人姓名或名称变更产生的最高额抵押权变更登记，不是因交易法律行为产生的登记，且最高额抵

第十一章 最高额抵押权登记收件

押权已经登记的证明能够证明申请变更登记的前提成立。因此，在不动产登记证明遗失或毁损而不能提交时，申请人可以提交最高额抵押权已经登记的证明代替之，在最高额抵押权变更登记完成后，未收回的不动产登记证明由登记机构在其门户网站或当地公开发行的报刊上公告作废，以免除或减轻其流失社会造成的负面影响。

《不动产登记暂行条例实施细则》第二十三条规定，因不动产权利灭失等情形，不动产登记机构需要收回不动产权属证书或者不动产登记证明的，应当在不动产登记簿上将收回不动产权属证书或者不动产登记证明的事项予以注明；确实无法收回的，应当在不动产登记机构门户网站或者当地公开发行的报刊上公告作废。其中的"不动产权利灭失"，包括不动产权利的绝对灭失和相对灭失。不动产权利的绝对灭失，是指不动产权利随不动产实体的消灭而永久消灭，或者随依附的主权利、主债权的消灭而消灭。与之对应的是不动产权利的相对灭失：一是不动产权利因转移给他人而使原权利人的权利灭失，他人在此灭失的基础上设立属于自己的不动产权利；二是不动产权利因不动产实体灭失外的申请注销登记的事由成就完成注销登记而灭失（如权利人抛弃不动产权利申请注销登记后，该权利人享有的不动产权利灭失，但该不动产权利本身并不消灭，而其归属处于待定状态，故此情形属于不动产权利的相对灭失）；三是不动产权利内容发生变更，变更前的不动产权利内容因变更的完成而消灭，不动产权利的新内容因变更的完成而产生。据此可知，最高额抵押权变更登记完成后，原权利的相应内容灭失，新的权利内容产生，不能收回的载明该灭失权利内容的不动产登记证明，由登记机构公告作废。

4. 当事人姓名或名称变更证明

当事人姓名或名称变更证明，是申请人申请因抵押权人或抵押人姓名、名称变更产生的最高额抵押权变更登记的原因凭证。当事人姓名或名称变更的证明主要有：

（1）境内自然人。

① 当事人户口簿或身份证上的姓名变更。

《户口登记条例》第三条和第十八条规定，户口登记工作由各级公安机关负责，公民姓名变更的应当申请变更登记。《居民身份证法》第六条和第十一条规定，居民身份证由公安机关统一制作、发放。居民身份证有效期满、公民姓名变更或者证件严重损坏不能辨认的，应当申请换领新证。因此，当事人姓名变更的证明主要有户口簿，上面有当事人曾用名和现用名的记载。也可以是公安机关出具的其他有关当事人更名的证明，如因姓名变更换领身份证的证明等。

② 当事人军官证、士兵证、学员证等非居民身份证件上的姓名变更。

当事人姓名变更的证明分别由军官证、士兵证、学员证等非居民身份证件的发证机关出具。

（2）港澳台地区自然人。

港澳同胞提交经我国司法部委托的律师出具的姓名变更事项公证书①。此公证书须加盖中国法律服务（香港）有限公司、中国法律服务（澳门）有限公司转递章。也可以提交我国公证机构办理的姓名变更事项公证书。

台湾同胞提交经大陆公证机构出具的姓名变更事项公证书，或台湾公证机构出具的姓名变更事项公证书②。台湾公证机构出具的公证书须经大陆相关机构认证（一般由省级公证协会认证）。

（3）持护照或居留证件的自然人。

① 持中华人民共和国护照的自然人。

《护照法》第四条规定，普通护照由公安部出入境管理机构或者公安部委托的县级以上地方人民政府公安机关出入境管理机构以及中华人民共和国驻外使馆、领馆和外交部委托的其他驻外机构签发。外交护照由外交部签发。公务护照由外交部、中华人民共和国驻外使馆、领馆或者外交部委托的其他驻外机构以及外交部委托的省、自治区、直辖市和设区的市人民政府外事部门签发。该法第十条规定，护照持有人所持护照的登记事项发生变更时，应当持相关证明材料，向护照签发机关申请护照变更加注。据此可知，我国护照的持有人姓名变更的证明应当区分普通护照、外交护照和因公护照，由相应的签发机关出具。

② 持中国政府主管机关签发的居留证件的自然人。

《外国人在中国永久居留审批管理办法》第二十二条规定，《外国人永久居留证》有效期满、内容变更、损坏或者遗失的，持证人应当向其长期居留地的设区的市级人民政府公安机关或者直辖市公安分、县局申请换发或者补发。据此可知，我国居留证件的持有人姓名变更的证明由县级以上公安机关出具。

③ 持所在国护照的自然人。

所在国护照的持有人姓名变更的证明为经我国驻外使（领）馆认证的，所在国公证机构出具的姓名变更事项公证书③，同时附申请人签字确认的该公证书的中文译本，或提交在我国合法经营的翻译机构出具的该公证书的中文译本。也可以提交我国驻外使（领）馆办理的姓名变更事项公证书。

---

① 参见《烟台市房屋登记规则（暂行）》第十条第（三）项。
② 参见《烟台市房屋登记规则（暂行）》第十条第（四）项。
③ 参见《烟台市房屋登记规则（暂行）》第十条第（五）项。

第十一章 最高额抵押权登记收件

（4）事业单位法人。

《事业单位登记管理暂行条例》第五条规定，县级以上地方各级人民政府机构编制管理机关是本级人民政府的事业单位登记管理机关。在工作实际中，县级以上人民政府一般都设立事业单位登记管理局负责事业单位法人的登记。该条例第八条第二款规定，事业单位法人登记事项包括：名称、住所、宗旨和业务范围、法定代表人、经费来源（开办资金）等情况。该条例第十条规定，事业单位的登记事项需要变更的，应当向登记管理机关办理变更登记。概言之，事业单位法人名称变更的证明由县级以上人民政府机构编制管理机关或其事业单位登记管理局出具。

（5）社会团体法人。

按《社会团体登记管理条例》第六条规定，县级以上人民政府民政部门是本级人民政府的社会团体登记管理机关。该条例第十二条第二款规定，社会团体登记事项包括：名称、住所、宗旨、业务范围、活动地域、法定代表人、活动资金和业务主管单位。该条例第十八条第一款规定，社会团体的登记事项需要变更的，应当自业务主管单位审查同意之日起 30 日内，向登记管理机关申请变更登记。因此，社会团体法人名称变更证明由县级以上人民政府民政机关出具。

（6）企业法人或企业性质的非法人组织。

按《企业名称登记管理规定》第三条、第四条和第二十二条规定，企业名称须在其申请登记时由工商行政管理机关核准。企业名称经核准登记注册后，无特殊原因在一年内不得申请变更。质言之，企业名称的起用及起用后的变更，均须企业登记机关核准。因此，企业法人和企业性质的非法人组织名称变更的证明由企业登记机关出具。

在不动产登记实务中，申请人提交的企业法人或企业性质的非法人组织名称变更的证明，常常是企业登记机关出具的"更名通知单"。该"更名通知单"能清晰地反映申请人变更前的名称和变更后的名称，登记机构应当用作登记材料。

（7）港澳地区法人。

提交经我国司法部委托的律师出具的名称变更事项公证书[①]，并加盖中国法律服务（香港）有限公司、中国法律服务（澳门）有限公司转递章。也可以提交我国公证机构办理的名称变更事项公证书。

（8）台湾地区法人。

提交大陆公证机构出具的名称变更事项公证书，或台湾公证机构出具的名

---

① 参见《烟台市房屋登记规则（暂行）》第十条第（七）项。

称变更事项公证书。台湾公证机构出具的公证书须经大陆相关机构认证（一般由省级公证协会认证）①。

（9）外国法人、组织。

外国法人、组织名称变更的证明为经我国驻外使（领）馆认证的，所在国家公证机构出具的名称变更事项公证书②，同时附申请人签字确认的该公证书的中文译本，或提交在我国合法经营的翻译机构出具的该公证书的中文译本。也可以提交我国驻外使（领）馆办理的名称变更事项公证书。

二、因当事人身份证明类型或身份证明号码变更申请的变更登记收件

1. 登记申请书；
2. 申请人的身份证明；
3. 不动产登记证明或最高额抵押权已经登记的证明；
4. 当事人身份证明类型或身份证明号码已经变更的证明；
5. 其他必要材料。

说明和理由：

1. 登记申请书

按《不动产登记操作规范（试行）》14.2.2条规定，因抵押人或抵押权人姓名、名称变更产生的最高额抵押权变更登记可由发生变化的当事人单方申请。据此可知，抵押人或抵押权人姓名、名称发生变化非因法律行为所致，由此产生的最高额抵押权变更登记，无须对方当事人协助、配合，由姓名、名称发生变化的当事人单方申请即可。申言之，抵押人或抵押权人身份证明类型或身份证明号码变更也是非因法律行为所致，由此产生的最高额抵押权变更登记也由身份证明类型或身份证明号码发生变更的当事人单方申请即可，即变更登记申请书由身份证明类型或身份证明号码发生变更的抵押权人或抵押人单方出具。登记申请书应当载明：抵押权人；抵押人；申请人的身份证明类型和号码；登记类型——变更登记；登记原因——身份证明类型变更（或身份证明号码变更）；不动产登记证明号码；不动产权属证书号码；变更前的身份证明类型（或身份证明号码）和变更后的身份证明类型（或身份证明号码）等。

2. 当事人身份证明类型或身份证明号码变更的证明

当事人身份证明类型或身份证明号码变更的证明，是申请人申请因当事人

---

① 参见《烟台市房屋登记规则（暂行）》第十条第（八）项。
② 参见《烟台市房屋登记规则（暂行）》第十条第（九）项。

第十一章 最高额抵押权登记收件

（抵押权人、抵押人）身份证明类型或身份证明号码变更产生的变更登记的原因凭证。

当事人身份证明类型或身份证明号码变更的证明主要有：

（1）境内自然人因居民身份证号码变动，申请变更登记时，应当提交公安机关出具的、能证明原身份证明与现身份证明上记载的主体为同一人的书面材料，如居民身份证号码变更证明等。也可以提交当事人自己出具的身份证明号码变动情况说明，此情形下，登记机构宜将变更登记内容予以公告，以查明变更登记的真实性，但该公告系由登记机构自行启动，公告期间应当计入登记办理时限。

（2）当事人申请不动产登记时使用军官证、士兵证、学员证等非居民身份证件的，换发并持有居民身份证件后，申请因证件类型或号码变更产生的变更登记时，应当提交公安机关出具的原非居民身份证件与现时的居民身份证件的主体系同一人的证明。当事人户籍所在退役军人事务机关、县级以上人民武装部出具的原军人身份证件与现时的居民身份证件的主体系同一人的证明也可以用作登记材料。

（3）我国内地居民取得港澳居民身份证后，申请因身份证明类型或身份证明号码变更产生的变更登记时，应当提交经我国司法部委托的律师出具的身份证明类型或身份证明号码变更事项公证书[1]，并加盖中国法律服务（香港）有限公司、中国法律服务（澳门）有限公司转递章，或提交公安机关出具的变更证明。也可以提交我国公证机构办理的身份证明类型或身份证明号码变更事项公证书。

（4）我国大陆居民取得台湾居民身份证后，申请因身份证明类型或身份证明号码变更产生的变更登记时，应当提交大陆公证机构出具的身份证明类型或身份证明号码变更事项公证书，或台湾公证机构出具的身份证明类型或身份证明号码变更事项公证书。台湾公证机构出具的公证书须经大陆相关机构认证（一般由省级公证协会认证）。也可以提交公安机关出具的变更证明[2]。

（5）境内自然人取得外国身份证后，申请因身份证明类型或身份证明号码变更产生的变更登记时，应当提交我国驻外使（领）馆出具的身份证明类型或身份证明号码变更事项公证书，或提交经我国驻外使（领）馆认证的、所在国家公证机构出具的身份证明类型或身份证明号码变更事项公证书[3]，并附申请人签字确认的该公证书的中文译本，或提交在我国合法经营的翻译机构出具的该公证书的中文译本。

---

[1] 参见《烟台市房屋登记规则（暂行）》第十条第（三）项。
[2] 参见《烟台市房屋登记规则（暂行）》第十条第（四）项。
[3] 参见《烟台市房屋登记规则（暂行）》第十条第（五）项。

（6）我国境内企业法人、企业性质的非法人组织因身份证明类型或身份证明号码变动，申请变更登记时，应当提交营业执照颁发机关出具的，能证明原身份证明与现身份证明上记载的主体为同一人的书面材料，如企业登记机关出具的营业执照号码变更证明等。

（7）外国法人、组织，因身份证明类型或身份证明号码变动，申请变更登记时，应当提交我国驻外使（领）馆出具的身份证明类型或身份证明号码变更事项公证书，或提交经我国驻外使（领）馆认证的，所在国家公证机构出具的身份证明类型或身份证明号码变更事项公证书，同时附申请人签字确认的该公证书的中文译本，或提交在我国合法经营的翻译机构出具的该公证书的中文译本。

三、因被担保的最高债权数额变更申请的变更登记收件

1. 登记申请书；
2. 申请人的身份证明；
3. 不动产登记证明或最高额抵押权已经登记的证明；
4. 关于最高债权数额变更的抵押权变更协议；
5. 其他必要材料。

说明和理由：

1. 登记申请书

按《不动产登记操作规范（试行）》14.2.2条规定，被担保的最高债权数额变更产生最高额抵押权变更登记，由抵押权人和抵押人共同申请，即变更登记申请书由抵押权人和抵押人共同出具。登记申请书应当载明：抵押权人；抵押人；申请人的身份证明类型和号码；登记类型——变更登记；登记原因——最高债权数额变更；不动产登记证明号码；不动产权属证书号码；变更前的最高债权数额和变更后的最高债权数额等。

2. 关于最高债权数额变更的最高额抵押权变更协议

关于最高债权数额变更的最高额抵押权变更协议，是申请人申请因最高债权数额变更产生的变更登记的原因证明。其中，"被担保的最高债权数额变更"是其主要内容。

最高债权数额，是指抵押权人和抵押人约定的最高额抵押权担保的债权的最高限额。因最高债权数额变更的最高额抵押权变更协议，是指抵押权人与抵押人因最高额抵押权内容之一的最高债权数额变更（增加或减少）而达成的最高额抵押权变更协议。按《民法典》第四百二十条规定，最高债权数额系抵押权人与抵押人可以通过协议约定变更的内容。在不动产登记实务中，《国土资

第十一章 最高额抵押权登记收件

源部关于启用不动产登记簿证样式（试行）的通知》（国土资发〔2015〕25号）附《不动产登记簿样式及使用填写说明》规定，被担保的最高债权数额是登记簿应当记载的最高额抵押权的内容。概言之，最高债权数额变更属于最高额抵押权内容的变更，且最高债权数额变更由抵押权人和抵押人通过抵押权变更协议约定，向登记机构申请最高额抵押权变更登记并被记载于登记簿上后生效。按《不动产登记暂行条例实施细则》第七十二条第一款规定，申请人申请最高额抵押权变更登记时，应当提交"最高额抵押权发生变更的材料"。此处关于最高债权数额变更的抵押权变更协议即属于此"最高额抵押权发生变更的材料"。

特别说明：

当一处不动产上存在两个以上的有效的最高额抵押权时，申请人申请因被担保的最高债权数额变更产生的最高额抵押权变更登记时，是否应当提交其他抵押权人同意变更的证明？

《民法典》第四百二十二条规定，最高额抵押担保的债权确定前，抵押权人与抵押人可以通过协议变更债权确定的期间、债权范围以及最高债权额。但是，变更的内容不得对其他抵押权人产生不利影响。按该法第四百二十四条规定，最高额抵押权除适用本节规定外，适用本章第一节一般抵押权的规定。质言之，未经其他抵押权人同意的最高额抵押权担保的最高债权数额变更，不得影响该抵押权人的利益。申言之，在同一不动产上有两个以上的最高额抵押权时，某抵押权人因最高债权数额发生变更，该抵押权人与抵押人可以申请最高额抵押权变更登记，登记机构应申请人的申请，在满足登记要求时，也可以予以变更登记，但申请变更登记时没有取得其他抵押权人书面同意的，变更登记后的最高额抵押权，不得影响该其他抵押权人的利益。概言之，若其他抵押权人同意最高额抵押权担保的最高债权数额变更的，则表明该其他抵押权人愿意承担因变更登记对其造成的不利后果；若该其他抵押权人不同意最高额抵押权担保的最高债权数额变更的，则表明该抵押权人不承担因变更登记对其造成的不利后果，变更登记的内容不得损害其利益，其既有的优先受偿权优先于变更登记的内容。如某房屋上有甲、乙两个最高额抵押权，甲的最高额抵押权顺位在前，担保的最高债权数额5 000万元，乙的最高额抵押权顺位在后。抵押人与甲抵押权人协商，欲变更被担保的最高债权数额为8 000万元，若乙抵押权人同意甲增加被担保的最高债权数额3 000万元，则变更登记后，该3 000万元对乙产生的不利后果，乙应当承受，即若甲抵押权人以房屋变现款受偿时，乙既有的抵押权后于甲增加的3 000万元被担保债权数额受偿（原5 000万元最高额债权基于既有的优先顺位优先受偿），反之，不承受。据此可知，在不动产登记实务中，申请人申请因被担保的最高债权数额变更产生的抵押权变更登记时，无须提交其他抵押权人同意变更的证明。

四、因债权确定期间变更申请的变更登记收件

1. 登记申请书；
2. 申请人的身份证明；
3. 不动产登记证明或最高额抵押权已经登记的证明；
4. 关于债权确定期间变更的抵押权变更协议；
5. 其他必要材料。

说明和理由：

1. 登记申请书

按《不动产登记操作规范（试行）》14.2.2条规定，债权确定期间变更产生的最高额抵押权变更登记，由抵押权人和抵押人共同申请，即变更登记申请书由抵押权人和抵押人共同出具。登记申请书应当载明：抵押权人；抵押人；申请人的身份证明类型和号码；登记类型——变更登记；登记原因——债权确定期间变更；不动产登记证明号码；不动产权属证书号码；变更前的债权确定期间和变更后的债权确定期间等。

2. 因债权确定期间变更的最高额抵押权变更协议

因债权确定期间变更的最高额抵押权变更协议，是申请人申请因债权确定期间变更产生的最高额抵押权变更登记的原因证明。其中，"债权确定期间变更情况"是其主要内容。

债权确定期间，是指抵押权人和抵押人约定的，对最高额抵押权担保的不特定债权予以确定的期间。债权确定期间变更，是指当事人约定对记载在登记簿上的债权确定期间予以延长或缩短的情形。按《民法典》第四百二十条规定，债权确定期间是抵押权人与抵押人可以通过协议约定变更的内容。在不动产登记实务中，《国土资源部关于启用不动产登记簿证样式（试行）的通知》（国土资发〔2015〕25号）附《不动产登记簿样式及使用填写说明》规定，债权确定期间是登记簿应当记载的最高额抵押权的内容。概言之，债权确定期间变更属于抵押当事人可以约定变更的最高额抵押权的内容。申言之，关于债权确定期间变更的最高额抵押权变更协议，是指抵押权人与抵押人对最高额抵押权内容之一的债权确定期间予以变更后重新确定而达成的协议。所以，债权确定期间变更，由抵押当事人以协议的形式约定，经申请变更登记并被记载于登记簿上后才产生法律上的效力。按《不动产登记暂行条例实施细则》第七十二条第

第十一章 最高额抵押权登记收件

一款规定,申请人申请最高额抵押权变更登记时,应当提交"最高额抵押权发生变更的材料"。此处关于债权确定期间变更的最高额抵押权变更协议即属于此"最高额抵押权发生变更的材料"。

五、因最高额抵押权顺位变更申请的变更登记收件

1. 登记申请书;
2. 申请人的身份证明;
3. 不动产登记证明;
4. 关于最高额抵押权顺位变更的抵押权变更协议;
5. 其他必要材料。

说明和理由:

1. 登记申请书

按《不动产登记操作规范(试行)》14.2.2条规定,顺位变更产生的最高额抵押权变更登记,由相互交换顺位的抵押权人共同申请,即变更登记申请书由相互交换顺位的抵押权人共同出具。登记申请书应当载明:抵押权人;抵押人;申请人的身份证明类型和号码;登记类型——变更登记;登记原因——顺位变更;不动产登记证明号码;不动产权属证书号码;变更前的顺位和变更后的顺位。

2. 申请人的身份证明

申请人的身份证明为相互交换顺位的抵押权人的身份证明。

3. 不动产登记证明

不动产登记证明,是指载明欲交换顺位的最高额抵押权的不动产登记证明。

在不动产登记实务中,若申请人申请因顺位变更产生的最高额抵押权变更登记时,因不动产登记证明遗失或毁损而不能提交,又急需办理变更登记,欲以记载有欲交换顺位的最高额抵押权的登记簿打印件、复印(制)件,或登记机构存档的载明欲交换顺位的最高额抵押权的登记材料复印件等最高额抵押权已经登记的证明替代不动产登记证明的,登记机构不应当准许,理由有三:一是申请人申请因交换顺位产生的最高额抵押权变更登记,表明权利人合法存在或存续,具备申请补发不动产登记证明的主体条件;二是权利人要交换最高额抵押权的顺位,具备申请补发不动产登记证明的主观要求;三是抵押权人间相互交换最高额抵押权的顺位,须以不动产登记证明表征抵押权存在,并以此为据达成抵押权顺位变更协议。所以,在因顺位变更产生的最高额抵押权变更登记中,不动产登记证明作为登记收件,登记机构应当按法律和规章的规定,从严掌握。如果申请人因不动产登记证明遗失或毁损而不能提交的,登记机构应

当告知申请人按《不动产登记暂行条例实施细则》第二十二条第二款的规定申请补发，补发后，再按程序申请因顺位变更产生的最高额抵押权变更登记。

4. 关于最高额抵押权顺位变更的协议

关于最高额抵押权顺位变更的协议，是申请人申请因最高额抵押权顺位变更产生的变更登记的原因证明。其中，"抵押权顺位变更情况"是其主要内容。

所谓顺位，就是不动产物权在不动产登记簿上依设立的时间先后所排列的顺序中所占据的位置[①]。按《民法典》第四百一十四条规定，抵押权的受偿顺序，抵押权已经登记的，按照登记的时间先后确定清偿顺序。换言之，不动产抵押权顺位的功能，就是维护同一不动产上有两个以上的抵押权存在时的受偿秩序，顺位在先的优先受偿。《民法典》第四百零九条第一款规定，抵押权人和抵押人可以通过协议变更抵押权顺位。按该法第四百二十四条规定，最高额抵押权除适用本节规定外，适用本章第一节一般抵押权的规定。质言之，抵押权顺位的变更，是指同一抵押物上数个抵押权人将其抵押顺位互相交换的情形[②]。抵押权顺位的变更属于抵押权内容的变更，为物权变更，因此，如果该抵押物上的抵押权是以登记作为成立要件，则未经登记变更不生效力[③]。最高额抵押权亦然。

如前所述，顺位变更属于最高额抵押权的内容变更，由相互交换顺位的抵押权人以协议的形式约定，经申请变更登记并被记载于登记簿上后才能产生法律上的效力。按《不动产登记暂行条例实施细则》第七十二条第一款规定，申请人申请最高额抵押权变更登记时，应当提交"最高抵押权发生变更的材料"。此处关于最高额抵押权顺位变更的抵押权变更协议即属于此"最高额抵押权发生变更的材料"。

六、因担保范围变更申请的变更登记收件

1. 登记申请书；
2. 申请人的身份证明；
3. 不动产登记证明或最高额抵押权已经登记的证明；
4. 关于担保范围变更的最高额抵押权变更协议；
5. 其他必要材料。

[①] 梁慧星：《中国民法典草案建议稿附理由：物权编》，法律出版社2004年版，第34页。
[②] 王利明、尹飞、程啸：《中国物权法教程》，人民法院出版社2007年版，第471页。
[③] 王利明、尹飞、程啸：《中国物权法教程》，人民法院出版社2007年版，第472页。

第十一章 最高额抵押权登记收件

说明和理由：

1. 登记申请书

按《不动产登记操作规范（试行）》14.2.2条规定，担保范围变更产生的最高额抵押权变更登记，由抵押权人和抵押人共同申请，即变更登记申请书由抵押权人和抵押人共同出具。登记申请书应当载明：抵押权人；抵押人；申请人的身份证明类型和号码；登记类型——变更登记；登记原因——担保范围变更；不动产登记证明号码；不动产权属证书号码；变更前的担保范围和变更后的担保范围。

2. 关于担保范围变更的最高额抵押权变更协议

因担保范围变更的最高额抵押权变更协议，是申请人申请因担保范围变更产生的最高额抵押权变更登记的原因证明。其中，"担保范围变更情况"是其主要内容。

《民法典》第三百八十九条规定，担保物权的担保范围包括主债权及其利息、违约金、损害赔偿金、保管担保财产和实现担保物权的费用。当事人另有约定的，按照其约定。据此可知，最高额抵押权的担保范围，当事人可以协商约定。因此，对当事人协商约定的担保范围，当事人也可以协商变更并以协议的方式来明确。在不动产登记实务中，按《不动产登记暂行条例实施细则》第七十二条第二款规定，最高额抵押权发生变更的证明，是申请人申请最高额抵押权变更登记时应当提交的材料。此处关于担保范围变更的最高额抵押权变更协议即属于此"最高额抵押权发生变更的证明"。

七、因抵押物数量变更申请的变更登记收件

1. 登记申请书；
2. 申请人的身份证明；
3. 不动产登记证明或最高额抵押权已经登记的证明；
4. 关于抵押物数量变更的最高额抵押权变更协议；
5. 其他必要材料。

说明和理由：

1. 登记申请书

按《民法典》第四百条第二款第（三）项规定，抵押物的数量属于抵押合同载明的内容。按该法第四百二十四条规定，最高额抵押权除适用本节规定外，适用本章第一节一般抵押权的规定。该法第五百四十三条规定，当事人协商一致，可以变更合同。据此可知，抵押物的数量属于当事人可以协商变更的最高

额抵押合同的内容。《不动产登记暂行条例实施细则》和《不动产登记操作规范（试行）》规定的当事人申请最高额抵押权变更登记的情形中，没有抵押物数量变更，但不动产登记实务中，抵押当事人申请抵押物数量变更产生的最高额抵押权变更登记的情形时有出现。笔者认为，最高额抵押合同属于最高额抵押权登记的原因凭证，抵押当事人协商变更此原因内容于法有据，由此产生的最高额抵押权变更登记也不违反法律的规定，登记机构应当支持。由于此最高额抵押权变更登记是基于抵押当事人合意的法律行为产生，应当由抵押权人和抵押人共同申请，即变更登记申请书由抵押权人和抵押人共同出具。登记申请书应当载明：抵押权人；抵押人；申请人的身份证明类型和号码；登记类型——变更登记；登记原因——抵押物数量变更；不动产登记证明号码；变更前的抵押物数量和变更后的抵押物数量等。

2. 关于抵押物数量变更的最高额抵押权变更协议

关于抵押物数量变更的最高额抵押权变更协议，是申请人申请因抵押物数量变更产生的变更登记的原因凭证。其中，"抵押物数量变更情况"是其主要内容。

抵押物数量变更，是指作为抵押物的数量的增加或减少。此处的抵押物数量，包括抵押物的面积增加或减少。在不动产登记实务中，最高额抵押权首次登记后，抵押当事人协商增加或减少抵押物数量的情形时有出现，此情形下，当事人通过签订最高额抵押权变更协议的方式来约定，此最高额抵押权变更协议属于最高额抵押权发生变更的材料。

第三节　转移登记收件

最高额抵押权转移登记，是指记载在登记簿上的最高额抵押权，在其担保的债权尚未确定前，最高额抵押权的权利主体，即最高额抵押权人发生变动，但最高额抵押权的权利内容、权利客体和其他事项不变产生的登记。《民法典》第四百二十一条规定，最高额抵押担保的债权确定前，部分债权转让的，最高额抵押权不得转让，但是当事人另有约定的除外。本条规定中，当事人另有约定的除外，是指当事人可以在抵押合同中约定，在最高额抵押担保的债权确定前，部分债权转让的，最高额抵押亦随之转让。这样在充分权衡各方利益的基础上，给予了当事人更多的制度选择，充分体现了意思自治，也有利于方便交易和盘活经济。在不动产登记实务中，《不动产登记暂行条例实施细则》第七十四条第三款规定，最高额抵押权担保的债权确定前，债权人转让部分债权的，除当事人另有约定外，不动产登记机构不得办理最高额抵押权转移登记。据此

第十一章 最高额抵押权登记收件

可知，一般情形下，最高额抵押权随被担保的部分债权转让而转让时，不属于申请最高额抵押权转移登记的情形，但在当事人有特别约定的情形下，登记机构也应当为当事人办理因转让部分债权产生的最高额抵押权转移登记。

在不动产登记实务中，《不动产登记暂行条例实施细则》第七十四条对当事人申请最高额抵押权转移登记时应当提交的材料做了原则性的规定，但对产生最高额抵押权转移登记的情形没有作规定。后于《不动产登记暂行条例实施细则》颁布实施的《不动产登记操作规范（试行）》亦如此。

《民法典》第六十七条第一款规定，法人合并的，其权利和义务由合并后的法人享有和承担。法人分立的，其权利和义务由分立后的法人享有连带债权、承担连带债务，但是债权人和债务人另有约定的除外。该法第二百三十条规定，因继承取得物权的，自继承开始时发生效力。据此可知，抵押权人（如小额贷款公司、担保公司等）的合并、分立和因抵押权人（如自然人享有的担保连续供货合同债权实现的最高额抵押权等）死亡产生的继承或受遗赠，是申请人申请最高额抵押权转移登记的情形。在不动产登记实务中，当事人因最高额抵押权人的合并、分立和因最高额抵押权的继承或受遗赠产生的转移登记的情形时有出现。另外，《不动产登记暂行条例实施细则》第七十四条第二款第（一）项规定，债权人转让部分债权时与受让人约定共同享有最高额抵押权的，应当申请最高额抵押权转移登记。概言之，申请人申请最高额抵押权转移登记的情形主要有：① 抵押权人的合并、分立；② 最高额抵押权被继承或受遗赠；③ 因转让部分债权增加最高额抵押权共有人等。笔者拟对申请人因不同情形申请最高额抵押权转移登记时应当提交的材料作阐释。

一、因抵押权人的合并、分立申请的转移登记收件

1. 登记申请书；
2. 申请人的身份证明；
3. 不动产登记证明；
4. 抵押权人合并、分立的证明；
5. 最高额抵押权归属的证明；
6. 其他必要材料。

注：第5项材料适用于最高额抵押权人分立的情形。

说明和理由：

1. 登记申请书

因抵押权人合并申请转移登记时，转移登记申请书由最高额抵押权的取得方单方出具。

因抵押权人分立申请转移登记时，转移登记申请书由最高额抵押权的失去方和取得方共同出具。

登记申请书应当载明：最高额抵押权的取得方与失去方；抵押人；申请人的身份证明类型和号码；登记类型——转移登记；登记原因——抵押权人合并（或分立）；不动产登记证明号码；不动产权属证书号码等。

2. 申请人的身份证明

因抵押权人合并申请转移登记时，申请人的身份证明为最高额抵押权取得方的身份证明。因抵押权人分立申请转移登记时，申请人的身份证明为最高额抵押权的取得方与失去方的身份证明。

3. 不动产登记证明

不动产登记证明，是指载明欲转移的最高额抵押权的不动产登记证明。要求申请人提交不动产登记证明：一是表明欲转移的最高额抵押权已经记载在登记簿上，申请转移登记的前提成立；二是便于登记机构结合申请人提交的身份证明，判定作为转移登记申请人之一的失去方是否适格；三是转移登记被记载在登记簿上后，登记机构将基于登记簿的记载向权利人颁发新的不动产登记证明，原不动产登记证明由登记机构收回归档，以免流失社会造成负面影响。其中，证明申请转移登记的前提成立是最主要的目的。《不动产登记暂行条例实施细则》第七十四条第一款规定，不动产登记证明是申请人申请最高额抵押权转移登记时应当提交的材料。按该实施细则第一百零五条第一款规定，本实施细则施行前，依法核发的各类不动产权属证书继续有效。故此处的不动产登记证明，包括不动产统一登记前权利人合法持有的载明最高额抵押权的《土地他项权证》《房屋他项权证》等。

在不动产登记实务中，若申请人申请因抵押权人合并、分立产生的转移登记时，以不动产登记证明遗失或毁损为由，不能提交又急需办理转移登记，欲以记载有欲转移的最高额抵押权的登记簿打印件、复印（制）件，或登记机构存档的载明欲转移的最高额抵押权的登记材料复印件等最高额抵押权已经登记的证明替代不动产登记证明的，登记机构不应当准许，理由有三：一是申请人申请最高额抵押权转移登记，表明权利人合法存在或存续，具备申请补发不动产登记证明的主体条件；二是权利人要处分最高额抵押权，具备申请补发不动产登记证明的主观要求；三是不动产登记证明是权利人享有最高额抵押权的证明，抵押权人合并或分立时，不动产登记证明是当事人据此确定最高额抵押权归属的基础凭证。所以，在因抵押权人合并、分立申请的

第十一章　最高额抵押权登记收件

最高额抵押权转移登记中，不动产登记证明作为登记收件，登记机构应当按法律和规章的规定，从严掌握。如果申请人因不动产登记证明遗失或毁损而不能提交的，登记机构应当告知申请人按《不动产登记暂行条例实施细则》第二十二条第二款的规定申请补发，补发后，再按程序申请因抵押权人合并、分立产生的最高额抵押权转移登记。

4. 抵押权人合并、分立的证明

抵押权人合并、分立的证明，是申请人申请因抵押权人合并、分立产生的转移登记的原因证明。

抵押权人合并、分立的证明主要有：① 当事人间达成的合并、分立合同；② 当事人共同作出的合并、分立决定；③ 有权的行政机关关于当事人合并、分立的文件；④ 当事人共同的上级组织关于其合并、分立的决定等。

5. 最高额抵押权归属的证明

抵押权人分立的，原法人或非法人组织享有的最高额抵押权，是由该法人或非法人组织继续享有，还是由分立后新成立的法人或非法人组织享有，实质上是对最高额抵押权的处置，当事人应当通过约定或决定予以明确，或由作出抵押权人分立的行政机关、上级组织在文件中予以明确，该约定、决定或文件确定的最高额抵押权的归属人，是最高额抵押权转移登记申请人中的取得方。此类约定、决定或文件即最高额抵押权归属的证明。

抵押权人合并的，合并证明就是最高额抵押权归属的凭证，无须再以约定、决定或文件确定最高额抵押权的归属。

二、因继承或受遗赠申请的转移登记收件

1. 登记申请书；
2. 申请人的身份证明；
3. 不动产登记证明或最高额抵押权已经登记的证明；
4. 继承证明材料、受遗赠证明材料；
5. 被继承人或遗赠人的死亡证明书；
6. 其他必要材料。

注：第 4 项材料中申请人提交继承权公证书的，无须再提交第 5 项材料。

说明和理由：

1. 登记申请书

因继承或受遗赠产生的最高额抵押权转移登记，由继承人或受遗赠人单方

申请，即转移登记申请书由最高额抵押权的取得方单方出具。登记申请书应当载明：最高额抵押权的取得方与失去方；申请人的身份证明类型和号码；登记类型——转移登记；登记原因——继承（或受遗赠）；不动产登记证明号码；不动产权属证书号码等。

2. 申请人的身份证明

因继承或受遗赠产生的最高额抵押权转移登记，由继承人或受遗赠人单方申请，故申请人的身份证明为继承人或受遗赠人的身份证明。

3. 最高额抵押权已经登记的证明

最高额抵押权已经登记的证明，主要指记载有被继承或受遗赠的最高额抵押权的登记簿打印件或复印（制）件，或登记机构存档的载明被继承或受遗赠的最高额抵押权的登记材料复印件（适用于登记簿制度建立前核发的房屋他项权证、土地他项权证等不能提交的情形）等材料。

在实际生活中，由于种种原因，继承或受遗赠开始后，被继承人或遗赠人名下的不动产登记证明不知所终的情形时有发生。最高额抵押继承或受遗赠，有别于权利人以不动产登记证明表征最高额抵押权存在为前提的交易法律行为，即因继承或受遗赠导致的最高额抵押权转移登记不是基于交易法律行为产生的登记，且最高额抵押权已经登记的证明能够证明申请转移登记的前提成立。因此，在不动产登记证明遗失或毁损时，申请人可以提交最高额抵押权已经登记的证明代替之，在最高额抵押权转移登记完成后，未收回的不动产登记证明由登记机构在其门户网站或当地公开发行的报刊上公告作废，以免除或减轻其流失社会造成的负面影响。

《不动产登记暂行条例实施细则》第二十三条规定，因不动产权利灭失等情形，不动产登记机构需要收回不动产权属证书或者不动产登记证明的，应当在不动产登记簿上将收回不动产权属证书或者不动产登记证明的事项予以注明；确实无法收回的，应当在不动产登记机构门户网站或者当地公开发行的报刊上公告作废。其中的"不动产权利灭失"，包括不动产权利的绝对灭失和相对灭失。不动产权利的绝对灭失，是指不动产权利随不动产实体的消灭而永久消灭，或者随依附的主权利、主债权的消灭而消灭。与之对应的是不动产权利的相对灭失：一是不动产权利因转移给他人而使原权利人的权利灭失，他人在此灭失的基础上设立属于自己的不动产权利；二是不动产权利因不动产实体灭失外的申请注销登记的事由成就完成注销登记而灭失（如权利人抛弃不动产权利申请注销登记后，该权利人享有的不动产权利灭失，但该不动产权利本身并不消灭，而其归属处于待定状态，故此情形属于不动产权利的相对灭失）；三是不动产

第十一章 最高额抵押权登记收件

权利内容发生变更，变更前的不动产权利内容因变更的完成而消灭，不动产权利的新内容因变更的完成而产生。据此可知，最高额抵押权转移登记完成后，权利取得人的权利产生，原权利人的权利灭失，不能收回的载明该灭失权利的不动产登记证明，应当由登记机构公告作废。

4. 继承证明材料、受遗赠证明材料

继承证明材料、受遗赠证明材料，是申请人申请因继承或受遗赠产生的最高额抵押权转移登记的原因证明，也是权利人享有最高额抵押权的权源证据。

（1）继承证明材料。

在不动产登记实务中，申请人提交的继承证明材料一般有四种：一是继承权公证书；二是经过公证的遗嘱；三是未经公证的依法定继承程序享有继承权的证明；四是未经公证的遗嘱。

① 继承权公证书。

继承权公证书适用于因法定继承产生的最高额抵押权转移登记。

继承权公证书，是指由国家公证机构制作的证明法定继承人依法享有最高额抵押权的继承权的书面凭证。继承权公证书是继承人继承最高额抵押权的权源证据。

② 经过公证的遗嘱。

经过公证的遗嘱，是指国家公证机构制作的记录立遗嘱人处分自己财产、指定财产继承人的文书。它是继承人继承最高额抵押权的权源证据。经过公证的遗嘱适用于因遗嘱继承产生的最高额抵押权转移登记。

③ 未经公证的依法定继承程序享有继承权的证明。

根据《不动产登记操作规范（试行）》1.8.6.1 条规定，申请人应当同时提交以下材料组合成未经公证的依法定继承程序享有继承权的证明：

a）继承人与被继承人之间的亲属关系证明，主要形式有三：一是户口簿、婚姻证明、收养证明或出生医学证明；二是公安机关、被继承人所在村委会或居委会、被继承人和继承人所在单位出具的证明材料；三是其他能够证明相关亲属关系的材料等。申请人只提交其中之一。但是，按民政部等六部门联合出台的《关于改进和规范基层群众性自治组织出具证明工作的指导意见》（民发〔2020〕20 号）和公安部等十二部门联合出台的《关于改进和规范公安派出所出具证明工作的意见》（公通字〔2016〕21 号）文件规定，公安派出所和社区居民委员会均不再出具亲属关系证明，在申请人不能提交户口簿、婚姻证明、收养证明、出生医学证明作为亲属关系证明的情形下，还可以提交什么样的材料作亲属关系证明？

笔者认为，申请人可以自己书写继承人与被继承人的关系说明，其中载明被继承人姓名、全部继承人姓名及其与被继承人的关系、继承人是放弃继承还是接受继承等信息,该说明上须由两个以上继承人之外的人签名证明属实。申请人可以提交自己书写的继承人与被继承人的关系说明并附上在上面签名证明属实的证人的身份证明作为其申请继承转移登记的亲属关系证明。

按《不动产登记操作规范(试行)》1.8.6.5条规定,登记机构办理申请人凭公证的材料或者生效的法律文书之外的材料申请的继承转移登记时,须将继承转移登记事项在不动产登记机构门户网站进行公示,公示期不少于15个工作日。公示期满无异议的,将申请登记事项记载于不动产登记簿。据此可知,登记机构收取申请人提交自己书写的继承人与被继承人的关系说明后,可以通过公示程序,查明该说明的真实性,也通过该公示程序证明自己尽到了力所能及(合理审慎)的查验职责。

b)登记机构的登记人员签字见证的其他继承人放弃继承权的材料。

c)申请人享有最高额抵押权的继承权的声明或说明。

④ 未经公证的遗嘱。

a)自书遗嘱。

自书遗嘱是指自然人死亡前亲笔书写的遗嘱。《民法典》第一千一百三十四条规定,自书遗嘱由遗嘱人亲笔书写,签名,注明年、月、日。质言之,自书遗嘱必须由立遗嘱人亲笔书写遗嘱的全部内容。自书遗嘱既不能由他人代笔也不能用打印或印刷方式,只能由遗嘱人自己用笔将其意思记录下来[①]。

b)代书遗嘱。

代书遗嘱是指由他人代立遗嘱人书写并经立遗嘱人、见证人签名的遗嘱。《民法典》第一千一百三十五条规定,代书遗嘱应当有两个以上见证人在场见证,由其中一人代书,并由遗嘱人、代书人和其他见证人签名,注明年、月、日。据此可知,代书遗嘱的代书人必须是见证人之一,且代书人、见证人、遗嘱人应当在立遗嘱完毕时同时签名。代书遗嘱的见证人须具有完全民事行为能力且与继承人及遗产分割无利害关系。

c)打印遗嘱。

《民法典》第一千一百三十六条规定,打印遗嘱应当有两个以上见证人在场见证。遗嘱人和见证人应当在遗嘱每一页签名,注明年、月、日。据此可知,须有两个以上的见证人在场的情形下,才可以打印遗嘱,且打印出来的遗嘱的每一页上面,须同时具备遗嘱人和见证人的签名及其各自注明的年、月、日。

---

① 梁慧星:《中国民法典草案建议稿附理由:侵权行为编·继承编》,法律出版社2004年版,第189页。

第十一章 最高额抵押权登记收件

遗嘱打印时,应当认真校核,避免打印错误,确保遗嘱的打印质量。打印遗嘱的见证人须是具有完全民事行为能力人且与遗嘱中指定的继承人无利害关系。

(2)遗赠证明材料。

在不动产登记实务中,申请人提交的遗赠证明材料,一是经过公证的遗赠遗嘱或遗赠扶养协议;二是未经过公证的遗赠证明材料。

① 经过公证的遗赠遗嘱或遗赠扶养协议。

经过公证的遗赠遗嘱,是指由国家公证机构制作的记载遗赠人决定在其死亡后将他的财产赠与国家、集体或法定继承人以外的人的遗嘱。

经过公证的遗赠扶养协议,是指由国家公证机构制作的记载遗赠人与继承人以外的人、组织签订的,载明由该人或该组织承担其生养死葬的义务,但在其死亡后将他的财产赠与该人或该组织的协议。

在不动产登记实务中,如果申请人仅持遗赠遗嘱公证书申请遗赠产生的最高额抵押权转移登记时,笔者认为,申请人申请受遗赠转移登记的行为已经表明其接受遗赠,此行为与遗赠公证书组合,形成遗赠和接受遗赠的意思表示,遗赠关系成立,登记机构无须要求申请人另行提交其接受遗赠的证明。

② 未经过公证的遗赠证明材料。

根据《不动产登记操作规范(试行)》1.8.6.1条规定,申请人应当同时提交以下材料组合成未经过公证的遗赠证明材料:受遗赠人不是继承人的证明,此证明可由公安机关、遗赠人所在村委会或居委会、遗赠人或受遗赠人所在单位出具;关于最高额抵押权的遗赠遗嘱或遗赠扶养协议。

5. 被继承人或遗赠人的死亡证明书

申请人申请因继承或受遗赠产生的最高额抵押权转移登记时,还应当提交被继承人或遗赠人已经死亡的证明书,死亡证明书是继承或受遗赠生效的证明。在不动产登记实务中,继承人或遗赠人的死亡证明书主要有:① 公安派出所出具的因死亡注销户籍的证明;② 公安部门在刑事、交通等案件处理中出具的死亡证明;③ 应急管理部门或其消防机构在消防案件处理中出具的死亡证明;④ 人民法院宣告死亡的判决书;⑤ 殡仪馆出具的遗体火化证明;⑥ 医院出具的医学死亡证明等。

继承权公证书是在被继承人死亡后,公证机构根据申请人的申请,在审查继承人是否遗漏、其他继承人是否放弃继承权等情况后,满足公证要求的情形下制作,故申请人提交继承权公证书作为登记材料时,登记机构无须再要求其另行提交被继承人的死亡证明书。

三、因转让部分债权而增加共有人申请的转移登记收件

1. 登记申请书；
2. 申请人的身份证明；
3. 不动产登记证明；
4. 部分债权转让证明；
5. 债权人通知债务人转让部分债权的证明；
6. 当事人约定最高额抵押权随同部分债权转让而转移的证明；
7. 其他必要材料。

1. 登记申请书

因转让部分债权增加共有人产生的最高额抵押权转移登记，由转让人（原抵押权人）和受让人（增加的最高额抵押权的共有人）共同申请，即登记申请书由转让人（原抵押权人）和受让人（增加的最高额抵押权的共有人）共同出具。登记申请书应当载明：最高额抵押权的取得方与失去方；抵押人；申请人的身份证明类型和号码；登记类型——转移登记；登记原因——转让部分债权；不动产登记证明号码；不动产权属证书号码；共有情况等。

2. 申请人的身份证明

申请人的身份证明为转让人（原抵押权人）和受让人（增加的最高额抵押权的共有人）的身份证明。

3. 部分债权转让证明

部分债权转让证明，是申请人申请因受让部分债权而增加共有人产生的最高额抵押权转移登记的原因凭证。

按《不动产登记暂行条例实施细则》第七十四条第二款第（一）项规定，债权人转让部分债权时与受让人约定共同享有最高额抵押权的，应当申请最高额抵押权的转移登记。据此可知，债权人转让部分债权，当事人约定最高额抵押权随同部分债权的转让而转移，且约定原抵押权人与受让人共同享有最高额抵押权的，则是债权人将其享有的债权中的一定份额转让给受让人，从而导致最高额抵押权的一定份额转移，该部分债权的受让人与原抵押权人（原债权人）成为既有的最高额抵押权的按份共有人，共有份额按各人占有的债权比例确定。此情形实质上是原抵押权人将其享有的最高额抵押权中的一定份额转让给受让人，故转让人（原抵押权人）和受让人（增加的最高额抵押权的共有人）实质上申请的是因最高额抵押权份额转让产生的转移登记。部分债权转让的证明一般以债权转让合同或协议的方式体现。

第十一章　最高额抵押权登记收件

4. 债权人通知债务人的证明

《民法典》第五百四十六条第一款规定，债权人转让债权，未通知债务人的，该转让对债务人不发生效力。据此可知，债权人将债权转让事宜通知债务人，便于债务人履行债务，以充分保护债权受让人的利益，即使最高额抵押权受让人的利益得到充分保护，故申请人申请最高额抵押权转移登记时，应当要求申请人提交债权人将债权转让事宜通知债务人的证明，此证明一般以有债务人签名的债权转让通知的形式体现，债务人在该通知上签名，表明其知晓债权转让事宜。按《不动产登记操作规范（试行）》14.3.3 条第 4 项之（3）规定，债权人通知债务人的证明是申请人申请因随部分债权转让而转移产生的最高额抵押权转移登记时应当提交的材料。

5. 当事人约定最高额抵押权随部分债权转让而转移的材料

当事人约定最高额抵押权随部分债权转让而转移的材料，是指当事人在最高额抵押合同内容中载明"最高额抵押权随部分债权转让而转移"，或另行订立合同或协议约定"最高额抵押权随部分债权转让而转移"事宜。在不动产登记实务中，申请最高额抵押权转移登记时，如果当事人在最高额抵押合同内容中没有载明"最高额抵押权随部分债权转让而转移"事宜的，应当向登记机构提交当事人另行约定的以"最高额抵押权随部分债权转让而转移"为主要内容的合同或协议。如果当事人在最高额抵押合同内容中载明"最高额抵押权随部分债权转让而转移"事宜的，则无须再向登记机构另行提交当事人约定最高额抵押权随部分债权转让而转移的材料。

第四节　确定登记收件

最高额抵押权确定登记，是指记载在登记簿上的最高额抵押权担保的债权，因法定事由出现而确定产生的登记。最高额抵押权担保的债权确定，也称"最高额抵押权担保的债权的特定"，是指最高额抵押权所担保的一定范围内的不特定债权，因一定事由的发生而归于具体特定[1]。抵押人和抵押权人所登记的被担保债权的范围，目的在于限定抵押权人和抵押人所发生的不特定债权的范围，但所担保的（将来发生的）债权本身并未特定。所以，在行使最高额抵押权时，其所担保的不特定债权应当特定[2]。法律规定最高额抵押权担保的债权因一定事

---

[1] 王利明、尹飞、程啸：《中国物权法教程》，人民法院出版社 2007 年版，第 501 页。
[2] 梁慧星：《中国民法典草案建议稿附理由：物权编》，法律出版社 2004 年版，第 355 页。

由的发生而确定，旨在特定抵押权人优先受偿的权利范围，以阻止最高额抵押权无限期延长，保护抵押人和其他利害关系人的利益。如第三人为债务人提供最高额抵押担保时，若最高额抵押权无限期延长，作为担保物的不动产价值就会无限期地被债务人利用，对抵押人非常不利。

最高额抵押权担保的不特定债权在最高额抵押权确定时，转变为一般抵押权担保的债权。被担保债权确定后所发生的任何债权，不属于抵押担保的范围[①]。质言之，最高额抵押权确定，表明最高额抵押权因转化为一般抵押权而终止，在此基础上转化而来的一般抵押权设立。

使最高额抵押权担保的债权确定的事由，由法律规定，即《民法典》第四百二十三条规定"有下列情形之一的，抵押权人的债权确定：（一）约定的债权确定期间届满；（二）没有约定债权确定期间或者约定不明确，抵押权人或者抵押人自最高额抵押权设立之日起满二年后请求确定债权；（三）新的债权不可能发生；（四）抵押权人知道或者应当知道抵押财产被查封、扣押；（五）债务人、抵押人被宣告破产或者解散；（六）法律规定债权确定的其他情形"。在不动产登记实务中，《不动产登记暂行条例实施细则》第七十三条规定，当发生导致最高额抵押权担保的债权被确定的事由，从而使最高额抵押权转变为一般抵押权时，当事人应当持不动产登记证明、最高额抵押权担保的债权已确定的材料等必要材料，申请办理最高额抵押权的确定登记。

如前所述，《不动产登记暂行条例实施细则》第七十三条关于申请最高额抵押权确定登记的规定中，仅对申请人应当提交的材料做了概括性规定，笔者拟根据该规定，结合《民法典》第四百二十三条规定的最高额抵押权确定的情形，对申请人申请最高额抵押权确定登记时应当提交的材料作介绍。

一、因债权确定期间届满申请的确定登记收件

1. 登记申请书；
2. 申请人的身份证明；
3. 不动产登记证明或最高额抵押权已经登记的证明；
4. 债权确定期间届满的证明；
5. 其他必要材料。

说明和理由：

1. 登记申请书

《不动产登记暂行条例实施细则》第七十三条规定，当发生导致最高额抵押

[①] 梁慧星：《中国民法典草案建议稿附理由：物权编》，法律出版社2004年版，第355页。

第十一章 最高额抵押权登记收件

权担保的债权被确定的事由，从而使最高额抵押权转变为一般抵押权时，当事人应当持不动产登记证明、最高额抵押权担保的债权已确定的材料等必要材料，申请办理确定最高额抵押权的登记。据此可知，最高额抵押权因确定登记的完成转化为一般抵押权。换言之，确定登记既是最高额抵押权的注销登记，也是在此最高额抵押权基础上转化而来的一般抵押权的首次登记。

《民法典》第四百二十三条第（二）项规定，没有约定债权确定期间或者约定不明确，抵押权人或者抵押人自最高额抵押权设立之日起满二年后请求确定债权。质言之，既然是请求确定最高额抵押权担保的债权，此请求权为债权请求权，债权请求权指向的对象只能是对方当事人，即抵押权人请求确定债权，指向的对象为抵押人，反之，抵押人请求确定债权，指向的对象为抵押权人。据此可知，只有抵押人与抵押权人达成合意后，才能使被担保的债权确定，因此，此情形导致的最高额抵押权确定是基于当事人的合意。

基于合同所生的不动产物权变动中，一方是登记权利人，另一方是登记义务人，双方应当共同向登记机构申请登记[①]。申言之，不动产最高额抵押权因确定而变动为一般抵押权，属于不动产物权变动。因债权确定期间届满产生的最高额抵押权确定登记系基于当事人的合意，即基于当事人达成的合同或协议。因此，一般情形下，因债权确定期间届满产生的最高额抵押权确定登记由抵押权人和抵押人共同申请，即确定登记申请书由抵押权人和抵押人共同出具。

但是，抵押当事人没有约定债权确定期间或者约定不明确，在最高额抵押权设立之日起满二年后，抵押人或抵押权人请求对方确定债权时，若对方不配合，请求人可将不配合的对方当事人作为被告起诉，请求人民法院判决确定债权或判决对方当事人履行确定债权的义务。若人民法院判决确定债权的，抵押权人或抵押人可凭此生效的判决书单方申请确定登记；若人民法院判决对方当事人履行确定债权的义务的，由抵押权人和抵押人双方申请确定登记，如果对方不履行人民法院生效判决的，请求人（原告）可申请人民法院执行，登记机构凭人民法院送达的协助执行通知书办理最高额抵押权确定登记，无须抵押当事人申请。

登记申请书应当载明：抵押权人；抵押人；申请人的身份证明类型和号码；登记类型——确定登记；登记原因——债权确定期间届满；不动产登记证明号码；不动产权属证书号码；确定的债权数额等。

---

① 程啸：《不动产登记法》，法律出版社2011年版，第250页。

2. 不动产登记证明或最高额抵押权已经登记的证明

（1）不动产登记证明。

不动产登记证明，是指记载有欲确定的最高额抵押权的不动产登记证明。要求申请人提交不动产登记证明：一是表明欲确定的最高额抵押权已经记载在登记簿上，申请确定登记的前提成立；二是便于登记机构结合申请人提交的身份证明，判定申请人是否适格；三是确定登记被记载在登记簿上后，登记机构将基于登记簿的记载向权利人颁发新的不动产登记证明，原不动产登记证明由登记机构收回归档，以免流失社会造成负面影响。其中，证明申请确定登记的前提成立是最主要的目的。不动产登记证明，是《不动产登记暂行条例实施细则》第七十三条规定的申请人申请最高额抵押权确定登记时应当提交的材料。按该实施细则第一百零五条第一款规定，本实施细则施行前，依法核发的各类不动产权属证书继续有效。故此处的不动产登记证明，包括不动产统一登记前当事人已经合法持有的载明最高额抵押权的《土地他项权证》《房屋他项权证》等。

（2）最高额抵押权已经登记的证明。

最高额抵押权已经登记的证明，主要指记载有欲确定的最高额抵押权的登记簿打印件、复制件，或登记机构存档的载明欲确定的最高额抵押权的登记材料等。

如前所述，最高额抵押权确定，是指在法定的事由成就时，使不特定的债权得以特定，以明确被担保的债权的具体数额。据此可知，最高额抵押权确定是在抵押当事人范围内发生的非交易法律行为，不是抵押权人与第三人实施的，且须以不动产登记证明表征最高额抵押权存在为前提的交易法律行为，即因债权确定期间届满导致的最高额抵押权确定登记不是基于交易法律行为产生的登记，且最高额抵押权已经登记的证明可以证明申请确定登记的前提成立，因此，在不动产登记证明遗失或毁损时，申请人可以提交最高额抵押权已经登记的证明代替之，在最高额抵押权确定登记完成后，未收回的不动产登记证明由登记机构在其门户网站或当地公开发行的报刊上公告作废，以免除或减轻其流失社会造成的负面影响。

《不动产登记暂行条例实施细则》第二十三条规定，因不动产权利灭失等情形，不动产登记机构需要收回不动产权属证书或者不动产登记证明的，应当在不动产登记簿上将收回不动产权属证书或者不动产登记证明的事项予以注明；确实无法收回的，应当在不动产登记机构门户网站或者当地公开发行的报刊上公告作废。其中的"不动产权利灭失"，包括不动产权利的绝对灭失和相对灭失。不动产权利的绝对灭失，是指不动产权利随不动产实体的消灭而永久消灭，

第十一章 最高额抵押权登记收件

或者随依附的主权利、主债权的消灭而消灭。与之对应的是不动产权利的相对灭失：一是不动产权利因转移给他人而使原权利人的权利灭失，他人在此灭失的基础上设立属于自己的不动产权利；二是不动产权利因不动产实体灭失外的申请注销登记的事由成就完成注销登记而灭失（如权利人抛弃不动产权利申请注销登记后，该权利人享有的不动产权利灭失，但该不动产权利本身并不消灭，而其归属处于待定状态，故此情形属于不动产权利的相对灭失）；三是不动产权利内容发生变更，变更前的不动产权利内容因变更的完成而消灭，不动产权利的新内容因变更的完成而产生。据此可知，最高额抵押权确定登记完成后，原最高额抵押权因转化为一般抵押而灭失，不能收回的载明该灭失权利的不动产登记证明，应当由登记机构公告作废。

3. 债权确定期间届满的证明

债权确定期间届满的证明，是申请人申请因债权确定期间届满产生的最高额抵押权确定登记的原因凭证。

按《民法典》第四百二十三条规定，债权因抵押当事人约定的债权确定期间届满而确定，若抵押当事人没有约定债权确定期间或者约定不明确，抵押权人或者抵押人自最高额抵押权设立之日起满二年可以请求确定。其中，"抵押当事人约定的债权确定期间"和"自最高额抵押权设立之日起满二年"，都系法律关于债权确定的时间节点的规定，故笔者将此两种情形统称为债权确定期间届满。债权确定期间届满的证明为抵押当事人约定的债权确定期间届满的证明、最高额抵押权自设立之日起满二年的证明。

（1）抵押当事人约定的债权确定期间届满的证明。

抵押当事人约定的债权确定期间届满，即意味着抵押合同约定的决算期届至。决算期是最高额抵押合同的一个重要内容，是确定最高额抵押权所担保的债权实际数额的时间。笔者据此认为，约定的债权确定期间，是指抵押人和抵押权人在最高额抵押合同中约定的被担保债权的决算期间。在最高额抵押权首次登记时，申请人已经将载有被担保债权确定期间的最高额抵押合同作为登记申请材料向登记机构提交，且债权确定期间是登记簿记载的内容。抵押权人和抵押人约定的债权确定期间届满的证明，可以是载有被担保债权确定期间的最高额抵押合同，也可以是记载有债权确定期间的登记簿打印件、复制件等。

（2）最高额抵押权自设立之日起满二年的证明。

在实际工作中，当事人在最高额抵押合同中对债权确定期间没有约定或约定不明确的情形时有出现，此情形下，法律规定，抵押权人或者抵押人自最高额抵押权设立之日起满二年，方可申请最高额抵押权确定登记。申请确定登记时，最高额抵押权设立之日起满二年的证明，可以是载有最高额抵押权登记时间的不动产登记证明，也可以是载明最高额抵押权首次登记的登记簿打印件、复制件。根据不动产登记证明或登记簿上载明的登记时间，登记机构可以判断最高额抵押权的设立是否满二年，以确定登记事由是否成立，申请人申请的最高额抵押权确定登记可否办理。笔者认为，登记机构受理最高额抵押权首次登记时，应当核验最高额抵押合同是否载明债权确定期间，未载明的，应当引导或建议申请人补正，尽量使登记簿应当记载的内容充分，预防纷争的发生。

二、因新的债权不可能发生申请的确定登记收件

1. 登记申请书；
2. 申请人的身份证明；
3. 不动产登记证明或最高额抵押权已经登记的证明；
4. 新的债权不可能发生的证明；
5. 其他必要材料。

说明和理由：

1. 登记申请书

所谓"新的债权不可能发生"，是指债务人与债权人之间的基础法律关系已经消灭，不可能发生新的债权[1]。如连续性的货物供销合同的当事人协商达成一致，终结合同的执行，使该合同关系消灭而不再产生新的货物供销债权；循环借款合同的当事人协商达成终止合同执行的协议，使循环借款合同关系消灭而不再产生新的借款债权。笔者认为，建立债权的基础法律关系消灭，一是该法律关系被生效的民事判决书、执行裁定书或仲裁裁决书解除；二是该法律关系的当事人协商议定解除（民事调解书和仲裁调解书也是当事人在人民法院或仲裁机构调解下，协商达成的协议）。按《民法典》第五百六十六条规定，合同解除后，尚未履行的，终止履行。据此可知，无论是因生效的民事判决书、执行裁定书或仲裁裁决书解除法律关系，还是因当事人协商议定解除法律关系，已经发生了的债权仍然存在，但新的债权都不可能再发生。因新的债权不可能再发生，债权不再处于变动不居的状态，自然就确定了[2]。

因生效的法律文书解除建立债权的法律关系导致的最高额抵押权确定登记，不是基于当事人的合意，而是国家公权力所致。非基于法律行为的不动产

---

[1] 王利明、尹飞、程啸：《中国物权法教程》，人民法院出版社2007年版，第501页。
[2] 王利明、尹飞、程啸：《中国物权法教程》，人民法院出版社2007年版，第501~502页。

第十一章 最高额抵押权登记收件

物权变动通常是单方申请①。故因生效的民事判决书、执行裁定书或仲裁裁决书解除建立债权的基础法律关系产生的最高额抵押权确定登记，系非基于当事人的合意，即非基于当事人的法律行为，故可以由抵押人或抵押权人单方申请登记，确定登记申请书由抵押人或抵押权人单方出具。

建立债权的基础法律关系（一定期间内连续发生债权的合同）因债权人和债务人协商议定而解除，是基于当事人的合意消灭建立债权的基础法律关系。质言之，主债权合同被解除后，对债务人应当履行的债务，抵押人仍然应当承担担保责任。故由此产生的最高额抵押权确定登记，由抵押人和抵押权人双方共同申请，即确定登记申请书由抵押人和抵押权人共同出具。

登记申请书应当载明：抵押权人；抵押人；申请人的身份证明类型和号码；登记类型——确定登记；登记原因——新的债权不可能发生；不动产登记证明号码；不动产权属证书号码；确定的债权数额等。

2. 新的债权不可能发生的证明

新的债权不可能发生的证明，是申请人申请因新的债权不可能发生导致的最高额抵押权确定登记的原因凭证。

新的债权不可能发生的证明，指被担保的连续发生的债权存在的基础法律关系消灭或终止的证明。在不动产登记实务中，新的债权不可能发生的证明主要有：① 人民法院或仲裁机构作出的解除连续发生的债权存在的基础法律关系的生效的民事判决书、执行裁定书、民事调解书、仲裁裁决书、仲裁调解书；② 债权人和债务人签订的债权合同终止或终结协议；③ 债权人和债务人共同作出的有关债权合同终止或终结的声明、承诺等。

三、因抵押不动产被查封、扣押申请的确定登记收件

1. 登记申请书；
2. 申请人的身份证明；
3. 不动产登记证明或最高额抵押权已经登记的证明；
4. 抵押权人知道或应当知道抵押不动产被查封、扣押的证明；
5. 其他必要材料。

说明和理由：

1. 登记申请书

《民法典》第四百二十三条第（四）项规定，抵押权人知道或者应当知道抵

---

① 程啸：《不动产登记法》，法律出版社2011年版，第250页。

押财产被查封、扣押的，抵押权人的债权确定。《最高人民法院关于人民法院民事执行中查封、扣押、冻结财产的规定》（法释〔2004〕15号）第二十七条规定："人民法院查封、扣押被执行人设定最高额抵押权的抵押物的，应当通知抵押权人。抵押权人受抵押担保的债权数额自收到人民法院通知时起不再增加。人民法院虽然没有通知抵押权人，但有证据证明抵押权人知道查封、扣押事实的，受抵押担保的债权数额从其知道该事实时起不再增加。"质言之，不动产在最高额抵押权设立后被查封、扣押的，从抵押权人收到人民法院的查封、扣押通知之时起，新产生的债权不属于担保范围。人民法院查封、扣押不动产的目的，就是为了确保生效的法律文书的履行。换言之，设定最高额抵押权的不动产，被查封后仍有被强制处分变现的可能。概言之，在不动产上设立最高额抵押权后，如果该不动产被查封或扣押后，若仍然为新增加的债权作担保，势必加重不动产的负担，使查封或扣押目的无法实现或无法充分实现。因此，抵押不动产被查封或扣押后，不能继续为债务人提供担保，抵押权人也不得再向债务人发放贷款，故抵押不动产被查封、扣押后，最高额抵押权应当确定。

按《人民检察院刑事诉讼规则（试行）》第二百三十四条规定，人民检察院在侦查活动中发现的可以证明犯罪嫌疑人有罪、无罪或者犯罪情节轻重的各种财物和文件，应当查封或者扣押。按《行政强制法》第二条和第九条第（二）项规定，行政机关也可以依职权对公民、法人或者其他组织的财物实施查封等强制措施。因此，人民检察院、行政机关等有权的国家机关也可以查封抵押的不动产，且按《民法典》第四百二十三条第（四）项规定，自抵押权人知道或者应当知道抵押财产被查封时起，最高额抵押权确定。

抵押不动产被查封、扣押产生的最高额抵押权确定登记系国家公权力所致，非基于当事人的合意，故可以由抵押权人或抵押人单方申请登记，即确定登记申请书由抵押人或抵押权人单方出具。登记申请书应当载明：抵押权人；抵押人；申请人的身份证明类型和号码；登记类型——确定登记；登记原因——抵押不动产被查封（或扣押）；不动产登记证明号码；不动产权属证书号码；确定的债权数额等。

2. 抵押权人知道或者应当知道抵押不动产被查封、扣押的证明

《最高人民法院关于人民法院民事执行中查封、扣押、冻结财产的规定》（法释〔2004〕15号）第一条第一款规定："人民法院查封、扣押、冻结被执行人的动产、不动产及其他财产权，应当作出裁定，并送达被执行人和申请执行人。"因此，不动产被查封或扣押的证明，应当是人民法院出具的查封或扣押裁定，也可以是要求登记机构办理查封、扣押手续的协助执行通知书，还可以是记载

第十一章　最高额抵押权登记收件

有查封或扣押事项的登记簿打印件、复印（制）件等。人民检察院、行政机关查封、扣押不动产的公文，也属于抵押不动产被查封、扣押的证明。但是，抵押权人知道或者应当知道抵押不动产被查封、扣押的证明，应当是实施查封的国家机关向抵押权人送达的查封、扣押抵押不动产的文书，或都告知抵押权人查封、扣押抵押不动产的文书，如人民法院向抵押权人送达的查封抵押不动产的裁定书，税务机关告知抵押权人查封抵押不动产的通知书等。

四、因抵押人、债务人破产或被撤销申请的确定登记收件

1. 登记申请书；
2. 申请人的身份证明；
3. 不动产登记证明或最高额抵押权已经登记的证明；
4. 抵押人、债务人破产或被撤销的证明；
5. 其他必要材料。

说明和理由：

1. 登记申请书

债务人、抵押人被宣告破产是指法院对债务人、抵押人具备破产原因的事实作出法律效力的认定[①]。《企业破产法》第一百零七条第二款规定，债务人被宣告破产后，债务人称为破产人，债务人财产称为破产财产，人民法院受理破产申请时对债务人享有的债权称为破产债权。质言之，债务人、抵押人被宣告破产后，其享有的所有财产，包括被抵押的不动产，均为破产财产。该法第一百一十一条规定，破产财产由其管理人按有效的破产财产变价方案，适时变价出售破产财产。据此可知，抵押人被宣告破产后，作为破产财产的抵押不动产，除按有效的变价方案适时变价出售外，不得再用于抵押。《最高人民法院关于审理企业破产案件若干问题的规定》（法释〔2002〕23号）第三十三条规定，债务人自破产宣告之日起停止生产经营活动。该规定第三十四条规定，人民法院宣告债务人破产后，应当通知债务人的开户银行，限定其银行账户只能由清算组使用。据此可知，债务人被宣告破产后，应当进行清算善后，其银行账户只能由清算组用于善后事宜。换言之，被宣告破产的债务人不能再获得贷款人（抵押权人）提供的贷款。概言之，债务人、抵押人被人民法院宣布破产后，不确定的债权因破产清算而确定。

债务人、抵押人被撤销的，是债务人、抵押人根据国家主管机关或者法院的裁决而强制解散，是债务人、抵押人进行清算的缘由之一。债务人、抵押人

---

① 王卫国：《破产法》，人民法院出版社1999年版，第110页。

被宣告撤销时，应当进行清算，清算程序只是清偿债务、收取债权，了结已存在的法律关系，不允许创设新的法律关系[①]。质言之，进入清算程序后，抵押人不得与抵押权人产生新的抵押担保关系，即不得继续为债务人获得借款提供担保。债务人（借款人）不得与贷款人（抵押权人）产生新的借款关系，即不能继续获得贷款人（抵押权人）提供的借款。故抵押人、债务人被撤销时，最高额抵押权担保的债权应当确定。

债务人、抵押人破产或被撤销，均系公权力所为，由此产生的最高额抵押权确定登记，非基于当事人的合意，在债务人破产或被撤销的情形下，由抵押权人或抵押人申请。在抵押人破产或被撤销的情形下，由抵押权人或抵押人的破产管理人、清算组织单方申请，即确定登记申请书由抵押权人或抵押人、抵押人的破产管理人、清算组织单方出具。登记申请书应当载明：抵押权人；抵押人；申请人的身份证明类型和号码；登记类型——确定登记；登记原因——抵押人（或债务人）破产（或被撤销）；不动产登记证明号码；不动产权属证书号码；确定的债权数额等。

2. 申请人的身份证明

抵押人破产或被撤销的情形下，申请人的身份证明即抵押权人和抵押人的破产管理人、清算组织的身份证明。债务人破产或被撤销的情形下，申请人的身份证明为抵押权人和抵押人的身份证明。

（1）被宣告破产的抵押人的身份证明。

《企业破产法》第十三条规定，人民法院裁定受理破产申请的，应当同时指定管理人。按该法第二十五条第一款规定，代表破产企业申请最高额抵押权确定登记是管理人的职责之一。因此，被宣告破产的抵押人申请最高额抵押权确定登记时，由其管理人作为申请人，身份证明为人民法院指定其为管理人的证明和作为管理人的机构、组织自身的身份证明。

（2）被宣告撤销的抵押人的身份证明。

如前所述，企业被撤销的，须履行清算程序，故被宣告撤销的抵押人申请最高额抵押权确定登记时，由其清算组织作为申请人，身份证明为清算组织成立的证明。如果是企业自行组织清算的，清算组织成立的证明由该企业出具；如果是撤销企业的机关组织清算的，清算组织成立的证明由该机关出具。

3. 抵押人、债务人破产或被撤销的证明

抵押人、债务人破产或被撤销的证明，是申请人申请因抵押人、债务人破

[①] 梁慧星：《民法总论》，法律出版社2001年版，第154页。

第十一章 最高额抵押权登记收件

产或被撤销产生的最高额抵押权确定登记的原因凭证。

抵押人、债务人破产或被撤销的证明，因破产或被撤销而有不同的体现形式：

（1）抵押人、债务人破产的情形。

《企业破产法》第一百零七条第一款规定，人民法院宣告企业破产，应当作出裁定并送达债权人。因此，抵押人、债务人破产的证明为人民法院制作的破产裁定书。

（2）抵押人、债务人被撤销的情形。

抵押人、债务人被撤销有两种情形：

① 人民法院宣告撤销企业。

一般情况下，人民法院在审理案件中，发现企业有违反法律规定、损害公共利益等行为，且具备法定的撤销条件的，发出司法建议书，建议企业登记机关或主管机关予以撤销。人民法院也可以直接撤销企业，这主要是关于公司陷入僵局的情况下，符合法定条件的股东享有的公司解散请求权，在各国立法中早有先例，我国新《公司法》第一百八十三条对公司股东因公司僵局而要求人民法院判决解散公司的权利做了规定，公司经营发生严重困难，继续存续会使股东权益受到重大损失，通过其他途径不能解决的，持有公司全部股东表决权10%以上的股东，可以请求人民法院解散公司，即人民法院根据股东的请求判决解散公司，并要求清算义务人在指定期限内组织清算组进行清算[①]。据此可知，人民法院撤销企业的证明是生效的民事判决书。

② 企业登记机关或主管机关撤销企业。

企业发生涂改、租借登记证书、抽逃注册资本金等行为，且符合法定撤销条件的，由企业登记机关或主管机关撤销，撤销企业的形式一般是行政决定书，故企业登记机关或主管机关撤销企业的证明是其出具的撤销企业的行政决定书。

五、因债权数额确定申请的确定登记收件

1. 登记申请书；
2. 申请人的身份证明；
3. 不动产登记证明或最高额抵押权已经登记的证明；
4. 债权数额已经确定的证明；
5. 其他必要材料。

说明和理由：

[①] 褚红军、俞宏雷：《公司诉讼原理与实务》，人民法院出版社2007年版，第333页。

1. 登记申请书

人民法院、仲裁机构生效的民事判决书、执行裁定书或仲裁裁决书确定债权数额，非基于当事人的合意，由此产生的最高额抵押权确定登记由抵押当事人之一单方申请。但当事人协商确定债权数额（生效的民事调解书和仲裁调解书确定的债权数额，也是当事人在人民法院或仲裁机构的调解下协商确定的），则是基于当事人的合意，由此产生的最高额抵押权确定登记，应当由抵押当事人双方共同申请，即确定登记申请书由抵押权人和抵押人共同出具。登记申请书应当载明：抵押权人；抵押人；申请人的身份证明类型和号码；登记类型——确定登记；登记原因——债权数额确定；不动产登记证明号码；不动产权属证书号码；确定的债权数额等。

2. 债权数额已经确定的证明

债权数额已经确定的证明，是申请人申请因债权数额确定产生的最高额抵押权确定登记的原因凭证。

债权数额已经确定的证明主要有：① 当事人协议确定债权数额的，债权已经确定的证明为当事人签订的确定债权数额的合同或协议，也可以是当事人共同作出的确定债权数额的声明、承诺等；② 人民法院或仲裁机构生效的确定债权数额的民事判决书、执行裁定书、仲裁裁决书。

第五节 注销登记收件

最高额抵押权注销登记，是指记载在登记簿上的最高额抵押权，在使其消灭的情形（或法定事由）成就时，对其予以涂销使其失去法律效力而产生的登记。在不动产登记实务中，《不动产登记暂行条例实施细则》没有规定最高额抵押权注销登记，对此，有观点认为，《不动产登记暂行条例实施细则》规定了最高额抵押权确定登记，最高额抵押权确定登记后，转化为一般抵押权，其注销登记应当遵守一般抵押权注销登记的规定，不必再另行规定最高额抵押权注销登记。据此可知，最高额抵押权非经确定登记不得注销。笔者对此不以为然。

《民法典》第三百九十三条规定："有下列情形之一的，担保物权消灭：（一）主债权消灭；（二）担保物权实现；（三）债权人放弃担保物权；（四）法律规定担保物权消灭的其他情形。"该法第二百三十一条规定，因合法建造、拆除房屋等事实行为设立或者消灭物权的，自事实行为成就时发生效力。据此

第十一章 最高额抵押权登记收件

可知，自房屋实体灭失时，房屋的所有权无须注销登记依法、即时消灭，申言之，自不动产实体灭失时起，不动产物权无须无须注销登记依法、即时消灭，依附该不动产物权设立的抵押权亦随之消灭，概言之，抵押权因抵押物灭失而消灭。除此之外，在不动产登记实务中，《不动产登记操作规范（试行）》14.4.1条之 4 规定，因人民法院、仲裁委员会的生效法律文书致使抵押权消灭的属于申请人申请抵押权注销登记的情形。概言之，申请人申请最高额抵押权注销登记的情形主要有：① 主债权消灭；② 最高额抵押权已经实现；③ 抵押权人放弃最高额抵押权；④ 抵押物灭失；⑤ 生效的法律文书消灭最高额抵押权。笔者拟根据申请人因不同情形申请最高额抵押权注销登记时应当提交的材料作阐释。

一、因主债权消灭申请的注销登记收件

1. 登记申请书；
2. 申请人的身份证明；
3. 不动产登记证明或最高额抵押权已经登记的证明；
4. 被担保的主债权消灭的证明；
5. 其他必要材料。

说明和理由：

1. 登记申请书

《不动产登记操作规范（试行）》14.4.2 条规定，不动产登记簿记载的抵押权人与抵押人可以共同申请抵押权的注销登记。债权消灭的，抵押权人可以单方申请抵押权的注销登记。据此可知，因主债权消灭产生的最高额抵押权注销登记，可以由抵押权人和抵押人共同申请，也可以由抵押权人单方申请，即注销登记申请书可以由抵押权人和抵押人共同出具，也可以由抵押权人单方出具。

登记申请书应当载明：抵押权人；抵押人；申请人的身份证明类型和号码；登记类型——注销登记；登记原因——主债权消灭；不动产登记证明号码；不动产权属证书号码等。

2. 不动产登记证明或最高额抵押权已经登记的证明

（1）不动产登记证明。

不动产登记证明，是指记载有欲注销的最高额抵押权的不动产登记证明。要求申请人提交不动产登记证明：一是证明欲注销的最高额抵押权已经记载在登记簿上，申请最高额抵押权注销登记的前提成立；二是便于登记机构结合申请人提交的身份证明，判定作为最高额抵押权注销登记申请人中的抵押权人是

否适格；三是注销登记被记载于登记簿上后，最高额抵押权消灭，不动产登记证明失去权利表征作用，由登记机构收回归档，以免流失社会造成负面影响。其中，证明申请注销登记的前提成立是最主要的目的。按《不动产登记暂行条例实施细则》第一百零五条第一款规定，本实施细则施行前，依法核发的各类不动产权属证书继续有效。故此处的不动产登记证明，包括不动产统一登记前权利人合法持有的载明最高额抵押权的《土地他项权证》《房屋他项权证》等。

（2）最高额抵押权已经登记的证明。

最高额抵押权已经登记的证明，主要指记载有欲注销的最高额抵押权的登记簿打印件、复制件，或登记机构存档的载明欲注销的最高额抵押权的登记材料等。申请人申请注销登记时因不动产登记证明遗失或毁损而不能提交时，由于最高额抵押权注销登记，不是因抵押权人与他人发生的，须以不动产登记证明表征最高额抵押权存在为前提的交易法律行为产生的登记，且最高额抵押权已经登记的证明能够证明申请注销登记的前提成立，因此，申请人可以提交最高额抵押权已经登记的证明代替之，在注销登记完成后，未收回的不动产登记证明由登记机构在其门户网站或当地公开发行的报刊上公告作废，以免除或减轻其流失社会造成的负面影响。

《不动产登记暂行条例实施细则》第二十三条规定，因不动产权利灭失等情形，不动产登记机构需要收回不动产权属证书或者不动产登记证明的，应当在不动产登记簿上将收回不动产权属证书或者不动产登记证明的事项予以注明；确实无法收回的，应当在不动产登记机构门户网站或者当地公开发行的报刊上公告作废。其中的"不动产权利灭失"，包括不动产权利的绝对灭失和相对灭失。不动产权利的绝对灭失，是指不动产权利随不动产实体的消灭而永久消灭，或者随依附的主权利、主债权的消灭而消灭。与之对应的是不动产权利的相对灭失：一是不动产权利因转移给他人而使原权利人的权利灭失，他人在此灭失的基础上设立属于自己的不动产权利；二是不动产权利因不动产实体灭失外的申请注销登记的事由成就完成注销登记而灭失（如权利人抛弃不动产权利申请注销登记后，该权利人享有的不动产权利灭失，但该不动产权利本身并不消灭，而其归属处于待定状态，故此情形属于不动产权利的相对灭失）；三是不动产权利内容发生变更，变更前的不动产权利内容因变更的完成而消灭，不动产权利的新内容因变更的完成而产生。据此可知，最高额抵押权注销登记完成后，权利人的权利灭失，不能收回的载明该灭失权利的不动产登记证明，应当由登记机构公告作废。

第十一章 最高额抵押权登记收件

3. 被担保的主债权消灭的证明

被担保的主债权消灭的证明，是申请人申请因主债权消灭导致的最高额抵押权注销登记的原因凭证。主要指主债权因清偿、抵销、免除、混同和生效的法律文书等使其消灭的证明，如还款证明、抵销协议、债权人免除债务的声明或决定、生效的消灭主债权的法律文书等。

二、因最高额抵押权实现申请的注销登记收件

1. 登记申请书；
2. 申请人的身份证明；
3. 不动产登记证明或最高额抵押权已经登记的证明；
4. 最高额抵押权实现的证明；
5. 其他必要材料。

说明和理由：

1. 登记申请书

若抵押不动产以折价抵债，或由抵押权人和抵押人依约定行使最高额抵押权等当事人以合意的方式实现最高额抵押权的，最高额抵押权注销登记由抵押权人和抵押人共同申请，即注销登记申请书由抵押权人和抵押人共同出具。登记申请书应当载明：抵押权人；抵押人；申请人的身份证明类型和号码；登记类型——注销登记；登记原因——最高额抵押权实现；不动产登记证明号码；不动产权属证书号码等。

若由人民法院拍卖、变卖或折价抵债等强制处分方式实现抵押权的，按人民法院有关执行工作的规定，处分完成后，人民法院将制作确认不动产归属的拍卖成交裁定书、变卖裁定书或抵债裁定书。在不动产取得人申请登记时，登记机构按此类裁定书直接办理因实现最高额抵押权而拍卖、变卖不动产或以不动产折价抵债产生的转移登记，无须再另行收取注销登记申请书。

2. 最高额抵押权实现的证明

最高额抵押权实现的证明，是申请人申请因最高额抵押权实现产生的最高额抵押权注销登记的原因凭证。主要指抵押不动产已经拍卖、变卖或者折价的证明，如拍卖成交确认书、变卖合同、折价协议等。

三、因抵押权人放弃最高额抵押权申请的注销登记收件

1. 登记申请书；
2. 申请人的身份证明；

3. 不动产登记证明或最高额抵押权已经登记的证明；
4. 抵押权人放弃最高额抵押权的证明；
5. 其他必要材料。

说明和理由：

1. 登记申请书

抵押权人放弃自己享有的最高额抵押权，是对自己享有的最高额抵押权的处分，属于纯粹的物权行为，完全可以依自己的意思表示为之，无须与他人达成合意，故由此产生的最高额抵押权注销登记，由抵押权人单方申请。注销登记申请书由抵押权人单方出具。登记申请书应当载明：抵押权人；抵押人；申请人的身份证明类型和号码；登记类型——注销登记；登记原因——放弃最高额抵押权；不动产登记证明号码；不动产权属证书号码等。

2. 抵押权人放弃最高额抵押权的证明

抵押权人放弃最高额抵押权的证明，是申请人申请因放弃最高额抵押权产生的注销登记的原因凭证。抵押权人放弃最高额抵押权的证明主要是指抵押权人放弃最高额抵押权的声明、承诺等。

四、因抵押不动产灭失申请的注销登记收件

1. 登记申请书；
2. 申请人的身份证明；
3. 不动产登记证明或最高额抵押权已经登记的证明；
4. 抵押不动产灭失的证明；
5. 其他必要材料。

说明和理由：

1. 登记申请书

《不动产登记暂行条例》第十四条第二款第（五）项规定，不动产灭失产生的注销登记，可以由当事人单方申请。据此可知，因不动产灭失产生的最高额抵押权注销登记，可以由抵押当事人单方申请，即注销登记申请书由抵押权人或抵押人单方出具。登记申请书应当载明：抵押权人；抵押人；申请人的身份证明类型和号码；登记类型——注销登记；登记原因——抵押不动产灭失；不动产登记证明号码；不动产权属证书号码等。

2. 抵押不动产灭失的证明

抵押不动产灭失的证明，是申请人申请因抵押不动产灭失产生的最高额抵押权注销登记的原因凭证。

第十一章 最高额抵押权登记收件

抵押不动产灭失的证明,是指抵押不动产实体已经灭失的证明。该证明根据不动产实体灭失的原因,由相应的主体出具,如房屋因火灾灭失的,可以是应急管理机关或其消防机构、地方政府或房屋所在地社区出具的证明等;房屋因拆迁灭失的,可以是拆迁补偿安置协议等。

五、因生效的法律文书消灭最高额抵押权申请、嘱托的注销登记收件

1. 登记申请书、协助执行通知书;
2. 申请人的身份证明、执行员的执行公务证和工作证;
3. 不动产登记证明或最高额抵押权已经登记的证明;
4. 人民法院、仲裁机构生效的消灭最高额抵押权的法律文书;
5. 其他必要材料。

注:嘱托注销登记的人民法院未送达第3项材料的,登记机构不得主动索取。

说明和理由:

1. 登记申请书、协助执行通知书

(1)登记申请书。

《不动产登记操作规范(试行)》14.4.2条规定,人民法院、仲裁委员会生效法律文书确认最高额抵押权消灭的,抵押人等当事人可以单方申请最高额抵押权的注销登记。因此,注销登记申请书由抵押权人、抵押人、与法律文书载明事项有利害关系的人单方出具。登记申请书应当载明:抵押权人;抵押人;申请人的身份证明类型和号码;登记类型——注销登记;登记原因——生效的法律文书;不动产登记证明号码;不动产权属证书号码等。

(2)协助执行通知书。

协助执行通知书,是指人民法院向登记机构送达的载明要求其办理最高额抵押权注销登记事项的协助执行通知书。

2. 人民法院、仲裁机构生效的消灭最高额抵押权的法律文书

人民法院、仲裁机构生效的致使最高额抵押权消灭的法律文书,是申请人申请注销登记的原因凭证,主要指确认登记簿上记载的最高额抵押权无效的执行裁定书、最高人民法院和终审人民法院的民事判决书、初审人民法院附生效证明的民事判决书、仲裁机构的裁决书等。

第十二章　在建建筑物抵押权登记收件

《民法典》第三百九十五条第一款第（五）项规定，债务人或者第三人有权处分的正在建造的建筑物是可以抵押的财产。按该法第四百零二条规定，以正在建造的建筑物抵押的，抵押权自登记时起设立。在司法实务中，《担保法司法解释》第四十七条规定，以依法获准尚未建造或者正在建造中的房屋或其他建筑物抵押，当事人办理了抵押物登记，人民法院可以认定抵押有效。概言之，无论法律规定，还是司法实务，都认可在建建筑物可以作抵押权的标的物，但在在建建筑物上设立的抵押权，非经登记不生效力。

在不动产登记实务中，《不动产登记暂行条例实施细则》第七十五条第一款和第三款规定，以建设用地使用权以及全部或者部分在建建筑物设定抵押的，应当一并申请建设用地使用权以及在建建筑物抵押权的首次登记。前款规定的在建建筑物，是指正在建造、尚未办理所有权首次登记的房屋等建筑物。据此可知，以在建建筑物设定抵押的，当事人应当申请在建建筑物抵押权首次登记。在建建筑抵押权的标的物是取得合法建造手续且正在建造的尚未竣工的建筑物及其占用范围内的土地。

办理在建建筑物抵押登记，对于建筑物所有人而言也是一种利益，因为，登记的完成是其利用该未来建筑物发挥融资功能的前提[①]。基于此，近年来，为融通资金，不只是房地产开发企业用在建建筑物（在建商品房）作贷款抵押担保，很多工业企业也以在建建筑物（在建厂房）作贷款抵押担保，使在建建筑物抵押权登记案件呈上升趋势，在建建筑物抵押权登记也成为一种常见的不动产登记类型。

第一节　首次登记收件

在不动产登记实务中，《不动产登记暂行条例实施细则》第七十五条第一款规定，以在建建筑物设定抵押的，当事人应当申请在建建筑物抵押权首次登记。据此可知，规章为了区别以房屋抵押设立的抵押权与以在建建筑物抵押设立的抵押权，将在建建筑物上设立的抵押权称为在建建筑物抵押权，换言之，

---

① 李昊、常鹏翱、叶金强、等：《不动产登记程序的制度建构》，北京大学出版社2005年版，第452页。

第十二章　在建建筑物抵押权登记收件

在不动产登记实务中，在建建筑物抵押权登记与房屋抵押权登记是两种不同的登记类型。因此，《不动产登记暂行条例实施细则》的规定似乎与《民法典》的规定不一致。但笔者认为，在建建筑物毕竟是正在建造的建筑物，无论是使用功能，还是经济价值，均不同于已经完工的建筑物——房屋，故以在建建筑物抵押申请登记的抵押权，也应当与以已经完工的建筑物（房屋）抵押申请登记的抵押权相区别。所以，将在建建筑物抵押申请登记的抵押权称为在建建筑物抵押权为宜。再说，称之为在建建筑物抵押权，并不改变其不动产抵押权的属性，故没有与《民法典》的规定不一致，而是对《民法典》规定的细化和具体。

《国土资源部关于启用不动产登记簿证样式（试行）的通知》（国土资发〔2015〕25号）附《不动产登记簿样式及使用填写说明》规定，被担保主债权的数额或最高债权额是登记簿上应当记载的在建建筑物抵押权的内容。质言之，在建建筑物既可以担保某笔明确、具体的债权，也可以担保最高额债权，申言之，以在建建筑物作抵押的，既可以申请一般抵押权性质的在建建筑物抵押权登记，也可以申请最高额抵押权性质的在建建筑物抵押权登记。若申请登记的在建建筑物抵押权具有一般抵押权性质时，遵守法律、法规和规章关于一般抵押权的规定；若申请登记的在建建筑物抵押权具有最高额抵押权性质时，则遵守法律、法规和规章关于最高额抵押权的规定。

在建建筑物抵押权属于法定的不动产担保物权之一，其设立基于抵押权人和抵押人的合意，其生效基于登记簿的记载。在建建筑物抵押权设立的原因与一般抵押权和最高额抵押权设立原因相同，即在建建筑物抵押权设立原因主要有借款、货物供销、货物运输、货物承揽加工、反担保抵押等。

笔者在对一般抵押权首次登记收件的介绍中，区别抵押权设立原因、抵押人进行了介绍。为了方便阅读，也为了减少过多的内容重复，笔者拟对申请人申请在建建筑物抵押权首次登记时应当提交的材料，只区别抵押人作概括性的介绍。

一、抵押人是自然人时申请的首次登记收件

1. 登记申请书；
2. 申请人的身份证明；
3. 抵押权人的金融许可证或准予经营贷款业务的批文；
4. 抵押权人经营担保业务的资质证或准予经营担保业务的批文；
5. 载明建设用地使用权的不动产权属证书；
6. 建设工程规划许可手续；
7. 抵押人的婚姻状况证明；

8. 主债权合同或一定期限内连续发生债权的合同；

9. 抵押合同或最高额抵押合同；

10. 在建建筑物已完工部分的测绘成果报告；

11. 其他必要材料。

注：第3项材料适用于抵押权人为银行类金融机构或小额贷款公司的情形。第4项材料适用于抵押权人为经营担保业务的机构的情形。第8项材料中的债权人为境外机构、境内的外资机构、外籍人士的，申请人应当同时提交国家外汇管理机关准予对外担保的批文。第8项材料中的抵押条款载明的抵押信息满足登记簿的记载需要的，无须再提交第9项材料。第7项材料适用于抵押人为自然人的情形。

说明和理由：

1. 登记申请书

在不动产登记实务中，按《不动产登记操作规范（试行）》14.1.4条规定，在建建筑物抵押权首次登记应当由抵押人和抵押权人共同申请。据此可知，登记申请书由抵押人和抵押权人共同出具。登记申请书应当载明：抵押权人；抵押人；申请人的身份证明类型和号码；抵押不动产的类型——土地及地上在建建筑物；抵押方式——一般抵押（或最高额抵押）；登记类型——首次登记；登记原因——因合同设立（或借款、货物供销、货物运输、货物承揽加工、反担保等）；被担保的债权数额（或最高债权数额）；债务履行期限（或债权确定期间）等。

2. 申请人的身份证明

在建建筑物抵押权首次登记由抵押权人和抵押人共同申请，故申请人的身份证明为抵押权人和抵押人的身份证明。

在建建筑物抵押权的申请人可以为自然人、法人及非法人组织，不同种类的申请人，身份证明的形式也不同，主要有：

（1）境内自然人。

提交有效的居民身份证、户口簿、军官证、士兵证、文职干部证、学员证等[①]。

（2）港澳台地区自然人。

港澳同胞提交香港特别行政区居民身份证或香港特别行政区护照、澳门特别行政区居民身份证或澳门特别行政区护照、港澳居民来往内地通行证。台湾同胞提交台湾居民来往大陆通行证等[②]。

---

① 参见《不动产登记操作规范（试行）》1.8.4.1条之1。
② 参见《不动产登记操作规范（试行）》1.8.4.1条之2和3。

第十二章 在建建筑物抵押权登记收件

（3）华侨、外籍自然人。

华侨提交中华人民共和国护照和国外长期居留身份证件。外籍自然人提交中国政府主管机关签发的居留证件或其所在国护照等[①]。《不动产登记操作规范（试行）》1.8.2.4条之3规定，外文文本的申请材料应当翻译成汉字译本，当事人应签字确认，并对汉字译本的真实性负责。据此可知，提供外文身份证明的申请人应当同时提交申请人签字确认的该身份证明的中文译本，或提交在我国合法经营的翻译机构出具的该身份证明的中文译本。

（4）境内法人及其他组织。

提交事业单位法人资格证、社会团体法人登记证书、营业执照等[②]。

特别说明：

按《事业单位登记管理暂行条例》第三条、第五条和第八条规定，事业单位经主管部门批准成立后，须经县级以上人民政府机构编制管理机关登记并颁发《事业单位法人证书》。按《社会团体登记管理条例》第三条、第六条和第十五条规定，社会团体经其业务主管机关批准，并经县级以上人民政府民政机关登记，领取《社会团体法人登记证书》。《公司法》第七条规定，依法设立的公司，由公司登记机关发给公司营业执照。公司自营业执照签发时成立。《个人独资企业法》第十二条和第十三条规定，登记机关应当在收到个人独资企业设立申请文件之日起十五日内，对符合该法规定条件的，予以登记，发给营业执照。企业自营业执照签发时成立。《合伙企业法》第十条和第十一条规定，申请人提交的登记申请材料齐全、符合法定形式，企业登记机关能够当场登记的，应予当场登记，发给营业执照。企业自营业执照签发时成立。据此可知，事业单位法人、社会团体法人、企业法人及企业性质的非法人组织须经相关机关登记，故其身份证明，除法人资格证、营业执照外，还可以是其登记机构出具的有关身份证明的文件或书面材料，如县级以上人民政府机构编制管理机关批准或准予事业单位撤、并、转或设立的文件；某企业登记机关出具的"兹证明某股份制公司系经我局登记成立的公司法人"等。

（5）港澳地区法人。

提交经我国司法部委托的律师出具的公证书公证的商业登记证，且加盖中国法律服务（香港）有限公司、中国法律服务（澳门）有限公司转递章。也可以提交我国公证机构办理的商业登记证公证书。

---

① 参见《不动产登记操作规范（试行）》1.8.4.1条之4和5。
② 参见《房地产登记技术规程》附录B.0.10条。

（6）台湾地区法人。

提交企业登记证或注册证[①]，但须经大陆公证机构公证，或经台湾公证机构公证。台湾公证机构出具的公证书须经大陆相关机构认证（一般由省级公证协会认证）。

（7）外国法人、组织。

提交经我国驻外使（领）馆认证的，所在国家公证机构公证的身份证明[②]。或直接在我国使（领）馆办理公证的身份证明。《不动产登记操作规范（试行）》1.8.2.4条之3规定，外文文本的申请材料应当翻译成汉字译本，当事人应签字确认，并对汉字译本的真实性负责。据此可知，提供外文身份证明的申请人应当同时提交申请人签字确认的该公证书的中文译本，或提交在我国合法经营的翻译机构出具的该公证书的中文译本。

3. 抵押权人的金融许可证或准予经营贷款业务的批文

按《商业银行法》第三条、第十六条和第九十二条、第九十三条规定，在中国境内开展贷款业务的中资银行、信用社、外资银行、中外合资银行和外国银行，须经国务院银行业监督管理机构批准并核发金融许可证。《中国银行业监督管理委员会、中国人民银行关于小额贷款公司试点的指导意见》（银监发〔2008〕23号）规定，小额贷款公司是由自然人、企业法人与其他社会组织投资设立，不吸收公众存款，经营小额贷款业务的有限责任公司或股份有限公司。申请设立小额贷款公司，应向省级政府主管部门提出正式申请，经批准后，到当地工商行政管理部门申请办理注册登记手续并领取营业执照。据此可知，国家对经营贷款的机构以行政许可的方式实行市场准入制度，即未获得经营贷款业务的行政许可的机构，不得开展贷款经营业务。概言之，在不动产登记实务中，登记机构办理在建建筑物抵押权登记时，债权人即抵押权人，属于登记簿记载的内容，若债权人的名称中有"银行"字样的，须持有金融许可证且该金融许可证应当载明"经营贷款业务"。债权人名称中有"小额贷款"字样的，须持有省级政府主管机关批准成立并准予开展贷款业务的批文。《行政许可法》第八十一条规定，当事人未经行政许可，擅自从事依法应当取得行政许可的活动，应当受到行政处罚，甚至承担刑事责任。质言之，未获得行政许可，擅自从事依法应当取得行政许可方可为之的活动属于应当受到惩处的违法行为。《不动产登记暂行条例》第二十二条第（一）项规定，登记申请违反法律、行政法规规定的属于不予登记的情形。据此可知，申请登记的内容应当符合法律、

---

① 参见《广州市城镇房地产登记技术规范》第二十七条。
② 参见《广州市城镇房地产登记技术规范》第二十七条。

第十二章 在建建筑物抵押权登记收件

行政法规的规定。如果银行类金融机构在没有取得金融许可证，小额贷款公司在没有取得准予开展贷款业务的批文的情形下，与他人建立借贷关系设立的借款债权属于违反《行政许可法》规定的行为，不能设立在建建筑物抵押权保障其实现，更不能向登记机构申请在建建筑物抵押权登记。因此，银行类金融机构和小额贷款公司申请在建建筑物抵押权首次登记时，其金融许可证或准予经营贷款业务的批文是应当提交的材料。债权人名称以其持有的营业执照等合法身份证明载明的名称为准。

4. 抵押权人经营担保业务的资质证或准予经营担保业务的批文

《融资担保公司监督管理条例》第二条规定，融资担保公司，是指依法设立、经营融资担保业务的有限责任公司或者股份有限公司。该条例第六条规定，设立融资担保公司，应当经监督管理部门批准。融资担保公司的名称中应当标明融资担保字样。《非融资性担保机构规范管理指导意见》第二条规定，非融资性担保机构，是指在中华人民共和国行政区域内依法设立，但未取得《中华人民共和国融资性担保机构经营许可证》，实际在为法人及自然人提供担保业务的机构。该意见第六条规定，各省市非融资性担保协会为行业规范管理工作指导部门。非融资担保机构应取得担保行业指导机构颁发的资质证书，并通过行业协会的年检。概言之，国家对经营担保业务的机构实行市场准入制度，即没有取得从事担保业务的资质证明或准予经营担保业务的批文的机构，不得开展担保经营业务，其与他人签订的保证合同，登记机构不得用作登记材料。因此，作为反担保抵押中抵押权人的保证人是从事担保经营的机构时，从事担保业务的资质证明或准予经营担保业务的批文，是登记机构办理因反担保抵押申请的在建建筑物抵押权首次登记时应当收取的材料。申请人是否是从事担保经营的机构的认定，以其提交的营业执照中载明的名称中有"担保"字样为准。非从事担保经营的自然人、法人或非法人组织申请因反担保产生的抵押权首次登记时，登记机构无须要求其提交从事担保业务的资质证明或准予经营担保业务的批文。

5. 载明建设用地使用权的不动产权属证书

载明建设用地使用权的不动产权属证书，是指载明用于抵押的在建建筑物占用范围内的国有建设用地使用权或集体建设用地使用权的不动产权属证书。

《不动产登记暂行条例实施细则》第七十五条第一款和第三款规定，以建设用地使用权以及全部或者部分在建建筑物设定抵押的，应当一并申请建设用地使用权以及在建建筑物抵押权的首次登记。据此可知，申请人申请在建建筑物抵押权首次登记时，在建建筑物占用范围内的建设用地使用权属于抵押范围。

载明建设用地使用权的不动产权属证书是《不动产登记暂行条例实施细则》第七十六条第（二）项规定的申请人申请在建建筑物抵押权首次登记时应当提交的材料。

6. 建设工程规划许可手续

《城乡规划法》第四十条规定，在城市、镇规划区内进行建筑物、构筑物、道路、管线和其他工程建设的，建设单位或者个人应当向城市、县人民政府城乡规划主管部门或者省、自治区、直辖市人民政府确定的镇人民政府申请办理建设工程规划许可证。该法第四十一条规定，在乡、村庄规划区内进行乡镇企业、乡村公共设施和公益事业建设的，建设单位或者个人应当向乡、镇人民政府提出申请，由乡、镇人民政府报城市、县人民政府城乡规划主管部门核发乡村建设规划许可证。据此可知，在城市、镇、乡和村庄规划区内的建设，必须符合规划要求，取得规划许可手续，并按规划要求建设。按《城乡规划法》第六十四条规定，未取得规划许可或未按取得的规划许可实施的建设活动，属于违法行为，应当受到规划主管部门的行政处罚，故未取得规划许可建造的在建建筑物上不能设立抵押权。《不动产登记暂行条例》第二十二条第（一）项规定，登记申请违反法律、行政法规规定的，属于不予登记的情形。据此可知，申请登记的内容不得违反法律、行政法规的规定。因此，未取得建设工程规划许可手续建造的在建建筑物，属于违反法律、行政法规规定建造的，非法行为不产生权利，由此申请的登记，登记机构不予登记。《不动产登记暂行条例实施细则》第七十六条第（三）项规定，建设工程规划许可手续是当事人申请在建建筑物抵押权首次登记时应当提交的材料件。在建建筑物在城市、建制镇、乡和村规划区范围外的，应当提交县级以上人民政府规划行政主管机关或省级人民政府赋予规划许可权的镇人民政府出具的在建建筑物不在规范区范围内的证明代替建设工程规划许可手续。

7. 主债权合同或一定期限内连续发生债权的合同

主债权合同或一定期限内连续发生债权的合同，是建立被在建建筑物抵押权担保的债权或最高额债权的证明，是在建建筑物抵押权设立的前提。《不动产登记暂行条例实施细则》第七十六条第（一）项规定，主债权合同是申请人申请在建建筑物抵押权登记时应当提交的材料。笔者据此认为，申请人申请登记的在建建筑物抵押权具有一般抵押权性质时，应当提交载明单笔、具体债权的合同。申请人申请登记的在建建筑物抵押权具有最高额抵押权性质时，则应当提交一定期限内连续发生债权的合同，如循环借款合同、最高额度保证合同、连续供货合同等。

第十二章 在建建筑物抵押权登记收件

8. 抵押合同或最高额抵押合同

抵押合同或最高额抵押合同，是申请人申请在建建筑物抵押权首次登记的原因凭证。

《不动产登记暂行条例实施细则》第七十六条第（一）项规定，抵押合同是当事人申请在建建筑物抵押权登记时应当提交的材料。笔者据此认为，申请人申请登记的在建建筑物抵押权具有一般抵押权性质时，应当提交抵押合同。申请人申请登记的在建建筑物抵押权具有最高额抵押权性质时，则应当提交最高额抵押合同。

9. 抵押人的婚姻状况证明

按《民法典》第一千零六十二条规定，一般情形下，夫妻在婚姻关系存续期间取得的财产为夫妻共同所有的财产，夫妻对共同所有的财产享有平等的处理权。如前所述，《民法典》第三百九十五条第一款第（五）项规定，债务人或者第三人有权处分的正在建造的建筑物是可以抵押的财产。因此，如果该在建建筑物是在抵押人婚姻关系存续期间形成的，则依法为抵押人的夫妻共同财产，用作抵押时，须由夫妻共同作为抵押人申请登记。如果该在建建筑物不是在抵押人婚姻关系存续期间形成的，则是当事人单独所有的财产，由其单独作为抵押人申请登记。由于在建建筑物不是已完工的房屋，权利状况不能通过登记簿的记载予以公示，共有状况亦不能显示于登记簿，故在建建筑物是当事人的夫妻共同财产，还是其单独所有的财产，登记机构根据其提交的婚姻状况证明，结合土地使用权取得时间、建设工程规划许可手续的办理时间等，判定在建建筑物抵押权是由夫或妻一方作为申请人单方申请登记，还是由夫妻双方共同作为申请人申请登记。故抵押人为自然人时，其婚姻状况证明是申请人申请在建建筑物抵押权首次登记时应当提交的材料。

10. 在建建筑物已经完工部分的测绘成果报告

在建建筑物已经完工部分的测绘成果报告，主要指由有资质的专业机构按《不动产权籍调查技术方案（试行）》的规定出具的在建建筑物已经完工部分的权籍调查成果报告。

《民法典》第一百一十四条第二款规定，物权是权利人依法对特定的物享有直接支配和排他的权利，包括所有权、用益物权和担保物权。据此可知，在物权法上，物权的客体只能是物，而且是特定物，而不能是思想或其他无形的物。物权支配的对象是具体的物，即有体物[①]。有体物实际上是能够为人们看得见、

---

① 孙宪忠：《中国物权法原理》，法律出版社2004年版，第29页。

摸得着的财产,一般来说,有体物通常也是指已经客观存在的财产[①]。因此,在建建筑物抵押权的标的物只能是已经客观存在的财产,即已完工部分。故收取在建建筑物已经完工部分的测绘成果报告,以从空间上和平面上确定在建建筑物抵押权设立时的标的范围。

二、抵押人是法人或非法人组织时申请的首次登记收件

1. 登记申请书;
2. 申请人的身份证明;
3. 抵押权人的金融许可证或准予经营贷款业务的批文;
4. 抵押权人经营担保业务的资质证或准予经营担保业务的批文;
5. 载明建设用地使用权的不动产权属证书;
6. 建设工程规划许可手续;
7. 主债权合同或一定期间内连续发生债权的合同;
8. 抵押合同或最高额抵押合同;
9. 在建建筑物已完工部分的测绘成果报告;
10. 其他必要材料。

注:第 3 项材料适用于抵押权人为银行类金融机构或小额贷款公司的情形。第 4 项材料适用于抵押权人为经营担保业务的机构的情形。第 7 项材料中的债权人为境外机构、境内的外资机构、外籍人士的,申请人应当同时提交国家外汇管理机关准予对外担保的批文。第 7 项材料中的抵押条款载明的抵押信息满足登记簿的记载需要的,无须再提交第 8 项材料。

说明和理由:

1. 申请人申请在建建筑物抵押权首次登记时,用国有企业、国有独资公司或事业单位法人的在建建筑物抵押的,是否应当提交县级以上人民政府或其国有资产管理部门同意用在建建筑物抵押的证明?

(1)笔者曾经的认为。

形式上,在建建筑物的业主是国有企业、国有独资公司或事业单位法人,但该在建建筑物实际上由国家投资修建,是当然的国有资产,作为业主的国有企业、国有独资公司、事业单位法人对以自己名义建造的在建建筑物,依然只享有经营权、管理权、使用权,但无处分权。用在建建筑物作抵押,实际上是对在建建筑物的已完工部分及其占用范围内的建设用地使用权作处分,应当取得对在建建筑物享有处分权的县级以上人民政府或其国有资产管理部门的同

---

① 王利明、尹飞、程啸:《中国物权法教程》,人民法院出版社 2007 年版,第 14 页。

第十二章 在建建筑物抵押权登记收件

意。因此，县级以上人民政府或其国有资产管理部门同意抵押的证明，是登记机构办理国有企业、国有独资公司、事业单位法人申请的在建建筑物抵押权首次登记时应当收取的要件。

（2）笔者现时的认为。

《民法典》第二百一十六条第一款规定，不动产登记簿是物权归属和内容的根据。《民法典》第六十条规定，法人以其全部财产独立承担民事责任。质言之，法人或非法人组织享有独立的财产权。因此，国有企业、国有独资公司、事业单位法人均享有独立的财产权。作为在建建筑物抵押权标的物的建设用地使用权及地上正在建造的建筑物，若建设用地使用权登记在国有企业、国有独资公司、事业单位法人名下，且建造建筑物的建设工程规划许可手续是以国有企业、国有独资公司、事业单位法人的名义办理的，则此建设用地使用权及地上正在建造的建筑物的权利为该国有企业、国有独资公司、事业单位法人享有，该国有企业、国有独资公司、事业单位法人有权依自己的意思表示与抵押权人签订抵押合同或最高额抵押合同将其用于抵押。按《民法典》第一百五十八条规定，民事法律行为可以附条件，但是根据其性质不得附条件的除外。附生效条件的民事法律行为，自条件成就时生效。按该法第一百六十条规定，民事法律行为可以附期限，但是根据其性质不得附期限的除外。附生效期限的民事法律行为，自期限届至时生效。按该法第四百九十条第一款规定，当事人采用合同书形式订立合同的，自当事人均签名、盖章或者按指印时合同成立。该法第五百零二条第一款规定，依法成立的合同，自成立时生效，但是法律另有规定或者当事人另有约定的除外。据此可知，一般情形下，只要抵押合同或最高额抵押合同上有双方当事人的签字、按指印或者盖章，而无约定生效的条件或期限的，则此抵押合同或最高额抵押合同就是已经生效的合同，登记机构可以直接用作登记的证据材料。至于法律、行政法规或规章规定，国有企业、国有独资公司和事业单位法人以其名下的不动产作抵押，须向县级以上人民政府或其国有资产管理部门履行审批程序，笔者认为，这是法律、行政法规或规章对国有企业、国有独资公司和事业单位法人处分其财产的内部制约机制的规定，属于管理性的规定。现时的法律、行政法规和司法解释，没有将县级以上人民政府或其国有资产管理部门审批同意用在建建筑物抵押的证明规定为国有企业、国有独资公司和事业单位法人与他人签订的抵押合同或最高额抵押合同生效的前提。因此，国有企业、国有独资公司和事业单位法人以其名义与抵押权人签订的抵押合同或最高额抵押合同中，如无约定的生效条件或期限的，登记机构可以直接用作登记的证据材料,无须要求申请人提交县级以上人民政府或其国有资产管理部门同意抵押的证明佐证抵押合同或最高额抵押合同的效力。

2. 申请人申请在建建筑物抵押权首次登记时,用个人独资企业的在建建筑物抵押的,是否提交投资人或投资人夫妻同意用在建建筑物抵押的证明?

《民法典》第二百一十六条第一款规定,不动产登记簿是物权归属和内容的根据。《个人独资企业法》第五条规定,国家保护个人独资企业的财产和其他权益。《民法典》第一百零二条第二款规定,非法人组织包括个人独资企业、合伙企业、不具有法人资格的专业服务机构等。质言之,个人独资企业是可以以企业的名义依法享有财产权利的非法人组织。《个人独资企业法》第十七条规定,个人独资企业投资人对本企业的财产依法享有权利,其有关权利可以依法进行转让或继承。质言之,投资人对其投资的个人独资企业的全部财产享有权利。概言之,在对内法律关系上,投资人对其投资的个人独资企业享有权利,但在对外法律关系上,个人独资企业作为民事主体,依法以企业名义与他人发生法律关系,并可以依法享有财产权利,即个人独资企业与其投资人属于平等的、不同的民事主体。不动产物权属于对世的公开的权利,应当适用对外法律关系。作为在建建筑物抵押权标的物的建设用地使用权及地上正在建造的建筑物,若建设用地使用权登记在个人独资企业名下,且建造建筑物的建设工程规划许可手续是以个人独资企业的名义办理的,则此建设用地使用权及地上正在建造的建筑物的权利为该个人独资企业享有,此权利为物权,该个人独资企业有权依自己的意思表示与抵押权人签订抵押合同或最高额抵押合同将其用于抵押。因此,个人独资企业可以以其名义与债权人签订抵押合同或最高额抵押合同。故个人独资企业申请在建建筑物抵押权首次登记时,无须提交投资人或投资人夫妻同意用在建建筑物抵押的证明。

3. 申请人申请在建建筑物抵押权登记时,用城镇集体企业的在建建筑物抵押的,是否提交企业职工会或职工代表大会同意用在建建筑物抵押的证明和企业主管部门对该证明已经备案的证明?

(1) 笔者曾经的认为。

《城镇集体所有制企业条例》第四条规定,城镇集体所有制企业的财产,归本集体企业的劳动群众集体所有,或归集体企业的联合经济组织范围内的劳动群众集体所有。集体所有是一种特殊的共有,即应当为集体的成员所共同享有所有权[①]。由此可知,集体企业以不动产作抵押须经全体共有人——企业职工同意。但规模较大的集体企业,如果要每个职工同意,一是意见不易统一,二是

---

① 王利明:《物权法教程》,中国政法大学出版社2003年版,第143页。

第十二章 在建建筑物抵押权登记收件

费时费力。为此,《城镇集体所有制企业条例》第九条规定,职工会或职工代表大会是集体企业的权力机构。质言之,企业职工会或职工代表大会代表全体职工行使企业的权力,具体到财产上,则代表职工行使企业财产的共同所有权,换言之,以不动产作抵押的,只需城镇集体企业职工会或职工代表大会同意即可。在曾经的房屋登记实务中,《城市房地产抵押管理办法》第十四条规定,以集体所有制企业的房地产抵押的,必须经集体所有制企业职工(代表)大会通过,并报其上级主管机关备案。申言之,集体企业以在建建筑物作抵押申请在建建筑物抵押权首次登记时,职工会或职工代表大会同意用在建建筑物抵押的证明和企业主管部门对该证明已经备案的证明是应当提交的材料。职工会或职工代表大会同意用在建建筑物抵押的证明为有参会职工或职工代表签名的会议记录或会议决定,并加盖企业公章。企业主管部门可以在该证明上签署备案意见,并加盖企业主管部门印章或专门的备案专用章,也可以出具专门的备案凭证。

(2)笔者现时的认为。

《民法典》第二百一十六条第一款规定,不动产登记簿是物权归属和内容的根据。《民法典》第六十条规定,法人以其全部财产独立承担民事责任。《城镇集体所有制企业条例》第六条规定,集体企业依法取得法人资格,以其全部财产独立承担民事责任。据此可知,城镇集体企业是享有独立财产权的企业法人。作为在建建筑物抵押权标的物的建设用地使用权及地上正在建造的建筑物,若建设用地使用权登记在城镇集体企业名下,且建造建筑物的建设工程规划许可手续是以城镇集体企业的名义办理的,则此建设用地使用权及地上正在建造的建筑物的权利为该城镇集体企业享有,此权利为物权,该城镇集体企业有权依自己的意思表示与抵押权人签订抵押合同或最高额抵押合同将其用于抵押。按《民法典》第一百五十八条规定,民事法律行为可以附条件,但是根据其性质不得附条件的除外。附生效条件的民事法律行为,自条件成就时生效。按该法第一百六十条规定,民事法律行为可以附期限,但是根据其性质不得附期限的除外。附生效期限的民事法律行为,自期限届至时生效。按该法第四百九十条第一款规定,当事人采用合同书形式订立合同的,自当事人均签名、盖章或者按指印时合同成立。该法第五百零二条第一款规定,依法成立的合同,自成立时生效,但是法律另有规定或者当事人另有约定的除外。据此可知,一般情形下,只要抵押合同或最高额抵押合同上有双方当事人的签字、按指印或者盖章,而无约定的生效条件或期限的,则此抵押合同或最高额抵押合同就是已经生效的合同,登记机构可以直接用作登记的证据材料。至于《城镇集体所有制企业条例》第四条规定,城镇集体所有制企业的财产属于劳动群众集体所有。

笔者认为，从集体企业与职工间的内部法律关系上看，集体企业的财产归企业的全体职工所有。但从外部法律关系上看，按前所述的《城镇集体所有制企业条例》第六条规定，集体企业是依法享有企业法人财产权利的民事主体，与企业职工是平等的、两种不同的民事主体。不动产物权是对世的公开的权利，应当适用外部法律关系。现时的法律、行政法规和司法解释，没有将企业职工会或职工代表大会同意用在建建筑物抵押的证明规定为城镇集体企业与他人签订的抵押合同或最高额抵押合同生效的前提。因此，城镇集体企业以其名义与抵押权人签订的抵押合同或最高额抵押合同中，如无约定的生效条件或期限的，登记机构可以直接用作登记的证据材料，无须要求申请人提交企业职工会或职工代表大会同意用在建建筑物抵押的证明佐证抵押合同或最高额抵押合同的效力。

4. 申请人申请在建建筑物抵押权首次登记时，用乡村集体企业的在建建筑物抵押的，是否应当提交村民会议或村民代表会议同意用在建建筑物抵押的证明？

（1）笔者曾经的认为。

《乡村集体所有制企业条例》第十八条第一款规定，企业财产属于举办该企业的乡或者村范围内的全体农民集体所有，由乡或者村的农民大会（农民代表会议）代表全体农民的集体经济组织行使企业财产的所有权。《村民委员会组织法》第二十四条规定，处分集体所有的财产，由村民会议或村民会议授权的村民代表会议决定。据此可知，乡村集体企业用在建建筑物抵押申请抵押权登记时，申请人应当提交村民会议或村民代表会同意抵押的证明，但提交村民代表会同意抵押的证明时，应当同时提交村民会议授权村民代表会议有权处分集体财产的证明。

村民会议或村民代表会议同意用在建建筑物抵押的证明，以及村民会议授权村民代表会议有权处分集体财产的证明，都应当有参会村民或村民代表的签名，且应当加盖集体企业的公章，以增强证明的真实性。

（2）笔者现时的认为。

《民法典》第二百一十六条第一款规定，不动产登记簿是物权归属和内容的根据。《民法典》第六十条规定，法人以其全部财产独立承担民事责任。该法第九十九条第一款规定，农村集体经济组织依法取得法人资格。《乡村集体所有制企业条例》第六条第二款规定，集体企业的财产及其合法权益受国家法律保护，不受侵犯。据此可知，乡村集体企业是享有独立财产权的企业法人。作为在建建筑物抵押权标的物的建设用地使用权及地上正在建造的建筑物，若建设用地使用权登记在乡村集体企业名下，且建造建筑物的建设工程规划许可手

第十二章 在建建筑物抵押权登记收件

续是以乡村集体企业的名义办理的,则此建设用地使用权及地上正在建造的建筑物的权利为该乡村集体企业享有,此权利为物权,该乡村集体企业有权依自己的意思表示与抵押权人签订抵押合同或最高额抵押合同将其用于抵押。按《民法典》第一百五十八条规定,民事法律行为可以附条件,但是根据其性质不得附条件的除外。附生效条件的民事法律行为,自条件成就时生效。按该法第一百六十条规定,民事法律行为可以附期限,但是根据其性质不得附期限的除外。附生效期限的民事法律行为,自期限届至时生效。按该法第四百九十条第一款规定,当事人采用合同书形式订立合同的,自当事人均签名、盖章或者按指印时合同成立。该法第五百零二条第一款规定,依法成立的合同,自成立时生效,但是法律另有规定或者当事人另有约定的除外。据此可知,一般情形下,只要抵押合同或最高额抵押合同上有双方当事人的签字、按指印或者盖章,而无约定的生效条件或期限的,则此抵押合同或最高额抵押合同就是已经生效的合同,登记机构可以直接用作登记的证据材料。至于《乡村集体所有制企业条例》第十八条第一款规定,企业财产属于举办该企业的乡或者村范围内的全体农民集体所有,由乡或者村的农民大会(农民代表会议)代表全体农民的集体经济组织行使企业财产的所有权。《村民委员会组织法》第二十四条规定,处分集体所有的财产,由村民会议或村民会议授权的村民代表会议决定。笔者认为,前者是从集体企业与职工间的内部法律关系上看,集体企业的财产归举办该企业的乡或者村范围内的全体农民集体所有。后者是关于乡村集体企业处分其财产的内部制约机制的规定,属于管理性规定。但从外部法律关系上看,按前述《民法典》第九十九条第一款规定和《乡村集体所有制企业条例》第六条第二款规定,乡村集体企业是依法享有企业法人财产权利的民事主体,与举办企业的乡、村及其村民是平等的、不同的民事主体。物权是对世的公开的权利,应当适用外部法律关系。现时的法律、行政法规和司法解释,没有将村民会议或村民代表会议同意用在建建筑物抵押的证明规定为乡村集体企业与他人签订的抵押合同或最高额抵押合同生效的前提。因此,乡村集体企业以其名义与抵押权人签订的抵押合同或最高额抵押合同中,如无约定的生效条件或期限的,登记机构可以直接用作登记的证据材料,无须要求申请人提交村民会议或村民代表会议同意用在建建筑物抵押的证明佐证抵押合同或最高额抵押合同的效力。

5. 申请人申请在建建筑物抵押权首次登记时,用有限责任公司、股份制公司、中外合资经营企业的在建建筑物抵押的,是否应当提交股东会、股东大会或董事会同意用在建建筑物抵押的证明?

(1)笔者曾经的认为。

《公司法》第十六条规定,公司向其他企业投资或者为他人提供担保,依照公司章程的规定，由董事会或者股东会、股东大会决议；公司章程对投资或者担保的总额及单项投资或者担保的数额有限额规定的，不得超过规定的限额。公司为公司股东或者实际控制人提供担保的，必须经股东会或者股东大会决议。前款规定的股东或者受前款规定的实际控制人支配的股东，不得参加前款规定事项的表决。该项表决由出席会议的其他股东所持表决权的过半数通过。质言之，公司为他人提供担保，由董事会或者股东会、股东大会决议。在曾经的房屋登记实务中，《城市房地产抵押管理办法》第十六条规定，以有限责任公司、股份有限公司的房地产抵押的，必须经董事会或者股东大会通过。综合法律和规章的规定，有限责任公司和股份制公司，无论用在建建筑物为他人债务作抵押，还是为自身债务作抵押，股东会、股东大会或董事会同意抵押的证明，是申请人申请在建建筑物抵押权首次登记时应当提交的材料。

在不动产登记实务中，股东会、股东大会或董事会同意用在建建筑物抵押的证明应当以会议记录或会议决定的方式出现：① 有限责任公司的股东会和董事会会议记录。《公司法》第四十一条规定，股东会应当对所议事项的决定作成会议记录，出席会议的股东应当在会议记录上签名。该法第四十八条规定，董事会应当对所议事项的决定作成会议记录，出席会议的董事应当在会议记录上签名。② 股份制公司的股东大会和董事会会议记录。《公司法》第一百零七条规定，股东大会应当对所议事项的决定作成会议记录，由主持人、出席会议的董事签名。该法第一百一十二条规定，董事会应当对会议所议事项的决定作成会议记录，出席会议的董事应当在会议记录上签名。因此，在不动产登记实务中，一是申请人提交股东会、股东大会、董事会同意用在建建筑物抵押的会议记录作为登记要件的，登记机构应当按《公司法》的要求核对会议记录上是否有股东、董事的签名，如果没有，则该会议记录不符合法律规定，违背登记要件的合法性原则，不得用作登记要件。至于在会议记录上签名的是否是该公司股东或董事，登记机构则无须过问。为了确保会议记录的真实性，笔者认为，还应当要求申请人在会议记录上加盖申请人的法人印章或董事会印章。二是申请人提交有股东签名并加盖公司印章的股东会或股东大会同意用在建建筑物抵押的决定的，此决定可以直接用作登记材料。三是申请人以法人或法人的股东会、股东大会、董事会的名义出具同意用在建建筑物抵押的决定的，应当将股东会、股东大会、董事会会议记录复印件作为该决定的附件一并作为登记收件。

《中外合资经营企业法》第四条规定，中外合资经营企业的形式为有限责任公司。所以，中外合资经营企业以其在建建筑物作抵押，申请抵押权首次登记时，提交的登记材料与有限责任公司一致。

第十二章　在建建筑物抵押权登记收件

（2）笔者现时的认为。

《民法典》第二百一十六条第一款规定，不动产登记簿是物权归属和内容的根据。《民法典》第六十条规定，法人以其全部财产独立承担民事责任。《公司法》第二条规定，公司是指依照本法在中国境内设立的有限责任公司和股份有限公司。该法第三条规定，公司是企业法人，有独立的法人财产，享有法人财产权。据此可知，作为在建建筑物抵押权标的物的建设用地使用权及地上正在建造的建筑物，若建设用地使用权登记在有限责任公司、股份制公司名下，且建造建筑物的建设工程规划许可证是以有限责任公司、股份制公司的名义办理的，则此建设用地使用权及地上正在建造的建筑物的权利为该有限责任公司、股份制公司享有，此权利为物权，该有限责任公司、股份制公司有权依自己的意思表示与抵押权人签订抵押合同或最高额抵押合同将其用于抵押。按《民法典》第一百五十八条规定，民事法律行为可以附条件，但是根据其性质不得附条件的除外。附生效条件的民事法律行为，自条件成就时生效。按该法第一百六十条规定，民事法律行为可以附期限，但是根据其性质不得附期限的除外。附生效期限的民事法律行为，自期限届至时生效。按该法第四百九十条第一款规定，当事人采用合同书形式订立合同的，自当事人均签名、盖章或者按指印时合同成立。该法第五百零二条第一款规定，依法成立的合同，自成立时生效，但是法律另有规定或者当事人另有约定的除外。据此可知，一般情形下，只要抵押合同或最高额抵押合同上有双方当事人的签字、按指印或者盖章，而无约定的生效条件或期限的，则此抵押合同或最高额抵押合同就是已经生效的合同，登记机构可以直接用作登记的证据材料。至于《公司法》第十六条规定，公司为他人提供担保，由董事会或者股东会、股东大会决议。笔者认为，这是法律对公司处分其财产的内部制约机制的规定，属于管理性规定。现时的法律、行政法规和司法解释，没有将董事会或者股东会、股东大会同意用在建建筑物抵押的决议规定为有限责任公司、股份有限公司与他人签订的抵押合同或最高额抵押合同生效的前提。在司法实务中，最高人民法院在"再审申请人招商银行股份有限公司大连 DG 支行为与被申请人大连 ZB 氟涂料股份有限公司、原审被告大连 ZB 集团有限公司借款合同纠纷一案"（民提字〔2012〕第 156 号）认为，公司法第一条开宗明义规定"为了规范公司的组织和行为，保护公司、股东和债权人的合法权益，维护社会经济秩序，促进社会主义市场经济的发展，制定本法"，公司法第十六条第二款规定"公司为公司股东或者实际控制人提供担保的，必须经股东会或者股东大会决议"，上述公司法规定已然明确了其立法本意在于限制公司主体行为，防止公司的实际控制人或者高级管理人员损害公司、小股东或其他债权人的利益,故其实质是内部控制程序,不能以此约束交易相对人。故此上述规定宜理解为管理性强制性规范。对违反该规范的,原则上不宜认定合同无效①。据此可知,人民法院的认为表明,是否有公司的股东会同意用不动产担保的决定,不影响担保合同的效力。因此,有限责任公司、股份有限公司以其名义与抵押权人签订的抵押合同或最高额抵押合同中,如无约定的生效条件或期限的,登记机构可以直接用作登记的证据材料,无须要求申请人提交董事会或者股东会、股东大会同意用在建建筑物抵押的证明佐证抵押合同或最高额抵押合同的效力。如前所述,中外合资经营企业的形式为有限责任公司,其以在建建筑物作抵押申请抵押权首次登记时,也无须提交董事会或者股东会、股东大会同意用在建建筑物抵押的证明。

6. 申请人申请在建建筑物抵押权首次登记时,以合伙企业的在建建筑物抵押的,是否应当提交全体合伙人同意用在建建筑物抵押的证明?

(1) 笔者曾经的认为。

《合伙企业法》第三十一条第(三)项和第(五)项规定,处分合伙企业的不动产和以合伙企业的名义为他人提供担保,均须全体合伙人一致同意。质言之,合伙并非法人,所以合伙财产属于全体合伙人共有②。合伙关系存续期间,合伙人对于合伙财产为共同共有③。申言之,合伙企业的在建建筑物为全体合伙人共同共有,用合伙企业的在建建筑物为本企业债务或为他人债务提供抵押担保时,须得到全体合伙人的一致同意。在曾经的房屋登记实务中,《城市房地产抵押管理办法》第十九条规定,以共有的房地产抵押的,抵押人应当事先征得其他共有人的书面同意。如前所述,合伙企业的在建建筑物属于全体合伙人共同共有,也应当遵守此规定。在司法实务中,《担保法司法解释》第五十四条规定,共同共有人以其共有财产设定抵押,未经其他共有人同意,抵押无效。所以,合伙企业以在建建筑物作抵押申请抵押权首次登记时,全体合伙人签名同意用在建建筑物抵押的证明是登记机构应当收取的材料。笔者认为,为了确保该证明的真实性,应当在该证明上加盖合伙企业公章。

(2) 笔者现时的认为。

《民法典》第二百一十六条第一款规定,不动产登记簿是物权归属和内容的根据。《民法典》第一百零二条第二款规定,非法人组织包括个人独资企业、

---

① 最高人民法院:"再审申请人招商银行股份有限公司大连 DG 支行为与被申请人大连 ZB 氟涂料股份有限公司、原审被告大连 ZB 集团有限公司借款合同纠纷一案",http://www.360doc.com/, 访问时间:2017 年 6 月 9 日。
② 谢怀栻:《民法总则讲要》,北京大学出版社 2007 年版,第 94 页。
③ 王利明:《民法学》,复旦大学出版社 2004 年版,第 315 页。

第十二章　在建建筑物抵押权登记收件

合伙企业、不具有法人资格的专业服务机构等。《合伙企业法》第二十条规定，合伙人的出资、以合伙企业名义取得的收益和依法取得的其他财产，均为合伙企业的财产。据此可知，合伙企业是享有独立财产权的非法人组织。作为在建建筑物抵押权标的物的建设用地使用权及地上正在建造的建筑物，若建设用地使用权登记在合伙企业名下，且建造建筑物的建设工程规划许可手续是以合伙企业的名义办理的，则此建设用地使用权及地上正在建造的建筑物的权利为该合伙企业享有，此权利为物权，该合伙企业有权依自己的意思表示与抵押权人签订抵押合同或最高额抵押合同将其用于抵押。按《民法典》第一百五十八条规定，民事法律行为可以附条件，但是根据其性质不得附条件的除外。附生效条件的民事法律行为，自条件成就时生效。按该法第一百六十条规定，民事法律行为可以附期限，但是根据其性质不得附期限的除外。附生效期限的民事法律行为，自期限届至时生效。按该法第四百九十条第一款规定，当事人采用合同书形式订立合同的，自当事人均签名、盖章或者按指印时合同成立。该法第五百零二条第一款规定，依法成立的合同，自成立时生效，但是法律另有规定或者当事人另有约定的除外。据此可知，一般情形下，只要抵押合同或最高额抵押合同上有双方当事人的签字、按指印或者盖章，而无约定的生效条件或期限的，则此抵押合同就是已经生效的合同，登记机构可以直接用作登记的证据材料。至于《合伙企业法》第三十条第（三）项和第（五）项规定，处分合伙企业的不动产和以合伙企业的名义为他人提供担保，均须全体合伙人一致同意。笔者认为，这是法律对合伙企业处分其财产的内部制约机制的规定，属于管理性规定。现时的法律、行政法规和司法解释，没有将全体合伙人同意用在建建筑物抵押的证明规定为合伙企业与他人签订的抵押合同或最高额抵押合同生效的前提。因此，合伙企业以其名义与抵押权人签订的抵押合同或最高额抵押合同中，如无约定的生效条件或期限的，登记机构可以直接用作登记的证据材料，无须要求申请人提交全体合伙人同意用在建建筑物抵押的证明佐证抵押合同或最高额抵押合同的效力。

7. 申请人申请在建建筑物抵押权首次登记时，以中外合作经营企业的在建建筑物抵押的，是否应当提交中外合作经营企业的董事会或联合管理机构同意用在建建筑物抵押的证明？

《民法典》第二百一十六条第一款规定，不动产登记簿是物权归属和内容的根据。《中外合作经营企业法》第二条第二款规定，合作企业符合中国法律关于法人条件的规定的，依法取得中国法人资格。该法第三条第一款规定，国家依法保护合作企业和中外合作者的合法权益。据此可知，中外合作经营企业是享有独立财产权的企业法人或非法人组织。作为在建建筑物抵押权标的物的建设用地使用权及地上正在建造的建筑物，若建设用地使用权登记在中外合作经营企业名下，且建造建筑物的建设工程规划许可手续是以中外合作经营企业的名义办理的，则此建设用地使用权及地上正在建造的建筑物的权利为该中外合作经营企业享有，此权利为物权，该合作企业有权依自己的意思表示与抵押权人签订抵押合同或最高额抵押合同将其用于抵押。按《民法典》第一百五十八条规定，民事法律行为可以附条件，但是根据其性质不得附条件的除外。附生效条件的民事法律行为，自条件成就时生效。按该法第一百六十条规定，民事法律行为可以附期限，但是根据其性质不得附期限的除外。附生效期限的民事法律行为，自期限届至时生效。按该法第四百九十条第一款规定，当事人采用合同书形式订立合同的，自当事人均签名、盖章或者按指印时合同成立。按该法第五百零二条第一款规定，依法成立的合同，自成立时生效，但是法律另有规定或者当事人另有约定的除外。据此可知，一般情形下，只要抵押合同或最高额抵押合同上有双方当事人的签字、按指印或者盖章，而无约定的生效条件或期限的，则此抵押合同就是已经生效的合同，登记机构可以直接用作登记的证据材料。虽然《中外合作经营企业法》第十二条第一款规定，合作企业应当设立董事会或者联合管理机构，依照合作企业合同或者章程的规定，决定合作企业的重大问题。笔者认为，虽然用中外合作企业的在建建筑物作抵押是企业的重大问题，对企业内部而言，应当取得董事会或联合管理机构的同意，但这是法律对中外合作经营企业处分其财产的内部制约机制的规定，属于管理性规定。现时的法律、行政法规和司法解释，没有将董事会或联合管理机构同意用在建建筑物抵押的证明规定为中外合作经营企业与他人签订的抵押合同或最高额抵押合同生效的前提。因此，在中外合作经营企业以其名义与抵押权人签订的抵押合同或最高额抵押合同中，如无约定生效的条件或期限的，登记机构可以直接用作登记的证据材料，无须要求申请人提交董事会或联合管理机构同意用在建建筑物抵押的证明佐证抵押合同或最高额抵押合同的效力。

8. 申请人申请在建建筑物抵押权首次登记时，用外资企业的在建建筑物抵押的，是否应当提交设立外资企业的审批机关同意抵押的证明和工商行政管理机关对该证明已经备案的证明？

《民法典》第二百一十六条第一款规定，不动产登记簿是物权归属和内容的根据。《民法典》第六十条规定，法人以其全部财产独立承担民事责任。《外资企业法》第八条规定，外资企业符合中国法律关于法人条件的规定的，依法取得中国法人资格。该法第二十一条规定，外资企业终止，应当及时公告，按

第十二章 在建建筑物抵押权登记收件

照法定程序进行清算。在清算完结前,除为了执行清算外,外国投资者对企业财产不得处理。据此可知,外资企业是享有独立财产权的企业法人或非法人组织。作为在建建筑物抵押权标的物的建设用地使用权及地上正在建造的建筑物,若建设用地使用权登记在外资企业名下,且建造建筑物的建设工程规划许可手续是以外资企业的名义办理的,则此建设用地使用权及地上正在建造的建筑物的权利为该外资企业享有,此权利为物权,该外资企业有权依自己的意思表示与抵押权人签订抵押合同或最高额抵押合同将其用于抵押。按《民法典》第一百五十八条规定,民事法律行为可以附条件,但是根据其性质不得附条件的除外。附生效条件的民事法律行为,自条件成就时生效。按该法第一百六十条规定,民事法律行为可以附期限,但是根据其性质不得附期限的除外。附生效期限的民事法律行为,自期限届至时生效。按该法第四百九十条第一款规定,当事人采用合同书形式订立合同的,自当事人均签名、盖章或者按指印时合同成立。该法第五百零二条第一款规定,依法成立的合同,自成立时生效,但是法律另有规定或者当事人另有约定的除外。据此可知,一般情形下,只要抵押合同或最高额抵押合同上有双方当事人的签字、按指印或者盖章,而无约定的生效条件或期限,则此抵押合同或最高额抵押合同就是已经生效的合同,登记机构可以直接用作登记的证据材料。虽然《外资企业法》第二十三条规定,外资企业将其财产或者权益对外抵押、转让,须经审批机关批准并向工商行政管理机关备案。笔者认为,这是法律对外资企业处分其财产的制约机制的规定,属于管理性规定。现时的法律、行政法规和司法解释,没有将审批机关批准抵押并向工商行政管理机关备案规定为外资企业与他人签订的抵押合同或最高额抵押合同生效的前提。因此,在外资企业以其名义与抵押权人签订的抵押合同或最高额抵押合同中,如无约定的生效条件或期限的,登记机构可以直接用作登记的证据材料,无须要求申请人提交审批机关批准抵押并向工商行政管理机关备案的证明佐证抵押合同或最高额抵押合同的效力。

第二节 变更登记收件

在建建筑物抵押权变更登记,是指登记簿上记载的在建建筑物抵押权,在权利主体不变的前提下,权利内容、权利客体和其他事项发生变动产生的登记。如前所述,在建建筑物抵押权既可以是一般抵押权性质的在建建筑物抵押权,也可以是最高额抵押权性质的在建建筑物抵押权,故其变更登记应当区分在建建筑物抵押权的性质,分别适用法律、法规和规章关于一般抵押权和最高额抵押权变更登记的规定。在不动产登记实务中，按《不动产登记暂行条例实施细则》第二十六条和《不动产登记操作规范（试行）》14.2.1 条规定，申请人申请在建建筑物抵押权变更登记的情形主要有：① 当事人姓名或者名称、身份证明类型或者身份证明号码发生变化；② 抵押权顺位发生变更；③ 被担保的主债权数额或被担保的最高债权数额发生变化；④ 债务履行期限发生变化；⑤ 债权确定期间发生变化。《国土资源部关于启用不动产登记簿证样式（试行）的通知》（国土资发〔2015〕25 号）附《不动产登记簿样式及使用填写说明》规定，在建建筑物抵押范围属于登记簿记载的内容。因此，在建建筑物抵押范围变更也是申请人申请在建建筑物抵押权变更登记的情形。笔者拟对申请人因不同情形申请在建建筑物抵押权变更登记时应当提交的材料作阐释。

一、因当事人姓名或名称变更申请的变更登记收件

1. 登记申请书；
2. 申请人的身份证明；
3. 不动产登记证明或在建建筑物抵押权已经登记的证明；
4. 当事人姓名或名称变更证明；
5. 其他必要材料。

说明和理由：

1. 登记申请书

按《不动产登记操作规范（试行）》14.2.2 条规定，因抵押人或抵押权人姓名、名称发生变化产生的在建建筑物抵押权变更登记，可以由发生变化的当事人单方申请。故变更登记申请书可由抵押权人或抵押人单方出具。登记申请书应当载明：抵押权人；抵押人；申请人的身份证明类型和号码；登记类型——变更登记；登记原因——抵押权人（或抵押人）姓名（或名称）变更；不动产登记证明号码；变更前的姓名（或名称）和变更后的姓名（或名称）等。

2. 申请人的身份证明

如前所述，因当事人姓名或名称变更产生的在建建筑物抵押权变更登记，可以由抵押权人或抵押人单方申请，故申请人的身份证明为申请变更登记的抵押权人或抵押人的身份证明。

3. 不动产登记证明或在建建筑物抵押权已经登记的证明

（1）不动产登记证明。

不动产登记证明，是指记载有欲变更的在建建筑物抵押权的不动产登记证明。要求申请人提交不动产登记证明：一是证明欲变更的在建建筑物抵押权已

第十二章 在建建筑物抵押权登记收件

经记载在登记簿上,申请在建建筑物抵押权变更登记的前提成立;二是便于登记机构结合申请人提交的身份证明,判定申请在建建筑物抵押权变更登记的申请人是否适格;三是变更登记被记载于登记簿上后,登记机构将基于登记簿的记载向权利人颁发新的不动产登记证明,原不动产登记证明由登记机构收回归档,以免流失社会造成负面影响。其中,证明申请变更登记的前提成立是最主要的目的。按《不动产登记暂行条例实施细则》第一百零五条第一款规定,本实施细则施行前,依法核发的各类不动产权属证书继续有效。故此处的不动产登记证明,包括不动产统一登记前权利人合法持有的《在建工程抵押登记证明》等。

(2)在建建筑物抵押权已经登记的证明。

在建建筑物抵押权已经登记的证明,主要指记载有欲变更的在建建筑物抵押权的登记簿打印件、复制件,或登记机构存档的载明欲变更的在建建筑物抵押权的登记材料。申请人申请在建建筑物抵押权变更登记时因不动产登记证明遗失或毁损而不能提交的情形时有出现,由于在建建筑物抵押权变更登记不是抵押权人与他人发生的,须以不动产登记证明表征在建建筑物抵押权存在为前提的交易法律行为产生的登记,且在建建筑物抵押权已经登记的证明可以证明申请变更登记的前提成立,因此,登记机构应当允许申请人提交在建建筑物抵押权已经登记的证明代替因遗失或毁损而不能提交的不动产登记证明,在变更登记完成后,未收回的不动产登记证明由登记机构在其门户网站或当地公开发行的报刊上公告作废,以免除或减轻其流失社会造成的负面影响。

《不动产登记暂行条例实施细则》第二十三条规定,因不动产权利灭失等情形,不动产登记机构需要收回不动产权属证书或者不动产登记证明的,应当在不动产登记簿上将收回不动产权属证书或者不动产登记证明的事项予以注明;确实无法收回的,应当在不动产登记机构门户网站或者当地公开发行的报刊上公告作废。其中的"不动产权利灭失",包括不动产权利的绝对灭失和相对灭失。不动产权利的绝对灭失,是指不动产权利随不动产实体的消灭而永久消灭,或者随依附的主权利、主债权的消灭而消灭。与之对应的是不动产权利的相对灭失:一是不动产权利因转移给他人而使原权利人的权利灭失,他人在此灭失的基础上设立属于自己的不动产权利;二是不动产权利因不动产实体灭失外的申请注销登记的事由成就完成注销登记而灭失(如权利人抛弃不动产权利申请注销登记后,该权利人享有的不动产权利灭失,但该不动产权利本身并不消灭,而其归属处于待定状态,故此情形属于不动产权利的相对灭失);三是不动产权利内容发生变更,变更前的不动产权利内容因变更的完成而消灭,不动产权利的新内容因变更的完成而产生。据此可知,在建建筑物抵押权变更登记完后，原权利的相应内容灭失，新的权利内容产生，不能收回的载明该灭失权利内容的不动产登记证明，应当由登记机构公告作废。

4. 当事人姓名或名称变更证明

当事人姓名或名称变更证明，是申请人申请因抵押权人或抵押人姓名或名称变更产生的变更登记的原因凭证。当事人姓名或名称变更证明主要有：

（1）境内自然人。

① 当事人户口簿或身份证上的姓名变更。

《户口登记条例》第三条和第十八条规定，户口登记工作由各级公安机关负责，公民姓名变更的应当申请变更登记。《居民身份证法》第六条和第十一条规定，居民身份证由公安机关统一制作、发放。居民身份证有效期满、公民姓名变更或者证件严重损坏不能辨认的，应当申请换领新证。因此，当事人姓名变更的证明主要有户口簿，上面有当事人曾用名和现用名的记载。也可以是公安机关出具的其他有关当事人更名的证明，如因姓名变更换领身份证的证明等。

② 当事人军官证、士兵证、学员证等非居民身份证件上的姓名变更。

当事人姓名变更的证明分别由军官证、士兵证、学员证等非居民身份证件的发证机关出具。

（2）港澳台地区自然人。

港澳同胞提交经我国司法部委托的律师出具的姓名变更事项公证书[①]。此公证书须加盖中国法律服务（香港）有限公司、中国法律服务（澳门）有限公司转递章。也可以提交我国公证机构办理的姓名变更事项公证书。

台湾同胞提交经大陆公证机构出具的姓名变更事项公证书，或台湾公证机构出具的姓名变更事项公证书[②]。台湾公证机构出具的公证书须经大陆相关机构认证（一般由省级公证协会认证）。

（3）持护照或居留证件的自然人。

① 持中华人民共和国护照的自然人。

《护照法》第四条规定，普通护照由公安部出入境管理机构或者公安部委托的县级以上地方人民政府公安机关出入境管理机构以及中华人民共和国驻外使馆、领馆和外交部委托的其他驻外机构签发。外交护照由外交部签发。公务护照由外交部、中华人民共和国驻外使馆、领馆或者外交部委托的其他驻外机构以及外交部委托的省、自治区、直辖市和设区的市人民政府外事部门签发。该

---

① 参见《烟台市房屋登记规则（暂行）》第十条第（三）项。
② 参见《烟台市房屋登记规则（暂行）》第十条第（四）项。

第十二章 在建建筑物抵押权登记收件

法第十条规定，护照持有人所持护照的登记事项发生变更时，应当持相关证明材料，向护照签发机关申请护照变更加注。据此可知，我国护照的持有人姓名变更的证明应当区分普通护照、外交护照和因公护照，由相应的签发机关出具。

② 持中国政府主管机关签发的居留证件的自然人。

《外国人在中国永久居留审批管理办法》第二十二条规定，《外国人永久居留证》有效期满、内容变更、损坏或者遗失的，持证人应当向其长期居留地的设区的市级人民政府公安机关或者直辖市公安分、县局申请换发或者补发。据此可知，我国居留证件的持有人姓名变更的证明由县级以上公安机关出具。

③ 持所在国护照的自然人。

所在国护照的持有人姓名变更的证明为经我国驻外使（领）馆认证的，所在国公证机构出具的姓名变更事项公证书[①]，同时附申请人签字确认的该公证书的中文译本，或提交在我国合法经营的翻译机构出具的该公证书的中文译本。也可以提交我国公证机构办理的姓名变更事项公证书。

（4）事业单位法人。

《事业单位登记管理暂行条例》第五条规定，县级以上各级人民政府机构编制管理机关所属的事业单位登记管理机构（以下简称登记管理机关）负责实施事业单位的登记管理工作。在工作实际中，县级以上人民政府一般都设立事业单位登记管理局负责事业单位法人的登记。按该条例第八条、第十条规定，事业单位法人的名称需要变更的，应当向登记管理机关办理变更登记。概言之，事业单位法人名称变更的证明由县级以上人民政府机构编制管理机关或其事业单位登记管理局出具。

（5）社会团体法人。

按《社会团体登记管理条例》第六条规定，县级以上人民政府民政部门是本级人民政府的社会团体登记管理机关。按该条例第十二条、第十八条规定，社会团体法人名称变更的，应当向登记管理机构申请变更登记。因此，社会团体法人名称变更证明由县级以上人民政府民政机关出具。

（6）企业法人或企业性质的非法人组织。

按《企业名称登记管理规定》第三条、第四条和第二十二条规定，企业名称须在其申请登记时由工商行政管理机关核准。企业名称经核准登记注册后，无特殊原因在一年内不得申请变更。质言之，企业名称的起用及起用后的变更，均须企业登记机关核准。因此，企业法人和企业性质的非法人组织名称变更的证明由企业登记机关出具。

---

① 参见《烟台市房屋登记规则（暂行）》第十条第（五）项。

在不动产登记实务中,申请人提交的企业法人或企业性质的非法人组织名称变更的证明,常常是企业登记机关出具的"更名通知单"。该更名通知单能清晰地反映申请人变更前的名称和变更后的名称,登记机构应当用作登记材料。

(7)港澳地区法人。

提交经我国司法部委托的律师出具的名称变更事项公证书[①],并加盖中国法律服务(香港)有限公司、中国法律服务(澳门)有限公司转递章。也可以提交我国公证机构办理的名称变更事项公证书。

(8)台湾地区法人。

提交大陆公证机构出具的名称变更事项公证书,或台湾公证机构出具的名称变更事项公证书。台湾公证机构出具的公证书须经大陆相关机构认证(一般由省级公证协会认证)[②]。也可以提交我国公证机构办理的名称变更事项公证书。

(9)外国法人、组织。

外国法人、组织名称变更的证明为经我国驻外使(领)馆认证的,所在国家公证机构出具的名称变更事项公证书[③],同时附申请人签字确认的该公证书的中文译本,或提交在我国合法经营的翻译机构出具的该公证书的中文译本。也可以提交我国驻外使(领)馆办理的名称变更事项公证书。

特别说明

(1)一般情况下,军人、我国港澳台地区人士、华侨和外籍自然人在我国建房受到严格限制,但是,随着我国改革开放的深入和国际交往的常态化,军婚、涉外婚姻增多,按我国法律规定,基于婚姻关系,作为配偶一方的军人、我国港澳台地区人士、华侨和外籍自然人,与其配偶对婚姻关系存续期间建造的在建建筑物及该工程竣工后的房屋共同享有权利。因此,此类在建建筑物抵押权首次登记时,作为在建建筑物共有人的军人、我国港澳台地区人士、华侨和外籍自然人也是申请人,也应当向登记机构提交身份证明。在建建筑物抵押权首次登记后,军人、我国港澳台地区人士、华侨和外籍自然人的姓名也有发生变更的可能。

(2)随着我国开放程度的加大和国际交往的常态化,入驻的外国法人、组织也增多,外国法人、组织被核准建房的情形也增多。外国法人、组织用合法的在建建筑物向国内银行或境外银行抵押获取贷款的情形也有发生。在建建筑物抵押权首次登记后,外国法人、组织的名称也有发生变更的可能。

---

① 参见《烟台市房屋登记规则(暂行)》第十条第(七)项。
② 参见《烟台市房屋登记规则(暂行)》第十条第(八)项。
③ 参见《烟台市房屋登记规则(暂行)》第十条第(九)项。

第十二章 在建建筑物抵押权登记收件

二、因当事人身份证明类型或身份证明号码变更申请的变更登记收件

1. 登记申请书；
2. 申请人的身份证明；
3. 不动产登记证明或在建建筑物抵押权已经登记的证明；
4. 当事人身份证明类型或身份证明号码变更的证明；
5. 其他必要材料。

说明和理由：

1. 登记申请书

按《不动产登记操作规范（试行）》14.2.2条规定，因抵押人或抵押权人姓名、名称发生变化的，可由发生变化的当事人单方申请。据此可知，抵押人或抵押权人姓名、名称发生变化非因法律行为所致，由此产生的在建建筑物抵押权变更登记，无须对方当事人协助、配合，由姓名、名称发生变化的当事人单方申请即可。申言之，抵押人或抵押权人身份证明类型或身份证明号码变更也是非因法律行为所致，由此产生的在建建筑物抵押权变更登记也可以由身份证明类型或身份证明号码发生变更的当事人单方申请，即变更登记申请书由身份证明类型或身份证明号码发生变更的抵押权人或抵押人单方出具。登记申请书应当载明：抵押权人；抵押人；申请人的身份证明类型和号码；登记类型——变更登记；登记原因——身份证明类型（或身份证明号码）变更；不动产登记证明号码；变更前的身份证明类型（或身份证明号码）和变更后的身份证明类型（或身份证明号码）等。

2. 当事人身份证明类型或身份证明号码变更的证明

当事人身份证明类型或身份证明号码变更的证明，是申请人申请因身份证明类型或身份证明号码变更产生的在建建筑物抵押权变更登记的原因凭证。当事人身份证明类型或身份证明号码变更的证明主要有：

（1）境内自然人因居民身份证号码变动，申请变更登记时，应当提交公安机关出具的、能证明原身份证明与现身份证明上记载的主体为同一人的书面材料，如居民身份证号码变更证明等。也可以是当事人自己出具的身份证明号码变动情况说明，此情形下，登记机构宜将变更登记内容予以公告，以查明变更登记的真实性，但该公告系由登记机构自行启动，公告期间应当计入登记办理时限。

（2）申请在建建筑物抵押权首次登记时使用军官证、士兵证、学员证等非居民身份证件的，当事人换发并持有居民身份证件后，申请因证件类型或号码

变更产生的变更登记时,应当提交公安机关出具的原非居民身份证件与现时的居民身份证件的主体系同一人的证明。当事人户籍所在地退役军人事务机关、县级以上人民武装部出具的原军人身份证件与现时的居民身份证件的主体系同一人的证明也可以用作登记材料。

(3)我国内地居民取得港澳居民身份证后,申请因身份证明类型或身份证明号码变更产生的变更登记时,应当提交经我国司法部委托的律师出具的身份证明类型或身份证明号码变更事项公证书[①],并加盖中国法律服务(香港)有限公司、中国法律服务(澳门)有限公司转递章,或提交公安机关出具的变更证明。也可以提交我国公证机构办理的身份证明类型或身份证明号码变更事项公证书。

(4)我国大陆居民取得台湾居民身份证后,申请因身份证明类型或身份证明号码变更产生的变更登记时,应当提交大陆公证机构出具的身份证明类型或身份证明号码变更事项公证书,或台湾公证机构出具的身份证明类型或身份证明号码变更事项公证书。台湾公证机构出具的公证书须经大陆相关机构认证(一般由省级公证协会认证)。也可以提交公安机关出具的变更证明[②]。

(5)境内自然人取得外国身份证后,申请因身份证明类型或身份证明号码变更产生的变更登记时,应当提交我国驻外使(领)馆出具的身份证明类型或身份证明号码变更事项公证书,或提交经我国驻外使(领)馆认证的,所在国家公证机构出具的身份证明类型或身份证明号码变更事项公证书[③],并附申请人签字确认的该公证书的中文译本,或提交在我国合法经营的翻译机构出具的该公证书的中文译本。

(6)我国境内企业法人、企业性质的非法人组织因身份证明类型或身份证明号码变动,申请变更登记时,应当提交营业执照颁发机关出具的,能证明原身份证明与现身份证明上记载的主体为同一人的书面材料,如企业登记机关出具的营业执照号码变更证明等。

(7)外国法人、组织,因身份证明类型或身份证明号码变动,申请变更登记时,应当提交我国驻外使(领)馆出具的身份证明类型或身份证明号码变更事项公证书,或提交经我国驻外使(领)馆认证的,所在国家公证机构出具的身份证明类型或身份证明号码变更事项公证书,同时附申请人签字确认的该公证书的中文译本,或提交在我国合法经营的翻译机构出具的该公证书的中文译本。

---

① 参见《烟台市房屋登记规则(暂行)》第十条第(三)项。
② 参见《烟台市房屋登记规则(暂行)》第十条第(四)项。
③ 参见《烟台市房屋登记规则(暂行)》第十条第(五)项。

三、被担保的债权数额或被担保的最高债权数额变更申请的变更登记收件

1. 登记申请书;
2. 申请人的身份证明;
3. 不动产登记证明或在建建筑物抵押权已经登记的证明;
4. 关于债权数额或最高债权数额变更的在建建筑物抵押权变更协议;
5. 其他必要材料。

说明和理由:

1. 登记申请书

按《不动产登记操作规范(试行)》14.2.2 条规定,因被担保的债权数额或被担保的最高债权数额变更产生的在建建筑物抵押权变更登记,由抵押权人和抵押人共同申请。故登记申请书由抵押权人和抵押人共同出具。登记申请书应当载明:抵押权人;抵押人;申请人的身份证明类型和号码;登记类型——变更登记;登记原因——被担保的债权数额(或被担保的最高债权数额)变更;不动产登记证明号码;变更前的被担保的债权数额(或被担保的最高债权数额)和变更后的被担保的债权数额(或被担保的最高债权数额)等。

2. 申请人的身份证明

申请人的身份证明为申请变更登记的抵押权人和抵押人现时有效的身份证明。

3. 关于债权数额或最高债权数额变更的在建建筑物抵押权变更协议

关于债权数额或最高债权数额变更的在建建筑物抵押权变更协议,是申请人申请因债权数额或最高债权数额变更产生的变更登记的原因证明。其中,"被担保的债权数额或最高债权数额变更情况"是其主要内容。

按《民法典》第四百条规定,被担保债权的数额是抵押合同应当载明的内容。按该法第四百零九条规定,抵押权人和抵押人可以协议变更被担保的债权数额。据此可知,抵押权被记载在登记簿上后,被担保的主债权数额或最高债权数额仍然是可以变更的。在不动产登记实务中,《国土资源部关于启用不动产登记簿证样式(试行)的通知》(国土资发〔2015〕25 号)附《不动产登记簿样式及使用填写说明》规定,被担保的主债权数额或最高债权数额属于登记簿记载的在建建筑物抵押权的内容。概言之,主债权数额或最高债权数额变更属于在建建筑物抵押权的内容变更,且主债权数额或最高债权数额变更由抵押权人和抵押人通过抵押权变更协议约定,向登记机构申请在建建筑物抵押权变更登记并被记载于登记簿上后生效。按《不动产登记暂行条例实施细则》第七

十七条第一款第（二）项规定，申请人申请抵押权变更登记时，应当提交"在建建筑物抵押权发生变更的材料"。此处关于主债权数额或最高债权数额变更的抵押权变更协议即属于此"在建建筑物抵押权发生变更的材料"。

四、因债务履行期限变更申请的变更登记收件

1. 登记申请书；
2. 申请人的身份证明；
3. 不动产登记证明或在建建筑物抵押权已经登记的证明；
4. 关于债务履行期限变更的在建建筑物抵押权变更协议；
5. 其他必要材料。

说明和理由：

1. 登记申请书

按《不动产登记操作规范（试行）》14.2.2条规定，因债务履行期限变更产生的在建建筑物抵押权变更登记，由抵押权人和抵押人共同申请，即变更登记申请书由抵押权人和抵押人共同出具。登记申请书应当载明：抵押权人；抵押人；申请人的身份证明类型和号码；登记类型——变更登记；登记原因——债务履行期限变更；不动产登记证明号码；变更前的债务履行期限和变更后的债务履行期限等。

2. 关于债务履行期限变更的在建建筑物抵押权变更协议

关于债务履行期限变更的在建建筑物抵押权变更协议，是申请人申请因债务履行期限变更产生的一般抵押权性质的在建建筑物抵押权变更登记的原因凭证。其中，"债务履行期限变更情况"是其主要内容。

债务履行期限变更，是指登记簿上记载的在建建筑物抵押权担保的债权的债务履行期限的延长或缩短。按《民法典》第四百条规定，债务履行期限是抵押合同应当具备的内容。在不动产登记实务中，《国土资源部关于启用不动产登记簿证样式（试行）的通知》（国土资发〔2015〕25号）附《不动产登记簿样式及使用填写说明》规定，债务履行期限是登记簿记载的在建建筑物抵押权的内容。概言之，债务履行期限的变更，属于在建建筑物抵押权内容的变更，但基于法律行为设立在建建筑物抵押权时，在建建筑物抵押权内容中的债务履行期限由抵押权人和抵押人通过在建建筑物抵押合同约定，经申请在建建筑物抵押权首次登记并被记载于登记簿上后才产生法律上的效力。同理，在建建筑物抵押权内容中的债务履行期限变更，也应当由抵押权

第十二章 在建建筑物抵押权登记收件

人和抵押人协议约定，然后，申请在建建筑物抵押权变更登记并被记载于登记簿上后才产生法律上的效力。按《不动产登记暂行条例实施细则》第七十七条第一款第（二）项规定，申请人申请在建建筑物抵押权变更登记时，应当提交"在建建筑物抵押权发生变更的材料"。此处关于债务履行期限变更的在建建筑物抵押权变更协议即属于此"在建建筑物抵押权发生变更的材料"。

五、因在建建筑物抵押权顺位变更申请的变更登记收件

1. 登记申请书；
2. 申请人的身份证明；
3. 不动产登记证明；
4. 关于顺位变更的在建建筑物抵押权变更协议；
5. 其他必要材料。

说明和理由：

1. 登记申请书

按《不动产登记操作规范（试行）》14.2.2条规定，抵押权顺位变更产生的在建建筑物抵押权变更登记，由相互交换顺位的抵押权人共同申请，即登记申请书由相互交换顺位的抵押权人共同出具。登记申请书应当载明：抵押权人；抵押人；申请人的身份证明类型和号码；登记类型——变更登记；登记原因——顺位变更；不动产登记证明号码；变更前的顺位和变更后的顺位等。

2. 申请人的身份证明

在建建筑物抵押权因顺位变更产生的变更登记，由相互交换顺位的抵押权人申请，故申请人的身份证明为相互交换顺位的抵押权人的身份证明，不包括抵押人的身份证明。

3. 不动产登记证明

不动产登记证明，是指载明欲互换顺位的在建建筑物抵押权的不动产登记证明。

在不动产登记实务中，若申请人申请因互换顺位产生的在建建筑物抵押权变更登记时，因不动产登记证明遗失或毁损而不能提交，又急需办理变更登记，欲以记载有欲交换顺位的在建建筑物抵押权的登记簿打印件、复印（制）件，或登记机构存档的载明欲交换顺位的在建建筑物抵押权的登记材料复印件等在建建筑物抵押权已经登记的证明替代之的，登记机构不应当准许，理由有三：一是申请人申请因交换顺位产生的在建建筑物抵押权变更登记，表明权利人合

法存在或存续,具备申请补发不动产登记证明的主体条件;二是权利人要交换在建建筑物抵押权顺位,具备申请补发不动产登记证明的主观要求;三是不动产登记证明是权利人享有在建建筑物抵押权的证明,抵押权人间相互交换在建建筑物抵押权顺位,须以不动产登记证明表征在建建筑物抵押权存在,并据此达成在建建筑物抵押权顺位变更协议。所以,在因顺位变更产生的在建建筑物抵押权变更登记中,不动产登记证明作为登记收件,登记机构应当按法律和规章的规定,从严掌握。如果申请人因不动产登记证明遗失或毁损而不能提交的,登记机构应当告知申请人按《不动产登记暂行条例实施细则》第二十二条第二款的规定申请补发,补发后,再按程序申请因顺位变更产生的在建建筑物抵押权变更登记。

4. 关于顺位变更的在建建筑物抵押权变更协议

关于顺位变更的在建建筑物抵押权变更协议,是申请人申请因顺位变更产生的变更登记的原因证明。其中,"顺位变更情况"是其主要内容。

如前所述,顺位变更属于一般抵押权和最高额抵押权的内容变更,由相互交换顺位的抵押权人以协议的形式约定,经申请在建建筑物抵押权变更登记并被记载于登记簿上后才产生法律上的效力。在建建筑物抵押权顺位变更亦然。按《不动产登记暂行条例实施细则》第七十七条第一款第(二)项规定,申请人申请在建建筑物抵押权变更登记时,应当提交证明"在建建筑物抵押权发生变更的材料"。此处关于顺位变更的在建建筑物抵押权变更协议即属于此"在建建筑物抵押权发生变更的材料"。

六、因债权确定期间变更申请的变更登记收件

1. 登记申请书;
2. 申请人的身份证明;
3. 不动产登记证明或在建建筑物抵押权已经登记的证明;
4. 关于债权确定期间变更的在建建筑物抵押权变更协议;
5. 其他必要材料。

说明和理由:

1. 登记申请书

按《不动产登记操作规范(试行)》14.2.2条规定,因债权确定期间变更产生的在建建筑物抵押权变更登记,由抵押权人和抵押人共同申请,即变更登记申请书由抵押权人和抵押人共同出具。登记申请书应当载明:抵押权人;抵押人;申请人的身份证明类型和号码;登记类型——变更登记;登记原因——债权

第十二章 在建建筑物抵押权登记收件

确定期间变更；不动产登记证明号码；变更前的债权确定期间和变更后的债权确定期间等。

2. 关于债权确定期间变更的在建建筑物抵押权变更协议

关于债权确定期间变更的在建建筑物抵押权变更协议，是申请人申请因债权确定期间变更产生的最高额性质的在建建筑物抵押权变更登记的原因凭证。其中，"债权确定期间变更情况"是其主要内容。

按《民法典》第四百二十二条规定和《国土资源部关于启用不动产登记簿证样式（试行）的通知》（国土资发〔2015〕25号）附《不动产登记簿样式及使用填写说明》规定，债权确定期间变更属于抵押当事人可以约定变更的最高额抵押权的内容，申言之，最高额性质的在建建筑物抵押当事人也可以约定变更债权确定期间。因此，债权确定期间变更，由抵押当事人以协议的形式约定，经申请在建建筑物抵押权变更登记并被记载于登记簿上后才产生法律上的效力。按《不动产登记暂行条例实施细则》第七十七条第一款第（二）项规定，申请人申请在建建筑物抵押权变更登记时，应当提交证明"在建建筑物抵押权发生变更的材料"。此处关于债权确定期间变更的在建建筑物抵押权变更协议即属于此"在建建筑物抵押权发生变更的材料"。

七、因抵押范围变更申请的变更登记收件

1. 登记申请书；
2. 申请人的身份证明；
3. 不动产登记证明或在建建筑物抵押权已经登记的证明；
4. 关于抵押范围变更的在建建筑物抵押权变更协议；
5. 其他必要材料。

说明和理由：

1. 登记申请书

按《不动产登记操作规范（试行）》14.2.2条规定，因抵押范围变更产生的在建建筑物抵押权变更登记，由抵押权人和抵押人共同申请，即变更登记申请书由抵押权人和抵押人共同出具。登记申请书应当载明：抵押权人；抵押人；申请人的身份证明类型和号码；登记类型——变更登记；登记原因——抵押范围变更；不动产登记证明号码；变更前的抵押范围和变更后的抵押范围等。

2. 关于抵押范围变更的在建建筑物抵押权变更协议

关于抵押范围变更的在建建筑物抵押权变更协议，是申请人申请因抵押范围变更产生的变更登记的原因凭证。其中，"抵押范围变更情况"是其主要内容。

抵押范围变更，是指作为抵押物的在建建筑物面积增加或减少的情形。在不动产登记实务中，在建建筑物抵押权首次登记后，抵押当事人协商增加在建建筑物已经完工部分的面积作为抵押范围，或减少抵押范围中的在建建筑物已经完工部分的面积的情形时有出现，此情形下，当事人通过签订抵押范围变更协议的方式来约定，此抵押范围变更协议属于《不动产登记暂行条例实施细则》第七十七条第一款第（二）项规定的申请人申请在建建筑物抵押权变更登记时，应当提交的"在建建筑物抵押权发生变更的材料"。

第三节 转移登记收件

在建建筑物抵押权转移登记，是指记载在登记簿上的在建建筑物抵押权权利主体发生变动，而权利内容、权利客体和其他事项不发生变动产生的登记。在不动产登记实务中，《不动产登记暂行条例实施细则》第七十七条笼统地规定了申请人申请在建建筑物抵押权转移登记时应当提交的材料，但对申请人申请在建建筑物抵押权转移登记的情形没有作规定。如前所述，申请人申请一般抵押权和最高额抵押权转移登记的情形主要有：① 随被担保的债权或部分债权的转让而转移；② 因抵押权人的合并、分立而转移；③ 因继承、受遗赠而发生转移。由于在建建筑物抵押权既可以具有一般抵押权的性质，也可以具有最高额抵押权的性质，故这些情形也是申请人申请在建建筑物抵押权转移登记的情形。笔者拟对申请人因不同情形申请在建建筑物抵押权转移登记时应当具体提交的材料作介绍。

一、因随被担保的债权或部分债权转让申请的转移登记收件

1. 登记申请书；
2. 申请人的身份证明；
3. 不动产登记证明；
4. 被在建建筑物抵押权担保的债权或部分债权发生转让的证明；
5. 债权人通知债务人转让债权（或部分债权）的证明；
6. 当事人约定最高额抵押权随部分债权转让而转移的材料；
7. 其他必要材料。

注：第 4 项材料中的部分债权发生转让的证明和第 6 项材料适用于具有最高额抵押权性质的在建建筑物抵押权发生转移的情形。

说明和理由：

第十二章 在建建筑物抵押权登记收件

1. 登记申请书

按《不动产登记操作规范》14.3.2 条规定，随被担保的债权或部分债权转让产生的在建建筑物抵押权转移登记，由抵押权人和债权受让人共同申请。据此可知，在建建筑物抵押权转移登记，由抵押权的取得方和失去方共同申请，故登记申请书由抵押权的取得方和失去方共同出具。登记申请书应当载明：抵押权的取得方与失去方；申请人的身份证明类型和号码；登记类型——转移登记；登记原因——随被担保的债权（或部分债权）转让；不动产登记证明号码等。

2. 申请人的身份证明

如前所述，在建建筑物抵押权转移登记由抵押权的取得方与失去方共同申请，故申请人的身份证明是指抵押权的取得方与失去方的身份证明。

3. 不动产登记证明

不动产登记证明，是指记载有欲转移的在建建筑物抵押权的不动产登记证明。要求申请人提交不动产登记证明：一是证明欲转移的在建建筑物抵押权已经记载在登记簿上，申请在建建筑物抵押权转移登记的前提成立；二是便于登记机构结合申请人提交的身份证明，判定作为在建建筑物抵押权转移登记申请人之一的失去方是否适格；三是转移登记被记载于登记簿上后，登记机构将基于登记簿的记载向抵押权的取得方颁发新的不动产登记证明，原不动产登记证明由登记机构收回归档，以免流失社会造成负面影响。按《不动产登记暂行条例实施细则》第一百零五条第一款规定，本实施细则施行前，依法核发的各类不动产权属证书继续有效。故此处的不动产登记证明，包括不动产统一登记前权利人合法持有的《在建工程抵押登记证明》。

在不动产登记实务中，若申请人申请因被担保的债权或部分债权转让产生的在建建筑物抵押权转移登记时，因不动产登记证明遗失或毁损而不能提交，又急需办理转移登记，欲以记载有欲转移的在建建筑物抵押权的登记簿打印件、复印（制）件，或登记机构存档的载明欲转移的在建建筑物抵押权的登记材料复印件等在建建筑物抵押权已经登记的证明替代之，登记机构应当不予准许，理由有三：一是申请人申请在建建筑物抵押权转移登记，表明抵押权人在世或存续，具备申请补发不动产登记证明的主体条件；二是在建建筑物抵押权存在，权利人不抛弃在建建筑物抵押权，且要利用在建建筑物抵押权，具备申请补发不动产登记证明的客体条件和主观要求；三是不动产登记证明是权利人享有在建建筑物抵押权的证明，也是转让方凭此证明与受让方协商并共同实施的在建建筑物抵押权转让行为的基础凭证。所以，在转移登记中，不动产登记证明作为登记收件,登记机构应当按法律和规章的规定,从严掌握。如果申请人因不动产登记证明遗失或毁损而不能提交的,登记机构应当告知申请人按《不动产登记暂行条例实施细则》第二十二条第二款的规定申请补发,补发后,再按程序申请在建建筑物抵押权转移登记。

4. 被在建建筑物抵押权担保的债权或部分债权发生转让的证明

被在建建筑物抵押权担保的债权或部分债权发生转让的证明,是申请人申请因债权转让或部分债权转让产生的转移登记的原因凭证。

(1) 被在建建筑物抵押权担保的债权发生转让的证明。

被在建建筑物抵押权担保的债权发生转让的证明,适用于具有一般抵押权性质的在建建筑物抵押权因被担保的债权转让产生的转移登记的情形,主要是指债权转让合同、协议等。被在建建筑物抵押权担保的债权发生转让的证明是《不动产登记操作规范(试行)》14.3.3条第4项之(1)规定的申请人申请因债权转让产生的具有一般抵押权性质的在建建筑物抵押权转移登记时应当提交的材料。

(2) 被在建建筑物抵押权担保的部分债权已经转让的证明。

被在建建筑物抵押权担保的部分债权已经转让的证明,适用于具有最高额抵押权性质的在建建筑物抵押权因被担保的部分债权转让产生的转移登记的情形。

按《不动产登记暂行条例实施细则》第七十四条第二款第(一)项规定,债权人转让部分债权时与受让人约定共同享有最高额抵押权的,应当申请最高额抵押权的转移登记。按《不动产登记操作规范(试行)》14.3.3条第4项之(2)规定,申请具有最高额性质的在建建筑物抵押权转移登记的,还应当提交部分债权转移的材料、当事人约定最高额抵押权随同部分债权的转让而转移的材料。据此可知,债权人转让部分债权,适用于当事人约定具有最高额性质的在建建筑物抵押权随同部分债权的转让而转移的情形,且约定原抵押权人与受让人共同享有具有最高额性质的在建建筑物抵押权的,则是债权人将其享有的债权中的一定份额转让给受让人,从而导致具有最高额性质的在建建筑物抵押权的一定份额转移,该部分债权的受让人与原抵押权人(原债权人)成为既有的具有最高额性质的在建建筑物抵押权的按份共有人,共有份额按各人占有的债权比例确定。此情形实质上是原抵押权人将其享有的具有最高额性质的在建建筑物抵押权中的一定份额转让给受让人。部分债权已经转让的证明一般以债权转让合同或协议的方式体现。该类债权转让合同或协议,应当载明转让的债权数额、当事人享有在建建筑物抵押权的份额等内容。当然,当事人也可另行提交载明其享有在建建筑物抵押权份额的书面材料。

第十二章 在建建筑物抵押权登记收件

5. 债权人通知债务人转让债权（或部分债权）的证明

《民法典》第五百四十六条第一款规定，债权人转让债权，未通知债务人的，该转让对债务人不发生效力。据此可知，债权人将债权转让事宜通知债务人，便于债务人履行债务，以保护债权受让人的利益，即使在建建筑物抵押权受让人的利益得到保护，故申请人申请在建建筑物抵押权转移登记时，应当要求申请人提交债权人将债权转让事宜通知债务人的证明，此证明一般以有债务人签名的债权转让通知的形式体现，债务人在该通知上签名，表明其知晓债权转让事宜。债权人通知债务人转让债权的证明是《不动产登记操作规范（试行）》14.3.3 条第 4 项之（3）规定的申请人申请因债权转让或部分债权转让产生的在建建筑物抵押权转移登记时应当提交的材料。

6. 当事人约定具有最高额抵押权性质的在建建筑物抵押权随部分债权转让而转移的材料

当事人约定具有最高额抵押权性质的在建建筑物抵押权随部分债权转让而转移的材料，是指当事人在最高额抵押合同内容中载明"具有最高额抵押权性质的在建建筑物抵押权随部分债权转让而转移"，或另行订立合同或协议约定"具有最高额抵押权性质的在建建筑物抵押权随部分债权转让而转移"事宜。在不动产登记实务中，申请具有最高额抵押权性质的在建建筑物抵押权转移登记时，如果当事人在最高额抵押合同内容中没有载明"具有最高额抵押权性质的在建建筑物抵押权随部分债权转让而转移"事宜的，应当向登记机构提交当事人另行约定的以"具有最高额抵押权性质的在建建筑物抵押权随部分债权转让而转移"为主要内容的合同或协议。如果当事人在最高额抵押合同内容中载明"具有最高额抵押权性质的在建建筑物抵押权随部分债权转让而转移"事宜的，则无须再向登记机构另行提交当事人约定具有最高额抵押权性质的在建建筑物抵押权随部分债权转让而转移的材料。

二、因权利人的合并、分立申请的转移登记收件

1. 登记申请书；
2. 申请人的身份证明；
3. 不动产登记证明；
4. 抵押权人合并、分立的证明；
5. 在建建筑物抵押权归属的证明；
6. 其他必要材料。

注：第 5 项材料适用于抵押权人分立的情形。

说明和理由：

1. 登记申请书

如前所述，抵押权人合并，系指作为抵押权人的法人或非法人组织，归并到另一个法人或非法人组织中，被归并的原法人或非法人组织随之消灭的情形，故由此申请的在建建筑物抵押权转移登记，由归并后的法人或非法人组织单方申请，即登记申请书由抵押权的取得方单方出具。

抵押权人分立，系指作为抵押权人的法人或非法人组织，经过分割，成为两个以上的相互独立的同时存在的法人或非法人组织的情形，故由此申请的在建建筑物抵押权转移登记，由抵押权的失去方与取得方共同申请，即登记申请书由抵押权的失去方和取得方共同出具。

登记申请书应当载明：抵押权的取得方与失去方；申请人的身份证明类型和号码；登记类型——转移登记；登记原因——抵押权人合并（或分立）；不动产登记证明号码等。

2. 申请人的身份证明

因在建建筑物抵押权人合并申请转移登记时，申请人的身份证明即在建建筑物抵押权取得方的身份证明。因在建建筑物抵押权人分立申请转移登记时，申请人的身份证明即在建建筑物抵押权取得方与失去方的身份证明。

3. 抵押权人合并、分立的证明

抵押权人合并、分立的证明，是申请人申请因权利人合并或分立产生的转移登记的原因凭证。

抵押权人合并、分立的证明主要有：① 抵押权人间达成的合并、分立合同；② 抵押权人共同作出的合并、分立决定；③ 有权的行政机关关于抵押权人合并、分立的文件；④ 抵押权人共同的上级组织关于其合并、分立的决定等。

4. 在建建筑物抵押权归属的证明

抵押权人分立的，原法人或非法人组织享有的在建建筑物抵押权，是由该法人或非法人组织继续享有，还是由分立后新成立的法人或非法人组织享有，实质上是对在建建筑物抵押权的处置，当事人应当通过约定或决定予以明确，或由作出抵押权人分立的有关行政机关、上级组织在文件中予以明确，该约定、决定或文件确定的在建建筑物抵押权的归属人，是在建建筑物抵押权转移登记申请人中的取得方。

抵押权人合并的，合并证明就是在建建筑物抵押权归属的凭证，无须再以约定、决定或文件确定在建建筑物抵押权的归属。

第十二章　在建建筑物抵押权登记收件

三、因继承、受遗赠申请的转移登记收件

1. 登记申请书；
2. 申请人的身份证明；
3. 不动产登记证明或在建建筑物抵押权已经登记的证明；
4. 继承证明材料、遗赠证明材料；
5. 继承人、受遗赠人的死亡证明书；
6. 其他必要材料。

注：第4项材料中，申请人提交继承权公证书的，无须再提交第5项材料。

说明和理由：

1. 登记申请书

《不动产登记暂行条例》第十四条第二款第（二）项规定，因继承、受遗赠取得的不动产权利，可以由权利取得人单方申请登记。据此可知，因继承或受遗赠产生的在建建筑物抵押权转移登记，由继承人或受遗赠人单方申请，即转移登记申请书由在建建筑物抵押权的取得方单方出具。登记申请书应当载明：抵押权的取得方与失去方；申请人的身份证明类型和号码；登记类型——转移登记；登记原因——继承（或受遗赠）；不动产登记证明号码等。

2. 申请人的身份证明

因继承或受遗赠产生的在建建筑物抵押权转移登记，由继承人或受遗赠人单方申请，故申请人的身份证明即继承人或受遗赠人的身份证明。

3. 在建建筑物抵押权已经登记的证明

在建建筑物抵押权已经登记的证明，主要指记载有被继承或受遗赠的在建建筑物抵押权的登记簿打印件或复印（制）件，或登记机构存档的载明被继承或受遗赠的在建建筑物抵押权的登记材料复印件等材料。

在实际生活中，由于种种原因，继承或受遗赠开始后，被继承人或遗赠人名下的不动产登记证明不知所终的情形时有发生。在建建筑物抵押权继承或受遗赠，有别于抵押权人以不动产登记证明表征在建建筑物抵押权存在为前提的交易法律行为。因继承、受遗赠产生的在建建筑物抵押权转移登记，不是基于交易法律行为产生的登记，且在建建筑物抵押权已经登记的证明能够证明申请转移登记的前提成立。因此，申请人申请转移登记时因不动产登记证明遗失或毁损而不能提交的，可以提交在建建筑物抵押权已经登记的证明代替之，在建建筑物抵押权转移登记完成后，未收回的不动产登记证明由登记机构在其门户网站或当地公开发行的报刊上公告作废，以免除或减轻其流失社会造成的负面影响。

《不动产登记暂行条例实施细则》第二十三条规定，因不动产权利灭失等情形，不动产登记机构需要收回不动产权属证书或者不动产登记证明的，应当在不动产登记簿上将收回不动产权属证书或者不动产登记证明的事项予以注明；确实无法收回的，应当在不动产登记机构门户网站或者当地公开发行的报刊上公告作废。其中的"不动产权利灭失"，包括不动产权利的绝对灭失和相对灭失。不动产权利的绝对灭失，是指不动产权利随不动产实体的消灭而永久消灭，或者随依附的主权利、主债权的消灭而消灭。与之对应的是不动产权利的相对灭失：一是不动产权利因转移给他人而使原权利人的权利灭失，他人在此灭失的基础上设立属于自己的不动产权利；二是不动产权利因不动产实体灭失外的申请注销登记的事由成就完成注销登记而灭失（如权利人抛弃不动产权利申请注销登记后，该权利人享有的不动产权利灭失，但该不动产权利本身并不消灭，而其归属处于待定状态，故此情形属于不动产权利的相对灭失）；三是不动产权利内容发生变更，变更前的不动产权利内容因变更的完成而消灭，不动产权利的新内容因变更的完成而产生。据此可知，在建建筑抵押权转移登记完成后，权利取得人的权利产生，原权利人的权利灭失，不能收回的载明该灭失权利的不动产登记证明，应当由登记机构公告作废。

4. 继承证明材料、受遗赠证明材料

继承证明材料、受遗赠证明材料，是申请人申请因继承或受遗赠产生的转移登记的原因证明。

（1）继承证明材料。

在不动产登记实务中，申请人提交的继承证明材料一般有四种：一是继承权公证书；二是经过公证的遗嘱；三是未经公证的依法定继承程序享有继承权的证明；四是未经公证的遗嘱。

① 继承权公证书。

继承权公证书适用于因法定继承产生的在建建筑物抵押权转移登记。

继承权公证书，是指由国家公证机构制作的证明法定继承人依法享有在建建筑物抵押权的继承权的书面凭证。继承权公证书是继承人继承在建建筑物抵押权的权源证据。

② 经过公证的遗嘱。

经过公证的遗嘱适用于因遗嘱继承产生的在建建筑物抵押权转移登记。

经过公证的遗嘱，是指国家公证机构制作的记录立遗嘱人处分自己财产、指定财产继承人的文书。它是继承人继承在建建筑物抵押权的权源证据。

第十二章 在建建筑物抵押权登记收件

③ 未经公证的依法定继承程序享有继承权的证明。

根据《不动产登记操作规范（试行）》1.8.6.1 条规定，申请人应当同时提交以下材料组合成未经公证的依法定继承程序享有继承权的证明：

a）继承人与被继承人之间的亲属关系证明。主要形式有三：一是户口簿、婚姻证明、收养证明或出生医学证明；二是公安机关、被继承人所在村委会或居委会、被继承人或继承人所在单位出具的证明材料；三是其他能够证明相关亲属关系的材料等。申请人只提交其中之一。但是，按民政部等六部门联合出台的《关于改进和规范基层群众性自治组织出具证明工作的指导意见》（民发〔2020〕20 号）和公安部等十二部门联合出台的《关于改进和规范公安派出所出具证明工作的意见》（公通字〔2016〕21 号）文件规定，公安派出所和社区居民委员会均不再出具亲属关系证明，在申请人不能提交户口簿、婚姻证明、收养证明、出生医学证明作为亲属关系证明的情形下，还可以提交什么样的材料作亲属关系证明？

笔者认为，申请人可以自己书写继承人与被继承人的关系说明，其中载明被继承人姓名、全部继承人姓名及其与被继承人的关系、继承人是放弃继承还是接受继承等信息，该说明上须由两个以上继承人之外的人签名证明属实。申请人可以提交自己书写的继承人与被继承人的关系说明并附上在上面签名证明属实的证人的身份证明作为其申请继承转移登记的亲属关系证明。

按《不动产登记操作规范（试行）》1.8.6.5 条规定，登记机构办理申请人凭公证的材料或者生效的法律文书之外的材料申请的继承转移登记时，须将继承转移登记事项在不动产登记机构门户网站进行公示，公示期不少于 15 个工作日。公示期满无异议的，将申请登记事项记载于不动产登记簿。据此可知，登记机构收取申请人提交自己书写的继承人与被继承人的关系说明后，可以通过公示程序，查明该说明的真实性，也通过该公示程序证明自己尽到了力所能及（合理审慎）的查验职责。

b）登记机构的登记人员签字见证的其他继承人放弃继承权的材料。

c）申请人享有继承权的声明或说明。

④ 未经公证的遗嘱。

a）自书遗嘱。

自书遗嘱是指自然人死亡前亲笔书写的遗嘱。《民法典》第一千一百三十四条规定，自书遗嘱由遗嘱人亲笔书写，签名，注明年、月、日。质言之，自书遗嘱必须由立遗嘱人亲笔书写遗嘱的全部内容。自书遗嘱既不能由他人代笔

也不能用打印或印刷方式，只能由遗嘱人自己用笔将其意思记录下来①。

b）代书遗嘱。

代书遗嘱是指由他人代立遗嘱人书写并经遗嘱人签名的遗嘱。《民法典》第一千一百三十五条规定，代书遗嘱应当有两个以上见证人在场见证，由其中一人代书，并由遗嘱人、代书人和其他见证人签名，注明年、月、日。据此可知，代书人必须是见证人之一，且代书人、见证人、遗嘱人应当在立遗嘱完毕时同时签名。代书遗嘱的见证人须具有完全民事行为能力且与继承人及遗产分割无利害关系。

c）打印遗嘱。

打印遗嘱是指通过打印的方式立下的遗嘱，且该遗嘱上有立遗嘱人、见证人的签名。《民法典》第一千一百三十六条规定，打印遗嘱应当有两个以上见证人在场见证。遗嘱人和见证人应当在遗嘱每一页签名，注明年、月、日。据此可知，须有两个以上的见证人在场的情形下，才可以打印遗嘱，且打印出来的遗嘱的每一页上面，须同时具备遗嘱人和见证人的签名及其各自注明的年、月、日。遗嘱打印时，应当认真校核，避免打印错误，确保遗嘱的打印质量。打印遗嘱的见证人须是具有完全民事行为能力人且与遗嘱中指定的继承人无利害关系。

（2）受遗赠证明材料。

在不动产登记实务中，申请人提交的受遗赠证明材料，一是经过公证的遗赠遗嘱或遗赠扶养协议；二是未经过公证的遗赠遗嘱或遗赠扶养协议。

① 经过公证的遗赠遗嘱或遗赠扶养协议。

经过公证的遗赠遗嘱，是指由国家公证机构制作的记载遗赠人决定在其死亡后将他的财产赠与国家、集体或法定继承人以外的人的遗嘱。

经过公证的遗赠扶养协议，是指由国家公证机构制作的记载遗赠人与继承人以外的人、组织签订的，载明由该人或该组织承担其生养死葬的义务，但在其死亡后将他的财产赠与该人或该组织的协议。

在不动产登记实务中，如果申请人仅持遗赠遗嘱公证书申请遗赠产生的在建建筑物抵押权转移登记时，笔者认为，申请人申请遗赠转移登记的行为已经表明其接受遗赠，此行为与遗赠公证书组合，形成遗赠和接受遗赠的意思表示，遗赠关系成立，登记机构无须要求申请人另行提交接受遗赠的证明。

---

① 梁慧星：《中国民法典草案建议稿附理由：侵权行为编·继承编》，法律出版社2004年版，第189页。

第十二章　在建建筑物抵押权登记收件

②未经过公证的遗赠遗嘱或遗赠扶养协议。

根据《不动产登记操作规范（试行）》1.8.6.1 条规定，申请人应当同时提交以下材料组合成未经过公证的遗赠证明材料：受遗赠人不是继承人的证明，此证明可由公安机关、遗赠人所在村委会或居委会、遗赠人或受遗赠人所在单位出具；遗赠遗嘱或遗赠扶养协议。

5. 被继承人或遗赠人的死亡证明书

申请人因继承或受遗赠申请在建建筑物抵押权转移登记时，还应当提交被继承人或遗赠人已经死亡的证明书，死亡证明书是继承和受遗赠生效的证明，与继承证明材料、遗赠证明材料组合构成在建建筑物抵押权转移登记有效的原因证明。在不动产登记实务中，被继承人、遗赠人的死亡证明书主要有：①公安派出所出具的因死亡注销户籍的证明；②公安部门在刑事、交通等案件处理中出具的死亡证明；③应急管理部门或其消防机构在消防案件处理中出具的死亡证明；④人民法院宣告死亡的判决书；⑤殡仪馆出具的遗体火化证明；⑥医院出具的医学死亡证明等。

继承权公证书是在被继承人死亡后，公证机构根据申请人的申请，在审查被继承人的死亡情况、继承人有无遗漏等情况后，满足公证要求的情形下制作，故申请人提交继承权公证书作为登记材料时，登记机构无须再要求其另行提交被继承人的死亡证明。

第四节　注销登记收件

在建建筑物抵押权注销登记，是指记载在登记簿上的在建建筑物抵押权，因使其消灭的情形（或法定事实）成就而对其予以涂销使其失去法律效力的登记。《不动产登记暂行条例实施细则》第七十七条对申请人申请在建建筑物抵押权注销登记时应当提交的材料做了原则性规定。如前所述，依法登记的在建建筑物抵押权具有一般抵押权性质的，应当遵守法律、法规和规章关于一般抵押权的规定；具有最高额抵押权性质的，则应当遵守法律、法规和规章关于最高额抵押权的规定。因此，申请人申请在建建筑物抵押权注销登记时，分别与申请一般抵押权注销登记和申请最高额抵押权注销登记时应当提交的材料一致。基于此，笔者对申请人因不同情形申请在建建筑物抵押权注销登记时应当提交的材料作介绍。

一、因被担保的主债权消灭申请的注销登记收件

1. 登记申请书；
2. 申请人的身份证明；
3. 不动产登记证明或在建建筑物抵押权已经登记的证明；
4. 被担保的主债权消灭的证明；
5. 其他必要材料。

说明和理由：

1. 登记申请书

按《不动产登记操作规范（试行）》14.4.2条第一款、第二款规定，因主债权消灭产生的在建建筑物抵押权注销登记，可以由抵押权人与抵押人共同申请，也可以由抵押权人单方申请。因此，注销登记申请书可以由抵押权人和抵押人共同出具，也可以由抵押权人单方出具。登记申请书应当载明：抵押权人；抵押人；申请人的身份证明类型和号码；登记类型——注销登记；登记原因——主债权消灭；不动产登记证明号码等。

2. 申请人的身份证明

在建建筑物抵押权注销登记由抵押权人和抵押人共同申请的，申请人的身份证明为抵押权人和抵押人的身份证明。由抵押权人单方申请的，申请人的身份证明为抵押权人的身份证明。

3. 不动产登记证明或在建建筑物抵押权已经登记的证明

（1）不动产登记证明。

不动产登记证明，是指记载有欲注销的在建建筑物抵押权的不动产登记证明。要求申请人提交不动产登记证明：一是证明欲注销的在建建筑物抵押权已经记载在登记簿上，申请在建建筑物抵押权注销登记的前提成立；二是便于登记机构结合申请人提交的身份证明，判定申请在建建筑物抵押权注销登记的申请人是否适格；三是注销登记被记载于登记簿上后，在建建筑物抵押权消灭，不动产登记证明失去权利表征作用，由登记机构收回归档，以免流失社会造成负面影响。其中证明申请注销登记的前提成立是最主要的目的。按《不动产登记暂行条例实施细则》第一百零五条第一款规定，本实施细则施行前，依法核发的各类不动产权属证书继续有效。故此处的不动产登记证明，包括不动产统一登记前权利人合法持有的《在建工程抵押登记证明》。

（2）在建建筑物抵押权已经登记的证明。

在建建筑物抵押权已经登记的证明，主要指记载有欲注销的在建建筑物抵

第十二章 在建建筑物抵押权登记收件

押权的登记簿打印件、复制件，或登记机构存档的载明欲注销的在建建筑物抵押权的登记材料等。申请人申请在建建筑物抵押权注销登记时因不动产登记证明遗失或毁损而不能提交时，由于在建建筑物抵押权注销登记，不是因抵押权人与他人发生的，须以不动产登记证明表征在建建筑物抵押权存在为前提的交易法律行为产生的登记，且在建建筑物抵押权已经登记的证明能够证明申请注销登记的前提成立，故申请人可以提交在建建筑物抵押权已经登记的证明代替之，在注销登记完成后，未收回的不动产登记证明由登记机构在其门户网站或当地公开发行的报刊上公告作废，以免除或减轻其流失社会造成的负面影响。

《不动产登记暂行条例实施细则》第二十三条规定，因不动产权利灭失等情形，不动产登记机构需要收回不动产权属证书或者不动产登记证明的，应当在不动产登记簿上将收回不动产权属证书或者不动产登记证明的事项予以注明；确实无法收回的，应当在不动产登记机构门户网站或者当地公开发行的报刊上公告作废。其中的"不动产权利灭失"，包括不动产权利的绝对灭失和相对灭失。不动产权利的绝对灭失，是指不动产权利随不动产实体的消灭而的永久消灭，或者随依附的主权利、主债权的消灭而消灭。与之对应的是不动产权利的相对灭失：一是不动产权利因转移给他人而使原权利人的权利灭失，他人在此灭失的基础上设立属于自己的不动产权利；二是不动产权利因不动产实体灭失外的申请注销登记的事由成就完成注销登记而灭失（如权利人抛弃不动产权利申请注销登记后，该权利人享有的不动产权利灭失，但该不动产权利本身并不消灭，而其归属处于待定状态，故此情形属于不动产权利的相对灭失）；三是不动产权利内容发生变更，变更前的不动产权利内容因变更的完成而消灭，不动产权利的新内容因变更的完成而产生。据此可知，在建建筑物抵押权注销登记完成后，权利人的权利灭失，不能收回的载明该灭失权利的不动产登记证明，应当由登记机构公告作废。

4. 被担保的主债权消灭的证明

被担保的主债权消灭的证明，是申请人申请因主债权消灭产生的注销登记的原因凭证。

主债权消灭的证明，主要指主债权发生清偿、抵销、免除、混同等的证明，如还款证明、抵销协议、债权人免除债务人债务的声明或决定、生效的终止或消灭主债权的法律文书等。主债权消灭的证明，属于《不动产登记暂行条例实施细则》第七十七条第（二）项规定的申请人申请在建建筑物抵押权注销登记时应当提交的"在建建筑物抵押权消灭的材料"。

二、因在建建筑物抵押权实现申请的注销登记收件

1. 登记申请书；
2. 申请人的身份证明；
3. 不动产登记证明或在建建筑物抵押权已经登记的证明；
4. 在建建筑物抵押权实现的证明；
5. 其他必要材料。

说明和理由：

1. 登记申请书

在建建筑物抵押权实现的方式主要有：折价抵债、拍卖和变卖。在不动产登记实务中，按《不动产登记操作规范（试行）》14.4.2 条第一款规定，在建建筑物抵押权注销登记，可以由抵押权人和抵押人共同申请。据此可知，若以在建建筑物折价抵债，或由抵押权人和抵押人依约定拍卖、变卖等以合意的方式实现在建建筑物抵押权的，在建建筑物抵押权注销登记由抵押权人和抵押人共同申请，换言之，注销登记申请书由抵押权人和抵押人共同出具。登记申请书应当载明：抵押权人；抵押人；申请人的身份证明类型和号码；登记类型——注销登记；登记原因——抵押权实现；不动产登记证明号码等。

《最高人民法院关于人民法院民事执行中拍卖、变卖财产的规定》（法释〔2004〕16号）第二十九条第二款规定，不动产、有登记的特定动产或者其他财产权拍卖成交或者抵债后，该不动产、特定动产的所有权、其他财产权自拍卖成交或者抵债裁定送达买受人或者承受人时起转移。据此可知，若由人民法院拍卖、变卖或折价抵债实现不动产抵押权的，人民法院要制作拍卖成交裁定书、变卖成交裁定书或抵债裁定书，且自该裁定书送达买受人时起，买受人无须登记即享有该不动产的物权，而抵押人原来享有的不动产物权，则自人民法院的裁定书生效时起失效，附于其上的抵押权也随之失效，故登记机构可凭该法律文书直接办理在建建筑物占用范围内的土地使用权转移登记，因在建建筑物不是承载所有权的客体，权利取得人不能申请转移登记，一般情形下，应当是在在建建筑物占用范围内的土地使用权转移登记完成后，向县级以上人民政府规划行政主管机关申请规划手续变更，将规划手续上的主体变更为权利取得人，能否变更，又如何申请变更？登记机构则无须过问。

2. 申请人的身份证明

在建建筑物抵押权注销登记因抵押当事人申请启动，故申请人的身份证明为抵押权人和抵押人的身份证明。

第十二章 在建建筑物抵押权登记收件

3. 在建建筑物抵押权实现的证明

在建建筑物抵押权实现的证明,是申请人申请因在建建筑物抵押权实现产生的注销登记的原因凭证。

在建建筑物抵押权实现的证明主要是指在建建筑物被拍卖、变卖或者折价抵债的证明,如拍卖成交确认书、变卖合同、折价抵债协议等。在建建筑物抵押权实现的证明,属于《不动产登记暂行条例实施细则》第七十七条第(二)项规定的申请人申请在建建筑物抵押权注销登记时应当提交的"在建建筑物抵押权消灭的材料"。

三、因抵押权人放弃在建建筑物抵押权申请的注销登记收件

1. 登记申请书;
2. 申请人的身份证明;
3. 不动产登记证明或在建建筑物抵押权已经登记的证明;
4. 抵押权人放弃在建建筑物抵押权的证明;
5. 其他必要材料。

说明和理由:

1. 登记申请书

按《不动产登记操作规范(试行)》14.4.2条第二款规定,因抵押权人放弃抵押权产生的在建建筑物抵押权注销登记,可以由抵押权人单方申请。据此可知,抵押权人放弃在建建筑物抵押权是基于自己单方的意思表示,而非抵押权人与他人达成的合意,无须他人协助、配合,故注销登记申请书由在建建筑物抵押权人单方出具。登记申请书应当载明:抵押权人;抵押人;申请人的身份证明类型和号码;登记类型——注销登记;登记原因——放弃抵押权;不动产登记证明号码等。

2. 抵押权人放弃在建建筑物抵押权的证明

抵押权人放弃在建建筑物抵押权的证明,是申请人申请因抵押权人放弃在建建筑物抵押权产生的注销登记的原因凭证。

在建建筑物抵押权人放弃在建建筑物抵押权的证明,主要指在建建筑物抵押权人放弃在建建筑物抵押权的决定、声明、承诺等。抵押权人放弃在建建筑物抵押权的证明,属于《不动产登记暂行条例实施细则》第七十七条第(二)项规定的申请人申请在建建筑物抵押权注销登记时应当提交的"在建建筑物抵押权消灭的材料"。

四、因在建建筑物灭失申请的注销登记收件

1. 登记申请书；
2. 申请人的身份证明；
3. 不动产登记证明或在建建筑物抵押权已经登记的证明；
4. 在建建筑物灭失的证明；
5. 其他必要材料。

说明和理由：

1. 登记申请书

《不动产登记暂行条例》第十四条第二款第（五）项规定，因不动产灭失产生的注销登记，可以由当事人单方申请。因此，因在建建筑物灭失申请的在建建筑物抵押权注销登记，非基于抵押当事人的合意，而是基于法定事实的成就，故注销登记申请书由在建建筑物抵押权人或抵押人单方出具。登记申请书应当载明：抵押权人；抵押人；申请人的身份证明类型和号码；登记类型——注销登记；登记原因——在建建筑物灭失；不动产登记证明号码等。

2. 在建建筑物灭失的证明

在建建筑物灭失的证明，是申请人申请因在建建筑物灭失产生的注销登记的原因凭证。

近年来，在建建筑物因自然灾害、修建、地质等原因倒塌毁灭的，媒体时有披露，在该在建建筑物毁灭时，附于其上的权益也随之灭失，基于该在建建筑物登记设立的在建建筑物抵押权亦如此，故在建建筑物灭失的证明是登记机构办理在建建筑物抵押权注销登记时应当收取的材料。在建建筑物灭失的证明，应当区别灭失原因由相关的主体出具，如因自然灾害灭失的，可由县级以上人民政府的应急管理机关出具；因修建原因消灭的证明可由建设行政主管机关出具等。在建建筑物灭失的证明，属于《不动产登记暂行条例实施细则》第七十七条第（二）项规定的申请人申请在建建筑物抵押权注销登记时应当提交的"在建建筑物抵押权消灭的材料"。

五、因人民法院、仲裁机构生效的导致在建建筑物抵押权消灭的法律文书申请、嘱托的注销登记收件

1. 登记申请书、协助执行通知书；
2. 申请人的身份证明、执行员的工作证和执行公务证；
3. 不动产登记证明或在建建筑物抵押权已经登记的证明；

第十二章　在建建筑物抵押权登记收件

4. 人民法院、仲裁机构生效的导致在建建筑物抵押权消灭的法律文书；

5. 其他必要材料。

注：人民法院嘱托办理注销登记时，未送达第 3 项材料的，登记机构不得主动索取。

说明和理由：

1. 登记申请书

按《不动产登记操作规范（试行）》14.4.2 条第三款规定，人民法院、仲裁机构生效法律文书确认在建建筑物抵押权消灭的，抵押人等当事人可以单方申请抵押权的注销登记。因此，注销登记申请书可以由抵押权人、抵押人、与法律文书载明事项有利害关系的人单方出具。登记申请书应当载明：抵押权人；抵押人；申请人的身份证明类型和号码；登记类型——注销登记；登记原因——生效的法律文书；不动产登记证明号码等。

人民法院以向登记机构送达协助执行通知书的方式嘱托启动注销登记的，无须提交注销登记申请书。

2. 人民法院、仲裁机构生效的导致在建建筑物抵押权消灭的法律文书

人民法院、仲裁机构生效的导致在建建筑物抵押权消灭的法律文书，是申请人申请注销登记的原因凭证，主要指确认登记簿上记载的在建建筑物抵押权无效的最高人民法院和终审人民的民事判决书、初审人民法院附生效证明的民事判决书、执行裁定书、仲裁机构的裁决书等。

第十三章　预告登记收件

《民法典》第二百二十一条第一款规定，当事人签订买卖房屋的协议或者签订其他不动产物权的协议，为保障将来实现物权，按照约定可以向登记机构申请预告登记。预告登记后，未经预告登记的权利人同意，处分该不动产的，不发生物权效力。此规定表明：

（1）所谓预告登记，指为保全一项以将来发生不动产物权为目的的请求权的不动产登记。而且预告登记的本质特征是使被登记的请求权具有物权效力，纳入预告登记的请求权，对后来发生的与该项请求权内容相同的不动产物权的处分行为，具有排他的效力，以确保将来只发生该请求权所期待的法律效果[①]。换言之，当事人申请预告登记，旨在确保预告登记权利人实现请求权的目的而最终取得不动产物权，申言之，经过预告登记的请求权具有准物权的效力。

（2）是否申请预告登记，由谁申请，均当事人在以取得不动产物权为目的的协议中约定，或另行书面约定。

（3）预告登记自记载在登记簿上时起产生保全效力，即预告登记自记载于登记簿上时起，具有限制义务人（不动产处分人）再处分已经预告登记的不动产的效力。

在不动产登记实务中，按《不动产登记暂行条例实施细则》第八十五条规定，当事人可以申请预告登记的情形主要有：① 商品房预售；② 以预购商品房设定抵押；③ 不动产买卖；④ 不动产抵押。

近年来，随着经济和社会的发展，申请预告登记的案件将越来越多，预告登记将会成为不动产登记中常用的登记类型。

第一节　预购商品房预告登记收件

预购商品房预告登记，是指基于商品房预售合同建立的请求权申请的预告登记，旨在限制卖方将该商品房再处分给他人，以保障买受人实现合同目的，将来确定地取得该预购商品房的房屋所有权。

在不动产登记实务中，《不动产登记操作规范（试行）》15.1条、15.2条、

[①] 梁慧星：《中国民法典草案建议稿附理由：物权编》，法律出版社2004年版，第38页。

第十三章 预告登记收件

15.3条和15.4条规定了预购商品房预告登记的设立登记、变更登记、转移登记和注销登记，并对申请人申请预购商品房预告登记设立登记、变更登记、转移登记和注销登记时应当提交的材料做了规定。笔者遵从《不动产登记操作规范（试行）》的规定，分别对申请人申请预购商品房预告登记设立登记、变更登记、转移登记和注销登记时应当提交的材料作阐释。

一、预购商品房预告登记设立登记收件

1. 登记申请书；
2. 申请人的身份证明；
3. 已备案的商品房预售合同；
4. 当事人关于预告登记的约定；
5. 预购人有权单方申请登记的证明；
6. 其他必要材料。

注：第4项材料适用于已备案的商品房预售合同中没有约定预告登记内容的情形。第5项材料适用于预购人单方申请预告登记的情形。

说明和理由：

1. 登记申请书

《不动产登记操作规范（试行）》15.1.2条规定，预告登记的申请主体应当为买卖房屋或者其他不动产物权的协议的双方当事人。预购商品房的预售人和预购人订立商品房买卖合同后，预售人未按照约定与预购人申请预告登记时，预购人可以单方申请预告登记。据此可知，因预购商品房申请预告登记设立登记时，以预购人与预售人双方申请为原则，以预购人单方申请为例外。因此，预购人与预售人共同申请登记时，登记申请书由预购人与预售人共同出具。预购人依法单方申请登记时，登记申请书由该预购人单方出具，登记机构无须再要求预售人在登记申请书上签章，若预售人在该登记申请书上签章，则成为实质上的双方申请，《不动产登记操作规范（试行）》15.1.2条也就无须作允许预购人单方申请登记的规定。

至于经过备案的预售合同中约定"由预购人或预售人负责预购商品房预告登记设立登记的申请"的，笔者认为，此举实质上是预购人或预售人履行合同义务，有此约定的，登记机构应当支持该约定，准许约定的当事人单方申请预告登记。

在不动产登记实务中，《国土资源部关于启用不动产登记簿证样式（试行）的通知》（国土资发〔2015〕25号）附《不动产登记簿样式及使用填写说明》

规定，登记簿应当记载的预购商品房预告登记的内容有：权利人、义务人、申请人的身份证明类型和号码、预告登记种类、登记原因、不动产坐落、土地权利人、规划用途、房屋性质、所在层/总层数、建筑面积等。因此，登记申请书应当载明：权利人——预购人；义务人——预售人；预告登记种类——预购商品房预告登记设立；登记原因——买卖；预购房屋坐落；宗地权利人——预售人；预购房屋规划用途；房屋性质——商品房；所在层/总层数；建筑面积等。

2. 申请人的身份证明

预告登记由权利人（预购人）单方申请的，申请人的身份证明为该权利人（预购人）的身份证明。预告登记由权利人（预购人）和义务人（预售人）共同申请的，申请人的身份证明为权利人（预购人）和义务人（预售人）的身份证明。

《关于规范房地产市场外资准入和管理的意见》（建住房〔2006〕171号）规定，满足相关条件的境外机构和个人可以在我国境内从事房地产开发经营和购买房地产。据此可知，预购商品房预告登记的权利人、义务人可以为境内自然人、法人或非法人组织，也可以是境外自然人、法人或非法人组织。不同种类的申请人，身份证明也不同，主要有：

（1）境内自然人。

提交有效的居民身份证、户口簿、军官证、士兵证、文职干部证、学员证等[1]。

（2）港澳台地区自然人。

港澳同胞提交香港特别行政区居民身份证或香港特别行政区护照、澳门特别行政区居民身份证或澳门特别行政区护照、港澳居民来往内地通行证。台湾同胞提交台湾居民来往大陆通行证等[2]。

（3）华侨、外籍自然人。

华侨提交中华人民共和国护照和国外长期居留身份证件。外籍自然人提交中国政府主管机关签发的居留证件或其所在国护照等[3]。《不动产登记操作规范（试行）》1.8.2.4条之3规定，外文文本的申请材料应当翻译成汉字译本，当事人应签字确认，并对汉字译本的真实性负责。据此可知，提供外文身份证明的申请人应当同时提交申请人签字确认的该身份证明的中文译本，或提交在我国合法经营的翻译机构出具的该身份证明的中文译本。

---

[1] 参见《不动产登记操作规范（试行）》1.8.4.1条之1。
[2] 参见《不动产登记操作规范（试行）》1.8.4.1条之2和3。
[3] 参见《不动产登记操作规范（试行）》1.8.4.1条之4和5。

第十三章 预告登记收件

（4）境内法人及非法人组织。

提交机关法人设立文件、事业单位法人资格证、社会团体法人登记证书、营业执照等[①]。

特别说明：

按《事业单位登记管理暂行条例》第三条、第五条和第八条规定，事业单位经主管部门批准成立后，须经县级以上人民政府机构编制管理机关登记并颁发《事业单位法人证书》。按《社会团体登记管理条例》第三条、第六条和第十五条规定，社会团体经其业务主管机关批准，并经县级以上人民政府民政机关登记，领取《社会团体法人登记证书》。《公司法》第七条规定，依法设立的公司，由公司登记机关发给公司营业执照。公司自营业执照签发时成立。《个人独资企业法》第十二条和第十三条规定，登记机关应当在收到个人独资企业设立申请文件之日起十五日内，对符合该法规定条件的，予以登记，发给营业执照。企业自营业执照签发时成立。《合伙企业法》第十条和第十一条规定，申请人提交的登记申请材料齐全、符合法定形式，企业登记机关能够当场登记的，应予当场登记，发给营业执照。企业自营业执照签发时成立。据此可知，事业单位法人、社会团体法人、企业法人及企业性质的非法人组织须经相关机关登记，故其身份证明，除法人资格证、营业执照外，还可以是其登记机构出具的有关身份证明的文件或书面材料，如县级以上人民政府机构编制管理机关批准或准予事业单位撤、并、转或设立的文件；再如企业登记机关出具的"兹证明某房地产开发公司系经我局登记成立的公司法人"等。

（5）港澳地区法人。

提交经我国司法部委托的律师出具的公证书公证的商业登记证，且加盖中国法律服务（香港）有限公司、中国法律服务（澳门）有限公司转递章。也可以提交我国公证机构办理的商业登记证公证书。

（6）台湾地区法人。

提交企业登记证或注册证[②]，但须经大陆公证机构公证，或经台湾公证机构公证。台湾公证机构出具的公证书须经大陆相关机构认证（一般由省级公证协会认证）。

---

① 参见《房地产登记技术规程》附录 B.0.10 条。
② 参见《广州市城镇房地产登记技术规范》第二十七条。

（7）外国法人、组织。

提交经我国驻外使（领）馆认证的，所在国家公证机构公证的身份证明[①]。或提交直接在我国使（领）馆办理公证的身份证明。《不动产登记操作规范（试行）》1.8.2.4 条之 3 规定，外文文本的申请材料应当翻译成汉字译本，当事人应签字确认，并对汉字译本的真实性负责。据此可知，提供外文身份证明的申请人应当同时附申请人签字确认的该公证书的中文译本，或提交在我国合法经营的翻译机构出具的该公证书的中文译本。

特别说明：

在不动产登记实务中，由于商品房预售量大且预售周期长，如果每办理一件预购商品房预告登记，都要求义务人（预售人），即房地产开发公司提交身份证明，则是多次重复提交和多次重复收取同一材料，实在是没有必要，登记机构可要求房地产开发公司在第一次申请预告登记时提交身份证明备案，以后再申请预告登记时就不再提交，但登记机构须在收件清单中注明备案情况。由于开发公司的身份证明是其营业执照，按相关规定，企业登记机关每年须在规定期限内公示企业的登记情况，因此，若是跨年度预售的，则在下一个年度内应当要求预售人及时提交与公示情况相符合的营业执照。

3. 已备案的商品房预售合同

《房地产管理法》第四十五条第二款规定，商品房预售人应当按照国家有关规定将预售合同报县级以上人民政府房产管理部门和土地管理部门登记备案。《城市房地产开发经营管理条例》第二十七条第二款规定，房地产开发企业应当自商品房预售合同签订之日起 30 日内，到商品房所在地的县级以上人民政府房地产开发主管部门和负责土地管理工作的部门备案。在不动产登记实务中，《不动产登记暂行条例实施细则》第八十六条第一款第（一）项规定，已登记备案的商品房预售合同，是申请人申请预购商品房预告登记时应当提交的材料。《不动产登记操作规范（试行）》15.1.3 条第 4 项之（1）规定，预购商品房的，提交已备案的商品房预售合同。依法应当备案的商品房预售合同，经县级以上人民政府房产管理部门或土地管理部门备案，作为登记的申请材料。概言之，商品房预售合同签订后，房地产开发公司应当向县级以上人民政府房地产开发主管部门和土地管理部门登记备案。若当事人因预售房屋签订的商品房买卖合同未经房地产开发主管部门和土地管理部门备案，则有悖于法律、法规和规章的规定，不得用作办理预购商品房预告登记的证据材料。已备案的商品房预售合

[①] 参见《广州市城镇房地产登记技术规范》第二十七条。

第十三章 预告登记收件

同的形式主要有：一是备案管理机关在预售合同上盖备案章；二是备案管理机关出具的专门的备案证明；三是备案管理机关采用远程电子备案管理手段的则是电子备案表等。

但是，商品房预售合同登记备案不同于预购商品房预告登记。商品房预售合同登记备案，是指房地产开发企业按法律、行政法规的规定，将与购房人签订的商品房预售合同报县级以上人民政府房地产开发主管部门和土地主管部门留存备查的一种行为，对房地产开发主管部门而言，商品房预售合同备案只是一种行政管理手段，便于该主管部门掌握房地产开发、经营市场的情况，适时出台调控、规范措施等。另外，出现一房二卖或一房多卖情形时，经过备案的合同效力高于未经备案的合同。商品房预售合同登记备案不是《不动产登记暂行条例》规定的不动产登记类型。预购商品房预告登记是为了确保商品房预售合同目的实现，使购房人确定地取得将来房屋的所有权，商品房预售合同的当事人按照约定向登记机构申请办理的预先登记。出现一房二卖或一房多卖时，经过预告登记的商品房买卖合同效力高于未经预告登记的，预购商品房预告登记是《不动产登记暂行条例》规定的不动产登记类型。

从学理上探讨，按合同法的规定，如果不附生效条件或生效期限，或经有关部门批准生效，合同应当自当事人双方签字、按指印或签章时起生效。在司法实务中，《最高人民法院关于审理商品房买卖合同纠纷案件适用法律若干问题的解释》第六条规定，当事人以商品房预售合同未按照法律、行政法规规定办理登记备案手续为由，请求确认合同无效的，不予支持。概言之，一般情形下，只要商品房买卖合同的双方当事人在合同上完成了签字、按指印或签章，合同就生效了，因此，商品房预售合同备案并不是合同的生效要件。笔者据此认为，未经备案的商品房预售合同，只要真实、合法、有效，就可以用作预购商品房预告登记的要件，即用作预购商品房预告登记材料的商品房预售合同无须备案。当然，这需要未来立法予以明确，登记机构现时办理预购商品房预告登记时，未经备案的商品房预售合同，仍然不得用作登记的要件。

4. 当事人关于申请预告登记的约定

当事人关于申请预告登记的约定，是指当事人在商品房预售合同内容中载明预告登记事宜，或另行订立合同或协议约定预告登记事宜。在不动产登记实务中，申请预购商品房预告登记时，如果当事人在商品房预售合同中没有约定预告登记事宜的，应当向登记机构提交当事人另行约定预告登记事宜的合同或协议。如果当事人在商品房预售合同中约定有预告登记事宜的，则无须再向登记机构另行提交当事人关于预告登记事宜的约定。

5. 预购人有权单方申请登记的证明

如前所述，预售人未按照约定与预购人申请预购商品房预告登记设立登记的，预购人可以单方申请预购商品房预告登记设立登记，但预购人单方申请预购商品房预告登记设立登记时，登记机构应当通过查阅预告登记约定、询问申请人等方式，查明：① 是否存在预售人不按约定协助预购人申请预购商品房预告登记设立登记的事实；② 预购人单方申请登记的期限是否届至，或条件是否成就。若事实成立，或期限届至，或条件成就，登记机构应当在收取相关的证明材料（此证明材料也是登记收件）后予以受理，否则，不予受理。因此，预购人有权单方申请登记的证明，主要指载明约定办理预告登记的期间届至，或约定办理预告登记的条件、事实成就的合同、协议等。

二、预购商品房预告登记变更登记收件

1. 登记申请书；
2. 申请人的身份证明；
3. 不动产登记证明或预购商品房预告登记的权利已经登记的证明；
4. 预告登记的事项发生变更的证明；
5. 其他必要材料。

说明和理由：

1. 登记申请书

预购商品房预告登记变更登记，是指登记簿上记载的预告登记的权利主体不变，权利内容、权利客体和其他事项变更产生的登记。《不动产登记操作规范（试行）》15.2.1 条规定，申请人申请预购商品房预告登记变更登记的情形主要有：① 预告登记当事人姓名或名称变更；② 当事人身份证明类型或身份证明号码变更。

《不动产登记操作规范（试行）》15.2.2 条规定，预告登记变更可以由不动产登记簿记载的当事人单方申请。据此可知，登记申请书可以由与变更内容相关的预售人或预购人单方出具。登记申请书应当载明：权利人——预购人；义务人——预售人；申请人的身份证明类型和号码；预告登记种类——预购商品房预告登记变更；登记原因——变更事由；变更前的预告登记事项和变更后的预告登记事项；不动产登记证明号码等。

2. 不动产登记证明或预购商品房预告登记的权利已经登记的证明

（1）不动产登记证明。

不动产登记证明，是指记载有欲变更的预告登记的权利的不动产登记证明。

第十三章 预告登记收件

要求申请人提交不动产登记证明：一是证明欲变更的预告登记内容已经记载在登记簿上，申请变更登记的前提成立；二是便于登记机构结合申请人提交的身份证明，判定预购商品房预告登记变更登记申请人是否适格；三是变更登记被记载在登记簿上后，登记机构将基于登记簿的记载向权利人颁发新的不动产登记证明，旧的不动产登记证明由登记机构收回归档，以免流失社会造成负面影响。其中，证明申请变更登记的前提成立是最主要的目的。

（2）预购商品房预告登记的权利已经登记的证明。

预购商品房预告登记的权利已经登记的证明，主要指记载有欲变更的预告登记的内容的登记簿打印件、复印（制）件，或登记机构存档的预购商品房预告登记的登记材料等。在不动产登记实务中，预购商品房预告登记的当事人申请预购商品房预告登记变更登记时，因不动产登记证明遗失或毁损而无法提交的情形时有出现，但预购商品房预告登记的权利已经登记的证明能够证明申请变更登记的前提成立。故当事人申请预购商品房预告登记变更登记时，因不动产登记证明遗失或毁损而不能提交的，可以提交预购商品房预告登记的权利已经登记的证明代替之，在变更登记完成后，未收回的不动产登记证明由登记机构在其门户网站或当地公开发行的报刊上公告作废，以免除或减轻其流失社会造成的负面影响。

《不动产登记暂行条例实施细则》第二十三条规定，因不动产权利灭失等情形，不动产登记机构需要收回不动产权属证书或者不动产登记证明的，应当在不动产登记簿上将收回不动产权属证书或者不动产登记证明的事项予以注明；确实无法收回的，应当在不动产登记机构门户网站或者当地公开发行的报刊上公告作废。其中的"不动产权利灭失"，包括不动产权利的绝对灭失和相对灭失。不动产权利的绝对灭失，是指不动产权利随不动产实体的消灭而永久消灭，或者随依附的主权利、主债权的消灭而消灭。与之对应的是不动产权利的相对灭失：一是不动产权利因转移给他人而使原权利人的权利灭失，他人在此灭失的基础上设立属于自己的不动产权利；二是不动产权利因不动产实体灭失外的申请注销登记的事由成就完成注销登记而灭失（如权利人抛弃不动产权利申请注销登记后，该权利人享有的不动产权利灭失，但该不动产权利本身并不消灭，而其归属处于待定状态，故此情形属于不动产权利的相对灭失）；三是不动产权利内容发生变更，变更前的不动产权利内容因变更的完成而消灭，不动产权利的新内容因变更的完成而产生。据此可知，预购商品房预告登记变更登记完成后，原权利相应的权利内容灭失，新的权利内容产生，不能收回的载明该灭失权利内容的不动产登记证明,应当由登记机构公告作废。

3. 预告登记的事项发生变更的证明

预告登记的事项发生变更的证明,是申请人申请预购商品房预告登记变更登记的原因凭证。预告登记的事项发生变更的证明主要有:

(1)当事人姓名或名称发生变更的证明。

① 境内自然人。

a)当事人户口簿或身份证上的姓名变更。

《户口登记条例》第三条和第十八条规定,户口登记工作由各级公安机关负责,公民姓名变更的应当申请变更登记。《居民身份证法》第六条和第十一条规定,居民身份证由公安机关统一制作、发放。居民身份证有效期满、公民姓名变更或者证件严重损坏不能辨认的,应当申请换领新证。因此,当事人姓名变更的证明主要有户口簿,上面有当事人曾用名和现用名的记载。也可以是公安机关出具的其他有关当事人更名的证明,如因姓名变更换领身份证的证明等。

b)当事人军官证、士兵证、学员证等非居民身份证件上的姓名变更。

当事人姓名变更的证明分别由军官证、士兵证、学员证等非居民身份证件的发证机关出具。

② 港澳台地区自然人。

港澳同胞提交经我国司法部委托的律师出具的姓名变更事项公证书[1]。此公证书须加盖中国法律服务(香港)有限公司、中国法律服务(澳门)有限公司转递章。也可以提交我国公证机构办理的姓名变更事项公证书。

台湾同胞提交经大陆公证机构出具的姓名变更事项公证书,或台湾公证机构出具的姓名变更事项公证书[2]。台湾公证机构出具的公证书须经大陆相关机构认证(一般由省级公证协会认证)。

③ 持护照或居留证件的自然人。

a)持中华人民共和国护照的自然人。

《护照法》第四条规定,普通护照由公安部出入境管理机构或者公安部委托的县级以上地方人民政府公安机关出入境管理机构以及中华人民共和国驻外使馆、领馆和外交部委托的其他驻外机构签发。外交护照由外交部签发。公务护照由外交部、中华人民共和国驻外使馆、领馆或者外交部委托的其他

---

[1] 参见《烟台市房屋登记规则(暂行)》第十条第(三)项。
[2] 参见《烟台市房屋登记规则(暂行)》第十条第(四)项。

第十三章 预告登记收件

驻外机构以及外交部委托的省、自治区、直辖市和设区的市人民政府外事部门签发。该法第十条规定，护照持有人所持护照的登记事项发生变更时，应当持相关证明材料，向护照签发机关申请护照变更加注。据此可知，我国护照的持有人姓名变更的证明应当区分普通护照、外交护照和因公护照，由相应的签发机关出具。

b）持中国政府主管机关签发的居留证件的自然人。

《外国人在中国永久居留审批管理办法》第二十二条规定，《外国人永久居留证》有效期满、内容变更、损坏或者遗失的，持证人应当向其长期居留地的设区的市级人民政府公安机关或者直辖市公安分、县局申请换发或者补发。据此可知，我国居留证件的持有人姓名变更的证明由县级以上公安机关出具。

c）持所在国护照的自然人。

所在国护照的持有人姓名变更的证明为经我国驻外使（领）馆认证的，所在国公证机构出具的姓名变更事项公证书[①]。同时附申请人签字确认的该公证书的中文译本，或提交在我国合法经营的翻译机构出具的该公证书的中文译本。也可以提交我国驻外使（领）馆办理的姓名变更事项公证书。

④ 事业单位法人。

《事业单位登记管理暂行条例》第五条规定，县级以上各级人民政府机构编制管理机关所属的事业单位登记管理机构（以下简称登记管理机关）负责实施事业单位的登记管理工作。在工作实际中，县级以上人民政府一般都设立事业单位登记管理局负责事业单位法人的登记。按该条例第八条、第十条规定，事业单位法人的名称需要变更的，应当向登记管理机关办理变更登记。概言之，事业单位法人名称变更的证明由县级以上人民政府机构编制管理机关或其事业单位登记管理局出具。

⑤ 社会团体法人。

按《社会团体登记管理条例》第六条规定，县级以上人民政府民政部门是本级人民政府的社会团体登记管理机关。按该条例第十二条、第十八条规定，社会团体法人名称变更的，应当向登记管理机构申请变更登记。因此，社会团体法人名称变更证明由县级以上人民政府民政机关出具。

⑥ 企业法人或企业性质的非法人组织。

按《企业名称登记管理规定》第三条、第四条和第二十二条规定，企业名称须在其申请登记时由工商行政管理机关核准。企业名称经核准登记注册后，

---

① 参见《烟台市房屋登记规则（暂行）》第十条第（五）项。

无特殊原因在一年内不得申请变更。质言之，企业名称的起用及起用后的变更，均须企业登记机关核准。因此，企业法人和企业性质的非法人组织名称变更的证明由企业登记机关出具。

在不动产登记实务中，申请人提交的企业法人或企业性质的非法人组织名称变更的证明，常常是企业登记机关出具的"更名通知单"。该"更名通知单"能清晰地反映申请人变更前的名称和变更后的名称，登记机构应当用作登记材料。

⑦ 港澳地区法人。

提交经我国司法部委托的律师出具的名称变更事项公证书[①]，并加盖中国法律服务（香港）有限公司、中国法律服务（澳门）有限公司转递章。也可以提交我国公证机构办理的名称变更事项公证书。

⑧ 台湾地区法人。

提交大陆公证机构出具的名称变更事项公证书，或台湾公证机构出具的名称变更事项公证书。台湾公证机构出具的公证书须经大陆相关机构认证（一般由省级公证协会认证）[②]。

⑨ 外国法人、组织。

外国法人、组织名称变更的证明为经我国驻外使（领）馆认证的，所在国家公证机构出具的名称变更事项公证书[③]，同时附申请人签字确认的该公证书的中文译本，或提交在我国合法经营的翻译机构出具的该公证书的中文译本。也可以提交我国驻外使（领）馆出具的名称变更事项公证书。

（2）当事人身份证明类型或身份证明号码发生变更的证明。

① 境内自然人因居民身份证号码变动，申请变更登记时，应当提交公安机关出具的，能证明原身份证明与现身份证明上记载的主体为同一人的书面材料，如居民身份证号码变更证明等。也可以是权利人自己出具的身份证明号码变动情况说明，此情形下，登记机构宜将变更登记内容予以公告，以查明变更登记的真实性，但该公告系由登记机构自行启动，公告期间应当计入登记办理时限。

② 申请预购商品房预告登记设立登记时使用军官证、士兵证、学员证等非居民身份证件的，当事人换发并持有居民身份证件后，申请因证件类型或号码变更产生的变更登记时，应当提交公安机关出具的原非居民身份证件与现时的居民身份证件的主体系同一人的证明。当事人户籍所在地退役军人事务机关、县级以上人民武装部出具的原军人身份证件与现时的居民身份证件的主体系同一人的证明也可以用作登记材料。

---

① 参见《烟台市房屋登记规则（暂行）》第十条第（七）项。
② 参见《烟台市房屋登记规则（暂行）》第十条第（八）项。
③ 参见《烟台市房屋登记规则（暂行）》第十条第（九）项。

第十三章　预告登记收件

③ 我国内地居民取得港澳居民身份证后，申请因身份证明类型或身份证明号码变更产生的变更登记时，应当提交经我国司法部委托的律师出具的身份证明类型或身份证明号码变更事项公证书[①]，并加盖中国法律服务（香港）有限公司、中国法律服务（澳门）有限公司转递章，或提交公安机关出具的变更证明。也可以提交我国公证机构办理的身份证明类型或身份证明号码变更事项公证书。

④ 我国大陆居民取得台湾居民身份证后，申请因身份证明类型或身份证明号码变更产生的变更登记时，应当提交大陆公证机构出具的身份证明类型或身份证明号码变更事项公证书，或台湾公证机构出具的身份证明类型或身份证明号码变更事项公证书。台湾公证机构出具的公证书须经大陆相关机构认证（一般由省级公证协会认证）。也可以提交公安机关出具的变更证明[②]。

⑤ 境内自然人取得外国身份证后，申请因身份证明类型或身份证明号码变更产生的变更登记时，应当提交我国驻外使（领）馆出具的身份证明类型或身份证明号码变更事项公证书，或提交经我国驻外使（领）馆认证的，所在国家公证机构出具的身份证明类型或身份证明号码变更事项公证书[③]，并附申请人签字确认的该公证书的中文译本，或提交在我国合法经营的翻译机构出具的该公证书的中文译本。

⑥ 我国境内企业法人、企业性质的非法人组织因身份证明类型或身份证明号码变动，申请变更登记时，应当提交营业执照颁发机关出具的、能证明原身份证明与现身份证明上记载的主体为同一人的书面材料，如企业登记机关出具的营业执照号码变更证明等。

⑦ 外国法人、组织，因身份证明类型或身份证明号码变动，申请变更登记时，应当提交我国驻外使（领）馆出具的身份证明类型或身份证明号码变更事项公证书，或提交经我国驻外使（领）馆认证的，所在国家公证机构出具的身份证明类型或身份证明号码变更事项公证书，同时附申请人签字确认的该公证书的中文译本，或提交在我国合法经营的翻译机构出具的该公证书的中文译本。

三、预购商品房预告登记转移登记收件

1. 登记申请书；
2. 申请人的身份证明；

[①] 参见《烟台市房屋登记规则（暂行）》第十条第（三）项。
[②] 参见《烟台市房屋登记规则（暂行）》第十条第（四）项。
[③] 参见《烟台市房屋登记规则（暂行）》第十条第（五）项。

3. 不动产登记证明或预购商品房预告登记的权利已经登记的证明；
4. 预告登记的权利发生转移的证明；
5. 被继承人、遗赠人的死亡证明书；
6. 其他必要材料。

注：第 5 项材料适用于因继承、受遗赠产生的转移登记的情形。第 4 项材料中，申请人提交继承权公证书的，无须再提交第 5 项材料。

说明和理由：

1. 登记申请书

预购商品房预告登记转移登记，是指登记簿上记载的预告登记的权利主体（购房人）变动，权利内容、权利客体和其他事项不变产生的登记。按《不动产登记操作规范（试行）》15.3.1 条规定，申请人申请预购商品房预告登记转移登记的情形主要有继承、受遗赠和生效的法律文书导致预告登记的权利转移。但笔者认为，预告登记权利人的合并或分立、婚姻关系的建立或解除等情形也导致预购商品房预告登记转移登记的发生。

《不动产登记操作规范（试行）》15.3.2 条规定，预告登记转移登记的申请人由不动产登记簿记载的预告登记权利人和该预告登记转移的受让人共同申请。因继承、受遗赠、人民法院或仲裁委员会生效法律文书导致不动产预告登记转移登记的，可以单方申请。据此可知，预购商品房预告登记转移登记的申请方式主要有：

（1）基于继承、受遗赠、生效的直接确认预告登记的权利归属的法律文书（人民法院的民事判决书、执行裁定书和仲裁机构的裁决书及 2016 年 3 月 1 日起立案后产生的分割共有财产的民事调解书、仲裁调解书）、权利人合并产生的预购商品房预告登记转移登记，由权利取得方单方申请。

（2）基于生效的不直接确认预告登记权利归属的法律文书（民事调解书、仲裁调解书、确认法律关系的判决书和给付判决书等）产生的预购商品房预告登记转移登记，由权利的失去方与取得方共同申请。法律文书中明确了申请人的，由法律文书中明确的申请人申请登记。此处的法律文书不包括 2016 年 3 月 1 日起立案后产生的分割共有财产的民事调解书、仲裁调解书。

（3）基于预告登记权利人分立、婚姻关系的建立或解除产生的预购商品房预告登记转移登记，由当事人共同申请。此类转移登记中，若申请人提交的公文或经国家机关（国家机构）鉴证、备案的合同（协议）显示，由当事人单方申请登记的，登记机构应当支持，准予该当事人单方申请登记。如经过婚姻登记机关签章的离婚协议约定，预告登记转移登记由权利取得人自行申请等。

第十三章 预告登记收件

登记申请书应当载明：权利的取得方与失去方；申请人的身份证明类型和号码；登记类型——预购商品房预告登记转移；登记原因——继承（或受遗赠、生效法律文书等）；不动产登记证明号码等。

2. 不动产登记证明或预购商品房预告登记的权利已经登记的证明

（1）不动产登记证明。

不动产登记证明，是指记载有欲转移的预告登记的权利的不动产登记证明。要求申请人提交不动产登记证明：一是表明欲转移的预告登记的权利已经记载在登记簿上，申请转移登记的前提成立；二是便于登记机构结合申请人提交的身份证明，判定作为转移登记申请人之一的权利失去方是否适格；三是转移登记被记载在登记簿上后，登记机构将基于登记簿的记载向权利人颁发新的不动产登记证明，原不动产登记证明由登记机构收回归档，以免流失社会造成负面影响。其中，证明申请转移登记的前提成立是最主要的目的。

（2）预购商品房预告登记的权利已经登记的证明。

预购商品房预告登记的权利已经登记的证明，主要指记载有欲转移的预告登记的权利的登记簿打印件、复印（制）件，或登记机构存档的预购商品房预告登记的登记材料等。

当事人基于继承、受遗赠、生效的确认预告登记权利归属的法律文书（人民法院的民事判决书、执行裁定书和仲裁机构的裁决书及2016年3月1日起立案后产生的分割共有财产的民事调解书、仲裁调解书）申请预购商品房预告登记转移登记，是权利取得人基于法定事实成就或生效法律文书确认享有预告登记的权利产生的转移登记，且预购商品房预告登记的权利已经登记的证明能够证明申请转移登记的前提成立。故此类转移登记中，如果申请人因不动产登记证明遗失或毁损而不能提交的，申请人可以提交预购商品房预告登记的权利已经登记的证明代替之，转移登记完成后，未收回的不动产登记证明由登记机构在其门户网站或当地公开发行的报刊上公告作废，以免除或减轻其流失社会造成的负面影响。

《不动产登记暂行条例实施细则》第二十三条规定，因不动产权利灭失等情形，不动产登记机构需要收回不动产权属证书或者不动产登记证明的，应当在不动产登记簿上将收回不动产权属证书或者不动产登记证明的事项予以注明；确实无法收回的，应当在不动产登记机构门户网站或者当地公开发行的报刊上公告作废。其中的"不动产权利灭失"，包括不动产权利的绝对灭失和相对灭失。不动产权利的绝对灭失，是指不动产权利随不动产实体的消灭而永久消灭，或者随依附的主权利、主债权的消灭而消灭。与之对应的是不动产权利的相对灭失：一是不动产权利因转移给他人而使原权利人的权利灭失，他人在此灭失的基础上设立属于自己的不动产权利；二是不动产权利因不动产实体灭失外的申请注销登记的事由成就完成注销登记而灭失（如权利人抛弃不动产权利申请注销登记后，该权利人享有的不动产权利灭失，但该不动产权利本身并不消灭，而其归属处于待定状态，故此情形属于不动产权利的相对灭失）；三是不动产权利内容发生变更，变更前的不动产权利内容因变更的完成而消灭，不动产权利的新内容因变更的完成而产生。据此可知，预购商品房预告登记转移登记完成后，原权利人的权利灭失，取得人的相应的权利产生，不能收回的载明该灭失权利的不动产登记证明，应当由登记机构公告作废。

当事人基于非确认预告登记的权利归属的法律文书（不包括2016年3月1日起立案后产生的分割共有财产的民事调解书、仲裁调解书）、预告登记权利人合并或分立、预告登记权利人因婚姻关系的建立或解除等申请预购商品房预告登记转移登记时，由于关系到原权利人对预告登记的权利的处分，且须以不动产登记证明表征权利的存在，并在此基础上建立使预告登记的权利发生转移的法律关系，即该法律关系是产生此类转移登记的直接原因。因此，申请人申请此类转移登记时，若不动产登记证明因遗失或毁损而不能提交的，登记机构应当告知申请人按《不动产登记暂行条例实施细则》第二十二条第二款规定补证后，再按程序申请预购商品房预告登记转移登记。

3. 预告登记的权利发生转移的证明

预告登记的权利发生转移的证明，是申请人申请预购商品房预告登记转移登记的原因凭证。预告登记的权利发生转移的证明主要有：

（1）继承权证明材料。

在不动产登记实务中，申请人提交的继承证明材料一般有四种：一是继承权公证书；二是经过公证的遗嘱；三是未经公证的依法定继承程序享有继承权的证明；四是未经公证的遗嘱。

① 继承权公证书。

继承权公证书适用于因法定继承产生的预购商品房预告登记转移登记。

继承权公证书，是指由国家公证机构制作的证明法定继承人依法享有预购商品房预告登记的权利的继承权的书面凭证。继承权公证书是继承人继承预购商品房预告登记的权利的权源证据。继承权公证书不同于继承权见证书。继承权见证书是指由律师事务所或法律服务所制作的证明法定继承人依法享有继承权的书面凭证。律师事务所或法律服务所是从事诉讼和非诉讼法律服务的民事主体，它们制作的见证书相似于同为民事主体的自然人出具的书面证言，是以

第十三章 预告登记收件

民事主体自身的信誉为见证书上载明的内容的合法性、真实性、有效性作保证。而法定的公证机构出具的公证书是以国家的信誉为公证书上载明的内容的合法性、真实性、有效性作保证，具有高于见证书的效力，因此，不动产登记实务中不宜收取继承权见证书作为登记证据。

② 经过公证的遗嘱。

经过公证的遗嘱适用于因遗嘱继承产生的预购商品房预告登记转移登记。

《民法典》第一千一百三十三条第一款规定，自然人可以依照本法规定立遗嘱处分个人财产，并可以指定遗嘱执行人。质言之，被继承人可以立遗嘱指定自己遗留的财产继承人，换言之，遗嘱是当事人享有继承权的证明材料。经过公证的遗嘱，是指国家公证机构制作的记录立遗嘱人处分自己财产、指定自己财产继承人的文书。它是继承人继承预购商品房预告登记的权利的权源证据。

③ 未经公证的依法定继承程序享有继承权的证明。

《公证法》第二条规定，公证是公证机构根据自然人、法人或者其他组织的申请，依照法定程序对民事法律行为、有法律意义的事实和文书的真实性、合法性予以证明的活动。质言之，公证依当事人的申请启动，即公证是当事人自愿的，不是强制性的。申言之，在不动产登记实务中，登记机构不得强制要求申请人提交经过公证的继承证明材料，即申请人提交未经公证的依法定继承程序享有继承权的证明，登记机构也应当采用。

根据《不动产登记操作规范（试行）》1.8.6.1 条规定，申请人应当同时提交以下材料组合成未经公证的依法定继承程序享有继承权的证明：

a）继承人与被继承人之间的亲属关系证明，主要形式有三：一是户口簿、婚姻证明、收养证明或出生医学证明；二是公安机关、被继承人所在的村委会或居委会、被继承人或继承人单位出具的证明材料；三是其他能够证明相关亲属关系的材料等。申请人只提交其中之一。但是，按民政部等六部门联合出台的《关于改进和规范基层群众性自治组织出具证明工作的指导意见》（民发〔2020〕20 号）和公安部等十二部门联合出台的《关于改进和规范公安派出所出具证明工作的意见》（公通字〔2016〕21 号）文件规定，公安派出所和社区居民委员会均不再出具亲属关系证明，在申请人不能提交户口簿、婚姻证明、收养证明、出生医学证明作为亲属关系证明的情形下，还可以提交什么样的材料作亲属关系证明？

笔者认为，申请人可以自己书写继承人与被继承人的关系说明，其中载明被继承人姓名、全部继承人姓名及其与被继承人的关系、继承人是放弃继承还是接受继承等信息，该说明上须由两个以上继承人之外的人签名证明属实。申请人可以提交自己书写的继承人与被继承人的关系说明并附上在上面签名证明属实的证人的身份证明作为其申请继承转移登记的亲属关系证明。

按《不动产登记操作规范（试行）》1.8.6.5 条规定，登记机构办理申请人凭公证的材料或者生效的法律文书之外的材料申请的继承转移登记时，须将继承转移登记事项在不动产登记机构门户网站进行公示，公示期不少于 15 个工作日。公示期满无异议的，将申请登记事项记载于不动产登记簿。据此可知，登记机构收取申请人提交自己书写的继承人与被继承人的关系说明后，可以通过公示程序，查明该说明的真实性，也通过该公示程序证明自己尽到了力所能及（合理审慎）的查验职责。

b）登记机构的登记人员签字见证的其他继承人放弃继承权的材料。

c）申请人享有继承权的声明或说明。

④ 未经公证的遗嘱。

a）自书遗嘱。

自书遗嘱是指自然人死亡前亲笔书写的遗嘱。《民法典》第一千一百三十四条规定，自书遗嘱由遗嘱人亲笔书写，签名，注明年、月、日。质言之，自书遗嘱必须由立遗嘱人亲笔书写遗嘱的全部内容。自书遗嘱既不能由他人代笔也不能用打印或印刷方式，只能由遗嘱人自己用笔将其意思记录下来[①]。

b）代书遗嘱。

代书遗嘱是指由他人代立遗嘱人书写并经立遗嘱人签名的遗嘱。《民法典》第一千一百三十五条规定，代书遗嘱应当有两个以上见证人在场见证，由其中一人代书，并由遗嘱人、代书人和其他见证人签名，注明年、月、日。据此可知，代书人必须是见证人之一，且代书人、见证人、遗嘱人应当在立遗嘱完毕时同时签名。代书遗嘱的见证人须具有完全民事行为能力且与继承人及遗产分割无利害关系。

c）打印遗嘱。

打印遗嘱是指通过打印的方式立下的遗嘱，且该遗嘱上有立遗嘱人、见证人的签名。《民法典》第一千一百三十六条规定，打印遗嘱应当有两个以上见证人在场见证。遗嘱人和见证人应当在遗嘱每一页签名，注明年、月、日。据此可知，须有两个以上的见证人在场的情形下，才可以打印遗嘱，且打印出来的遗嘱的每一页上面，须同时具备遗嘱人和见证人的签名及其各自注明的年、月、日。遗嘱打印时，应当认真校核，避免打印错误，确保遗嘱的打印质量。

[①] 梁慧星：《中国民法典草案建议稿附理由：侵权行为编·继承编》，法律出版社 2004 年版，第 189 页。

第十三章 预告登记收件

打印遗嘱的见证人须是具有完全民事行为能力人且与遗嘱中指定的继承人无利害关系。

（2）遗赠证明材料。

《民法典》第一千一百三十三条第三款规定，自然人可以立遗嘱将个人财产赠与国家、集体或者法定继承人以外的组织、个人。该法第一千一百五十八条规定，自然人可以与继承人以外的组织或者个人签订遗赠扶养协议。按照协议，该组织或者个人承担该自然人生养死葬的义务，享有受遗赠的权利。据此可知，遗赠证明材料以遗赠遗嘱或遗赠扶养协议的方式体现。遗赠证明材料是受遗赠人取得预购商品房预告登记的权利的权源证据。在不动产登记实务中，申请人提交的遗赠证明材料，一是经过公证的遗赠遗嘱或遗赠扶养协议；二是未经过公证的遗赠遗嘱或遗赠扶养协议。

① 经过公证的遗赠遗嘱或遗赠扶养协议。

经过公证的遗赠遗嘱，是指由国家公证机构制作的记载遗赠人决定在其死亡后将他的财产赠与国家、集体或法定继承人以外的人的遗嘱。

经过公证的遗赠扶养协议，是指由国家公证机构制作的记载遗赠人与继承人以外的人、组织签订的，载明由该人或该组织承担其生养死葬的义务，但在其死亡后将他的财产赠与该人或该组织的协议。

在不动产登记实务中，如果申请人仅持遗赠遗嘱公证书申请遗赠产生的转移登记时，笔者认为，申请人申请遗赠转移登记的行为已经表明其接受遗赠，此行为与遗赠公证书组合，形成遗赠和接受遗赠的意思表示，遗赠关系成立，登记机构无须要求申请人另行提交接受遗赠的证明。

② 未经过公证的遗赠遗嘱或遗赠扶养协议。

按《不动产登记操作规范（试行）》1.8.6.1 条规定，申请人应当同时提交以下材料组合成未经过公证的遗赠证明材料：

a）受遗赠人不是继承人的证明，此证明可由公安机关、遗赠人所在村委会或居委会、受遗赠人或遗赠人所在单位出具；

b）遗赠遗嘱或遗赠扶养协议。

（3）记载有预购商品房预告登记的权利归属的夫妻财产约定或离婚协议。

（4）权利人合并或分立的证明，权利人分立的应当同时提交预告登记的权利归属的证明。

（5）生效的导致预告登记的权利转移的民事判决书、执行裁定书、民事调解书、仲裁裁决书、仲裁调解书等。

4. 被继承人、遗赠人的死亡证明书

被继承人、遗赠人的死亡证明书是继承或受遗赠生效的前提，被继承人、遗赠人不死亡，继承、受遗赠不生效，故被继承人、遗赠人的死亡证明书是登记机构办理因继承、受遗赠产生的预购商品房预告登记转移登记的必收要件。被继承人、遗赠人的死亡证明书主要有：① 公安派出所出具的因死亡注销户籍的证明；② 公安部门在刑事、交通等案件处理中出具的死亡证明；③ 应急管理部门或其消防机构在消防案件处理中出具的死亡证明；④ 人民法院宣告死亡的判决书；⑤ 殡仪馆出具的遗体火化证明；⑥ 医院出具的医学死亡证明等。

申请人提交继承权公证书作为继承证明材料时，因公证机构已经先行查明被继承人的死亡情况、其他继承人放弃继承权等情况后才出具该继承权公证书，故申请人提交继承权公证书作为继承证明材料时，无须再提交被继承人的死亡证明书和其他继承人放弃继承权的证明材料等。

四、预购商品房预告登记注销登记收件

1. 登记申请书；
2. 申请人的身份证明；
3. 不动产登记证明或预购商品房预告登记的权利已经登记的证明；
4. 预告登记的权利消灭的证明；
5. 其他必要材料。

说明和理由：

1. 登记申请书

预购商品房预告登记注销登记，是指记载在登记簿上的预购商品房预告登记，因使其消灭的情形（或法定事实）成就而对其予以涂销使其失去法律效力的登记。按《不动产登记操作规范（试行）》15.4.1 条规定，申请人申请预购商品房预告登记注销登记的情形主要有：① 商品房买卖合同被解除、被撤销、被宣告无效等；② 预告登记的权利人放弃预告登记的权利。此外，笔者认为，生效的确认预购商品房预告登记无效的法律文书，也是申请人申请预购商品房预告登记注销登记的情形。

按《不动产登记操作规范（试行）》15.4.2 条规定，预购商品房预告登记注销登记的申请人为不动产登记簿记载的预告登记权利人或生效法律文书记载的当事人。预告当事人协议注销预告登记的，申请人应当为买卖房屋或者其他不动产物权的协议的双方当事人。据此可知，预购商品房预告登记注销登记的申请方式主要有：

第十三章 预告登记收件

（1）因当事人协商解除商品房买卖合同申请的注销登记。

当事人协商解除商品房买卖合同是当事人意思表示一致的结果。生效的解除商品房买卖合同的民事调解书、仲裁调解书，也是当事人在人民法院或仲裁机构的调解下意思表示一致达成的协议，属于协商解除商品房买卖合同的情形。故因当事人协商解除商品房买卖合同产生的预购商品房预告登记注销登记由当事人共同申请，即登记申请书由预告登记的权利人和义务人共同出具。生效的民事调解书或仲裁调解书中载明由某当事人单方申请登记的，可由该当事人单方申请登记。

（2）因商品房买卖合同被解除、被撤销或被宣告无效申请的注销登记。

商品房买卖合同被人民法院、仲裁机构生效的民事判决书、执行裁定书或仲裁裁决书解除、撤销或宣告无效，均是由人民法院、仲裁机构的强制力所为，不是当事人意思表示一致的结果，故因此情形产生的预购商品房预告登记注销登记由当事人中的一方单方申请即可，即登记申请书由该预告登记的权利人或义务人单方出具。

（3）登记簿上记载的权利人放弃预告登记的权利申请的注销登记。

权利人放弃自己享有的预告登记的权利，属于权利人依自己的意思表示对其享有的权利作出的处分，无须当事人同意和配合，故因此情形申请的预购商品房预告登记注销登记由权利人单方申请即可，即登记申请书由该预告登记的权利人单方出具。

（4）因生效的确认预购商品房预告登记无效的法律文书申请的注销登记。

生效的确认预购商品房预告登记无效的法律文书主要有生效的民事判决书、执行裁定书或仲裁裁决书，因此而申请的注销登记，可由当事人中的一方单方申请，即登记申请书由预告登记的权利人、义务人或法律文书上记载的其他当事人单方出具。

登记申请书应当载明：权利人；义务人；申请人的身份证明类型和号码；登记类型——预购商品房预告登记注销；登记原因——生效的法律文书（或商品房买卖合同被解除等）；不动产登记证明号码等。

2. 不动产登记证明或预购商品房预告登记的权利已经登记的证明

（1）不动产登记证明。

不动产登记证明，是指记载有欲注销的预告登记的权利的不动产登记证明。要求申请人提交不动产登记证明：一是表明欲注销的预告登记的权利已经记载在登记簿上，申请注销登记的前提成立；二是便于登记机构结合申请人提交的身份证明，判定注销登记申请人是否适格；三是注销登记被记载在登记簿上后，不动产登记证明表征的权利已经消灭，该证明失去权利表征作用，由登记机构收回归档，以免流失社会造成负面影响。其中，证明申请注销登记的前提成立是最主要的目的。

（2）预购商品房预告登记的权利已经登记的证明。

预购商品房预告登记的权利已经登记的证明，主要指记载有欲注销的预告登记的权利的登记簿打印件、复印（制）件，或者登记机构存档的预购商品房预告登记的登记材料等。在不动产登记实务中，申请人申请注销登记时因遗失或毁损不动产登记证明而不能提交的情形时有出现，笔者认为，预购商品房预告登记注销登记，是消灭预告登记的权利的登记，且预购商品房预告登记的权利已经登记的证明能够证明申请注销登记的前提成立，故申请人申请预购商品房预告登记注销登记时，可以提交预购商品房预告登记的权利已经登记的证明代替不能提交的不动产登记证明，注销登记完成后，未收回的不动产登记证明由登记机构在其门户网站或当地公开发行的报刊上公告作废，以免除或减轻其流失社会造成的负面影响。

《不动产登记暂行条例实施细则》第二十三条规定，因不动产权利灭失等情形，不动产登记机构需要收回不动产权属证书或者不动产登记证明的，应当在不动产登记簿上将收回不动产权属证书或者不动产登记证明的事项予以注明；确实无法收回的，应当在不动产登记机构门户网站或者当地公开发行的报刊上公告作废。其中的"不动产权利灭失"，包括不动产权利的绝对灭失和相对灭失。不动产权利的绝对灭失，是指不动产权利随不动产实体的消灭而永久消灭，或者随依附的主权利、主债权的消灭而消灭。与之对应的是不动产权利的相对灭失：一是不动产权利因转移给他人而使原权利人的权利灭失，他人在此灭失的基础上设立属于自己的不动产权利；二是不动产权利因不动产实体灭失外的申请注销登记的事由成就完成注销登记而灭失（如权利人抛弃不动产权利申请注销登记后，该权利人享有的不动产权利灭失，但该不动产权利本身并不消灭，而其归属处于待定状态，故此情形属于不动产权利的相对灭失）；三是不动产权利内容发生变更，变更前的不动产权利内容因变更的完成而消灭，不动产权利的新内容因变更的完成而产生。据此可知，预购商品房预告登记注销登记完成后，权利人的权利灭失，不能收回的载明该灭失权利的不动产登记证明，应当由登记机构公告作废。

第十三章 预告登记收件

3. 预告登记的权利消灭的证明

预告登记的权利消灭的证明,是申请人申请预购商品房预告登记注销登记的原因凭证。

根据注销登记的情形,预告登记的权利消灭的证明主要有:

(1) 当事人协商解除合同的,预告登记的权利消灭的证明为解除商品房买卖合同协议和生效的民事调解书、仲裁调解书等。

(2) 商品房买卖合同被人民法院、仲裁机构解除、撤销或宣告无效的,预告登记的权利消灭的证明为生效的解除、撤销或宣告商品房买卖合同无效的人民法院生效的民事判决书、执行裁定书和仲裁机构的裁决书等。

(3) 登记簿上记载的权利人放弃预告登记的权利的,预告登记的权利消灭的证明为该权利人作出的放弃权利的保证、声明等。

(4) 预购商品房预告登记被生效的法律文书确认无效的,预告登记的权利消灭的证明为生效的确认预告登记的权利无效的民事判决书、执行裁定书、仲裁裁决书等。

五、预购商品房预告登记转房屋所有权转移登记收件

1. 登记申请书;
2. 申请人的身份证明;
3. 不动产权属证书;
4. 不动产登记证明;
5. 土地增值税缴纳凭证和契税缴纳凭证;
6. 分户权籍调查成果报告。

说明和理由:

1. 登记申请书

预购商品房预告登记与房屋所有权转移登记,属于两种不同的但又相关联的不动产登记类型。前者不产生使房屋所有权转移的效力,只起限制处分方将此房屋再卖与他人,保障买方确定地取得房屋所有权的效力。后者产生使房屋所有权转移的效力,将房屋所有权直接从卖方名下转移登记到买方名下。因此,预购商品房预告登记与房屋所有权转移登记适用不同的登记程序,预购商品房预告登记转房屋所有权转移登记适用国有建设用地使用权及地上房屋所有权因买卖产生的转移登记程序,故转移登记申请书由权利的失去方与取得方共同出具,登记申请书应当载明:权利的取得方与失去方;申请人的身份证明类型和

· 605 ·

号码；登记类型——转移登记；登记原因——买卖；不动产单元号码；不动产权属证书号码；失去方享有国有建设用地使用权及地上房屋所有权的面积；取得方取得国有建设用地使用权及地上房屋所有权的面积等。

2. 申请人的身份证明

申请人的身份证明，是指买卖双方有效的身份证明。

3. 不动产权属证书

不动产权属证书，是指卖方名下的载明以欲转移的房屋所在幢为不动产单元登记后领取的不动产权属证书，也可以是以欲转移的房屋为不动产单元登记后领取的不动产权属证书。该不动产权属证书同时载明欲转移的房屋享有的国有建设用地使用权。卖方名下的不动产权属证书，是《不动产登记暂行条例实施细则》第三十八条第一款第（一）项规定的申请人申请因买卖产生的国有建设用地使用权及地上房屋所有权转移登记时应当提交的材料。

4. 不动产登记证明

不动产登记证明，是指载明欲转移的房屋的预购商品房预告登记的不动产登记证明。

如前所述，预购商品房预告登记与房屋所有权转移登记，属于两种不同的但又相关联的不动产登记类型，基于此相关性，申请人申请在预购商品房预告登记基础上产生的国有建设用地使用权及地上房屋所有权转移登记时应当提交的材料，应当与之前申请预购商品房预告登记时提交的材料相关联，即在申请预购商品房预告登记时已经提交的材料，在申请国有建设用地使用权及地上房屋所有权转移登记时不再提交，如商品房买卖合同。买方名下的不动产登记证明是申请人不再提交申请预购商品房预告登记时已经提交的材料的凭证。载明权利人为买方的不动产登记证明，也是《不动产登记操作规范（试行）》9.3.3条第 5 项规定的申请人申请在预购商品房预告登记基础上产生的国有建设用地使用权及地上房屋所有权转移登记时应当提交的材料。

第二节　预购商品房抵押预告登记收件

《城市房地产抵押管理办法》第三条第四款规定，预购商品房贷款抵押，是指购房人在支付首期规定的房价款后，由贷款银行代其支付其余的购房款，将所购商品房抵押给贷款银行作为偿还贷款履行担保的行为。据此可知，预购商

第十三章 预告登记收件

品房抵押的抵押权人只能是银行或银行类金融机构。预购商品房抵押预告登记，是指基于预购商品房抵押合同建立的请求权申请的预告登记，旨在保障抵押权人实现合同目的，将来确定地取得该预购商品房的房屋抵押权。但笔者认为，小额贷款公司是经国家相关主管机关核准准予经营贷款业务的企业法人，也可以作预购商品房抵押预告登记的权利人，即可以作抵押权人。以预购商品房设定抵押的情形，主要出现在以按揭方式购买房屋的时候。所谓以按揭方式购买房屋，是指购房人支付预售方一定数额的购房款后，以将来获得的房屋所有权向银行或银行类金融机构、小额贷款公司作抵押获取贷款，用以支付购房款余款，银行或银行类金融机构、小额贷款公司的贷款本息按月或按季定期偿还的购房方式。

在不动产登记实务中，《不动产登记操作规范（试行）》15.1条、15.2条、15.3条和15.4条规定了预购商品房抵押预告登记设立登记、变更登记、转移登记和注销登记，并对申请人申请预购商品房抵押预告登记设立登记、变更登记、转移登记和注销登记时应当提交的材料做了规定。笔者遵从《不动产登记操作规范（试行）》的规定，分别对申请人申请预购商品房抵押预告登记设立登记、变更登记、转移登记和注销登记时应当提交的材料作阐释。

一、预购商品房抵押预告登记设立登记收件

1. 登记申请书；
2. 申请人的身份证明；
3. 抵押权人的金融许可证或准予开展贷款业务的批文；
4. 不动产登记证明；
5. 借款合同；
6. 抵押合同；
7. 当事人关于预告登记的约定；
8. 其他必要材料。

注：第5项材料中的抵押条款载明的抵押信息满足登记簿的记载需要的，无须再提交第6项材料。第7项材料适用于抵押合同中没有约定预告登记内容的情形。

说明和理由：

1. 登记申请书

按《不动产登记操作规范（试行）》15.1.2条规定，预告登记的申请主体应

当为买卖房屋或者其他不动产物权的协议的双方当事人。据此可知，预购商品房抵押预告登记设立登记的申请人为抵押合同的双方当事人，因此，预购商品房抵押预告登记设立登记的申请人为抵押权人和抵押人，即登记申请书由抵押权人和抵押人共同出具。《国土资源部关于启用不动产登记簿证样式（试行）的通知》（国土资发〔2015〕25号）附《不动产登记簿样式及使用填写说明》规定，登记簿应当记载的预购商品房抵押预告登记设立登记的内容有：权利人、义务人、预告登记种类、登记原因、不动产坐落、取得价格、被担保的主债权数额等。因此，登记申请书应当载明：权利人——抵押权人；义务人——抵押人；申请人的身份证明类型和号码；预告登记种类——预购商品房抵押预告登记设立；登记原因——抵押；预购房屋坐落；取得价格；被担保的主债权数额；不动产登记证明号码等。

2. 申请人的身份证明

申请人的身份证明为抵押权人和抵押人（预购商品房预告登记的权利人）的身份证明。

截至目前，我国的法律、法规、规章和政策没有对境外人士以其预购的商品房向境内银行作抵押获取后续购房资金贷款作禁止性规定，因此，预购商品房抵押预告登记的申请人可以是境内银行或银行类金融机构、小额贷款公司、境内和境外的自然人。不同种类的申请人，身份证明的形式也不同，主要有：

（1）境内自然人。

提交有效的居民身份证、户口簿、军官证、士兵证、文职干部证、学员证等[①]。

（2）港澳台地区自然人

港澳同胞提交香港特别行政区居民身份证或香港特别行政区护照、澳门特别行政区居民身份证或澳门特别行政区护照、港澳居民来往内地通行证。台湾同胞提交台湾居民来往大陆通行证等[②]。

（3）华侨、外籍自然人。

华侨提交中华人民共和国护照和国外长期居留身份证件。外籍自然人提交中国政府主管机关签发的居留证件或其所在国护照等[③]。《不动产登记操作规范（试行）》1.8.2.4条之3规定，外文文本的申请材料应当翻译成汉字译本，当事人应签字确认，并对汉字译本的真实性负责。据此可知，提供外文身份证明的

---

① 参见《不动产登记操作规范（试行）》1.8.4.1条之1。
② 参见《不动产登记操作规范（试行）》1.8.4.1条之2和3。
③ 参见《不动产登记操作规范（试行）》1.8.4.1条之4和5。

第十三章　预告登记收件

申请人应当同时提交申请人签字确认的该身份证明的中文译本,或提交在我国合法经营的翻译机构出具的该身份证明的中文译本。

（4）银行及银行类金融机构、小额贷款公司。

提交其合法、有效的营业执照或其登记机关出具的身份证明等。

3. 抵押权人的金融许可证或准予开展贷款业务的批文

按《商业银行法》第三条、第十六条和第九十二条、第九十三条规定,在中国境内开展贷款业务的中资银行、信用社、外资银行、中外合资银行和外国银行,须经国务院银行业监督管理机构批准并核发金融许可证。《中国银行业监督管理委员会、中国人民银行关于小额贷款公司试点的指导意见》（银监发〔2008〕23号）规定,小额贷款公司是由自然人、企业法人与其他社会组织投资设立,不吸收公众存款,经营小额贷款业务的有限责任公司或股份有限公司。申请设立小额贷款公司,应向省级政府主管部门提出正式申请,经批准后,到当地工商行政管理部门申请办理注册登记手续并领取营业执照。据此可知,国家对经营贷款业务的机构以行政许可的方式实行市场准入制度,即没有获得国家主管机关准予经营贷款业务的行政许可的机构,不得开展贷款经营业务。概言之,在不动产登记实务中,登记机构办理预购商品房抵押预告登记设立登记时,债权人即抵押权人,属于登记簿记载的内容,若债权人的名称中有"银行""信用社"字样的,须持有金融许可证且该金融许可证应当载明"经营贷款业务"。债权人名称中有"小额贷款"字样的,须持有经省级政府主管机关批准并核发准予开展贷款业务的批文。《行政许可法》第八十一条规定,当事人未经行政许可,擅自从事依法应当取得行政许可的活动的,应当受到行政处罚,甚至承担刑事责任。质言之,未获得行政许可,擅自从事依法应当取得行政许可的活动属于应当受到惩处的违法行为。《不动产登记暂行条例》第二十二条第（一）项规定,登记申请违反法律、行政法规规定的属于不予登记的情形。据此可知,申请登记的内容应当符合法律、行政法规的规定。如果银行在没有取得金融许可证,小额贷款公司在没有取得准予开展贷款业务的批文的情形下,与他人建立借贷关系设立的贷款债权属于违反《行政许可法》规定的行为,不能设立抵押权保障其实现,也不能向登记机构申请预购商品房抵押预告登记设立登记。债权人名称以其持有的营业执照等合法身份证明载明的名称为准。

4. 不动产登记证明

不动产登记证明,是指载明用于抵押的预购商品房预告登记的不动产登记证明。《不动产登记操作规范（试行）》15.1.3条第4项之（2）规定,不动产登记证明是申请人申请预购商品房抵押预告登记设立登记时应当提交的材料。据此可知，预购商品房抵押预告登记设立登记以预购商品房预告登记为前提。

按《民法典》第二百二十一条第一款规定，预告登记后，未经预告登记的权利人同意，处分该不动产的，不发生物权效力。据此可知，预购商品房预告登记后，限制卖方再将房屋处分与他人，保障预告登记的权利人（购房人）确定地取得将来房屋的所有权有了法律上的保障，从而在此基础上设立的预购商品房抵押预告登记，在房屋竣工后，抵押当事人在抵押人取得房屋所有权的基础上申请预购商品房抵押预告登记转房屋抵押权首次登记，即抵押权人最终取得房屋抵押权有了法律上的保障。在不动产登记实务中，《不动产登记暂行条例实施细则》第二十条第一款、第二款规定，不动产登记机构应当根据不动产登记簿，填写并核发不动产权属证书或者不动产登记证明。除办理抵押权登记、地役权登记和预告登记、异议登记，向申请人核发不动产登记证明外，不动产登记机构应当依法向权利人核发不动产权属证书。据此可知，登记机构在登记簿上作预购商品房预告登记记载后，应当向权利人发放不动产登记证明。因此，不动产登记证明是预购商品房已经办理预告登记的凭证，此不动产登记证明表明申请人申请预购商品房抵押预告登记的前提成立，且抵押权人最终取得房屋抵押权有了法律上的保障。

5. 借款合同和抵押合同

借款合同是申请人申请预购商品房抵押预告登记设立登记的前提，借款合同载明的借款用途须是支付预购商品房购房款。

抵押合同是申请人申请预购商品房抵押预告登记设立登记的原因凭证，抵押合同载明的抵押标的须是预购商品房，担保的债权须是购房人因支付预购商品房购房款而与银行或银行类金融机构、小额贷款公司发生的贷款债权。

借款合同和抵押合同是《不动产登记操作规范（试行）》15.1.3条第4项之（2）规定的申请人申请预购商品房抵押预告登记设立登记时应当提交的材料。

6. 当事人关于预告登记的约定

当事人关于预告登记的约定，是指当事人在抵押合同内容中载明预告登记事宜，或另外订立合同、协议专门约定预告登记事宜。在不动产登记实务中，如果当事人在抵押合同中没有约定预告登记事宜的，登记机构应当要求申请人另行提交约定预告登记事宜的合同或协议等。如果当事人在抵押合同中约定有预告登记事宜的，申请人无须再另行提交关于预告登记的约定。当事人关于预

第十三章 预告登记收件

告登记的约定，是《不动产登记操作规范（试行）》15.1.3 条第 3 项规定的申请人申请预购商品房抵押预告登记设立登记时应当提交的材料。

二、预购商品房抵押预告登记变更登记收件

1. 登记申请书；
2. 申请人的身份证明；
3. 不动产登记证明或预购商品房抵押预告登记的权利已经登记的证明；
4. 预告登记的权利发生变更的证明；
5. 其他必要材料。

说明和理由：

1. 登记申请书

预购商品房抵押预告登记变更登记，是指登记簿上记载的预告登记的权利主体（抵押权人）不变，权利内容、权利客体或其他事项变动产生的登记。

按《不动产登记操作规范（试行）》15.2.1 条规定，申请人申请预购商品房抵押预告登记变更登记的情形主要有：① 预告登记当事人姓名或名称变更；② 当事人身份证明类型或身份证明号码变更。但在不动产登记实务中，因被担保债权数额变更申请预购商品房抵押预告登记变更登记的情形时有出现，且属于登记簿记载的预告登记的权利内容，因此，被担保债权数额变更也属于申请人申请预购商品房抵押登记变更登记的情形。

《不动产登记操作规范（试行）》15.2.2 条规定，预告登记变更可以由不动产登记簿记载的当事人单方申请。据此可知，预购商品房抵押预告登记变更登记申请书可以由抵押权人或抵押人单方出具。但是，被担保债权数额属于抵押合同载明的内容，这些内容要发生变更，须抵押合同的当事人，即抵押权人与抵押人协商议定后以抵押合同变更协议的方式固定，此情形下，预购商品房抵押预告登记变更登记系基于当事人达成合意后的合同或协议产生，应当由当事人，即抵押权人与抵押人共同申请，换言之，登记申请书由抵押权人与抵押人共同出具。登记申请书应当载明：权利人——抵押权人；义务人——抵押人；申请人的身份证明类型和号码；预告登记种类——预购商品房抵押预告登记变更；登记原因——变更事由；变更前的预告登记事项和变更后的预告登记事项；不动产登记证明号码等。

2. 不动产登记证明或预购商品房抵押预告登记的权利已经登记的证明

（1）不动产登记证明。

不动产登记证明，是指记载有欲变更的预购商品房抵押预告登记的不动产

登记证明。要求申请人提交不动产登记证明：一是表明欲变更的预告登记的权利已经记载在登记簿上，申请变更登记的前提成立；二是便于登记机构结合申请人提交的身份证明，判定变更登记申请人是否适格；三是变更登记被记载在登记簿上后，登记机构将基于登记簿的记载向权利人颁发新的不动产登记证明，原不动产登记证明由登记机构收回归档，以免流失社会造成负面影响。其中，证明申请变更登记的前提成立是最主要的目的。

（2）预购商品房抵押预告登记的权利已经登记的证明。

预购商品房抵押预告登记的权利已经登记的证明，主要指记载有欲变更的预告登记的权利的登记簿打印件、复印（制）件，或登记机构存档的预购商品房抵押预告登记的登记材料等。预购商品房抵押预告登记中的变更事项，即使以合同或协议的形式明确，也是抵押当事人（即登记簿上记载的预告登记的权利人和义务人）间实施的法律行为，且预购商品房抵押预告登记的权利已经登记的证明能够证明申请变更登记的前提成立。因此，申请人申请预购商品房抵押预告登记变更登记时，因不动产登记证明遗失或毁损而不能提交的，可以提交预购商品房抵押预告登记的权利已经登记的证明代替之，变更登记完成后，未收回的不动产登记证明由登记机构在其门户网站或当地公开发行的报刊上公告作废，以免除或减轻其流失社会造成的负面影响。

《不动产登记暂行条例实施细则》第二十三条规定，因不动产权利灭失等情形，不动产登记机构需要收回不动产权属证书或者不动产登记证明的，应当在不动产登记簿上将收回不动产权属证书或者不动产登记证明的事项予以注明；确实无法收回的，应当在不动产登记机构门户网站或者当地公开发行的报刊上公告作废。其中的"不动产权利灭失"，包括不动产权利的绝对灭失和相对灭失。不动产权利的绝对灭失，是指不动产权利随不动产实体的消灭而永久消灭，或者随依附的主权利、主债权的消灭而消灭。与之对应的是不动产权利的相对灭失：一是不动产权利因转移给他人而使原权利人的权利灭失，他人在此灭失的基础上设立属于自己的不动产权利；二是不动产权利因不动产实体灭失外的申请注销登记的事由成就完成注销登记而灭失（如权利人抛弃不动产权利申请注销登记后，该权利人享有的不动产权利灭失，但该不动产权利本身并不消灭，而其归属处于待定状态，故此情形属于不动产权利的相对灭失）；三是不动产权利内容发生变更，变更前的不动产权利内容因变更的完成而消灭，不动产权利的新内容因变更的完成而产生。据此可知，预购商品房抵押预告登记变更登记完成后，原权利相应的权利内容灭失，新的权利内容产生，不能收回的载明该灭失权利内容的不动产登记证明，应当由登记机构公告作废。

第十三章 预告登记收件

3. 预告登记的权利发生变更的证明

预告登记的权利发生变更的证明,是申请人申请预购商品房抵押预告登记变更登记的原因凭证。预告登记的权利发生变更的证明主要有:

(1) 当事人姓名或名称发生变更的证明。

① 境内自然人。

a) 当事人户口簿或身份证上的姓名变更。

《户口登记条例》第三条和第十八条规定,户口登记工作由各级公安机关负责,公民姓名变更的应当申请变更登记。《居民身份证法》第六条和第十一条规定,居民身份证由公安机关统一制作、发放。居民身份证有效期满、公民姓名变更或者证件严重损坏不能辨认的,应当申请换领新证。因此,当事人姓名变更的证明主要有户口簿,上面有当事人曾用名和现用名的记载。也可以是公安机关出具的其他有关当事人更名的证明,如因姓名变更换领身份证的证明等。

b) 当事人军官证、士兵证、学员证等非居民身份证件上的姓名变更。

当事人姓名变更的证明分别由军官证、士兵证、学员证等非居民身份证件的发证机关出具。

② 港澳台地区自然人。

港澳同胞提交经我国司法部委托的律师出具的姓名变更事项公证书[①]。此公证书须加盖中国法律服务(香港)有限公司、中国法律服务(澳门)有限公司转递章。也可以提交我国公证机构出具的姓名变更事项公证书。

台湾同胞提交经大陆公证机构出具的姓名变更事项公证书,或台湾公证机构出具的姓名变更事项公证书[②]。台湾公证机构出具的公证书须经大陆相关机构认证(一般由省级公证协会认证)。

③ 持护照或居留证件的自然人。

a) 持中华人民共和国护照的自然人。

《护照法》第四条规定,普通护照由公安部出入境管理机构或者公安部委托的县级以上地方人民政府公安机关出入境管理机构以及中华人民共和国驻外使馆、领馆和外交部委托的其他驻外机构签发。外交护照由外交部签发。公务护照由外交部、中华人民共和国驻外使馆、领馆或者外交部委托的其他驻外机构以及外交部委托的省、自治区、直辖市和设区的市人民政府外事部门签发。该法第十条规定,护照持有人所持护照的登记事项发生变更时,应当持相关证明材料,向护照签发机关申请护照变更加注。据此可知,我国护照的持有人姓名变更的证明应当区分普通护照、外交护照和因公护照,由相应的签发机关出具。

[①] 参见《烟台市房屋登记规则(暂行)》第十条第(三)项。
[②] 参见《烟台市房屋登记规则(暂行)》第十条第(四)项。

b）持中国政府主管机关签发的居留证件的自然人。

《外国人在中国永久居留审批管理办法》第二十二条规定，《外国人永久居留证》有效期满、内容变更、损坏或者遗失的，持证人应当向其长期居留地的设区的市级人民政府公安机关或者直辖市公安分、县局申请换发或者补发。据此可知，我国居留证件的持有人姓名变更的证明由县级以上公安机关出具。

c）持所在国护照的自然人。

所在国护照的持有人姓名变更的证明为经我国驻外使（领）馆认证的，所在国公证机构出具的姓名变更事项公证书[①]。同时附申请人签字确认的该公证书的中文译本，或提交在我国合法经营的翻译机构出具的该公证书的中文译本。也可以提交我国驻外使（领）馆出具的姓名变更事项公证书。

④ 企业法人或企业性质的非法人组织。

《企业名称登记管理规定》第三条、第四条和第二十二条规定，企业名称须在其申请登记时由工商行政管理机关核准。企业名称经核准登记注册后，无特殊原因在一年内不得申请变更。质言之，企业名称的起用及起用后的变更，均须企业登记机关核准。因此，企业法人和企业性质的非法人组织名称变更的证明由企业登记机关出具。

在不动产登记实务中，申请人提交的企业法人或企业性质的非法人组织名称变更的证明，常常是企业登记机关出具的"更名通知单"。该"更名通知单"能清晰地反映申请人变更前的名称和变更后的名称，登记机构应当用作登记材料。

（2）当事人身份证明类型或身份证明号码发生变更的证明。

① 境内自然人因居民身份证号码变动，申请变更登记时，应当提交公安机关出具的，能证明原身份证明与现身份证明上记载的主体为同一人的书面材料，如居民身份证号码变更证明等。也可以是当事人自己出具的身份证明号码变动情况说明，此情形下，登记机构宜将变更登记内容予以公告，以查明变更登记的真实性，但该公告系由登记机构自行启动，公告期间应当计入登记办理时限。

② 申请预购商品房抵押预告登记设立登记时使用军官证、士兵证、学员证等非居民身份证件的，当事人换发并持有居民身份证件后，申请因证件类型或号码变更产生的变更登记时，应当提交公安机关出具的原非居民身份证件与现时的居民身份证件的主体系同一人的证明。当事人户籍所在退役军人事务要机关、县级以上人民武装部出具的原军人身份证件与现时的居民身份证件的主体系同一人的证明也可以用作登记材料。

③ 我国内地居民取得港澳居民身份证后，申请因身份证明类型或身份证明

---

① 参见《烟台市房屋登记规则（暂行）》第十条第（五）项。

第十三章 预告登记收件

号码变更产生的变更登记时,应当提交经我国司法部委托的律师出具的身份证明类型或身份证明号码变更事项公证书[1],并加盖"中国法律服务(香港)有限公司"转递章,或提交公安机关出具的变更证明。

④ 我国大陆居民取得台湾居民身份证后,申请因身份证明类型或身份证明号码变更产生的变更登记时,应当提交大陆公证机构出具的身份证明类型或身份证明号码变更事项公证书,或台湾公证机构出具的身份证明类型或身份证明号码变更事项公证书。台湾公证机构出具的公证书须经大陆相关机构认证(一般由省级公证协会认证)。也可以提交公安机关出具的变更证明[2]。

⑤ 境内自然人取得外国身份证后,申请因身份证明类型或身份证明号码变更产生的变更登记时,应当提交我国驻外使(领)馆出具的身份证明类型或身份证明号码变更事项公证书,或提交经我国驻外使(领)馆认证的,所在国家公证机构出具的身份证明类型或身份证明号码变更事项公证书[3],并附申请人签字确认的该公证书的中文译本,或提交在我国合法经营的翻译机构出具的该公证书的中文译本。

⑥ 我国境内企业法人、企业性质的非法人组织因身份证明类型或身份证明号码变动,申请变更登记时,应当提交营业执照颁发机关出具的,能证明原身份证明与现身份证明上记载的主体为同一人的书面材料,如企业登记机关出具的营业执照号码变更证明等。

(3)被担保债权数额变更的证明为当事人达成的抵押合同变更协议,此合同或协议应当载明变更前的被担保债权数额和变更后的被担保债权数额等。

三、预购商品房抵押预告登记转移登记收件

1. 登记申请书;
2. 申请人的身份证明;
3. 不动产登记证明;
4. 预告登记的权利发生转移的证明;
5. 其他必要材料。

说明和理由:

1. 登记申请书

预购商品房抵押预告登记转移登记,是指登记簿上记载的预告登记的权利

---

[1] 参见《烟台市房屋登记规则(暂行)》第十条第(三)项。
[2] 参见《烟台市房屋登记规则(暂行)》第十条第(四)项。
[3] 参见《烟台市房屋登记规则(暂行)》第十条第(五)项。

主体（抵押权人）发生变动，而权利内容、权利客体和其他事项不变产生的登记。《不动产登记操作规范（试行）》仅在15.3.1条规定了因主债权转移属于预购商品房抵押预告登记转移登记的情形，但笔者认为预告登记权利人（抵押权人）合并或分立、被撤销或解散是产生预购商品房抵押预告登记转移登记的情形。因此，预购商品房抵押预告登记转移登记的申请方式主要有：

（1）权利人合并、分立的情形。

《民法典》第六十七条第一款规定，法人合并的，其权利和义务由合并后的法人享有和承担。据此可知，法人或非法人组织合并的，被合并的法人或非法人组织享有的权利由并入后的法人或非法人组织享有。因此，基于权利人合并（兼并）申请的预购商品房抵押预告登记转移登记，由并入后的权利人单方申请，即登记申请书由权利的取得方单方出具。

《民法典》第六十七条第二款规定，法人分立的，其权利和义务由分立后的法人享有连带债权，承担连带债务，但是债权人和债务人另有约定的除外。据此可知，法人或非法人组织分立后，分立前的法人或非法人组织享有的尚未实现的连带债权，分立后新产生的法人或非法人组织尚且有权享有，那么，分立前的法人或非法人组织享有的权利，分立后新产生的法人或非法人组织更可以享有。法人分立、合并时，不影响原有权利义务的享有和承担①。因此，法人或非法人组织分立的，可以约定原法人或非法人组织享有的权利归分立后新产生的法人或非法人组织。故因权利人分立申请的转移登记，由权利的失去方与取得方共同申请，即登记申请书由权利的失去方和取得方共同出具。

主债权转移，属于当事人因合同或协议产生的法律行为，由此导致的预购商品房抵押预告登记转移登记，由债权的转让人和受让人共同申请，即登记申请书由预告登记的权利的取得方与失去方共同出具。

登记申请书应当载明：权利的取得方与失去方；申请人的身份证明类型和号码；登记类型——预购商品房抵押预告登记转移；登记原因——权利人分立（或合并）；不动产登记证明号码等。

（2）权利人被撤销、解散的情形。

《商业银行法》第六十九条第二款规定，商业银行解散的，应当依法成立清算组，进行清算，该法第七十条规定，银行被撤销时，银行业监督管理机构应当依法及时组织成立清算组，进行清算。按《公司法》第一百八十一条、第一百八十四条和第一百八十五条规定，小额贷款公司因被吊销营业执照、被撤销

---

① 梁慧星：《中国民法典草案建议稿附理由：总则编》，法律出版社2004年版，第109页。

第十三章 预告登记收件

等事由解散的,应当组织清算。故因预告登记权利人(抵押权人)被撤销或解散申请的转移登记由清算机构与权利取得方共同申请。

登记申请书应当载明:权利的取得方与失去方;申请人的身份证明类型和号码;登记类型——预购商品房抵押预告登记转移;登记原因——权利人被撤销或解散;不动产登记证明号码等。

2. 申请人的身份证明

(1)因预告登记权利人(抵押权人)合并申请的转移登记,申请人的身份证明为预告登记的权利的取得方的身份证明。

(2)因预告登记权利人(抵押权人)分立申请的转移登记,申请人的身份证明为预告登记的权利的取得方和失去方的身份证明。

(3)因预告登记权利人(抵押权人)被撤销或解散申请的转移登记,申请人的身份证明为预告登记权利人(抵押权人)的清算组织成立的证明和权利取得人的身份证明。由抵押权人自行清算的,清算组织成立的证明由抵押权人出具;由决定撤销或解散抵押权人的组织负责清算的,清算组织成立的证明由该组织出具。

3. 不动产登记证明

不动产登记证明,是指记载有欲转移的预购商品房抵押预告登记的不动产登记证明。要求申请人提交不动产登记证明:一是表明欲转移的预告登记的权利已经记载在登记簿上,申请转移登记的前提成立;二是便于登记机构结合申请人提交的身份证明,判定作为转移登记申请人之一的权利失去方是否适格;三是转移登记被记载在登记簿上后,登记机构将基于登记簿的记载向权利取得方颁发新的不动产登记证明,原不动产登记证明由登记机构收回归档,以免流失社会造成负面影响。其中,证明申请转移登记的前提成立是最主要的目的。

在不动产登记实务中,如果当事人因不动产登记证明遗失或毁损而不能提交的,因预告登记权利人合并或分立、预告登记权利人被撤销或解散进行清算等,关系到对预告登记权利的处分,故均须以不动产登记证明表征权利的存在,并在此基础上建立使权利发生转移的法律关系,因此,申请人申请此类转移登记时,应当提交不动产登记证明,不能提交记载有欲转移的预购商品房抵押预告登记的登记簿打印件、复印(制)件,或登记机构存档的预购商品房抵押预告登记的登记材料复印件等预购商品房抵押预告登记的权利已经登记的证明代替。若权利人遗失或毁损不动产登记证明的,应当告知申请人按《不动产登记暂行条例实施细则》第二十二条第二款的规定补证后,再按程序申请预购商品房抵押预告登记转移登记。

4. 预告登记的权利发生转移的证明

预告登记的权利发生转移的证明，是申请人申请预购商品房抵押预告登记转移登记的原因凭证。

一般情形下，作为预告登记权利人（抵押权人）被撤销，是基于其上级组织的决定或国家公权机关的决定。而合并、分立、解散则可以是基于其上级组织的决定或国家公权机关的决定，也可以是基于权利人共同签订的协议或共同作出的决定。故预告登记的权利发生转移的证明：一是预告登记的权利人合并的，预告登记的权利发生转移的证明为其合并的决定、协议等；二是预告登记的权利人（抵押权人）分立的，预告登记的权利发生转移的证明为其分立的决定、协议和明确预告登记权利归属的材料等；三是预告登记的权利人（抵押权人）被撤销、解散的，预告登记的权利发生转移的证明为作出撤销、解散决定的国家机关或上级组织明确预告登记的权利归属的证明，或其清算组织关于预告登记的权利归属的决定等；四是债权转让方与债权受让方签订的债权转让合同或协议。

四、预购商品房抵押预告登记注销登记收件

1. 登记申请书；
2. 申请人的身份证明；
3. 不动产登记证明或预购商品房抵押预告登记的权利已经登记的证明；
4. 预告登记的权利消灭的证明；
5. 其他必要材料。

说明和理由：

1. 登记申请书

预购商品房抵押预告登记注销登记，是指记载在登记簿上的预购商品房抵押预告登记，因使其消灭的情形（或法定事实）成就而对其予以涂销使其失去法律效力的登记。

《不动产登记暂行条例实施细则》和《不动产登记操作规范（试行）》没有规定产生预购商品房抵押预告登记注销登记的情形，但笔者认为产生预购商品房抵押预告登记注销登记的情形主要有：① 被担保的主债权消灭，即借款人清结债务而终止借款合同或借款合同被解除、被撤销、被宣告无效等；② 预告登记的权利人放弃权利；③ 预告登记的权利已经实现，即已经完成由预购商品房抵押预告登记转化为房屋抵押权首次登记；④ 生效的导致预购商品房抵押预告登记无效的法律文书。

第十三章 预告登记收件

笔者认为：① 基于借款人清结债务而终止合同、借款合同因当事人协商而解除，是当事人的意思表示一致的结果。生效的终止或解除借款合同的民事调解书、仲裁调解书，是当事人在人民法院或仲裁机构的调解下达成的协议，属于意思表示一致的终止、解除借款合同的情形。故此类预购商品房抵押预告登记注销登记由当事人共同申请，即登记申请书由抵押权人和抵押人共同出具。② 预告登记权利人放弃权利是基于权利人单方的意思表示，故注销登记由抵押权人单方申请，即登记申请书由抵押权人单方出具。③ 借款合同被人民法院、仲裁机构生效的民事判决书、执行裁定书或仲裁裁决书解除、撤销或宣告无效，生效的民事判决书、执行裁定书或仲裁裁决书确认预购商品房抵押预告登记无效，是由法定的国家公权机关的强制力所为，而非当事人意思表示一致的结果，故此类预购商品房抵押预告登记注销登记由当事人中的一方单方申请即可，即登记申请书由抵押权人或抵押人单方出具。④ 预购商品房抵押预告登记转化为房屋抵押权首次登记而使预告登记的目的实现，房屋抵押权首次登记完成后，之前的预购商品房抵押预告登记自行注销，抵押当事人无须另行申请预购商品房抵押预告登记注销登记。

登记申请书应当载明：预告登记的权利人和义务人；申请人的身份证明类型和号码；登记类型——预购商品房抵押预告登记注销；登记原因——生效的法律文书（或借款合同被解除、被撤销、被宣告无效等）；不动产登记证明号码等。

2. 不动产登记证明或预购商品房抵押预告登记的权利已经登记的证明

（1）不动产登记证明。

不动产登记证明，是指载明欲注销的预购商品房抵押预告登记的权利的不动产登记证明。要求申请人提交不动产登记证明：一是表明欲注销的预告登记的权利已经记载在登记簿上，申请注销登记的前提成立；二是便于登记机构结合申请人提交的身份证明，判定注销登记申请人是否适格；三是注销登记被记载在登记簿上后，不动产登记证明表征的权利已经消灭，该证明失去权利表征作用，由登记机构收回归档，以免流失社会造成负面影响。其中，证明申请注销登记的前提成立是最主要的目的。

（2）预购商品房抵押预告登记的权利已经登记的证明。

预购商品房抵押预告登记的权利已经登记的证明，主要指记载有预购商品房抵押预告登记的登记簿打印件、复印（制）件，或登记机构存档的预购商品房抵押预告登记的登记材料复印件等。

在不动产登记实务中，申请人申请预购商品房抵押预告登记注销登记，是消灭预告登记的权利的登记，预购商品房抵押预告登记的权利已经登记的证明能够证明申请注销登记的前提成立。因此，申请人申请注销登记时因不动产登记证明遗失或毁损而不能提交的，可以提交预购商品房抵押预告登记的权利已经登记的证明代替因遗失或毁损而不能提交的不动产登记证明，注销登记完成后，未收回的不动产登记证明由登记机构在其门户网站或当地公开发行的报刊上公告作废，以免除或减轻其流失社会产生的负面影响。

《不动产登记暂行条例实施细则》第二十三条规定，因不动产权利灭失等情形，不动产登记机构需要收回不动产权属证书或者不动产登记证明的，应当在不动产登记簿上将收回不动产权属证书或者不动产登记证明的事项予以注明；确实无法收回的，应当在不动产登记机构门户网站或者当地公开发行的报刊上公告作废。其中的"不动产权利灭失"，包括不动产权利的绝对灭失和相对灭失。不动产权利的绝对灭失，是指不动产权利随不动产实体的消灭而永久消灭，或者随依附的主权利、主债权的消灭而消灭。与之对应的是不动产权利的相对灭失：一是不动产权利因转移给他人而使原权利人的权利灭失，他人在此灭失的基础上设立属于自己的不动产权利；二是不动产权利因不动产实体灭失外的申请注销登记的事由成就完成注销登记而灭失（如权利人抛弃不动产权利申请注销登记后，该权利人享有的不动产权利灭失，但该不动产权利本身并不消灭，而其归属处于待定状态，故此情形属于不动产权利的相对灭失）；三是不动产权利内容发生变更，变更前的不动产权利内容因变更的完成而消灭，不动产权利的新内容因变更的完成而产生。据此可知，预购商品房抵押预告登记注销登记完成后，权利人的权利灭失，不能收回的载明该灭失权利的不动产登记证明，应当由登记机构公告作废。

3. 预告登记的权利消灭的证明

预告登记的权利消灭的证明，是申请人申请预购商品房抵押预告登记注销登记的原因凭证。

根据申请人申请注销登记的情形，预告登记的权利消灭的证明主要有：① 债权人出具的债务清结证明或当事人签订的借款合同终止协议；② 借款合同解除协议；③ 解除、撤销或宣告借款合同无效的生效的民事判决书、执行裁定书、民事调解书、仲裁裁决书、仲裁调解书；④ 预告登记权利人放弃权利的声明或决定；⑤ 生效的确认预购商品房抵押预告登记无效的民事判决书、执行裁定书、仲裁裁决书等。

第十三章 预告登记收件

五、预购商品房抵押预告登记转房屋抵押权首次登记收件

1. 登记申请书;
2. 申请人的身份证明;
3. 不动产权属证书;
4. 不动产登记证明或预购商品房抵押已经办理预告登记的证明;
5. 其他必要材料。

说明和理由:

1. 登记申请书

预购商品房抵押预告登记与房屋抵押权首次登记,属于两种不同的但又相关联的不动产登记类型。前者不产生抵押权的效力,只起限制抵押人将此房屋再处分给他人,保障抵押权人确定地取得将来房屋的抵押权的效力。后者产生使房屋抵押权设立的效力。此处的房屋抵押权,包括房屋一般抵押权和房屋最高额抵押权。因此,预购商品房抵押预告登记与房屋抵押权首次登记适用不同的登记程序,预购商品房抵押预告登记转房屋抵押权首次登记适用国有建设用地及地上房屋抵押权首次登记程序,登记申请书由抵押权人与抵押人共同出具。登记申请书应当载明:抵押权人;抵押人;申请人的身份证明类型和号码;抵押不动产的类型——土地及地上房屋;抵押方式——一般抵押权(或最高额抵押权);登记类型——首次登记;登记原因——因合同设立(借款);被担保主债权的数额(或最高债权数额);债务履行期限(或债权确定期间)等。

一般情形下,被担保主债权的数额(或最高债权数额)、债务履行期限(或债权确定期间),以登记簿上载明的为准。

2. 不动产权属证书

不动产权属证书,是指登记在抵押人名下的国有建设用地使用权及地上房屋所有权的不动产权属证书。此国有建设用地使用权及地上房屋所有权系作为预购商品房抵押预告登记对象的预购商品房经过转移登记取得的。不动产权属证书是《不动产登记暂行条例实施细则》第六十六条和第七十一条规定的申请人申请国有建设用地及地上房屋抵押权首次登记时应当提交的材料。

3. 不动产登记证明或预购商品房抵押已经办理预告登记的证明

不动产登记证明,是指载明预购商品房抵押预告登记的权利的不动产登记证明。

如前所述,预购商品房抵押预告登记与国有建设用地及地上房屋抵押权首次登记,属于两种不同的但又相关联的不动产登记类型,基于此相关性,申请

人申请在预购商品房抵押预告登记基础上产生的国有建设用地及地上房屋抵押权首次登记时应当提交的材料，应当与之前申请预购商品房抵押预告登记时提交的材料相关联，即在申请预购商品房抵押预告登记时已经提交的材料，在申请国有建设用地及地上房屋抵押权首次登记时不再提交，如借款合同、抵押合同等。不动产登记证明是申请人不再提交申请预购商品房抵押预告登记时已经提交的材料的凭证。

在不动产登记实务中，有的抵押权人基于种种原因不能提交不动产登记证明，也没有法律、法规、规章或政策规定申请人申请预购商品房抵押预告登记转国有建设用地及地上房屋抵押权首次登记时必须提交不动产登记证明，故此情形下，登记机构可以允许申请人提交载明预购商品房抵押预告登记的登记簿打印件或复制件、不动产登记证明复印件或复制件等预购商品房抵押已经办理预告登记的证明代替不能提交的不动产登记证明，国有建设用地及地上房屋抵押权首次登记完成后，未收回的不动产登记证明，由登记机构在其门户网站或当地公开发行的报刊上公告作废，以免除或减轻其流失社会造成的负面影响。

《不动产登记暂行条例实施细则》第二十三条规定，因不动产权利灭失等情形，不动产登记机构需要收回不动产权属证书或者不动产登记证明的，应当在不动产登记簿上将收回不动产权属证书或者不动产登记证明的事项予以注明；确实无法收回的，应当在不动产登记机构门户网站或者当地公开发行的报刊上公告作废。其中的"不动产权利灭失"，包括不动产权利的绝对灭失和相对灭失。不动产权利的绝对灭失，是指不动产权利随不动产实体的消灭而永久消灭，或者随依附的主权利、主债权的消灭而消灭。与之对应的是不动产权利的相对灭失：一是不动产权利因转移给他人而使原权利人的权利灭失，他人在此灭失的基础上设立属于自己的不动产权利；二是不动产权利因不动产实体灭失外的申请注销登记的事由成就完成注销登记而灭失（如权利人抛弃不动产权利申请注销登记后，该权利人享有的不动产权利灭失，但该不动产权利本身并不消灭，而其归属处于待定状态，故此情形属于不动产权利的相对灭失）；三是不动产权利内容发生变更，变更前的不动产权利内容因变更的完成而消灭，不动产权利的新内容因变更的完成而产生。据此可知，预购商品房抵押预告登记转国有建设用地使用权及地上房屋所有权的抵押权登记完成后，权利人预告登记的权利灭失，不能收回的载明该灭失权利的不动产登记证明，应当由登记机构公告作废。

第十三章 预告登记收件

第三节 不动产转移预告登记收件

不动产转移预告登记，是指基于不动产转移合同建立的请求权申请的预先登记，旨在保障不动产的取得方实现合同目的，将来确定地取得该不动产的物权。如甲欲购买乙的房屋，乙因种种原因须在房屋买卖成交1年后才向甲交付房屋，但又担心办理转移登记手续后，甲要求其交付房屋。甲又非常想买乙的房屋。甲、乙为了实现各自的目的，签订了房屋买卖合同，约定甲在1年后向乙交付房屋，由甲、乙共同申请房屋所有权转移预告登记。

在不动产登记实务中，《不动产登记暂行条例实施细则》第八十七条规定了申请人申请不动产转移预告登记设立登记时应当提交的材料。《不动产登记操作规范（试行）》15.1条、15.2条、15.3条和15.4条规定了申请人申请不动产转移预告登记设立登记、变更登记、转移登记和注销登记时应当提交的材料。笔者遵从《不动产登记暂行条例实施细则》和《不动产登记操作规范（试行）》的规定，分别对申请人申请不动产转移预告登记设立登记、变更登记、转移登记和注销登记时应当提交的材料作阐释。

一、不动产转移预告登记设立登记收件

1. 登记申请书；
2. 申请人的身份证明；
3. 不动产权属证书；
4. 不动产转移合同或协议；
5. 当事人关于预告登记的约定；
6. 其他必要材料。

注：第5项材料适用于不动产转移合同中没有约定预告登记内容的情形。

说明和理由：

1. 登记申请书

不动产转移预告登记设立登记，是指不动产的失去方和取得方，在签订不动产转移合同或协议后，办理不动产转移登记前，为了保障取得方在将来确定地取得不动产的物权而预先申请的登记。按《不动产登记操作规范（试行）》15.1.2条规定，预告登记的申请主体应当为买卖房屋或者其他不动产物权的合同、协议的双方当事人。据此可知，不动产转移预告登记设立登记由不动产的失去方和取得方共同申请，即登记申请书由失去方和取得方共同出具。登记申

请书应当载明：权利人——权利的取得方；义务人——权利的失去方；申请人的身份证明类型和号码；登记类型——不动产转移预告登记设立；登记原因——买卖（或赠与、投资入股等）；不动产单元号码；不动产权属证书号码等。

2. 申请人的身份证明

不动产转移预告登记设立登记由不动产物权的失去方和取得方共同申请，故申请人的身份证明为不动产物权失去方与取得方的身份证明。

不动产转移的当事人可以为自然人、法人及非法人组织，换言之，不动产转移预告登记设立登记的申请人可以为自然人、法人及非法人组织。不同种类的申请人，身份证明也不同，主要有：

（1）境内自然人。

提交有效的居民身份证、户口簿、军官证、士兵证、文职干部证、学员证等①。

（2）港澳台地区自然人。

港澳同胞提交香港特别行政区居民身份证或香港特别行政区护照、澳门特别行政区居民身份证或澳门特别行政区护照、港澳居民来往内地通行证。台湾同胞提交台湾居民来往大陆通行证等②。

（3）华侨、外籍自然人。

华侨提交中华人民共和国护照和国外长期居留身份证件。外籍自然人提交中国政府主管机关签发的居留证件或其所在国护照等③。《不动产登记操作规范（试行）》1.8.2.4条之3规定，外文文本的申请材料应当翻译成汉字译本，当事人应签字确认，并对汉字译本的真实性负责。据此可知，提供外文身份证明的申请人应当同时提交申请人签字确认的该身份证明的中文译本，或提交在我国合法经营的翻译机构出具的该身份证明的中文译本。

（4）境内法人或非法人组织。

提交机关法人设立文件、事业单位法人资格证、社会团体法人登记证书、营业执照等④。

特别说明：

按《事业单位登记管理暂行条例》第三条、第五条和第八条规定，事业单位经主管部门批准成立后，须经县级以上人民政府机构编制管理机关登记并颁发《事业单位法人证书》。按《社会团体登记管理条例》第三条、第六条和第十五条规定，社会团体经其业务主管机关批准，并经县级以上人民政府民政机

---

① 参见《不动产登记操作规范（试行）》1.8.4.1条之1。
② 参见《不动产登记操作规范（试行）》1.8.4.1条之2和3。
③ 参见《不动产登记操作规范（试行）》1.8.4.1条之4和5。
④ 参见《房地产登记技术规程》附录B.0.10条。

第十三章 预告登记收件

关登记，领取《社会团体法人登记证书》。《公司法》第七条规定，依法设立的公司，由公司登记机关发给公司营业执照。公司自营业执照签发时成立。《个人独资企业法》第十二条和第十三条规定，登记机关应当在收到个人独资企业设立申请文件之日起十五日内，对符合该法规定条件的，予以登记，发给营业执照。企业自营业执照签发时成立。《合伙企业法》第十条和第十一条规定，申请人提交的登记申请材料齐全、符合法定形式，企业登记机关能够当场登记的，应予当场登记，发给营业执照。企业自营业执照签发时成立。据此可知，事业单位法人、社会团体法人、企业法人及企业性质的非法人组织须经相关机关登记，故其身份证明，除法人资格证、营业执照外，还可以是其登记机构出具的有关身份证明的文件或书面材料，如县级以上人民政府机构编制管理机关批准或准予事业单位撤、并、转或设立的文件；再如企业登记机关出具的"兹证明某不动产登记代理公司系经我局登记成立的公司法人"等。

（5）港澳地区法人。

提交经我国司法部委托的律师出具的公证书公证的商业登记证，且加盖中国法律服务（香港）有限公司、中国法律服务（澳门）有限公司转递章。也可以提交我国公证机构出具的商业登记证公证书。

（6）台湾地区法人。

提交企业登记证或注册证[①]，但须经大陆公证机构公证，或经台湾公证机构公证。台湾公证机构出具的公证书须经大陆相关机构认证（一般由省级公证协会认证）。

（7）外国法人、组织。

提交经我国驻外使（领）馆认证的，所在国家公证机构公证的身份证明[②]。或提交我国驻外使（领）馆办理公证的身份证明。《不动产登记操作规范（试行）》1.8.2.4条之3规定，外文文本的申请材料应当翻译成汉字译本，当事人应签字确认，并对汉字译本的真实性负责。据此可知，提供外文身份证明的申请人应当同时提交附申请人签字确认的该公证书的中文译本，或提交在我国合法经营的翻译机构出具的该公证书的中文译本。

3. 不动产权属证书

不动产权属证书，是指记载有欲转移的不动产权利的不动产权属证书。要求申请人提交不动产权属证书：一是表明欲转移的不动产权利已经记载在登记簿上，申请不动产转移预告登记的前提成立；二是便于登记机构结合申

---

① 参见《广州市城镇房地产登记技术规范》二十七条。
② 参见《广州市城镇房地产登记技术规范》二十七条。

请人提交的身份证明,判定作为预告登记申请人之一的失去方是否适格。其中,证明申请预告登记的前提成立是最主要的目的。按《不动产登记暂行条例实施细则》第一百零五条第一款规定,本实施细则施行前,依法核发的各类不动产权属证书继续有效。故此处的不动产权属证书,包括不动产统一登记前权利人合法持有的《国有土地使用权证》《房屋所有权证》《林权证》《海域使用权证书》等。

如果申请人申请不动产转移预告登记时,因不动产权属证书遗失或毁损而不能提交的,由于不动产转移预告登记设立登记是因转移不动产物权而产生,关系到失去方对不动产物权的处分,须以不动产权属证书表征物权的存在,并在此基础上与他人协商建立使不动产物权发生转移的法律关系,换言之,不动产转移预告登记设立登记,是因转移不动产物权的法律关系产生的登记,因此,申请人申请不动产转移预告登记设立登记时,应当提交失去方名下的不动产权属证书,不能提交记载有欲转移的不动产权利的登记簿打印件、复印(制)件,或登记机构存档的不动产权利的登记材料复印件等不动产权利已经登记的证明代替。申请人因遗失或毁损不动产权属证书而不能提交的,登记机构应当告知其按《不动产登记暂行条例实施细则》第二十二条第二款规定补证后,再按程序申请不动产转移预告登记设立登记。

4. 不动产转移合同或协议

不动产转移合同或协议,是申请人申请不动产转移预告登记设立登记的原因凭证。

不动产转移合同,是指取得方和失去方签订的转移不动产权利,从而变动不动产权利主体的合同,如土地承包经营权转让合同、林权赠与合同、房地产投资入股合同、夫妻财产分割协议等。

5. 当事人关于预告登记的约定

当事人关于预告登记的约定,是指当事人在不动产转移合同内容中载明预告登记事宜,或另外订立合同或协议约定预告登记事宜。在不动产登记实务中,如果当事人在不动产转移合同或协议中没有约定预告登记事宜的,登记机构应当要求申请人提交当事人另行约定预告登记事宜的合同或协议;如果当事人在不动产转移合同或协议中约定有预告登记事宜的,申请人无须另行提交关于预告登记的约定。

二、不动产转移预告登记变更登记收件

1. 登记申请书;

第十三章　预告登记收件

2. 申请人的身份证明；
3. 不动产登记证明或不动产转移预告登记的权利已经登记的证明；
4. 预告登记的内容发生变更的证明；
5. 其他必要材料。

说明和理由：

1. 登记申请书

不动产转移预告登记变更登记，是指登记簿上记载的不动产转移预告登记的权利主体不变，权利内容、权利客体和其他事项变动产生的登记。

《不动产登记操作规范（试行）》15.2.2条规定，预告登记变更可以由不动产登记簿记载的当事人单方申请。据此可知，不动产转移预告登记变更登记可以由预告登记的权利人或义务人单方申请，因此，变更登记申请书由预告登记的权利人或义务人单方出具。登记申请书应当载明：权利人——权利的取得方；义务人——权利的失去方；申请人的身份证明类型和号码；预告登记种类——不动产转移预告登记变更；登记原因——变更事由；变更前的预告登记事项和变更后的预告登记事项；不动产登记证明号码等。

2. 申请人的身份证明

不动产转移预告登记变更登记由预告登记的权利人或义务人单方申请，故申请人的身份证明为预告登记权利人或义务人的身份证明。

3. 不动产登记证明或不动产转移预告登记的权利已经登记的证明

（1）不动产登记证明。

不动产登记证明，是指记载有欲变更的预告登记的权利的不动产登记证明。要求申请人提交不动产登记证明：一是证明欲变更的预告登记的权利已经记载在登记簿上，申请变更登记的前提成立；二是便于登记机构结合申请人提交的身份证明，判定变更登记申请人是否适格，由此申请的变更登记可否受理；三是变更登记被记载在登记簿上后，登记机构将基于登记簿的记载向权利人颁发新的不动产登记证明，旧的不动产登记证明由登记机构收回归档，以免流失社会造成负面影响。其中，证明申请变更登记的前提成立是最主要的目的。

（2）不动产转移预告登记的权利已经登记的证明。

不动产转移预告登记的权利已经登记的证明，主要指记载有欲变更的预告登记的权利的登记簿打印件、复印（制）件，或登记机构存档的不动产转移预告登记的登记材料。不动产转移预告登记变更登记，不是权利人与第三人实施的，且须以不动产登记证明表征不动产转移预告登记的权利存在为前提的交易法律行为产生的登记，且不动产转移预告登记的权利已经登记的证明能够证明申请变更登记的前提成立。故申请人申请不动产转移预告登记变更登记时，因不动产登记证明遗失或毁损而不能提交的，可以提交不动产转移预告登记的权利已经登记的证明代替之，变更登记完成后，未收回的不动产登记证明由登记机构在其门户网站或当地公开发行的报刊上公告作废，以免除或减轻其流失社会造成的负面影响。

《不动产登记暂行条例实施细则》第二十三条规定，因不动产权利灭失等情形，不动产登记机构需要收回不动产权属证书或者不动产登记证明的，应当在不动产登记簿上将收回不动产权属证书或者不动产登记证明的事项予以注明；确实无法收回的，应当在不动产登记机构门户网站或者当地公开发行的报刊上公告作废。其中的"不动产权利灭失"，包括不动产权利的绝对灭失和相对灭失。不动产权利的绝对灭失，是指不动产权利随不动产实体的消灭而永久消灭，或者随依附的主权利、主债权的消灭而消灭。与之对应的是不动产权利的相对灭失：一是不动产权利因转移给他人而使原权利人的权利灭失，他人在此灭失的基础上设立属于自己的不动产权利；二是不动产权利因不动产实体灭失外的申请注销登记的事由成就完成注销登记而灭失（如权利人抛弃不动产权利申请注销登记后，该权利人享有的不动产权利灭失，但该不动产权利本身并不消灭，而其归属处于待定状态，故此情形属于不动产权利的相对灭失）；三是不动产权利内容发生变更，变更前的不动产权利内容因变更的完成而消灭，不动产权利的新内容因变更的完成而产生。据此可知，不动产转移预告登记变更登记完成后，原权利的相应的内容灭失，新的权利内容产生，不能收回的载明该灭失权利内容的不动产登记证明，应当由登记机构公告作废。

4. 预告登记的内容变更的证明

预告登记的内容变更的证明，是申请人申请不动产转移预告登记变更登记的原因凭证。

《不动产登记操作规范（试行）》15.2.1条规定，因当事人的姓名、名称、身份证明类型或者身份证明号码等发生变更的，当事人可申请预告登记的变更。据此可知，预告登记的内容发生变更的证明是指登记簿上记载的预告登记的权利人或义务人的姓名、名称、身份证明类型或者身份证明号码变更的证明，该证明主要有：

（1）当事人姓名或名称发生变更的证明。

① 境内自然人。

第十三章 预告登记收件

a）当事人户口簿或身份证上的姓名变更。

《户口登记条例》第三条和第十八条规定，户口登记工作由各级公安机关负责，公民姓名变更的应当申请变更登记。《居民身份证法》第六条和第十一条规定，居民身份证由公安机关统一制作、发放。居民身份证有效期满、公民姓名变更或者证件严重损坏不能辨认的，应当申请换领新证。因此，当事人姓名变更的证明主要有户口簿，上面有当事人曾用名和现用名的记载。也可以是公安机关出具的其他有关当事人更名的证明，如因姓名变更换领身份证的证明等。

b）当事人军官证、士兵证、学员证等非居民身份证件上的姓名变更。

当事人姓名变更的证明分别由军官证、士兵证、学员证等非居民身份证件的发证机关出具。

② 港澳台地区自然人。

港澳同胞提交经我国司法部委托的律师出具的姓名变更事项公证书[①]。此公证书须加盖中国法律服务（香港）有限公司、中国法律服务（澳门）有限公司转递章。也可以提交我国公证机构出具的姓名变更事项公证书。

台湾同胞提交经大陆公证机构出具的姓名变更事项公证书，或台湾公证机构出具的姓名变更事项公证书[②]。台湾公证机构出具的公证书须经大陆相关机构认证（一般由省级公证协会认证）。

③ 持护照或居留证件的自然人。

a）持中华人民共和国护照的自然人。

《护照法》第四条规定，普通护照由公安部出入境管理机构或者公安部委托的县级以上地方人民政府公安机关出入境管理机构以及中华人民共和国驻外使馆、领馆和外交部委托的其他驻外机构签发。外交护照由外交部签发。公务护照由外交部、中华人民共和国驻外使馆、领馆或者外交部委托的其他驻外机构以及外交部委托的省、自治区、直辖市和设区的市人民政府外事部门签发。该法第十条规定，护照持有人所持护照的登记事项发生变更时，应当持相关证明材料，向护照签发机关申请护照变更加注。据此可知，我国护照的持有人姓名变更的证明应当区分普通护照、外交护照和因公护照，由相应的签发机关出具。

b）持中国政府主管机关签发的居留证件的自然人。

《外国人在中国永久居留审批管理办法》第二十二条规定，《外国人永久居

[①] 参见《烟台市房屋登记规则（暂行）》第十条第（三）项。
[②] 参见《烟台市房屋登记规则（暂行）》第十条第（四）项。

留证》有效期满、内容变更、损坏或者遗失的，持证人应当向其长期居留地的设区的市级人民政府公安机关或者直辖市公安分、县局申请换发或者补发。据此可知，我国居留证件的持有人姓名变更的证明由县级以上公安机关出具。

c）持所在国护照的自然人。

所在国护照的持有人姓名变更的证明为经我国驻外使（领）馆认证的，所在国公证机构出具的姓名变更事项公证书[①]。同时附申请人签字确认的该公证书的中文译本，或提交在我国合法经营的翻译机构出具的该公证书的中文译本。也可以提交我国驻外使（领）馆出具的姓名变更事项公证书。

④ 事业单位法人。

《事业单位登记管理暂行条例》第五条规定，县级以上各级人民政府机构编制管理机关所属的事业单位登记管理机构（以下简称登记管理机关）负责实施事业单位的登记管理工作。在工作实际中，县级以上人民政府一般都设立事业单位登记管理局负责事业单位法人的登记。按该条例第八条、第十条规定，事业单位法人的名称需要变更的，应当向登记管理机关办理变更登记。概言之，事业单位法人名称变更的证明由县级以上人民政府机构编制管理机关或其事业单位登记管理局出具。

⑤ 社会团体法人。

按《社会团体登记管理条例》第六条规定，县级以上人民政府民政部门是本级人民政府的社会团体登记管理机关。按该条例第十二条、第十八条规定，社会团体法人名称变更的，应当向登记管理机构申请变更登记。因此，社会团体法人名称变更证明由县级以上人民政府民政机关出具。

⑥ 企业法人或企业性质的非法人组织。

按《企业名称登记管理规定》第三条、第四条和第二十二条规定，企业名称须在其申请登记时由工商行政管理机关核准。企业名称经核准登记注册后，无特殊原因在一年内不得申请变更。质言之，企业名称的起用及起用后的变更，均须企业登记机关核准。因此，企业法人和企业性质的非法人组织名称变更的证明由企业登记机关出具。

在不动产登记实务中，申请人提交的企业法人或企业性质的非法人组织名称变更的证明，常常是企业登记机关出具的"更名通知单"。该更名通知单能清晰地反映申请人变更前的名称和变更后的名称，登记机构应当用作登记材料。

[①] 参见《烟台市房屋登记规则（暂行）》第十条第（五）项

第十三章 预告登记收件

⑦ 港澳地区法人。

提交经我国司法部委托的律师出具的名称变更事项公证书①,并加盖中国法律服务(香港)有限公司、中国法律服务(澳门)有限公司转递章。也可以提交我国公证机构出具的名称变更事项公证书。

⑧ 台湾地区法人。

提交大陆公证机构出具的名称变更事项公证书,或台湾公证机构出具的名称变更事项公证书。台湾公证机构出具的公证书须经大陆相关机构认证(一般由省级公证协会认证)。②

⑨ 外国法人、组织。

外国法人、组织名称变更的证明为经我国驻外使(领)馆认证的,所在国家公证机构出具的名称变更事项公证书③,同时附申请人签字确认的该公证书的中文译本,或提交在我国合法经营的翻译机构出具的该公证书的中文译本。也可以提交我国驻外使(领)馆出具的名称变更事项公证书。

(2)当事人身份证明类型或身份证明号码发生变更的证明。

① 境内自然人因居民身份证号码变动,申请变更登记时,应当提交公安机关出具的,能证明原身份证明与现身份证明上记载的主体为同一人的书面材料,如居民身份证号码变更证明等。也可以是权利人自己出具的身份证明号码变动情况说明,此情形下,登记机构宜将变更登记内容予以公告,以查明变更登记的真实性,但该公告系由登记机构自行启动,公告期间应当计入登记办理时限。

② 申请不动产转移预告登记设立登记时使用军官证、士兵证、学员证等非居民身份证件的,当事人换发并持有居民身份证件后,申请因证件类型或号码变更产生的变更登记时,应当提交公安机关出具的原非居民身份证件与现时的居民身份证件的主体系同一人的证明。当事人户籍所在退役军人事务机关、县级以上人民武装部出具的原军人身份证件与现时的居民身份证件的主体系同一人的证明也可以用作登记材料。

③ 我国内地居民取得港澳居民身份证后,申请因身份证明类型或身份证明号码变更产生的变更登记时,应当提交经我国司法部委托的律师出具的身份证明类型或身份证明号码变更事项公证书④,并加盖中国法律服务(香港)有限公

---

① 参见《烟台市房屋登记规则(暂行)》第十条第(七)项。
② 参见《烟台市房屋登记规则(暂行)》第十条第(八)项。
③ 参见《烟台市房屋登记规则(暂行)》第十条第(九)项。
④ 参见《烟台市房屋登记规则(暂行)》第十条第(三)项。

司、中国法律服务（澳门）有限公司转递章，或提交公安机关出具的变更证明。也可以提交我国公证机构出具的身份证明类型或身份证明号码变更事项公证书。

④ 我国大陆居民取得台湾居民身份证后，申请因身份证明类型或身份证明号码变更产生的变更登记时，应当提交大陆公证机构出具的身份证明类型或身份证明号码变更事项公证书，或台湾公证机构出具的身份证明类型或身份证明号码变更事项公证书。台湾公证机构出具的公证书须经大陆相关机构认证（一般由省级公证协会认证）。或提交公安机关出具的变更证明[①]。

⑤ 境内自然人取得外国身份证后，申请因身份证明类型或身份证明号码变更产生的变更登记时，应当提交我国驻外使（领）馆出具的身份证明类型或身份证明号码变更事项公证书，或提交经我国驻外使（领）馆认证的，所在国家公证机构出具的身份证明类型或身份证明号码变更事项公证书[②]，并附申请人签字确认的该公证书的中文译本，也可以提交在我国合法经营的翻译机构出具的该公证书的中文译本。

⑥ 我国境内企业法人、企业性质的非法人组织因身份证明类型或身份证明号码变动，申请变更登记时，应当提交营业执照颁发机关出具的，能证明原身份证明与现身份证明上记载的主体为同一人的书面材料，如企业登记机关出具的营业执照号码变更证明等。

⑦ 外国法人、组织，因身份证明类型或身份证明号码变动，申请变更登记时，应当提交我国驻外使（领）馆出具的身份证明类型或身份证明号码变更事项公证书，或提交经我国驻外使（领）馆认证的，所在国家公证机构出具的身份证明类型或身份证明号码变更事项公证书，同时附申请人签字确认的该公证书的中文译本，或提交在我国合法经营的翻译机构出具的该公证书的中文译本。

三、不动产转移预告登记转移登记收件

1. 登记申请书；
2. 申请人的身份证明；
3. 不动产登记证明或不动产转移预告登记的权利已经登记的证明；
4. 预告登记的权利转移的证明；

---

① 参见《烟台市房屋登记规则（暂行）》第十条第（四）项。
② 参见《烟台市房屋登记规则（暂行）》第十条第（五）项。

第十三章 预告登记收件

5. 被继承人、遗赠人的死亡证明书；

6. 其他必要材料。

注：第 5 项材料适用于因继承、受遗赠产生的转移登记的情形。第 4 项材料中，申请人提交继承权公证书的，无须再提交第 5 项材料。

说明和理由：

1. 登记申请书

不动产转移预告登记转移登记，是指登记簿上记载的不动产转移预告登记的权利主体发生变动，权利内容、权利客体和其他事项不变产生的登记。按《不动产登记操作规范（试行）》15.3.1 条规定，申请人申请不动产转移预告登记转移登记的情形主要有继承、受遗赠和生效的法律文书导致预告登记的权利转移。但笔者认为，预告登记权利人的合并或分立、婚姻关系的建立或解除等情形也导致不动产转移预告登记转移登记的发生。

按《不动产登记操作规范（试行）》15.3.2 条规定，预告登记转移的申请人由不动产登记簿记载的预告登记权利人和该预告登记转移的受让人共同申请。因继承、受遗赠、人民法院和仲裁委员会生效法律文书导致不动产预告登记转移的可以单方申请。据此可知，不动产转移预告登记转移登记的申请方式主要有：

（1）基于继承、受遗赠、生效的直接确认预告登记的权利归属的民事判决书、执行裁定书、仲裁裁决书及 2016 年 3 月 1 日起立案后产生的分割共有财产的民事调解书和仲裁调解书、权利人合并导致的不动产转移预告登记转移登记，由权利取得方单方申请。

（2）基于生效的不直接确认预告登记的权利归属的民事调解书、仲裁调解书、确认法律关系的判决书和给付判决书等法律文书导致的不动产转移预告登记转移登记，由权利的失去方与取得方共同申请。若法律文书中明确了申请人的，由法律文书明确的申请人申请登记。此处的法律文书不包括 2016 年 3 月 1 日起立案后产生的分割共有财产的民事调解书和仲裁调解书。

（3）基于预告登记的权利人分立、婚姻关系的建立或解除产生的不动产转移预告登记转移登记，由权利的失去方与取得方共同申请。此类转移登记中，若申请人提交的公文或有国家机构鉴证、备案的合同（协议）显示，由当事人单方申请的，登记机构应当支持，准予该当事人单方申请登记。如经过婚姻登记机关签章的离婚协议约定，预告登记转移登记由权利取得人自行申请等。

登记申请书应当载明：权利的取得方与失去方；申请人的身份证明类型和号码；登记类型——不动产转移预告登记转移；登记原因——继承（或受遗赠，

或生效的法律文书等）；不动产登记证明号码等。

2. 申请人的身份证明

不动产转移预告登记转移登记由权利取得方单方申请的，申请人的身份证明为权利取得方的身份证明；由权利的失去方与取得方共同申请的，申请人的身份证明为预告登记的权利的取得方与失去方的身份证明。

3. 不动产登记证明或不动产转移预告登记的权利已经登记的证明

（1）不动产登记证明。

不动产登记证明，是指记载有欲转移的预告登记的权利的不动产登记证明。要求申请人提交不动产登记证明：一是表明欲转移的预告登记的权利已经记载在登记簿上，申请转移登记的前提成立；二是便于登记机构结合申请人提交的身份证明，判定作为转移登记申请人之一的失去方是否适格；三是转移登记被记载在登记簿上后，登记机构将基于登记簿的记载向权利人颁发新的不动产登记证明，原不动产登记证明由登记机构收回归档，以免流失社会造成负面影响。其中，证明申请转移登记的前提成立是最主要的目的。

（2）不动产转移预告登记的权利已经登记的证明。

不动产转移预告登记的权利已经登记的证明，主要指载明欲转移的预告登记的权利的登记簿打印件、复印（制）件，或登记机构存档的不动产转移预告登记的登记材料等。

基于继承、受遗赠、生效的确认预告登记的权利归属的民事判决书、执行裁定书、仲裁裁决书及2016年3月1日起立案后产生的分割共有财产的民事调解书和仲裁调解书产生的不动产转移预告登记转移登记，不是当事人须以不动产登记证明向他人表征权利存在，且据此发生交易法律行为产生的登记，而是当事人基于法定事实成就或生效的法律文书而继受享有预告登记的权利产生的登记，且不动产转移预告登记的权利已经登记的证明能够证明申请转移登记的前提成立，故在此类转移登记中，如果当事人因不动产登记证明遗失或毁损而不能提交的，可以提交不动产转移预告登记的权利已经登记的证明代替之，在转移登记完成后，未收回的不动产登记证明由登记机构在其门户网站或当地公开发行的报刊上公告作废，以免除或减轻其流失社会造成的负面影响。

《不动产登记暂行条例实施细则》第二十三条规定，因不动产权利灭失等情形，不动产登记机构需要收回不动产权属证书或者不动产登记证明的，应当在不动产登记簿上将收回不动产权属证书或者不动产登记证明的事项予以注明；确实无法收回的，应当在不动产登记机构门户网站或者当地公开发行的报刊上

第十三章 预告登记收件

公告作废。其中的"不动产权利灭失",包括不动产权利的绝对灭失和相对灭失。不动产权利的绝对灭失,是指不动产权利随不动产实体的消灭而的永久消灭,或者随依附的主权利、主债权的消灭而消灭;与之对应的是不动产权利的相对灭失:一是不动产权利因转移给他人而使原权利人的权利灭失,他人在此灭失的基础上设立属于自己的不动产权利;二是不动产权利因不动产实体灭失外的申请注销登记的事由成就完成注销登记而灭失(如权利人抛弃不动产权利申请注销登记后,该权利人享有的不动产权利灭失,但该不动产权利本身并不消灭,而其归属处于待定状态,故此情形属于不动产权利的相对灭失);三是不动产权利内容发生变更,变更前的不动产权利内容因变更的完成而消灭,不动产权利的新内容因变更的完成而产生。据此可知,不动产转移预告登记转移登记完成后,权利取得人的权利产生,原权利人的权利灭失,不能收回的载明该灭失权利的不动产登记证明,应当由登记机构公告作废。

基于预告登记权利人合并或分立、预告登记权利人婚姻关系的建立或解除和不直接确认预告登记权利归属的生效的民事判决书、民事调解书、仲裁裁决书和仲裁调解书(此处的民事调解书、仲裁调解书不包括2016年3月1日起立案后产生的分割共有财产的民事调解书和仲裁调解书)等产生的不动产转移预告登记转移登记,当事人均须以不动产登记证明表征权利的存在,并在此基础上建立使权利发生转移的法律关系,因此,申请人申请此类转移登记时,应当提交不动产登记证明。若申请人因遗失或毁损不动产登记证明而不能提交的,登记机构应当告知申请人按《不动产登记暂行条例实施细则》第二十二条第二款的规定补证后,再按程序申请不动产转移预告登记转移登记。

4. 预告登记的权利转移的证明

预告登记的权利转移的证明,是申请人申请不动产转移预告登记转移登记的原因凭证。预告登记的权利发生转移的证明主要有:

(1)继承证明材料。

在不动产登记实务中,申请人提交的继承证明材料一般有四种:一是继承权公证书;二是经过公证的遗嘱;三是未经公证的依法定继承程序享有继承权的证明;四是未经公证的遗嘱。

① 继承权公证书。

继承权公证书适用于因法定继承产生的不动产转移预告登记转移登记。

继承权公证书,是指由国家公证机构制作的证明法定继承人依法享有经过预告登记的权利的继承权的书面凭证。继承权公证书是继承人继承经过预告登记的权利的权源证据。

② 经过公证的遗嘱。

经过公证的遗嘱适用于因遗嘱继承产生的不动产转移预告登记转移登记。

经过公证的遗嘱，是指国家公证机构制作的记录立遗嘱人处分自己财产、指定自己财产继承人的文书。它是继承人继承经过预告登记的权利的权源证据。

③ 未经公证的依法定继承程序享有继承权的证明。

根据《不动产登记操作规范（试行）》1.8.6.1条规定，申请人应当同时提交以下材料组合成未经公证的依法定继承程序享有继承权的证明：

a）继承人与被继承人之间的亲属关系证明，主要形式有三：一是户口簿、婚姻证明、收养证明或出生医学证明；二是公安机关、被继承人所在村委会或居委会、被继承人或继承人所在单位出具的证明材料；三是其他能够证明相关亲属关系的材料等。申请人只提交其中之一。但是，按民政部等六部门联合出台的《关于改进和规范基层群众性自治组织出具证明工作的指导意见》（民发〔2020〕20号）和公安部等十二部门联合出台的《关于改进和规范公安派出所出具证明工作的意见》（公通字〔2016〕21号）文件规定，公安派出所和社区居民委员会均不再出具亲属关系证明，在申请人不能提交户口簿、婚姻证明、收养证明、出生医学证明作为亲属关系证明的情形下，还可以提交什么样的材料作亲属关系证明？

笔者认为，申请人可以自己书写继承人与被继承人的关系说明，其中载明被继承人姓名、全部继承人姓名及其与被继承人的关系、继承人是放弃继承还是接受继承等信息，该说明上须由两个以上继承人之外的人签名证明属实。申请人可以提交自己书写的继承人与被继承人的关系说明并附上在上面签名证明属实的证人的身份证明作为其申请继承转移登记的亲属关系证明。

按《不动产登记操作规范（试行）》1.8.6.5条规定，登记机构办理申请人凭公证的材料或者生效的法律文书之外的材料申请的继承转移登记时，须将继承转移登记事项在不动产登记机构门户网站进行公示，公示期不少于15个工作日。公示期满无异议的，将申请登记事项记载于不动产登记簿。据此可知，登记机构收取申请人提交自己书写的继承人与被继承人的关系说明后，可以通过公示程序，查明该说明的真实性，也通过该公示程序证明自己尽到了力所能及（合理审慎）的查验职责。

b）登记机构的登记人员签字见证的其他继承人放弃继承权的材料。

第十三章 预告登记收件

c）申请人享有继承权的声明或说明。

④ 未经公证的遗嘱。

a）自书遗嘱。

自书遗嘱是指自然人死亡前亲笔书写的遗嘱。《民法典》第一千一百三十四条规定，自书遗嘱由遗嘱人亲笔书写，签名，注明年、月、日。质言之，自书遗嘱必须由立遗嘱人亲笔书写遗嘱的全部内容。自书遗嘱既不能由他人代笔也不能用打印或印刷方式，只能由遗嘱人自己用笔将其意思记录下来[①]。

b）代书遗嘱。

代书遗嘱是指由他人代立遗嘱人书写并经立遗嘱人签名的遗嘱。《民法典》第一千一百三十五条规定，代书遗嘱应当有两个以上见证人在场见证，由其中一人代书，并由遗嘱人、代书人和其他见证人签名，注明年、月、日。据此可知，代书人必须是见证人之一，且代书人、见证人、遗嘱人应当在立遗嘱完毕时同时签名。代书遗嘱的见证人须具有完全民事行为能力且与继承人及遗产分割无利害关系。

c）打印遗嘱。

打印遗嘱是指通过打印的方式立下的遗嘱，且该遗嘱上有立遗嘱人、见证人的签名。《民法典》第一千一百三十六条规定，打印遗嘱应当有两个以上见证人在场见证。遗嘱人和见证人应当在遗嘱每一页签名，注明年、月、日。据此可知，须有两个以上的见证人在场的情形下，才可以打印遗嘱，且打印出来的遗嘱的每一页上面，须同时具备遗嘱人和见证人的签名及其各自注明的年、月、日。遗嘱打印时，应当认真校核，避免打印错误，确保遗嘱的打印质量。打印遗嘱的见证人须是具有完全民事行为能力人且与遗嘱中指定的继承人无利害关系。

（2）遗赠证明材料。

《民法典》第一千一百三十三条第三款规定，自然人可以立遗嘱将个人财产赠与国家、集体或者法定继承人以外的组织、个人。该法第一千一百五十八条规定，自然人可以与继承人以外的组织或者个人签订遗赠扶养协议。按照协议，该组织或者个人承担该自然人生养死葬的义务，享有受遗赠的权利。据此可知，遗赠证明材料以遗赠遗嘱或遗赠扶养协议的方式体现。遗赠证明材料是受遗赠人取得经过预告登记的权利的权源证据。在不动产登记实务中，申请人提交的

---

① 梁慧星：《中国民法典草案建议稿附理由：侵权行为编·继承编》，法律出版社2004年版，第189页。

遗赠证明材料，一是经过公证的遗赠遗嘱或遗赠扶养协议；二是未经过公证的遗赠遗嘱或遗赠扶养协议。

① 经过公证的遗赠遗嘱或遗赠扶养协议。

经过公证的遗赠遗嘱，是指由国家公证机构制作的记载遗赠人决定在其死亡后将他的财产赠与国家、集体或法定继承人以外的人的遗嘱。

经过公证的遗赠扶养协议，是指由国家公证机构制作的记载遗赠人与继承人以外的人、组织签订的，载明由该人或该组织承担其生养死葬的义务，但在其死亡后将他的财产赠与该人或该组织的协议。

在不动产登记实务中，如果申请人仅持遗赠遗嘱公证书申请受遗赠产生的转移登记时，笔者认为，申请人申请受遗赠转移登记的行为已经表明其接受遗赠，此行为与遗赠公证书组合，形成遗赠和接受遗赠的意思表示，遗赠关系成立，登记机构无须要求申请人另行提交接受遗赠的证明。

② 未经过公证的遗赠遗嘱或遗赠扶养协议。

根据《不动产登记操作规范（试行）》1.8.6.1 条规定，申请人应当同时提交以下材料组合成未经过公证的遗赠证明材料：

a）受遗赠人不是继承人的证明，此证明可由公安机关、遗赠人所在村委会或居委会、受遗赠人或遗赠人所在单位出具。

b）遗赠遗嘱或遗赠扶养协议。

（3）记载有预告登记的权利归属的夫妻财产约定或离婚协议。

（4）权利人合并或分立的协议、决定、文件等，权利人分立的应当同时提交预告登记的权利归属的协议、决定、文件等。

（5）生效的导致预告登记的权利转移的民事判决书、执行裁定书、民事调解书和仲裁裁决书、仲裁调解书等法律文书。

5. 被继承人、遗赠人的死亡证明书

被继承人、遗赠人的死亡证明书是继承或受遗赠生效的前提，被继承人、遗赠人不死亡，继承、受遗赠不生效，故被继承人、遗赠人的死亡证明书是登记机构办理因继承、受遗赠产生的不动产转移预告登记转移登记的必收要件。死亡证明书主要有：① 公安派出所出具的因死亡注销户籍的证明；② 公安部门在刑事、交通等案件处理中出具的死亡证明；③ 应急管理部门或其消防机构在消防案件处理中出具的死亡证明；④ 人民法院宣告死亡的判决书；⑤ 殡仪馆出具的遗体火化证明；⑥ 医院出具的医学死亡证明等。

申请人提交继承权公证书作为继承证明材料时，因公证机构已经先行查明被继承人的死亡情况、其他继承人放弃继承权等情况后才出具该继承权公证书，故申请人提交继承权公证书作为继承证明材料时，无须再提交被继承人的死亡证明书和其他继承人放弃继承权的证明材料等。

四、不动产转移预告登记注销登记收件

1. 登记申请书；
2. 申请人的身份证明；
3. 不动产登记证明或不动产转移预告登记的权利已经登记的证明；
4. 预告登记的权利消灭的证明；
5. 其他必要材料。

说明和理由：

1. 登记申请书

不动产转移预告登记注销登记，是指记载在登记簿上的不动产转移预告登记，因使其消灭的情形（或法定事实）成就而对其予以涂销使其失去法律效力的登记。按《不动产登记操作规范（试行）》15.4.1条规定，申请人申请不动产转移预告登记注销登记的情形主要有：① 不动产转移合同被解除、被撤销、被宣告无效等；② 预告登记的权利人放弃预告登记的权利。此外，笔者认为，生效的确认不动产转移预告登记无效的法律文书，也是申请人申请不动产转移预告登记注销登记的情形。

按《不动产登记操作规范（试行）》15.4.2条规定，预告登记注销登记的申请人为不动产登记簿记载的预告登记权利人或生效法律文书记载的当事人。预告当事人协议注销预告登记的，申请人应当为买卖房屋或者其他不动产物权的协议的双方当事人。据此可知，不动产转移预告登记注销登记的申请方式主要有：

（1）因当事人协商解除不动产转移合同申请的注销登记。

当事人协商解除不动产转移合同是当事人意思表示一致的结果。生效的解除不动产转移合同的民事调解书、仲裁调解书，也是当事人在人民法院或仲裁机构的调解下，意思表示一致达成的协议，属于协商解除不动产转移合同的情形。故因当事人协商解除不动产转移合同申请的不动产转移预告登记注销登记由当事人共同申请，即注销登记申请书由预告登记的权利人和义务人共同出具。生效的民事调解书或仲裁调解书载明由某当事人单方申请登记的，可由该当事人单方申请。

（2）因不动产转移合同被解除、被撤销或被宣告无效申请的注销登记。

不动产转移合同被人民法院、仲裁机构生效的民事判决书、执行裁定书或仲裁裁决书解除、撤销或宣告无效，均是由人民法院、仲裁机构的强制力所为，不是当事人意思表示一致的结果，故因此情形申请的不动产转移预告登记注销登记由当事人中的一方单方申请即可，即注销登记申请书由该预告登记的权利人或义务人单方出具。

（3）登记簿上记载的权利人放弃预告登记的权利申请的注销登记。

权利人放弃自己享有的预告登记的权利，属于权利人依自己的意思表示对其享有的权利作出的处分，无须他人同意和配合，故因此情形申请的不动产转移预告登记注销登记由权利人单方申请即可，即注销登记申请书由该预告登记的权利人单方出具。

（4）因生效的确认不动产转移预告登记无效的法律文书申请的注销登记。

生效的确认不动产转移预告登记无效的法律文书主要有民事判决书、执行裁定书或仲裁裁决书，因此而申请的注销登记，可由当事人中的一方单方申请，即注销登记申请书由预告登记的权利人、义务人或法律文书载明的其他当事人单方出具。

登记申请书应当载明：预告登记的权利人和义务人；申请人的身份证明类型和号码；登记类型——不动产转移预告登记注销；登记原因——生效的法律文书（或不动产转移合同被解除等）；不动产登记证明号码等。

2. 不动产登记证明或不动产转移预告登记的权利已经登记的证明

（1）不动产登记证明。

不动产登记证明，是指记载有欲注销的预告登记的权利的不动产登记证明。要求申请人提交不动产登记证明：一是表明欲注销的预告登记的权利已经记载在登记簿上，申请注销登记的前提成立；二是便于登记机构结合申请人提交的身份证明，判定注销登记申请人是否适格；三是注销登记被记载在登记簿上后，不动产登记证明表征的权利已经消灭，该证明失去权利表征作用，由登记机构收回归档，以免流失社会造成负面影响。其中，证明注销登记的前提成立是最主要的目的。

（2）不动产转移预告登记的权利已经登记的证明。

不动产转移预告登记的权利已经登记的证明，主要指记载有欲注销的预告登记的权利的登记簿打印件、复印件，或者登记机构存档的不动产转移预告登记的登记材料等。在不动产登记实务中，申请人申请注销登记时因遗失或毁损不动产登记证明而不能提交的情形时有出现，笔者认为，不动产转移预告登记

第十三章　预告登记收件

注销登记，是消灭预告登记的权利的登记，不是权利人与他人实施的，须以不动产登记证明表征权利存在为前提的交易法律行为产生的登记，且不动产转移预告登记的权利已经登记的证明能够证明申请注销登记的前提成立，故申请人申请不动产转移预告登记注销登记时，可以提交不动产转移预告登记的权利已经登记的证明代替因遗失或毁损而不能提交的不动产登记证明，在注销登记完成后，未收回的不动产登记证明由登记机构在其门户网站或当地公开发行的报刊上公告作废，以免除或减轻其流失社会造成的负面影响。

《不动产登记暂行条例实施细则》第二十三条规定，因不动产权利灭失等情形，不动产登记机构需要收回不动产权属证书或者不动产登记证明的，应当在不动产登记簿上将收回不动产权属证书或者不动产登记证明的事项予以注明；确实无法收回的，应当在不动产登记机构门户网站或者当地公开发行的报刊上公告作废。其中的"不动产权利灭失"，包括不动产权利的绝对灭失和相对灭失。不动产权利的绝对灭失，是指不动产权利随不动产实体的消灭而永久消灭，或者随依附的主权利、主债权的消灭而消灭。与之对应的是不动产权利的相对灭失：一是不动产权利因转移给他人而使原权利人的权利灭失，他人在此灭失的基础上设立属于自己的不动产权利；二是不动产权利因不动产实体灭失外的申请注销登记的事由成就完成注销登记而灭失（如权利人抛弃不动产权利申请注销登记后，该权利人享有的不动产权利灭失，但该不动产权利本身并不消灭，而其归属处于待定状态，故此情形属于不动产权利的相对灭失）；三是不动产权利内容发生变更，变更前的不动产权利内容因变更的完成而消灭，不动产权利的新内容因变更的完成而产生。据此可知，不动产转移预告登记注销登记完成后，权利人的权利灭失，不能收回的载明该灭失权利的不动产登记证明，应当由登记机构公告作废。

3. 预告登记的权利消灭的证明

预告登记的权利消灭的证明，是申请人申请不动产转移预告登记注销登记的原因凭证。

根据注销登记的情形，预告登记的权利消灭的证明主要有：

（1）当事人协商解除合同的，预告登记的权利消灭的证明为不动产转移合同解除协议和生效的民事调解书、仲裁调解书。

（2）不动产转移合同被人民法院、仲裁机构解除、撤销或宣告无效的，预告登记的权利消灭的证明为生效的解除、撤销不动产转移合同或宣告不动产转移合同无效的民事判决书、执行裁定书、仲裁裁决书等。

(3)登记簿上记载的权利人放弃预告登记的权利的,预告登记的权利消灭的证明为权利人放弃预告登记的权利的保证、声明等。

(4)不动产转移预告登记被生效的法律文书确认无效的,预告登记的权利消灭的证明为生效的确认预告登记的权利无效的民事判决书、执行裁定书、仲裁裁决书等。

特别说明:

不动产转移预告登记转不动产转移登记时,登记机构按相关的不动产转移登记收件要求收取登记申请材料,申请人在申请不动产转移预告登记时已经提交的材料不再重复收取。

第四节　不动产抵押权预告登记收件

不动产抵押权预告登记,是指基于不动产抵押合同建立的请求权申请的预先登记,旨在保障抵押权人实现合同目的,将来确定地取得该不动产的抵押权。如某企业以房地产向甲银行抵押,获得贷款500万元。后该企业与乙银行联系,若将已经抵押给甲银行的房地产重新向乙银行作抵押,可获取贷款800万元。于是,该企业与乙银行签订借款合同和抵押合同,欲用从乙银行获取的部分借款还甲银行,然后注销甲银行的抵押权后将房地产抵押给乙银行。乙银行为了确定地取得该企业的房地产抵押权,遂在抵押合同中约定双方共同申请房地产抵押权预告登记。

在不动产登记实务中,《不动产登记暂行条例实施细则》第八十八条规定了不动产抵押权预告登记设立登记及申请人申请该登记时应当提交的材料。《不动产登记操作规范(试行)》15.1条、15.2条、15.3条和15.4条中规定了申请人申请不动产抵押权预告登记的设立登记、变更登记、转移登记和注销登记时应当提交的材料。

笔者遵从《不动产登记暂行条例实施细则》和《不动产登记操作规范(试行)》的规定,分别对申请人申请不动产抵押权预告登记设立登记、变更登记、转移登记和注销登记时应当提交的材料作阐释。

一、不动产抵押权预告登记设立登记收件

1. 登记申请书;
2. 申请人的身份证明;
3. 抵押权人的金融许可证或准予开展贷款业务的批文;

第十三章 预告登记收件

4. 抵押权人经营担保业务的资质证或准予经营担保业务的批文;
5. 不动产权属证书;
6. 主债权存在的证明;
7. 抵押合同;
8. 当事人关于预告登记的约定;
9. 其他必要材料。

注:第 3 项材料适用于抵押权人为经营贷款业务的机构的情形。第 4 项材料适用于抵押权人为经营担保业务的机构的情形。第 6 项材料中的债权人为境外机构、境内的外籍机构、外籍人士的,应当同时提交国家外汇管理机关准予对外担保的批文。第 8 项材料适用于第 7 项材料中没有约定预告登记内容的情形。第 6 项材料中的抵押条款载明的抵押信息满足登记簿的记载需要的,无须再提交第 7 项材料。

说明和理由:

1. 登记申请书

不动产抵押权预告登记设立登记,是指抵押权人和抵押人在签订抵押合同后,申请抵押权首次登记前,为了保障抵押权人在将来确定地取得该不动产抵押权而申请的预先登记。按《不动产登记操作规范(试行)》15.1.2 条规定,预告登记设立登记的申请主体应当为买卖房屋或者其他不动产物权的协议的双方当事人。据此可知,不动产抵押权预告登记设立登记由抵押权人和抵押人共同申请,即登记申请书由抵押权人和抵押人共同出具。登记申请书应当载明:权利人——抵押权人;义务人——抵押人;申请人的身份证明类型和号码;登记类型——不动产抵押权预告登记设立;登记原因——借款(或货物供销等);不动产单元号码;不动产权属证书号码等。

2. 申请人的身份证明

不动产抵押权预告登记设立登记由抵押权人和抵押人共同申请,故申请人的身份证明为抵押权人和抵押人的身份证明。

不动产抵押的当事人可以为自然人、法人及非法人组织,换言之,不动产抵押权预告登记的申请人可以为自然人、法人及非法人组织。不同种类的申请人,身份证明也不同,主要有:

(1)境内自然人。

提交有效的居民身份证、户口簿、军官证、士兵证、文职干部证、学员证等[①]。

---

① 参见《不动产登记操作规范(试行)》1.8.4.1 条之 1。

（2）港澳台地区自然人。

港澳同胞提交香港特别行政区居民身份证或香港特别行政区护照、澳门特别行政区居民身份证或澳门特别行政区护照、港澳居民来往内地通行证。台湾同胞提交台湾居民来往大陆通行证等①。

（3）华侨、外籍自然人。

华侨提交中华人民共和国护照和国外长期居留身份证件。外籍自然人提交中国政府主管机关签发的居留证件或其所在国护照等②。《不动产登记操作规范（试行）》1.8.2.4条之3规定，外文文本的申请材料应当翻译成汉字译本，当事人应签字确认，并对汉字译本的真实性负责。据此可知，提供外文身份证明的申请人应当同时提交申请人签字确认的该身份证明的中文译本，或提交在我国合法经营的翻译机构出具的该身份证明的中文译本。

（4）境内法人及非法人组织。

提交事业单位法人资格证、社会团体法人登记证书、营业执照等③。

特别说明：

按《事业单位登记管理暂行条例》第三条、第五条和第八条规定，事业单位经主管部门批准成立后，须经县级以上人民政府机构编制管理机关登记并颁发《事业单位法人证书》。按《社会团体登记管理条例》第三条、第六条和第十五条规定，社会团体经其业务主管机关批准，并经县级以上人民政府民政机关登记，领取《社会团体法人登记证书》。《公司法》第七条规定，依法设立的公司，由公司登记机关发给公司营业执照。公司自营业执照签发时成立。《个人独资企业法》第十二条和第十三条规定，登记机关应当在收到个人独资企业设立申请文件之日起十五日内，对符合该法规定条件的，予以登记，发给营业执照。企业自营业执照签发时成立。《合伙企业法》第十条和第十一条规定，申请人提交的登记申请材料齐全、符合法定形式，企业登记机关能够当场登记的，应予当场登记，发给营业执照。企业自营业执照签发时成立。据此可知，事业单位法人、社会团体法人、企业法人及企业性质的非法人组织须经相关机关登记，故其身份证明，除法人资格证、营业执照外，还可以是其登记机构出具的有关身份证明的文件或书面材料，如县级以上人民政府机构编制管理机关批准或准予事业单位撤、并、转或设立的文件；企业登记机关出具的"兹证明某测绘公司系经我局登记成立的公司法人"等。

---

① 参见《不动产登记操作规范（试行）》1.8.4.1条之2和3。
② 参见《不动产登记操作规范（试行）》1.8.4.1条之4和5。
③ 参见《房地产登记技术规程》附录B.0.10条。

第十三章 预告登记收件

（5）港澳地区法人。

提交经我国司法部委托的律师出具的公证书公证的商业登记证，且加盖中国法律服务（香港）有限公司、中国法律服务（澳门）有限公司转递章。也可以提交我国公证机构出具的商业登记证公证书。

（6）台湾地区法人。

提交企业登记证或注册证[1]，但须经大陆公证机构公证，或经台湾公证机构公证。台湾公证机构出具的公证书须经大陆相关机构认证（一般由省级公证协会认证）。

（7）外国法人、组织。

提交经我国驻外使（领）馆认证的、所在国家公证机构公证的身份证明[2]。或提交我国驻外使（领）馆办理公证的身份证明。《不动产登记操作规范（试行）》1.8.2.4条之3规定，外文文本的申请材料应当翻译成汉字译本，当事人应签字确认，并对汉字译本的真实性负责。据此可知，提供外文身份证明的申请人应当同时提交申请人签字确认的该公证书的中文译本，或提交在我国合法经营的翻译机构出具的该公证书的中文译本。

3. 抵押权人的金融许可证或准予开展贷款业务的批文

按《商业银行法》第三条、第十六条和第九十二条、第九十三条规定，在中国境内开展贷款业务的中资银行、信用社、外资银行、中外合资银行和外国银行，须经国务院银行业监督管理机构批准并核发金融许可证。《中国银行业监督管理委员会、中国人民银行关于小额贷款公司试点的指导意见》（银监发〔2008〕23号）规定，小额贷款公司是由自然人、企业法人与其他社会组织投资设立，不吸收公众存款，经营小额贷款业务的有限责任公司或股份有限公司。申请设立小额贷款公司，应向省级政府主管部门提出正式申请，经批准后，到当地工商行政管理部门申请办理注册登记手续并领取营业执照。据此可知，国家对经营贷款业务的机构以行政许可的方式实行市场准入制度，即没有获得国家主管机关关于经营贷款业务的行政许可的机构，不得开展贷款经营业务。概言之，在不动产登记实务中，登记机构办理不动产抵押权预告登记时，债权人即抵押权人，属于登记簿记载的内容，若债权人的名称中有"银行"字样的，须持有金融许可证且该金融许可证应当载明"经营贷款业务"。债权人名称中有"小额贷款"字样的，须经省级政府主管机关批准并核发准予开展贷款业务

---

[1] 参见《广州市城镇房地产登记技术规范》第二十七条。
[2] 参见《广州市城镇房地产登记技术规范》第二十七条。

的批文。《行政许可法》第八十一条规定，当事人未经行政许可，擅自从事依法应当取得行政许可的活动的，应当受到行政处罚，甚至承担刑事责任。质言之，未获得行政许可，擅自从事依法应当取得行政许可的活动属于应当受到惩处的违法行为。《不动产登记暂行条例》第二十二条第（一）项规定，登记申请违反法律、行政法规规定的属于不予登记的情形。据此可知，申请登记的内容应当符合法律、行政法规的规定。如果银行或信用社在没有取得金融许可证，小额贷款公司在没有取得准予开展贷款业务的批文的情形下，与他人建立借贷关系设立的贷款债权属于违反《行政许可法》规定的行为，不能设立抵押权保障其实现，也不能向登记机构申请不动产抵押权预告登记。债权人名称以其持有的营业执照等合法身份证明载明的名称为准。

4. 抵押权人经营担保业务的资质证或准予经营担保业务的批文

《融资担保公司监督管理条例》第二条规定，融资担保公司，是指依法设立、经营融资担保业务的有限责任公司或者股份有限公司。该条例第六条规定，设立融资担保公司，应当经监督管理部门批准。融资担保公司的名称中应当标明融资担保字样。《非融资性担保机构规范管理指导意见》第二条规定，非融资性担保机构，是指在中华人民共和国行政区域内依法设立，但未取得《中华人民共和国融资性担保机构经营许可证》，实际在为法人及自然人提供担保业务的机构。该意见第六条规定，各省市非融资性担保协会为行业规范管理工作指导部门。非融资担保机构应取得担保行业指导机构颁发的资质证书，并通过行业协会的年检。概言之，国家对经营担保业务的机构实行市场准入制度，即没有取得从事担保业务的资质证明或准予经营担保业务的批文的机构，不得开展担保经营业务，其与他人签订的保证合同，登记机构不得用作登记材料。因此，作为反担保抵押中的抵押权人的保证人是从事担保经营的机构的，其从事担保业务的资质证明或准予经营担保业务的批文，是登记机构办理因反担保抵押申请的不动产抵押权预告登记设立登记时应当收取的材料。申请人是否是从事担保经营的机构的认定，以其提交的营业执照中载明的名称中有"担保"字样为准。非从事担保经营的自然人、法人或非法人组织申请因反担保产生的不动产抵押权预告登记设立登记时，登记机构无须要求其提交从事担保业务的资质证明或准予经营担保业务的批文。

5. 不动产权属证书

不动产权属证书，是指记载有欲抵押的不动产权利的不动产权属证书。要

第十三章 预告登记收件

求申请人提交不动产权属证书：一是表明欲抵押的不动产权利已经记载在登记簿上，申请不动产抵押权预告登记设立登记的前提成立；二是便于登记机构结合申请人提交的身份证明，判定作为预告登记申请人之一的抵押人是否适格。

不动产权属证书是《不动产登记暂行条例实施细则》第八十八条第（二）项规定的申请人申请不动产抵押权预告登记设立登记时应当提交的材料。按该实施细则第一百零五条第一款规定，本实施细则施行前，依法核发的各类不动产权属证书继续有效。故此处的不动产权属证书，包括不动产统一登记前权利人合法持有的《国有土地使用权证》《房屋所有权证》《林权证》《海域使用权证书》等。

6. 主债权存在的证明

按《不动产登记暂行条例实施细则》第八十八条第（一）项规定和《不动产登记操作规范（试行）》15.1.3条第4项之（4）规定，主债权合同是申请人申请不动产抵押权预告登记设立登记时应当提交的材料。据此可知，按规章和操作规范的规定，只有基于合同建立的债权才可以申请不动产抵押权预告登记。但按现时的法律规定，合同只是建立债权的方式之一，基于法律的规定和生效的民事判决书等方式，也可以建立债权，如张三欠李四货款50万元，张三向李四出具欠条一张，此欠条即李四对张三享有50万元欠款债权的证明。故笔者对此作扩张理解，即将申请人申请不动产抵押权预告登记设立登记时，应当提交的材料中的主债权合同理解为主债权存在的证明。

按《民法典》等法律规定，凡民事活动中依法产生的借款、货物供销等债权，都可以设立不动产抵押权担保其实现。据此可知，主债权存在的证明主要有借款合同、货物供销合同、债务人单方出具的欠条等。

7. 抵押合同

抵押合同，主要指抵押权人与抵押人签订的在不动产上设立抵押权以保障债权实现的合同。

主债权合同中的抵押条款载明的信息满足登记簿记载要求的，登记机构无须要求申请人另行提交专门的抵押合同。

此处的抵押合同包括一般抵押合同、最高额抵押合同和反担保抵押合同。

8. 当事人关于预告登记的约定

当事人关于预告登记的约定，主要指当事人在抵押合同内容中载明预告登记事宜，或另外订立合同、协议专门约定预告登记事宜。在不动产登记实务中，如果当事人在抵押合同中没有约定预告登记事宜的，登记机构应当要求申请人另行提交约定预告登记事宜的合同或协议。如果当事人在抵押合同中约定有预告登记事宜的，申请人无须再另行提交关于预告登记的约定。

特别说明：

关于对外抵押担保，按《境内机构对外担保管理办法》第二条规定，对外抵押担保，是指中国境内机构以其可以依法抵押的财产，抵押给境外机构或境内的外资机构，作为自己或他人履行债务的担保。该办法第三条规定，中国人民银行授权国家外汇管理局及其分、支局为对外担保的管理机关，负责对外担保的审批、管理和登记。《个人外汇管理办法》第二十一条规定，境内个人向境外提供贷款、借用外债、提供对外担保和直接参与境外商品期货和金融衍生产品交易，应当符合有关规定并到外汇局办理相应登记手续。据此可知，境内机构、自然人以其可以依法抵押的财产抵押给境外机构、境内的外资机构或外籍人士作为债务履行担保的，应当经国家外汇管理机关批准或登记。在司法实务中，《担保法司法解释》第六条第（一）项和第（二）项规定，未经国家有关主管部门批准或者登记对外担保的，或者未经国家有关主管部门批准或者登记，为境外机构向境内债权人提供担保的，对外担保合同无效。据此可知，未经国家外汇管理机关批准的，境内机构、自然人以其可以依法抵押的财产抵押给境外机构、境内的外资机构或外籍人士作为债务履行担保的，或者境内机构、自然人以其可以依法抵押的财产担保境外债务履行而抵押给境内机构的，对外担保合同无效。在不动产登记实务中，无效的担保合同，不得用作登记的证据材料。概言之，申请人提交的借款合同中的债权人为境外机构、境内的外资机构或外籍人士的，应当同时提交国家外汇管理机关准予对外抵押担保的批文。

二、不动产抵押权预告登记变更登记收件

1. 登记申请书；
2. 申请人的身份证明；
3. 不动产登记证明或不动产抵押权预告登记的权利已经登记的证明；
4. 预告登记的权利变更的证明；
5. 其他必要材料。

说明和理由：

1. 登记申请书

不动产抵押权预告登记变更登记，是指登记簿上记载的不动产抵押权预告

第十三章 预告登记收件

登记的权利主体（抵押权人）不变，而权利内容、权利客体和其他事项发生变动产生的登记。

按《不动产登记操作规范（试行）》15.2.1条规定，申请人申请不动产抵押权预告登记变更登记的情形主要有：① 预告登记当事人姓名或名称变更；② 当事人身份证明类型或身份证明号码变更。但在不动产登记实务中，因被担保债权数额变更申请不动产抵押权预告登记变更登记的情形时有出现，且属于登记簿记载的预告登记的权利内容，因此，被担保债权数额变更也属于申请人申请不动产抵押权预告登记变更登记的情形。

《不动产登记操作规范（试行）》15.2.2条规定，预告登记变更可以由不动产登记簿记载的当事人单方申请。据此可知，不动产抵押权预告登记变更登记申请书可以由抵押权人或抵押人单方出具。但是，被担保债权数额属于抵押合同载明的内容，此内容要发生变更，须抵押合同的当事人，即抵押权人与抵押人协商议定后以抵押合同变更协议的方式固定，此类不动产抵押权预告登记变更登记是基于抵押权人和抵押人达成合意后的合同或协议产生，应当由抵押权人与抵押人双方申请，即变更登记申请书由抵押权人与抵押人共同出具。登记申请书应当载明：权利人——抵押权人；义务人——抵押人；申请人的身份证明类型和号码；登记类型——不动产抵押权预告登记变更；登记原因——变更事由；变更前的预告登记事项和变更后的预告登记事项；不动产登记证明号码等。

2. 不动产登记证明或不动产抵押权预告登记的权利已经登记的证明

（1）不动产登记证明。

不动产登记证明，是指记载有欲变更的不动产抵押权预告登记的权利的不动产登记证明。要求申请人提交不动产登记证明：一是表明欲变更的预告登记的权利已经记载在登记簿上，申请变更登记的前提成立；二是便于登记机构结合申请人提交的身份证明，判定变更登记申请人是否适格；三是变更登记被记载在登记簿上后，登记机构将基于登记簿的记载向权利人颁发新的不动产登记证明，原不动产登记证明由登记机构收回归档，以免流失社会造成负面影响。其中，证明申请变更登记的前提成立是最主要的目的。

（2）不动产抵押权预告登记的权利已经登记的证明。

不动产抵押权预告登记的权利已经登记的证明，主要指记载有欲变更的预告登记的权利的登记簿打印件、复印（制）件，或登记机构存档的不动产抵押权预告登记的登记材料等。不动产抵押权预告登记中的变更事项，即使以合同或协议的形式明确，也是当事人（即抵押权人和抵押人）间实施的非交易法律行为，不是抵押权人与第三人实施的，须以不动产登记证明表征不动产抵押权预告登记的权利存在为前提的交易法律行为。换言之，不动产抵押权预告登记变更登记不是因交易法律行为产生的登记，且不动产抵押权预告的权利已经登记的证明能够证明申请变更登记的前提成立。因此，申请人申请不动产抵押权预告登记变更登记时，可以提交不动产抵押权预告登记的权利已经登记的证明代替因遗失或毁损而不能提交的不动产登记证明，在变更登记完成后，未收回的不动产登记证明由登记机构在其门户网站或当地公开发行的报刊上公告作废，以免除或减轻其流失社会造成的负面影响。

《不动产登记暂行条例实施细则》第二十三条规定，因不动产权利灭失等情形，不动产登记机构需要收回不动产权属证书或者不动产登记证明的，应当在不动产登记簿上将收回不动产权属证书或者不动产登记证明的事项予以注明；确实无法收回的，应当在不动产登记机构门户网站或者当地公开发行的报刊上公告作废。其中的"不动产权利灭失"，包括不动产权利的绝对灭失和相对灭失。不动产权利的绝对灭失，是指不动产权利随不动产实体的消灭而永久消灭，或者随依附的主权利、主债权的消灭而消灭。与之对应的是不动产权利的相对灭失：一是不动产权利因转移给他人而使原权利人的权利灭失，他人在此灭失的基础上设立属于自己的不动产权利；二是不动产权利因不动产实体灭失外的申请注销登记的事由成就完成注销登记而灭失（如权利人抛弃不动产权利申请注销登记后，该权利人享有的不动产权利灭失，但该不动产权利本身并不消灭，而其归属处于待定状态，故此情形属于不动产权利的相对灭失）；三是不动产权利内容发生变更，变更前的不动产权利内容因变更的完成而消灭，不动产权利的新内容因变更的完成而产生。据此可知，不动产抵押权预告登记变更登记完成后，原权利的相应的权利内容灭失，新的权利内容产生，不能收回的载明该灭失权利内容的不动产登记证明，应当由登记机构公告作废。

3. 预告登记的权利发生变更的证明

预告登记的权利发生变更的证明，是申请人申请不动产抵押权预告登记变更登记的原因凭证。预告登记的权利发生变更的证明主要有：

（1）当事人姓名或名称发生变更的证明。

① 境内自然人。

a）当事人户口簿或身份证上的姓名变更。

《户口登记条例》第三条和第十八条规定，户口登记工作由各级公安机关负责，公民姓名变更的应当申请变更登记。《居民身份证法》第六条和第十一条规定，居

第十三章 预告登记收件

民身份证由公安机关统一制作、发放。居民身份证有效期满、公民姓名变更或者证件严重损坏不能辨认的，应当申请换领新证。因此，当事人姓名变更的证明主要有户口簿，上面有当事人曾用名和现用名的记载。也可以是公安机关出具的其他有关当事人更名的证明，如因姓名变更换领身份证的证明等。

b）当事人军官证、士兵证、学员证等非居民身份证件上的姓名变更。

当事人姓名变更的证明分别由军官证、士兵证、学员证等非居民身份证件的发证机关出具。

② 港澳台地区自然人。

港澳同胞提交经我国司法部委托的律师出具的姓名变更事项公证书[①]。此公证书须加盖中国法律服务（香港）有限公司、中国法律服务（澳门）有限公司转递章。也可以提交我国公证机构出具的姓名变更事项公证书。

台湾同胞提交大陆公证机构出具的姓名变更事项公证书，或台湾公证机构出具的姓名变更事项公证书[②]。台湾公证机构出具的公证书须经大陆相关机构认证（一般由省级公证协会认证）。

③ 持护照或居留证件的自然人。

a）持中华人民共和国护照的自然人。

《护照法》第四条规定，普通护照由公安部出入境管理机构或者公安部委托的县级以上地方人民政府公安机关出入境管理机构以及中华人民共和国驻外使馆、领馆和外交部委托的其他驻外机构签发。外交护照由外交部签发。公务护照由外交部、中华人民共和国驻外使馆、领馆或者外交部委托的其他驻外机构以及外交部委托的省、自治区、直辖市和设区的市人民政府外事部门签发。该法第十条规定，护照持有人所持护照的登记事项发生变更时，应当持相关证明材料，向护照签发机关申请护照变更加注。据此可知，我国护照的持有人姓名变更的证明应当区分普通护照、外交护照和因公护照，由相应的签发机关出具。

b）持中国政府主管机关签发的居留证件的自然人。

《外国人在中国永久居留审批管理办法》第二十二条规定，《外国人永久居留证》有效期满、内容变更、损坏或者遗失的，持证人应当向其长期居留地的设区的市级人民政府公安机关或者直辖市公安分、县局申请换发或者补发。据此可知，我国居留证件的持有人姓名变更的证明由县级以上公安机关出具。

---

① 参见《烟台市房屋登记规则（暂行）》第十条第（三）项。
② 参见《烟台市房屋登记规则（暂行）》第十条第（四）项。

c）持所在国护照的自然人。

所在国护照的持有人姓名变更的证明为经我国驻外使（领）馆认证的，所在国公证机构出具的姓名变更事项公证书[①]。同时附申请人签字确认的该公证书的中文译本，或提交在我国合法经营的翻译机构出具的该公证书的中文译本。也可以提交我国驻外使（领）馆出具的姓名变更事项公证书。

④ 事业单位法人。

《事业单位登记管理暂行条例》第五条规定，县级以上各级人民政府机构编制管理机关所属的事业单位登记管理机构（以下简称登记管理机关）负责实施事业单位的登记管理工作。在工作实际中，县级以上人民政府一般都设立事业单位登记管理局负责事业单位法人的登记。按该条例第八条、第十条规定，事业单位法人的名称需要变更的，应当向登记管理机关办理变更登记。概言之，事业单位法人名称变更的证明由县级以上人民政府机构编制管理机关或其事业单位登记管理局出具。

⑤ 社会团体法人。

按《社会团体登记管理条例》第六条规定，县级以上人民政府民政部门是本级人民政府的社会团体登记管理机关。按该条例第十二条、第十八条规定，社会团体法人名称变更的，应当向登记管理机构申请变更登记。因此，社会团体法人名称变更证明由县级以上人民政府民政机关出具。

⑥ 企业法人或企业性质的非法人组织。

按《企业名称登记管理规定》第三条、第四条和第二十二条规定，企业名称须在其申请登记时由工商行政管理机关核准。企业名称经核准登记注册后，无特殊原因在一年内不得申请变更。质言之，企业名称的起用及起用后的变更，均须企业登记机关核准。因此，企业法人和企业性质的非法人组织名称变更的证明由企业登记机关出具。

在不动产登记实务中，申请人提交的企业法人或企业性质的非法人组织名称变更的证明，常常是企业登记机关出具的"更名通知单"。该"更名通知单"能清晰地反映申请人变更前的名称和变更后的名称，登记机构应当用作登记材料。

⑦ 港澳地区法人。

提交经我国司法部委托的律师出具的名称变更事项公证书[②]，并加盖中国法律服务（香港）有限公司、中国法律服务（澳门）有限公司转递章。也可以提交

[①] 参见《烟台市房屋登记规则（暂行）》第十条第（五）项。
[②] 参见《烟台市房屋登记规则（暂行）》第十条第（七）项。

第十三章　预告登记收件

我国公证机构出具的名称变更事项公证书。

⑧ 台湾地区法人。

提交大陆公证机构出具的名称变更事项公证书，或台湾公证机构出具的名称变更事项公证书。台湾公证机构出具的公证书须经大陆相关机构认证（一般由省级公证协会认证）①。

⑨ 外国法人、组织。

外国法人、组织名称变更的证明为经我国驻外使（领）馆认证的，所在国家公证机构出具的名称变更事项公证书②，同时附申请人签字确认的该公证书的中文译本，或提交在我国合法经营的翻译机构出具的该公证书的中文译本。也可以提交我国驻外使（领）馆出具的名称变更事项公证书。

（2）当事人身份证明类型或身份证明号码发生变更的证明。

① 境内自然人因居民身份证号码变动，申请变更登记时，应当提交公安机关出具的，能证明原身份证明与现身份证明上记载的主体为同一人的书面材料，如居民身份证号码变更证明等。也可以是权利人自己出具的身份证明号码变动情况说明，此情形下，登记机构宜将变更登记内容予以公告，以查明变更登记的真实性，但该公告系由登记机构自行启动，公告期间应当计入登记办理时限。

② 申请不动产抵押权预告登记设立登记时使用军官证、士兵证、学员证等非居民身份证件的，当事人换发并持有居民身份证件后，申请因证件类型或号码变更产生的变更登记时，应当提交公安机关出具的原非居民身份证件与现时的居民身份证件的主体系同一人的证明。当事人户籍所在地退役军人事务机关、县级以上人民武装部出具的原军人身份证件与现时的居民身份证件的主体系同一人的证明也可以用作登记材料。

③ 我国内地居民取得港澳居民身份证后，申请因身份证明类型或身份证明号码变更产生的变更登记时，应当提交经我国司法部委托的律师出具的身份证明类型或身份证明号码变更事项公证书③，并加盖中国法律服务（香港）有限公司、中国法律服务（澳门）有限公司转递章，或提交公安机关出具的变更证明。也可以提交我国公证机构出具的身份证明类型或身份证明号码变更事项公证书。

④ 我国大陆居民取得台湾居民身份证后，申请因身份证明类型或身份证明

---

① 参见《烟台市房屋登记规则（暂行）》第十条第（八）项。
② 参见《烟台市房屋登记规则（暂行）》第十条第（九）项。
③ 参见《烟台市房屋登记规则（暂行）》第十条第（三）项。

号码变更产生的变更登记时，应当提交大陆公证机构出具的身份证明类型或身份证明号码变更事项公证书，或提交台湾公证机构出具的身份证明类型或身份证明号码变更事项公证书。台湾公证机构出具的公证书须经大陆相关机构认证（一般由省级公证协会认证）。也可以提交公安机关出具的变更证明[①]。

⑤ 境内自然人取得外国身份证后，申请因身份证明类型或身份证明号码变更产生的变更登记时，应当提交我国驻外使（领）馆出具的身份证明类型或身份证明号码变更事项公证书，或提交经我国驻外使（领）馆认证的，所在国家公证机构出具的身份证明类型或身份证明号码变更事项公证书[②]，并附申请人签字确认的该公证书的中文译本，或提交在我国合法经营的翻译机构出具的该公证书的中文译本。

⑥ 我国境内的企业法人、企业性质的非法人组织因身份证明类型或身份证明号码变动，申请变更登记时，应当提交营业执照颁发机关出具的，能证明原身份证明与现身份证明上记载的主体为同一人的书面材料，如企业登记机关出具的营业执照号码变更证明等。

⑦ 外国法人、组织，因身份证明类型或身份证明号码变动，申请变更登记时，应当提交我国驻外使（领）馆出具的身份证明类型或身份证明号码变更事项公证书，或提交经我国驻外使（领）馆认证的，所在国家公证机构出具的身份证明类型或身份证明号码变更事项公证书，同时附申请人签字确认的该公证书的中文译本，或提交在我国合法经营的翻译机构出具的该公证书的中文译本。

（3）被担保债权数额变更的证明为当事人达成的抵押合同变更协议，此协议须载明变更前的被担保债权数额和变更后的被担保债权数额。

三、不动产抵押权预告登记转移登记收件

1. 登记申请书；
2. 申请人的身份证明；
3. 不动产登记证明或不动产抵押权预告登记的权利已经登记的证明；
4. 预告登记的权利转移的证明；
5. 被继承人、遗赠人的死亡证明书；
6. 债权人通知债务人的证明；

[①] 参见《烟台市房屋登记规则（暂行）》第十条第（四）项。
[②] 参见《烟台市房屋登记规则（暂行）》第十条第（五）项。

第十三章 预告登记收件

7. 其他必要材料。

注：第 5 项材料适用于因继承、受遗赠申请的转移登记。第 4 项材料中申请人提交继承权公证书的，无须再提交第 5 项材料。第 6 项材料适用于因主债权转移申请的转移登记。

说明和理由：

1. 登记申请书

不动产抵押权预告登记转移登记，是指登记簿上记载的不动产抵押权预告登记的权利主体（抵押权人）发生变动，而权利内容、权利客体和其他事项不变产生的登记。

按《不动产登记操作规范（试行）》15.3.1 条规定，申请人申请不动产抵押权预告登记转移登记的情形主要有：① 因继承、受遗赠导致预告登记的权利转移；② 主债权转移导致预告登记的权利转移；③ 生效的法律文书导致预告登记的权利转移。但笔者认为，预告登记权利人的合并或分立也导致不动产抵押权预告登记转移登记的发生。

按《不动产登记操作规范（试行）》15.3.2 条规定，预告登记转移的申请人由不动产登记簿记载的预告登记权利人和该预告登记转移的受让人共同申请。因继承、受遗赠、人民法院、仲裁委员会生效的法律文书导致不动产抵押权预告登记转移的可以单方申请。据此可知，不动产抵押权预告登记转移登记的申请方式主要有：

（1）基于继承、受遗赠、生效的直接确认预告登记权利归属的民事判决书、执行裁定书、仲裁裁决书及 2016 年 3 月 1 日起立案产生的分割共同财产的民事调解书和仲裁调解书、权利人合并产生的不动产抵押权预告登记转移登记，由权利取得方单方申请。

（2）基于主债权转移合同、协议和生效的不直接确认预告登记权利归属的民事判决书（确认法律关系的判决书、给付判决书）、民事调解书和仲裁调解书等法律文书（不包括 2016 年 3 月 1 日起立案后产生的分割共同财产的民事调解书和仲裁调解书）产生的不动产抵押权预告登记转移登记，由权利的失去方与取得方共同申请。法律文书中明确了申请人的，由法律文书中明确的申请人申请登记。

（3）基于预告登记权利人分立导致的不动产抵押权预告登记转移登记，由权利的取得方与失去方共同申请。此类转移登记中，若申请人提交的公文或经国家机构鉴证、备案的合同（协议）显示，由当事人单方申请的，登记机构应当支持，准予该当事人单方申请转移登记。

登记申请书应当载明：权利的取得方与失去方；申请人的身份证明类型和号码；登记类型——不动产抵押权预告登记转移；登记原因——继承（或受遗赠，或生效法律文书等）；不动产登记证明号码等。

2. 申请人的身份证明

不动产抵押权预告登记转移登记由权利取得方单方申请的，申请人的身份证明为权利取得方的身份证明；由权利的取得方与失去方共同申请的，申请人的身份证明为权利取得方与失去方的身份证明。

3. 不动产登记证明或不动产抵押权预告登记的权利已经登记的证明

（1）不动产登记证明。

不动产登记证明，是指记载有欲转移的预告登记的权利的不动产登记证明。要求申请人提交不动产登记证明：一是表明欲转移的预告登记的权利已经记载在登记簿上，申请转移登记的前提成立；二是便于登记机构结合申请人提交的身份证明，判定作为转移登记申请人之一的权利失去方是否适格；三是转移登记被记载在登记簿上后，登记机构将基于登记簿的记载向权利人颁发新的不动产登记证明，原不动产登记证明由登记机构收回归档，以免流失社会造成负面影响。其中，证明申请转移登记的前提成立是最主要的目的。

（2）不动产抵押权预告登记的权利已经登记的证明。

不动产抵押权预告登记的权利已经登记的证明，主要指载明欲抵押的预告登记的权利的登记簿打印件、复印（制）件，或登记机构存档的不动产抵押权预告登记材料等。

继承、受遗赠、生效的确认预告登记的权利归属的民事判决书、执行裁定书、仲裁裁决书及2016年3月1日起立案后产生的分割共同财产的民事调解书和仲裁调解书导致预告登记的权利转移，不是当事人须以不动产登记证明表征其享有权利而与他人发生的交易法律行为，而是当事人基于法定事实成就或生效的法律文书而继受享有预告登记的权利，换言之，此类转移登记不是因交易法律行为产生的登记，且不动产抵押权预告登记的权利已经登记的证明能够证明申请转移登记的前提成立，故在此类转移登记中，如果申请人因不动产登记证明遗失或毁损而不能提交的，可以提交不动产抵押权预告登记的权利已经登记的证明代替之，在转移登记完成后，未收回的不动产登记证明由登记机构在其门户网站或当地公开发行的报刊上公告作废，以免除或减轻其流失社会造成的负面影响。

第十三章　预告登记收件

《不动产登记暂行条例实施细则》第二十三条规定，因不动产权利灭失等情形，不动产登记机构需要收回不动产权属证书或者不动产登记证明的，应当在不动产登记簿上将收回不动产权属证书或者不动产登记证明的事项予以注明；确实无法收回的，应当在不动产登记机构门户网站或者当地公开发行的报刊上公告作废。其中的"不动产权利灭失"，包括不动产权利的绝对灭失和相对灭失。不动产权利的绝对灭失，是指不动产权利随不动产实体的消失而永久消灭，或者随依附的主权利、主债权的消灭而消灭。与之对应的是不动产权利的相对灭失：一是不动产权利因转移给他人而使原权利人的权利灭失，他人在此灭失的基础上设立属于自己的不动产权利；二是不动产权利因不动产实体灭失外的申请注销登记的事由成就完成注销登记而灭失（如权利人抛弃不动产权利申请注销登记后，该权利人享有的不动产权利灭失，但该不动产权利本身并不消灭，而其归属处于待定状态，故此情形属于不动产权利的相对灭失）；三是不动产权利内容发生变更，变更前的不动产权利内容因变更的完成而消灭，不动产权利的新内容因变更的完成而产生。据此可知，不动产抵押权预告登记转移登记完成后，权利取得人的权利产生，原权利人的权利灭失，不能收回的载明该灭失权利的不动产登记证明，应当由登记机构公告作废。

权利人合并、分立和不直接确认预告登记的权利归属的生效的民事判决书、民事调解书、仲裁裁决书和仲裁调解书等（不包括2016年3月1日起立案产生的分割共同财产的民事调解书和仲裁调解书），当事人均须以不动产登记证明表征权利的存在，并在此基础上建立使权利发生转移的法律关系，换言之，此类转移登记是因法律关系产生，因此，申请人申请此类转移登记时，应当提交不动产登记证明。若申请人因遗失或毁损不动产登记证明而不能提交的，登记机构应当告知申请人按《不动产登记暂行条例实施细则》第二十二条第二款的规定补证后，再按程序申请不动产抵押权预告登记转移登记。

4. 预告登记的权利转移的证明

预告登记的权利转移的证明，是申请人申请不动产抵押权预告登记转移登记的原因凭证。预告登记的权利发生转移的证明主要有：

（1）继承权证明材料。

在不动产登记实务中，申请人提交的继承权证明材料主要有：

① 继承权公证书。

继承权公证书适用于因法定继承产生的不动产抵押权预告登记转移登记。

继承权公证书，是指由国家公证机构制作的证明法定继承人依法享有经过预告登记的权利的继承权的书面凭证。继承权公证书是继承人继承经过预告登记的权利的权源证据。

② 经过公证的遗嘱。

经过公证的遗嘱适用于因遗嘱继承产生的不动产抵押权预告登记转移登记。

经过公证的遗嘱，是指国家公证机构制作的记录立遗嘱人处分自己财产、指定自己财产继承人的文书。它是继承人继承经过预告登记的权利的权源证据。

③ 未经公证的依法定继承程序享有继承权的证明。

根据《不动产登记操作规范（试行）》1.8.6.1 条规定，申请人应当同时提交以下材料组合成未经公证的依法定继承程序享有继承权的证明：

a）继承人与被继承人之间的亲属关系证明，主要形式有三：一是户口簿、婚姻证明、收养证明或出生医学证明；二是公安机关、被继承人所在村委会或居委会、被继承人或继承人所在单位出具的证明材料；三是其他能够证明相关亲属关系的材料等。申请人只提交其中之一。但是，按民政部等六部门联合出台的《关于改进和规范基层群众性自治组织出具证明工作的指导意见》（民发〔2020〕20 号）和公安部等十二部门联合出台的《关于改进和规范公安派出所出具证明工作的意见》（公通字〔2016〕21 号）文件规定，公安派出所和社区居民委员会均不再出具亲属关系证明，在申请人不能提交户口簿、婚姻证明、收养证明、出生医学证明作为亲属关系证明的情形下，还可以提交什么样的材料作亲属关系证明？

笔者认为，申请人可以自己书写继承人与被继承人的关系说明，其中载明被继承人姓名、全部继承人姓名及其与被继承人的关系、继承人是放弃继承还是接受继承等信息，该说明上须由两个以上继承人之外的人签名证明属实。申请人可以提交自己书写的继承人与被继承人的关系说明并附上在上面签名证明属实的证人的身份证明作为其申请继承转移登记的亲属关系证明。

按《不动产登记操作规范（试行）》1.8.6.5 条规定，登记机构办理申请人凭公证的材料或者生效的法律文书之外的材料申请的继承转移登记时，须将继承转移登记事项在不动产登记机构门户网站进行公示，公示期不少于 15 个工作日。公示期满无异议的，将申请登记事项记载于不动产登记簿。据此可知，登记机构收取申请人提交自己书写的继承人与被继承人的关系说明后，可以通过公示程序，查明该说明的真实性，也通过该公示程序证明自己尽到了力所能及（合理审慎）的查验职责。

b）登记机构的登记人员签字见证的其他继承人放弃继承权的材料。

第十三章 预告登记收件

c）申请人享有继承权的声明或说明。

④ 未经公证的遗嘱。

a）自书遗嘱。

自书遗嘱是指自然人死亡前亲笔书写的遗嘱。《民法典》第一千一百三十四条规定，自书遗嘱由遗嘱人亲笔书写，签名，注明年、月、日。质言之，自书遗嘱必须由立遗嘱人亲笔书写遗嘱的全部内容。自书遗嘱既不能由他人代笔也不能用打印或印刷方式，只能由遗嘱人自己用笔将其意思记录下来[①]。

b）代书遗嘱。

代书遗嘱是指由他人代立遗嘱人书写并经立遗嘱人签名的遗嘱。《民法典》第一千一百三十五条规定，代书遗嘱应当有两个以上见证人在场见证，由其中一人代书，并由遗嘱人、代书人和其他见证人签名，注明年、月、日。据此可知，代书人必须是见证人之一，且代书人、见证人、遗嘱人应当在立遗嘱完毕时同时签名。代书遗嘱的见证人须具有完全民事行为能力且与继承人及遗产分割无利害关系。

c）打印遗嘱。

打印遗嘱是指通过打印的方式立下的遗嘱，且该遗嘱上有立遗嘱人、见证人的签名。《民法典》第一千一百三十六条规定，打印遗嘱应当有两个以上见证人在场见证。遗嘱人和见证人应当在遗嘱每一页签名，注明年、月、日。据此可知，须有两个以上的见证人在场的情形下，才可以打印遗嘱，且打印出来的遗嘱的每一页上面，须同时具备遗嘱人和见证人的签名及其各自注明的年、月、日。遗嘱打印时，应当认真校核，避免打印错误，确保遗嘱的打印质量。打印遗嘱的见证人须是具有完全民事行为能力人且与遗嘱中指定的继承人无利害关系。

（2）遗赠证明材料。

《民法典》第一千一百三十三条第三款规定，自然人可以立遗嘱将个人财产赠与国家、集体或者法定继承人以外的组织、个人。该法第一千一百五十八条规定，自然人可以与继承人以外的组织或者个人签订遗赠扶养协议。按照协议，该组织或者个人承担该自然人生养死葬的义务，享有受遗赠的权利。据此可知，遗赠证明材料以遗赠遗嘱或遗赠扶养协议的方式体现。遗赠证明材料是受遗赠人取得不动产抵押权预告登记的权利的权源证据。在不动产登记实务中，申请人提交的遗赠证明材料：一是经过公证的遗赠遗嘱或遗赠扶养协议；二是未经

[①] 梁慧星：《中国民法典草案建议稿附理由：侵权行为编·继承编》，法律出版社 2004 年版，第 189 页。

过公证的遗赠遗嘱或遗赠扶养协议。

① 经过公证的遗赠遗嘱或遗赠扶养协议。

经过公证的遗赠遗嘱，是指由国家公证机构制作的记载遗赠人决定在其死亡后将他的财产赠与国家、集体或法定继承人以外的人的遗嘱。

经过公证的遗赠扶养协议，是指由国家公证机构制作的记载遗赠人与继承人以外的人、组织签订的，载明由该人或该组织承担其生养死葬的义务，但在其死亡后将他的财产赠与该人或该组织的协议。

在不动产登记实务中，如果申请人仅持遗赠遗嘱公证书申请受遗赠产生的不动产抵押权预告登记转移登记时，笔者认为，申请人申请遗赠转移登记的行为已经表明其接受遗赠，此行为与遗赠公证书组合，形成遗赠和接受遗赠的意思表示，遗赠关系成立，登记机构无须要求申请人另行提交接受遗赠的证明。

② 未经过公证的遗赠遗嘱或遗赠扶养协议。

根据《不动产登记操作规范（试行）》1.8.6.1 条规定，申请人应当同时提交以下材料组合成未经过公证的遗赠证明材料：

a）受遗赠人不是继承人的证明，此证明可由公安机关、遗赠人所在村委会或居委会、受遗赠人或遗赠人所在单位出具；

b）遗赠遗嘱或遗赠扶养协议。

（3）权利人合并、分立的证明，权利人分立的应当同时提交载明预告登记的权利归属的证明。

（4）主债权转让合同或协议。

（5）生效的导致预告登记的权利转移的民事判决书、民事调解书、执行裁定书、仲裁裁决书、仲裁调解书。

5. 被继承人或遗赠人的死亡证明书

被继承人、遗赠人的死亡证明书是继承或受遗赠生效的前提，被继承人、遗赠人不死亡，继承、受遗赠不生效，故被继承人、遗赠人的死亡证明书是登记机构办理因继承、受遗赠产生的不动产抵押权预告登记转移登记的必收要件。死亡证明书主要有：① 公安派出所出具的因死亡注销户籍的证明；② 公安部门在刑事、交通等案件处理中出具的死亡证明；③ 应急管理部门或其消防机构在消防案件处理中出具的死亡证明；④ 人民法院宣告死亡的判决书；⑤ 殡仪馆出具的遗体火化证明；⑥ 医院出具的医学死亡证明等。

申请人提交继承权公证书作为继承证明材料时，因公证机构已经先行查明被继承人的死亡情况、其他继承人放弃继承权等情况后才出具该继承权公证书，故申请人提交继承权公证书作为继承证明材料时，无须再提交被继承人的死亡证明书和其他继承人放弃继承权的证明材料等。

6. 债权人通知债务人的证明

《民法典》第五百四十六条第一款规定，债权人转让债权，未通知债务人的，该转让对债务人不发生效力。据此可知，债权人将债权转让事宜通知债务人，便于债务人履行债务，以保护债权受让人的利益，即使抵押权预告登记的权利的受让人的利益得到保护，故申请人申请抵押权预告登记转移登记时，应当要求申请人提交债权人将债权转让事宜通知债务人的证明，此证明一般以有债务人签名的债权转让通知书的形式体现，债务人在该通知书上签名，表明其知晓债权转让事宜。

四、不动产抵押权预告登记注销登记收件

1. 登记申请书；
2. 申请人的身份证明；
3. 不动产登记证明或不动产抵押权预告登记的权利已经登记的证明；
4. 预告登记的权利消灭的证明；
5. 其他必要材料。

说明和理由：

1. 登记申请书

不动产抵押权预告登记注销登记，是指记载在登记簿上的不动产抵押权预告登记，因使其消灭的事由（或法定事实）成就而对其予以涂销使其失去法律效力的登记。

按《不动产登记操作规范（试行）》15.4.1条规定，申请人申请不动产抵押权预告登记注销登记的情形主要有：① 被担保的主债权消灭，即债务人清结债务而终止主债权合同或主债权合同被解除、被撤销、被宣告无效等；② 预告登记权利人放弃权利。但笔者认为，生效的导致不动产抵押权预告登记无效的法律文书也是申请人申请不动产抵押权预告登记注销登记的情形。

笔者认为：① 基于债务人清结债务而终止合同，主债权合同系因当事人协商而解除，是当事人的意思表示一致的结果；生效的终止或解除主债权合同的民事调解书、仲裁调解书，是当事人在人民法院或仲裁机构的调解下达成的协议，是其意思表示一致的终止、解除主债权合同的情形。故此类不动产抵押权预告登记注销登记可以由当事人共同申请，也可以由抵押权人单方申请，即登

记申请书由抵押权人和抵押人共同出具，也可以由抵押权人单方出具。② 基于预告登记权利人放弃权利，是基于权利人单方的意思表示，由此产生的注销登记由抵押权人单方申请，即登记申请书由抵押权人单方出具。③ 主债权合同被人民法院、仲裁机构生效的民事判决书、执行裁定书或仲裁裁决书解除、撤销、宣告无效，生效的民事判决书、执行裁定书或仲裁裁决书确认不动产抵押权预告登记的权利无效，是由法定的国家机构的强制力所为，而非当事人意思表示一致的结果，故此类不动产抵押权预告登记注销登记由当事人中的一方单方申请即可，即注销登记申请书由抵押权人、抵押人或法律文书上的其他当事人单方出具。

登记申请书应当载明：预告登记的权利人和义务人；申请人的身份证明类型和号码；登记类型——不动产抵押权预告登记注销；登记原因——生效的法律文书（或借款合同被解除、被撤销、被宣告无效等）；不动产登记证明号码等。

2. 不动产登记证明或不动产抵押权预告登记的权利已经登记的证明

（1）不动产登记证明。

不动产登记证明，是指载明欲注销的不动产抵押权预告登记的权利的不动产登记证明。要求申请人提交不动产登记证明：一是表明欲注销的预告登记的权利已经记载在登记簿上，申请注销登记的前提成立；二是便于登记机构结合申请人提交的身份证明，判定注销登记申请人是否适格；三是注销登记被记载在登记簿上后，不动产登记证明表征的权利已经消灭，该证明失去权利表征作用，由登记机构收回归档，以免流失社会造成负面影响。其中，证明申请注销登记的前提成立是最主要的目的。

（2）不动产抵押权预告登记的权利已经登记的证明。

不动产抵押权预告登记的权利已经登记的证明，主要指记载有欲注销的不动产抵押权预告登记的权利的登记簿打印件、复印（制）件，或登记机构存档的不动产抵押权预告登记材料等。

在不动产登记实务中，当事人遗失或毁损不动产登记证明的情形时有出现，笔者认为，不动产抵押权预告登记注销登记，是消灭预告登记的权利的行为，不是抵押权人与他人实施的须以不动产登记证明表征其享有权利为前提的交易法律行为产生的登记，且不动产抵押权预告登记的权利已经登记的证明能够证明申请注销登记的前提成立。因此，申请人申请注销登记时因遗失或毁损不动产登记证明而不能提交的，可以提交不动产抵押权预告登记的权利已经登记的证明代替之，

第十三章　预告登记收件

在注销登记完成后,未收回的不动产登记证明由登记机构在其门户网站或当地公开发行的报刊上公告作废,以免除或减轻其流失社会造成的负面影响。

《不动产登记暂行条例实施细则》第二十三条规定,因不动产权利灭失等情形,不动产登记机构需要收回不动产权属证书或者不动产登记证明的,应当在不动产登记簿上将收回不动产权属证书或者不动产登记证明的事项予以注明;确实无法收回的,应当在不动产登记机构门户网站或者当地公开发行的报刊上公告作废。其中的"不动产权利灭失",包括不动产权利的绝对灭失和相对灭失。不动产权利的绝对灭失,是指不动产权利随不动产实体的消灭而永久消灭,或者随依附的主权利、主债权的消灭而消灭。与之对应的是不动产权利的相对灭失:一是不动产权利因转移给他人而使原权利人的权利灭失,他人在此灭失的基础上设立属于自己的不动产权利;二是不动产权利因不动产实体灭失外的申请注销登记的事由成就完成注销登记而灭失(如权利人抛弃不动产权利申请注销登记后,该权利人享有的不动产权利灭失,但该不动产权利本身并不消灭,而其归属处于待定状态,故此情形属于不动产权利的相对灭失);三是不动产权利内容发生变更,变更前的不动产权利内容因变更的完成而消灭,不动产权利的新内容因变更的完成而产生。据此可知,不动产抵押权预告登记注销登记完成后,权利人的权利灭失,不能收回的载明该灭失权利的不动产登记证明,应当由登记机构公告作废。

3. 预告登记的权利消灭的证明

预告登记的权利消灭的证明,是申请人申请不动产抵押权预告登记注销登记的原因凭证。

根据申请人申请注销登记的情形,预告登记的权利消灭的证明主要有:①债权人出具的债务清结证明或当事人签订的主债权合同终止协议;②主债权合同解除协议;③解除、撤销或宣告主债权合同无效的生效的民事判决书、执行裁定书、仲裁裁决书;④预告登记权利人放弃权利的声明或决定;⑤生效的确认不动产抵押权预告登记无效的民事判决书、执行裁定书、仲裁裁决书等。

特别说明:

按《民法典》第二百二十一条第一款规定,当事人签订买卖房屋的协议或者签订其他不动产物权的协议,为保障将来实现物权,按照约定可以向登记机构申请预告登记。质言之,一般情形下,当事人签订的欲取得不动产物权的协议,都可以约定并向登记机构申请预告登记。但是,《不动产登记暂行条例实施细则》第八十五条明确规定可以按约定申请预告登记的情形有:(一)商品房等不动产预售；（二）不动产买卖、抵押；（三）以预购商品房设定抵押权。《不动产登记操作规范（试行）》的相关规定也只是对此三种情形进行了细化。但在不动产登记实务中，拆迁还房协议、合作建房合同等协议或合同，都与将来不动产物权的归属相关，即权利人欲在将来确定地取得基于此类协议或合同设立的不动产物权。尽管此类协议或合同不属于《不动产登记暂行条例实施细则》和《不动产登记操作规范（试行）》规定的可以申请预告登记的情形，但满足《民法典》第二百二十一条第一款规定，笔者认为，拆迁还房协议、合作建房合同等以取得不动产物权为目的的协议或合同，也可以按约定申请预告登记，申请人申请预告登记时应当提交的材料参照本书的本章阐释。

第十四章　更正登记和异议登记收件

《不动产登记暂行条例实施细则》第五章规定的其他登记类型中，更正登记和异议登记是两种有密切联系的登记。

更正登记，是对不动产登记簿上的瑕疵记载（错误或疏漏）进行改正补充而进行的登记。质言之，更正登记的目的是将登记簿上记载的瑕疵内容予以修正。《民法典》第二百二十条第一款规定，权利人、利害关系人认为不动产登记簿记载的事项错误的，可以申请更正登记。不动产登记簿记载的权利人书面同意更正或者有证据证明登记确有错误的，登记机构应当予以更正。质言之，登记簿上记载的事项有错误时才产生更正登记，没有错误则不产生更正登记，即现时的法律规范将更正登记范围限于登记记载事项错误。在不动产登记实务中，登记簿记载事项错误的情形主要有：① 不动产权利主体错误；② 不动产权利客体错误；③ 不动产权利内容错误；④ 其他事项错误。

异议登记，是对不动产登记簿上记载的事项有异议而产生的登记。其目的是暂时击破登记簿的公信力，警示欲与权利人为交易的人，慎重为之。按《民法典》第二百二十条第二款规定，不动产登记簿记载的权利人不同意更正的，利害关系人可以申请异议登记。据此可知：① 异议登记的申请人只能是利害关系人；② 异议登记的对象是登记簿上现时记载的事项；③ 申请异议登记，须以登记簿上记载的权利人不同意更正为前提，即以更正登记不能办理为前提。

在不动产登记实务中，《不动产登记暂行条例实施细则》第七十九条、第八十二条，分别对申请人申请更正登记、异议登记时应当提交的材料做了规定。《不动产登记操作规范（试行）》17.2.3条对申请人申请异议登记注销登记时应当提交的材料做了规定。笔者据此结合自己研习不动产登记的体会作介绍。

一、更正登记收件

1. 登记申请书；
2. 申请人的身份证明；
3. 登记簿的记载有错误的证明；
4. 登记簿上记载的权利人同意更正的证明；
5. 申请人与申请更正的事项有利害关系的证明；
6. 不动产权属证书或不动产登记证明；

7. 其他必要材料。

注：第 4 项材料和第 5 项材料适用于利害关系人单方申请更正登记的情形。第 6 项材料适用于登记簿上记载的权利人申请更正登记的情形。

说明和理由：

1. 登记申请书

《民法典》第二百二十条第一款规定，权利人、利害关系人认为不动产登记簿记载的事项错误的，可以申请更正登记。其中，权利人是指登记记载的权利人，利害关系人是指登记记载错误会造成对自己不利影响的当事人[①]。在不动产登记实务中，按《不动产登记操作规范（试行）》16.1.2 条规定，申请更正登记的申请人应当是不动产的权利人或利害关系人。据此可知，更正登记可以由权利人或利害关系人单方申请，也可以由权利人和利害关系人共同申请。因此，更正登记申请书可以由权利人或利害关系人单方出具，也可以由权利人和利害关系人共同出具。登记申请书应当载明：申请人；申请人的身份证明类型和号码；登记类型——更正登记；登记原因——权利主体更正（或权利内容更正、其他事项更正等）；不动产权属证书或不动产登记证明号码；更正前的内容和更正后的内容等。

更正登记不仅仅指登记簿上记载的土地使用权及地上房屋所有权主体错误、客体错误、内容错误，也包括登记簿上记载的各种不动产物权主体错误、客体错误、内容错误或其他各种事项错误，如抵押权主体错误、地役权内容错误、异议登记事项错误等。

2. 申请人的身份证明

更正登记的申请人分别为权利人或利害关系人时，申请人的身份证明分别为权利人或利害关系人的身份证明。更正登记的申请人为权利人和利害关系人时，申请人的身份证明为权利人和利害关系人的身份证明。

3. 登记簿的记载有错误的证明

无论是登记簿记载的权利人申请更正登记，还是利害关系人申请更正登记，均须提交登记簿的记载有错误的证明。登记簿的记载有错误的证明，是申请人申请更正登记的原因凭证。如前所述，登记簿的记载有错误的情形主要有不动产权利主体错误、不动产权利客体错误、不动产权利内容错误和不动产其他事项错误。

---

① 王利明、尹飞、程啸：《中国物权法教程》，人民法院出版社 2007 年版，第 109 页。

第十四章　更正登记和异议登记收件

因登记簿记载的不动产权利内容错误、不动产权利客体错误和不动产其他事项错误申请的更正登记，登记人员根据登记申请书上载明的申请更正登记的内容及申请人提交的证明材料，通过查阅、核对登记档案材料或现场调查提取相应信息后，确实存在登记错误的，本着有错必纠的原则，予以更正登记即可。但是，因权利主体记载错误申请的更正登记，登记机构应当慎重处理。

何以因权利主体记载错误申请的更正登记，登记机构应当慎重处理呢？因为，一方面因权利主体记载错误而产生的真实的更正登记存在，如张三和李四所有的房屋户型一致，张三在第3层，李四在第4层，登记时，因登记人员的失误，将李四的房屋登记在张三名下，而将张三的房屋登记在李四名下；另一方面因买卖行为本应申请不动产转让转移登记而谎称的更正登记也存在，究竟是真实的更正登记，还是虚假的更正登记？很难甄别。

按《民法典》第二百二十条第一款规定，只要满足两个条件，登记机构就应当受理更正登记申请并准予更正登记：一是权利人或利害关系人主观上认为登记簿记载的事项错误；二是登记簿上记载的权利人书面同意更正登记。对此，有学者解释为：如果权利人书面形式同意更正申请，即便申请人尚未提出足够的证据证明登记确有错误，登记机构也应当办理更正登记。例如，甲机构提出申请，要求将登记在乙名下的房屋更正登记到自己名下。乙向登记机构提交了书面同意的材料，登记机构就应当办理更正登记。因为权利归属是当事人之间的事宜，国家不宜对此作出干预①。申言之，登记机构可以应卖方和买方的申请，不经过因买卖产生的转移登记，而是采用更正登记将现时登记在卖方名下的房屋所有权更正登记到买方名下。若房屋买卖当事人均效仿之，一则交易税费流失殆尽，严重影响国家财税收入，损害社会公共利益；二则《不动产登记暂行条例实施细则》中为不动产买卖、赠与等规定的转移登记形同虚设，无存在的必要，破坏了登记类型体系，扰乱了行政管理秩序。笔者据此认为，这不是立法的本意！

在不动产登记实务中，登记机构应当根据申请人的申请，对权利主体记载错误的真实的更正登记与谎称的权利主体记载错误的虚假的更正登记，在力所能及的范围内予以甄别，以尽到合理审慎的注意义务。

按《民法典》第二百一十一条和第二百一十二条规定，登记申请人按登记类型提交权利来源证明材料，登记机构查验核实后，对满足登记要求的，将申请材料上的信息如实记载在登记簿上。笔者据此认为，在不动产登记实务中，

---

① 王利明、尹飞、程啸：《中国物权法教程》，人民法院出版社2007年版，第109~110页。

甄别真假更正登记的主要证据是登记档案材料，主要情形有：一是登记簿记载的权利主体与档案材料上显示的权利主体不一致，但申请更正为权利主体的主体与档案材料上显示的权利主体一致的，应当予以更正登记；二是登记簿记载的权利主体与档案材料上显示的权利主体一致，申请更正为权利主体的主体则与之不一致的，对此，应当区别对待。笔者认为，应当以不动产权利被记载在登记簿上的时间节点作为一个衡量的时间节点：

（1）申请人提供的其为权利主体的证明若产生于此时间节点之前，可采用为准予更正登记的证据，理由（以房屋买卖为例）有二：一是若 A 委托 B 买房，并以 B 的名义与他人签订房屋买卖合同及登记房屋所有权。依《民法典》第九百二十五条和第九百二十六条规定，B 的行为属间接代理，即代理人以自己的名义，为本人之计算，而为法律行为，其法律效果首先对间接代理人发生，然后依间接代理人与本人之内部关系，而移转于本人之制度[①]。此处的本人，系指委托人，即房屋的真实所有权人。若如此，A、B 共同申请将登记在 B 名下的房屋所有权更正登记到 A 名下于法有据，登记机构应当予以支持。二是按《民法典》第二百一十四条规定，基于法律行为取得的不动产权利自记载于登记簿上时生效。在房屋所有权生效前，真实的所有权人可以申请将房屋所有权登记在自己名下，但却请人代为申请登记在他人名下，应当是事出有因，具体是何原因，登记机构无须过问。故产生于房屋权利记载于登记簿上之前的证明可采用为准予更正登记的证据。当然，真实房屋所有权人的证明须具有较高的证明力，如经过公证的委托书、声明、承诺或协议等，否则，登记机构应当将更正登记内容予以公告，以查明更正登记申请的合法性、真实性和有效性，但该公告系由登记机构自行启动，公告期间应当计入登记办理时限。

（2）申请人提供的其为真实权利主体的证明产生于此时间节点之后，即使是经过公证的委托书、声明、承诺或协议等，也不宜采用为准予更正登记的证据。理由（以房屋买卖为例）有二：一是《民法典》第一百六十一条第一款和第一百六十五条规定，民事主体可以通过代理人实施民事法律行为。委托代理授权采用书面形式的，授权委托书应当载明代理人的姓名或者名称、代理事项、权限和期限，并由被代理人签名或者盖章。质言之，一般情形下，书面委托代为实施法律行为的授权委托书应当由委托人在事前向受托人出具。例如，若 A 和 B 存在间接代理关系，A 在 B 订立房屋买卖合同前就应当向 B 出示书面委托证明，此委托证明更应当在房屋所有权记载在登记簿上之前。故申请人在房屋

[①] 梁慧星：《民法总论》，法律出版社 2001 年版，第 222 页。

第十四章 更正登记和异议登记收件

所有权记载在登记簿上之后的委托书不能作为证明其为房屋真实权利人的证据。二是房屋所有权记载在登记簿上后出现的关于房屋所有权属于谁的声明、承诺，或者是房屋所有权归属的协议，这些声明、承诺、协议载明的房屋所有权归属，有可能是真实的，也有可能是虚假的。虚假的自不必说。如果是真实的，笔者认为，房屋所有权作为自然人、法人或非法人组织的一项重要的财产权，通常情况下，所有权人应当是非常重视的，房屋所有权的取得要经过房屋买卖合同的签订、申请所有权登记、所有权记载到登记簿上等环节，其中有一个时间段，在这个时间段内，权利人应该处理好房屋所有权的归属这一重大问题，如果没有处理好，应当视为其勿视自己的权利，其权利不值得保护。如果更正登记保护这种被权利人本人忽视的权利，给他人谋取不当利益留下缺口，如前所述，会影响国家的税收，也会破坏不动产登记类型体系，这些都会严重影响社会公共利益，扰乱行政管理秩序，故房屋所有权记载在登记簿上后出现的声明、承诺或者协议不宜用作房屋真实权利人的证明。

所以，登记簿上记载的不动产权利客体错误、权利内容错误或其他事项错误的证明因具体个案确定，主要形式为能证明登记簿的记载有错误的登记档案材料、有资质的机构出具的不动产权籍调查成果报告等。登记簿记载的不动产权利主体错误的证明，主要是权利主体被记载于登记簿上之前产生的，能证明不动产真实权利主体资格的委托书、声明、承诺或协议等。

4. 登记簿上记载的权利人同意更正的证明

登记簿上记载的权利人同意更正的证明，是利害关系人单方申请更正登记时应当提交的材料。按《民法典》第二百二十条第一款规定，不动产登记簿记载的权利人书面同意更正或者有证据证明登记确有错误的，登记机构应当予以更正。在不动产登记实务中，按《不动产登记操作规范（试行）》16.1.4条第3项规定，权利人同意更正的，在权利人出具的书面材料中，是否已明确同意更正的意思表示属于登记机构办理更正登记时的审查要点。概言之，申请人申请更正登记，可能导致现时登记簿上记载的不动产权利主体、不动产权利客体、不动产权利内容或其他事项变动，从而影响登记簿上记载的权利人的利益，故应当取得权利人的同意，所以更正登记由利害关系人单方申请时，应当提交权利人同意更正登记的证明。如果更正登记由利害关系人和权利人共同申请时，权利人已经以申请更正登记的行为表明其同意更正登记，且愿意承担更正登记对其造成的不利后果，此情形下，登记机构无须再要求申请人另行提交权利人同意更正登记的证明。

5. 申请人与申请更正登记的事项有利害关系的证明

申请人与申请更正登记的事项有利害关系的证明,是利害关系人单方申请更正登记时应当提交的材料。申请人与申请更正登记的事项有利害关系的证明是证明申请人是否适格的凭证。该证明应当区别个案确定,如:甲以房屋向乙作借款抵押,办理了一般抵押权登记,乙认为甲的房屋登记面积小于实际面积,若他将来实现抵押权时,按房屋面积单价计算房屋变现款对他不利,故乙可以以利害关系人的身份申请因房屋面积错误产生的更正登记,申请人与申请更正的事项有利害关系的证明是其持有的记载有一般抵押权的不动产登记证明、有资质的机构出具的房屋面积测绘报告。

6. 不动产权属证书或不动产登记证明

不动产权属证书或不动产登记证明,主要指记载有欲更正内容的不动产权属证书或不动产登记证明。登记簿上记载的权利人申请更正登记时才须提交不动产权属证书或不动产登记证明。要求权利人提交不动产权属证书或不动产登记证明:一是表明欲更正的内容已经记载在登记簿上,申请更正登记的前提成立;二是作为证明自己是登记簿上记载的权利人的凭证,证明申请人主体适格;三是更正登记完成后,登记机构将基于登记簿上新的记载,向权利人颁发新的不动产权属证书或不动产登记证明,原不动产权属证书或不动产登记证明由登记机构收回归档,以免流失社会造成负面影响。按《不动产登记暂行条例实施细则》第一百零五条第一款规定,本实施细则施行前,依法核发的各类不动产权属证书继续有效。故此处的不动产权属证书和不动产登记证明,包括不动产统一登记前权利人合法持有的《林权证》《海域使用权证书》《国有土地使用权证》《房屋所有权证》《房屋他项权证》等。

二、异议登记收件

1. 登记申请书;
2. 申请人的身份证明;
3. 登记簿的记载有错误的证明;
4. 申请人不能办理更正登记的证明;
5. 申请人与申请异议登记的事项有利害关系的证明;
6. 其他必要材料。

说明和理由:

第十四章 更正登记和异议登记收件

1. 登记申请书

按《民法典》第二百二十条第二款规定，不动产登记簿记载的权利人不同意更正的，利害关系人可以申请异议登记。《不动产登记操作规范（试行）》17.1.2条规定，异议登记申请人应当是利害关系人。据此可知，异议登记由利害关系人单方申请，即异议登记申请书由利害关系人单方出具。登记申请书应当载明：申请人；申请人的身份证明类型和号码；登记类型——异议登记；异议事项等。

异议事项只能是登记簿上现时记载的各种不动产权利主体、不动产权利客体、不动产权利内容或其他事项，如预购商品房预告登记权利人、房屋抵押权内容等。

2. 申请人的身份证明

异议登记由利害关系人单方申请，申请人的身份证明为该利害关系人的身份证明。

3. 申请人不能办理更正登记的证明

申请人不能办理更正登记的证明，是申请人申请异议登记的前提之一。

如前所述，按《民法典》第二百二十条第二款规定，申请人申请异议登记以其不能办理更正登记为前提。质言之，在办理异议登记前，利害关系人必须首先提出更正登记，只有在权利人不同意或者登记机关拒绝更正的情况下，更正登记申请人才可以提出异议登记①。申言之，法律规定，更正登记是异议登记的前提，是因为异议登记的目的最终还是为了办理更正登记。如果能够直接办理更正登记，自然就没有必要申请异议登记②。因此，不能办理更正登记的证明是申请人申请异议登记时应当提交的材料。

在不动产登记实务中，《不动产登记暂行条例实施细则》和《不动产登记操作规范（试行）》没有将登记簿上记载的权利人不同意更正的书面证明规定为申请人申请异议登记时应当提交的材料，是为了减轻申请人的举证负担，落实《不动产登记暂行条例》中"方便群众申请登记"的目的。但是，如前所述，按法律的规定，异议登记的前提之一是登记簿上记载的权利人不同意更正，如果按《不动产登记暂行条例实施细则》和《不动产登记操作规范（试行）》规定，不要求申请人提交登记簿上记载的权利人不同意更正的书面证明，则登记机构很难判断申请人申请异议登记的前提是否成立，受理的异议登记可否核准。笔者认为，《不动产登记暂行条例实施细则》和《不动产登记操作规范（试行）》

---

① 王利明、尹飞、程啸：《中国物权法教程》，人民法院出版社2007年版，第112页。
② 王利明、尹飞、程啸：《中国物权法教程》，人民法院出版社2007年版，第112页。

的规定与《民法典》第二百二十条第二款规定不对应，基于下位法服从上位法的法律适用原则，在不动产登记实务中，应当以《民法典》的规定为准，即申请人申请异议登记时应当提交登记簿上记载的权利人不同意更正的书面证明或申请人不能办理更正登记的证明。

申请人不能办理更正登记的证明，主要有权利人出具的不同意更正登记的材料、登记机构不予更正登记的告知书或回复等。

4. 申请人与申请异议登记的事项有利害关系的证明

按《民法典》第二百二十条第二款规定，异议登记的申请人是登记簿记载事项与之有利害关系的人。换言之，登记簿记载事项与之无利害关系的人不能作为异议登记的申请人。因此，申请人与申请异议登记内容有利害关系的证明，是判定异议登记申请人是否适格的凭证，故该证明是申请人申请异议登记时应当提交的要件。申请人与申请异议登记的内容有利害关系的证明，应当区别个案确定，如甲认为登记簿上记载的因继承产生的房屋转移登记中，继承人漏掉了他，损害了他的权益，则甲应当提交其享有继承权的材料作为与申请异议登记的内容有利害关系的证明等。

三、异议登记注销登记收件

1. 登记申请书；
2. 申请人的身份证明；
3. 可以注销异议登记的证明；
4. 不动产登记证明；
5. 其他必要材料。

注：第 3 项材料适用于登记簿上记载的不动产权利人申请注销异议登记的情形。第 4 项材料适用于异议登记申请人申请注销异议登记的情形。

说明和理由：

1. 登记申请书

《不动产登记操作规范（试行）》17.2.2 条规定，注销异议登记申请人是异议登记申请人。质言之，异议登记注销登记只能由异议登记申请人申请。但是，《民法典》第二百一十一条规定，当事人申请登记，应当根据不同登记事项提供权属证明和不动产界址、面积等必要材料。笔者据此认为，一般情形下，不动产登记以当事人的申请为启动前提，此处的当事人，一是登记簿上现时记载的权利人；二是基于非法律行为设立、变更、转移和消灭不动产权利的人；三是

第十四章 更正登记和异议登记收件

基于法律行为设立、变更、转移和消灭不动产权利的人；四是与登记簿上现时记载的内容有利害关系的人。笔者认为，异议登记在登记簿上的存在，对登记簿上记载的不动产权利人处分该不动产有不利影响，即登记簿上记载的不动产权利人是登记簿上存在的异议登记的利害关系人，因此，登记簿上记载的权利人也可以以利害关系人的名义单方申请异议登记注销登记。故注销登记申请书可以由异议登记申请人或登记簿上记载的不动产权利人单方出具。登记申请书应当载明：申请人；申请人的身份证明类型和号码；登记类型——异议登记注销；注销原因等。

2. 申请人的身份证明

注销异议登记由异议登记申请人申请的，申请人的身份证明为该异议登记申请人的身份证明；由登记簿上记载的不动产权利人申请的，申请人的身份证明为该不动产权利人的身份证明。

3. 可以注销异议登记的证明

可以注销异议登记的证明，是登记簿上记载的不动产权利人申请异议登记注销登记的原因凭证。

《不动产登记暂行条例实施细则》第八十四条规定，异议登记期间，不动产登记簿上记载的权利人以及第三人因处分权利申请登记的，不动产登记机构应当书面告知申请人该权利已经存在异议登记的有关事项。申请人申请继续办理的，应当予以办理，但申请人应当提供知悉异议登记存在并自担风险的书面承诺。据此可知，异议登记是利害关系人对登记簿上记载的权利人处分不动产权利时，告知对方当事人慎重为之的一种警示措施，登记簿上记载的不动产权利人申请注销异议登记，旨在消灭该警示措施，消除该警示措施给自己处分不动产权利带来的不利影响，故登记簿上记载的不动产权利人申请异议登记注销登记时，应当提交可以注销异议登记的证明。在不动产登记实务中，可以注销异议登记的证明主要有：

（1）异议登记申请人同意注销的凭证。

由于异议登记因利害关系人的申请而记载，该利害关系人有权对自己申请记载的异议登记作出注销或保留的决定，故异议登记申请人同意注销的凭证可以用作注销异议登记的证明，但为了确保该凭证的真实性，该凭证应当经过公证，或异议登记申请人在登记机构出具，否则，登记机构应当将异议登记注销登记内容予以公告，以查明异议登记注销登记申请的真实性、合法性和有效性，但该公告系由登记机构自行启动，公告期间应当计入登记办理时限。

（2）人民法院生效的法律文书。

按《民法典》第二百二十条第二款规定，登记机构予以异议登记的，申请人在异议登记之日起十五日内不起诉，异议登记失效。据此可知，异议登记记载在登记簿上后，如果异议登记申请人向人民法院起诉，不符合起诉条件的，按《民事诉讼法》第一百二十三条的规定，人民法院将制作不予受理的裁定书。人民法院受理后，经过审理，也会制作相应的裁定书、调解书、判决书等法律文书。如果人民法院生效的法律文书满足注销异议登记要求的，是当然的可以注销异议登记的证明，如不予受理裁定书，表明人民法院对原告（异议登记申请人）就异议登记事项的起诉不支持，换言之，即使被告（权利人）处分有异议登记的权利，也不会承受不利后果，异议登记失去应有的警示作用，应当予以消灭，即该裁定书满足注销异议登记的要求。

特别说明：

（1）如前所述，按《民法典》第二百二十条第二款规定，异议登记自记载在登记簿上之日起十五日内，异议登记申请人不向人民法院起诉的，无须当事人申请注销，异议登记自动失效。但是，按《不动产登记暂行条例实施细则》和《不动产登记操作规范（试行）》的规定，异议登记的设立和注销，以申请人的申请为前提，在没有申请人申请的前提下，登记机构若径为注销异议登记，则存在程序上的瑕疵，故登记机构无须径为注销异议登记，但可以办理相关登记业务，让失效的异议登记在登记簿上空挂。当然，若异议登记申请人在异议登记记载在登记簿上之日起15日内没有起诉，登记簿上记载的权利人以此为由申请注销异议登记的，该权利人须提交异议登记申请人没有起诉的证明材料。

（2）按《民法典》第二百二十条第二款规定，由于异议登记不当，造成权利人损害的，权利人可以向申请人请求损害赔偿。据此可知，该规定是法律为防止异议登记滥用而课以滥用人的法律责任，鉴于此，异议登记申请人申请注销异议登记的情形也有出现。如前所述，异议登记是因利害关系人的申请才记载在登记簿上，该利害关系人有权对自己申请并被记载于登记簿上的异议登记作出注销或保留的决定，故异议登记申请人申请注销异议登记时，是以行为表明同意注销自己申请并被记载于登记簿上的异议登记，无须再向登记机构另行提交可以注销异议登记的证明。

4. 不动产登记证明

不动产登记证明，是指载明异议登记的不动产登记证明。

第十五章　查封登记收件

查封登记，是指登记机构按照国家有权机关送达的查封文书和嘱托办理查封登记的文件，在登记簿上对登记在被查封人名下的不动产作查封登记记载，限制被查封人申请的因处分该不动产，或贬损该不动产价值产生的登记的办理。查封登记属于一种协助执行措施。

按《不动产登记暂行条例实施细则》第五章第四节和《不动产登记操作规范（试行）》规定，实施查封的国家有权机关主要有人民法院、人民检察院、公安机关等。

《不动产登记暂行条例实施细则》第九十条和《不动产登记操作规范（试行）》18.2.1 条对有权的国家机关嘱托登记机构办理查封登记时应当提交的材料做了规定，笔者结合最高人民法院发布实施的相关司法解释及其他相关法律、政策的规定，对有权的国家机关嘱托登记机构办理查封登记时应当提交的材料作阐释。

一、查封登记收件

1. 嘱托办理查封登记的文件；
2. 送达嘱托办理查封登记文件人员的工作身份证明；
3. 其他必要材料。

说明和理由：

1. 嘱托办理查封登记的文件

嘱托办理查封登记的文件，是指实施查封的国家机关向登记机构送达的启动查封登记程序的文件，也是登记机构实施查封登记的证据材料。

（1）人民法院启动的查封登记。

人民法院实施查封时，嘱托办理查封登记的文件为协助执行通知书。《最高人民法院、国土资源部、建设部关于依法规范人民法院执行和国土资源房地产管理部门协助执行若干问题的通知》（法发〔2004〕5号）第二条第三款规定，人民法院执行人员到国土资源、房地产管理部门办理土地使用权或者房屋查封、预查封登记手续时，应当出示本人工作证和执行公务证，并出具查封、预查封裁定书和协助执行通知书。该通知第三条第二款规定，国土资源、房地产管理部门在协助人民法院执行土地使用权、房屋时，不对生效法律文书和协助执行通知书进行实体审查。国土资源、房地产管理部门认为人民法院查封、预查封或者处理的土地、房屋权属错误的，可以向人民法院提出审查建议，但不应当停止办理协助执行事项。质言之，协助执行通知书，是指实施查封措施的人民法院制作的，通知有关单位或者个人协助执行查封事宜的一种法律文书，协助执行通知书具有强制性。协助执行通知书是查封登记程序启动的凭证，也是登记机构办理查封登记事项的证据，即登记机构必须按协助执行通知书载明的事项办理查封登记。换言之，登记机构按协助执行通知书载明的事项办理查封登记是履行法定的协助执行义务。对人民法院送达的协助执行通知书的内容或人民法院有无权利查封不动产等事宜，登记机构无权过问。

（2）人民法院以外的国家机关启动的查封登记。

按《人民检察院刑事诉讼规则（试行）》第二百三十四条规定，人民检察院在侦查活动中发现的可以证明犯罪嫌疑人有罪、无罪或者犯罪情节轻重的各种财物和文件，应当查封或者扣押。按《行政强制法》第二条和第九条第（二）项规定，行政机关也可以依职权对公民、法人或者其他组织的财物实施查封等强制措施。因此，人民检察院、行政机关等有权的国家机关都是查封登记的嘱托机关。换言之，人民检察院和公安、监察、税务等有权的国家机关嘱托办理的查封登记，登记机构应当支持并及时办理。但人民检察院、行政机关等有权的国家机关要求登记机构办理查封登记时，提交给登记机构的启动查封的文件可能不是协助执行通知书，而是该机关出具的查封通知、查封函和查封决定等公文，此类材料，登记机构应当用作查封登记的证据材料。

2. 送达嘱托办理查封登记文件人员的工作身份证明

送达嘱托办理查封登记文件的人员，是指人民法院的执行员和其他国家机关的查封经办人员。

（1）人民法院的执行员。

人民法院的执行员送达查封文件时，应当提交的工作身份证明为工作证和执行公务证。《民事诉讼法》第二百二十八条第一款规定，执行工作由执行员进行。质言之，作为执行工作环节之一的协助执行通知书等执行文书，应当由人民法院的执行员向协助执行单位或个人送达，不能使用邮政信函、特快专递等其他送达方式。《最高人民法院关于人民法院执行工作若干问题的规定（试行）》（法释〔1998〕15号）第八条规定，执行人员执行公务时，应向有关人员出示工作证和执行公务证。因此，登记机构应当验证执行人员的工作证和执行公务证原件后收取其复印件，表明协助执行通知书是由执行员送达登记机构

第十五章 查封登记收件

的，登记机构在签收协助执行通知书时充分履行了合理审慎的注意义务。

（2）其他国家机关的查封经办人员。

其他国家机关的查封经办人员送达查封文件时，提交的工作身份证明一般是该机关出具的经办人员工作身份的介绍信或业务联系函等。笔者认为，登记机构在收取查封经办人员提交的介绍信或业务联系函等文件的同时，应当验证该经办人员的居民身份证件，以辅助查验其与介绍信或业务联系函等文件上载明的经办人员是否相符合，以尽到合理审慎的注意义务。

3. 其他必要材料

此处的其他必要材料，主要指人民法院实施查封时，登记机构应当收取的查封裁定书。《最高人民法院、国土资源部、建设部关于依法规范人民法院执行和国土资源房地产管理部门协助执行若干问题的通知》（法发〔2004〕5号）第二条第三款规定，人民法院执行人员到国土资源、房地产管理部门办理土地使用权或者房屋查封、预查封登记手续时，应当出示本人工作证和执行公务证，并出具查封、预查封裁定书和协助执行通知书。据此可知，查封裁定书也是登记机构协助人民法院办理查封登记时应当收取的材料。

二、查封登记注销登记收件

1. 嘱托办理查封登记注销登记的文件；
2. 送达嘱托办理查封登记注销登记文件人员的工作身份证明；
3. 其他必要材料。

说明和理由：

1. 嘱托办理查封登记注销登记的文件

（1）人民法院启动的查封登记注销登记。

《最高人民法院、国土资源部、建设部关于依法规范人民法院执行和国土资源房地产管理部门协助执行若干问题的通知》（法发〔2004〕5号）第十二条规定，人民法院在案件执行完毕后，对未处理的土地使用权、房屋需要解除查封的，应当及时作出裁定解除查封，并将解除查封裁定书和协助执行通知书送达国土资源、房地产管理部门。据此可知，人民法院启动查封登记注销登记时，一般向登记机构送达解除查封的裁定书和协助执行通知书。

（2）其他国家机关启动的查封登记注销登记。

其他国家机关启动查封登记注销登记时，一般向登记机构送达解除查封通知、解除查封函等文件。

特别说明：

（1）登记机构不能径为注销登记簿上失效的查封登记。

《最高人民法院、国土资源部、建设部关于依法规范人民法院执行和国土资源房地产管理部门协助执行若干问题的通知》（法发〔2004〕5号）第十一条第二款规定，查封期限届满，人民法院未办理继续查封手续的，查封的效力消灭。据此可知，查封期限届满又未续封的查封登记没有法律上的效力。但笔者认为，查封登记毕竟是登记机构按人民法院的执行文书嘱托实施的登记，法律、行政法规、司法解释和《不动产登记暂行条例实施细则》均没有授权登记机构可以依职权注销失效的查封登记的规定，"法无授权不可为"，一般情形下，登记机构不能径为注销登记簿上已经失效的查封登记，让其在登记簿上空挂，由于失效的查封登记对处分不动产、贬损不动产价值产生的登记的办理没有限制效力，登记机构可按正常程序办理相关登记。其他国家机关失效的查封登记的处理与之同理。

（2）登记机构应当将不动产上已经存在查封登记、轮候查封登记的情况书面告知轮候查封法院。

《最高人民法院、国土资源部、建设部关于依法规范人民法院执行和国土资源房地产管理部门协助执行若干问题的通知》（法发〔2004〕5号）第十九条规定，两个以上人民法院对同一宗土地使用权、房屋进行查封的，国土资源、房地产管理部门为首先送达协助执行通知书的人民法院办理查封登记手续后，对后来办理查封登记的人民法院作轮候查封登记，并书面告知该土地使用权、房屋已被其他人民法院查封的事实及查封的有关情况。据此可知，登记机构在签收轮候查封的人民法院送达的查封不动产的协助执行通知书时，应当在该人民法院的送达回证上加注该不动产上已经有查封登记、轮候查封登记的记载，或另行将该不动产上已经有查封登记或轮候查封登记记载的情况书面告知轮候查封法院。尽管《不动产登记暂行条例实施细则》和《不动产登记操作规范（试行）》没有规定登记机构有将不动产上已存在查封登记或轮候查封登记的情况告知实施轮候查封的法院的义务，但《最高人民法院、国土资源部、建设部关于依法规范人民法院执行和国土资源房地产管理部门协助执行若干问题的通知》（法发〔2004〕5号）毕竟是作为全国不动产登记主管部门的国土资源部（现自然资源部）参与的联合发文，各级不动产登记机构仍然应当遵照执行，且该通知是最高人民法院以"法发"的形式发布，具有司法解释的效力。《最高人民法院关于裁判文书引用法律、法规等规范性法律文件的规定》（法释〔2009〕14号）第五条规定，行政裁判文书应当引用法律、法律解释、行政法规或者司

第十五章 查封登记收件

法解释。对于应当适用的地方性法规、自治条例和单行条例、国务院或者国务院授权的部门公布的行政法规解释或者行政规章,可以直接引用。质言之,在行政诉讼中,司法解释的效力高于行政规章。换言之,在产生行政诉讼时,该通知的条文,人民法院可以优于《不动产登记暂行条例实施细则》的条文引用作为判决的依据,因此,在不动产登记实务中,笔者建议登记机构在签收轮候查封的人民法院送达的协助执行通知书时,应当将该不动产上已存在查封登记或轮候查封登记的情况书面告知实施轮候查封的法院。

参考文献

[1] 梁慧星.中国民法典草案建议稿附理由：总则编[M]. 北京：法律出版社，2004.

[2] 梁慧星.中国民法典草案建议稿附理由：物权编[M]. 北京：法律出版社，2004.

[3] 梁慧星.民法总论[M]. 北京：法律出版社，2001.

[4] 王利明.民法学[M]. 上海：复旦大学出版社，2004.

[5] 王利民.民法学[M]. 北京：中央广播电视大学出版社，1995.

[6] 王利明.物权法教程[M]. 北京：中国政法大学出版社，2003.

[7] 王利民，尹飞，程啸.中国物权法教程[M].北京：人民法院出版社，2007.

[8] 谢怀栻.民法总则讲要[M].北京：北京大学出版社，2007.

[9] 陈华彬.物权法[M]. 北京：法律出版社，2004.

[10] 郭明瑞.担保法[M]. 北京：法律出版社，2004.

[11] 褚红军，俞宏雷.公司诉讼原理与实务[M]. 北京：人民法院出版社，2007.

[12] 王连昌，马怀德.行政法学[M].北京：中国政法大学出版社，2002.

[13] 马怀德.行政法学[M]. 北京：中国政法大学出版社，2007.

[14] 程啸.不动产登记法[M]. 北京：法律出版社，2011.

[15] 叶必丰.行政法学[M]. 武汉：武汉大学出版社，2003.

[16] 李昊，常鹏翱，叶金强，等.不动产登记程序的制度建构[M]. 北京：北京大学出版社，2005.

[17] 王达.房屋所有权、抵押权登记行政诉讼理论与实务[M]. 北京：知识产权出版社，2006.

[18] 孙宪忠.中国物权法原理[M]. 北京：法律出版社，2004.

[19] 祝铭山.房屋买卖合同纠纷[M]. 北京：中国法制出版社，2003.

[20] 祝铭山.房产行政诉讼[M]. 北京：中国法制出版社，2004.

[21] 程琥，侯丹华.房屋登记[M]. 北京：法律出版社，2009.

参考文献

[22] 刘守君. 房屋登记中的民法原理与实务[M]. 北京：知识产权出版社，2010.

[23] 刘守君.《不动产登记暂行条例实施细则》条文理解与适用[M]. 成都：西南交通大学出版社，2016.

[24] 刘守君. 房屋登记收件实务[M]. 成都：西南交通大学出版社，2014.